Visionäre der Programmierung
Die Sprachen und ihre Schöpfer

Edited by Federico Biancuzzi und Shane Warden

Deutsche Übersetzung
von Thomas Demmig

O'REILLY®

Beijing • Cambridge • Farnham • Köln • Sebastopol • Taipei • Tokyo

Die Informationen in diesem Buch wurden mit größter Sorgfalt erarbeitet. Dennoch können Fehler nicht vollständig ausgeschlossen werden. Verlag, Autoren und Übersetzer übernehmen keine juristische Verantwortung oder irgendeine Haftung für eventuell verbliebene Fehler und deren Folgen.

Alle Warennamen werden ohne Gewährleistung der freien Verwendbarkeit benutzt und sind möglicherweise eingetragene Warenzeichen. Der Verlag richtet sich im Wesentlichen nach den Schreibweisen der Hersteller. Das Werk einschließlich aller seiner Teile ist urheberrechtlich geschützt. Alle Rechte vorbehalten einschließlich der Vervielfältigung, Übersetzung, Mikroverfilmung sowie Einspeicherung und Verarbeitung in elektronischen Systemen.

Kommentare und Fragen können Sie gerne an uns richten:
O'Reilly Verlag
Balthasarstr. 81
50670 Köln
E-Mail: kommentar@oreilly.de

Copyright der deutschen Ausgabe:
© 2009 by O'Reilly Verlag GmbH & Co. KG
1. Auflage 2009

Die 1. Auflage der Originalausgabe erschien 2009 unter dem Titel *Masterminds of Programming* im Verlag O'Reilly & Associates, Inc.

Bibliografische Information Der Deutschen Bibliothek
Die Deutsche Bibliothek verzeichnet diese Publikation in der
Deutschen Nationalbibliografie; detaillierte bibliografische Daten
sind im Internet über *http://dnb.ddb.de* abrufbar.

Lektorat: Volker Bombien, Köln
Fachliche Unterstützung: Dr. Claudia Nölker
Korrektorat: Eike Nitz, Köln
Satz: Tim Mergemeier, Reemers Publishing Services GmbH, Krefeld; *www.reemers.de*
Umschlaggestaltung: Monica Kamsvaag, Sebastopol & Michael Oreal, Köln
Produktion: Andrea Miß, Karin Driesen, Köln
Belichtung, Druck und buchbinderische Verarbeitung:
Druckerei Kösel, Krugzell; *www.koeselbuch.de*

ISBN 978-3-89721-934-2

Dieses Buch ist auf 100% chlorfrei gebleichtem Papier gedruckt.

INHALT

	VORWORT	VII
	EINFÜHRUNG	IX
1	C++	1
	Bjarne Stroustrup	
	Designentscheidungen	2
	Anwenden der Sprache	6
	OOP und Nebenläufigkeit	10
	Zukunft	14
	Lehren	18
2	PYTHON	21
	Guido von Rossum	
	Der pythonische Weg	22
	Der gute Programmierer	29
	Viele Pythons	35
	Hilfen und Erfahrungen	39
3	APL	45
	Adin D. Falkoff	
	Papier und Stift	46
	Grundlegende Prinzipien	49
	Parallelität	55
	Vermächtnis	58
4	FORTH	61
	Charles H. Moore	
	Die Sprache Forth und das Sprachdesign	62
	Hardware	70
	Anwendungsdesign	73
5	BASIC	81
	Thomas E. Kurtz	
	Die Ziele von BASIC	82
	Compilerdesign	89
	Sprach- und Programmierpraktiken	92
	Sprachdesign	94
	Arbeitsziele	99

| 6 | AWK | 103 |

Alfred Aho, Peter Weinberger und Brian Kernighan

Das Leben von Algorithmen	104
Sprachdesign	106
Unix und seine Kultur	108
Die Rolle der Dokumentation	113
Informatik	117
Aufzucht kleiner Sprachen	119
Entwerfen einer neuen Sprache	124
Legacy-Kultur	131
Transformative Technologien	134
Bits, die das Universum ändern	139
Theorie und Praxis	145
Warten auf den Durchbruch	152
Programming by Example	157

| 7 | LUA | 163 |

Luiz Henrique de Figueiredo und Roberto Ierusalimschy

Die Macht der Skripten	164
Erfahrung	167
Sprachdesign	172

| 8 | HASKELL | 181 |

Simon Peyton Jones, Paul Hudak, Philip Wadler und John Hughes

Ein funktionales Team	182
Trajektorien der funktionalen Programmierung	184
Die Sprache Haskell	191
(Funktionales) Wissen verbreiten	198
Formalismen und Evolution	200

| 9 | ML | 207 |

Robin Milner

Die Solidität von Theoremen	208
Die Theorie der Bedeutung	216
Über Informatik hinaus	222

| 10 | SQL | 229 |

Don Chamberlin

Ein bahnbrechender Artikel	230
Die Sprache	233
Feedback und Weiterentwicklung	237
XQuery und XML	242

11	**OBJECTIVE-C**	**247**
	Brad Cox und Tom Love	
	Die Entwicklung von Objective-C	248
	Das Wachsen einer Sprache	250
	Ausbildung und Training	255
	Projektmanagement und alte Software	257
	Objective-C und andere Sprachen	264
	Komponenten, Sand und Steine	269
	Qualität als ökonomisches Phänomen	276
	Ausbildung	278
12	**JAVA**	**283**
	James Gosling	
	Stärke oder Einfachheit	284
	Eine Frage des Geschmacks	287
	Nebenläufigkeit	290
	Entwerfen einer Sprache	292
	Feedbackschleife	297
13	**C#**	**301**
	Anders Hejlsberg	
	Sprache und Design	302
	Wachsen einer Sprache	308
	C#	312
	Die Zukunft der Informatik	317
14	**UML**	**323**
	Ivar Jacobson, James Rumbaugh und Grady Booch	
	Lernen und Lehren	324
	Die Rolle der Leute	329
	UML	333
	Wissen	337
	Bereit für Änderungen	340
	Die Verwendung von UML	345
	Schichten und Sprachen	350
	Ein bisschen Wiederverwendbarkeit	354
	Symmetrische Relationen	359
	UML	362
	Sprachdesign	365
	Entwickler ausbilden	371
	Kreativität, Verbesserung und Muster	373

15	**PERL**		**381**
	Larry Wall		
	Die Sprache von Revolutionen		382
	Sprache		386
	Community		392
	Evolution und Revolution		396
16	**POSTSCRIPT**		**401**
	Charles Geschke und John Warnock		
	Entworfen für die Ewigkeit		402
	Forschung und Bildung		412
	Schnittstellen zur Langlebigkeit		416
	Standardwünsche		420
17	**EIFFEL**		**423**
	Bertrand Meyer		
	Ein inspirierender Nachmittag		424
	Wiederverwendbarkeit und Generik		431
	Korrigieren von Sprachen		435
	Wachstum und Evolution		442
	NACHWORT		447
	INTERVIEWPARTNER		449
	INDEX		465

Vorwort

DAS DESIGN VON PROGRAMMIERSPRACHEN IST EIN FASZINIERENDES THEMA. Es gibt viele Programmierer, die glauben, eine bessere Programmiersprache entwerfen zu können als die, die sie gerade nutzen. Und es gibt viele Forscher, die glauben, dass sie eine Programmiersprache entwerfen können, die besser ist als alle, die derzeit verwendet werden. Dieser Glaube ist häufig gerechtfertigt, aber nur wenige dieser Entwürfe verlassen jemals die Schreibtische der Entwickler. Sie werden sie in diesem Buch nicht finden.

Das Entwerfen von Programmiersprachen ist eine kritische Sache. Kleine Fehler im Design einer Sprache können große Fehler in Programmen begünstigen, die in der Sprache geschrieben werden, und selbst kleine Fehler in Programmen können große und außerordentlich teure Konsequenzen haben. Aufgrund der Angreifbarkeit oft verwendeter Software ist es Malware wiederholt gelungen, Angriffe durchzuführen und auf diese Weise Milliardensummen von Schaden verursachen. Die Sicherheit von Programmiersprachen ist in diesem Buch ein wiederkehrendes Thema.

Beim Entwerfen von Programmiersprachen sieht man sich unvorhersehbaren Abenteuern gegenüber. Sprachen, die für eine universelle Verwendbarkeit gedacht sind, enden manchmal sogar dann in irgendwelchen Nischen, wenn sie von großen Firmen unterstützt werden. Im Gegensatz dazu können Sprachen, die für eine begrenzte oder lokale Verwendung entworfen wurden, eine weite Verbreitung erreichen und manchmal in Umgebungen und für Anwendungen genutzt werden, an die die Designer im Traum nicht gedacht hätten. Dieses Buch konzentriert sich auf solche Sprachen.

Diese erfolgreichen Sprachen haben eine wichtige Gemeinsamkeit: Jede von ihnen ist von einer einzelnen Person oder einem kleinen Team gleichgesinnter Enthusiasten entworfen worden. Dabei handelte es sich um Vordenker der Programmierung – sie hatten die Erfahrung, die Vision, die Energie, die Ausdauer und das schiere Genie, die Sprache (durch ihre erste Implementierung), ihre Evolution (aufgrund der gemachten Erfahrungen) und ihre Standardisierung zu lenken (de facto durch Verwendung und de jure durch Komitees).

In diesem Buch haben Sie die Gelegenheit, diese Vordenker kennenzulernen. Jeder von ihnen hat ein umfangreiches Interview gegeben und dabei die Geschichte seiner Sprache und die Faktoren vorgestellt, die ihrem Erfolg zugrunde liegen. Dass es sich dabei um eine Kombination aus guten Entscheidungen und Glück handelt, wird offen zugegeben.

Und schließlich geben diese Gespräche einen Einblick in die Persönlichkeit und Motivation der Designer, was genauso faszinierend ist wie das Design der jeweiligen Sprache selbst.

– *Sir Tony Hoare*

Sir Tony Hoare, Empfänger des ACM Turing Award und des Kyoto-Preises, forscht seit über 50 Jahren führend im Bereich der Computeralgorithmen und der Programmiersprachen. In seiner ersten akademischen Veröffentlichung von 1969 beschäftigte er sich mit der Idee, die Korrektheit von Programmen zu prüfen, und schlug vor, dass eines der Ziele beim Design von Programmiersprachen sein sollte, einfacher korrekte Programme schreiben zu können. Voll Freude hat er miterleben dürfen, wie sich dieser Gedanke nach und nach immer stärker im Design von Programmiersprachen niedergeschlagen hat.

Einführung

DAS SCHREIBEN VON SOFTWARE IST HART – ZUMINDEST VON SOFTWARE, DIE TESTS BESTEHT, LÄNGERE ZEIT GENUTZT WIRD UND IN UNTERSCHIEDLICHEN UMGEBUNGEN LÄUFT. Dabei wurden in den letzten 50 Jahren sowohl im Feld der Software-Entwicklung viel Aufwand getrieben, um das Schreiben von Software angenehmer zu gestalten, als auch Sprachen entworfen, um das Leben einfacher zu machen. Aber wieso ist es dann so schwer?

Die meisten Bücher und Artikel, die behaupten, sich mit diesem Problem zu beschäftigen, sprechen über Architektur, Anforderungen und ähnliche Themen, die sich auf die *Software* konzentrieren. Was aber, wenn der eigentlich schwierige Teil das *Schreiben* ist? Oder anders gesagt: Was, wenn wir unseren Job als Programmierer mehr im Bereich der Kommunikation – *Sprache* – sehen würden und weniger im Bereich der Entwicklung?

Kinder lernen in den ersten Jahren ihres Lebens sprechen, und wir beginnen damit, ihnen Lesen und Schreiben beizubringen, wenn sie fünf oder sechs Jahre alt sind. Ich kennen keinen großen Autor, der erst als Erwachsener Lesen und Schreiben gelernt hat. Kennen Sie einen großen Programmierer, der erst spät in seinem Leben gelernt hat, zu programmieren?

Und wenn Kinder fremde Sprachen viel einfacher erlernen können als Erwachsene, was sagt uns das über das Erlernen des Programmierens – eine Aktivität, bei der es um eine neue Sprache geht?

Stellen Sie sich vor, sie würden eine Fremdsprache lernen und den Namen eines Gegenstands nicht kennen. Sie können ihn mit den Worten beschreiben, die Sie kennen und hoffen, dass jemand versteht, was Sie meinen. Ist das nicht genau das, was wir jeden Tag mit Software machen? Wir beschreiben den Gegenstand, den wir vor unserem inneren Auge haben, mithilfe einer Programmiersprache und hoffen, dass die Beschreibung für den Compiler oder Interpreter klar genug ist. Wenn etwas nicht funktioniert, rufen wir uns das Bild wieder ins Gedächtnis und versuchen zu verstehen, was wir vergessen oder falsch beschrieben haben.

Mit diesen Fragen im Hintergrund hatte ich mich dazu entschlossen, Nachforschungen zu betreiben, warum eine Programmiersprache entworfen und wie sie technisch entwickelt wird, wie man sie lehrt und lernt und wie sie sich im Laufe der Zeit weiterentwickelt.

Shane und ich hatten das Privileg, von 27 großartigen Designern auf unserer Reise geleitet zu werden, sodass wir in der Lage waren, ihre Weisheit und ihre Erfahrung für Sie einzufangen.

In *Visionäre der Programmierung: Die Sprachen und ihre Schöpfer* werden sie einige der Gedanken und Schritte kennenlernen, die zum Erstellen einer erfolgreichen Sprache notwendig sind, erfahren, was sie beliebt macht und wie die aktuellen Probleme angegangen werden, denen sich ihre Programmierer gegenübersehen. Wenn Sie also mehr über das erfolgreiche Design von Programmiersprachen lernen wollen, kann Ihnen dieses Buch mit Sicherheit helfen.

Wenn Sie nach Inspirationen im Bereich Software und Programmiersprachen Ausschau halten, werden Sie einen Textmarker oder zwei brauchen, denn ich verspreche Ihnen, dass Sie davon auf diesen Seiten viele finden werden.

– Federico Biancuzzi

Aufbau des Buches

Die Kapitel sind so angeordnet, dass Ihnen bei der Reise durch das Buch verschiedene und provokative Sichtweisen begegnen. Genießen Sie die Interviews.

Kapitel 1, *C++*: Interview mit Bjarne Stroustrup

Kapitel 2, *Python*: Interview mit Guido van Rossum

Kapitel 3, *APL*: Interview mit Adin D. Falkoff

Kapitel 4, *Forth*: Interview mit Charles H. Moore

Kapitel 5, *BASIC*: Interview mit Thomas E. Kurtz

Kapitel 6, *AWK*: Interview mit Alfred Aho, Peter Weinberger und Brian Kernighan

Kapitel 7, *Lua*: Interview mit Luiz Henrique de Figueiredo und Roberto Ierusalimschy

Kapitel 8, *Haskell*: Interview mit Simon Peyton Jones, Paul Hudak, Philip Wadler und John Hughes

Kapitel 9, *ML*: Interview mit Robin Milner

Kapitel 10, *SQL*: Interview mit Don Chamberlin

Kapitel 11, *Objective-C*: Interview mit Tom Love und Brad Cox

Kapitel 12, *Java*: Interview mit James Gosling

Kapitel 13, *C#*: Interview mit Anders Hejlsberg

Kapitel 14, *UML*: Interview mit Ivar Jacobson, James Rumbaugh und Grady Booch

Kapitel 15, *Perl*: Interview mit Larry Wall

Kapitel 16, *PostScript*: Interview mit Charles Geschke und John Warnock

Kapitel 17, *Eiffel*: Interview mit Bertrand Meyer

Interviewpartner stellt die Biographien aller Interviewpartner vor.

Konventionen in diesem Buch

Die folgenden typographischen Konventionen werden in diesem Buch verwendet:

Kursiv
    Steht für neue Begriffe, URLs, Dateinamen und Tools.

`Feste Breite`
    Steht für den Inhalt von Computerdateien und allgemein alles, was aus Programmen kommt.

KAPITEL EINS

C++
Bjarne Stroustrup

C++ nimmt einen interessanten Platz im Sprachenreich ein: Es baut auf den Grundlagen von C auf, enthält objektorientierte Ideen von Simula, ist durch die ISO standardisiert und dabei mit den Mantras »Bezahle nur das, was du brauchst.« und »Unterstützt benutzerdefinierte und eingebaute Typen gleich gut.« entworfen. Obwohl es vor allem in den 80er und 90er Jahren durch die OO- und GUI-Programmierung Verbreitung fand, sind einer der größten Beiträge von C++ zur Softwarewelt doch seine überall durchscheinenden generischen Programmiertechniken, die in der Standard Template Library exemplarisch umgesetzt sind. Neuere Sprachen wie Java und C# haben versucht, C++ abzulösen, aber eine demnächst anstehende Überarbeitung des C++-Standards wird neue und lang erwartete Features enthalten. Bjarne Stroustrup ist Schöpfer der Sprache und immer noch einer ihrer größten Verfechter.

Designentscheidungen

Warum haben Sie sich dazu entschieden, eine bestehende Sprache zu erweitern, statt eine neue aufzubauen?

Bjarne Stroustrup: Als ich 1979 begann, hatte ich das Ziel, Programmierern dabei zu helfen, Systeme zu bauen. Das ist immer noch der Fall. Um tatsächlich beim Lösen eines Problems zu helfen und nicht nur eine akademische Übung darzustellen, muss eine Sprache für die Anwendungsdomäne vollständig sein. Das bedeutet, dass eine »echte« Sprache zum Lösen eines Problems vorhanden ist und nicht nur eine, die an den Universitäten herumgeistert. Die Probleme, die ich ansprechen wollte, hatten mit dem Design von Betriebssystemen, Netzwerken und Simulationen zu tun. Ich – und meine Kollegen – benötigte eine Sprache, die Programmorganisationen wie in Simula ausdrücken konnte (das ist das, was die Leute im Allgemeinen als »objektorientierte Programmierung« bezeichnen), mit der sich aber auch effizienter Code auf der untersten Ebene schreiben ließ, wie es in C der Fall war. 1979 existierte keine Sprache, in der beides möglich war, ansonsten hätte ich sie verwendet. Ich wollte nicht unbedingt eine neue Programmiersprache entwerfen, sondern nur dabei helfen, ein paar Probleme zu lösen.

Mit dieser Ausgangslage ist das Erweitern einer bestehenden Sprache außerordentlich sinnvoll. Sie erhalten direkt eine grundlegende syntaktische und semantische Struktur, nützliche Bibliotheken und Sie werden Teil einer Kultur. Hätte ich nicht auf C aufgebaut, würde C++ auf einer anderen Sprache basieren. Warum C? Nun, Dennis Ritchie, Brian Kernighan und andere Unix-Gurus saßen im selben Gebäude im Bell Labs Computer Science Research Center, daher mag die Frage überflüssig erscheinen. Aber es war eine Frage, die ich durchaus ernstgenommen habe.

Insbesondere das Typensystem von C war eher informell und es gab nur wenig Zwang. (Wie Dennis Ritchie sagte: »C ist eine stark typisierte, schwach prüfende Sprache.«) Der Teil mit dem »schwach prüfend« machte mir Sorgen und führt bis zum heutigen Tag zu Problemen für C++-Programmierer. Zudem war C damals nicht die weit verbreitete Sprache, die es heute ist. Dass ich C++ auf C aufbaute, war ein Ausdruck des Glaubens an das Rechenmodell, auf dem C basiert (der »stark typisiert«-Teil) und des Vertrauens in meine Kollegen. Ich traf meine Wahl ausgehend vom Wissen über die meisten High-Level-Programmiersprachen, die damals zur Systemprogrammierung genutzt wurden (sowohl als Anwender als auch als Implementierender). Es ist lohnenswert, sich zu erinnern, dass das eine Zeit war, als man noch deutlich hardwarenäher arbeitete und bei ernsthaften Performancefragen lieber auf Assembler auswich. Unix war in vielerlei Hinsicht ein echter Durchbruch, auch wegen der Verwendung von C selbst für Programmierarbeiten tief im System.

Daher entschied ich mich *für* C mitsamt seinem zugrunde liegendem Modell und *gegen* besser kontrollierte Typensysteme. Eigentlich wollte ich als Rahmen für die Programme die Klassen von Simula haben, daher bildete ich diese in das C-Modell der Speichernutzung und der Prozesse ab. Das Ergebnis war etwas außerordentlich Ausdrucksstarkes und Flexibles, und es lief mit einer Geschwindigkeit, die ohne ein massives Runtime Support-System eine Herausforderung für Assembler war.

Warum haben Sie sich dazu entschieden, mehrere Paradigmen zu unterstützen?

Bjarne: Weil eine Kombination aus Programmierstilen häufig zum besten Code führt, wobei »besten« hier Code meint, der das Design am direktesten ausdrückt, schneller läuft, besser wartbar ist und so weiter. Wenn Leute diese Aussage infrage stellen, tun sie das normalerweise, indem sie entweder ihren eigenen Programmierstil so definieren, dass er jedes nützliche Konstrukt enthält (zum Beispiel: »Generische Programmierung ist einfach eine Form von OO«), oder indem sie Anwendungsbereiche ausschließen (zum Beispiel: »Jeder hat einen Rechner mit 1 GHz und 1 GB.«).

Java konzentriert sich einzig auf objektorientierte Programmierung. Wird Java-Code dadurch in manchen Fällen komplexer, wo C++ stattdessen Vorteile aus der generischen Programmierung ziehen kann?

Bjarne: Nun, die Designer von Java – und vermutlich noch mehr die Verkäufer von Java – haben OO bis zu einem Grad hervorgehoben, wo es absurd wurde. Als Java zunächst erschien und Reinheit und Einfachheit hervorhob, prognostizierte ich, dass bei einem Erfolg der Sprache diese deutlich umfangreicher und komplexer werden würde. Und so war es auch.

So ist zum Beispiel die Verwendung von Casts beim Auslesen eines Wertes aus einem Container zum Umwandeln von `Object` (zum Beispiel `(Apple)c.get(i)`) eine absurde Konsequenz der Tatsache, dass man nicht angeben kann, welchen Typ die Objekte im Container haben sollten. Es ist langwierig und ineffizient. Jetzt hat Java Generics, daher ist es nur ein bisschen langsamer. Andere Beispiele einer wachsenden Komplexität der Sprache (die dem Programmierer helfen) sind Enumerations, Reflection und innere Klassen.

Tatsache ist einfach, dass die Komplexität immer irgendwo wächst – wenn nicht in der Sprachdefinition, dann in tausenden von Anwendungen und Bibliotheken. Genauso führt Javas Besessenheit, jeden Algorithmus (jede Operation) in eine Klasse zu stecken, zu Absurditäten wie Klassen ohne Daten und nur mit statischen Funktionen. Es gibt Gründe dafür, dass math `f(x)` und `f(x,y)` nutzt und nicht `x.f()`, `x.f(y)` und `(x,y).f()` – Letzteres ist ein Versuch, die Idee einer »echten objektorientierten Methode« mit zwei Argumenten auszudrücken und die inhärente Asymmetrie von `x.f(y)` zu vermeiden.

C++ kümmert sich um viele der logischen und Notationsprobleme bei Objektorientierung mit einer Kombination aus Datenabstraktion und Techniken der generischen Programmierung. Ein klassisches Beispiel ist `vector<T>`, wobei `T` jeder kopierbare Typ sein kann – einschließlich der eingebauten Typen, Zeiger auf OO-Hierarchien und benutzerdefinierten Typen, zum Beispiel Strings und komplexe Zahlen. Das geschieht alles ohne zusätzlichen Overhead zur Laufzeit, Einschränkungen beim Datenlayout oder spezielle Regeln für die Komponenten der Standardbibliothek. Ein anderes Beispiel, das nicht in das klassische Hierarchiemodell von OO mit nur einem Dispatcher-Ziel passt, ist eine Operation, die den Zugriff auf zwei Klassen benötigt, zum Beispiel `operator*(Matrix,Vector)`, das nicht natürlicherweise eine »Methode« nur einer der beiden Klassen ist.

Ein fundamentaler Unterschied zwischen C++ und Java ist die Art und Weise, wie Zeiger implementiert sind. Im Prinzip könnte man sagen, dass Java keine echten Zeiger hat. Was unterscheidet die beiden Ansätze?

Bjarne: Nun, natürlich hat Java Zeiger. Tatsächlich ist so gut wie alles in Java implizit ein Zeiger. Sie werden nur als *Referenzen* bezeichnet. Es hat sowohl Vor- als auch Nachteile, Zeiger zu haben. Genauso hat es Vor- und Nachteile, echte lokale Objekte (wie in C++) zu nutzen.

Die Entscheidung von C++, auf dem Stack allozierte lokale Variablen und echte Member-Variablen jedes Typs zu unterstützen, ermöglicht eine nette, einheitliche Semantik, unterstützt das Konzept der Wertesemantiken, führt zu einem kompakten Layout und minimalen Zugriffskosten und ist die Basis für die Unterstützung von C++ für das allgemeine Ressourcenmanagement. Das ist nicht unwichtig, und die Durchdringung von Java mit der impliziten Verwendung von Zeigern (»Referenzen«) hat den Weg dorthin komplett verbaut.

Denken Sie an die Auswirkungen auf das Layout: In C++ wird ein `vector<complex>(10)` als Handle auf ein Array mit zehn komplexen Zahlen im Arbeitsspeicher dargestellt. Das sind zusammen 25 Wörter: drei für den Vektor, 20 für die komplexen Zahlen und ein Header aus zwei Wörtern für das Array auf dem Heap. Das Äquivalent in Java (für einen benutzerdefinierten Container mit Objekten eines benutzerdefinierten Typs) hätte eine Größe von 56 Wörtern: eines für die Referenz auf den Container, drei für den Container, zehn für die Referenzen auf die Objekte, 20 für die Objekte selbst und 24 für die Header für die zwölf unabhängig allozierten Objekte. Diese Zahlen sind natürlich nur Näherungen, weil der Heap-Overhead in beiden Sprachen abhängig von der Implementierung ist. Aber die Schlussfolgerung ist klar: Indem Referenzen in Java allgegenwärtig und implizit sind, wurden vielleicht das Programmiermodell und die Garbage Collection vereinfacht, aber der Speicherverbrauch ist dramatisch angewachsen – und damit sind auch die Speicherzugriffskosten (aufgrund der verstärkt indirekten Zugriffe) und der Zugriffs-Overhead proportional gestiegen.

Was Java nicht hat – zu seinem Glück –, ist die Gefahr bei C und C++, Zeiger mithilfe der Zeigerarithmetik zu missbrauchen. Gut geschriebenes C++ leidet darunter nicht, denn die Leute arbeiten mit Abstraktionen auf höherer Ebene, zum Beispiel IO-Streams, Container und Algorithmen, statt direkt mit den Zeigern herumzubasteln. Im Grunde genommen stecken alle Arrays und die meisten Zeiger so tief in den Implementierungen, dass die meisten Programmierer sie nicht beachten müssen. Leider gibt es aber auch eine ganze Menge schlecht geschriebenen und unnötigerweise auf niedriger Ebene liegenden C++-Code.

Es gibt allerdings einen wichtigen Ort, an dem Zeiger – und die Zeiger-Manipulationen – ein Segen sind: der direkte und effiziente Ausdruck von Datenstrukturen. Javas Referenzen müssen hier zurückstehen, so können Sie zum Beispiel in Java eine `swap`-Operation nicht ausdrücken. Ein anderes Beispiel ist einfach die Verwendung von Zeigern für den direkten Zugriff auf den (echten) Speicher. In jedem System muss eine Sprache das können, und häufig handelt es sich dabei um C++.

Die »dunkle Seite« der Zeiger (und Arrays im C-Stil) ist natürlich das Missbrauchspotenzial: Pufferüberläufe, Zeiger auf gelöschten Speicher, nicht initialisierte Zeiger und so weiter. Allerdings ist auch das in gut geschriebenem C++-Code kein großes Problem. Diese Sorgen mit Zeigern und

Arrays haben Sie einfach nicht, wenn Sie mit Abstraktionen arbeiten (zum Beispiel vector, string, map und so weiter). Das gültigkeitsabhängige Ressourcenmanagement kümmert sich um die meisten Dinge, Smart Pointer und spezialisierte Handler können genutzt werden, um sich um den Rest zu kümmern. Leute, die vor allem C-Code oder altes C++ kennen, können das kaum glauben, aber das gültigkeitsabhängige Ressourcenmanagement ist ein ausgesprochen mächtiges Tool; und wenn man es mit passenden Operationen an seine Bedürfnisse anpasst, lassen sich die klassischen Probleme mit weniger Code lösen als durch die alten, unsicheren Hacks. Das hier ist zum Beispiel die einfachste Form des klassischen Pufferüberlaufs und ein Sicherheitsproblem:

```
char buf[MAX_BUF];
gets(buf); // Bäh!
```

Mithilfe eines String aus der Standardbibliothek löst sich das Problem in Wohlgefallen auf:

```
string s;
cin >> s;    // per Whitespace getrennte Zeichen einlesen
```

Das sind ganz offensichtlich triviale Beispiele; passende »Strings« und »Container« können so entworfen werden, dass sich im Grunde alle Bedürfnisse erfüllen lassen, und die Standardbibliothek ist dafür eine gute Ausgangsbasis.

Was meinen Sie mit »Wertesemantiken« und »gültigkeitsabhängigem Ressourcenmanagement«?

Bjarne: Der Begriff »Wertesemantik« wird im Allgemeinen genutzt, um sich auf Klassen zu beziehen, bei denen die Objekte die Eigenschaft haben, nach dem Kopieren als zwei unabhängige Kopien zu existieren (mit dem gleichen Wert), zum Beispiel hier:

```
X x1 = a;
X x2 = x1; // jetzt x1==x2
x1 = b;    // ändert x1, aber nicht x2
           // jetzt x1!=x2 ( sofern X(a)!=X(b) )
```

Das ist natürlich das, was wir für die normalen numerischen Typen haben, wie zum Beispiel Ints, Doubles, komplexe Zahlen und mathematische Abstraktionen wie Vektoren. Das ist eine ausgesprochen nützliche Notation, die C++ für eingebaute Typen und für alle benutzerdefinierten Typen unterstützt, für die wir es haben wollen. Das sieht bei Java anders aus, in dem eingebaute Typen wie char und int zwar auch so funktionieren, aber benutzerdefinierte Typen nicht. Wie in Simula haben alle benutzerdefinierten Typen in Java eine Referenzsemantik. In C++ kann der Programmierer beides unterstützen, so wie es die gewünschten Semantiken eines Typs erfordern. C# folgt hier (unvollständig) C++, indem es benutzerdefinierte Typen mit Wertesemantik unterstützt.

»Gültigkeitsabhängiges Ressourcenmanagement« bezieht sich auf die verbreitete Technik, eine Ressource zu verwenden (zum Beispiel einen Dateihandle oder einen Lock), die von einem Objekt gehalten wird. Wenn dieses Objekt eine gültigkeitsbeschränkte Variable ist, begrenzt die Lebenszeit dieser Variable die maximale Zeit, für die die Ressource gehalten wird. Typischerweise fordert ein Konstruktor die Ressource an, und der Destruktor gibt sie wieder frei. Das wird häufig als RAII (Resource Acquisition Is Initialization, Ressourcenbelegung ist Initialisierung) bezeichnet und lässt sich wunderbar mit der Fehlerbehandlung über Exceptions kombinieren. Natürlich kann nicht mit jeder Ressource so umgegangen werden, aber viele sind dafür nutzbar, und für genau diese wird das Ressourcenmanagement implizit und effizient.

»Nahe an der Hardware« scheint ein Leitprinzip beim Entwurf von C++ zu sein. Kann man sagen, dass C++ stärker bottom-up entworfen wurde als viele andere Sprachen, die eher top-down entstanden sind – also eher abstrakte, rationale Konstrukte bereitstellen und den Compiler zwingen, diese Konstrukte auf die verfügbare Computerumgebung abzubilden?

Bjarne: Ich denke, die Konzepte top-down und bottom-up sind der falsche Weg, diese Designentscheidungen zu charakterisieren. Im Kontext von C++ und anderen Sprachen bedeutet »nahe an der Hardware«, dass das Rechenmodell das des Computers ist – Abfolgen von Objekten im Speicher und Operationen, die auf Objekten fixer Größe definiert werden –, und nicht mathematische Abstraktionen. Das gilt sowohl für C++ als auch für Java, aber nicht für funktionale Sprachen. C++ unterscheidet sich von Java darin, dass die zugrunde liegende Maschine die echte Maschine und keine abstrakte ist.

Das eigentliche Problem ist, wie man von der menschlichen Konzeption von Problemen und Lösungen auf die begrenzte Welt des Rechners kommt. Sie können die menschlichen Sorgen »ignorieren« und bei Maschinencode landen (oder dem glorifizierten Maschinencode, der eigentlich schlechter C-Code ist). Sie können die Maschine ignorieren und eine wunderschöne Abstraktion liefern, die bei sehr hohen Kosten und/oder fehlender geistiger Genauigkeit alles ermöglicht. C++ ist ein Versuch, einen sehr direkten Zugriff auf die Hardware zu ermöglichen, wenn Sie es brauchen (zum Beispiel Zeiger und Arrays), während gleichzeitig umfangreiche Abstraktionsmechanismen bereitgestellt werden, um Ideen auf hohem Niveau ausdrücken zu können (zum Beispiel Klassenhierarchien und Templates).

Nichtsdestoweniger gab es während der Entwicklung von C++ und seinen Bibliotheken fortlaufend Überlegungen zur Laufzeitperformance und zum Speicherverbrauch. Das durchzieht sowohl die grundlegenden Sprachfeatures als auch die Abstraktionsmöglichkeiten – und zwar auf eine Weise, wie es nicht bei allen Sprachen der Fall ist.

Anwenden der Sprache

Wie debuggen Sie? Haben Sie Ratschläge für C++-Entwickler?

Bjarne: Durch Beobachten. Ich untersuche das Programm so lange und stochere darin mehr oder weniger systematisch herum, bis ich es soweit verstanden habe, dass ich eine sinnvolle Abschätzung darüber abgeben kann, wo der Fehler sitzt.

Testen und ein gutes Design sind eine weitere Komponente, um Fehler zu minimieren. Ich mag das Debuggen so wenig, dass ich es so weit wie möglich vermeide. Wenn ich der Designer einer Software bin, baue ich es so um Interfaces und Konstanten herum auf, dass es ziemlich schwer ist, ernsthaft schlechten Code zu erhalten, der sich kompilieren lässt und dann falsch abläuft. Dann gebe ich mein Bestes, um es testbar zu machen. Testen ist die systematische Suche nach Fehlern. Es ist schwer, schlecht strukturierte Systeme systematisch zu testen, daher empfehle ich auch hier eine klare Codestruktur. Das Testen kann automatisiert werden und lässt sich damit so reproduzierbar machen, wie es beim Debuggen gar nicht möglich ist. Eine Schar Tauben auf dem Bildschirm herumpicken zu lassen, um herauszufinden, ob sie eine GUI-basierte Anwendung knacken können, ist nicht der richtige Weg, um eine hohe Qualität sicherzustellen.

Ratschläge? Es ist schwierig, allgemeine Ratschläge zu geben, da die besten Techniken häufig davon abhängen, was bei gegebenem System und Entwicklungsumgebung möglich ist. Auf jeden Fall gilt aber: Finden Sie die wichtigen Schnittstellen, die systematisch getestet werden können, und schreiben Sie Testskripten, die das tun. Automatisieren Sie so viel wie möglich und lassen Sie diese automatisierten Tests häufig laufen. Und führen Sie auch Regressionstests regelmäßig durch. Stellen Sie sicher, dass jeder Einstiegspunkt in das System und jede Ausgabe systematisch getestet werden können. Bauen Sie Ihr System aus qualitativ hochwertigen Komponenten zusammen – monolithische Programme sind unnötig schwer zu verstehen und zu testen.

Auf welcher Ebene ist es nötig, die Sicherheit von Software zu verbessern?

Bjarne: Zunächst einmal ist Sicherheit ein Systemthema. Kein lokales oder sich nur auf ein einzelnes Teil beziehendes Hilfsmittel wird allein erfolgreich sein. Denken Sie daran, dass ich, selbst wenn Ihr Code perfekt wäre, vermutlich immer noch Zugriff auf Ihre gespeicherten Geheimnisse bekommen könnte, wenn ich Ihren Computer oder das Speichermedium stehlen würde, auf dem Sie Ihr Backup liegen haben. Zweitens ist Sicherheit ein Abwägen zwischen Kosten und Vorteilen: Perfekte Sicherheit ist für die meisten von uns wohl gar nicht zu erreichen, aber ich kann mein System vermutlich so weit schützen, dass »böse Buben« ihre Zeit lieber damit verbringen werden, in ein anderes System einzudringen. Tatsächlich bevorzuge ich es, wichtige Geheimnisse nicht online zu haben, und überlasse die echten Sicherheitsthemen den Experten.

Aber was ist mit Programmiersprachen und Programmiertechniken? Es gibt eine gefährliche Tendenz, anzunehmen, dass jede einzelne Codezeile »sicher« sein muss (was auch immer das bedeutet), oder sogar davon auszugehen, dass jemand mit bösen Absichten mit einem anderen Teil des Systems Unfug anstellt. Das ist eine sehr gefährliche Meinung, die dazu führt, dass der Code mit unsystematischen Tests vollgemüllt wird, die vor schlecht formulierten und eingebildeten Bedrohungen schützen sollen. Außerdem wird der Code dadurch hässlich, umfangreicher und langsam. »Hässlich« sorgt für neue Stellen, an denen sich Fehler verbergen können, »umfangreicher« führt zu unvollständigen Tests und »langsam« verleitet zu schmutzigen Tricks, die dann erst recht wieder Sicherheitslöcher aufreißen.

Ich denke, die einzige dauerhafte Lösung für Sicherheitsprobleme findet sich in einem einfachen Sicherheitsmodell, das systematisch durch hochwertige Hardware und/oder Software auf ausgewählte Schnittstellen angewandt wird. Es muss einen Ort hinter einer Barriere geben, an dem Code einfach, elegant und effizient geschrieben werden kann, ohne sich darum Sorgen machen zu müssen, dass zufällige Codeabschnitte andere zufällige Abschnitte missbrauchen. Nur dann können wir uns auf Korrektheit, Qualität und Performance konzentrieren. Die Idee, dass jedermann einen nicht vertrauenswürdigen Callback, ein Plugin, einen Overrider oder was auch immer bereitstellen kann, ist einfach verrückt. Wir müssen unterscheiden zwischen Code, der vor Missbrauch schützt, und solchem, der einfach gegen Unfälle abgesichert ist.

Ich glaube nicht, dass Sie eine Programmiersprache entwerfen können, die einerseits vollständig sicher und andererseits für echte Systeme in der Realität nutzbar ist. Das hängt natürlich von der Definition von »sicher« und »System« ab. Sie könnten in einer domänenspezifischen Sprache vermutlich komplette Sicherheit erreichen, aber mein Hauptinteressengebiet ist die Systemprogrammierung (in einer sehr weitgefassten Bedeutung dieses Begriffes), einschließlich der

Programmierung von Embedded Systems. Ich glaube, dass sich die Typsicherheit gegenüber dem verbessern lässt, was von C++ angeboten wird, aber das ist nur ein Teil des Problems: Typsicherheit ist nicht das Gleiche wie Sicherheit. Leute, die in C++ schreiben und viele nicht gekapselte Arrays, Casts und unstrukturierte New- und Delete-Operationen verwenden, suchen förmlich nach Ärger. Sie sind bei einem Programmierstil der 80er Jahre stehen geblieben. Um C++ ordentlich zu nutzen, müssen Sie sich auf einen Stil einlassen, der die Verletzungen der Typsicherheit minimiert und Ressourcen (einschließlich des Speichers) auf einfache und systematische Weise verwaltet.

Würden Sie C++ für Systeme empfehlen, die von den Anwendern nur widerwillig genutzt werden, wie zum Beispiel Systemsoftware und Embedded Applications?

Bjarne: Sicher empfehle ich es, und nicht jeder nutzt solche Systeme widerwillig. Tatsächlich sehe ich in solchen Bereichen gar nicht so viel Widerwillen, außer dem natürlichen Widerstand, in einer gewohnten Umgebung etwas Neues auszuprobieren. Stattdessen beobachte ich eine stetig wachsende Verwendung von C++. So habe ich zum Beispiel dabei geholfen, die Coding-Richtlinien für die systemrelevante Software des Joint Strike Fighter von Lockheed Martin zu schreiben. Das ist ein »C++-Flieger«. Sie mögen von Kampfjets vielleicht nicht sonderlich begeistert sein, aber an der Art, wie C++ dort verwendet wird, ist nichts besonders Militärisches, und es sind in weniger als einem Jahr weit über 100.000 Kopien der JSF++-Coding-Richtlinien von meiner Website heruntergeladen worden – vor allem von nichtmilitärischen Entwicklern von Embedded Systems, soweit ich das überblicken kann.

C++ wird seit 1984 für Embedded Systems genutzt, viele nützliche Helferlein wurden in C++ programmiert, und es scheint weiter stark zu wachsen. Beispiele sind Mobiltelefone, die Symbian oder Motorola nutzen, iPods und GPS-Systeme. Ich mag vor allem die Verwendung von C++ in den Mars-Rovern: die Subsysteme für die Umgebungsanalyse und das autonome Fahren, ein Großteil der Systeme für die Kommunikation mit der Erde und die Bildverarbeitung.

Leute, die davon überzeugt sind, dass C auf jeden Fall effizienter als C++ ist, sollten vielleicht einmal meinen Artikel »Learning Standard C++ as a New Language« (*C/C++ Users Journal*, Mai 1999) durchlesen, der ein bisschen die Designphilosophie beschreibt und die Ergebnisse von ein paar einfachen Experimenten zeigt. Zudem hat der ISO-C++-Standardisierungsausschuss einen technischen Bericht zur Performance herausgegeben, der viele der Themen und Mythen anspricht, die sich um die Geschwindigkeit von C++ ranken (Sie können ihn online finden, wenn Sie nach »Technical Report on C++ Performance« suchen).[1] Insbesondere Fragen bei Embedded Systems werden hier angesprochen.

Kernels wie die von Linux oder BSD werden immer noch in C geschrieben. Warum wurde dort nicht zu C++ gewechselt? Hat es etwas mit dem OO-Paradigma zu tun?

Bjarne: Da geht es vor allem um konservatives Verhalten und Trägheit. Zudem brauchte der GCC recht lange, um »erwachsen« zu werden. Manche Leute in der C-Community scheinen eine ganz robuste Ignoranz zu besitzen – basierend auf jahrzehntealten Erfahrungen. Andere Betriebssysteme und viele Systemprogramme, ja sogar echter Real-Time-Code und sicherheitskritische

---

[1] *http://www.open-std.org/JTC1/sc22/wg21/docs/TR18015.pdf*

Programme werden seit Jahrzehnten in C++ geschrieben. Schauen Sie sich nur ein paar Beispiele an: Symbian, OS/400 und K42 von IBM, BeOS und Teile von Windows. Es gibt zudem ganz allgemein eine Menge Open Source-C++-Code (zum Beispiel KDE).

Sie scheinen C++ mit OO gleichzusetzen. C++ ist nicht nur eine objektorientierte Sprache – und sollte es auch niemals nur sein. Ich habe 1995 den Artikel »Why C++ is not just an Object-Oriented Programming Language« geschrieben, er steht online zur Verfügung.[2] Die Idee war und ist, mehrere Programmierstile (oder »Paradigmen«, wenn Ihnen das lieber ist) und deren Kombination zu unterstützen. Das wichtigste andere Paradigma im Kontext von hochperformanter und nahe an der Hardware arbeitender Verwendung ist die generische Programmierung (manchmal als GP abgekürzt). Die ISO-C++-Standardbibliothek selbst ist durch ihr Framework für Algorithmen und Container (die STL) eher GP denn OO. Generische Programmierung ist der typische C++-Stil, der stark auf Templates aufbaut und häufig verwendet wird, wenn Sie sowohl Abstraktion als auch Performance brauchen.

Ich habe noch nie ein Programm gesehen, das besser in C als in C++ hätte geschrieben werden können. Ich denke nicht, dass so ein Programm existieren könnte. Wenn nichts anderes geht, können Sie C++ in einem Stil schreiben, der C sehr nahe kommt. Es zwingt Sie niemand, wie wild mit Exceptions, Klassenhierarchien oder Templates um sich zu werfen. Ein guter Programmierer nutzt die fortgeschritteneren Features dann, wenn sie dabei helfen, Ideen direkter auszudrücken, ohne vermeidbaren Overhead zu erzeugen.

Warum sollte ein Programmierer seinen Code von C nach C++ portieren? Welche Vorteile hätte er, C++ als generische Programmiersprache zu nutzen?

Bjarne: Sie scheinen davon auszugehen, dass Code zunächst in C geschrieben wurde und der Programmierer als C-Programmierer begann. Bei vielen – vielleicht sogar den meisten – C++-Programmen und -Programmierern ist das schon eine ganze Weile nicht mehr der Fall. Leider wird in vielen Kursen zunächst C unterrichtet, aber das ist nicht mehr zwingend der Fall.

Manche wechseln vielleicht von C nach C++, weil die Unterstützung für die Programmierstile, die normalerweise in C genutzt werden, in C++ besser ist als in C selbst. Die Typprüfung ist in C++ strikter (Sie können nicht vergessen, eine Funktion oder die Typen ihrer Argumente zu deklarieren) und es gibt eine typsichere Notationsunterstützung für viele häufig genutzte Operationen, zum Beispiel das Erstellen von Objekten (einschließlich der Initialisierung) und Konstanten. Ich habe erlebt, dass Leute so vorgegangen sind und sehr glücklich darüber waren, dass sie so Probleme hinter sich lassen konnten. Normalerweise geschieht das zusammen mit der Anpassung an ein paar C++-Bibliotheken, die nicht unbedingt objektorientiert sein müssen, zum Beispiel dem Standardvektor, einer GUI-Bibliothek oder anderen, anwendungsspezifischen Bibliotheken.

Nur die Verwendung eines einfachen benutzerdefinierten Typs, zum Beispiel `vector`, `string` oder `complex`, erfordert keinen Paradigmenwechsel. Die Leute können sie – wenn sie sich dazu entscheiden – genau wie die eingebauten Typen nutzen. Verwendet jemand, der `std::vector` nutzt,

---

[2] http://www.research.att.com/~bs/oopsla.pdf

OO? Ich würde sagen nein. Verwendet jemand, der auf ein C++-GUI zurückgreift, ohne tatsächlich neue Funktionalität hinzuzufügen, OO? Ich bin geneigt, Ja zu sagen, weil diese Nutzung es normalerweise notwendig macht, Vererbung zu verstehen und zu verwenden.

Die Verwendung von C++ als »generische Programmiersprache« ermöglicht Ihnen ohne großen Aufwand den Zugriff auf die Standardcontainer und -algorithmen (als Teil der Standardbibliothek). Das ist für viele Anwendungen eine große Hilfe und ein wichtiger Abstraktionsschritt. Darüber hinaus können die Leute von Bibliotheken wie Boost profitieren und manche der funktionalen Programmiertechniken nutzen, die zur generischen Programmierung gehören.

Trotzdem denke ich, dass die Frage ein wenig in die Irre leitet. Ich möchte nicht, dass C++ als »OO-Sprache« oder »GP-Sprache« dargestellt wird. Stattdessen handelt es sich um eine Sprache, die Folgendes unterstützt:

- Programmierung im C-Stil
- Datenabstraktion
- objektorientierte Programmierung
- generische Programmierung

Entscheidend ist, dass C++ Programmierstile unterstützt, die diese Sachen kombinieren (»Multiparadigmen-Programmierung«, wenn Sie unbedingt wollen), und dabei eine Neigung zur Systemprogrammierung hat.

OOP und Nebenläufigkeit

Die durchschnittliche Komplexität und der Umfang (in Bezug auf die Anzahl an Codezeilen) von Software wachsen Jahr für Jahr. Kommt OOP damit gut klar, oder wird alles nur komplizierter? Ich habe das Gefühl, dass der Wunsch, wiederverwendbare Objekte zu bauen, die Lage komplizierter macht und schließlich den Aufwand verdoppelt. Zuerst müssen Sie ein wiederverwendbares Tool entwerfen. Wenn Sie dann später eine Änderung vornehmen wollen, müssen Sie etwas schreiben, das genau die Lücke zum alten Teil schließt, was wiederum Einschränkungen für die Lösung bedeutet.

Bjarne: Das ist eine gute Beschreibung eines realistischen Systems. OO ist eine mächtige Sammlung von Techniken, die hilfreich sein können, doch dazu müssen sie sinnvoll angewendet werden – und zwar bei Problemen, bei denen sie auch helfen können. Ein weiteres Problem für jeglichen Code, der auf Vererbung mit statisch geprüften Schnittstellen aufbaut, ist, dass man zum Entwerfen einer guten Basisklasse (einer Schnittstelle zu vielen noch unbekannten Klassen) viel Voraussicht und Erfahrung benötigt. Woher weiß der Designer der Basisklasse (abstrakte Klasse, Interface, wie auch immer Sie sie nennen wollen), wie er alle Bedürfnisse für alle Klassen abdeckt, die von ihr in Zukunft abgeleitet werden? Woher weiß der Designer, dass das, was spezifiziert wurde, nicht ernsthaft mit etwas ins Gehege kommt, was von einer in der Zukunft abgeleiteten Klasse benötigt wird?

Im Allgemeinen können wir das nicht wissen. In einer Umgebung, in der wir unser Design umsetzen können, werden sich die Leute anpassen – häufig, indem sie hässliche Workarounds schreiben. Wenn keine Organisation die Verantwortung trägt, entstehen viele inkompatible Schnittstellen für die nahezu gleiche Funktionalität.

Das Problem kann nicht allgemein gelöst werden, aber die generische Programmierung scheint in vielen wichtigen Fällen eine Antwort zu sein, in denen der OO-Ansatz in die Hose geht. Ein bemerkenswertes Beispiel sind Container: Wir können mithilfe einer Vererbungshierarchie nicht ausdrücken, was ein Element sein soll, und wir können auch nicht ausdrücken, was ein Container ist. Wir können aber effektive Lösungen mit der generischen Programmierung bieten. Die STL (als Teil der C++-Standardbibliothek) ist ein Beispiel dafür.

Ist das ein spezifisches C++-Problem, oder betrifft es auch andere Programmiersprachen?

Bjarne: Das Problem gibt es in allen Sprachen, die auf statisch geprüften Schnittstellen für Klassenhierarchien aufbauen. Beispiele dafür sind C++, Java und C#, aber nicht dynamisch typisierte Sprachen wie Smalltalk und Python. C++ geht das Problem über die generische Programmierung an, bei der die C++-Container und -Algorithmen in der Standardbibliothek ein gutes Beispiel darstellen. Das Schlüsselfeature der Sprache sind hier die Templates, durch die ein Modell der späten Typprüfung zur Verfügung steht und die ein Äquivalent zu den dynamisch prüfenden Sprachen sind, nur hier zur Kompilierungszeit und nicht zur Laufzeit. Die neueren »Generics«-Ergänzungen von Java und C# sind Versuche, C++ in dieser Hinsicht zu folgen, und werden dabei häufig – fälschlicherweise, denke ich – als Verbesserung gegenüber C++ dargestellt.

»Refactoring« ist besonders populär als Versuch, dieses Problem durch rohe Gewalt anzugehen – indem einfach der Code reorganisiert wird, wenn sich sein ursprüngliches Schnittstellendesign überlebt hat.

Wenn das ein allgemeines Problem von OO ist, wie können wir dann sicher sein, dass die Vorteile von OO gegenüber den Nachteilen überwiegen? Vielleicht ist gerade das Problem, dass ein gutes OO-Design schwierig zu erreichen ist, die Wurzel aller anderen Probleme.

Bjarne: Die Tatsache, dass es ein Problem in manchen oder vielleicht auch in vielen Fällen gibt, ändert nichts daran, dass viele schöne, effiziente und gut wartbare Systeme in solchen Sprachen geschrieben wurden. Objektorientiertes Design ist einer der grundlegenden Wege, Systeme zu entwerfen, und statisch geprüfte Schnittstellen haben Vorteile, aber eben auch dieses Problem.

Es gibt nicht die eine »Wurzel allen Übels« in der Softwareentwicklung. Design ist in vielerlei Hinsicht schwierig. Die Leute tendieren dazu, die intellektuellen und praktischen Schwierigkeiten beim Aufbauen von »richtigen« Softwaresystemen zu unterschätzen. Das lässt sich nicht auf einen stumpfen Mechanismus des Aneinanderfügens von Zeilen reduzieren – und wird es auch nie. Kreativität, Entwicklungsprinzipien und evolutionäre Änderungen sind nötig, um ein zufriedenstellendes großes System aufzubauen.

Gibt es Verbindungen zwischen dem OO-Paradigma und Nebenläufigkeit? Ändert die momentan überall sichtbare Notwendigkeit der Nebenläufigkeit die Implementierung von Designs oder die Natur des OO-Designs?

Bjarne: Es gibt schon sehr lange eine Verbindung zwischen objektorientierter Programmierung und Nebenläufigkeit. Simula 67, die erste Programmiersprache, die objektorientierte Programmierung direkt unterstützte, bot auch einen Mechanismus für das Darstellen nebenläufiger Aktivitäten. Die erste C++-Bibliothek war eine, die das unterstützte, was wir heute als *Threads* bezeichnen würden. Bei den Bell Labs ließen wir C++ 1988 auf einer Sechs-Prozessor-Maschine laufen – und da waren wir nicht die einzigen. In den 90ern gab es mindestens mehrere Dutzend experimentelle C++-Dialekte und Bibliotheken, die Probleme im Bereich der verteilten und parallelen Programmierung angingen. Die aktuelle Begeisterung für Mehrkernprozessoren ist nicht meine erste Begegnung mit Concurrency. Tatsächlich war verteiltes Rechnen das Thema meiner Doktorarbeit, und ich habe das Gebiet seitdem beobachtet.

Allerdings geraten die Leute häufig ins Schleudern, wenn sie das erste Mal mit Nebenläufigkeit, Mehrkernprozessoren und so weiter zu tun haben, weil sie einfach die Kosten unterschätzen, die durch das Ausführen einer Aktivität auf einem anderen Prozessor entstehen. Die Kosten für das Starten einer Aktivität auf einem anderen Prozessor (Kern) und für den Zugriff der Aktivität auf die Daten im Speicher des »aufrufenden Prozessors« (entweder durch Kopieren oder durch einen »Remote«-Zugriff) können tausendmal höher sein (oder noch mehr), als wir es für den Aufruf einer Funktion gewohnt sind. Zudem kann es ganz andere Fehlermöglichkeiten geben, sobald Nebenläufigkeit eingeführt wird. Um die Concurrency-Möglichkeiten effektiv auszunutzen, die von der Hardware geboten werden, müssen wir die Organisation unserer Software überdenken.

Glücklicherweise gibt es eine jahrzehntealte Forschung, die uns dabei helfen kann. Das ist aber auch verwirrend, da es so viele Ergebnisse gibt, dass es fast unmöglich ist, herauszufinden, was nutzbar ist, und erst recht, was das Beste ist. Ein guter Ausgangspunkt für eigene Erkundigungen ist der HOPL-III-Artikel über Emerald. Diese Sprache war die erste, mit der die Interaktion zwischen Sprach- und Systemthemen unter Berücksichtigung der Kosten untersucht werden konnte. Es ist auch wichtig, zwischen der parallelen Datenverarbeitung zu unterscheiden, wie sie seit Jahrzehnten für wissenschaftliche Berechnungen vorgenommen wurde – vor allem in FORTRAN –, und der Verwendung von Kommunikationseinheiten mit »normalem, sequenziellen Code« (zum Beispiel Prozessen und Threads) auf vielen Prozessoren. Ich denke, dass ein Programmiersystem für eine breite Akzeptanz dieser schönen neuen Welt mit vielen »Kernen« und Clustern beide Arten von Nebenläufigkeit unterstützen muss – und zwar jeweils in vielen verschiedenen Ausprägungen. Das ist nicht ganz einfach und die Themen gehen weit über die Probleme klassischer Programmiersprachen hinaus – letztendlich muss man sich die Kombination von Sprache, Systemen und Anwendungsfällen anschauen.

Ist C++ bereit für Nebenläufigkeit? Wir können offensichtlich Bibliotheken erstellen, die mit allem umgehen, aber brauchen die Sprache und die Standardbibliothek eine ernsthafte Überarbeitung mit diesem Thema im Hinterkopf?

Bjarne: Fast. C++0x wird bereit sein. Um für Nebenläufigkeit gerüstet zu sein, muss eine Sprache zuerst ein genau spezifiziertes Speichermodell haben, durch das die Compiler-Autoren Vorteile aus der modernen Hardware ziehen können (mit tiefen Pipelines, großen Caches, Branch-Prediction-Puffern, statischer und dynamischer Umordnung von Anweisungen und so weiter). Dann brauchen wir ein paar kleine Spracherweiterungen: thread-lokaler Speicher und atomare Datentypen. Dann können wir eine Unterstützung für Nebenläufigkeit als Bibliotheken hinzufügen. Ganz klar wird die erste neue Standardbibliothek eine Thread-Bibliothek sein, die eine portable Programmierung auf verschiedenen Systemen wie Linux und Windows ermöglicht. Es gibt solche Bibliotheken natürlich schon seit vielen Jahren, aber keine Standardbibliotheken.

Threads plus einer Form von Sperren zum Vermeiden von Race Conditions sind der schlechteste Weg, um Nebenläufigkeit zu nutzen, aber C++ braucht das, um bestehende Anwendungen zu unterstützen und seine Rolle als Systemprogrammiersprache auf klassischen Betriebssystemen zu wahren. Es existieren Prototypen dieser Bibliothek – basierend auf vielen Jahren aktiven Einsatzes.

Ein wichtiges Thema bei der Nebenläufigkeit ist, wie Sie einen Task »einpacken«, der dann parallel mit anderen Tasks ausgeführt werden soll. In C++ vermute ich, dass die Antwort »als Funktionsobjekt« sein wird. Das Objekt kann alle Daten enthalten, die gebraucht werden, und nach Bedarf weitergegeben werden. C++98 bekommt das für benannte Operationen gut hin (benannte Klassen, aus denen wir Funktionsobjekte instanziieren), und die Technik ist universell einsetzbar für eine Parametrisierung in generischen Bibliotheken (zum Beispiel der STL). C++0x erleichtert es, »Einmal«-Funktionsobjekte zu schreiben, indem »Lambda-Funktionen« bereitgestellt werden, die in Ausdruckskontexten geschrieben werden können (zum Beispiel als Funktionsargumente) und entsprechende Funktionsobjekte (»Closures«) generieren.

Der nächste Schritt ist interessanter. Direkt nach C++0x plant das Kommitee einen technischen Bericht zu Bibliotheken. Dabei wird es ziemlich sicher um Thread-Pools und eine Art des Stehlens von Arbeit gehen. Das bedeutet, es wird ein Standardmechanismus vorhanden sein, damit der Anwender eine recht kleine Arbeitseinheit (einen »Task«) anfordern kann, der nebenläufig ausgeführt werden soll, ohne sich mit dem Erstellen von Threads, ihrem Abbrechen, Sperren und so weiter herumschlagen zu müssen. Dabei werden vermutlich Funktionsobjekte als Tasks Verwendung finden. Zudem wird es Möglichkeiten geben, zwischen geografisch getrennten Prozessen über Sockets, IO-Streams und so weiter kommunizieren zu können – so ähnlich wie bei `boost::networking`.

Meiner Meinung nach wird Vieles von dem, was bei Nebenläufigkeit interessant ist, in Form mehrerer Bibliotheken erscheinen, die logisch unterschiedliche Concurrency-Modelle unterstützen.

Viele moderne Systeme sind aus Komponenten zusammengesetzt und über ein Netzwerk verteilt – das Zeitalter von Webanwendungen und Mashups könnte diesen Trend noch betonen. Sollte eine Sprache solche Aspekte des Netzwerks reflektieren?

Bjarne: Es gibt viele Formen der Nebenläufigkeit. Manche sind dazu gedacht, den Durchsatz oder die Reaktionszeit eines Programms auf einem einzelnen Computer oder in einem Cluster zu verbessern, während andere dazu dienen, mit geografischer Verteilung umzugehen. Wieder andere arbeiten unterhalb der Ebene, die normalerweise von Programmierern in Betracht gezogen wird (Pipelining, Caching und so weiter).

C++0x wird eine Reihe von Funktionen und Garantien bereitstellen, die Programmierer vor den Details auf unterster Ebene »schützen«, indem ein »Vertrag« zwischen Rechnerarchitekten und Compilerautoren erstellt wird – ein »Maschinenmodell«. Es wird auch eine Thread-Bibliothek geben, die eine grundlegende Abbildung von Code auf Prozessoren ermöglicht. Auf dieser Basis können andere Modelle durch Bibliotheken angeboten werden. Ich hätte es schön gefunden, wenn ein paar einfach zu nutzende Nebenläufigkeitsmodelle auf höherer Ebene in der Standardbibliothek von C++0x enthalten wären, aber das wird sehr unwahrscheinlich sein. Später – hoffentlich bald nach C++0x – werden wir mehr Bibliotheken erhalten, die in einem technischen Bericht spezifiziert sind: Thread-Pools und Futures und eine Bibliothek für I/O-Streams über Wide Area Networks (zum Beispiel TCP/IP). Diese Bibliotheken gibt es schon, aber nicht alle sind der Meinung, dass sie für den Standard gut genug spezifiziert sind.

Vor Jahren hatte ich die Hoffnung, dass C++0x einige der schon lange bestehenden Probleme von C++ bei verteiltem Rechnen angehen würde, indem eine Standardform für das Marshalling (oder die Serialisierung) festgelegt würde, aber das ist nicht geschehen. Daher wird sich die C++-Community weiterhin um die höheren Ebenen des verteilten Rechnens und des Aufbaus verteilter Anwendungen mithilfe von Nicht-Standardbibliotheken und/oder Frameworks (zum Beispiel CORBA oder .NET) kümmern müssen.

Die allererste C++-Bibliothek (eigentlich die erste C-mit-Klassen-Bibliothek) stellte eine einfache Form der Nebenläufigkeit bereit und mit den Jahren entstanden hunderte von Bibliotheken und Frameworks für nebenläufiges, paralleles und verteiltes Rechnen in C++, aber die Community hat es nicht geschafft, sich auf Standards zu einigen. Ich vermute, ein Teil des Problems ist, dass man viel Geld braucht, um in diesem Bereich etwas Größeres zu bewegen, und dass die großen Firmen ihr Geld lieber für ihre eigenen Bibliotheken, Frameworks und Sprachen ausgeben. Das war für die C++-Community als Ganzes nicht gut.

Zukunft

Werden wir je ein C++ 2.0 sehen?

Bjarne: Das hängt davon ab, was Sie mit »C++ 2.0« meinen. Wenn Sie auf eine neue Sprache anspielen, die mehr oder weniger von Grund auf neu entwickelt wurde und das Beste von C++ enthält, aber alles Schlechte weglässt (für bestimmte Definitionen von »Bestes« und »Schlechtes«), ist die Antwort: »Ich weiß es nicht.« Ich würde mich über eine richtige neue Sprache in der Tradition von C++ freuen, aber ich sehe keine am Horizont, daher möchte ich mich auf den nächsten ISO-C++-Standard konzentrieren, der den Arbeitstitel C++0x trägt.

Für viele wird das ein »C++ 2.0« sein, da es neue Sprachfeatures und neue Standardbibliotheken enthalten wird, aber es wird auch zu 100% kompatibel zu C++98 sein. Wir nennen es C++0x, in der Hoffnung, dass es ein C++09 wird. Wenn wir langsam sind – sodass *x* hexadezimal werden muss – werde ich (und andere auch) ziemlich enttäuscht und verärgert sein.

C++0x wird nahezu 100% kompatibel zu C++98 sein. Wir haben kein besonderes Interesse daran, Ihren Code ungültig werden zu lassen. Die größten Inkompatibilitäten entstehen durch die Verwendung ein paar neuer Schlüsselwörter wie `static_assert`, `constexpr` und `concept`. Wir haben versucht, die Auswirkungen minimal zu halten, indem wir neue Schlüsselwörter wählten, die nicht so viel genutzt werden. Die wichtigsten Verbesserungen sind:

- Unterstützung von modernen Maschinenarchitekturen und Nebenläufigkeit: ein Maschinenmodell, eine Thread-Bibliothek, Thread-lokaler Speicher und atomare Operationen, sowie ein Mechanismus zur asynchronen Werterückgabe (»Futures«).
- Eine bessere Unterstützung der generischen Programmierung: Konzepte (ein Typensystem für Typen, Kombinationen aus Typen und Kombinationen aus Typen und Integern), um Template-Definitionen und -Anwendungen besser prüfen und sie besser überladen zu können. Typdeduktion basierend auf Initialisierern (`auto`), verallgemeinerte Initialisiererlisten, verallgemeinerte konstante Ausdrücke (`constexpr`), Lambda-Ausdrücke und mehr.

- Viele »kleine« Spracherweiterungen, zum Beispiel statische Assertions, Verschiebesemantiken, verbesserte Enumerations, ein Name für den Nullzeiger (nullptr) und so weiter.
- Neue Standardbibliotheken für reguläre Ausdrücke, Hash-Tabellen (zum Beispiel unordered_map), »smarte« Zeiger und so weiter.

Alle Details finden Sie auf der Website des »C++ Standards Committee«.[3] Einen Überblick finden Sie auch in meinen Online-FAQ zu C++0x.[4]

Beachten Sie bitte, dass ich mich bei »den Code nicht ungültig werden lassen« auf die Kernsprache und die Standardbibliothek beziehe. Alter Code wird eventuell tatsächlich nicht mehr funktionieren, wenn er Erweiterungen eines Compileranbieters außerhalb des Standards oder altertümliche Bibliotheken nutzt. Meiner Erfahrung nach beziehen sich die Leute vor allem auf proprietäre Features und Bibliotheken, wenn sie sich über »kaputten Code« oder »Instabilitäten« beschweren. Wenn Sie zum Beispiel das Betriebssystem wechseln und nicht eine der portablen GUI-Bibliotheken verwenden, werden Sie sicherlich einiges am Code für die Benutzerschnittstelle zu korrigieren haben.

Was hält Sie davon ab, eine große, neue Sprache zu erstellen?

Bjarne: Es stellen sich schnell ein paar Schlüsselfragen:

- Welches Problem würde die neue Sprache lösen?
- Für wen würde sie die Probleme lösen?
- Was dramatisch Neues könnte angeboten werden (im Vergleich zu jeder bestehenden Sprache)?
- Könnte die neue Sprache effektiv verbreitet werden (in einer Welt mit vielen gut unterstützen Sprachen)?
- Wäre das Designen einer neuen Sprache nur eine erfreuliche Ablenkung von der harten Arbeit, Leuten dabei zu helfen, bessere Tools und Systeme für die reale Welt zu bauen?

Bisher habe ich es nicht geschafft, diese Fragen zu meiner Zufriedenheit zu beantworten.

Das heißt nicht, dass ich glaube, C++ wäre die perfekte Sprache. Sie ist es nicht; ich bin überzeugt, dass Sie eine Sprache entwerfen könnten, die nur ein Zehntel so groß ist wie C++ (egal, wie Sie messen) und dabei ungefähr das Gleiche bereitstellt, was C++ bietet. Aber es muss auch bei einer neuen Sprache mehr drin sein, als nur das zu tun, was eine vorhandene Sprache kann, wenn auch vielleicht ein bisschen besser und eleganter.

Was nehmen die Leute, die heute und in naher Zukunft Computersysteme entwickeln, aus Ihren Erfahrungen zum Erfinden, weiteren Entwickeln und Anpassen Ihrer Sprache mit?

Bjarne: Das ist die große Frage: Können wir aus der Vergangenheit lernen? Wenn ja, wie? Was für Lektionen können wir lernen? Während der frühen Entwicklung von C++ formulierte ich eine Reihe von »Faustregeln«, die Sie in *Design und Entwicklung von C++* (Addison-Wesley) fin-

---

[3] http://www.open-std.org/jtc1/sc22/wg21/
[4] http://www.research.att.com/~bs/C++0xFAQ.html

den können und die auch in meinen beiden HOPL-Artikeln behandelt werden. Natürlich braucht jedes ernsthaft betriebene Sprachentwicklungsprojekt eine Reihe von Prinzipien, die auch so schnell wie möglich formuliert werden sollten. Das ist tatsächlich eine Folgerung aus den Erfahrungen mit C++: Ich habe die Designprinzipien von C++ nicht früh genug ausgearbeitet, und sie wurden auch nicht umfassend genug verstanden. Im Ergebnis haben sich viele Leute ihre eigenen Gründe für das Design von C++ überlegt. Manche davon waren ziemlich verblüffend und sorgten für einige Verwirrung. Bis heute sehen manche in C++ nicht viel mehr als einen fehlgeschlagenen Versuch, etwas wie Smalltalk zu entwerfen (nein, C++ sollte nicht »wie Smalltalk« sein, es folgt dem OO-Modell von Simula), oder als Plan, ein paar der Schwachstellen in C zu beseitigen, um weiter C-Code schreiben zu können (nein, C++ sollte nicht nur C mit ein paar Anpassungen sein).

Der Zweck einer (nicht experimentellen) Programmiersprache ist, dabei zu helfen, gute Systeme zu bauen. Daraus folgt, dass die Vorstellungen von System- und Sprachdesign eng miteinander verbunden sind. Meine Definition von »gut« ist in diesem Kontext »korrekt, gut wartbar und mit einem akzeptablen Ressourcenmanagement«. Das offensichtlich fehlende Konzept ist »leicht zu schreiben«, aber für die Art von Systemen, an die ich meistens denke, ist das nur sekundär. »RAD-Entwicklung« ist nicht mein Ideal. Es kann genauso wichtig sein, zu sagen, was nicht das primäre Ziel ist, wie zu sagen, was es ist. So habe ich zum Beispiel nichts gegen Rapid Development – niemand mit Verstand will mehr Zeit als notwendig mit einem Projekt verbringen –, aber ich habe lieber weniger Einschränkungen bei den Anwendungsbereichen und der Performance. Mein Ziel bei C++ war und ist ein direktes Ausdrücken von Ideen in Code, der in Bezug auf Zeit und Platz effizient ist.

C und C++ sind seit Jahrzehnten stabil. Das ist insbesondere für die Industrieanwender wichtig. Ich habe kleine Programme, die seit den frühen 80er Jahren nahezu unverändert sind. Man muss für so eine Stabilität einen Preis zahlen, aber Sprachen, die das nicht ermöglichen, sind für große, langlebige Projekte schlicht unbrauchbar. Firmeneigene Sprachen und solche, die versuchen, Trends möglichst schnell zu folgen, sind hier eher schlecht aufgestellt und verursachen bei ihrem Einsatz nur Ärger.

Das führt dazu, dass man darüber nachdenkt, wie man mit einer Weiterentwicklung umgeht. Wie viel kann geändert werden? Wie feingranular sind die Änderungen? Ändert man eine Sprache jedes Jahr, so wie ein neues Release eines Produkts, ist das zu kurzfristig und führt zu einer Reihe von De-facto-Untermengen, verworfenen Bibliotheken und Sprachfeatures und/oder massivem Upgradeaufwand. Zudem ist ein Jahr einfach nicht ausreichend, um die wichtigen Features richtig reifen zu lassen, daher führt der Ansatz zu halbgaren Lösungen und Sackgassen. Andererseits ist der Zehnjahreszyklus von in der ISO standardisierten Sprachen wie C und C++ zu lang und führt dazu, dass Teile der Community (einschließlich von Teilen des Kommitees) vergreisen.

Eine erfolgreiche Sprache führt auch zu einer lebendigen Community: Sie tauscht untereinander Techniken, Tools und Bibliotheken aus. Firmensprachen haben hier einen inhärenten Vorteil: Sie können Marktanteile durch Marketing, Konferenzen und »freie« Bibliotheken kaufen. Diese Investition kann sich dadurch auszahlen, dass andere Teilnehmer signifikante Ergänzungen liefern und die Community größer und agiler wird. Suns Aktionen mit Java haben gezeigt, wie amateurhaft und unterfinanziert jeder vorige Versuch war, eine (mehr oder weniger) allgemeine

Sprache zu etablieren. Die Versuche des US-Verteidigungsministeriums, Ada als eine dominierende Sprache zu verbreiten war dagegen ein starker Kontrast, genau wie die unbezahlten Versuche von mir und meinen Freunden, C++ zu etablieren.

Was einige der Taktiken von Java angeht, kann ich nicht sagen, dass ich sie gutheiße, wie zum Beispiel das Verkaufen an nicht programmierende Manager, aber sie zeigen, was machbar ist. Python und Perl zeigen mit ihren Communities, dass Sprachen auch außerhalb von Firmen erfolgreich sein können. Die Erfolge beim Aufbau von Communities im C++-Bereich waren nur gering, wenn man sich ihre Größe anschaut. Die ACCU-Konferenzen sind toll, aber warum hat es nicht schon seit 1986 oder so regelmäßige, große, internationale C++-Konferenzen gegeben? Die Boost-Bibliotheken sind toll, aber warum hat es nicht schon seit 1986 oder so ein zentrales Repository für C++-Bibliotheken gegeben? Es gibt tausende von Open Source-C++-Bibliotheken, die Verwendung finden. Ich kenne nicht einmal eine vollständige Liste kommerzieller C++-Bibliotheken. Ich will solche Fragen gar nicht erst beantworten, sondern nur darauf hinweisen, dass man bei jeder neuen Sprache irgendwie den Dreh finden muss, eine große Community aufzubauen, da sie ansonsten nie richtig in die Gänge kommt.

Eine allgemein nutzbare Sprache braucht Input und Bestätigung von vielen Communities, zum Beispiel von Programmierern aus Firmen, Ausbildern, Wissenschaftlern, Forschungsabteilungen in Firmen und der Open Source-Community. Diese Gruppen sind nicht disjunkt, aber einzelne Unter-Communities sehen sich selbst häufig als die einzig wahren an – sie meinen zu wissen, was richtig ist, und glauben, die anderen würden es eben nicht verstehen. Das kann ein ernsthaftes Problem werden. So haben zum Beispiel Teile der Open Source-Community eine Abneigung gegen die Verwendung von C++, weil es »eine Microsoft-Sprache ist« (ist es nicht) oder »AT&T gehört« (tut es nicht), während einige wichtige Firmen in diesem Bereich es wiederum als Problem ansahen, dass sie C++ eben gerade *nicht* besaßen.

Das entscheidende Problem ist hier, dass viele Sub-Communities eine sehr begrenzte und engstirnige Sicht von »was Programmierung wirklich ist« und »was wirklich gebraucht wird« verbreiten: »Wenn es jeder richtig machen würde, gäbe es kein Problem.« Das echte Problem ist aber, die verschiedenen Bedürfnisse abzuwägen, um eine größere und vielseitigere Community aufzubauen. Wenn die Leute Fortschritte machen und sich neuen Herausforderungen gegenübersehen, wird die allgemeine Verwendbarkeit und die Flexibilität einer Sprache wichtiger werden als die Möglichkeit, optimale Lösungen für ein begrenztes Problemumfeld bieten zu können.

Um auf technische Punkte zurückzukommen – ich denke immer noch, dass ein flexibles, erweiterbares und allgemeines statisches Typensystem wunderbar ist. Meine Erfahrungen mit C++ bestätigen das immer wieder. Ich bin auch immer noch begeistert von echten lokalen Variablen mit benutzerdefinierten Typen: Die Techniken von C++ zum Umgang mit allgemeinen Ressourcen, die auf gültigkeitsbeschränkten Variablen basieren, sind im Vergleich zu allem anderen sehr effektiv. Konstruktoren und Destruktoren können, oft zusammen mit RAII, zu sehr elegantem und effizientem Code führen.

Lehren

Sie haben die Industrie verlassen, um eine akademische Laufbahn einzuschlagen. Warum?

Bjarne: Tatsächlich habe ich die Industrie nie komplett verlassen, da ich als AT&T-Fellow weiterhin eine Verbindung zu AT&T habe, zudem verbringe ich jedes Jahr viel Zeit mit Leuten aus der Industrie. Ich sehe meine Verbindung zur Industrie als sehr wichtig an, denn damit bleibt meine Arbeit mit der Realität verbunden.

Ich bin vor fünf Jahren als Professor an die Texas A&M University gegangen (nach fast 25 Jahren in »The Labs«), weil ich das Gefühl hatte, eine Änderung nötig zu haben, und weil ich dachte, ich müsse auch im Bereich der Ausbildung etwas beitragen. Zudem hatte ich ein paar sehr idealistische Vorstellungen von Grundlagenforschung nach all meinen Jahren der angewandten Forschung und Entwicklung.

Viel Forschung ist im Informatikbereich entweder zu weit von den tagtäglichen Problemen entfernt (selbst von mutmaßlichen zukünftigen tagtäglichen Ideen) oder so sehr mit den wirklichen Problemen verschlungen, dass es eigentlich nicht viel mehr als ein Technologietransfer ist. Ich habe natürlich nichts gegen Technologietransfer (wir brauchen ihn unbedingt), aber es sollte gute Feedbackwege von der Praxis in der Industrie zurück zur fortgeschritteneren Forschung geben. Der kurze Planungshorizont in vielen Firmen und die Anforderungen der akademischen Veröffentlichungs- und Anstellungswege scheinen Aufmerksamkeit und Einsatz von einigen der kritischsten Probleme abzuziehen.

Was haben Sie in diesen Jahren an der Universität über das Unterrichten von Programmiertechniken für Anfänger gelernt?

Bjarne: Das konkreteste Ergebnis meiner Universitätsjahre (abgesehen von den obligatorischen akademischen Veröffentlichungen) ist ein neues Lehrbuch für das Programmieren, das für Leute gedacht ist, die vorher noch nie programmiert haben: *Einführung in die Programmierung mit C++* (Pearson Studium).

Das ist mein erstes Buch für Anfänger. Bevor ich zur Universität wechselte, kannte ich einfach nicht genug Anfänger, um so ein Buch zu schreiben. Aber ich hatte das Gefühl, dass zu viele Softwareentwickler schlecht auf ihre Aufgaben in der Industrie und anderswo vorbereitet waren. Nun habe ich mehr als 1.200 Anfänger in Programmieren unterrichtet (oder dabei geholfen) und bin ein bisschen sicherer, dass meine Ideen in diesem Bereich sinnvoll sind.

Ein Buch für Einsteiger muss viele Zwecke erfüllen. Vor allem muss es eine gute Grundlage für das weitere Lernen bieten (wenn das klappt, ist es die Grundlage für lebenslanges Lernen) und ein paar praktische Fähigkeiten lehren. Zudem ist Programmieren – und ganz allgemein die Softwareentwicklung – keine rein theoretische Fähigkeit, aber auch nichts, was man ohne das Wissen über ein paar grundlegende Konzepte sinnvoll umsetzen kann. Leider schafft es die Lehre häufig nicht, die richtige Abwägung zwischen der Theorie und den Prinzipien gegen die Praxis und die Techniken zu finden. Als Konsequenz sehen wir Leute, die das Programmieren grundlegend verachten (»nichts als Kodieren«) und glauben, dass Software ohne praktische Fertigkeiten nur aus den Prinzipien heraus entwickelt werden kann. Und wir sehen Leute, die davon überzeugt sind, dass »guter Code« alles ist und nur durch einen kurzen Blick in ein Online-Manual und viel

Copy-and-Paste erreicht werden kann. Ich habe Programmierer getroffen, die finden, dass K&R »zu kompliziert und theoretisch« sind. Meiner Meinung nach sind beide Einstellungen viel zu extrem und führen zu schlecht strukturierten, ineffizienten und unwartbaren Codewüsten, selbst wenn dabei nachher minimal funktionierender Code herauskommt.

Wie ist Ihre Meinung zu Codebeispielen in Lehrbüchern? Sollten Sie eine Fehler- und Ausnahmebehandlung enthalten? Sollte es sich um vollständige Programme handeln, sodass sie tatsächlich kompiliert und ausgeführt werden können?

Bjarne: Ich bevorzuge Beispiele, die in so wenig Zeilen wie möglich eine Idee darstellen. Solche Programmfragmente sind oft unvollständig, auch wenn ich darauf bestehe, dass sich meine Beispiele kompilieren und ausführen lassen, wenn sie in das passende Rahmenprogramm eingebettet werden. Prinzipiell leitet sich mein Stil bei der Präsentation von Code von K&R ab. In meinem neuen Buch werden alle Codebeispiele in kompilierbarer Form vorliegen. Im Text nutze ich sowohl kurze Fragmente, die in einen erläuternden Text eingebunden sind, als auch längere, komplettere Codeabschnitte. An wichtigen Stellen verwende ich beide Techniken für ein einzelnes Beispiel, um dem Leser zwei Sichtweisen auf kritische Anweisungen zu bieten.

Manche Beispiele sollten durch eine Fehlerbehandlung vervollständigt werden, und alle sollten Designs widerspiegeln, die sich überprüfen lassen. Neben Erwähnungen von Fehlern und der Fehlerbearbeitung, die über das ganze Buch verteilt sind, gibt es auch eigene Kapitel, die sich mit der Fehlerbehandlung und dem Testen befassen. Ich mag definitiv Beispiele, die aus echten Programmen abgeleitet sind. Ich mag keine hübschen künstlichen Beispiele wie Vererbungsbäume von Tieren und dumme mathematische Puzzles. Vielleicht sollte man auf meinem Buch noch einen Aufkleber anbringen: »Für die Beispiele in diesem Buch wurden keine süßen, knuddligen Tiere missbraucht.«

KAPITEL ZWEI

Python
Guido von Rossum

Python ist eine moderne, universell einsetzbare High-Level-Sprache, die von Guido van Rossum als ein Ergebnis seiner Arbeit mit der Programmiersprache ABC entwickelt wurde. Die Philosophie von Python ist pragmatisch – ihre Benutzer sprechen häufig über das »Zen of Python« und bevorzugen einen einzigen, offensichtlichen Weg, um eine beliebige Aufgabe zu erledigen. Es gibt Portierungen für VMs wie die CLR von Microsoft und die JVM, aber die wichtigste Implementierung ist CPython, die immer noch von van Rossum und anderen Freiwilligen entwickelt wird. Gerade wurde Python 3.0 veröffentlicht, eine nicht abwärtskompatible Überarbeitung von Teilen der Sprache und ihrer Basisbibliotheken.

Der pythonische Weg

Was für Unterschiede gibt es zwischen dem Entwickeln einer Programmierspache und dem eines »normalen« Softwareprojekts?

Guido van Rossum: Mehr als bei den meisten normalen Softwareprojekten sind hier die Programmierer selber die wichtigsten Anwender. Damit erhält ein Sprachprojekt viele »Meta«-Inhalte. Im Abhängigkeitsbaum von Softwareprojekten befinden sich Programmiersprachen ziemlich am untersten Ende – alles andere hängt von einer oder mehreren Sprachen ab. Damit wird es auch schwierig, eine Sprache zu ändern – eine inkompatible Änderung betrifft so viele abhängige Objekte, dass so etwas häufig gar nicht durchführbar ist. Mit anderen Worten: Alle Fehler, die einmal veröffentlicht werden, sind wie in Stein gemeißelt. Das ultimative Beispiel dafür ist vermutlich C++, das von Kompatibilitätsanforderungen belastet ist, durch die Code, der vor vielleicht 20 Jahren geschrieben wurde, immer noch gültig sein muss.

Wie debuggen Sie eine Sprache?

Guido: Gar nicht. Sprachdesign ist ein Bereich, in dem agile Entwicklungsmethoden einfach keinen Sinn haben – bis die Sprache stabil ist, wollen sie nur wenige Leute nutzen, aber Sie finden die Fehler in der Sprachdefinition erst, wenn Sie so viele Anwender haben, dass es zu spät ist, um etwas zu ändern.

Natürlich lässt sich in der *Implementierung* Vieles wie jedes normale Programm debuggen, aber das Sprachdesign selbst muss von vornherein sorgfältig entworfen sein, da seine Fehlerkosten so exorbitant hoch sind.

Wie entscheiden Sie, ob ein Feature als Erweiterung in eine Bibliothek wandern soll oder durch die eigentliche Sprache zu unterstützen ist?

Guido: Historisch gesehen hatte ich eine ziemlich gute Antwort darauf. Mir fiel sehr schnell auf, dass jeder sein Lieblingsfeature in der Sprache wiederfinden wollte und die meisten in Bezug auf Sprachdesign recht unerfahren sind. Jeder schlägt immer vor: »Lass uns dies zur Sprache hinzufügen!« oder »Lass uns eine Anweisung bauen, die X tut.« In vielen Fällen ist die Antwort: »Tja, du kannst X oder etwas Ähnliches schon umsetzen, indem du diese zwei oder drei Zeilen Code schreibst. Das ist gar nicht so schwer.« Sie können ein Dictionary verwenden oder eine Liste, ein Tupel und einen regulären Ausdruck verbinden oder eine kleine Metaklasse schreiben – all diese Sachen. Es kann sogar sein, dass ich die ursprüngliche Version dieser Antwort von Linus habe, der eine ähnliche Philosophie zu vertreten scheint.

Den Leuten zu erklären, dass sie dies oder das schon längst machen können, ist die erste Verteidigungslinie. Die zweite ist: »Nun, das ist schon ganz praktisch, und wir oder du sind sicherlich dazu in der Lage, ein eigenes Modul oder eine eigene Klasse dafür zu schreiben und diese Abstraktionseinheit damit zu kapseln.« Dann kommt: »Okay, das sieht so interessant und nützlich aus, dass wir es tatsächlich als Ergänzung zur Standardbibliothek übernehmen werden und es echtes Python sein wird.« Und dann gibt es schließlich Dinge, die sich im reinen Python gar nicht so einfach umsetzen lassen, und wir schlagen vor, sie in eine C-Extension umzuwandeln. Die C-Extensions sind die letzte Verteidigungslinie, bevor wir zugeben müssen: »Ja, okay, das ist so nützlich und man kann es wirklich nicht umsetzen, also müssen wir die Sprache ändern.«

Es gibt noch andere Kriterien, die entscheiden, ob es sinnvoller ist, etwas der Sprache oder eher der Bibliothek hinzuzufügen, denn wenn es um die Semantiken von Namensräumen oder Ähnliches geht, kann man eigentlich nicht viel anderes machen, als die Sprache anzupassen. Andererseits ist der Extension-Mechanismus mächtig genug, dass es eine erstaunliche Menge Dinge in C-Code gibt, die die Bibliothek erweitern und eventuell sogar neue, eingebaute Funktionalität bereitstellen, ohne die Sprache selbst zu verändern. Der Parser ändert sich nicht. Der Parse Tree ändert sich nicht. Die Dokumentation für die Sprache ändert sich nicht. Alle Ihre Tools funktionieren immer noch, und trotzdem hat Ihr System neue Funktionalität erhalten.

Ich vermute, es gibt Features, die Sie sich angeschaut haben und die sich nicht in Python implementieren lassen, ohne die Sprache zu verändern, und die Sie trotzdem abgelehnt haben. Welche Kriterien legen Sie an, um zu sagen, das hier ist pythonisch, das da aber nicht?

Guido: Das ist viel schwieriger. In vielen Fällen ist das eher eine Frage des Bauchgefühls. Die Leute nutzen die Wendungen »pythonisch« und »das ist pythonisch« häufig, aber niemand kann Ihnen eine wasserdichte Definition dessen geben, was pythonisch oder unpythonisch ist.

Sie haben das »Zen of Python«, was gibt es noch?

Guido: Da braucht man eine Menge Interpretation, wie bei jeder guten heiligen Schrift. Wenn ich ein gutes oder ein schlechtes Proposal sehe, kann ich sagen, ob es gut oder schlecht ist, aber es ist wirklich schwer, das ganze in eine Reihe von Regeln zu gießen, die jemand anderem dabei helfen, zwischen guten und schlechten Proposals zum Ändern der Sprache zu unterscheiden.

Das klingt, als ob es mehr eine Frage des Geschmacks ist als irgendetwas anderes.

Guido: Naja, zunächst versucht man, immer »Nein« zu sagen und zu schauen, ob die Leute weggehen und einen Weg finden, ihr Problem zu lösen, ohne die Sprache zu ändern. Es ist erstaunlich, wie oft das funktioniert. Dabei handelt es sich mehr um eine operative Definition von »Es ist nicht notwendig, die Sprache zu ändern.«

Wenn Sie die Sprache stabil halten, werden die Leute trotzdem einen Weg finden, das zu tun, was sie tun müssen. Darüber hinaus ist es häufig eine Frage der Use Cases, die aus verschiedenen Bereichen kommen und bei denen es nichts Spezifisches für die Anwendung gibt. Wenn zum Beispiel etwas für das Web richtig cool wäre, würde das kein gutes Feature für eine Sprachergänzung sein. Wenn etwas richtig hilfreich für das Schreiben kürzerer Funktionen oder besser wartbarer Klassen wäre, könnte es eventuell eine gute Ergänzung für die Sprache sein. Es muss wirklich über einzelne Anwendungsdomänen hinausgehen und die Angelegenheit einfacher oder eleganter machen.

Wenn Sie die Sprache verändern, ist jeder betroffen. Es gibt kein Feature, dass Sie so gut verstecken können, dass die meisten Leute nichts darüber wissen müssen. Früher oder später werden die Leute über Code stolpern, der von jemand anderem geschrieben wurde und dieses Feature nutzt, oder sie haben es mit einem obskuren Grenzfall zu tun, bei dem sie sich mit dem Feature auseinandersetzen müssen, weil das Ganze nicht so funktioniert, wie sie es erwartet haben.

Häufig liegt die Eleganz auch im Auge des Betrachters. Wir hatten kürzlich eine Diskussion auf einer der Python-Listen, bei der die Leute überzeugend argumentierten, dass die Verwendung von `dollar` statt von `self.dot` viel eleganter wäre. Ich denke, ihre Definition von Eleganz war die Anzahl der einzugebenden Zeichen.

Es gibt eine Debatte darüber, ob man hier sehr sparsam vorgehen sollte, aber das liegt stark im Rahmen des persönlichen Geschmacks.

Guido: Eleganz, Einfachheit und Allgemeingültigkeit sind alles Dinge, die weitgehend vom persönlichen Geschmack abhängen, denn was für mich eine große Rolle spielt, mag für jemand anderen überhaupt nicht wichtig sein – und umgekehrt.

Wie läuft es mit dem Python Enhancement Proposal (PEP)?

Guido: Das ist ein sehr interessantes Thema. Ich denke, es wurde vor allem von Barry Warsaw angestoßen und beworben, einem der Basisentwickler. Er und ich begannen unsere Zusammenarbeit 1995, und ich glaube um das Jahr 2000 herum kam er mit dem Vorschlag, dass wir für die Sprachänderungen einen formelleren Prozess benötigen würden.

Ich bin bei solchen Sachen immer etwas langsam. Ich meine, ich war nicht derjenige, der herausgefunden hat, dass wir eine Mailingliste benötigen würden. Ich war nicht derjenige, der bemerkte, dass die Mailingliste unpraktisch wurde und wir eine Newsgroup brauchen würden. Ich war auch nicht derjenige, der vorschlug, dass wir eine Website haben müssten. Und ich war nicht derjenige, der vorschlug, dass wir einen Prozess benötigen würden, um Sprachänderungen zu besprechen und auszuarbeiten und um sicherzustellen, dass die üblichen Fehler vermieden werden, die entstehen, wenn schnell etwas vorgeschlagen und umgesetzt wird, ohne alle Konsequenzen zu durchdenken.

In der Zeit zwischen 1995 und 2000 waren Barry, ich selber und zwei andere Basisentwickler, Fred Drake und Ken Manheimer, alle an der CNRI, und etwas von dem, was die CNRI organisierte, waren die IETF-Meetings. Die CNRI hatte diese kleine Abteilung zur Organisation von Konferenzen, die sich schließlich selbstständig machte und deren einziger Kunde die IETF war. Sie organisierten später auch eine zeitlang die Python-Konferenzen. Daher war es ziemlich einfach, an den IETF-Meetings teilzunehmen, auch wenn sie nicht direkt dort abgehalten wurden. Ich bekam einen Eindruck vom IETF-Prozess mit seinen RFCs, den Meeting-Gruppen und den Phasen, und Barry bekam das auch. Als er vorschlug, etwas Ähnliches für Python umzusetzen, war ich leicht zu überzeugen. Wir entschieden uns absichtlich dazu, es bei Weitem nicht so aufwendig und kompliziert zu machen, wie es sich zu dem Zeitpunkt bei der IETF schon entwickelt hatte, da Internetstandards (zumindest manche von ihnen) weitaus mehr Branchen und Personen beeinflussen als eine Änderung an Python, aber wir nutzen die IETF durchaus als Vorbild. Barry ist beim Erfinden von Namen schon immer gut gewesen, daher bin ich ziemlich sicher, dass PEP seine Idee war.

Wir waren zu der Zeit eines der ersten Open Source-Projekte, die so etwas hatten, und es wurde recht häufig kopiert. Die Tcl/Tk-Community änderte im Prinzip nur den Namen, verwendete aber ansonsten genau die gleichen Dokumente und Prozesse, und andere Projekte sind ähnlich vorgegangen.

Finden Sie, dass sich durch das Hinzufügen von ein wenig Formalismus die Designentscheidungen rund um Python-Verbesserungen besser herauskristallisiert haben?

Guido: Ich denke, es wurde notwendig, als die Community wuchs und ich nicht mehr in der Lage war, jeden einzelnen Vorschlag zu bewerten. Es war sehr hilfreich für mich, dass andere Leute über die verschiedenen Details diskutierten und dann mit recht klaren Schlussfolgerungen ankamen.

Führen sie zu einem Konsens, bei dem jemand Sie bitten kann, sich bei bestimmten Erwartungen und Vorschlägen einzumischen?

Guido: Ja, es funktioniert häufig so, dass ich einem PEP zu Beginn die Zustimmung gebe, indem ich sage: »Sieht so aus, als hätten wir hier ein Problem. Vielleicht findet ja jemand die richtige Lösung dafür.« Oft kommen die Leute dann mit einer Reihe klarer Schlussfolgerungen, wie das Problem gelöst werden sollte, aber auch mit einer Reihe offener Fragen. Manchmal kann mir mein Bauchgefühl dabei helfen, diese offenen Fragen zu beantworten. Ich bin im PEP-Prozess sehr aktiv, wenn es um einen Bereich geht, den ich spannend finde – wenn wir eine neue Schleifenkontrollanweisung einfügen müssen, möchte ich nicht, dass sie von anderen Leuten entworfen wird. Manchmal halte ich mich aber auch fern davon, wenn es zum Beispiel um Datenbank-APIs geht.

Wodurch wird eine neue große Version notwendig?

Guido: Das hängt davon ab, was Sie als »groß« definieren. In Python sehen wir im Allgemeinen Releases wie 2.4, 2.5 und 2.6 als »groß« an, was nur alle 18–24 Monate vorkommt. Das sind die einzigen Gelegenheiten, zu denen wir neue Features einführen können. Viel früher wurden Releases aufgrund des Gejammers von Entwicklern (insbesondere von mir) veröffentlicht. Zu Beginn dieses Jahrzehnts haben die Anwender allerdings ein wenig Voraussagbarkeit eingefordert – sie wandten sich gegen Features, die in »kleineren« Revisionen hinzugefügt oder geändert wurden (zum Beispiel erhielt 1.5.2 zusätzliche »große« Features im Vergleich zu 1.5.1), und sie wünschten sich, dass die großen Releases eine gewisse Mindestzeit lang unterstützt werden (18 Monate). Jetzt haben wir also mehr oder weniger zeitabhängige große Releases: Wir planen die Zeitpunkte bis zu einem großen Release (zum Beispiel, wann Alpha- und Betaversionen sowie Release-Kandidaten abgeschlossen werden) lange im Voraus, basierend auf verschiedenen Dingen, wie zum Beispiel der Verfügbarkeit des Release-Managers, und wir nötigen die Entwickler, ihre Änderungen rechtzeitig vor dem abschließenden Release-Datum einzubringen.

Features, die in einem Release neu dazukommen, werden im Allgemeinen von den Basisentwicklern abgestimmt, nach (manchmal sehr langen) Diskussionen über die Vorteile des Features und seine exakte Spezifikation. Das ist der PEP-Prozess: Python Enhancement Proposal, ein Dokumenten-basierter Prozess, der dem RFC-Prozess der IETF oder dem JSR-Prozess in der Java-Welt nicht unähnlich ist, nur dass wir nicht so formell sind, da wir eine viel kleinere Entwicklercommunity haben. Falls es langwierigere Meinungsverschiedenheiten gibt (sei es in Bezug auf die Vorteile eines Features oder ein bestimmtes Detail), treffe ich eventuell eine abschließende Entscheidung – mein entsprechender Algorithmus ist da vor allem intuitiv, da zum Zeitpunkt meines Eingreifens jegliche rationalen Argumente sowieso schon ausgetauscht sind.

Die kontroversesten Diskussionen drehen sich im Allgemeinen um Sprachfeatures, die für die Anwender sichtbar sind – Ergänzungen bei den Bibliotheken sind meist einfach besprochen (da sie Anwender, die es nicht interessiert, auch nicht betreffen) und interne Verbesserungen werden eigentlich nicht als Features betrachtet, auch wenn sie durch die Rückwärtskompatibilität auf C-API-Ebene recht beschränkt sind.

Da die Entwickler im Allgemeinen die lautesten Anwender sind, kann ich nicht genau sagen, ob Features von Anwendern oder Entwicklern vorgeschlagen werden – meist schlagen Entwickler Features vor, die auf den Anforderungen basieren, die sie von den ihnen bekannten Anwendern erhalten. Wenn ein Anwender ein neues Feature vorschlägt, wird es selten umgesetzt, da es ohne ein umfassendes Verständnis der Implementierung (und von Sprachdesign und Implementierung im Allgemeinen) nahezu unmöglich ist, ein neues Feature ordentlich vorzuschlagen. Wir bitten die Anwender gern, uns ihre Probleme ohne eine bestimmte Lösung im Hinterkopf vorzutragen, damit die Entwickler dann Lösungen vorschlagen und die Vorteile der verschiedenen Alternativen mit den Anwendern besprechen können.

Dann gibt es noch das Konzept einer richtig großen oder Breakthrough-Version, wie zum Beispiel 3.0. Historisch gesehen war 1.0 sehr nah an 0.9, und 2.0 war nur einen recht kleinen Schritt von 1.6 entfernt. Heutzutage, mit der deutlich größeren Anwenderbasis, sind solche Versionen allerdings recht selten und bieten die einzige Möglichkeit, wirklich inkompatibel zu früheren Versionen zu werden. Große Versionen werden durch einen bestimmten Mechanismus rückwärtskompatibel gemacht, indem veraltete Features zum Entfernen gekennzeichnet werden.

Wie haben Sie sich dazu entschieden, Zahlen als beliebig genaue Integer zu behandeln (mit all den coolen Vorteilen), statt den alten und üblichen Ansatz zu verfolgen, sie an die Hardware weiterzureichen?

Guido: Ich habe diese Idee ursprünglich von Pythons Vorgänger ABC übernommen. ABC verwendet beliebig genaue rationale Zahlen, aber ich mochte die rationalen Zahlen nicht so sehr, daher wechselte ich zu Integer-Werten. Bei realen Zahlen nutzt Python die Standardrepräsentation als Gleitkommazahlen, die von der Hardware unterstützt werden (genau wie ABC, nur mit ein wenig mehr Unterstützung).

Ursprünglich besaß Python zwei Arten von Integer-Werten: die normale 32-Bit-Variante (»int«) und die mit beliebiger Genauigkeit (»long«). Das machen viele Sprachen, aber die Variante mit der beliebigen Genauigkeit ist mit einer Bibliothek verbunden, so wie Bignum in Java und Perl oder GNU MP für C. In Python lebten diese beiden schon (nahezu) immer friedlich nebeneinander in der Kern-Sprache, und die Anwender mussten sich entscheiden, welche sie verwenden wollten, indem sie ein »L« an eine Zahl anhängten, um die long-Variante zu wählen. Das stellte sich nach und nach als zu nervig heraus – in Python 2.2 führten wir automatische Konvertierungen nach long ein, wenn das mathematisch korrekte Ergebnis einer Operation mit ints nicht als int dargestellt werden konnte (zum Beispiel 2**100).

Früher hätte das eine OverflowError-Exception ausgelöst. Es gab eine Zeit, in der das Ergebnis still und leise abgeschnitten worden wäre, aber ich änderte das Verhalten und warf eine Exception, bevor irgendjemand anderes die Sprache nutzte. Anfang 1990 verschwendete ich einen Nachmittag damit, ein kleines Demoprogramm zu debuggen, das ich geschrieben hatte und das einen Algorithmus nutzte, der eine nicht so offensichtliche Anwendung sehr großer Integer-Werte enthielt. Solche Debugging-Sitzungen sind einschneidende Erfahrungen.

Wie auch immer, es gab immer noch bestimmte Fälle, in denen sich die beiden Zahlentypen etwas unterschiedlich verhielten. So führte zum Beispiel die Ausgabe eines int im hexadezimalen oder oktalen Format zu einem Ergebnis ohne Berücksichtigung des Vorzeichen (–1 wäre also als FFFFFFFF ausgegeben worden), während das Gleiche für das mathematisch identische long ein Ergebnis mit Vorzeichen geliefert hat (in diesem Fall –1). In Python 3.0 wagen wir den radikalen Schritt und unterstützen nur noch genau einen Integer-Typ – wir bezeichnen ihn als int, aber die Implementierung ist größtenteils die des alten long-Typs.

Warum bezeichnen Sie das als »radikalen Schritt«?

Guido: Vor allem, weil es ein großer Unterschied zur bisherigen Praxis in Python ist. Es gab dazu eine Reihe von Diskussionen, und die Leute haben verschiedene Alternativen vorgeschlagen, in denen zwei (oder mehr) interne Repräsentationen genutzt, aber vollständig oder größtenteils vor den Anwendern verborgen worden wären (aber nicht vor den Schreibern von C-Extensions). Das hätte eine etwas bessere Performance gebracht, aber letztendlich war es sehr viel Arbeit, und durch zwei interne Repräsentationen wäre der Aufwand gewachsen, es richtig zu machen, und für Schnittstellen vom C-Code wäre es noch haariger geworden. Wir hoffen nun, dass der Performanceverlust nur geringfügig ist und wir die Performance durch andere Techniken wie Caching verbessern können.

Wie gehen Sie mit der Philosophie »Es sollte einen – und möglichst nur einen – offensichtlichen Weg geben« um?

Guido: Das war zu Beginn wahrscheinlich eher unterbewusst. Als Tim Peters das »Zen of Python« schrieb (aus dem Sie zitieren), hat er eine Reihe von Regeln explizit geäußert, die ich schon angewandt hatte, ohne mir dessen bewusst zu sein. Damit ist klar, dass diese spezielle Regel (die häufig verletzt wird, auch mit meiner Zustimmung) direkt aus dem allgemeinen Wunsch nach Eleganz in der Mathematik und Informatik kommt. Die Autoren von ABC haben sie ebenfalls angewandt, um damit nur wenige orthogonale Typen oder Konzepte haben zu müssen. Die Idee der Orthogonalität kommt direkt aus der Mathematik, wo sie sich auf die *Definition* bezieht, nur einen Weg zu haben (oder zumindest nur einen »echten« Weg), um etwas auszudrücken. So lassen sich zum Beispiel die XYZ-Koordinaten jedes Punktes im 3-D-Raum eindeutig bestimmen, wenn Sie erst einmal einen Ursprung und drei Basisvektoren ausgewählt haben.

Ich mag auch den Gedanken, dass ich den meisten Anwendern einen Gefallen damit tue, dass sie nicht zwischen verschiedenen Alternativen wählen müssen. Sie können das im Gegensatz zu Java sehen, wo die Standardbibliothek viele verschiedene Versionen anbietet, eine listenähnliche Datenstruktur umzusetzen (ein verkettete Liste, eine Array-Liste oder andere), oder C, wo Sie sich entscheiden müssen, wie Sie Ihren eigenen Listendatentyp implementieren.

Wie ist Ihre Meinung zu statischer versus dynamischer Typisierung?

Guido: Ich wünschte, ich könnte etwas Einfaches sagen wie »Statische Typisierung ist böse, dynamische ist gut.«, aber es ist nicht immer so einfach. Es gibt verschiedene Ansätze für die dynamische Typisierung, von Lisp bis Python, und ebenso verschiedene für die statische Typisierung, von C++ bis Haskell. Sprachen wie C++ und Java bringen die statische Typisierung vermutlich in Misskredit, weil Sie dem Compiler immer und immer wieder das Gleiche erzählen müssen. Sprachen wie Haskell und ML dagegen nutzen die Typinferenz, die etwas anderes ist und ein paar der Vorteile der dynamischen Typisierung besitzen, zum Beispiel einen exakteren Ausdruck von Ideen im Code. Aber das funktionale Paradigma scheint schwierig für sich selbst nutzbar zu sein – Dinge wie I/O oder GUI-Interaktionen passen nicht so gut dazu und werden oft mithilfe einer Brücke zu einer klassischeren Sprache gelöst, zum Beispiel C.

In manchen Situationen wird die Geschwätzigkeit von Java als Vorteil gesehen, denn sie ermöglicht das Erstellen mächtiger Tools zum Durchsuchen von Code, die Fragen wie »Wo wird diese Variable geändert?« oder »Wer ruft diese Methode auf?« beantworten können. Bei dynamischen Sprachen ist die Antwort auf solche Fragen schwieriger zu finden, da es häufig schwer ist, den Typ eines Methodenarguments herauszufinden, ohne jeden Pfad durch die gesamte Codebasis zu verfolgen. Ich bin mir nicht sicher, wie funktionale Sprachen wie Haskell solche Tools unterstützen – es könnte gut sein, dass Sie für dynamische Sprachen ähnliche Techniken nutzen müssen, da das genau das ist, was die Typinferenz tut – meiner Meinung nach!

Bewegen wir uns in Richtung hybride Typisierung?

Guido: Ich gehe davon aus, dass über hybride Typisierung noch eine Menge zu sagen sein wird. Ich habe beobachtet, dass die meisten großen Systeme, die in einer statisch typisierten Sprache geschrieben wurden, tatsächlich eine signifikante Untermenge enthalten, die prinzipiell dynamisch typisiert ist. So hat man zum Beispiel bei GUI-Widgetsets und Datenbank-APIs für Java oft das Gefühl, als ob sie die statische Typisierung überall bekämpfen und die meisten Korrektheitsprüfungen zur Laufzeit ausführen.

Eine hybride Sprache mit funktionalen und dynamischen Aspekten könnte ziemlich interessant sein. Ich sollte hinzufügen, dass Python trotz seiner Unterstützung für manche funktionalen Tools, wie `map()` und `lambda`, *keine* funktionale Untermenge besitzt – es gibt keine Typinferenz und keine Möglichkeit zur Parallelisierung.

Warum haben Sie sich dafür entschieden, mehrere Paradigmen zu unterstützen?

Guido: Das habe ich gar nicht. Python unterstützt die prozedurale Programmierung – bis zu einem gewissen Grad – und OO. Die beiden sind gar nicht so verschieden, und Pythons prozeduraler Stil ist immer noch stark von Objekten beeinflusst (da die grundlegenden Datentypen alle Objekte sind). Python unterstützt ein bisschen funktionale Programmierung – aber es ähnelt keiner realen funktionalen Sprache und wird es auch nie tun. Funktionale Sprachen versuchen, so viel wie möglich zum Zeitpunkt der Kompilierung zu machen – der »funktionale« Aspekt bedeutet, dass der Compiler Dinge unter der Annahme optimieren kann, dass es keine Nebenwirkungen geben wird, sofern sie nicht explizit deklariert wurden. Python hat den einfachsten und dümmsten vorstellbaren Compiler, und die offiziellen Laufzeitsemantiken verhindern kluges Vorgehen im Compiler aktiv, zum Beispiel das Parallelisieren von Schleifen oder das Umwandeln von Rekursionen in Schleifen.

Python hat vermutlich den Ruf, funktionale Programmierung zu unterstützen, weil es `lambda`, `map`, `filter` und `reduce` enthält, aber in meinen Augen ist das nur syntaktischer Zuckerguss und kein grundlegender Block wie in funktionalen Sprachen. Eine eher grundlegende Eigenschaft von Python, die es mit Lisp teilt (auch keine funktionale Sprache!), ist, dass Funktionen richtige Objekte sind und wie alle anderen auch übergeben werden können. Das zusammen mit verschachtelten Gültigkeitsbereichen und einem allgemein Lisp-ähnlichen Vorgehen bei Funktionsstatus ermöglicht es, Konzepte einfach zu implementieren, die oberflächlich gesehen Konzepte aus funktionalen Sprachen nachbilden, wie zum Beispiel Currying, Map und Reduce. Die primitiven Operationen, die notwendig sind, diese Konzepte zu *implementieren*, sind in Python gebaut, während diese Konzepte in funktionalen Sprachen die primitiven Operationen *sind*. Sie können `reduce()` in Python in ein paar Zeilen schreiben, aber nicht in einer funktionalen Sprache.

Haben Sie sich den Typ Programmierer vorgestellt, der diese Sprache interessant finden könnte, als Sie sie entworfen haben?

Guido: Ja, aber ich hatte vermutlich nicht genug Vorstellungskraft. Ich dachte an professionelle Programmierer in einer Unix- oder Unix-ähnlichen Umgebung. Frühe Versionen des Python-Tutorials nutzten einen Slogan wie »Python füllt die Lücke zwischen C und der Shell-Programmierung.«, weil ich mich und die Leute um mich herum genau dort wiederfand. Es kam mir nie in den Sinn, dass Python eine gute Sprache für das Einbetten in Anwendungen sein würde, bis die Leute begannen, danach zu fragen.

Die Tatsache, das es nützlich war, die ersten Grundlagen der Programmierung in der Schule oder am College zu unterrichten oder sich selbst anzueignen, war bloß ein Zufall, ermöglicht durch die vielen ABC-Features, die ich übernommen habe – ABC war dafür gedacht, Programmierung für Nichtprogrammierer zu lehren.

Wie finden Sie die Balance zwischen den verschiedenen Anforderungen an eine Sprache, die für Einsteiger leicht zu lernen, aber auch mächtig genug sein soll, damit erfahrene Programmierer nützliche Dinge umsetzen können? Ist das eine falsche Unterteilung?

Guido: Balance ist das entscheidende Wort. Es gibt ein paar wohlbekannte Fallen, die zu vermeiden sind, wie zum Beispiel Sachen, die dafür gedacht sind, Einsteigern zu helfen, die Experten aber nerven, und Sachen, die Experten brauchen, die aber Anfänger verwirren. Es gibt genug Platz dazwischen, um beide Seiten glücklich zu machen. Eine andere Strategie ist, Wege für Experten zu haben, um fortgeschrittenere Dinge umzusetzen, denen Anfänger nie beegnen – so zum Beispiel, dass die Sprache Metaklassen unterstützt, es aber keinen Grund dafür gibt, dass Einsteiger davon wissen müssten.

Der gute Programmierer

Wie erkennen Sie einen guten Programmierer?

Guido: Man braucht Zeit, um einen guten Programmierer zu erkennen. So ist es zum Beispiel sehr schwer, gute von schlechten Entwicklern in einem einstündigen Bewerbungsgespräch zu unterscheiden. Wenn Sie aber mit jemandem zusammenarbeiten, wird es normalerweise ziemlich klar, wer gut ist. Ich zögere, bestimmte Kriterien anzugeben – vermutlich zeigen sie Kreativität, lernen schnell und schreiben bald Code, der funktioniert und nicht mehr stark geändert werden muss, bevor er sich einchecken lässt. Beachten Sie auch, dass manche Leute gut in Algorithmen und Datenstrukturen sind, andere bei der Integration von vielen Komponenten oder im Protokolldesign, beim Testen, beim Erstellen von APIs oder Benutzerschnittstellen oder was für Aspekte der Programmierung noch gibt.

Welche Methode würden Sie anwenden, um Programmierer einzustellen?

Guido: Basierend auf meinen Erfahrungen mit Bewerbungsgesprächen denke ich nicht, dass ich auf dem klassischen Weg viel Erfolg haben würde – ich habe nur minimale Fähigkeiten in Bewerbungsgesprächen –, und zwar auf keiner der Seiten des Tisches! Ich würde vielleicht eine Art Ausbildungssystem verwenden, bei dem ich für einige Zeit mit den Leuten zusammenarbeiten und schließlich ein Gefühl für ihre Stärken und Schwächen bekommen könnte. So ähnlich, wie ein Open Source-Projekt abläuft.

Gibt es einen Charakterzug, auf den man besonders achten sollte, wenn man nach guten Python-Programmierern sucht?

Guido: Ich fürchte, Sie fragen das aus Sicht des typischen Managers, der einfach ein paar Python-Programmierer einstellen will. Ich glaube nicht, dass es eine einfache Antwort darauf gibt, und tatsächlich denke ich sogar, dass das vermutlich die falsche Frage ist. Sie wollen keine Python-Programmierer einstellen. Sie wollen kluge, kreative, motivierte Leute einstellen.

Wenn man sich Stellenangebote für Programmierer anschaut, enthalten so gut wie alle die Anforderung, in einem Team arbeiten zu können. Wie sehen Sie die Rolle des Teams in der Programmierung? Sehen Sie immer noch Platz für den brillanten Programmierer, der nicht mit anderen zusammenarbeiten kann?

Guido: Unter diesem Aspekt kann ich die Stellenanzeigen schon nachvollziehen. Brillante Programmierer, die nicht im Team arbeiten können, sollten vermeiden, in einem normalen Programmiererjob zu arbeiten – es wird eine Katastrophe für alle Beteiligten, und der Code ein Alptraum für denjenigen, der ihn übernehmen muss. Heutzutage gibt es Möglichkeiten, zu lernen, wie man mit anderen Menschen zusammenarbeitet, und wenn Sie wirklich so brillant sind, sollte es kein Problem sein, sich Teamworkfähigkeiten anzueignen – es ist nicht mal so schwer, wie zu lernen, eine effiziente Fast-Fourier-Transformation zu implementieren, wenn Sie sich nur darauf einlassen.

Was für Vorteile sehen Sie – als Designer von Python –, wenn Sie mit Ihrer Sprache entwickeln, im Vergleich zu einem anderen erfahrenen Entwickler, der Python nutzt?

Guido: Ich weiß es nicht – mittlerweile wurden die Sprache und die VM von so vielen Leuten angefasst, dass ich manchmal selbst überrascht bin, wie bestimmte Dinge im Detail funktionieren! Wenn ich einen Vorteil gegenüber anderen Entwicklern habe, dann hat das vermutlich mehr damit zu tun, dass ich die Sprache länger eingesetzt habe, als dass ich sie geschrieben habe. Über die lange Zeit hatte ich die Gelegenheit, herauszubekommen, welche Operationen schneller und welche langsamer sind – so bin ich mir vermutlich mehr als andere Anwender dessen bewusst, dass lokale Variablen schneller als globale Variablen sind (obwohl es *andere* damit übertrieben haben, nicht ich!) oder dass Funktionen- und Methodenaufrufe teuer sind (noch mehr als in C oder Java) oder dass der schnellste Datentyp ein Tupel ist.

Wenn es um die Anwendung der Standardbibliothek oder anderer Sachen geht, habe ich häufig das Gefühl, andere haben einen Vorsprung. So schreibe ich zum Beispiel alle paar Jahre an einer Webanwendung, und die verfügbare Technologie hat sich jedes Mal geändert, daher läuft es darauf hinaus, dass ich bei jedem Versuch eine »erste« Webanwendung entwickle, die ein neues Framework oder ein neues Vorgehen nutzt. Und ich hatte immer noch nicht die Gelegenheit, in Python ernsthaft mit XML zu jonglieren.

Es scheint, dass eines der Features von Python seine Prägnanz ist. Wie beeinflusst das die Wartbarkeit des Codes?

Guido: Ich habe von Forschungen wie auch von anekdotischen Berichten gehört, die darauf hindeuten, dass die Fehlerrate pro Anzahl an Codezeile unabhängig von der verwendeten Programmiersprache ziemlich konstant ist. Daher würde eine Sprache wie Python, in der eine typische Anwendung deutlich kleiner ist als zum Beispiel die gleiche Menge an Funktionalität in C++ oder Java, die Anwendung deutlich leichter wartbar machen. Natürlich wird das vermutlich bedeuten, dass ein einzelner Programmierer auch für mehr Funktionalität verantwortlich ist. Das ist ein anderes Thema, aber es gereicht Python auch zum Vorteil: Mehr Produktivität pro Programmierer bedeutet wahrscheinlich weniger Programmierer in einem Team, was wiederum weniger Kommunikations-Overhead bedeutet. Nach *Vom Mythos des Mann-Monats* (Frederick P. Brooks; mitp) steigt dieser mit der Teamgröße im Quadrat, wenn ich mich richtig erinnere.

Welche Verbindung sehen Sie zwischen der Einfachheit des von Python angebotenen Prototyping und dem Aufwand, der notwendig ist, um eine vollständige Anwendung zu bauen?

Guido: Ich habe Python nie als Prototyping-Sprache gesehen. Ich glaube nicht, dass es eine klare Trennung zwischen Prototyping- und »Produktions«-Sprachen geben sollte. Es gibt Situationen, in denen der beste Weg, einen Prototyp zu schreiben, ein kleiner C-Hack ist, den man danach wegwirft. In anderen Situationen kann ein Prototyp ganz ohne »Programmieren« erstellt werden – zum Beispiel mit einem Spreadsheet oder eine Reihe von `find`- und `grep`-Anweisungen.

Als erste Absicht hatte ich bei Python eine Sprache im Sinn, die genutzt werden konnte, wenn C übertrieben und Shell-Skripten zu sperrig wären. Dazu gehört eine Menge Prototyping, aber auch viel »Businesslogik« (wie es heutzutage genannt wird), die keine besonders hohen Anforderungen an die Computerressourcen stellt, aber recht viel Code enthält. Ich würde sagen, dass der meiste Python-Code nicht als Prototyp geschrieben wird, sondern einfach, um eine Aufgabe zu erledigen. In den meisten Fällen ist Python dafür wunderbar geeignet, und es gibt keinen Grund, viel zu ändern, um nachher die eigentliche Anwendung fertigzustellen.

Häufig kommt es vor, dass eine einfache Anwendung nach und nach mehr Funktionalität erhalten soll, sie schließlich viel komplexer geworden ist als zu Anfang, und es keinen definierten Moment gab, wo sie vom Prototyp- in den Final-Status gewechselt hat. So hat zum Beispiel die Code-Review-Anwendung Mondrian, die ich bei Google angefangen habe, vermutlich mittlerweile das Zehnfache an Codeumfang angenommen, seit ich sie das erste Mal bereitgestellt habe, und sie ist immer noch in Python geschrieben. Natürlich gibt es auch Beispiele, in denen Python schließlich durch eine schnellere Sprache ersetzt wurde – zum Beispiel waren die allerersten Crawler/Indexer bei Google in Python geschrieben – aber das sind Ausnahmen, nicht die Regel.

Wie beeinflusst die Unmittelbarkeit von Python den Designprozess?

Guido: Das ist meist meine Arbeitsweise, und zumindest für mich funktioniert das oft sehr gut! Ich schreibe viel Code, den ich wegwerfe, aber es ist immer noch viel weniger Code, als ich in einer anderen Sprache geschrieben hätte. Das Schreiben von Code (ohne ihn jemals auszuführen) hilft mir häufig sehr dabei, die Details des Problems zu verstehen. Indem ich darüber nachdenke, wie der Code umzubauen wäre, damit er das Problem optimal löst, komme ich der Problemlösung selbst näher. Natürlich sollte das keine Ausrede sein, auf ein Whiteboard zu verzichten, um ein Design, eine Architektur oder eine Benutzerschnittstelle zu skizzieren oder um andere Designtechniken zu ignorieren. Der Trick ist, das richtige Tool für die entsprechende Aufgabe zu nutzen. Manchmal sind es ein Stift und eine Serviette – ein anderes Mal dagegen ein Emacs-Fenster und ein Shell-Prompt.

Denken Sie, dass Bottom-up-Entwicklung besser in Python aufgehoben ist?

Guido: Ich sehe bottom-up versus top-down nicht so als religiöse Gegensätze wie vi versus Emacs. In jedem Softwareentwicklungsprozess gibt es Momente, in denen Sie bottom-up arbeiten, und andere, in denen Sie top-down vorgehen. Top-down bedeutet vermutlich, dass Sie mit etwas arbeiten, das sorgfältig begutachtet und entworfen werden muss, bevor Sie mit dem Schreiben von Code beginnen können, während beim Bottom-up-Vorgehen neue Abstraktionsebenen auf schon bestehenden Ebenen aufgebaut werden, wie zum Beispiel beim Erstellen neuer APIs. Ich sage damit nicht, dass Sie APIs schreiben sollten, ohne irgendein Design im Hinterkopf zu haben, aber häufig ergeben sich neue APIs logisch aus den verfügbaren APIs auf niedrigerer Ebene, und die Designarbeit geschieht erst, während Sie den eigentlichen Code schreiben.

Wann schätzen Python-Programmierer Ihrer Meinung nach die dynamische Natur der Sprache am meisten?

Guido: Die dynamischen Features der Sprache sind oft dann am nützlichsten, wenn Sie ein großes Problem oder einen Lösungsraum angehen und nicht wissen, wie Sie vorgehen sollen – Sie können eine Reihe von Experimenten durchführen, wobei Sie bei jedem Durchlauf von seinem Vorgänger lernen, ohne allzu viel Code zu haben, der Sie in einem bestimmten Bereich festhält. Hier ist es wirklich hilfreich, dass Sie in Python sehr kompakten Code schreiben können – 100 Zeilen Python-Code, um einmalig ein Experiment durchzuführen und dann von vorne zu beginnen, ist eben deutlich effizienter als ein Framework aus 1.000 Zeilen in Java schreiben zu müssen und danach herauszufinden, dass damit das falsche Problem gelöst wurde!

Was bietet Python dem Programmierer in Bezug auf Sicherheitsaspekte?

Guido: Das hängt von den Angriffen ab, um die Sie sich sorgen. Python hat eine automatische Speicherallokation, daher sind Python-Programme nicht für bestimmte Arten von Fehlern anfällig, die in C oder C++ recht verbreitet sind, wie zum Beispiel Pufferüberläufe oder die Verwendung von nicht mehr reserviertem Speicher, die die Grundlagen für viele Angriffe auf Microsoft-Software bilden. Natürlich ist die Python-Runtime selbst in C geschrieben, und es gab auch im Laufe der Jahre Schwachstellen, die gefunden wurden; und es gibt bewusste Ausnahmemöglichkeiten, wie zum Beispiel das Modul `ctypes`, mit dem man beliebigen C-Code aufrufen kann.

Ist die dynamische Natur da hilfreich oder eher hinderlich?

Guido: Ich glaube nicht, dass die dynamische Natur hilft oder stört. Jemand kann leicht eine dynamische Sprache entwerfen, die viele Schwachstellen hat, oder eine statische, die keine hat. Aber eine Runtime – oder *virtuelle Maschine*, wie der hippe Begriff heutzutage lautet – hilft hier, weil sie den Zugriff auf die eigentliche, zugrunde liegende Maschine begrenzt. Das ist zufällig auch einer der Gründe dafür, dass Python die erste Sprache ist, die von der Google App Engine unterstützt wird – dem Projekt, an dem ich momentan beteiligt bin.

Wie kann ein Python-Programmierer Codesicherheit prüfen und verbessern?

Guido: Ich denke, Python-Programmierer sollten sich nicht allzu viele Gedanken über Sicherheit machen, insbesondere nicht, ohne eine bestimmte Angriffsart im Hinterkopf zu haben. Das Wichtigste ist, dass man genau auf das achtet, worauf man auch bei allen anderen Sprachen achtet: Sei kritisch mit Daten, die von jemandem kommen, dem du nicht vertraust (bei einem Webserver ist das jedes Byte des eintreffenden Request, selbst bei den Headern). Besonders sollte man noch auf reguläre Ausdrücke achten – es ist leicht, einen regulären Ausdruck zu schreiben, der exponentiell lange läuft. Daher sollten Webanwendungen, die Suchen nach vom Anwender eingegebenen regulären Ausdrücken starten, einen Mechanismus haben, um die Laufzeit zu begrenzen.

Gibt es irgendwelche grundlegenden Konzepte (allgemeine Regeln, Sichtweisen, Denkweisen, Prinzipien), die Sie vorschlagen würden, um bei der Entwicklung mit Python kompetent vorzugehen?

Guido: Ich würde sagen, Pragmatismus. Wenn Sie zu sehr an theoretischen Konzepten festhalten, wie dem Verbergen von Daten, der Zugriffskontrolle, Abstraktionen oder Spezifikationen, sind Sie kein echter Python-Programmierer, und Sie verschwenden letztendlich zu viel Zeit damit, gegen die Sprache zu kämpfen, statt sie zu nutzen (und Spaß mit ihr zu haben). Zudem steigt die Wahrscheinlichkeit, sie ineffizient zu verwenden. Python ist sehr gut, wenn Sie sofortige Bestätigung brauchen, so wie ich. Sie funktioniert ganz gut, wenn Sie Ansätze wie Extreme Programming oder andere agile Entwicklungsmethoden mögen, aber auch dort würde ich empfehlen, nur gemäßigt vorzugehen.

Was meinen Sie mit »gegen die Sprache kämpfen«?

Guido: Das bedeutet im Allgemeinen, dass man versucht, seine Gewohnheiten weiterzuführen, die in einer anderen Sprache gut funktioniert haben.

Viele der Vorschläge, irgendwie vom expliziten `self` loszukommen, stammen von Leuten, die gerade erst zu Python gewechselt sind und noch nicht mit der Sprache vertraut sind. Es wird eine fixe Idee von ihnen. Manchmal wird daraus ein Proposal, um die Sprache zu ändern, oder sie schlagen hochkomplizierte Metaklassen vor, die `self` irgendwie implizit machen. Normalerweise ist so etwas total ineffizient oder funktioniert nicht in einer Umgebung mit mehreren Threads oder in einem anderen Grenzfall; oder sie sind so besessen davon, diese vier Buchstaben nicht tippen zu wollen, dass sie die Konventionen von `self` nach `s` oder `S` ändern. Andere wandeln alles in eine Klasse und jeden Zugriff in eine Accessor-Methode um, wo das doch in Python nicht sehr weise ist – Sie haben nur umfangreicheren Code, der schlechter zu debuggen ist und viel langsamer läuft. Sie kennen den Satz »Sie können FORTRAN in jeder Sprache schreiben«? Nun, Sie können auch Java in jeder Sprache schreiben.

Sie haben so viel Zeit mit dem Versuch verbracht, den einen, offensichtlichen (zu bevorzugenden) Weg zu erstellen, um etwas zu erledigen. Es scheint, als ob Sie der Meinung seien, nur wenn man etwas auf diese Weise erledige – auf dem pythonischen Weg – würde man wirkliche Vorteile aus Python ziehen.

Guido: Ich bin mir nicht so sicher, dass ich wirklich viel Zeit damit verbracht habe, sicherzustellen, dass es nur einen Weg gibt. Das »Zen of Python« ist viel jünger als die Sprache Python, und die meisten definierenden Eigenschaften der Sprache gab es schon lange, bevor Tim Peters sie in Form eines Gedichts aufgeschrieben hat. Ich denke nicht, dass er davon ausging, diese Sätze würden sich so weit verbreiten und so erfolgreich sein, als er sie formulierte.

Es ist eine griffige Phrase.

Guido: Tim kann gut mit Worten umgehen. »Es gibt nur einen Weg, es zu tun«, ist tatsächlich in den meisten Fällen eine glatte Lüge. Es gibt viele Möglichkeiten, Datenstrukturen umzusetzen. Sie können Tupel und Listen verwenden. In vielen Fällen ist es sogar völlig unwichtig, ob Sie ein Tupel oder eine Liste oder manchmal ein Dictionary nutzen. Es stellt sich meist heraus, dass bei sorgfältiger Betrachtung eine Lösung objektiv besser ist, weil sie in vielen Situationen gut funktioniert, und es nur ein oder zwei Fälle gibt, in denen Listen deutlich besser als Tupel sind, wenn sie größer werden.

Das kommt eigentlich mehr aus der ursprünglichen ABC-Philosophie, die versucht hat, mit den Komponenten sehr sparsam umzugehen. ABC teilte seine Philosophie eigentlich mit ALGOL-68, das zwar mittlerweile so was von tot ist, aber sehr viel Einfluss hatte. Auf jeden Fall hatte es in den 80er-Jahren dort, wo ich damals gearbeitet habe, sehr viel Einfluss, weil Adriaan van Wijngaarden der große ALGOL 68-Guru war. Er unterrichtete immer noch, als ich ans College kam. Ich hatte ihn ein oder zwei Semester, in denen er, wenn er in der Stimmung dazu war, nur Anekdoten aus der Geschichte von ALGOL 68 zum Besten gab. Er war der Direktor des CWI gewesen, allerdings hatte jemand anderes dann diesen Posten, als ich dazustieß.

Es gab viele Leute, die sehr intensiv mit ALGOL 68 gearbeitet haben. Ich denke, Lambert Meertens, der ursprüngliche Autor von ABC, war auch einer der ersten Bearbeiter des ALGOL 68-Reports. Er hat also vermutlich einen Großteil des Satzes erschaffen, aber auch ab und zu viel nachgedacht und überprüft. Er war eindeutig von der Philosophie von ALGOL 68 beeinflusst, Konstrukte bereitzustellen, die auf vielen verschiedenen Wegen kombiniert werden können, um alle möglichen verschiedenen Datenstrukturen zu produzieren oder Wege zu finden, ein Programm zu strukturieren.

Es war definitiv sein Einfluss, wenn es hieß: »Wir haben Listen oder Arrays und sie können beliebige andere Dinge enthalten. Es kann sich um Zahlen oder Strings handeln, aber auch um andere Arrays und Tupel mit anderen Dingen. Sie können all das kombinieren.« Plötzlich brauchen Sie kein eigenes Konzept multidimensionaler Arrays, weil ein Array aus Arrays das schon für jede Dimensionalität löst. Diese Philosophie, ein paar Schlüsselelemente zu haben, die verschiedene Richtungen durch Flexibilität abdecken und miteinander kombiniert werden können, war ein wichtiger Teil von ABC. Ich habe mir all das ausgeliehen, ohne groß darüber nachzudenken.

Während Python versucht, so zu erscheinen, als ob Sie alles sehr flexibel kombinieren können, solange Sie nicht versuchen, Anweisungen innerhalb von Ausdrücken einzubetten, gibt es tatsächlich eine gewisse Anzahl von Spezialfällen in der Syntax, bei denen in manchen Fällen ein Komma eine Trennung zwischen Parametern bedeutet, in anderen aber die Elemente einer Liste unterteilt und in wieder anderen Fällen für ein implizites Tupel steht.

Es gibt eine ganze Reihe von Variationen in der Syntax, bei denen bestimmte Operatoren nicht erlaubt sind, weil sie mit der umgebenden Syntax in Konflikt geraten würden. Das ist nie ein echtes Problem, weil Sie immer ein Paar zusätzliche Klammern um etwas einfügen können, wenn es nicht funktioniert. Deshalb ist der Umfang der Syntax, zumindest aus Sicht des Parser-Autoren, ein bisschen gewachsen. Dinge wie List Comprehensions und Generator-Ausdrücke sind syntaktisch immer noch nicht vollständig vereinheitlicht. Ich gehe davon aus, dass das in Python 3000 abgeschlossen sein wird. Es gibt immer noch ein paar subtile Semantikunterschiede, aber zumindest die Syntax wird dieselbe sein.

Viele Pythons

Wird der Parser in Python 3000 einfacher werden?

Guido: Eher nicht. Er wird nicht komplexer, aber eigentlich auch nicht einfacher.

Keine zusätzliche Komplexität ist meiner Meinung nach ein Gewinn.

Guido: Ja.

Warum der einfachste, dümmste vorstellbare Compiler?

Guido: Das war ursprünglich ein sehr zweckmäßiges Ziel, da ich beim Generieren von Code nicht so bewandert bin. Es gab nur mich, und ich musste den Bytecode-Generator fertigstellen, bevor ich irgendetwas Interessantes an der Sprache machen konnte.

Ich glaube immer noch, dass es gut ist, einen sehr einfachen Parser zu haben – schließlich dient er nur dazu, den Text in einen Baum umzuwandeln, der die Struktur des Programms repräsentiert. Wenn die Syntax so mehrdeutig ist, dass man größeren Aufwand betreiben muss, um das Gewünschte zu ermitteln, werden die menschlichen Leser vermutlich die Hälfte der Zeit ebenso verwirrt sein. Zudem ist es ziemlich schwierig, so einen anderen Parser zu schreiben.

Python ist unglaublich einfach zu parsen, zumindest auf der syntaktischen Ebene. Auf lexikalischer Ebene ist die Analyse recht subtil, da Sie die Einrückung mit einem kleinen Stack lesen müssen, der im lexikalischen Analyzer eingebettet ist – was ein Gegenbeispiel für die Theorie der Trennung zwischen lexikalischer und grammatikalischer Analyse ist. Trotzdem ist es die richtige Lösung. Lustig ist, dass ich automatisch generierte Parser liebe, aber nicht so sehr an automatisch generierte lexikalische Analyse glaube. Python hatte schon immer einen manuell erzeugten Scanner und einen automatisch generierten Parser.

Man hat viele verschiedene Parser für Python geschrieben. Jede Portierung von Python auf einer anderen virtuellen Maschine, sei es Jython oder IronPython oder PyPy, hat ihren eigenen Parser, und es ist auch nicht so schwierig, weil der Parser niemals ein wirklich komplexes Element im Projekt ist. Denn die Struktur der Sprache sieht so aus, dass Sie sie ganz einfach mit dem simpelsten one-token-lookahead rekursiv absteigenden Parser parsen können.

Langsam wird ein Parser durch tatsächliche Mehrdeutigkeiten, die nur aufgelöst werden können, indem man vorausschaut bis zum Ende des Programms. In natürlichen Sprachen gibt es viele Beispiele, bei denen es unmöglich ist, einen Satz zu parsen, bevor Sie nicht das letzte Wort und die Verschachtelungen im Satz gelesen haben. Oder es gibt Sätze, die nur geparst werden können, wenn Sie die Person kennen, über die gesprochen wird, aber das ist eine ganz andere Situation. Beim Parsen von Programmiersprachen mag ich meinen One-Token-Lookahead.

Damit sieht es für mich so aus, als ob es niemals Makros in Python geben wird, weil Sie dann eine weitere Parsingphase durchlaufen müssen!

Guido: Es gibt Wege, die Makros in den Parser einzubetten, die eventuell funktionieren könnten. Ich bin allerdings auch nicht so überzeugt, dass Makros ein Problem lösen können, das in Python besonders drängend ist. Da die Sprache andererseits leicht zu parsen ist, könnte es sehr einfach sein, eine Mikroevaluation als Parse-Tree-Manipulation zu implementieren, wenn Sie eine saubere Menge von Makros haben, die gut in die Sprachsyntax passen. Das ist nur kein Bereich, an dem ich sonderlich interessiert bin.

Warum haben Sie sich dazu entschieden, eine strenge Formatierung im Quellcode zu nutzen?

Guido: Die Wahl der Einrückung zum Gruppieren ist kein neues Konzept von Python. Ich habe es von ABC übernommen, aber es kommt auch in occam vor, einer älteren Sprache. Ich weiß nicht, ob die ABC-Autoren die Idee von occam übernommen oder sie unabhängig davon entwickelt haben, oder ob es einen gemeinsamen Vorgänger gab. Die Idee mag auf Don Knuth zurückzuführen sein, der das schon 1974 vorschlug.

Natürlich hätte ich mich auch dazu entschließen können, ABC hier nicht zu folgen, wie ich es in anderen Bereichen tat (zum Beispiel verwendet ABC Großbuchstaben für die Schlüsselwörter der Sprache und für Prozedurnamen – eine Idee, die ich nicht übernahm), aber ich mochte das Feature ganz gerne, und es schien auch die nutzlosen Debatten zu umgehen, die es damals unter C-Anwendern gab, wo denn bitteschön die geschweiften Klammern zu stehen hätten. Zudem war mir bewusst, dass gut lesbarer Code sowieso freiwillig Einrückungen verwendet, um eine Gruppierung deutlich zu machen, und ich sah mich auch subtilen Bugs im Code gegenüber, bei denen die Einrückung nicht mit der syntaktischen Gruppierung durch geschweifte Klammern übereinstimmte – die Programmierer und alle Reviewer waren davon ausgegangen, dass die Einrückung stimmt, und übersahen den Fehler. Auch hier brachte eine lange Debugging-Sitzung einen echten Erkenntnisgewinn.

Eine strikte Formatierung sollte für einen saubereren Code sorgen und vermutlich die Unterschiede im »Layout« verschiedener Programmierer verringern, aber klingt das nicht ein bisschen danach, einen Menschen dazu zu zwingen, sich an die Maschine anzupassen statt umgekehrt?

Guido: Genau das Gegenteil: Es hilft dem menschlichen Leser dabei mehr als der Maschine, wie das vorige Beispiel gezeigt hat. Die Vorteile dieses Ansatzes sind vermutlich besser zu erkennen, wenn man Code warten muss, der von einem anderen Programmierer geschrieben wurde.

Neue Anwender werden davon zunächst oft abgeschreckt, aber ich höre davon mittlerweile nicht mehr so viel. Vielleicht haben die Leute, die Python unterrichten, gelernt, mit diesem Effekt zu rechnen und ihm direkt entgegenzutreten.

Ich möchte Sie zu den verschiedenen Implementierungen von Python befragen. Es gibt vier oder fünf große Implementierungen, einschließlich Stackless und PyPy.

Guido: Stackless ist technisch gesehen keine eigene Implementierung. Es wird häufig als eigene Python-Implementierung aufgeführt, weil es ein Zweig von Python ist, der einen ziemlich kleinen Teil der virtuellen Maschine durch einen anderen Ansatz ersetzt.

Im Prinzip den Bytecode-Dispatch, oder?

Guido: Ein Großteil des Bytecode-Dispatch ist sehr ähnlich. Ich denke, die Bytecodes sind gleich, und mit Sicherheit sind alle Objekte gleich. Der Unterschied findet sich beim Aufruf einer Python-Prozedur von einer anderen Prozedur: Das geschieht dort durch die Manipulation von Objekten, wobei nur ein Stack mit Stackframes abgelegt wird und der gleiche C-Code weiterarbeitet. In C-

Python wird hier eine C-Funktion aufgerufen, die schließlich eine neue Instanz der virtuellen Maschine nutzt. Es ist eigentlich nicht die ganze virtuelle Maschine, sondern die Schleife, die den Bytecode interpretiert. Es gibt in Stackless nur eine solche Schleife auf dem C-Stack. Im klassischen C-Python können Sie die gleiche Schleife mehrmals auf Ihrem C-Stack haben. Das ist der einzige Unterschied.

PyPy, IronPython, Jython sind eigene Implementierungen. Ich weiß nichts über eine Übersetzung in JavaScript, aber ich wäre nicht überrascht, wenn jemand damit schon ziemlich weit gekommen wäre. Ich habe von experimentellen Projekten gehört, die nach OCaml, Lisp und wer weiß was noch übersetzen. Es gab einmal ein Projekt, bei dem Python in C-Code umgewandelt wurde. Mark Hammond und Greg Stein arbeiteten daran in den späten 90er Jahren, aber sie stellten fest, dass der Geschwindigkeitsgewinn sehr, sehr gering war. In den besten Fällen lief der Code doppelt so schnell, zudem war der generierte Code so umfangreich, dass Sie riesige Binaries hatten, was dann zu einem Problem wurde.

Die Anlaufzeit schmerzt.

Guido: Ich denke, die PyPy-Leute sind auf dem richtigen Weg.

Es klingt, als ob Sie diese Implementierungen im Allgemeinen unterstützen.

Guido: Ich habe alternative Implementierungen immer gut gefunden. Ab dem Tag, als Jim Hugunin mit einer mehr oder weniger vollständigen JPython-Implementierung zur Tür hereinkam, war ich davon begeistert. Denn ich sehe das als Validierung des Sprachdesigns an. Zudem bedeutet es, dass Leute ihre bevorzugte Sprache auf der Plattform nutzen können, auf die sie ansonsten keinen Zugriff hätten. Wir haben hier immer noch einiges zu tun, aber es hat mir auf jeden Fall dabei geholfen, herauszufinden, welche Features wirklich Features der Sprache waren, um die ich mich kümmerte, und welche Features einer bestimmten Implementierung waren, bei denen ich es in Ordnung fand, wenn andere Implementierungen hier anders vorgingen. So begaben wir uns schließlich leider auf das Glatteis der Garbage Collection.

Das ist doch immer ein heikles Thema.

Guido: Aber es ist auch notwendig. Ich kann nicht glauben, wie lange wir mit dem reinen Zählen von Referenzen leben konnten und keine Möglichkeit hatten, Ringschlüsse aufzubrechen. Ich habe das Zählen von Referenzen immer als eine Möglichkeit angesehen, eine Garbage Collection durchzuführen, und zwar nicht die schlechteste. Es gab diesen heiligen Krieg zwischen dem Referenzzählen und der Garbage Collection, der mir immer so überflüssig erschien.

Nochmal zurück zu diesen Implementierungen: Ich denke, Python ist ein interessantes Gebiet, weil es eine ziemlich gute Spezifikation hat, besonders im Vergleich zu anderen Sprachen wie Tcl, Ruby und Perl 5. Entstand das, weil Sie die Sprache standardisieren wollten, weil Sie auf mehrere Implementierungen hofften oder warum?

Guido: Es war vermutlich eher eine Nebenwirkung des Community-Prozesses um die PEPs und die vielen Implementierungen herum. Als ich ursprünglich die erste Dokumentation schrieb, begann ich sehr enthusiastisch mit einer Referenzanleitung für die Sprache, die so präzise Spezifikationen enthalten sollte, dass jemand vom Mars oder Jupiter die Sprache implementieren und die Semantiken korrekt erhalten könnte. Ich bin diesem Ziel nicht einmal ansatzweise nahegekommen.

ALGOL 68 ist vermutlich die Sprache, die mit ihrer stark mathematischen Spezifikation noch am nächsten herankommt. Andere Sprachen wie C++ und JavaScript haben es durch die pure Willensanstrengung des Standardisierungskomitees geschafft, insbesondere im Fall von C++. Das ist offensichtlich ein erstaunlich beeindruckender Aufwand. Gleichzeitig kostet es so viel Arbeitskraft, eine so präzise Spezifikation zu schreiben, dass ich nie ernsthaft die Hoffnung hatte, so etwas für Python zu bekommen.

Wir haben aber genug Verständnis davon, wie die Sprache arbeiten soll, und genug Unit Tests und genug Leute, die bei der Implementierung anderer Versionen in endlicher Zeit Antworten geben können. Ich weiß zum Beispiel, dass die Jungs von IronPython sehr gewissenhaft die gesamte Python-Testsuite ausgeführt und bei jedem Fehler diskutiert haben, ob die Testsuite eigentlich das bestimmte Verhalten der C-Python-Implementierung testete oder ob sie tatsächlich noch an ihrer Implementierung etwas korrigieren mussten.

Die PyPy-Leute machten das Gleiche und gingen noch einen Schritt weiter. Unter ihnen gibt es mehrere Leute, die deutlich klüger sind als ich und die mit Grenzfällen ankamen, die vermutlich ihren eigenen Überlegungen über das Generieren von Code und das Analysieren in einer JIT-Umgebung entstammten. Sie haben tatsächlich eine Reihe von Tests, Mehrdeutigkeiten und Fragen eingebracht, wenn Sie bemerkten, dass es eine bestimmte Kombination von Dingen gab, über die noch niemand nachgedacht hatte. Das war sehr hilfreich. Durch die vielen Implementierungen der Sprache wurden viele Mehrdeutigkeiten in der Spezifikation der Sprache ausgemerzt.

Sehen Sie einen Zeitpunkt, an dem C-Python nicht mehr die wichtigste Implementierung sein könnte?

Guido: Das ist schwer vorauszusagen. Ich meine, manche Leute sagen einen Zeitpunkt voraus, an dem .NET die Welt beherrschen wird, andere sehen das bei den JVM. Für mich scheint das alles Wunschdenken zu sein. Andererseits weiß ich nicht, was geschehen wird. Es könnte einen Quantensprung geben, bei dem ein bestimmter Typ von Plattform plötzlich deutlich vorherrschender wird, obwohl sich die Computer gar nicht so sehr geändert haben. Dann sind auch die Regeln anders.

Vielleicht eine Verschiebung weg von der von-Neumann-Architektur?

Guido: Daran habe ich gar nicht gedacht, aber das ist sicherlich eine Möglichkeit. Ich dachte eher daran, was passieren würde, wenn Mobiltelefone der universelle Computer werden würden. Mobiltelefone liegen gegenüber den normalen Laptops nur ein paar Jahre zurück, was heißt, dass sie in ein paar Jahren abgesehen von der mickrigen Tastatur und dem Bildschirm genug Rechenleistung haben werden, dass Sie auf einen Laptop verzichten können. Es kann gut sein, dass Mobiltelefone egal welcher Plattform alle eine JVM oder irgendeine andere Standardumgebung haben werden, auf der C-Python nicht der beste Ansatz ist und eine andere Python-Implementierung besser funktioniert.

Es gibt sicherlich auch die Frage, was wir tun, wenn wir 64 Kerne auf einem Chip haben, selbst in einem Laptop oder einem Mobiltelefon. Ich weiß tatsächlich nicht, ob sich dadurch das Programmierparadigma für die meisten Dinge ändern sollte, die wir so tun. Es mag eine Anwendungsmöglichkeit für eine Sprache geben, mit der Sie unglaublich subtil konkurrierende Prozesse definieren können, aber in den meisten Fällen kann der durchschnittliche Programmierer sowieso keinen korrekten, Thread-sicheren Code schreiben. Davon auszugehen, dass die vielen Kerne ihn dazu zwingen, ist ziemlich unrealistisch. Ich gehe davon aus, dass mehrere Kerne sicherlich hilfreich sein können, aber nur für eine grob unterteilte Parallelität genutzt werden. Das ist sowieso besser, denn durch die enormen Kostenunterschiede zwischen Cache Hits und Cache Misses dient der Hauptspeicher nicht mehr als Shared Memory. Sie werden Ihre Prozesse so isoliert wie möglich haben wollen.

Wie sollten wir mit Nebenläufigkeit umgehen? Auf welcher Ebene sollte mit diesem Problem umgegangen oder besser noch, es gelöst werden?

Guido: Ich habe das Gefühl, dass das Schreiben von Code für einen einzelnen Thread schon schwer genug ist, und das Schreiben für mehrere Threads noch viel schwerer – so schwer, dass die meisten Leute gar nicht die Hoffnung haben, es richtig zu machen, einschließlich meiner selbst. Daher glaube ich nicht, dass feingranulare Synchronisations-Primitive und Shared Memory die Lösung sind – stattdessen sehe ich viel mehr, dass Lösungen wieder attraktiv werden, bei denen Nachrichten herumgeschickt werden. Ich bin mir ziemlich sicher, dass das Anpassen aller Programmiersprachen, um Synchronisationskonstrukte hinzuzufügen, eine schlechte Idee ist.

Ich glaube auch nicht, dass der Versuch, den GIL aus CPython zu entfernen, gelingen wird. Ich denke, dass eine gewisse Unterstützung für die Verwaltung mehrerer Prozesse (im Gegensatz zu Threads) ein Teil des Puzzles sein wird. Daher werden Python 2.6 und 3.0 ein neues Standardbibliotheksmodul `multiprocessing` besitzen, das eine dem Threadening-Modul ähnliche API anbieten wird, die genau das tut. Als Bonus wird sogar das Ausführen von Prozessen auf unterschiedlichen Hosts unterstützt werden!

Hilfen und Erfahrungen

Gibt es ein Tool oder Feature, das Sie vermissen, wenn Sie Software schreiben?

Guido: Wenn ich auf einem Computer genauso einfach Skizzen machen könnte wie mit Stift und Papier, würde ich vielleicht mehr Skizzen machen, während ich mich mit dem schwierigen Nachdenken über ein Design beschäftige. Ich fürchte, dass ich warten muss, bis die Maus allgemein durch einen Stift (oder einen Finger) ersetzt wird, mit dem auf dem Bildschirm gezeichnet werden kann. Persönlich fühle ich mich furchtbar eingeschränkt, wenn ich irgendein Zeichenprogramm auf dem Computer nutzen muss, obwohl ich eigentlich mit Stift und Papier ganz gut bin – vielleicht habe ich das von meinem Vater geerbt, der Architekt war und andauernd Skizzen machte, daher habe ich als Teenager auch immer gezeichnet.

Am anderen Ende der Skala vermute ich, dass ich nicht einmal weiß, was ich vermisse, um in einer großen Codebasis zu stöbern. Java-Programmierer haben heutzutage IDEs, die schnelle Antworten auf Fragen wie »Wer ruft diese Methode auf?« oder »Wo ist diese Variable zugewiesen?« geben können. Bei großen Python-Programmen wäre das auch hilfreich, aber die notwendigen statischen Analysen sind aufgrund der dynamischen Natur von Python viel schwieriger durchzuführen.

Wie testen und debuggen Sie Ihren Code?

Guido: Wie immer es gerade nützlich ist. Ich teste viel, wenn ich Code schreibe, aber die Testmethode variiert von Projekt zu Projekt. Wenn Sie einen grundlegenden, rein algorithmischen Code schreiben, sind Unit Tests im Allgemeinen großartig, aber bei Code, der stark interaktiv ist oder als Schnittstelle zu alten APIs dient, läuft es bei mir doch häufig auf manuelles Testen heraus, unterstützt von der Befehlszeilen-History in der Shell oder einem Neuladen einer Seite im Browser. Als (extremes) Beispiel können Sie schlecht einen Unit Test für ein Skript schreiben, dessen einziger Zweck darin liegt, den aktuellen Rechner herunterzufahren. Sicherlich können Sie den Teil simulieren, der das tatsächliche Herunterfahren betrifft, aber Sie müssen ihn trotzdem testen, denn wie sollen Sie sonst erfahren, ob Ihr Skript tatsächlich funktioniert?

Auch das Testen in verschiedenen Umgebungen lässt sich oft nur schwer automatisieren. Buildbot ist bei großen Systemen eine wunderbare Hilfe, aber der Overhead beim Einrichten ist doch spürbar, daher läuft es bei kleineren Systemen doch meist darauf hinaus, viel selber zu prüfen. Ich habe bei der Qualitätskontrolle eine ziemlich gute Intuition, aber sie lässt sich leider nur schwer erklären.

Wann sollte das Debuggen unterrichtet werden? Und wie?

Guido: Andauernd. Sie debuggen Ihr ganzes Leben lang. Ich habe gerade mit meinem sechs Jahre alten Sohn ein Problem »debuggt«, bei dem es darum ging, dass seine Holzeisenbahn immer an einer bestimmten Stelle aus den Gleisen sprang. Debuggen bedeutet meist, eine oder zwei Abstraktionsebenen nach unten zu wandern. Hilfreich ist dabei, sorgfältig zu beobachten, nachzudenken und (manchmal) die richtigen Tools zu verwenden.

Ich glaube nicht, dass es einen einzigen »richtigen« Weg des Debuggens gibt, der zu einem bestimmten Zeitpunkt unterrichtet werden kann, selbst wenn es um ein sehr spezifisches Ziel wie das Debuggen von Programmfehlern geht. Es gibt ein unglaublich großes Spektrum an möglichen Gründen für Programmfehler. Dazu gehören einfache Tippfehler, falsche Gedankengänge, verborgene Einschränkungen von zugrunde liegenden Abstraktionen und schließlich Fehler in den Abstraktionen selbst oder ihren Implementierungen. Das richtige Vorgehen variiert von Fall zu Fall. Tools kommen meist dann ins Spiel, wenn die erforderliche Analyse (»sorgfältig beobachten«) langwierig und sich wiederholend ist. Ich beobachte, dass Python-Programmierer oft nur wenige Tools brauchen, weil der Suchraum (das zu debuggende Programm) so viel kleiner ist.

Wie gehen Sie vor, wenn Sie nach einer Pause mit dem Programmieren weitermachen?

Guido: Das ist eine ziemlich interessante Frage. Ich kann mich nicht daran erinnern, bewusst darüber nachgedacht zu haben, obwohl ich es doch immer wieder tue. Das Tool, das ich dafür vermutlich am ehesten benutze, ist die Versionskontrolle: Wenn ich zu einem Projekt zurückkomme, mache ich einen Diff zwischen meinem Workspace und dem Repository und weiß damit, in welchem Zustand sich mein Code befindet.

Wenn ich die Möglichkeit habe, hinterlasse ich in unfertigem Code XXX-Marker, wenn ich weiß, dass ich meine Programmierung unterbrechen muss. Damit weiß ich später, wo noch etwas zu tun ist. Manchmal verwende ich auch etwas, was ich vor 25 Jahren von Lambert Meertens übernommen habe: Ich hinterlasse eine spezielle Markierung in der aktuellen Quelldatei direkt an der Cursorposition. Die Markierung ist zu seinen Ehren »HIRO«. Das ist umgangssprachliches Niederländisch für »hier« und wurde ausgewählt, weil es in fertigem Code recht selten vorkommt. :-)

Bei Google haben wir auch Tools, die in Perforce integriert sind und mir in einem früheren Stadium helfen. Wenn ich zur Arbeit komme, kann ich einen Befehl ausführen, der mir alle noch nicht abgeschlossenen Projekte in meinem Workspace aufführt, sodass ich daran erinnert werde, woran ich am Tag zuvor gearbeitet habe. Ich führe auch ein Tagebuch, in dem ich dann und wann bestimmte, schwer zu merkende Strings notiere (wie zum Beispiel Shell-Befehle oder URLs), die mir dann dabei helfen, bestimmte Aufgaben für das aktuelle Projekt durchzuführen – zum Beispiel die vollständige URL zu einer Statistikseite eines Servers oder der Shell-Befehl, mit dem die Komponenten neu gebaut werden, an denen ich gerade arbeite.

Was sind Ihre Vorschläge für das Design einer Schnittstelle oder einer API?

Guido: Das ist ein weiterer Bereich, in dem ich mir noch nicht viele bewusste Gedanken über den besten Prozess gemacht habe, obwohl ich schon Tonnen von Schnittstellen (oder APIs) entworfen habe. Ich wünschte, ich könnte hier einfach einen Vortrag von Josh Bloch zum Thema einfügen – er hat über den Entwurf von Java-APIs gesprochen, aber das meiste von dem, was er sagte, gilt für alle Sprachen. Es gibt viele grundlegende Ratschläge, wie das Wählen klarer Namen (Nomen für Klassen, Verben für Methoden), das Vermeiden von Abkürzungen, konsistente Namenswahl, das Anbieten einer kleinen Menge einfacher Methoden, die durch Kombination maximale Flexibilität bieten, und so weiter. Es ist ihm wichtig, die Liste mit Argumenten klein zu halten: Zwei oder drei Argumente sind normalerweise das Maximum, das Sie nutzen sollten, damit Sie nicht mit der Reihenfolge durcheinanderkommen. Das Schlimmste sind viele aufeinanderfolgende Argumente, die alle den gleichen Typ besitzen – vertauscht man sie unabsichtlich, kann das lange Zeit gar nicht auffallen.

Ich habe ein paar persönliche Lieblingsärgernisse: Zuallererst, und das ist spezifisch für dynamische Sprachen, sollten Sie den Rückgabetyp einer Methode nicht vom *Wert* eines der Argumente abhängig machen, ansonsten kann es schwer sein, zu verstehen, was zurückgegeben wird, wenn Sie den Zusammenhang nicht kennen – vielleicht wird das typbestimmende Argument über eine Variable übergeben, deren Inhalt Sie beim Lesen des Codes nicht einfach erraten können.

Zweitens mag ich keine »Flag«-Argumente, die dafür gedacht sind, das Verhalten einer Methode komplett zu ändern. Bei solchen APIs ist das Flag immer eine Konstante in den tatsächlichen Parameterlisten, und der Aufruf wäre besser lesbar, wenn die API getrennte Methoden hätte: eine für jeden Flag-Wert.

Ein weiterer Punkt ist, APIs zu vermeiden, bei denen unklar ist, ob sie ein neues Objekt zurückgeben oder ein bestehendes verändern. Das ist der Grund dafür, dass die Listenmethode sort() in Python keinen Wert zurückgibt – damit wird hervorgehoben, dass sie die aktuelle Liste verändert. Alternativ gibt es die eingebaute Funktion sorted(), die eine neue, sortierte Liste zurückgibt.

Sollten Anwendungsprogrammierer die Philosophie »weniger ist mehr« übernehmen? Wie sollten sie die Benutzerschnittstelle vereinfachen, um eine kürzere Einarbeitungsphase zu ermöglichen?

Guido: Wenn es um grafische Benutzerschnittstellen geht, scheint es mittlerweile eine wachsende Unterstützung meiner Position »weniger ist mehr« zu geben. Die Mozilla Foundation hat Aza Raskin als UI-Designer eingestellt, den Sohn von Jef Raskin (dem Mitdesigner des ursprünglichen Macintosh-UIs). Firefox 3 hat mindestens ein Beispiel für eine UI, die sehr mächtig ist, dabei aber keine

Buttons, Konfigurationen, Voreinstellungen oder Ähnliches braucht: die Smart Location Bar beobachtet, was ich eingebe, vergleicht es mit Seiten, die ich zuvor angesurft habe, und macht sinnvolle Vorschläge. Wenn ich die Vorschläge ignoriere, versucht sie, meine Eingabe als URL zu interpretieren oder, falls das nicht geht, als Eingabe für Google. Das ist pfiffig! Und es ersetzt drei oder vier Funktionsblöcke, die ansonsten eigene Buttons oder Menüeinträge erforderlich machen würden.

Das spiegelt wider, was Jef und Aza seit vielen Jahren predigen: Die Tastatur ist ein sehr mächtiges Eingabegerät, daher sollten wir sie auf neuartigen Wegen nutzen, statt den Anwender dazu zu zwingen, alles mit der Maus machen zu müssen, dem langsamsten aller Eingabegeräte. Das Schöne daran ist, dass Sie keine neue Hardware dafür brauchen, anders als bei Science-Fiction-Lösungen, bei denen Virtual-Reality-Helme oder Augenbewegungssensoren gebraucht werden, gar nicht erst zu reden von Hirnstromdetektoren.

Es gibt natürlich noch viel zu tun – so hat zum Beispiel der Einstellungsdialog von Firefox das schreckliche Look and Feel eines Microsoft-Produkts, mit mindestens zwei Tabulatorebenen und vielen modalen Dialogen, die sich an seltsamen Plätzen verstecken. Wie soll ich mir merken können, dass ich zum Abschalten von JavaScript zur Inhaltsregisterkarte wechseln muss? Finden sich Cookies unter Datenschutz oder unter Sicherheit? Vielleicht kann Firefox 4 den Einstellungsdialog durch ein »smartes« Feature ersetzen, bei dem Sie Schlüsselwörter tippen, sodass ich bei der Eingabe von »Pass« zum Abschnitt über das Konfigurieren von Passwörtern gelange.

Was bringen die Lektionen über den Aufbau, die weitere Entwicklung und Anpassung Ihrer Sprache für Leute, die heutzutage und in naher Zukunft Computersysteme entwickeln?

Guido: Ich habe dazu ein oder zwei kleine Anmerkungen. Ich bin nicht so der philosophische Typ, daher ist das nicht die Art von Fragen, die ich mag oder auf die ich eine vorbereitete Antwort habe, aber eine Sache ist mir bei Python recht früh als »ich habe es richtig gemacht« aufgefallen (was ABC als Vorgänger von Python zu seinem Schaden nicht hatte): Ein System sollte durch seine Anwender erweiterbar sein. Mehr noch, ein großes System sollte auf zwei (oder mehr) Ebenen erweiterbar sein.

Seit ich Python das erste Mal öffentlich gemacht hatte, erhielt ich Anfragen, die Sprache zu ändern, um bestimmte Arten von Anwendungsfällen zu unterstützen. Meine erste Reaktion auf solche Anfragen ist immer, vorzuschlagen, ein bisschen Python-Code dafür zu schreiben und in ein eigenes Modul zu stecken. Das ist die erste Ebene der Erweiterbarkeit – wenn die Funktionalität nützlich genug ist, landet sie vielleicht schließlich in der Standardbibliothek.

Die zweite Ebene ist, ein Extension-Modul in C (oder C++ oder einer anderen Sprache) zu schreiben. Extension-Module können Vieles, was in reinem Python nicht möglich wäre (auch wenn die Fähigkeiten von reinem Python im Lauf der Jahre gewachsen sind). Ich würde viel eher eine API auf C-Ebene hinzufügen, sodass Extension-Module in den internen Datenstrukturen von Python herumfuhrwerken können, als die Sprache selbst zu ändern. Denn Sprachänderungen müssen immer eine möglichst hohe Kompatibilität, Qualität, semantische Klarheit und so weiter aufweisen. Zudem können Verzweigungen in der Sprache auftreten, wenn sich die Leute »selber helfen« und die Implementierung in ihrer eigenen Version des Interpreters anpassen und dann an andere weitergeben. Solche Verzweigungen verursachen alle möglichen Probleme, zum Beispiel das Warten der eigenen Änderungen, während sich die Basissprache ebenfalls weiterentwickelt, oder das

Zusammenführen mehrerer unabhängiger Zweige, die andere Anwender vielleicht kombinieren müssen. Extension-Module haben diese Probleme nicht: In der Praxis ist die meiste Funktionalität, die von Extensions benötigt wird, schon in der C-API vorhanden, sodass Änderungen daran nur sehr selten notwendig sind, um eine bestimmte Erweiterung zu ermöglichen.

Ein anderer Gedanke ist, zu akzeptieren, dass Sie nicht alles beim ersten Mal richtig machen können. Wenn Sie zu Beginn der Entwicklung nur wenige »Early Adopters« als Anwender haben, ist das Beheben von Problemen schnell erledigt, da Sie sich keine Gedanken um Rückwärtskompatibilität machen müssen. Eine schöne Anekdote, die ich gerne erzähle und die von jemandem als wahr bestätigt wird, der damals dabei war, ist folgende: Stuart Feldman, der ursprüngliche Autor von »Make« in Unix v7, wurde gebeten, die Abhängigkeit der Makefile-Syntax von echten Tab-Zeichen zu ändern. Seine Antwort lautete sinngemäß, dass er ja einsehen würde, dass Tab-Zeichen ein Problem seien, es aber für einen Fix zu spät wäre, weil es schon ungefähr ein Dutzend Anwender gäbe.

Wenn die Benutzerbasis wächst, müssen Sie konservativer werden, und irgendwann ist absolute Rückwärtskompatibilität eine Notwendigkeit. Es gibt einen Zeitpunkt, zu dem Sie so viele Unschönheiten angesammelt haben, dass es nicht mehr tragbar ist. Eine gute Strategie, um damit umzugehen, ist das, was ich mit Python 3.0 mache – für eine bestimmte Version auf die Rückwärtskompatibilität verzichten, die Gelegenheit nutzen, so viele Probleme wie möglich zu beheben, und der Anwender-Community viel Zeit geben, mit dem Übergang klarzukommen.

In Pythons Fall planen wir, Python 2.6 und 3.0 für eine lange Zeit parallel zu unterstützen – viel länger als die üblichen Supportzeiten älterer Releases. Wir bieten zudem verschiedene Übergangsstrategien an: ein automatisches Quellcode-Konvertierungstool, das bei Weitem noch nicht perfekt ist, kombiniert mit optionalen Warnmeldungen in Version 2.6 über die Verwendung von Funktionalität, die sich in 3.0 ändern wird (insbesondere, wenn das Konvertierungstool die Situation nicht ordentlich erkennen kann), sowie eine ausgewählte Rückportierung von bestimmten 3.0-Features nach 2.6. Gleichzeitig wird 3.0 keine komplett neue Sprache und kein vollständiges Redesign sein (anders als Perl 6 oder in der Python-Welt Zope 3), daher werden die Chancen recht klein sein, unbeabsichtigt wichtige Funktionalität zu verlieren.

Ein Trend, den ich in den letzten vier oder fünf Jahren bemerkt habe, ist die verstärkte Vereinnahmung von dynamischen Sprachen durch Firmen. Erst PHP, Ruby in gewissem Maße, definitiv Python in anderen Kontexten, insbesondere Google. Das finde ich interessant. Ich frage mich, wo diese Leute vor 20 Jahren waren, als Sprachen wie Tcl und Perl und ein bisschen später auch Python anfingen, all diese nützlichen Dinge zu ermöglichen. Haben Sie den Drang verspürt, diese Sprachen firmenfreundlicher zu machen, was immer das auch bedeutet?

Guido: »Firmenfreundlich« heißt im Allgemeinen, dass die wirklich klugen Köpfe das Interesse verlieren und die eher durchschnittlich Begabten für sich selbst sorgen müssen. Ich weiß nicht, ob Python für durchschnittlich begabte Leute schwieriger zu nutzen ist. In gewissem Sinne kann man sich vorstellen, dass man in Python weniger Schaden anrichten kann, weil es interpretierend ist. Wenn Sie andererseits ein wirklich großes System schreiben und nicht genug Unit Tests durchführen, wissen Sie eventuell gar nicht, was das System tut.

Sie haben gesagt, dass eine Zeile Python, eine Zeile Ruby, eine Zeile Perl, eine Zeile PHP zehn Zeilen Java-Code entsprechen.

Guido: Häufig ist das der Fall. Ich denke, dass das Level in Firmenumgebungen nur der Angst sehr konservativer Manager entspricht, auch wenn es bestimmte Funktionalitätspakete gibt, die hilfreich sind. Stellen Sie sich die für IT-Ressourcen verantwortlichen Personen in einer Firma mit 100.000 Mitarbeitern vor, bei denen die IT gar nicht das Hauptprodukt ist – vielleicht bauen sie Autos, verkaufen Versicherungen oder etwas anderes, aber alles, was sie tun, betrifft irgendwie etwas am Computer. Die für die Infrastruktur verantwortlichen Personen müssen notwendigerweise sehr konservativ sein. Sie greifen lieber auf Dinge zurück, an denen große Namen stehen, wie zum Beispiel Sun oder Microsoft, weil sie wissen, dass Sun und Microsoft zwar auch dauernd etwas vermasseln, diese Firmen aber gezwungen sind, es wieder geradezurücken, auch wenn es fünf Jahre dauert.

Open Source-Projekte haben solche Beruhigungspillen für den normalen CIO bisher traditionell nicht angeboten. Ich weiß nicht genau, ob, wie und wann sich das ändern wird. Falls Microsoft oder Sun plötzlich Python für ihre jeweiligen VMs unterstützen würden, könnte es passieren, dass die Programmierer in den Firmen tatsächlich bemerken würden, dass sie durch die Verwendung fortgeschrittener Sprachen eine höhere Produktivität ohne irgendwelche Nachteile erreichen würden.

KAPITEL DREI

APL
Adin D. Falkoff

In den späten 1950er Jahren ersann Kenneth Iverson an der Harvard University eine Erweiterung der mathematischen Notation für die genaue Beschreibung von Algorithmen. Dann wandelte das Team zusammen mit Adin Falkoff und anderen Forschern bei IBM die Notation in eine vollständige Programmiersprache namens APL um. Die Sprache nutzte einen erweiterten Zeichensatz, der eine spezielle Tastatur benötigte und als Strings mit manchmal ungewohnten Symbolen erschien – aber die zugrunde liegende Konsistenz der Sprache erleichterte das Erlernen, und ihre unerreichten Fähigkeiten bei der Verarbeitung von Arrays machten sie außerordentlich mächtig. Ihre Nachfolger im Geiste, J und K, führen APLs Vermächtnis von exakten und mächtigen algebraischen Manipulationen fort.

Papier und Stift

Ich habe einen Artikel von Ihnen und Ken Iverson gelesen, »The Design of APL«, in dem steht, dass die ersten sieben oder acht Jahre der Entwicklung völlig ohne einen Computer verliefen! So konnten Sie Designaspekte ändern, ohne sich um Altlasten kümmern zu müssen. Wie beeinflusste dann die erste Software-Implementierung die Weiterentwicklung der Sprache?

Adin Falkoff: Ja, in den ersten Jahren der Entwicklung von APL, als sie noch keinen anderen Namen hatte als »Iverson's Notation«, ging es vor allem um mathematische Anwendungen mit Papier und Stift, die Analyse von digitalen Systemen und das Lehren. Wir gingen weitgehend davon aus, dass Programmierung ein Zweig der Mathematik ist, der sich mit dem Entdecken und Entwerfen von Algorithmen befasst, und dieses Konzept wurde durch die symbolische Form der Notation unterstützt. Die Attraktivität der Notation als allgemeine Programmiersprache wurde nach einer Weile offensichtlich und erhielt Unterstützung durch die Arbeit verschiedener Leute (insbesondere Herb Hellerman bei IBM), die mit Maschinenimplementierungen signifikanter Elemente der Notation experimentierten, einschließlich primitiver Funktionen und Array-Operationen. Trotzdem stimmt es, dass wir in dieser Zeit beim Design der Sprache vollständige Freiheit besaßen und uns nicht um »Legacy«-Probleme kümmern mussten.

Die wichtigste frühe Weiterentwicklung der Sprache geschah in zwei Schritten. Der erste war das Schreiben und Veröffentlichen von »The Formal Description of System 360« (*IBM Systems Journal*, 1964). Um einen Teil des Verhaltens dieses neu entworfenen Computersystems formal beschreiben zu können, waren ein paar Ergänzungen und Modifikationen der in Iversons Buch (*A Programming Language* [Wiley]) beschriebenen Notation notwendig. Der zweite war das Design eines Kugelkopfes für Selectric-basierte Terminals, um die Sprache auf einem Rechner nutzen zu können. Durch die lineare Natur der Druckausgabe und die mechanischen Anforderungen des Selectric-Mechanismus ergaben sich deutliche Einschränkungen. Ich glaube, im von Ihnen erwähnten Artikel, »The Design of APL« (*IBM Journal of Research and Development*, 1974) wird einiges zum Einfluss dieser Schritte auf die Entwicklung beschrieben.

Die erste umfassende Implementierung der Sprache war natürlich APL\360. Sie enthielt notwendigerweise die Möglichkeit, definierte Funktionen zu schreiben (also Programme) – die manchmal bei der Verwendung von Papier und Stift als gegeben angenommen wurden – und die Umgebung zu kontrollieren, in der die Programme ausgeführt wurden. Die dann eingeführten Ideen, einschließlich des Workspace- und Bibliothekssystems, der Regeln für den Gültigkeitsbereich von Namen und die Nutzung gemeinsam verwendeter Variablen für die Kommunikation mit anderen Systemen, blieben ohne große Änderungen bestehen. Programme, die für APL\360 geschrieben wurden, laufen auf den modernen APL-Systemen, die mir bekannt sind, ohne Änderungen.

Es ist fair, zu sagen, dass das Vorhandensein einer Implementierung die weitere Entwicklung der Sprache beeinflusste – durch die strikte Anwendung des Prinzips, dass neue Ideen immer die früheren einbinden müssen, und durch die fortlaufende kritische Begutachtung, wie die Sprache für neue und andere Anwendungen funktioniert.

Wie sahen Sie den typischen APL-Programmierer, als Sie die Syntax definierten?

Adin: Wir haben unsere Überlegungen zur Syntax nicht direkt auf Programmierer ausgerichtet, sondern die Sprache als Kommunikationsmedium für Menschen entworfen, was natürlich auch für Leute funktionieren sollte, die mit Maschinen kommunizieren. Wir bemerkten, dass die Anwender mit einer symbolischen Sprache wie Algebra zufrieden sein würden, hatten aber auch das Gefühl, dass sie die Mächtigkeit symbolischer Repräsentationen zu schätzen wissen würden, da sie formale Manipulationen von Ausdrücken erleichtern und zu einer effektiveren Analyse und Synthese von Algorithmen führen würde. Insbesondere glaubten wir nicht, dass viel Erfahrung oder Wissen über Mathematik notwendig sein würden. Tatsächlich nutzten wir das APL-System für den Unterricht auf Grundschul- und Highschool-Niveau – und durchaus mit Erfolg.

Mit der Zeit stellten wir fest, dass manche der besten und erfahrensten Programmierer APL interessant fanden, es nutzten und zu seiner Entwicklung beitrugen.

Hat die komplexe Syntax die Verbreitung von APL behindert?

Adin: Die Syntax von APL und ihre Auswirkungen auf die Akzeptanz der Sprache sind eine Diskussion wert, auch wenn ich nicht der Meinung bin, dass sie »komplex« ist. APL basierte auf der mathematischen Notation und auf algebraischen Ausdrücken und wurde durch das Entfernen ungewöhnlicher Formen und das Verallgemeinern der akzeptierten Notation vereinheitlicht. So wurde zum Beispiel entschieden, dass die dyadischen Funktionen, wie die Addition oder Multiplikation, zwischen ihren beiden Argumenten stehen sollen, und monadische Funktionen konsistent ihre Funktionssymbole vor das Argument schreiben sollen, ohne Ausnahmen, die es in der klassischen mathematischen Notation gibt. So ist der Absolutwert in APL durch einen vertikalen Balken vor dem Argument dargestellt und nicht durch Balken auf beiden Seiten, und das Symbol für die Fakultät steht in APL ebenfalls vor dem Argument und nicht dahinter. Diesbezüglich war die Syntax von APL einfacher als die seiner historischen Quelle.

Die Syntax von APL war auf eine andere, wichtige Art und Weise einfacher als die von algebraischer Notation und anderen Programmiersprachen: Die Prioritätsregeln für die Auswertung von Ausdrücken in APL besagen schlicht, dass alle Funktionen die gleiche Priorität besitzen und sich die Anwender nicht merken müssen, ob die Potenzierung vor der Multiplikation durchgeführt wird oder wo definierte Funktionen in der Hierarchie wiederzufinden sind. Die Regel ist einfach, dass der am weitesten rechts stehende Unterausdruck zuerst ausgewertet wird.

Daher glaube ich nicht, dass die Syntax von APL die Verbreitung der Sprache beeinträchtigt hat, während der Zeichensatz mit seinen vielen Sonderzeichen, die auf einer normalen Tastatur nicht vorhanden sind, vermutlich diesen Effekt hatte.

Wie haben Sie sich dazu entschieden, einen speziellen Zeichensatz zu verwenden? Wie hat sich der Zeichensatz im Laufe der Zeit entwickelt?

Adin: Der Zeichensatz wurde durch die Verwendung normaler mathematischer Symbole definiert, ergänzt durch ein paar griechische Buchstaben und einige visuell suggestive Symbole wie das Quad. Es gab auch den praktischen Einfluss durch die Einschränkungen der linearen Schreibmaschinenausgabe, wodurch manche Zeichen eingeführt wurden, die durch Überdrucken erzeugt werden konnten. Als später Terminals und Eingabegeräte besser nutzbar waren, wurden diese zusammengesetzten Zeichen zu eigenen Symbolen, und ein paar neue Zeichen wurden eingeführt, um neue Fähigkeiten darzustellen, zum Beispiel der Diamant für einen Anweisungstrenner.

Gab es eine bewusste Entscheidung, die zur damaligen Zeit begrenzten Ressourcen produktiver zu nutzen?

Adin: Der Zeichensatz war definitiv durch den Wunsch beeinflusst, die damals begrenzten Ressourcen optimal zu verwenden. Aber die präzise, symbolische Form wurde aufgrund der Überzeugung entwickelt und erweitert, dass sie die Analyse und formale Manipulation von Ausdrücken erleichtern würde. Zudem macht es die Kürze der Programme im Vergleich zu solchen, die in anderen Sprachen geschrieben werden, einfacher, den logischen Ablauf eines Programms zu verstehen, nachdem man sich einmal die Mühe gemacht hat, es in der genauen APL-Repräsentation zu lesen.

Ich könnte mir vorstellen, dass die Leute viel Training benötigen, um die Sprache zu erlernen, insbesondere den Zeichensatz. Gab es eine Art natürliche Selektion, das heißt, APL-Programmierer waren in der Sprache Experten? Waren sie produktiver? Schrieben sie höherwertigen Code mit weniger Fehlern?

Adin: APL so weit zu lernen, dass man Programme zum Beispiel auf FORTRAN-Ebene schreiben kann, war tatsächlich niemals schwierig oder langwierig. Es war produktiver, weil die Regeln einfacher sind und es primitive Funktionen für die Datenmanipulation gibt, zum Beispiel Sortieren, oder mathematische wie die Matrix-Inversion. Diese Faktoren trugen zur Prägnanz von APL-Programmen bei, durch die sie sich leichter analysieren und debuggen ließen. Die Produktivität verdankt sich aber auch den Implementierungen, der Verwendung von Workspaces mit all ihren nützlichen Eigenschaften und den interaktiven, Terminal-basierten, interpretierenden Systemen.

Eine superknappe Form eines Ausdrucks wäre eventuell außerordentlich nützlich für Geräte mit einem kleinen Bildschirm – wie PDAs oder Smartphones! Davon ausgehend, dass APL zuerst auf großen Kisten wie dem IBM System/360 entwickelt wurde – wäre die Sprache nicht so erweiterbar, dass sie in modernen Projekten genutzt werden kann, die Netzwerkverbindungen und Multimediadaten benötigen?

Adin: Eine Implementierung von APL auf einem Handheld würde zumindest zu einem sehr mächtigen Taschenrechner führen, und ich sehe keine Probleme mit Netzwerken und Multimedia, da solche Anwendungen in APL-Systemen schon lange genutzt werden. Tools für den Umgang mit GUIs sind auf modernen APL-Systemen im Allgemeinen immer vorhanden.

Schon ziemlich früh in der Entwicklung von APL-Systemen wurden Möglichkeiten für den Umgang mit dem Betriebssystem und der Hardware innerhalb von APL-Funktionen integriert und von APL-Systemprogrammierern genutzt, um die Performance von APL selber zu analysieren. Und kommerzielle APL-Timesharing-Systeme, die von Netzwerken für ihr wirtschaftliches Überleben abhängen, haben APL für den Umgang damit genutzt.

Es stimmt, dass die ersten kommerziell erfolgreichen APL-Systeme auf großen Maschinen entwickelt wurden, aber die frühesten Implementierungen, die die Machbarkeit von APL-Systemen demonstriert haben, entstanden auf recht kleinen Maschinen, wie der IBM 1620- und 1130-Familie, sowie der IBM 1500, die gerade in Lehranwendungen genutzt wurden. Es gab sogar eine Implementierung auf einem sehr frühen, experimentellen Desktoprechner namens »LC« (für

»Low Cost«), der nur ein paar Byte Speicher und eine Platte mit geringer Kapazität besaß. Die Entwicklung der APL-Implementierung von IBM ist recht detailliert im Artikel »The IBM Family of APL Systems« (*IBM Systems Journal*, 1991) beschrieben.

Grundlegende Prinzipien

War das Vorantreiben der Standardisierung eine wohlüberlegte Entscheidung?

Adin: Wir haben mit der Standardisierung ziemlich früh begonnen – tatsächlich bin ich der Meinung, dass ich ein Paper dazu geschrieben habe und wir ein Teil der ISO wurden. Wir wollten die Dinge immer standardisieren und haben das auch zum größten Teil erreicht. Wir haben die Leute davon abgeschreckt, mit den grundlegenden Strukturen der Sprache herumzuspielen und irgendwelche Dinge hinzuzufügen, die die Syntax verkomplizieren oder eines der grundlegenden Prinzipien verletzen würden, die wir erhalten wollten.

Was war Ihnen bei der Standardisierung wichtiger – Kompatibilität oder die konzeptionelle Reinheit?

Adin: Der Wunsch nach Standardisierung ist ein ökonomisches Thema. Wir wollten auf jeden Fall, dass APL auch wirtschaftlich erfolgreich ist, und da eine Menge verschiedener Leute es implementierten und verwendeten, schien es eine gute Idee zu sein, einen Standard zu haben.

Viele verschiedene Firmen bieten unterschiedliche APL-Compiler an. Was passiert ohne eine starke Standardisierung, wenn Sie eine Extension haben, die auf einem System funktioniert, auf einem anderen aber nicht?

Adin: Das ist etwas, woran von den APL-Standardisierungsgremien recht sorgfältig gearbeitet wurde, und es wurde einiger Aufwand getrieben, um einen Kompromiss zwischen Erweiterbarkeit und Reinheit zu finden.

Sie wollen, dass die Leute dazu in der Lage sind, Probleme zu lösen, die Sie nicht vorausgesehen haben, aber Sie wollen nicht, dass sie die grundlegende Natur Ihres Systems zerstören. Wie denken Sie vierzig Jahre später darüber, wie sich die Sprache hält? Gibt es Designprinzipien, die Sie immer noch für anwendbar halten?

Adin: Ich denke schon. Ich sehe nicht, dass etwas wirklich falsch war.

Liegt das daran, dass Sie viel Zeit mit dem sorgfältigen Design verbracht haben, oder dass Sie einen umfassenden theoretischen Hintergrund in Bezug auf Algebra hatten?

Adin: Ich denke, dass wir ein paar wirklich kluge Leute waren, die an die Konzepte Einfachheit und Praktikabilität glaubten und diesbezüglich keine Kompromisse eingehen wollten.

Ich fand es viel zu aufwendig, zu versuchen, all die Regeln zu lernen und mir zu merken, die es in anderen Sprachen gibt, daher versuchte ich, die Sprache unter diesem Gesichtspunkt einfach zu halten, um sie selber nutzen zu können.

Einige unserer Gedankengänge zeigen sich in Artikeln, insbesondere in denen, die gemeinsam von Iverson und mir veröffentlicht wurden. Ich schrieb selber später einen Artikel »A Note on Pattern Matching: Where do you find the match to an empty array?« (APL Quote Quad, 1979), der ein paar nette Schlussfolgerungen nutzte, die auf kleine Programme und algebraische Prinzipien aufbauten, um die berichteten Ergebnisse zu erhalten. Das war konsistent und nützlich. Der Artikel schaute sich verschiedene Möglichkeiten an und fand heraus, dass die am einfachsten ausgedrückte Variante besser funktionierte als alle anderen.

Ich finde es wirklich faszinierend, eine Sprache ausgehend von einem kleinen Satz von Prinzipien aufzubauen und dabei neue Ideen zu finden, die daraus folgen. Diese Beschreibung dürfte weitgehend auf die Mathematik zutreffen. Wie ist die Rolle von Mathematik in der Informatik und Programmierung.

Adin: Ich glaube, dass die Informatik ein Zweig der Mathematik ist.

Die Programmierung mathematischer Berechnungen ist ganz offensichtlich ein Teil der Mathematik, insbesondere die numerische Analysis, die notwendig ist, um die Kompatibilität zwischen den diskreten digitalen Operationen und der Kontinuität theoretischer Analysen fortlaufend zu gewährleisten.

Ein paar weitere Stichwörter kommen mir dazu in den Sinn: der Einfluss mathematischer Probleme, die nur durch umfangreiche Berechnungen gelöst werden können, auf den Bedarf nach Geschwindigkeit; die Disziplin des logischen Denkens, die für die Mathematik notwendig war und in die Programmierung übernommen wurde; die Idee des Algorithmus, bei dem es sich um ein klassisches mathematisches Tool handelt; und die vielen spezialisierten Zweige der Mathematik, wie zum Beispiel die Topologie, die wiederum bei der Analyse von Computerproblemen genutzt werden.

Ich habe von Diskussionen gelesen, bei denen Sie und andere Personen erwähnt haben, dass eine der interessanten Anwendungen von APL das Unterrichten von Programmierung und Mathematik auf Grundschul- und Highschool-Niveau war.

Adin: Wir haben so etwas gemacht, vor allem zu Beginn, und hatten einigen Spaß damit.

Zu der Zeit hatten wir nur Schreibmaschinenterminals und überließen einige davon ein paar lokalen Privatschulen. Es gab da insbesondere eine, in der schwierige Schüler unterrichtet werden sollten. Wir gaben ihnen Übungen auf und ließen sie machen.

Das Schöne war, dass manche dieser Schüler, die als so lernresistent betrachtet wurden, nach dem Unterricht noch in die Schule einbrachen, um mehr mit den Rechnern zu arbeiten. Sie nutzten Schreibmaschinenterminals, die mit unserem Timesharing-System verbunden waren.

Sie haben es also so gerne gemacht, dass sie sogar nach dem Unterricht weitermachten?

Adin: Ja.

Sie haben APL genutzt, um das »Programmierdenken« für Nichtprogrammierer zu unterrichten. Was hat APL für Nichtprogrammierer attraktiv gemacht?

Adin: Früher hatten Sie nicht diesen ganzen Overhead. Sie mussten keine Deklarationen vornehmen, um zwei Zahlen zu addieren. Wenn Sie also 7 und 5 addieren wollten, schrieben Sie einfach 7 + 5 auf, anstatt zu sagen, dass es eine Zahl namens 7 und eine Zahl namens 5 gibt, egal ob Gleitkomma oder nicht, und das Ergebnis eine Zahl ist und ich es hier speichern möchte. Daher gab es eine niedrigere Einstiegshürde in APL, um das zu erledigen, was man tun wollte.

Wenn jemand lernt, zu programmieren, ist der erste Schritt dahin sehr klein. Sie schreiben im Prinzip auf, was Sie tun wollen, und müssen nicht erst Zeit damit verbringen, einen Compiler davon zu überzeugen, seine Arbeit zu erledigen.

Adin: Genau.

Einfach zu Anfang und einfach im Umgang. Wurden die Leute durch diese Technik Programmierer, oder verbesserten sie ihr Programmierwissen?

Adin: Die einfache Zugänglichkeit ermöglichte es, problemlos Experimente durchzuführen, und wenn Sie experimentieren und verschiedene Dinge ausprobieren können, lernen Sie. Daher denke ich, dass das förderlich für die Programmierkenntnisse ist.

Die Notation, die Sie für APL gewählt haben, unterscheidet sich von der klassischen algebraischen Notation.

Adin: Nun, sie ist nicht so anders ... die Prioritätsregeln sind verschieden – und ganz einfach: Es geht von rechts nach links.

Fanden Sie, dass das einfacher zu unterrichten war?

Adin: Ja, weil es nur eine Regel gibt und Sie nicht erklären müssen, dass man bei einer definierten Funktion so vorgeht, das Potenzieren aber Vorrang vor dem Multiplizieren hat und so weiter. Sie sagen einfach: »Schau dir die Zeile mit den Anweisungen an und geh von rechts nach links.«

War der Bruch mit der vertrauten Notation und den Prioritätsregeln eine bewusste Designentscheidung zugunsten von mehr Einfachheit?

Adin: Ja. Mehr Einfachheit und mehr Allgemeingültigkeit.

Ich denke, Iverson war dafür vor allem verantwortlich. Er war in Algebra ziemlich gut und sehr interessiert am Lehren. Ein Beispiel, das er gerne verwendete, war die Repräsentation von Polynomen, was in APL extrem einfach ist.

Als ich diese Notation das erste Mal sah, schien sie konzeptionell insgesamt viel einfacher zu sein, obwohl sie mir nicht vertraut war. Wie erkennen Sie Einfachheit in einem Design oder einer Implementierung? Geht es da um Geschmack und Erfahrung, oder ist es ein rigoroser Prozess, den Sie anwenden, um die optimale Einfachheit zu finden?

Adin: Ich denke, bis zu einem gewissen Grad muss es subjektiv sein, da es von Ihrer Erfahrung und Ihrer Herkunft abhängt. Ich würde sagen, je weniger Regeln es gibt, desto einfacher ist es im Allgemeinen.

Sie haben mit einer kleinen Menge von Axiomen begonnen und können darauf aufbauen, aber wenn Sie diese kleine Menge verstanden haben – können Sie dann mehr Komplexität erzeugen?

Adin: Nun, lassen Sie uns das Beispiel der Priorität verwenden. Ich denke, es ist einfacher, die Priorität in der einfachen Form »von rechts nach links« zu nutzen, als auf eine Tabelle aufzubauen, die besagt, dass erst die eine Funktion kommt und dann die andere. Das ist eine Regel im Gegensatz zu einer nahezu unbegrenzten Menge von Regeln.

Sehen Sie, in jeder Anwendung definieren Sie Ihre eigenen Variablen und Funktionen, und bei einer bestimmten Anwendung finden Sie es vielleicht einfacher, ein paar neue Regeln zu schreiben, aber wenn Sie sich eine allgemeine Sprache wie APL anschauen, werden Sie mit so wenig Regeln wie möglich anfangen wollen.

Um den Leuten, die mit dieser Sprache gebaute Systeme entwerfen, mehr Gelegenheit zum Weiterentwickeln zu geben?

Adin: Personen, die Anwendungen bauen, bauen in Wirklichkeit Sprachen. Das Programmieren hat grundlegend mit dem Entwickeln von Sprachen zu tun, die für bestimmte Anwendungen passen.

Sie drücken das Problem in einer Sprache aus, die für die Domäne spezifisch ist.

Adin: Aber dann müssen diese Objekte, vor allem die Nomen und die Verben, die Objekte und die Funktionen, in etwas definiert werden, zum Beispiel in einer allgemeinen Sprache wie APL.

Daher nutzen Sie APL, um diese Sachen zu definieren, aber dann richten Sie Ihre eigenen Operationen ein, um die Art von Dingen zu erleichtern, die Sie in der Anwendung erledigen wollen.

Geht es Ihnen darum, die Bausteine zu erstellen, die die Leute dann nutzen können, um sich auszudrücken?

Adin: Mir geht es darum, ihnen die grundlegenden Bausteine zu geben, die Basistools zum Erstellen der Bausteine, die für ihre Ziele in dem Bereich, in dem sie tätig sind, passend sind.

Das scheint auch bei anderen Sprachdesignern der Fall zu sein – ich denke an Chuck Moore mit Forth oder John McCarthy mit Lisp und Smalltalk in den frühen 70ern.

Adin: Ich bin sicher, dass das der Fall ist.

Ich weiß, dass McCarthy ein Theoretiker ist und er sich mit dem Entwickeln eines Systems befasst hat, um das Lambda-Kalkül effektiv ausdrücken zu können, aber ich glaube nicht, dass das Lambda-Kalkül für die meisten Zwecke so praktisch ist wie die gute alte Algebra, aus der sich APL ableitet.

Wenn ich eine neue Programmierspache entwerfen wollte, welchen Ratschlag können Sie mir da geben?

Adin: Ich denke, das Beste, was ich sagen kann, ist, dass Sie etwas tun sollten, was Ihnen Spaß macht, etwas, mit dem Sie gerne arbeiten, etwas, das Ihnen dabei hilft, etwas anderes zu erreichen, was Sie auch gerne tun würden.

Wir waren bei unserem Vorgehen immer sehr auf uns bezogen, und ich denke, das sind die meisten Designer, wenn ich mir so durchlese, was die Leute schreiben. Sie begannen damit, etwas zu tun, was sie tun wollten. Das stellte sich dann als allgemein nützlich heraus.

Als Sie APL entwarfen – konnten Sie da zu einem bestimmten Zeitpunkt sagen: »Wir gehen hier in die falsche Richtung. Wir müssen diese Komplexität reduzieren.« oder »Wir haben viele verschiedene Lösungen. Wir können sie vereinheitlichen zu etwas deutlich Einfacherem.«?

Adin: Das stimmt ungefähr, allerdings gab es meist solche Fragen: »Ist das eine Verallgemeinerung, die das zusammenfasst, was wir schon haben? Und wie wahrscheinlich ist es, dass wir damit, ohne viel komplizierter zu werden, viel mehr erreichen können?«

Wir haben viel Aufmerksamkeit in Abschlussbedingungen gesteckt – was passiert zum Beispiel am Ende, wenn Sie von 6 nach 5 nach 4 bis herunter nach 0 gehen? Durch die Reduktion wenden Sie eine Funktion an, wie zum Beispiel das Summieren eines Vektors, und wenn Sie einen Vektor aufsummieren, der n Elemente und dann n minus eins Elemente hat und so weiter – was passiert dann, wenn schließlich gar keine Elemente mehr da sind? Was ist dann die Summe? Sie muss 0 sein, weil es sich um das Identitätselement handelt.

Bei der Multiplikation bedeutet die Multiplikation für einen leeren Vektor als Ergebnis 1, weil das das Identitätselement für diese Funktion ist.

Sie haben erwähnt, dass Sie sich viele verschiedene Lösungen anschauen und dann versuchen, zu verallgemeinern und sich zu fragen, was zum Beispiel passiert, wenn 0 erreicht wird. Wenn Sie noch nicht wussten, dass Sie beim Durchführen einer Reduktion bei Erreichen von n gleich 0 beim Identitätselement landen müssen, könnten Sie sich diese beiden Fälle anschauen und sagen: »So argumentieren wir: Es ist 0 in diesem Fall und 1 in jenem, weil es das Identitätselement ist.«

Adin: Das stimmt. Das ist einer der von uns genutzten Prozesse.

Was in diesem speziellen Fall passiert, ist sehr wichtig, und wenn Sie APL effektiv nutzen, wenden Sie dieses Kriterium auch auf die komplexeren Funktionen an, die Sie vielleicht für eine bestimmte Anwendung entwickeln. Das führt oft zu unerwarteten, aber erfreulichen Vereinfachungen.

Inspirieren die Designtechniken, die Sie beim Erstellen einer Sprache nutzen, die Designtechniken, die die Leute eventuell verwenden, wenn sie in der Sprache programmieren?

Adin: Ja, denn wie ich schon sagte ist Programmieren das Entwerfen von Sprachen. Ich denke, es ist eine sehr grundlegende Sache, die – soweit ich weiß – in der Literatur nicht erwähnt wird.

Lisp-Programmierer tun es, aber in vielen danach folgenden Sprachen, besonders in Algol und seinen C-Derivaten, scheinen die Leute so nicht mehr zu denken. Gibt es eine Trennung zwischen dem, was in die Sprache eingebaut ist, und dem, was nicht eingebaut ist, wenn alles andere »Second Class« ist?

Adin: Nun, was meinen wir mit »Second Class«? In APL folgt die sogenannte Second Class den gleichen Regeln wie die First Class, und wir haben da kein Problem.

Sie können das gleiche Argument auch für Lisp oder Scheme oder Smalltalk anbringen, aber C hat eine deutliche Trennung zwischen Operatoren und Funktionen einerseits und benutzerdefinierten Funktionen andererseits. Ist diese scharfe Trennung dazwischen ein Designfehler?

Adin: Ich weiß nicht, ob ich es als Fehler bezeichnen würde, aber ich denke, es ist einfacher, die gleichen Regeln für Primitive und Nicht-Primitive anzuwenden.

Was ist der größte Fehler, den Sie in Bezug auf Design oder Programmierung gemacht haben? Was haben Sie daraus gelernt?

Adin: Als wir mit der Arbeit an APL begannen, vermieden wir bewusst Designentscheidungen, die auf die Computerumgebung zugeschnitten waren. So vermieden wir zum Beispiel die Verwendung von Deklarationen, denn wir sahen ihre Anwendung als unnötige Last für den Benutzer, wo doch der Rechner problemlos die Größe und den Typ eines Datenobjekts aus dem Objekt selbst in dem Moment ermitteln konnte, in dem es eingegeben oder generiert wird. Im Laufe der Zeit, als APL eine größere Verbreitung fand und mehr und mehr Interessen ins Spiel kamen, wurde es zunehmend schwieriger, Hardwarefaktoren zu vermeiden.

Der vielleicht größte Fehler, den ich persönlich gemacht habe, war das Unterschätzen des Hardwarefortschritts. Zudem wurde ich beim Systemdesign zu konservativ. In sehr frühen Implementierungen auf dem PC hatte ich zum Beispiel geraten, bestimmte Spracherweiterungen für allgemeine Arrays und komplexe Zahlen wegzulassen, weil sie die Kapazität der existierenden Hardware zu stark belastet hätten, um eine zufriedenstellende Performance zu erreichen. Glücklicherweise wurde ich überstimmt und es dauerte nicht lange, bis sich der Umfang des Speichers und die Geschwindigkeit des Prozessors in PCs so sehr erhöht hatten, dass diese mächtigen Extensions sinnvoll nutzbar wurden.

Es ist schwierig, sich an große Fehler im Programmiergeschäft zu erinnern, weil erwartet wird, dass Fehler beim Schreiben von Programmen mit entsprechender Komplexität geschehen. Es hängt dann von den Programmiertools ab, wie der Fehler wächst, wann er entdeckt wird und wie viel getan werden muss, um ihn zu beheben. Die Modularisierung und die Wiederverwendbarkeit von Codefragmenten, die beide aus dem funktionalen Programmierstil folgen, den APL unterstützt, begrenzen das Entstehen und Wachsen von Fehlern, sodass sie nicht unbedingt groß werden.

Was das Design von APL selbst angeht, haben unsere Entwicklungsmethode, nämlich das Erreichen eines Konsens zwischen Designern und Implementierern als entscheidender Faktor, und die Rückmeldungen von Benutzern, die Erfahrungen in verschiedensten Anwendungen gesammelt haben, sowie von uns selber, dabei geholfen, ernsthafte Fehler zu vermeiden.

Aber was die eine Person als gutes Prinzip ansieht, kann eine andere als Fehler einstufen, und selbst über lange Zeiträume lassen sich nicht alle Meinungsverschiedenheiten aus dem Weg räumen. An zwei Themen muss ich dabei denken.

Das eine ist der Zeichensatz. Wir wurden schon sehr früh dazu gedrängt, reservierte Wörter statt der abstrakten Symbole zu nutzen, die die primitiven Funktionen darstellen. Unser Standpunkt war, dass wir nun mal mit Erweiterungen der Mathematik arbeiten und die Evolution der mathematischen Notation eindeutig in Richtung von Symbolen verlief, die die formale Manipulation von Ausdrücken vereinfachten. Später entschied sich Ken Iverson, der ein fortdauerndes Interesse am Unterrichten von Mathematik hatte, dafür, bei seiner weiteren Arbeit an der Sprache J den ASCII-Zeichensatz zu nutzen, damit J-Systeme von Studenten auch ohne spezielle Hardware verwendet werden konnten. Ich wollte damals (und auch heute noch) beim symbolischen Ansatz bleiben. Es passte besser zur Geschichte und ist deutlich einfacher zu lesen. Die Zeit wird uns lehren, welche der beiden Richtungen ein Fehler war, oder ob es völlig egal ist.

Der andere mögliche ernsthafte Fehler, der aber vielleicht nie als einer angesehen werden wird, ist die Behandlung von allgemeinen Arrays, also von solchen, deren skalare Elemente selbst eine erreichbare Struktur in der Sprache haben. Nachdem APL\360 als IBM-Produkt etabliert war (eines der ersten, als IBM seine Software und Hardware 1966 oder 1967 aufteilte), begannen wir, uns Erweiterungen für allgemeinere Arrays anzuschauen, und führten umfangreiche Studien und Gespräche zum theoretischen Fundament durch. Schließlich wurden APL-Systeme gebaut, die in Bezug auf die Behandlung skalarer Elemente und syntaktischer Konsequenzen konkurrierende Wege gingen. Es wird interessant sein, zu sehen, wie sich das entwickelt, wenn das allgemeine Interesse an paralleler Programmierung kommerziell wichtiger wird.

Parallelität

Was sind die Auswirkungen (für das Design von Anwendungen) davon, über Daten in Collections statt in individuellen Einheiten nachzudenken?

Adin: Das ist ein ziemlich großes Thema, wie sich in der Verbreitung von »Array-Sprachen« und der Einführung von Array-Primitiven in Sprachen wie FORTRAN zeigt, aber ich denke, es gibt zwei entscheidende Aspekte, wenn man in Collections denkt.

So muss man sich natürlich weniger Gedanken über die Details der Verwaltung einzelner Elemente machen. Es passt besser zu unserer normalen Denkstruktur, zum Beispiel zu fragen, wie viele der Zahlen in dieser Collection gleich null sind, und einen einfachen Ausdruck zu schreiben, der das gewünschte Ergebnis liefert, statt über Schleifen jeglicher Form nachzudenken.

Und dazu kommt, dass so die Möglichkeiten für eine parallele Abarbeitung in Programmen besser sind, die direkt mit Collections arbeiten, was zu einer effizienteren Ausnutzung moderner Hardware führt.

Es gibt einige Ideen in modernen Programmiersprachen wie in C++ oder Java zu solchen fortgeschritteneren Features – Sprachen, in denen Sie die gleiche `for( )`*-Schleife immer und immer wieder schreiben. So habe ich zum Beispiel eine Collection mit Objekten und möchte etwas mit jedem von ihnen tun. APL hat dieses Problem schon vor 40 bis 45 Jahren gelöst!*

Adin: Nun, ich weiß nicht, wie lange es her ist, aber das sind hier zwei verschiedene Dinge. Zum einen die Verwendung von Arrays als Primitive und zum anderen das Einführen des Operators each, der eine beliebige Funktion auf eine Collection mit Objekten anwendet. Aber es gab immer schon Fragen wie: »Fügen wir Primitive speziell für Schleifen ein?« Wir haben uns dagegen entschieden, weil es die Syntax zu sehr verkompliziert hätte, und es war einfach genug, die paar wenigen benötigten Schleifen mit den vorhandenen Möglichkeiten zu schreiben.

Verkomplizieren der Syntax für die Implementierung oder für die Anwender?

Adin: Für beide: Die Leute müssen es lesen, und die Maschinen müssen es lesen. Die Syntax ist entweder einfach oder eben nicht.

Sie hätten neue Arten von Anweisungen hinzugefügt, und das ist ganz klar eine Verkomplizierung. Nun ist die Frage: »Ist es das wert?« Hier kommt dann die Designentscheidung ins Spiel. Und wir kamen immer zu dem Ergebnis, dass wir keine neue Art von Syntax zum Umgang mit Schleifen haben wollten, da wir das auch schon recht bequem mit den vorhandenen Mitteln erreichen konnten.

Sie haben gesagt, dass APL Vorteile bei der parallelen Programmierung hat. Ich kann die Verwendung von Arrays als primitive Datenstruktur für die Sprache verstehen. Sie erwähnen auch die Nutzung von gemeinsamen Variablen. Wie funktionieren sie?

Adin: Eine gemeinsame Variable in APL ist eine Variable, die zur selben Zeit mehr als einem Prozess zur Verfügung steht. Die Prozessoren können sowohl APL-Prozesse als auch andere sein. So können Sie zum Beispiel eine Variable X haben, bei der das Lesen und Schreiben aus APL-Sicht keinen Unterschied zu normalen Variablen ausmacht. Aber es kann einen anderen Prozess geben, zum Beispiel zum Verarbeiten einer Datei, der auch Zugriff auf X hat. Da es sich um eine gemeinsame Variable handelt, ist es kein Problem für den Dateiprozess, den Wert dieser Variablen zu nutzen, der ihr von APL gegeben wurde. Und umgekehrt kann er selber einen Wert zuweisen, der dann von APL gelesen wird. Der jeweilige Prozess kann dann den Wert der Variablen für sich interpretieren.

In APL-Systemen wie APL2 von IBM gibt es ein Protokoll für den Zugriff auf diese Variable, sodass Sie nicht durch Race-Conditions in Schwierigkeiten geraten.

Ist dieses Parallelisieren, von dem Sie sprechen, etwas, was der Compiler automatisch erkennen kann? Stellen Sie sich vor, ich möchte zwei Arrays multiplizieren und den Wert zu jedem Element eines Array hinzuaddieren. Das lässt sich in APL einfach ausdrücken, aber kann der Compiler dafür implizit eine Parallelisierung durchführen?

Adin: In APL lautet die Definition, dass es egal ist, in welcher Reihenfolge Sie die Operationen auf den Elementen eines Array ausführen – daher steht es dem Compiler oder Interpreter, oder was für eine Implementierung Sie auch immer haben, frei, sie simultan oder in beliebiger Reihenfolge auszuführen.

Neben der Vereinfachung auf Sprachebene können die Implementierungen dadurch außerordentlich flexibel vorgehen und Vorteile aus neuer Hardware ziehen oder Ihnen einen Mechanismus anbieten, um zum Beispiel eine automatische Parallelisierung auszunutzen.

Adin: Das stimmt. Denn nach der Definition der Sprache, was natürlich auch die Definition dessen ist, was passiert, wenn der Prozess angewendet wird, ist die Reihenfolge egal. Das war eine sehr bewusste Entscheidung.

War das eine in der Geschichte der Sprachen zu dem Zeitpunkt einzigartige Entscheidung?

Adin: Ich bin mit der Geschichte der Sprachen nicht vertraut, aber da wir im Prinzip die einzige ernsthafte Array-orientierte Sprache sind, war es vermutlich einzigartig.

Es ist interessant, über Collections und große Datenmengen zu sprechen, um die sich moderne Programmierer kümmern müssen. APL entstand vor der Erfindung der relationalen Datenbank. Jetzt haben wir viele Daten in Strukturen liegen, die verschiedene Datentypen enthalten, in relationalen Datenbanken und in großen, unstrukturierten Collections, wie zum Beispiel Webseiten. Kann APL damit gut umgehen? Bietet es Modelle an, von denen Leute, die bekanntere Sprachen nutzen, wie zum Beispiel SQL, PHP, Ruby und Java, lernen können?

Adin: APL-Arrays können sowohl skalare Werte enthalten, die keine interne Struktur haben, als auch nichtskalare Werte, die beliebig komplex sein können. Nichtskalare Elemente sind rekursiv aus anderen Arrays strukturiert. »Unstrukturierte« Collections, zum Beispiel Webseiten, können daher bequem durch APL-Arrays repräsentiert und von primitiven APL-Funktionen verändert werden.

In Bezug auf sehr große Arrays hat APL die Möglichkeit, externe Dateien als APL-Objekte zu behandeln. Sobald eine Assoziation zwischen einem Namen im Workspace und einer externen Datei hergestellt wurde, können Operationen auf der Datei mithilfe von APL-Ausdrücken angewandt werden. Für den Anwender sieht es so aus, als ob sich die Datei im Workspace befinden würde, obwohl sie in Wirklichkeit um ein Vielfaches größer sein kann als die Workspace-Größe.

Es ist sehr schwirig, genau anzugeben, was Designer anderer Sprachen von APL lernen können, und es wäre von mir anmaßend, bestimmte Dinge bei den erwähnten Sprachen im Detail zu behandeln, da ich in keiner ein Experte bin. Aber da ich einiges über sie gelesen habe, scheint es mir doch, dass die prinzipiellen Ideen, die das Design von APL inspiriert haben – und die zum Beispiel in unserem Artikel »The Design of APL« aus dem Jahr 1973 beschrieben sind –, auch später im Sprachdesign nicht vergessen wurden.

Von den beiden wichtigsten Prinzipien, Einfachheit und Praktikabilität, scheint es dem letzteren besser ergangen zu sein – Einfachheit lässt sich viel schwieriger erreichen, da die Komplexität keine echte Behinderung verursacht. Wir haben uns in APL um Einfachheit bemüht, indem wir den Gültigkeitsbereich der primitiven Operationen sorgfältig definierten, uns um die abstrakte Natur von APL-Objekten kümmerten und der Versuchung widerstanden, spezielle Fälle aufzunehmen, die von den Operationen anderer Systeme repräsentiert wurden.

Ein Beispiel dafür ist die Tatsache, dass das Konzept einer »Datei« in APL nicht auftaucht. Wir haben Arrays, die als Dateien behandelt werden können, wenn sie so von einer Anwendung angesprochen werden, aber es gibt keine primitiven Funktionen, die speziell für die Bearbeitung von Dateien entworfen wurden. Die praktische Notwendigkeit, beim Umgang mit Dateien effizient sein zu müssen, förderte schon frühzeitig die Entwicklung des Paradigmas der gemeinsam genutzten Variablen, bei dem es sich selbst wiederum um ein allgemeines Konzept handelt, das in vielen Anwendungen nützlich ist, bei denen das APL-Programm etwas von anderen (APL- oder Nicht-APL-)Prozessen aufrufen muss.

Später wurde eine weitere Möglichkeit entworfen, durch das allgemeine Konzept von Namensräumen in APL-Programmen Objekte außerhalb des Workspace direkt bearbeiten und auf Java-Felder und -Methoden, extrem große Daten-Collections, kompilierte Programme in anderen Sprachen und anderes zugreifen zu können. Die Benutzerschnittstelle sowohl für die gemeinsam genutzten Variablen als auch für die Namensräume nutzt vollständig die APL-Syntax und die entsprechende Semantik und ist damit trotzdem einfach.

Ohne zu sehr ins Detail zu gehen, kann man daher durchaus sagen, dass die neueren Sprachen Vorteile daraus ziehen können, ihre eigenen grundlegenden Konzepte konsequent und innerhalb der Bereiche, die sie ansprechen, so allgemein wie möglich umzusetzen.

Speziell hat APL gezeigt, dass Deklarationen unnötig sind, auch wenn sie in manchen Situationen die Effizienz der Ausführung steigern, und dass die Anzahl an unterschiedlichen Datentypen ziemlich gering sein kann. Neuere Sprachen mögen einen Vorteil darin haben, sich in diese Richtung zu orientieren, anstatt es als gegeben anzunehmen, dass der Anwender dem Computer dabei helfen muss, solche implementierungsbezogenen Details herauszufinden.

Auch ist das Konzept eines Zeigers kein Primitiv in APL, und es wurde auch nie vermisst. Natürlich sollten die primitiven Operationen in der Sprache, wenn möglich, für Daten-Collections definiert werden, bei denen die Daten abstrakte interne Strukturen besitzen, wie zum Beispiel reguläre Arrays, Bäume und anderes.

Sie haben zu recht darauf hingewiesen, dass APL noch vor der Entwicklung der relationalen Datenbanken entstand. Sowohl Dr. E. F. (Ted) Codd als auch die APL-Gruppe arbeiteten in den 1960er Jahren am T. J. Watson Research Center von IBM, als er die Konzepte der relationalen Datenbank entwickelte, und ich glaube, wir hatten einen sehr starken Einfluss auf diese Arbeit. Ich erinnere mich insbesondere an eine hitzige Diskussion zwischen uns an einem Nachmittag, als wir zeigten, dass einfache Matrizen statt komplexer skalarer Zeigersysteme genutzt werden können, um die Beziehungen zwischen Datenentitäten zu repräsentieren.

Vermächtnis

Ich weiß, dass in Perl beim Design viele Einflüsse aus APL kommen. Manche sagen, dass ein Teil des Kryptischen bei Perl von APL stammt. Ich weiß nicht, ob das ein Kompliment ist oder nicht.

Adin: Lassen Sie mich Ihnen ein Beispiel für diese Art von Kompliment geben. Beim Entwurf und der Verwendung von Programmiersprachen ist immer viel Politik im Spiel, insbesondere an einem Ort wie bei IBM, bei dem es ums Geschäft geht. Immer wieder haben Leute versucht, Vergleichsexperimente durchzuführen, um herauszufinden, ob APL besser als zum Beispiel PL1 oder FORTRAN arbeitet. Die Ergebnisse waren immer einseitig ermittelt, weil die bewertenden Personen von der anderen Seite kamen. Aber es gibt einen Kommentar von einem Funktionär, an den ich mich immer wieder erinnere: Er sagte, dass APL nicht sehr gut sein kann, wenn zwei der klügsten Personen, die er kennt, Iverson und Falkoff, es nicht schaffen, Leute davon zu überzeugen.

Was bringen die Lektionen über das Erfinden, die Weiterentwicklung und Anpassung Ihrer Sprache den Leuten, die heute und in naher Zukunft Computersysteme entwickeln?

Adin: Die Entscheidungen zum Systemdesign sind nicht rein technisch oder wissenschaftlich. Ökonomische und politische Überlegungen haben einen starken Einfluss, insbesondere in Situationen, bei denen es eine potenzielle Flexibilität in den zugrunde liegenden technischen Einzelheiten gibt, so wie beim Design von Sprachen und Systemen.

In der Zeit, als APL innerhalb von IBM in den 1960er Jahren als wichtiges Tool galt und man sich überlegte, es zu einem Produkt zu machen, mussten wir gegen einen »Sprach-Zar« von IBM kämpfen, der beschloss, dass in Zukunft nur PL/1 von der Firma unterstützt würde – abgesehen natürlich von FORTRAN und COBOL, die beide in der Industrie schon verbreitet waren und nicht komplett gestoppt werden konnten.

Wie die Geschichte gezeigt hat, war das eine unrealistische Position für die Firma, die auch keinen großen Bestand hatte, aber damals war das nicht so offensichtlich, wenn man an die Dominanz von IBM in der Computerwelt und die Dominanz bestimmter Gruppen innerhalb der Machtstrukturen der Firma denkt.

Wir mussten gegen diese Politik ankämpfen, um die notwendige Unterstützung zum Überleben von APL zu erhalten. Der Krieg tobte an mehreren Fronten: Als Mitglieder der IBM Research Division nutzten wir jede Gelegenheit, Info-Sessions, Seminare und Kurse zu geben, um die Aufmerksamkeit für die einzigartigen Eigenschaften von APL im technischen Bewusstsein der damaligen Zeit zu verankern. Wir sprachen einflussreiche Personen an – wo immer wir sie erreichen konnten –, um den administrativen Machtstrukturen entgegenwirken zu können. Wir sorgten dafür, dass unser APL\360-System in und an möglichst vielen Bereichen und Standorten verfügbar war, und boten unsere Unterstützung an. Wir förderten das Interesse wichtiger Kunden an APL-Systemen, um die Verfügbarkeit von APL außerhalb der Firma zu erzwingen, zumindest auf experimenteller Basis. Und wir schlossen Allianzen mit der Marketingabteilung. Wir waren erfolgreich – APL\360 war eines der ersten Programmprodukte von IBM, die vermarktet wurden, nachdem Hard- und Software in den späten 1960er Jahren aufgetrennt worden waren.

Einen sehr wichtigen Meilenstein hatten wir durch die technischen Präsentationen erreicht, als sich Interesse beim NASA Goddard Space Center zeigte. 1966 erhielten wir von dort eine Bitte um Zugriff auf unser internes APL-System, um damit experimentieren zu können. Das war ein sehr wichtiger Kunde, und wir wurden von den IBM-Marketingleuten dazu gedrängt, es zu ermöglichen. Wir wandten aber ein, dass wir nur dann zustimmen würden, wenn wir zuvor einen einwöchigen Kurs am Goddard Space Center geben könnten.

Das wurde dann so ausgemacht, aber wir hatten bei der Umsetzung Schwierigkeiten: Timesharing-Systeme wie das APL\360 erforderten damals, dass die Terminals mit dem zentralen System über Modems verbunden wurden, die mit speziellen Telefonerweiterungen arbeiteten. Diese Erweiterungen wurden auch am anderen Ende, beim Zentralcomputer, genutzt, und es gab nicht genug davon. Nachdem all die administrativen Steine aus dem Weg geräumt worden waren, fanden wir heraus, dass weder die Telefongesellschaften im New Yorker Bereich noch die in Washington D.C. die notwendigen Gerätschaften für die geplanten Kurse am Space Center liefern konnten.

Es war zwar üblich, nur mit eigenem Equipment zu arbeiten, aber die Telefongesellschaft in Washington stimmte zu, jegliche Telefonerweiterungen zu installieren, die wir irgendwoher besorgen könnten. Aber so sehr unsere Communication Manager bei IBM auch versuchten, die New Yorker Telefongesellschaft davon zu überzeugen, die Geräte aufzutreiben – es gab keine. Aber sie erwähnten, dass sie auch notfalls wegschauen würden, wenn wir ihre Geräte auf eigentlich nicht zulässige Art und Weise verwendeten.

Also schalteten wir die Hälfte der Verbindungen zu unserem Zentralcomputer ab und schickten die freigewordenen Geräte per IBM-Kombi zum Space Center. Dort wurden sie inoffiziell von der lokalen Telefongesellschaft installiert, und wir konnten mit dem Kurs beginnen und damit die erste Verwendung des APL\360-Systems außerhalb von IBM umsetzen. Und das, obwohl eigentlich nur PL/1 unterstützt werden sollte.

Was bedauern Sie am meisten an der Sprache?

Adin: Wir haben alle Anstrengungen in das Design von APL gesteckt und sehr viel im politischen Umfeld getan, damit die Sprache akzeptiert wurde und weite Verbreitung fand. Unter diesen Umständen finde ich nichts, das ich bedauern würde. Im Nachhinein könnten wir bedauern, dass wir nicht früher losgelegt und mehr Aufwand getrieben haben, um einen effektiven Compiler zu entwickeln, aber wir wissen nicht, was das angesichts der begrenzten Ressourcen für Nebenwirkungen gehabt hätte. Zudem gibt es durchaus gute Gründe, davon auszugehen, dass das aktuelle Interesse an paralleler Programmierung und die Übernahme APL-ähnlicher Array-Operationen in klassischen kompilierten Sprachen wie FORTRAN zu gegebener Zeit zu ähnlichen Ergebnissen führen wird.

Wie definieren Sie bei Ihrer Arbeit Erfolg?

Adin: APL hat gezeigt, dass es bei der Entwicklung vieler Aspekte von IBMs Geschäften ein sehr nützliches Tool war. Es stellte bei der Verwendung von Computern einen vereinfachten Ansatz bereit, der es Forschern und Produktentwicklern ermöglichte, den eigentlichen Problemen deutlich mehr Zeit zu widmen – von der theoretischen Physik bis zur Entwicklung von Flachbildschirmen. APL wurde auch genutzt, um Prototypen großer Systeme zu erstellen – wie für Montagestraßen und Lagerhäuser – und damit schnell zu beginnen und zu testen, bevor sie durch die Implementierung mit anderen Programmiersystemen festgezurrt wurden.

Wir waren darin erfolgreich, APL zu einer ganzen Reihe von IBM-Produkten auszubauen und durch unsere Vorreiterrolle anderen Computerfirmen dabei zu helfen, ihre eigenen APL-Systeme anhand eines internationalen Standards bereitzustellen.

APL fand auch immer wieder Anwendung in akademischen Institutionen als Tool und als Disziplin, womit der eigentliche Zweck seiner Entwicklung erfüllt wurde – seine Verwendung in der Lehre.

APL war natürlich der Vorläufer für Programmiersprachen und -systeme, die Arrays als primitive Datenobjekte behandeln und gemeinsam genutzte Variablen verwenden, um simultan arbeiten zu können. Damit haben wir ohne Zweifel einen starken Einfluss auf weitere Entwicklungen im Bereich der parallelen Programmierung. Es ist sehr befriedigend, zu sehen, dass in den letzten paar Monaten drei verschiedene Computerindustrie-Konsortien begonnen haben, in diesem Bereich voranzugehen.

KAPITEL VIER

Forth
Charles H. Moore

Forth ist eine Stack-basierte, konkatenative Sprache, die in den 1960ern von Chuck Moore entworfen wurde. Ihre Hauptfeatures sind die Verwendung von Stacks, um Daten abzulegen, und von Wörtern, die auf den Stacks operieren, Argumente dort hinschieben und Ergebnisse zurückholen. Die Sprache selbst ist klein genug, dass sie auf allem läuft – von Embedded Machines bis hin zu Supercomputern –, und ausdrucksstark genug, dass man mit ein paar hundert Wörtern nützliche Programme bauen kann. Zu den Nachfolgern gehören sowohl Chuck Moores eigenes colorForth als auch die Programmiersprache Factor.

Die Sprache Forth und das Sprachdesign

Wie definieren Sie Forth?

Chuck Moore: Forth ist eine Computersprache mit minimaler Syntax. Das Besondere an ihr ist ein expliziter Parameter-Stack, der effiziente Subroutinenaufrufe ermöglicht. Das führt zu Postfix-Ausdrücken (die Operatoren folgen auf ihre Argumente) und unterstützt einen stark faktorisierten Stil mit vielen kurzen Routinen, die Parameter auf dem Stack austauschen.

Ich habe gelesen, dass der Name Forth für Software der vierten Generation stand. Möchten Sie uns mehr darüber erzählen?

Chuck: Forth ist von »fourth« abgeleitet, was auf »Fourth-Generation Computer Language« anspielt. Wenn ich mich recht erinnere, habe ich eine Generation übersprungen. FORTRAN/COBOL waren Sprachen der ersten Generation, Algol/Lisp welche der zweiten. Diese Sprachen betonen alle die Syntax. Je ausgefeilter die Syntax, desto mehr Fehlerprüfung ist möglich, aber umso mehr Fehler finden sich auch in der Syntax. Ich hatte mich entschieden, die Syntax zu minimieren, um die Semantik hervorzuheben. Und tatsächlich sind Wörter in Forth mit einer Bedeutung versehen.

Sie sehen Forth als Sprach-Toolkit. Ich kann diese Sichtweise verstehen – angesichts der recht einfachen Syntax im Vergleich zu anderen Sprachen und der Möglichkeit, einen Wortschatz aus kleineren Wörtern aufzubauen. Habe ich etwas vergessen?

Chuck: Nein, es ist prinzipiell die Tatsache, dass die Sprache extrem faktorisiert ist. Ein Forth-Programm besteht aus vielen kleinen Wörtern, während ein C-Programm aus einer kleineren Anzahl größerer Wörter besteht.

Mit einem kleinen Wort meine ich eines mit einer Definition, die üblicherweise eine Zeile lang ist. Die Sprache kann aufgebaut werden, indem Sie neue Wörter aus den alten Wörtern bilden, bis Sie vielleicht so um die 1.000 Wörter haben. Die Herausforderung ist dabei, 1) zu entscheiden, welche Wörter nützlich sind, und 2) sich alle zu merken. Die aktuelle Anwendung, an der ich arbeite, enthält etwa 1.000 Wörter. Und ich habe ein Tool für das Suchen nach Wörtern bekommen, aber Sie können nur nach einem Wort suchen, wenn Sie sich daran erinnern, dass es existiert, und ziemlich genau wissen, wie es geschrieben wird.

Das führt natürlich zu einem anderen Programmierstil, und es dauert für einen Programmierer einige Zeit, damit zurechtzukommen. Ich habe viele Forth-Programme gesehen, die so aussehen, als seien C-Programme nach Forth übersetzt worden, aber das ist nicht die Absicht. Es geht darum, einen Neuanfang zu wagen. Das andere Interessante an diesem Toolkit ist, dass Wörter, die Sie so definieren, genauso effizient sind wie die, die im Kernel vordefiniert sind. Es gibt keinen Overhead.

Leitet sich die extern sichtbare Struktur mit den vielen kleinen Wörtern aus der Implementierung von Forth ab?

Chuck: Das ist ein Ergebnis unserer sehr effizienten Sequenz zum Aufruf von Unterroutinen. Es gibt keine Parameterübergabe, weil die Sprache Stack-basiert ist. Es ist wirklich nur ein Aufruf der Subroutine und der Rücksprung. Der Stack ist frei zugänglich. Die Maschinensprache ist kompiliert. Ein Wechsel zu und von einer Subroutine ist nur eine Anweisung für den Aufruf und eine für den Rücksprung. Und Sie können immer noch in eine Assembler-Sprache wechseln. Es ist möglich, ein Wort zu definieren, das echte Maschinenanweisungen ausführt, und keinen Subroutinenaufruf, sodass Sie so effizient wie in jeder anderen Sprache sein können, vielleicht sogar noch effizienter als in manch anderer.

Sie haben den C-Overhead beim Aufruf nicht.

Chuck: Richtig. Damit kann der Programmierer sehr flexibel vorgehen. Wenn Sie ein Problem geschickt faktorieren, wird es dadurch nicht nur effizient, sondern auch noch außerordentlich gut lesbar.

Wenn Sie allerdings ungeschickt vorgehen, können Sie bei Code landen, den sonst niemand verstehen kann – Code, den Ihr Manager nicht versteht, wenn Manager überhaupt etwas verstehen können. Und Sie können für echtes Chaos sorgen. Es ist also ein zweischneidiges Schwert. Sie können sehr gut arbeiten oder sehr schlecht.

Was würden Sie einem Entwickler sagen (oder welchen Code würden Sie ihm zeigen), der eine andere Programmiersprache nutzt, um ihn für Forth zu interessieren?

Chuck: Es ist sehr schwierig, einen erfahrenen Programmierer für Forth zu interessieren. Das liegt daran, dass er in das Erlernen der Tools für seine Sprache/sein Betriebssystem viel Arbeit investiert und eine Bibliothek erstellt hat, die für seine Anwendungen passt. Wenn man ihm erzählt, dass Forth kleiner, schneller und einfacher sei, ist das nicht sehr überzeugend im Vergleich zur Notwendigkeit, alles neu zu programmieren. Ein Neueinsteiger oder ein Ingenieur, der Code schreiben muss, hat dieses Problem nicht und ist deutlich empfänglicher – so wie vielleicht der erfahrene Programmierer auch, der ein neues Projekt aufsetzt, das neue Regeln und Randbedingungen hat, wie zum Beispiel bei meinen Mehrkernchips.

Sie haben erwähnt, dass viele Forth-Programme, die Sie zu Gesicht bekommen haben, wie C-Programme aussehen. Wie entwerfen Sie ein besseres Forth-Programm?

Chuck: Bottom-up.

Zunächst haben Sie vermutlich irgendwelche I/O-Signale, die Sie generieren müssen, also generieren Sie sie. Dann schreiben Sie etwas Code, der das Generieren dieser Signale kontrolliert. Dann arbeiten Sie sich hoch, bis Sie schließlich das Wort auf der obersten Ebene erstellen. Das nennen Sie »go«. Sie geben go ein, und alles läuft los.

Ich habe sehr wenig Vertrauen in Systeme, die von Analysten top-down erstellt wurden. Sie haben entschieden, was das Problem ist, und sie faktorieren es so, dass es sehr schwierig zu implementieren sein kann.

Beim domänengetriebenen Design wird vorgeschlagen, die Businesslogik über das Kundenvokabular zu beschreiben. Gibt es eine Verbindung zwischen dem Aufbau eines Wortschatzes und der Verwendung von Begriffen aus Ihrer Problemdomäne?

Chuck: Hoffentlich kennt der Programmierer die Domäne, bevor er mit dem Programmieren beginnt. Ich würde mit dem Kunden sprechen. Ich würde auf die Wörter hören, die er benutzt, und versuchen, selber diese Wörter zu verwenden, damit er verstehen kann, was das Programm macht. Forth leitet sich selbst zu dieser Art von Lesbarkeit, weil es eine Postfix-Notation hat.

Wenn ich eine Finanzanwendung schreiben würde, hätte ich vermutlich ein Wort namens »Prozent«. Und Sie könnten so etwas wie »2.03 Prozent« sagen. Und der Prozentwert des Arguments ist 2,03 und alles funktioniert und liest sich sehr natürlich.

Wie kann ein Projekt, das auf Lochkarten begann, immer noch auf modernen Computern im Internetzeitalter nützlich sein? Forth wurde auf und für die IBM 1130 im Jahr 1968 entworfen. Dass es immer noch die Sprache der Wahl für die Parallelverarbeitung im Jahr 2007 ist, ist erstaunlich.

Chuck: Die Sprache hat sich weiterentwickelt. Aber Forth ist die einfachste mögliche Computersprache. Es gibt keine Einschränkungen für den Programmierer. Er oder sie kann Wörter festlegen, die kurz und bündig die Aspekte eines Problems in schlanker, hierarchischer Art und Weise widerspiegeln.

Haben Sie eine Lesbarkeit auf Englisch als Ziel vor Augen, wenn Sie Programme entwerfen?

Chuck: Auf oberster Ebene schon, aber Englisch ist keine gute Sprache zum Beschreiben oder für Funktionalität. Es wurde zwar nicht dafür entworfen, aber Englisch hat die gleiche Eigenschaft wie Forth – Sie können neue Wörter definieren.

Sie definieren ein Wort, indem Sie im Prinzip erläutern, was es in schon definierten Wörtern sein soll. In einer natürlichen Sprache kann das problematisch sein. Wenn Sie sich ein Wörterbuch anschauen und das überprüfen, stellen Sie fest, dass Definitionen häufig im Kreis verlaufen und Sie keinen echten Inhalt erhalten.

Erleichtert die Möglichkeit, sich auf Wörter zu konzentrieren, statt auf die verschiedenen Klammern in C achten zu müssen, bei einem Forth-Programm guten Geschmack zu zeigen?

Chuck: Ich hoffe doch. Man braucht einen Forth-Programmierer, der sich auch um das Erscheinungsbild von etwas kümmert und nicht nur um die Funktionalität. Wenn Sie eine Folge von Wörtern aufbauen können, die zusammenpassen, führt das zu einem guten Gefühl. Das ist der Grund dafür, dass ich colorForth entwickelt habe. Ich war von der Syntax genervt, die in Forth immer noch vorhanden war. So konnten Sie zum Beispiel einen Kommentar durch eine linke und eine rechte Klammer begrenzen.

Ich schaute mir all diese Satzzeichen an und dachte: »Hey, vielleicht gibt es einen besseren Weg.« Der bessere Weg war ziemlich teuer, denn jedes Wort im Quellcode musste nun einen Tag besitzen, aber nachdem ich mich einmal mit dem Overhead angefreundet hatte, wurde es sehr schön, denn all diese lustigen kleinen Symbole verschwanden und wurden durch eine Farbe für die Wörter ersetzt, was zumindest für mich ein deutlich eleganterer Weg war, um eine Funktionalität anzuzeigen.

Ich werde immer wieder von Leuten kritisiert, die farbenblind sind. Sie waren wirklich verärgert darüber, dass ich sie vom Programmieren ausschließen wollte, aber schließlich kam jemand mit einer Unterscheidung per Zeichensatz und nicht per Farbe, was ein genauso guter Weg ist.

Der Schlüssel liegt im vier Bit großen Tag, den jedes Wort hat, womit Sie 16 Möglichkeiten haben, was zu tun ist, und der Compiler kann direkt ermitteln, was damit gemeint ist, anstatt es aus dem Kontext ermitteln zu müssen.

Sprachen der zweiten und dritten Generation nahmen sich des Minimalismus an, zum Beispiel durch das Implementieren eines metazirkulären Bootstrap-Algorithmus. Forth ist ein gutes Beispiel für Minimalismus – sowohl was Sprachkonzepte angeht, als auch bei der notwendigen Hardware. War das von Anfang an ein Feature, oder haben Sie es erst mit der Zeit entwickelt?

Chuck: Nein, das war ein bewusstes Designziel. Der Kernel sollte so klein wie möglich sein. Definiere so wenige Wörter wie möglich vor und lass den Programmierer die für ihn notwendigen Wörter hinzufügen. Der Hauptgrund dafür war Portierbarkeit. Zur damaligen Zeit gab es Dutzende von Minicomputern, und es kamen Dutzende von Microcomputern auf den Markt. Und ich musste Forth auf vielen von ihnen implementieren.

Ich wollte es so einfach wie möglich machen. Was wirklich passiert, ist, dass es einen Kernel von vielleicht 100 Wörtern gibt, sodass man damit gerade ein … ich will es Betriebssystem nennen, aber das ist es nicht ganz, mit ein paar hundert zusätzlichen Wörtern erzeugen kann. Dann können Sie eine Anwendung umsetzen.

Ich wollte die ersten beiden Schritte umsetzen und die Anwendungsentwickler den dritten Schritt durchführen lassen, wobei ich häufig auch der Anwendungsprogrammierer war. Ich habe die Wörter definiert, von denen ich wusste, dass sie notwendig sein würden. Die ersten hundert Wörter würden in Maschinensprache oder Assembler geschrieben sein oder zumindest direkt mit der entsprechenden Plattform interagieren. Die weiteren Wörter auf der zweiten oder dritten Ebene waren High-Level-Wörter, um die Abhängigkeit von der Plattform auf die unterste, vorher definierte Schicht zu minimieren. Damit wurde die Anwendung nahezu unabhängig vom Rechner, und es war leicht, etwas von einem Minicomputer auf einen anderen zu portieren.

Konnten Sie die Sachen oberhalb dieser zweiten Ebene leicht portieren?

Chuck: Absolut. Ich hatte zum Beispiel einen Texteditor, den ich nutzte, um den Quellcode zu bearbeiten. Meist ließ er sich einfach ohne Änderungen übertragen.

Ist das der Ursprung des Gerüchts, dass Sie jedesmal, wenn Sie eine neue Maschine zu Gesicht bekamen, darauf direkt Forth portiert haben?

Chuck: Ja. Tatsächlich war der einfachste Weg, zu verstehen, wie die Maschine funktioniert und was ihre besonderen Features sind, zu sehen, wie leicht sich das Standardpaket mit Forth-Wörtern implementieren ließ.

Wie haben Sie den Indirect Threaded Code entwickelt?

Chuck: Indirect Threaded Code ist ein recht subtiles Konzept. Jedes Wort in Forth hat einen Eintrag in einem Verzeichnis. Bei Direct Threaded Code verweist jeder Eintrag auf Code, der beim Aufruf des Wortes ausgeführt wird. Indirect Threaded Code verweist auf eine Position, die die Adresse dieses Codes enthält. Damit können neben der Adresse, auf die zugegriffen werden soll, auch Informationen erreicht werden – zum Beispiel der Wert einer Variablen.

Das war die vielleicht kompakteste Repräsentation von Wörtern und äquivalent sowohl zu direkt gethreadetem Code als auch zu Unterroutinencode. Natürlich waren diese Konzepte und Begriffe 1970 unbekannt. Aber es schien mir der natürlichste Weg zu sein, um eine Vielzahl von Wortarten zu implementieren.

Wie wird Forth zukünftige Computersysteme beeinflussen?

Chuck: Das ist schon geschehen. Ich arbeite seit 25 Jahren an Mikroprozessoren, die für Forth optimiert sind, und derzeit an einem Mehrkernprozessor, dessen Kerne Forth-Computer sind.

Was bietet Forth? Als einfache Sprache ermöglicht es einen einfachen Computer: 256 Wörter im lokalen Speicher, zwei Push-down-Stacks, 32 Anweisungen, asynchrone Operationen, einfache Kommunikation mit den Nachbarn. Klein und mit wenig erforderlicher Leistung.

Forth unterstützt hoch faktorisierte Programme. Die sind gut geeignet für die parallele Verarbeitung, was bei einem Mehrkernprozessor benötigt wird. Viele einfache Programme fördern das sorgfältige Design jedes einzelnen Programms. Und benötigen vielleicht nur 1% des Codes, der sonst geschrieben würde.

Immer, wenn ich höre, wie Leute mit Millionen von Codezeilen prahlen, weiß ich, dass sie ihr Problem gar nicht verstanden haben. Es gibt keine aktuellen Probleme, die Millionen von Codezeilen nötig machen. Vielmehr gibt es sorglose Programmierer, schlechte Manager und unmögliche Kompatibilitätsanforderungen.

Das Programmieren vieler kleiner Computer mit Forth ist eine exzellente Strategie. Andere Sprachen haben gar nicht die Modularität und Flexibilität. Und da die Computer kleiner werden und per Netzwerk miteinander kooperieren (Smart Dust?), wird das die Umgebung der Zukunft sein.

Das klingt wie eine der Grundideen von Unix: viele Programme, die alle nur eine Aufgabe erledigen und miteinander interagieren. Ist das heutzutage immer noch das beste Modell? Gibt es statt vieler Programme auf einem Computer viele Programme über ein Netzwerk verteilt?

Chuck: Die Idee des Codes in mehreren Threads, wie sie von Unix und anderen Betriebssystemen implementiert ist, war ein Vorläufer der parallelen Verarbeitung. Aber es gibt wichtige Unterschiede.

Ein großer Computer kann mit dem durchaus vorhandenen Overhead umgehen, der normalerweise für mehrere Threads benötigt wird. Und es gibt schließlich schon ein großes Betriebssystem. Aber bei der parallelen Verarbeitung sind je mehr Computer umso besser.

Bei vorgegebenen Ressourcen bedeuten mehr Computer meist kleinere Computer. Und kleinere Computer können den Overhead, der bei großen Computern häufig dabei ist, nicht so gut handhaben.

Kleine Computer werden vernetzt werden – auf einem Chip, zwischen Chips und über HF-Links. Ein kleiner Computer hat wenig Speicher. Es gibt keinen Platz für ein Betriebssystem. Die Computer müssen autonom sein und schon die Fähigkeit haben, zu kommunizieren. Daher muss die Kommunikation einfach sein – kein umfangreiches Protokoll. Software muss kompakt und effizient sein. Eine ideale Aufgabe für Forth.

Systeme, die viele Millionen Codezeilen benötigen, werden unwichtig werden. Es sind die Folgen großer, zentraler Computer. Verteiltes Rechnen braucht einen anderen Ansatz.

Ein Sprache, die dafür entworfen ist, dicken, syntaktischen Code zu unterstützen, drängt Programmierer dazu, große Programme zu schreiben. Sie ziehen ihre Befriedigung daraus – und werden dafür auch belohnt. Es gibt keinen Druck, möglichst kompakt zu entwickeln.

Auch wenn der Code, der von einer syntaktischen Sprache generiert wird, klein sein kann, ist er es im Allgemeinen nicht. Um die allgemeinen Regeln zu implementieren, die von der Syntax impliziert werden, erhält man meist schwierigen, ineffizienten Objektcode. Das ist für kleine Computer unpraktisch. Eine gut entworfene Sprache hat eine Eins-zu-Eins-Beziehung zwischen dem Quellcode und dem Objektcode. Es ist für den Programmierer offensichtlich, welcher Code aus seinen Quellen erzeugt werden wird. Das sorgt für seine eigene Befriedigung, ist effizient und verringert den Bedarf an Dokumentation.

Forth wurde teilweise dafür entworfen, sowohl im Quellcode als auch bei der Binärausgabe kompakt zu sein, und ist bei Entwicklern von Embedded Systems aus diesem Grund sehr beliebt, aber Programmierer in vielen anderen Bereichen haben ihre Gründe dafür, andere Sprachen zu wählen. Gibt es Aspekte des Sprachdesigns, die zum Quellcode oder zur Ausgabe nur Overhead hinzufügen?

Chuck: Forth ist in der Tat kompakt. Ein Grund dafür ist, dass es nur wenig Syntax besitzt.

Andere Sprachen scheinen gewollt Syntax hinzugefügt zu haben, die Redundanzen enthält und damit die Möglichkeit zur Syntaxprüfung und damit der Fehlererkennung eröffnet.

Forth stellt aufgrund seiner fehlenden Redundanz wenig Möglichkeiten der Fehlererkennung bereit. Das ist ein Grund für den kompakteren Quellcode.

Meiner Erfahrung mit anderen Sprachen nach finden sich die meisten Fehler in der Syntax. Designer scheinen die Möglichkeit für Programmiererfehler zu erzeugen, die vom Compiler entdeckt werden können. Das scheint nicht produktiv zu sein. Es macht damit nur mehr Mühe, korrekten Code zu schreiben.

Ein Beispiel ist die Typprüfung. Das Zuweisen von Typen an verschiedene Zahlen ermöglicht es, Fehler zu erkennen. Eine ungewollte Konsequenz daraus ist, dass Programmierer etwas dafür tun müssen, um Typen zu konvertieren, und machmal um die Typprüfung herumprogrammieren, um das zu erreichen, was sie eigentlich wollen.

Eine andere Konsequenz von Syntax ist, dass sie alle möglichen Anwendungen in sich unterbringen können muss. Damit wird sie komplizierter. Forth ist eine erweiterbare Sprache. Der Programmierer kann Strukturen erzeugen, die genauso effizient sind wie die vom Compiler bereitgestellten. So müssen nicht alle möglichen Varianten erwartet und berücksichtigt werden.

Eine Eigenschaft von Forth ist seine Verwendung von Postfix-Operatoren. Damit wird der Compiler einfacher und bietet eine Eins-zu-Eins-Übersetzung von Quellcode in Objektcode. Das Verständnis des Programmierers für seinen Code wird verbessert, und der resultierende kompilierte Code ist kompakter.

Befürworter vieler aktueller Programmiersprachen (insbesondere Python und Ruby) verweisen auf die Lesbarkeit als wichtigen Vorteil. Lässt sich Forth im Vergleich zu ihnen leicht lesen und warten? Was kann Forth den anderen Programmiersprachen in Bezug auf Lesbarkeit noch beibringen?

Chuck: Computersprachen behaupten alle, lesbar zu sein. Sie sind es aber nicht. Vielleicht für jemanden, der die Sprache kennt, aber ein Anfänger ist immer verwirrt.

Das Problem ist die geheimnisvolle, willkürliche und kryptische Syntax. All die Klammern, seltsamen Zeichen und so weiter. Sie versuchen zu lernen, warum sie da sind, und stellen schließlich fest, dass es keinen guten Grund dafür gibt. Aber Sie müssen trotzdem den Regeln folgen.

Und Sie können die Sprache nicht sprechen. Sie müssten die Satzzeichen wie Victor Borge aussprechen.

Forth behebt dieses Problem, indem es die Syntax minimiert. Seine kryptischen Symbole @ und ! werden als »fetch« und »store« ausgesprochen. Es handelt sich um Symbole, weil sie so häufig vorkommen.

Der Programmier wird dazu angehalten, normale Wörter zu verwenden. Diese werden ohne Satzzeichen zusammengehalten. Mit gut gewählten Wörtern können Sie sinnvolle Sätze konstruieren. Tatsächlich wurden schon Gedichte in Forth geschrieben.

Ein weiterer Vorteil ist die Postfix-Notation. Eine Phrase wie »6 inches« kann den Operator »inches« auf sehr natürliche Weise auf den Parameter 6 anwenden. Ziemlich gut lesbar.

Andererseits ist es die Aufgabe des Programmierers, einen Wortschatz zu entwerfen, der das Problem beschreibt. Dieser Wortschatz kann ziemlich groß werden. Ein Leser muss ihn kennen, um das Programm lesen zu können. Und der Programmierer muss auch etwas dafür tun, um hilfreiche Wörter zu definieren.

Alles in allem ist es schon Aufwand, ein Programm zu lesen. In jeder Sprache.

Wie definieren Sie in Bezug auf Ihre Arbeit Erfolg?

Chuck: Eine elegante Lösung.

Man schreibt keine Programme in Forth. Forth ist das Programm. Man fügt Wörter hinzu, um einen Wortschatz aufzubauen, der das Problem behandelt. Ganz offensichtlich können Sie interaktiv jeden Aspekt eines Problems lösen, der relevant ist, wenn Sie die richtigen Wörter definiert haben.

So könnte ich zum Beispiel die Wörter definiert haben, die einen Schaltkreis beschreiben. Ich möchte den Schaltkreis auf einem Chip einsetzen, das Layout anzeigen, die Designregeln überprüfen, eine Simulation laufen lassen. Die Wörter, die das tun, bilden die Anwendung. Wenn sie wohlgewählt sind und ein kompaktes, effizientes Toolset bereitstellen, werde ich erfolgreich sein.

Wo haben Sie gelernt, Compiler zu schreiben? War das etwas, was damals jeder tun musste?

Chuck: Nun, ich kam so um 1960 nach Stanford, und es gab eine Gruppe von Doktoranden, die einen ALGOL-Compiler schrieben – eine Version für die Burroughs 5500. Es waren nur drei oder vier Leute, glaube ich, aber ich war sofort davon beeindruckt, dass drei oder vier Personen zusammensitzen und einen Compiler schreiben können.

Ich sagte mir so etwas wie: »Also, wenn die das können, kann ich es auch«, und tat es einfach. Das ist gar nicht so schwierig. Dieser Bereich war damals nur ziemlich geheimnisumwittert.

Das ist er immer noch.

Chuck: Ja, aber viel weniger. Es gibt diese neuen Sprachen, die von Zeit zu Zeit auftauchen, und ich weiß gar nicht, ob sie interpretiert oder kompiliert sind, aber gut, Hackertypen werden sich damit immer befassen wollen.

Das Betriebssystem ist ein anderes seltsames Konzept. Betriebssysteme sind erschreckend komplex und total überflüssig. Bill Gates hat da Brilliantes geleistet – der Welt die Idee von Betriebssystemen zu verkaufen. Es ist vermutlich der größte Betrug, den die Welt jemals gesehen hat.

Ein Betriebssystem macht gar nichts für Sie. Solange Sie etwas hatten, okay – eine Unterroutine für den Festplattentreiber, eine für gewisse Kommunikationshilfen. Aber in der modernen Welt macht es auch nichts anderes. Tatsächlich verbringt Windows eine Menge Zeit mit Overlays und Festplattenmanagement und so weiter – alles Zeugs, das total unwichtig ist. Sie haben gigabytegroße Festplatten. Sie haben Megabytes an RAM. Die Welt hat sich geändert, und ein Betriebssystem ist unnötig geworden.

Was ist mit der Geräteunterstützung?

Chuck: Sie haben eine Unterroutine für jedes Gerät. Das ist eine Bibliothek, kein Betriebssystem. Rufen Sie die Routinen auf, die Sie brauchen, oder laden Sie sie.

Wie lassen Sie Programme nach einer kurzen Unterbrechung weiterlaufen?

Chuck: Ich finde eine kurze Unterbrechung des Codes gar nicht so schlimm. Ich konzentriere mich sehr auf das Problem und träume davon die ganze Nacht. Ich denke, das ist eine Eigenschaft von Forth: die volle Leistung für einen kurzen Zeitabschnitt (Tage), um ein Problem zu lösen. Dabei hilft, dass Forth-Anwendungen ganz natürlich in Unterprojekte faktoriert sind. Der größte Teil des Forth-Codes ist einfach und leicht zu lesen. Wenn ich wirklich trickreiche Dinge mache, kommentiere ich sie gut. Gute Kommentare helfen dabei, wieder in ein Problem einzusteigen, aber es ist immer notwendig, den Code zu lesen und zu verstehen.

Was ist der größte Fehler, den Sie in Bezug auf Design oder Programmierung gemacht haben? Was haben Sie daraus gelernt?

Chuck: Vor etwa 20 Jahren wollte ich ein Tool zum Designen von VLSI-Chips entwickeln. Ich hatte auf meinem neuen PC kein Forth, daher gedachte ich, einen anderen Ansatz zu versuchen: Maschinensprache. Nicht Assembler, sondern tatsächlich die Eingabe der Hex-Anweisungen.

Ich baute den Code so auf, wie ich es in Forth getan hätte, mit vielen einfachen Wörtern, die hierarchisch interagieren. Es funktionierte. Ich nutzte das Tool zehn Jahre lang. Aber es war schwierig zu warten und zu dokumentieren. Schließlich baute ich es in Forth nach, und es wurde kleiner und einfacher.

Meine Schlussfolgerung war, dass Forth effizienter als Maschinensprache ist. Teils aufgrund seiner Interaktivität und teils aufgrund seiner Syntax. Ein netter Aspekt von Forth-Code ist, dass Zahlen durch die Ausdrücke dokumentiert werden können, aus denen sie berechnet wurden.

Hardware

Wie sollten die Leute die Hardware betrachten, auf der sie entwickeln – als Ressource oder als Begrenzung? Wenn Sie Hardware als Ressource sehen, werden Sie den Code vielleicht optimieren und jedes Hardwarefeature ausnutzen wollen; wenn Sie sie als Begrenzung sehen, versuchen Sie vielleicht, den Code mit dem Hintergedanken zu schreiben, dass er auf neuer und besserer Hardware auch besser laufen wird und dass das kein Problem ist, weil die Hardware sehr schnell besser wird.

Chuck: Eine sehr scharfsinnige Beobachtung, dass Software notwendigerweise zu ihrer Hardware passen muss. Software für den PC kann sicherlich auf schnellere Computer hoffen und es sich daher leisten, ein wenig schlampig vorzugehen.

Aber bei Embedded Systems muss die Software davon ausgehen, dass das System für den gesamten Projektzeitraum stabil bleibt. Und nicht viel Software wird von einem Projekt in ein anderes migriert. Hier ist die Hardware eine Einschränkung, aber keine Grenze. Bei PCs hingegen ist Hardware eine Ressource, die wachsen wird.

Der Wechsel zur parallelen Verarbeitung verspricht, das zu ändern. Anwendungen, die nicht mehrere Computer nutzen können, werden an eine Grenze stoßen, da einzelne Computer nicht mehr schneller werden. Das Umschreiben bestehender Software, um sie für die parallele Verarbeitung zu optimieren, ist inpraktikabel. Und zu hoffen, dass schlauere Compiler die Rettung bringen werden, ist nur Wunschdenken.

Was ist die Ursache des Concurrency-Problems?

Chuck: Die Ursache des Concurrency-Problems ist Geschwindigkeit. Ein Computer muss in einer Anwendung viele Dinge tun. Das lässt sich auf einem einzelnen Prozessor durch Multitasking erreichen. Oder simultan auf mehreren Prozessoren.

Das Letztere ist deutlich schneller, und aktuelle Software braucht diese Geschwindigkeit.

Liegt die Lösung in der Hardware, der Software oder einer Kombination aus beiden?

Chuck: Es ist nicht schwierig, mehrere Prozessoren zusammenzupacken. Daher ist die Hardware vorhanden. Wenn Software so programmiert ist, dass sie Vorteile daraus zieht, ist das Problem gelöst. Das Problem ist die Verwendung von mehreren Prozessoren, ohne die bestehende Software zu ändern. Das ist der Ansatz über intelligente Compiler, der nie funktioniert hat.

Ich bin erstaunt, dass Software, die in den 1970er Jahren geschrieben wurde, noch nie neu geschrieben wurde oder werden konnte. Ein Grund mag darin liegen, dass Software damals spannend war – alles wurde zum ersten Mal gemacht, Programmierer arbeiteten 18 Stunden am Tag, weil es ihnen Spaß machte. Heute programmiert man von 9 bis 17 Uhr als Teil eines Teams und orientiert sich an einem Zeitplan – das ist nicht mehr so toll.

Also wurde eine weitere Softwareschicht hinzugefügt, um vermeiden zu können, die alte Software neu schreiben zu müssen. Das ist immerhin netter, als eine dumme Textverarbeitung neu zu schreiben.

Wir haben in den normalen Computern Zugriff auf eine hohe Rechenleistung, aber wie viel Rechnen (also Berechnen) führen diese Systeme wirklich noch durch? Und wie viel sind sie nur damit beschäftigt, Daten hin- und herzuschieben und zu formatieren?

Chuck: Sie haben recht. Der Computer ist vor allem damit beschäftigt, Daten zu bewegen, und nicht damit, zu rechnen. Nicht nur Daten verschieben, auch komprimieren, verschlüsseln, verwürfeln. Bei großen Datenraten muss das in Schaltkreisen geschehen, daher fragt man sich, warum überhaupt ein Computer notwendig ist.

Können wir daraus etwas lernen? Sollten wir Hardware anders aufbauen?

Don Knuth hat einmal eine Aufgabe gestellt: »Prüfe, was in einem Computer innerhalb einer Sekunde geschieht.« Er sagte, was wir dabei entdecken würden, würde Vieles ändern.

Chuck: Meine Computerchips erkennen das durch eine einfache, langsame Multiplikation. Sie wird nicht sehr häufig verwendet. Das Übergeben von Daten zwischen den Kernen und dem Speicher ist das wichtige Feature.

Einerseits haben Sie eine Sprache, die es den Leuten ermöglicht, ihren eigenen Wortschatz aufzubauen und nicht notwendigerweise über die Hardwarerepräsentation nachdenken zu müssen. Andererseits haben Sie einen sehr kleinen Kernel, der eng mit der Hardware verbunden ist. Es ist interessant, wie Forth die Verbindung zwischen beidem herstellen kann. Stimmt es, dass Sie auf manchen dieser Maschinen neben Ihrem Forth-Kernel kein Betriebssystem haben?

Chuck: Nein, Forth steht für sich alleine. Alles, was notwendig ist, befindet sich im Kernel.

Aber es abstrahiert die Hardware für die Leute weg, die Programme in Forth schreiben.

Chuck: Richtig.

Die Lisp-Maschine hat etwas Ähnliches gemacht, aber nie wirklich Verbreitung gefunden. Forth hat diese Arbeit still und leise erledigt.

Chuck: Nun, Lisp kümmert sich nicht um I/O. Tatsächlich war C auch nicht für den Bereich I/O gedacht und brauchte daher ein Betriebssystem. Forth kümmerte sich von Anfang an um I/O. Ich glaube nicht an einen kleinsten gemeinsamen Nenner. Ich denke, wenn Sie einen neuen Rechner bekommen, liegt der einzige Grund für seine Neuheit darin, dass er auf die eine oder andere Art anders ist. Und Sie wollen Vorteile aus diesen Unterschieden ziehen. Daher wollen Sie schon auf I/O-Ebene eingreifen können.

Kernighan und Ritchie würden vielleicht argumentieren, dass sie bei C einen kleinsten gemeinsamen Faktor haben wollten, um die Portierung zu vereinfachen. Dennoch finden Sie die Portierung einfacher, wenn Sie gerade nicht so vorgehen.

Chuck: Ich hätte Standardvorgehensweisen dafür. Es würde ein Wort geben – vielleicht `fetchp` –, das 8 Bits von einem Port holen würde. Das wäre auf unterschiedlichen Funktionen unterschiedlich definiert, hätte aber die gleiche Funktion auf dem Stack.

In diesem Sinne entspricht Forth dann C plus der Standard-I/O-Bibliothek.

Chuck: Ja, aber ich habe früher mit der Standard-FORTRAN-Bibliothek gearbeitet und es war furchtbar. Sie hatte einfach die falschen Wörter. Sie war außerordentlich teuer und vollgestopft.

Es war so leicht, ein halbes Dutzend Instruktionen für das Ausführen von I/O-Operationen zu definieren, dass Sie den Overhead eines vordefinierten Protokolls gar nicht brauchten.

Mussten Sie selber dafür häufig Workarounds finden?

Chuck: In FORTRAN – ja. Wenn Sie zum Beispiel mit Windows arbeiten, können Sie nichts machen. Sie erhalten einfach keinen Zugriff auf die I/O-Ebene. Ich habe immer mich möglichst von Windows ferngehalten, aber selbst ohne es war der Pentium der schwierigste Prozessor, um dort Forth zum Laufen zu bringen.

Er hatte zu viele Instruktionen. Und er hatte zu viele Hardwarefeatures wie Lookaside-Buffer und die verschiedenen Caching-Arten, die Sie nicht einfach ignorieren konnten. Sie mussten sich da irgendwie durchkämpfen, und der Initialisierungscode, um Forth zu Laufen zu bringen, war der schwierigste und umfangreichste.

Selbst wenn etwas nur einmal ausgeführt werden sollte, verbrachte ich die meiste Zeit damit, herauszufinden, wie es richtig gemacht würde. Forth lief dann alleine auf einem Pentium, also hat sich der Aufwand gelohnt.

Der Prozess zog sich über etwa zehn Jahre hin, wobei wir teilweise den Änderungen hinterherjagen mussten, die Intel an der Hardware vorgenommen hatte.

Sie haben erwähnt, dass Forth wirklich asynchrone Operationen unterstützt. Was meinen Sie mit asynchronen Operationen?

Chuck: Es gibt da viele Bedeutungen. Forth hatte schon immer eine Multiprogramm-Möglichkeit, eine Multithreading-Fähigkeit namens Cooperative.

Wir hatten ein Wort namens pause. Wenn Sie einen Task hatten und er an eine Stelle kam, an der er nicht mehr direkt etwas zu tun hatte, konnte er pause sagen. Ein Round-Robin-Scheduler hat dann dem Computer den nächsten Task in der Schleife zugewiesen.

Wenn Sie nicht pause sagten, konnten Sie den Computer komplett für sich einnehmen, was aber nie der Fall war, da es sich um einen dedizierten Computer handelte. Er führte eine einzige Anwendung aus, und alle Tasks waren freundlich zueinander.

Ich denke, früher waren die Tasks immer alle freundlich. Das ist eine Art von Asynchronität: Die Tasks liefen ab und machten ihre Sache, ohne dass sie sich hätten synchronisieren müssen. Eines der Features von Forth ist, dass das Wort pause in tieferen Ebenen vergraben werden kann. Jedes Mal, wenn Sie versucht haben, von der Festplatte zu lesen oder auf sie zu schreiben, wurde das Wort pause für Sie ausgeführt, weil das Festplattenteam wusste, dass es sowieso warten musste, bis die Operation abgeschlossen war.

In den neuen Chips, den neuen Mehrkernprozessoren, die ich entwickle, verfolgen wir die gleiche Philosophie. Jeder Computer läuft unabhängig von den anderen, und wenn Sie eine Aufgabe auf Ihrem Computer und eine andere für den Nachbarn haben, laufen beide simultan, kommunizieren aber miteinander. Das entspricht dem, was die Tasks auf einem gethreadeten Computer tun würden.

Forth faktoriert nur sehr gut bei diesen unabhängigen Tasks. Tatsächlich kann ich bei den Mehrkerncomputern nicht genau dieselben Programme verwenden, sie aber genauso faktorieren, damit sie parallel laufen.

Hatte jeder Ausführungs-Thread beim kooperativen Multithreading seinen eigenen Stack, der dann jeweils gewechselt wurde?

Chuck: Wenn Sie einen Taskwechsel durchführten, mussten Sie manchmal – abhängig vom Computer – nur das Wort auf dem Stack sichern und dann den Stack-Zeiger austauschen. Manchmal mussten Sie tatsächlich den Stack kopieren und den neuen laden, aber in diesem Fall hätte ich versucht, den Stack möglichst »flach« zu halten.

Haben Sie absichtlich die Stacktiefe begrenzt?

Chuck: Ja. Zunächst waren die Stacks beliebig groß. Der erste Chip, den ich entworfen habe, hatte einen Stack mit einer Tiefe von 256, da ich dachte, das wäre klein. Einer der Chips, die ich entwarf, hatte eine Stacktiefe von 4. Ich bin nun bei 8 oder 10 als gute Stacktiefe angekommen. Mein Minimalismus wurde mit der Zeit also strikter.

Ich hätte erwartet, dass es eher in die andere Richtung geht.

Chuck: Nun, bei meiner VLSI-Designanwendung habe ich den Fall, dass ich Leiterbahnen rekursiv über den Chip verfolge, da muss ich die Stacktiefe auf etwa 4.000 setzen. Das erfordert eventuell eine andere Art von Stack, nämlich einen per Software implementierten. Aber auf dem Pentium kann er trotzdem ein Hardware-Stack sein.

Anwendungsdesign

Sie haben die Idee aufgebracht, dass Forth eine ideale Sprache für viele kleine Computer ist, die miteinander vernetzt sind – Smart Dust zum Beispiel. Für welche Art von Anwendungen sind Ihrer Meinung nach diese kleinen Computer am passendsten?

Chuck: Sicherlich für Kommunikation, Signalerfassung auch. Aber ich beginne gerade erst zu lernen, wie unabhängige Computer kooperieren können, um eine größere Aufgabe zu erledigen.

Die Mehrkerncomputer, die wir haben, sind brutal klein. Sie haben einen Speicher von 64 Wörtern. Gut, anders gesagt: Sie haben 128 Wörter. 64 RAM, 64 ROM. Jedes Wort kann bis zu vier Anweisungen enthalten. So haben Sie schließlich in einem Computer 512 Anweisungen. Punkt. Die Aufgabe muss also ziemlich einfach sein. Wie setzen Sie jetzt zum Beispiel einen TCP/IP-Stack um und faktorisieren ihn für viele dieser Computer so, dass keiner der Computer mehr als 512 Anweisungen benötigt? Das ist ein hübsches Design-Problem und eines, an dem ich gerade arbeite.

Ich denke, das gilt für so gut wie alle Anwendungen. Es ist viel einfacher, eine Anwendung umzusetzen, wenn sie in unabhängige Elemente unterteilt ist, als wenn man sie seriell auf einem einzigen Prozessor ablaufen lässt. Das gilt sicherlich für das Erzeugen von Video-Signalen. Oder für das Komprimieren und Entpacken von Bildern. Aber ich lerne gerade erst, wie das geht. Wir haben hier in der Firma andere Leute, die das auch lernen und viel Spaß daran haben.

Gibt es einen Bereich, in dem das nicht so gut funktioniert?

Chuck: Alte Software sicherlich. Ich sorge mich wirklich um Legacy-Software, aber sobald Sie dazu bereit sind, ein Problem neu zu überdenken, ist das sicherlich ein natürlicher Weg. Meiner Meinung nach entspricht dieses Denken auch eher der Art und Weise, wie unser Gehirn mit Minskys unabhängigen Agenten funktioniert. Ein Agent ist für mich ein kleiner Kern. Es kann sein, dass durch die Kommunikation zwischen ihnen ein Bewusstsein erwächst, aber nicht durch die Operationen eines einzelnen von ihnen.

Alte Software ist ein unerwünschtes, aber ernsthaftes Problem. Es wird noch schlimmer werden – nicht nur im Bankbereich, sondern auch bei der Luftfahrt und in anderen technischen Branchen. Das Problem sind die Millionen von Codezeilen. Die ließen sich neu coden, vielleicht in tausenden von Zeilen in Forth. Eine maschinelle Übersetzung ist nicht sinnvoll, weil der Code dadurch nur größer würde. Aber es gibt keine Möglichkeit, den Code zu überprüfen. Die Kosten und Risiken wären enorm. Alter Code wird noch der Niedergang unserer Zivilsation sein.

Es klingt so, als ob Sie vermuten, dass wir in den nächsten 10 bis 20 Jahren mehr und mehr Software zu Gesicht bekommen werden, die auf der losen Verkopplung vieler kleiner Teile aufbaut.

Chuck: Oh ja. Ich bin sicher, dass das der Fall ist. HF-Kommunikation ist so schön. Sie sprechen von Mikroagenten in Ihrem Körper, die Dinge beheben und analysieren, und diese Agenten können nur per HF oder vielleicht noch akustisch miteinander kommunizieren.

Sie können nicht viel. Es sind nur ein paar Moleküle. Daher muss es so funktionieren, wie die Welt funktioniert. Es ist die Art und Weise, wie unsere menschliche Gesellschaft organisiert ist. Wir haben sechseinhalb Milliarden unabhängige Agenten, die miteinander kooperieren.

Schlecht gewählte Wörter können zu einem schlechten Design führen, was zu schlecht wartbaren Anwendungen führt. Führt das Erstellen einer größeren Anwendung aus Dutzenden oder hunderten kleiner Wörter zu einem Jargon? Wie vermeiden Sie das?

Chuck: Na ja, das können Sie gar nicht vermeiden. Ich selber wähle auch schlechte Wörter aus. Wenn Sie das tun, können Sie sich selber verwirren. Ich erinnere mich, dass ich in einer Anwendung ein Wort hatte – ich weiß gar nicht mehr, wie es hieß –, das ich definierte und dann veränderte. Zum Schluss bedeutete es das genaue Gegenteil von dem, was es besagte.

Es war wie ein Wort `right`, mit dem etwas nach links gelenkt wird. Das war außerordentlich verwirrend. Ich kämpfte eine Weile damit und benannte es schließlich um, weil es unmöglich war, das Programm mit diesem Wort zu verstehen, das die Wahrnehmung so aus dem Konzept brachte. Ich nutze gerne englische Wörter, keine Abkürzungen. Ich möchte sie aussprechen können. Andererseits sollen sie kurz sein. Nach einiger Zeit finden Sie keinen passenden, kurzen englischen Wörter mehr und müssen etwas anderes nehmen. Ich hasse Präfixe – ein ungehobelter Weg, Namensräume einrichten zu wollen, um dann die gleichen alten Wörter immer und immer wieder verwenden zu können. Für mich sieht das so aus, als ob man dem Problem nur aus dem Weg gehen will. Es ist eine einfache Möglichkeit, Wörter zu unterscheiden, aber Sie sollten klüger sein.

Sehr häufig haben Forth-Anwendungen verschiedene Wortschätze, sodass Sie Wörter wiederverwenden können. In diesem Zusammenhang tut das Wort dieses, in einem anderen aber jenes. Bei meinem VLSI-Design ging der ganze Idealismus in die Hose. Ich brauchte mindestens tausend Wörter, die keine englischen waren, sondern Signalnamen oder sonstwas. Daher musste ich doch schnell zu Definitionen und seltsam geschriebenen Wörtern und Präfixen zurückkehren. Besonders gut lesbar ist das nicht. Aber andererseits gibt es Wörter wie nand und nor und xor für die verschiedenen Gatter. Wenn möglich, nutze ich die Wörter.

Andere Leute schreiben natürlich auch in Forth, ich will ja nicht so tun, als ob ich der einzige Forth-Programmierer sei. Manche von ihnen machen ihre Arbeit sehr gut, Namen für Dinge zu finden, andere überhaupt nicht. Manche haben eine sehr gut lesbare Syntax und manche haben Wörter, die über die ganze Seite gehen. Es gibt keine Regeln, sondern nur Stilkonventionen.

Zudem ist der Hauptunterschied zwischen Forth und C und Prolog und ALGOL und FORTRAN, dass die konventionellen Sprachen versucht haben, alle möglichen Strukturen und Syntaxformen zu übernehmen und direkt in die Sprache einzubauen. Das führte zu einigen sehr plumpen Sprachen. Ich denke, dass C eine plumpe Sprache ist – mit seinen eckigen und geschweiften Klammern und Doppelpunkten und Semikolons und so weiter. Forth hat das alles beseitigt.

Ich musste das allgemeine Problem nicht lösen. Ich musste nur ein Tool bereitstellen, das jemand anderes nutzen konnte, um jegliche Probleme zu lösen, denen er sich gegenüber sieht. Die Möglichkeit, etwas Beliebiges zu tun, aber nicht, alles zu tun.

Sollten Mikroprozessoren den Quellcode enthalten, sodass auch Jahrzehnte später noch Fehler behoben werden können?

Chuck: Sie haben recht: Wenn man den Quellcode mit in Mikrocomputer aufnimmt, enthalten sie auch direkt die Dokumentation. Forth ist kompakt, was das unterstützt. Aber der nächste Schritt ist, den Compiler und den Editor auch mit aufzunehmen, sodass der Mikrocomputercode analysiert und geändert werden kann, ohne ein anderes Computer- und Betriebssystem haben zu müssen, das auch verloren gehen kann. colorForth ist mein Versuch in diese Richtung. Ein paar K Quell- und/oder Objektcode ist alles, was nötig ist. Das lässt sich leicht im Flash-Speicher unterbringen und in ferner Zukunft wieder nutzen.

Was ist die Verbindung zwischen dem Design einer Sprache und dem Design einer Software, die in dieser Sprache geschrieben wird?

Chuck: Eine Sprache legt ihre Verwendung fest. Das gilt für unter Menschen verwendete Sprachen. Schauen Sie sich den Unterschied zwischen romanischen Sprachen (Französisch, Italienisch), germanischen (Englisch, Deutsch), slawischen (Russisch) und östlichen Sprachen (Arabisch, Chinesisch) an. Sie beeinflussen ihre Kulturen und ihre Sichtweise. Sie beeinflussen, was gesagt wird und wie es gesagt wird. Von diesen Sprachen ist Englisch besonders knapp gehalten und findet zunehmende Verbreitung.

Genauso ist es bei Sprachen, mit denen Mensch und Computer kommunizieren. Die ersten Sprachen (COBOL, FORTRAN) waren zu geschwätzig. Später entstandene Sprachen (Algol, C) hatten eine exzessive Syntax. Diese Sprachen führten notwendigerweise zu großen, plumpen Beschreibungen von Algorithmen. Sie konnten alles ausdrücken, das aber sehr schlecht.

Forth geht genau diese Probleme an. Es ist recht syntaxfrei. Es fördert kompakte, effiziente Beschreibungen. Es minimiert den Bedarf an Kommentaren, die meist ungenau sind und die Aufmerksamkeit vom Code selber ablenken.

Forth ruft zudem Unterroutinen einfach und effizient auf. In C erfordert ein solcher Aufruf teure Einrichtungs- und Wiederherstellungsanweisungen. Dadurch wird man davon eher abgehalten. Und baut sich dafür lieber aufwendige Parametersätze, die die Kosten für den Aufruf amortisieren sollen, aber zu großen und komplexen Unterroutinen führen.

Durch die Effizienz können Forth-Anwendungen sehr stark in viele kleine Unterroutinen faktorisiert werden. Und das werden sie normalerweise auch. Mein persönlicher Stil sind einzeilige Definitionen – hunderte kleiner Unterroutinen. In so einem Fall werden die diesem Code zugewiesenen Namen wichtig, sowohl als Gedächtnisstütze als auch als eine Möglichkeit, die Lesbarkeit zu erhöhen. Lesbarer Code erfordert weniger Dokumentation.

Die fehlende Syntax ermöglicht in Forth eine entsprechende fehlende Disziplin. Damit wird individuelle Kreativität und ein sehr angenehmer Code machbar. Andere sehen das als Nachteil, fürchten auf Managementebene einen Kontrollverlust und fehlende Standardisierung. Ich denke, das ist mehr ein Managementfehler als ein Problem der Sprache.

Sie haben gesagt, dass sich die meisten Fehler in der Syntax finden. Wie vermeiden Sie die anderen Fehlerarten in Forth-Programmen, zum Beispiel logische Fehler, Wartbarkeitsfehler und schlechte Stilentscheidungen?

Chuck: Nun, die meisten Fehler in Forth haben mit der Stack-Verwaltung zu tun. Meist hinterlassen Sie etwas unachtsamerweise auf dem Stack und stolpern später darüber. Wir haben einen mit Wörtern verbundenen Stack-Kommentar, was sehr wichtig ist. Er teilt Ihnen mit, was sich am Anfang und am Ende des Wortes auf dem Stack befindet. Aber das ist nur ein Kommentar. Sie können ihm nicht vertrauen.

Manche Leute haben diese Wörter sogar tatsächlich ausgeführt, um zu schauen, ob alles richtig verläuft und wie sich der Stack verhält.

Prinzipiell liegt die Lösung im Faktorisieren. Wenn Sie ein Wort haben, dessen Definition eine Zeile lang ist, können Sie es durchlesen, überlegen, wie sich der Stack verhält und am Ende schlussfolgern, dass es korrekt ist. Sie können es testen und prüfen, ob es so funktioniert, wie Sie es geplant haben, aber selbst dann werden Ihnen Stack-Fehler passieren. Die Wörter `dup` und `drop` sind allgegenwärtig und müssen korrekt verwendet werden. Die Möglichkeit, Wörter außerhalb des Kontextes aufzurufen, indem einfach ihre Eingabeparameter angegeben und die Ausgabeparameter analysiert werden, ist sehr wichtig. Auch hier gilt, dass Sie bei einem Bottom-up-Vorgehen wissen, dass alle Wörter, die Sie schon definiert haben, korrekt funktionieren, weil Sie sie getestet haben.

Zudem gibt es in Forth nur ein paar wenige Konditionen. Es gibt ein `if-else-then` und ein `begin-while`. Meine Philosophie, die ich immer wieder zu verbreiten versuche, ist, dass Sie die Anzahl von Konditionen in Ihrem Programm minimieren müssen. Anstatt ein Wort zu haben, das etwas testet und dann dies oder jenes tut, haben Sie zwei Wörter: eines, das dies tut, und eines, das jenes tut. Sie verwenden dann einfach das richtige.

Das funktioniert in C nicht, weil die Aufrufsequenzen so teuer sind, dass Sie eher viele Parameter bekommen, mit denen die gleiche Routine abhängig von den Werten unterschiedliche Dinge tut. Das führt zu all den Fehlern und Komplikationen in der vorhandenen Software.

Durch den Versuch, die Mängel der Implementierung zu umgehen?

Chuck: Ja. Schleifen lassen sich nicht vermeiden. Sie können sehr, sehr schön sein. Aber eine Forth-Schleife, zumindest eine colorForth-Schleife, ist eine sehr einfache, mit einem einzelnen Einstiegspunkt und einem einzigen Ausstiegspunkt.

Welchen Ratschlag würden Sie einem Anfänger geben, damit das Programmieren angenehmer und effektiver wird?

Chuck: Nun, sicherlich nicht überraschenderweise würde ich sagen, dass Sie lernen sollten, Forth-Code zu schreiben. Selbst wenn Sie das nicht beruflich tun werden, werden Sie einige dieser Lektionen lernen und eine bessere Sichtweise auf jegliche andere Sprache erhalten. Wenn ich ein C-Programm schrieb – ich habe kaum welche geschrieben – tat ich das im Forth-Stil mit vielen einfachen Unterroutinen. Selbst wenn das teurer war, lohnte es sich meiner Meinung nach, weil die Wartbarkeit deutlich stieg.

Die andere Sache ist, das Ganze einfach zu halten. Der unvermeidliche Trend beim Entwerfen eines Flugzeugs oder beim Schreiben einer Anwendung, selbst einer Textverarbeitung, ist, Features über Features hinzuzufügen, bis das Ganze nicht mehr wartbar ist. Es wäre besser, ein halbes Dutzend Textverarbeitungen zu haben, die sich auf unterschiedliche Märkte konzentrieren. Das Schreiben einer E-Mail mit Word ist verrückt, 99% der verfügbaren Features sind unnötig. Sie sollten einen E-Mail-Editor haben. Es gab solche Editoren, aber der Trend scheint davon wegzuweisen. Mir ist nicht klar, warum das so ist.

Halten Sie es einfach. Wenn Sie mit einer Anwendung zu tun haben, wenn Sie ein Teil des Designteams sind, versuchen Sie, die anderen Leute auch davon zu überzeugen, es einfach zu halten. Greifen Sie nicht zu weit vor. Lösen Sie keine Probleme, von denen Sie glauben, dass sie in Zukunft auftreten könnten. Lösen Sie die Probleme, die Sie jetzt haben. Vorausschauen ist sehr ineffizient. Sie können sich zehn Sachen vorstellen, die passieren könnten, von denen nur eine eintreten wird. Also haben Sie viel Aufwand umsonst getrieben.

Wie erkennen Sie Einfachheit?

Chuck: Es gibt meiner Meinung nach eine sich entwickelnde Wissenschaft der Komplexität, und eine ihrer Lehren ist, wie man Komplexität misst. Meine Lieblingsbeschreibung – und ich weiß nicht, ob es eine andere gibt – ist, dass die kürzeste Beschreibung, oder bei zwei Konzepten das mit der kürzeren Beschreibung, die einfachere Variante ist. Wenn Sie mit einer kürzeren Beschreibung von etwas kommen können, haben Sie auch eine kürzere Definition.

Aber das kann auch nach hinten losgehen, weil jede Art von Beschreibung vom Kontext abhängt. Wenn Sie eine sehr kurze Unterroutine in C schreiben können, würden Sie vielleicht sagen, dass das sehr einfach ist – dabei bauen Sie aber auf die Existenz des C-Compilers und des Betriebssystems und den Computer auf, der das alles ausführen wird. Daher ist das Ganze in Wirklichkeit gar nicht so einfach, sondern sehr komplex, wenn Sie sich den größeren Kontext anschauen.

Ich denke, es ist wie bei der Schönheit. Sie können sie nicht definieren, sie aber erkennen, wenn Sie sie sehen – einfach ist klein.

Wie beeinflusst Teamwork die Programmierung?

Chuck: Teamwork – völlig überschätzt. Die erste Aufgabe eines Teams ist, das Problem in relativ unabhängige Elemente aufzuteilen und jedes Element einer Person zuzuweisen. Der Teamleiter ist verantwortlich dafür, dass die Teile dann wieder zusammenkommen.

Manchmal können zwei Leute zusammenarbeiten. Wenn man über ein Problem spricht, lässt es sich manchmal klären. Aber zu viel Kommunikation führt auch zu nichts. Gruppendenken fördert nicht gerade die Kreativität. Und wenn viele Leute zusammenarbeiten, macht zwangsläufig doch nur einer die Arbeit.

Gilt das für jede Art von Projekt? Wenn Sie etwas so Umfangreiches wie OpenOffice.org schreiben müssen... das klingt doch ziemlich komplex, oder nicht?

Chuck: Etwas wie OpenOffice.org würde in Unterprojekte faktorisiert werden, von denen jedes von einer einzelnen Person programmiert würde, wobei gerade so viel Kommunikation stattfindet, dass die Kompatibilität sichergestellt ist.

Wie erkennen Sie einen guten Programmierer?

Chuck: Ein guter Programmierer schreibt schnell guten Code. Guter Code ist korrekt, kompakt und lesbar. »Schnell« bedeutet Stunden oder Tage.

Ein schlechter Programmierer wird über das Problem sprechen wollen, Zeit mit Planung statt mit Schreiben verschwenden und aus dem Schreiben und Debuggen von Code seine Karriere aufbauen.

Was halten Sie von Compilern? Denken Sie, dass sie die wahren Fähigkeiten von Programmierern verdecken?

Chuck: Compiler sind vermutlich der schlimmste Code, der jemals geschrieben wurde. Sie werden von jemandem gebaut, der niemals zuvor einen Compiler geschrieben hat und das auch nie wieder tun wird.

Je ausgefeilter die Sprache ist, desto komplexer, fehlerträchtiger und schlechter nutzbar ist der Compiler. Aber ein einfacher Compiler für eine einfache Sprache ist ein wichtiges Tool – und wenn es nur zur Dokumentation dient.

Wichtiger als der Compiler ist der Editor. Die vielen verschiedenen Editoren ermöglichen es jedem Programmierer, seinen eigenen auszuwählen, was für gemeinsame Arbeiten ein echter Nachteil ist. Das fördert das Umwandeln von einem zum anderen in Heimarbeit.

Ein weiterer Fehler von Compiler-Autoren ist der Zwang, jedes Sonderzeichen auf der Tastatur zu verwenden. Daher können Tastaturen niemals kleiner und einfacher werden. Und der Quellcode wird undurchdringlich.

Aber die Fähigkeiten eines Programmierers sind unabhängig von diesen Tools. Er lernt schnell, mit ihren Macken umzugehen und produziert guten Code.

Wie sollte Software dokumentiert werden?

Chuck: Ich finde Kommentare deutlich unwichtiger als andere Leute. Aus verschiedenen Gründen:

- Wenn Kommentare kurz und bündig sind, sind sie auch oft kryptisch. Dann müssen Sie Vermutungen darüber anstellen, was damit gemeint ist.
- Wenn Kommentare ausführlich sind, stechen sie den Code aus, zu dem sie gehören und den sie erläutern sollen. Es ist dann schwer, den dazugehörigen Code zu finden.
- Kommentare sind häufig schlecht geschrieben. Programmierer sind nicht gerade für ihre Schreibfertigkeiten bekannt, insbesondere, wenn Englisch nicht ihre Muttersprache ist. Jargon und grammatikalische Fehler machen die Kommentare häufig unlesbar.
- Entscheidend ist, dass Kommentare oft ungenau sind. Der Code ändert sich vielleicht, ohne dass die Kommentare angepasst werden. Auch wird der Code eventuell kritisch begutachtet, was bei Kommentaren meist nicht der Fall ist. Ein ungenauer Kommentar sorgt für mehr Ärger als kein Kommentar. Der Leser muss entscheiden, ob der Kommentar oder der Code korrekt ist.

Kommentare sind häufig mit dem falschen Ziel geschrieben. Sie sollten den Zweck des Codes erläutern, nicht den Code selber. Den Code nur zu umschreiben, ist nicht hilfreich. Und wenn der Kommentar ungenau ist, führt das direkt in die falsche Richtung. Kommentare sollten erklären, warum der Code vorhanden ist, was er erreichen soll und welche Tricks genutzt wurden, um das zu schaffen.

colorForth faktorisiert Kommentare in einem ausgegrauten Block. Damit werden sie aus dem Code selbst entfernt, was ihn besser lesbar macht. Sie sind aber trotzdem direkt erreichbar, wenn man sie lesen oder anpassen will. Zudem wird der Umfang des Kommentars auf den Umfang des Codes beschränkt.

Kommentare ersetzen keine anständige Dokumentation. Es muss ein Dokument geschrieben werden, das die interessanten Codemodule in normalem Text beschreibt. Es sollte eine Erweiterung für die Kommentare sein und sich auf ausführliche und vollständige Erläuterungen konzentrieren.

Natürlich geschieht das nur selten, ist oft unbezahlbar und man verliert die Dokumentation leichter, weil sie getrennt vom Code aufbewahrt wird.

Zitiert aus http://www.colorforth.com/HOPL.html:
»Die Frage des Patentierens von Forth wurde lange diskutiert. Aber da Softwarepatente sehr kontrovers gesehen werden und der Supreme Court ins Spiel kommen kann, lehnte das NRAO ab, das Thema weiter zu verfolgen. Somit fielen die Rechte an mich zurück. Ich finde nicht, dass Ideen patentierbar sein sollten. Heute weiß ich, dass die einzige Chance von Forth im Public Domain lag. Wo es aufblühen konnte.«

Softwarepatente werden immer noch kontrovers diskutiert. Hat sich Ihre Meinung zu Patenten geändert?

Chuck: Ich habe Softwarepatente nie gemocht. Sie ähneln zu sehr dem Patentieren einer Idee. Und das Patentieren einer Sprache oder eines Protokolls ist besonders störend. Eine Sprache ist nur dann erfolgreich, wenn sie genutzt wird. Alles, was einen von der Nutzung abhält, ist dumm.

Denken Sie, dass das Patentieren einer Technologie seine Verbreitung unterbindet oder einschränkt?

Chuck: Es ist schwierig, Software zu vermarkten, da sie leicht zu kopieren ist. Firmen treiben viel Aufwand, um ihr Produkt zu schützen, manchmal so viel, dass es selber nicht mehr nutzbar ist. Meine Antwort darauf ist, Hardware zu verkaufen und die Software mitzugeben. Hardware lässt sich schwieriger kopieren und wird wertvoller, wenn Software für sie entwickelt wird.

Patente sind ein Weg, dieses Thema anzugehen. Durch sie konnten Innovationen entstehen. Aber es gilt, eine kritische Balance zu halten, indem man belanglose Patente möglichst unterbindet und in Bezug auf Prior Art und andere Patente eine konsistente Linie fährt. Und die Kosten des Gewährens und Sicherstellens von Patenten sind hoch. Aktuelle Vorschläge zur Reform des Patentwesens drohen den einzelnen Erfinder gegenüber großen Firmen deutlich zu benachteiligen. Das wäre tragisch.

KAPITEL FÜNF

BASIC
Thomas E. Kurtz

1963 entwickelten Thomas Kurtz und John Kemeny BASIC, eine universell verwendbare Sprache, die dazu gedacht war, Anfängern das Programmieren beizubringen, aber auch erfahrene Programmierer nützliche Programme schreiben zu lassen. Zu den ursprünglichen Zielen gehörte auch das Wegabstrahieren von Hardwaredetails. Die Sprache fand nach der Einführung von Mikrocomputern in den 70er Jahren eine weite Verbreitung, und viele PCs enthielten eigene Varianten. Und obwohl die Sprache mithilfe von Microsofts Visual Basic und Kurtz' BASIC Zeilennummern und GOTO-Anweisungen hinter sich ließ, haben Generationen von Programmierern den Spaß am Entwickeln mit einer Sprache gelernt, die Experimentierfreude förderte und Neugierde belohnte.

Die Ziele von BASIC

Was ist der beste Weg, Programmieren zu lernen?

Tom Kurtz: Einsteiger sollten sich nicht durch Anleitungen kämpfen müssen. Die meisten Anleitungen sind viel zu umfangreich, als dass Neulinge bei der Stange bleiben würden. Einfache Coding-Aufgaben und ein leichter Zugriff auf einfach zu nutzende Implementierungen sind erforderlich, ebenso viele Beispiele.

Manche Lehrer bevorzugen es, eine Sprache zu unterrichten, in der Programmierer erst einiges an Erfahrung sammeln müssen, bevor sie sie anwenden können. Sie haben sich stattdessen dazu entschieden, eine Sprache zu entwerfen, die Programmierer jeglicher Erfahrungsstufe schnell verwenden und ihr Wissen dadurch verbessern können.

Tom: Ja. Nachdem Sie Programmieren gelernt haben, lassen sich neue Computersprachen einfach lernen. Die erste ist die schwerste. Solange eine Sprache nicht besonders undurchsichtig ist, wird es nur ein kleiner Schritt von den bisher bekannten Sprachen sein. Eine Analogie gibt es bei den gesprochenen Sprachen (die sich deutlich schwerer lernen lassen): Nachdem Sie Ihre erste romanische Sprache gelernt haben, ist die zweite viel einfacher. Zunächt einmal ist die Grammatik ähnlich, es gibt viele gleiche Wörter, und die Syntax ist ziemlich einfach (also ob sich das Verb in der Mitte – wie im Englischen – oder am Ende befindet).

Je einfacher die erste Sprache ist, desto leichter wird sie der durchschnittliche Schüler lernen.

Hat dieser evolutionäre Ansatz Ihre Entscheidung geleitet, BASIC zu entwerfen?

Tom: Als wir uns entschieden, BASIC zu entwickeln (John Kemeny und ich taten das 1962 oder so), überlegte ich, vereinfachte Untermengen von FORTRAN oder Algol zu entwickeln. Es funktionierte nicht. Die meisten Programmiersprachen enthalten seltsame grammatikalische Regeln, die für den Einsteiger echte Hürden sind. Wir haben versucht, all das aus BASIC fernzuhalten.

Einige der Überlegungen, die in das Design von BASIC einflossen, waren:

- Eine Zeile, eine Anweisung.

  Wir konnten keinen Punkt als Abschluss einer Anweisung nutzen, wie es (meiner Meinung nach) JOSS tat. Und die Konvention mit einem Semikolon in Algol, so wie es auch der FORTRAN-Nachfolger (C) nutzte, erschien uns nicht sinnvoll.

- Zeilennummern sind GOTO-Ziele.

  Wir mussten Zeilennummern verwenden, da die Entwicklung in einer Zeit weit vor den Tagen von WYSIWYG geschah. Das Entwickeln eines neuen Konzepts der »Anweisungslabel« erschien uns keine gute Idee. (Später, als das Erstellen und Bearbeiten von Programmen einfacher wurde, erlaubten wir dem Anwender, *keine* Zeilennummern zu verwenden, solange er auf GOTO-Anweisungen verzichtete. Zu dem Zeitpunkt war BASIC vollständig strukturiert.)

- Alle mathematischen Berechnungen werden mit Gleitkommazahlen durchgeführt.

  Eines der schwierigsten Konzepte für einen Einsteiger ist die Unterscheidung zwischen Integer- und Gleitkommazahlen. So gut wie alle Programmiersprachen der damaligen Zeit beugten sich der Architektur der Computerhardware, bei der es Gleitkommazahlen für mathematische Berechnungen und Integerzahlen für die Effizienz gab.

Indem wir alle Berechnungen mit Gleitkommazahlen durchführten, haben wir den Anwender vor den numerischen Typen geschützt. Wir mussten intern ein paar Verrenkungen anstellen, wenn ein Integer-Wert gefordert wurde (wie bei einem Array-Index) und der Anwender eine Kommazahl mitgab (zum Beispiel 3.1). In solchen Fällen haben wir dann gerundet.

Ähnliche Probleme hatten wir mit dem Unterschied zwischen binären und dezimalen Nachkommastellen. Schauen Sie sich dieses Beispiel an:

```
FOR I = 1 TO 2 STEP 0.1
```

Die dezimale Kommazahl 0.1 ist binär eine mit unendlich vielen Nachkommastellen. Wir mussten einen Korrekturfaktor verwenden, um die Schleife abzuschließen.

(Einige dieser Binär-dezimal-Überlegungen waren nicht Teil des ursprünglichen BASIC, sondern wurden im viel jüngeren True BASIC behandelt.)

- Eine Zahl ist eine Zahl (ist eine Zahl).

  Es waren keine formellen Anforderungen bei der Eingabe einer Zahl im Code oder in Datenanweisungen vorhanden. Und die PRINT-Anweisung lieferte die Ausgabe in einem Standardformat. Die Anweisung FORMAT oder ihr Äquivalent in anderen Sprachen ist recht schwierig zu erlernen. Und der Anfänger wundert sich vielleicht, warum er sich überhaupt damit beschäftigen muss – er wollte doch eine ganz einfache Antwort haben!

- Sinnvolle Standardwerte.

Wenn es Komplikationen für den fortgeschritteneren Anwender gibt, sollten sie nicht für den Einsteiger sichtbar sein. Zugegebenermaßen gab es im ursprünglichen BASIC nicht viele »fortgeschrittene« Features, aber die Idee war – und ist – wichtig.

Die Richtigkeit unseres Vorgehens zeigte sich auch an der Tatsache, dass es nur ungefähr eine Stunde dauert, Neueinsteigern zu zeigen, wie man in BASIC einfache Programme schreibt. Unser Unterricht begann zunächst mit vier einstündigen Lektionen und wurde erst auf drei und dann auf zwei Stunden und schließlich auf eine Reihe von Videoschulungen reduziert.

Ich stellte dann irgendwann fest, dass ein einführender Informatikkurs durchaus mit einer Version von BASIC unterrichtet werden konnte (nicht mit dem ursprünglichen BASIC, sondern mit einer Version, die auch Konstrukte zur strukturierten Programmierung enthielt). Das Einzige, was Sie nicht machen konnten, war, den Studenten die Idee von Zeigern und alloziertem Speicher zu erläutern!

Ein anderer Punkt: Früher erforderte das Ausführen eines Programms viele Schritte. Kompilieren, Linken und Laden. Dann Ausführen. Wir haben uns entschieden, in BASIC *alle* Schritte zusammen auszuführen, sodass sich der Anwender dessen gar nicht bewusst wird.

Damals erforderten die meisten Sprachen mehrere Compilerdurchläufe, die eventuell zu viel wertvolle Computerzeit kosteten. Daher kompilierten wir einmal und führten mehrmals aus. Aber kleine Programme von Studenten wurden nur einmal kompiliert und ausgeführt. Wir mussten also einen Ein-Pass-Compiler entwickeln und direkt zur Ausführung übergehen, wenn es keinen Fehler gab.

Zudem beendeten wir die Ausgabe von Fehlern bei Studenten nach fünf Fehlern. Ich kann mich an FORTRAN-Fehlerlisten über mehrere Seiten erinnern, die *alle* Syntaxfehler eines Programms enthielten – meist, weil nur ganz am Anfang ein Punkt vergessen wurde.

Ich habe ein BASIC-Handbuch von 1964 gesehen. Der Untertitel ist »Die für das Dartmouth Timesharing-System grundlegende algebraische Sprache.« Was ist eine algebraische Sprache?

Tom: Nun, wir waren beide Mathematiker, daher gibt es ganz automatisch bestimmte Dinge in der Sprache, die mathematisch aussehen, zum Beispiel das Potenzieren von Zahlen und solche Sachen, und dann waren die Funktionen, die wir hinzugefügt haben, mathematisch, wie Sinus und Kosinus, da wir an Studenten dachten, die mit BASIC-Programmen Berechnungen durchführen wollten. Daher gab es ganz klar einen Hang zu numerischen Berechnungen im Vergleich zu anderen Sprachen, die damals entwickelt wurden, wie zum Beispiel COBOL, das einen anderen Schwerpunkt hatte.

Wir schauten uns auch FORTRAN an. Das konnte man damals auf den großen IBM-Computern nur über die 80-spaltigen Lochkarten nutzen. Wir führten bei uns am Campus einen Computer ein, der über Teletype-Maschinen angesprochen wurde. Die dienten als Eingabegeräte für den Computer, weil sie mit den Telefonverbindungen kompatibel waren, die wir zum Verbinden der Terminals an den verschiedenen Orten auf dem Campus mit dem Zentralcomputer nutzen wollten. Das geschah also alles mit Geräten, die ursprünglich zu Kommunikationszwecken entwickelt worden waren, wie die Fernschreibtechnik, das Speichern und Weiterleiten von Nachrichten und so weiter. Damit konnten wir auf die Lochkarten verzichten.

Dann wollten wir von den Anforderungen wegkommen, die durch die Lochkarten an die Benutzer gestellt wurden: Etwas musste auf der Karte an einer bestimmten Position stehen, daher wollten wir ein mehr oder weniger freies Format nutzen, das jemand an einer Teletype-Tastatur eintippen konnte – übrigens einer normalen »Qwerty«-Tastatur, allerdings nur mit Großbuchstaben.

So entstand die Form der Sprache – einfach zu tippen und ursprünglich sogar unabhängig von Leerzeichen. Ob Sie Leerzeichen einfügten oder nicht, machte keinen Unterschied, da die Sprache zunächst so entworfen worden war, dass der von Ihnen eingegebene Code immer korrekt interpretiert wurde, mit oder ohne Leerzeichen. Der Grund dafür war, dass manche Personen, insbesondere Mitglieder der Fakultät, nicht sehr gut tippen konnten.

Das Ignorieren von Leerzeichen schaffte es in ein paar frühe PC-Versionen von BASIC, was zu manchen recht lustigen Anomalien bezüglich der Interpretation des vom Benutzer eingegebenen Codes führte.

Bei Dartmouth gab es keine Mehrdeutigkeiten. Erst viel später wurden Leerzeichen notwendig, als die Sprache sich entwickelte. Das Ende eines Variablennamens musste entweder ein Leerzeichen oder ein Symbol sein.

Ein Kritikpunkt an BASIC ist, dass es sich um eine Sprache handelt, die zum Unterrichten entworfen wurden. Sobald Sie damit große Programme schreiben wollten, würde es chaotisch werden. Was halten Sie davon?

Tom: Das ist eine Aussage von jemandem, der die Entwicklung von BASIC im Laufe der Jahre nicht verfolgt hat. Es ist keine Babysprache. Mit True BASIC habe ich selber Programme von 10.000 bis 20.000 Zeilen Umfang geschrieben, und es lässt sich sehr gut erweitern. Ich könnte auch Programme mit 30.000 oder 40.000 Zeilen schreiben und es gäbe keine Probleme und würde auch zur Laufzeit keine Ineffizienzen zeigen.

Die Implementierung der Sprache ist unabhängig vom Design der Sprache.

Das Design der Sprache ist das, was der Anwender eintippen muss, um seine Arbeit erledigen zu können. Hat man einmal die Möglichkeit von Bibliotheken, kann man alles machen. Dann ist es eine Frage der Implementierung der Sprache, ob sie riesengroße Programme unterstützt – True BASIC tut das.

Das ist bei anderen BASIC-Versionen nicht unbedingt der Fall. So haben zum Beispiel Microsoft BASIC und Visual Basic, das darauf aufbaut, einige Einschränkungen. Andere BASIC-Versionen, die es so gibt, haben andere Einschränkungen, aber das ist eine Frage der Implementierung, nicht des Designs der Sprache.

Welche Features von True BASIC ermöglichten Ihnen, große Programme zu schreiben?

Tom: Es gibt nur eines: die Kapselung, das Modul. Wir nennen unsere Kapselungsstrukturen *Module*.

Ob Sie es glauben oder nicht, sie waren sogar vom BASIC-Komitee standardisiert worden, bevor sie in die freie Wildbahn gelangten. Das geschah in den Anfangstagen von True BASIC. Das Feature wurde dem Sprachstandard in den Jahren 1990 oder 1991 hinzugefügt.

Moderne Computer haben viel Speicher und sehr schnelle Prozessoren, sodass es kein Problem ist, diese Sachen zu implementieren.

Obwohl Sie jetzt wieder bei zwei Durchläufen im Compiler sind.

Tom: Der Linker ist ebenfalls in True BASIC geschrieben. Es ist tatsächlich eine ziemlich krude oder vereinfachte Version von True BASIC. Es ist in diesen B-Code kompiliert, so wie der P-Code bei Pascal.

Für das Linken führen Sie diese B-Code-Anweisungen aus. Es gibt einen sehr schnellen Interpreter, der B-Code-Anweisungen umsetzt. True BASIC ist, wie das ursprüngliche BASIC, kompiliert. Das ursprüngliche BASIC wurde direkt in einem Schritt in Maschinencode umgesetzt. In True BASIC kompilieren wir in B-Code, der sehr einfach ist. Die Ausführung des B-Codes geschieht durch eine schnelle Schleife, die in C geschrieben ist und ursprünglich von der DOS-Plattform stammt.

Das ist sehr schnell. Nicht so schnell, wie eine auf Geschwindigkeit optimierte Sprache, aber schon verdammt schnell. Wie ich schon sagte, es gibt Zwei-Adress-Anweisungen im B-Code, daher ist es so schnell.

Früher sorgte das Interpretieren nicht für eine Verlangsamung, weil wir die Gleitkommarechnungen in Software umsetzen mussten. Wir bestanden darauf, dass True Basic und das ursprüngliche

Dartmouth BASIC immer mit doppelt genauen Zahlen arbeitete, daher mussten sich 99% der Anwender keine Gedanken um Präzision machen. Nun nutzen wir natürlich den IEEE-Standard, der automatisch von allen Prozessoren bereitgestellt wird.

Denken Sie, dass der einzige Unterschied einer zum Lehren entworfenen Sprache und einer zum Bauen professioneller Software nur darin liegt, dass erstere leichter zu erlernen ist?

Tom: Nein, es ist nur die Art, wie sich das Ganze entwickelt hat. C kam zum passenden Zeitpunkt heraus und ermöglichte Zugriff auf die Hardware. Jetzt sind die aktuellen objektorientierten Sprachen mit dem, was sie lehren und was die Profis damit machen, Weiterentwicklungen dieser Umgebung, daher sind diese Sprachen so schwer zu erlernen.

Das heißt, dass jemand, der diese abgeleiteten Sprachen nutzt, professionelles Training genossen hat und Teil eines Programmierteams ist, deutlich ausgefuchstere Anwendungen erstellen kann, zum Beispiel zum Erstellen von Filmen, Musik und anderen solchen Dingen. Es ist viel einfacher, das mit einer objektorientierten Sprache wie Objective-C umzusetzen, aber wenn das nicht Ihr Ziel ist und Sie einfach eine große Anwendung schreiben wollen, könnten Sie True BASIC nutzen, das sich von Dartmouth BASIC ableitet.

Was ist das eigentliche Ziel, wenn man versucht, eine Programmiersprache einfacher zu gestalten? Werden wir je eine Sprache entwerfen können, die so einfach ist, dass jeder Computeranwender seine eigenen Programme schreiben kann?

Tom: Nein, viel von dem, was wir bei Dartmouth mit BASIC geschaffen haben, lässt sich heute durch andere Anwendungen erreichen, zum Beispiel Tabellenkalkulationen. Sie können damit ziemlich komplizierte Berechnungen durchführen. Zudem lassen sich heute einige der mathematischen Anwendungen, die wir damals im Hinterkopf hatten, durch die Verwendung von Programmbibliotheken umsetzen, die von professioneller Seite angeboten werden.

Die Details der Programmiersprache sind eigentlich nicht entscheidend, weil Sie neue Sprachen innerhalb eines Tages erlernen können. Es ist einfach, eine neue Sprache zu lernen, wenn es eine gute Dokumentation gibt. Ich sehe nur keinen Bedarf für eine neue Sprache, die von sich behauptet, die perfekte Sprache zu sein. Ohne einen bestimmten Anwendungsbereich können Sie keine gute Sprache haben – das widerspricht sich selbst! So als ob Sie fragen würden, was die beste gesprochene und geschriebene Sprache auf der Welt ist. Ist es Italienisch? Englisch? Oder welche? Könnten Sie eine definieren? Nein, denn alle geschriebenen und gesprochenen Sprachen stehen in Verbindung mit dem Leben an dem Ort, an dem sie verwendet werden, daher gibt es nicht die eine perfekte Sprache. Genauso gibt es keine perfekte Programmiersprache.

Haben Sie jemals beabsichtigt, dass Leute hunderte von kleinen Programmen schreiben und sich dann selbst als Programmierer bezeichnen?

Tom: Das war unsere Absicht, aber das Seltsame daran ist, dass es mit dem Wachsen der Sprache möglich wurde, 10.000-Zeilen-Programme zu schreiben, ohne dass sie zu komplex wurden. Das liegt daran, dass wir alles sehr einfach gehalten haben. Die ganze Idee ist, die Umlaufzeiten so kurz zu halten, dass Sie sich keine Gedanken um das Optimieren des Programms machen. Stattdessen kümmern Sie sich um das Optimieren der eigenen Zeit.

Viele Jahre bevor wir BASIC entwickelten, schrieb ich ein Programm für den MIT-Computer. Dabei handelte es sich um ein Symbolic Assembly Program, SAP, für die IBM 704. Ich versuchte, dieses Programm zu schreiben, und ich versuchte alles, was sinnvoll war, ich verwendete die Blinklichter, um es zu optimieren, sodass ich keine Berechnungen wiederholen musste, die nicht notwendig waren. Ich tat alles. Nun, das verdammte Ding funktionierte nicht, und ich brauchte einen Monat, um das herauszufinden, weil ich alle zwei Wochen hinfuhr. Die Turnaround-Zeit betrug zwei Wochen.

Ich weiß nicht, wie viele Minuten oder Stunden Computerzeit ich in diesem Prozess verbraucht habe. Als dann im Jahr darauf FORTRAN herauskam, wechselte ich zu dieser Sprache und schrieb ein FORTRAN-Programm. Ich glaube, ich brauchte fünf Minuten Computerzeit – höchstens.

Die ganze Geschichte mit dem Optimieren und Kodieren ist total falsch. Sie machen das nicht. Sie optimieren nur, wenn Sie es tun müssen, und dann meist erst später. Sprachen auf höherer Ebene optimieren die Computerzeit automatisch, weil Sie weniger Fehler machen.

Das höre ich nicht so häufig.

Tom: Computerwissenschaftler sind diesbezüglich recht dumm. Wenn wir Programmierer sind, konzentrieren wir uns auf die komplexen und faszinierenden Details des Programmierens und kümmern uns nicht um einen Überblick aus Entwicklersichtweise, um das gesamte System zu optimieren. Wir versuchen nur, die Bits und Bytes zu optimieren.

Das ist aber nur meine Meinung. Ich bin nicht sicher, ob ich das irgendwie beweisen könnte.

Hat die Entwicklung der Hardware auch die Entwicklung der Sprache beeinflusst?

Tom: Nein, weil wir dachten, die Sprache sei ein Schutz, um nichts über die Hardware wissen zu müssen. Als wir BASIC entwarfen, machten wir es unabhängig von der Hardware, es gibt nichts in der Sprache oder in den Features, die später dazukamen, was die Hardware wiederspiegelt.

Das gilt nicht für einige der frühen PC-Versionen von BASIC, die mit dem, was wir in Dartmouth gemacht haben, nur wenig zu tun haben. So gibt es zum Beispiel in einer PC-Version von BASIC eine Möglichkeit, den Inhalt eines Speicherplatzes zu setzen oder auszulesen. Bei unserem eigenen BASIC gab es das nie. Daher waren diese PC-BASICs natürlich außerordentlich abhängig von den Hardwaremöglichkeiten, und das Design dieser PC-Sprachen spiegelte die Hardware wider, die verfügbar war.

Wenn Sie mit Leuten sprechen, die Microsoft BASIC entwickelt haben, würden die sagen, dass die Features der Sprache durchaus durch die Hardware beeinflusst waren, aber das war bei Darmouth mit dem ursprünglichen BASIC nicht der Fall.

Sie hatten sich dazu entschieden, alle arithmetischen Berechnungen mit Gleitkommazahlen durchzuführen, damit es für den Anwender einfacher wird. Wie stehen Sie zu der Art und Weise, in der moderne Programmiersprachen mit Zahlen umgehen? Sollten wir zu einer exakten Form der Repräsentation wechseln und Zahlen mit beliebiger Genauigkeit verwenden, die als eine Art von »Ziffern-Array« gesehen werden können?

Tom: Es gibt viele Möglichkeiten, Zahlen zu repräsentieren. Es stimmt, dass die meisten Sprachen zur damaligen Zeit und auch die modernen Sprachen die Verfügbarkeit der verschiedenen Repräsentationen von Zahlen auf der heutigen Hardware widerspiegeln.

Wenn Sie zum Beispiel heute in C programmieren, gibt es Zahlentypen, die den numerischen Repräsentationen in der Hardware entsprechen, zum Beispiel Gleitkommazahlen mit einfacher und doppelter Genauigkeit, Integerzahlen mit einfacher und doppelter Genauigkeit und so weiter. Das sind alles Aspekte der Sprache C, weil sie für eine enge Zusammenarbeit mit der Hardware entworfen wurde. Daher musste der Zugriff auf die numerischen Repräsentationen in der Hardware ermöglicht werden.

Was für Zahlen können nun im Computer dargestellt werden? Na ja, bei einer fest vorgegebenen Anzahl binärer Ziffern – mit denen die meisten Computer arbeiten – erhält man eine endliche Anzahl dezimaler Ziffern. Damit haben Sie eine Einschränkung bezüglich des Typs und der Zahlen, die Sie repräsentieren können. Das ist wohlbekannt und führt zu bestimmten Rundungsfehlern.

Manche Sprachen bieten unbegrenzte Genauigkeit, wie zum Beispiel 300 Dezimalstellen, aber das erreichen sie mithilfe von Software, indem sie sehr große Zahlen als potenziell unendlich große Arrays mit Ziffern darstellen. Das geschieht aber alles per Software und ist daher sehr langsam.

Unser Ansatz in BASIC war einfach, zu sagen, dass eine Zahl eine Zahl ist. »3« ist einer Zahl, »1.5« aber auch. Wir haben unsere Studenten nicht mit dieser Unterscheidung belästigt – was auch immer sie als Zahl eingaben, wir taten unser Bestes, um diese Zahl in der Gleitkommahardware zu repräsentieren, die auf dem Rechner zur Verfügung stand.

Als wir uns zunächst Gedanken machten, welche Computer wir haben wollten (natürlich landeten wir 1964 beim GE-Computer), bestanden wir darauf, dass der Computer eine Gleitkommahardware besitzt, weil wir uns nicht mit Softwareberechnungen herumärgern wollten. So repräsentierten wir dann auch die Zahlen. Natürlich gibt es dabei eine bestimmte Ungenauigkeit, aber damit muss man leben.

Waren die Anweisungen GOTO und GOSUB aufgrund der vorhandenen Hardware gewählt worden? Sollten moderne Programmiersprachen solche Anweisungen ebenfalls enthalten?

Tom: Ich denke nicht, dass die Hardware dabei ein Thema war – das ist unwichtig.

Manche strukturierte Sprachen brauchten sie, aber das war früher, vor 20 oder 30 Jahren, daher denke ich nicht, dass das wirklich noch entscheidend ist.

Damals war das wichtig, weil genau so die Leute Programme in Maschinensprache und Assembler schrieben. Als wir BASIC entwickelten, hatte sich die Idee der strukturierten Programmierung noch nicht so weit entwickelt. Zudem orientierten wir uns mit BASIC an FORTRAN, und FORTRAN hatte die GOTO-Anweisung.

Welche Kriterien haben Sie während der Weiterentwicklung von BASIC genutzt, wenn Sie sich über neue Features für die Sprache Gedanken gemacht haben?

Tom: Na ja, was auch immer zu der Zeit gebraucht wurde – das war nicht sehr theoretisch.

Was wir zum Beispiel hinzugefügt haben, nachdem BASIC Anfang 1964 das Licht der Welt erblickt hatte, war die Möglichkeit, mit nicht numerischen Informationen umzugehen – Strings aus Buchstaben und anderen Zeichen. Wir ließen Zeichen-Strings zu, damit die Leute beim Schreiben von Programmen, zum Beispiel Spielen, auch »Ja« oder »Nein« statt »1« oder »0« eingeben konnten. Im ursprünglichen BASIC bedeutete die »1« »Ja« und die »0« »Nein«, aber wir ermöglichten Strings schon sehr schnell. Und das einfach nur, weil es notwendig war.

Compilerdesign

Als Sie die erste Version von BASIC schrieben, waren Sie in der Lage, einen Ein-Pass-Compiler zu schreiben, während alle anderen einen Mehr-Pass-Compiler nutzten. Wie haben Sie das geschafft?

Tom: Das ist sehr einfach, wenn das Design der Sprache recht einfach ist. Viele Sprachen sind diesbezüglich einfach. Alles war bekannt, und das Einzige, was einen vollständigen Ein-Pass-Compiler verhindert hat, waren die Forward-Transfers. Somit hatten wir einen »Eineinhalb-Pass-Compiler«.

In den ersten einhundert Zeilen eines Programms haben Sie ein GOTO zu einem Ziel in den ersten tausend Zeilen. Das ist dann ein Linkabschnitt.

Tom: Genau das haben wir getan. Es war das Äquivalent der Linkliste. Wir haben tatsächlich keine Linked-List-Struktur in der Assembler-Sprache des Computers genutzt, auf dem wir arbeiteten, sondern so etwas. Man kann sich das als eine kleine mit Adressen eingerichtete Tabelle vorstellen, die dann später eingetragen wurden.

Konnten Sie dann Code gleichzeitig parsen und generieren?

Tom: Ja. Der andere Aspekt war, dass die Sprache in der ersten Runde absichtlich so einfach gemacht wurde, um ein Ein-Pass-Parsen überhaupt möglich zu machen. Variablennamen mussten damit sehr einfach sein. Ein Buchstabe oder ein Buchstabe gefolgt von einer Zahl war möglich. Array-Namen von ein- und zweidimensionalen Arrays konnten nur ein einzelner Buchstabe mit einer linken Klammer dahinter sein. Das Parsen war einfach. Es gab keinen Tabellen-Lookup oder so etwas. Wir verfolgten eine sehr simple Strategie: Ein Buchstabe, eventuell gefolgt von einer Ziffer, brachte Ihnen 26 mal 11 Variablennamen. Wir reservierten Speicher im Voraus, um Platz für diese Variablen zur Verfügung zu haben.

Wir verwendeten nicht einmal eine Symboltabelle.

Mussten Variablen deklariert werden?

Tom: Nein, überhaupt nicht. Tatsächlich waren Arrays immer einzelne Zeichen, gefolgt von der linken Klammer, sodass es eigentlich Deklarationen waren. Mal sehen, ob ich mich richtig erinnern kann. Wenn Sie ein Array verwendeten, zum Beispiel durch a(3), war das automatisch ein Array von, ich glaube 0 bis 10. Also eine automatische Standarddeklaration. Zudem begannen wir bei 0, weil in der Mathematik beim Repräsentieren der Koeffizienten eines Polynoms der erste Koeffizient die 0 als Index hat.

War das einfach zu implementieren?

Tom: Trivial. Tatsächlich gibt es beim Schreiben eines Compilers viele Dinge, die gar nicht so schwierig sind. Selbst später, als es eine weiter fortgeschrittene Version von BASIC mit einem Symboltabellen-Lookup gab, war das nicht so schwer.

Das Optimieren ist das Aufwendige.

Tom: Wir haben uns nicht um Optimieren gekümmert, weil 99% aller Programme, die damals von Studenten und Fakultätsmitarbeitern geschrieben wurden, nur klein und sehr einfach waren. Es war nicht sinnvoll, zu optimieren.

Sie haben gesagt, dass der Polymorphismus eine Laufzeitinterpretation benötigt.

Tom: Ich glaube, dass das stimmt, aber bisher hat mich noch niemand in dieser Sache herausgefordert, weil ich noch nichts darüber geschrieben habe. Polymorphismus bedeutet, dass Sie ein bestimmtes Programm schreiben, das sich abhängig von den Daten, mit denen es arbeitet, unterschiedlich verhält. Wenn Sie das nun nicht im Quellcode unterbringen, weiß der Programmabschnitt zum Zeitpunkt der Ausführung nicht, was er genau tun muss, bis er wirklich ausgeführt wird – das ist Laufzeitinterpretation. Oder sehe ich das falsch?

Schauen Sie sich Smalltalk an, bei dem definitiv der Quellcode zur Verfügung steht. Wenn Sie Late Binding nutzen – zählt das als Runtime Binding?

Tom: Das ist eine trickreiche Frage. Es gibt Early Binding, Late Binding und Runtime Binding. Sehr schwierig, und ich kann mir vorstellen, dass man sich Wege ausdenken kann, das zu umgehen.

Stellen Sie sich zum Beispiel vor, dass Sie eine Sortierroutine schreiben. Wenn Sie Zahlen sortieren, ist der Vergleich zwischen den Zahlen offensichtlich. Wenn Sie Strings sortieren, ist es weniger klar, da Sie nicht wissen, ob Sie eine ASCII-Sortierung, eine Wörterbuchsortierung oder sonst eine Sortierung nutzen wollen.

Wenn Sie eine Sortierroutine schreiben, wissen Sie, was Sie wollen, und machen Ihre Vergleiche. Wenn Sie eine allgemein nutzbare Sortierroutine schreiben, müssen Sie eine Unterroutine oder etwas Ähnliches aufrufen, um zu ermitteln, ob Element A kleiner als Element B ist, was auch immer es ist. Wenn Sie versuchen, Schlüssel von Datensätzen oder so zu sortieren, müssen Sie die Reihenfolge dessen kennen, was Sie sortieren wollen. Das kann unterschiedlich sein. Manchmal mögen es Strings sein, aber denken Sie nur an die verschiedenen Möglichkeiten. Wenn Sie den Sortieralgorithmus schreiben, wissen Sie davon nichts, was bedeutet, dass es auf später verschoben werden muss. Wenn das zur Laufzeit gemacht wird, ist es natürlich eine Laufzeitinterpretation.

Verstehen Sie mich nicht falsch, das lässt sich effizient umsetzen, weil Sie ein kleines Programm haben können, eine Unterroutine, in der man nur die Regeln für das Anordnen der Elemente schreiben muss. Das geschieht halt nur nicht automatisch.

Polymorphismus bekommt man nicht umsonst. Sie müssen die polymorphen Varianten schreiben.

Tom: Da muss sich jemand drum kümmern.

Das andere Thema, über das objektorientierte Leute reden, ist die Vererbung. Das ist nur wichtig, wenn Sie in Ihrer Sprache eine Datentypisierung haben. Ich habe die Einleitungen vieler objektorientierter Bücher gelesen, und da geht es immer um jemanden, der eine Kreisroutine schreibt. Jemand anderes nutzt sie für einen anderen Zweck, aber das kommt außerordentlich selten vor.

Ich sehe dabei immer das Problem, dass Sie bei einer Routine, die so allgemein ist, dass sie von anderen genutzt werden kann, immer eine riesige Dokumentation schreiben und sie zur Verfügung stellen müssen. Da ist viel zu berücksichtigen. Sie schreiben sozusagen mit der Dokumentation eine vollständige Anwendung.

Bei der Art von Programmen, um die es mir geht, ist das viel zu viel. Ich weiß nicht, was heutzutage in der Branche abgeht. Das ist ein anderes Thema.

Würden Sie diese Idee des schnellen und einfachen Wiederverwendens von Code als frühzeitige Verallgemeinerung bezeichnen?

Tom: Es ist eine Idee, die bei den professionellen Programmierern relevant sein könnte, aber nicht bei der größeren Gruppe von Amateuren, die Programme schreiben. Tatsächlich schreiben die meisten Leute heutzutage keine Programme. Viel von dem, für das wir Programme geschrieben haben, ist heute durch Anwendungen abgedeckt, die Sie kaufen können. Oder Sie stecken die Daten in eine Tabellenkalkulation oder so. Bei den nichtprofessionellen Programmierern, Leuten aus anderen Branchen, wird heute nicht mehr so viel programmiert.

Was mich beim Programmierunterricht an weiterbildenden Schulen, die einen Schwerpunkt auf Computertechnik legen, vor allem nervt: Er ist viel zu kompliziert. Ich weiß nicht, welche Sprachen sie heutzutage unterrichten, ich habe es mir nicht angeschaut.

Ich habe mir einmal überlegt, wie ich einen ersten College-Kurs in Informatik mithilfe von BASIC strukturieren würde. Damit könnte ich praktisch alles machen, was ich in einem Anfängerkurs machen wollte, mit Ausnahme von Zeigern und dem Anfordern von Speicher. Das ist eine Frage der Komplexität. Wenn Sie Pascal nutzen, müssen Sie sich eventuell schon mit Zeigern und Speicherallozierung befassen, bevor die Leute überhaupt wissen, was ein Computerprogramm ist, aber das hat nichts mit der Sache zu tun. Ich habe meine Sichtweise niemals groß verbreitet. Ich bin nur einer gegen viele.

Die Leute glauben langsam, dass sie sich nicht mehr mit alloziertem Speicher und Zeigern herumschlagen müssen, sofern sie nicht gerade eine virtuelle Maschine schreiben. Diejenigen, die Compiler schreiben, müssen sich auch damit beschäftigen, aber das ist unser Job.

Tom: Lassen Sie das den Compiler erledigen, Sie müssen sich damit nicht befassen.

In True BASIC sind wir portabel geworden. Ein paar junge Leute, die wirklich brillant waren, haben sich um das Design gekümmert. Ich habe sie nur begleitet und an der Programmierung mitgewirkt. Sie entwarfen eine Zwischensprache, so wie den P-Code in Pascal. Anstatt einer Zwei-Adress- gab es Drei-Adress-Speicherung, da sich zeigte, dass so gut wie alle Anweisungen in BASIC aus drei Elementen bestehen, LET A = 3. Das sind drei Dinge, der Opcode und die zwei Adressen. Dann bauten sie einen Compiler in BASIC selbst, der auf jedem Rechner lief, für den es eine True BASIC-Engine gab, den wir als Interpreter bezeichneten.

Die Sprache wird auf der Ausführungsebene, nicht auf der Scanning-Ebene interpretiert. Daher gibt es bei der Ausführung des Programms drei Abschnitte. Der erste ist der Compilerabschnitt, der zweite der Linking/Loading-Abschnitt und der dritte die Ausführung. Aber der Anwender weiß das nicht. Er gibt einfach run ein oder klickt auf run, und – peng! – es geschieht.

Der kompilierte Code ist zudem rechnerunabhängig. Er kann auch auf andere Systeme transportiert werden.

Das ist eine ziemlich ausgefuchste Sprachumgebung. Wir hatten mehrere Plattformen – eine Zeit lang vier oder fünf verschiedene –, aber die meisten Plattformen gab es nur für eine kurze Zeit, danach starben sie wieder. Nun gibt es nur zwei oder drei wichtige Plattformen: Unix, Microsoft und, für uns, Apple – eine interessante Plattform, weil Dartmouth immer schon eine Apple-Schule war.

Das Portieren auf diese Plattformen war das eigentlich Aufwendige. Die Unterstützung von Fenstern und Gadgets und Buttons und all dem Kram, der überall unterschiedlich gemacht wird, macht es so schwierig. Sie müssen sich genau die Details anschauen. Manchmal läuft das auf sehr niedriger Ebene ab, sodass Sie all das Zeugs selber bauen müssen.

Der alte Original-Mac hatte eine Mac-Toolbox. Eine Zeit lang nutzten wir eine Layering-Software, XVT aus Boulder, Colorado, die Windows und den klassischen Mac abdeckte. Wir konnten damit schon recht weit kommen. Bevor sich die Firma auflöste, brachte der Programmierer eine Version für Windows heraus. Sie arbeitete direkt mit der Windows Application-Umgebung.

Wenn Sie nur einen einzelnen Programmierer haben, der sich um all das Zeugs kümmern muss, dauert es eine Weile. Neue Versionen des Betriebssystems kommen heraus, und Sie finden neue Fehler und müssen sie beheben. Es war für so eine kleine Truppe wie uns nahezu unmöglich. Wir hatten mal drei Programmierer, dann zwei und schließlich nur noch einen. Das ist für eine Person einfach zu viel.

Der zugrunde liegende Code, der mittlerweile hauptsächlich in C geschrieben ist, enthält Tonnen von `#ifdefs`.

Sprach- und Programmierpraktiken

Wie ist die Verbindung zwischen dem Design einer Sprache und dem Design einer Software, die in dieser Sprache geschrieben ist?

Tom: Sehr eng. Die meisten Sprachen wurden mit bestimmten Arten von Software im Hinterkopf entworfen. Ein klassisches Beispiel dafür war APT, eine Sprache zum Kontrollieren von Automatic Programmed Tools.

Sie haben ziemlich zu Anfang die REM-Anweisung für Kommentare hinzugefügt. Hat sich Ihre Einstellung zu Kommentaren und Softwaredokumentation mit den Jahren geändert?

Tom: Nein, es ist eine Art von Selbstverteidigungsmechanismus. Wenn ich Programme in True BASIC schreibe, füge ich Kommentare ein, um mich daran zu erinnern, was ich mir beim Schreiben des Codes gedacht habe. Ich denke also, dass Kommentare eine Rolle spielen. Diese Rolle hängt von der Art des Programms ab, das Sie schreiben, und ob Sie in einer Gruppe arbeiten oder für sich, sodass kein anderer den Code liest. Ich glaube an Kommentare, aber nur so weit sie notwendig sind.

Haben Sie Ratschläge für Leute, die Software in Teams schreiben?

Tom: Nein, weil wir das nie getan haben. Die ganze Software, die wir bei uns entwickelt haben, stammt von Einzelpersonen. In True BASIC hatten wir vielleicht zwei oder drei Personen, die Code schrieben, aber sie arbeiteten eigentlich an völlig getrennten Projekten. Ich habe einfach keine Erfahrung mit Teamarbeit.

Sie hatten eine Timesharing-Maschine, daher haben Sie vorgeschlagen, dass Anwender ihre Sitzung am Teletype planen sollten, bevor sie sich daransetzen. Das Motto war: Tippen ist kein Ersatz für Denken. Stimmt das immer noch?

Tom: Ich finde, dass das Nachdenken immer noch seinen Platz hat. Wenn eine große Firma ein neues Softwareprodukt entwickeln will, wird vorher erst sehr viel nachgedacht. Es ist also immer noch sehr wertvoll.

Ich persönlich denke nicht zu viel voraus, sondern fange einfach an, das Programm zu schreiben. Dann stelle ich fest, dass es nicht so richtig funktioniert, daher schmeiße ich alles weg und fange neu an. Das ist das Äquivalent zum Denken. Ich beginne normalerweise mit dem Schreiben des Codes, um zu sehen, welche Probleme es geben wird. Dann schmeiße ich diese Version weg.

Es ist wichtig, darüber nachzudenken, was Sie tun – sehr wichtig. Ich bin mir nicht sicher, aber ich glaube, dass Richard Hamming gesagt hat, dass »Tippen kein Ersatz für Denken« ist. Damals befand sich die Computerei noch in den Anfängen, und nur wenige Leute wussten, wie man damit umging, daher gab es viele solcher Ratschläge, die man weitergab.

Welches ist der beste Weg, eine neue Programmiersprache zu erlernen?

Tom: Wenn Sie einmal wissen, wie man programmiert, und die Konzepte kennen (zum Beispiel wie Speicher alloziert wird), ist das Erlernen einer neuen Sprache einfach, wenn man Zugriff auf eine Referenzanleitung und eine ordentliche Implementierung (zum Beispiel einen Compiler) hat. Ich habe das häufig getan.

An einem Kurs teilzunehmen, ist eigentlich ziemliche Zeitverschwendung.

Jeder Programmierer, der sein Geld wert ist, wird während seiner Arbeitsjahre viele Sprachen erlernen. (Ich habe vermutlich mehr als 20 verwendet.) Neue Sprachen lernt man, indem man die Anleitung liest. Mit ein paar Ausnahmen haben die meisten Programmiersprachen eine ähnliche Struktur und ein ähnliches Verhalten, daher lassen sich neue Sprachen ziemlich einfach erlernen, wenn es eine anständige Beschreibung für sie gibt.

Nachdem Sie sich einmal mit den spracheigenen Begriffen vertraut gemacht haben (Was bedeutet *Polymorphismus*?), geht der Rest quasi von allein.

Ein Problem beim heutigen Programmierstil ist, dass es keine Anleitungen gibt – nur Tools zum Bauen von Schnittstellen. Sie sind so entworfen, dass Programmierer viele der Anweisungen nicht mehr Buchstabe für Buchstabe tippen müssen, sondern eher wie bei den CAD- und CAM-Tools der Ingenieure vorgehen können. Für Programmierer der alten Schule ist das ein Gräuel – ich möchte den ganzen Code tippen, Zeichen für Zeichen.

Es gab in der Vergangenheit Versuche, das Tippen zu vereinfachen (für schlechte Schreiber oder Studenten), indem Makros bereitgestellt wurden (wie zum Beispiel ein einzelner Tastendruck für das Schlüsselwort LET), aber so richtig durchgesetzt haben sie sich nie.

Ich versuche momentan, eine Sprache zu erlernen, die wohl »objektorientiert« ist. Es gibt keine Referenz, zumindest habe ich keine gefunden. Die verfügbaren Anleitungen zeigen nur ziemlich triviale Beispiele und nutzen 90% des Platzes dafür, zu zeigen, warum OOP eine so überragende »Religion« ist. Ich habe Freunde, die an einem C++-Kurs teilgenommen haben, aber es war aus pädagogischer Sicht ein Desaster. Meiner Meinung nach ist OOP ein großer Betrug, der an der Community begangen wird. Alle Sprachen wurden ursprüngliche für eine bestimmte Klasse von Anwendern entworfen – FORTRAN für umfangreiche numerische Berechnungen und so weiter. OOP war dafür gedacht, dass seine Anwender sich überlegen fühlen können, weil sie »dazugehören«. In Wahrheit ist der einzige wichtige Aspekt des OOP ein Ansatz, der schon vor Jahrzehnten entwickelt wurde: das Kapseln von Unterroutinen und Daten. Alles andere ist nur Dekoration.

Sprachdesign

Denken Sie, dass Microsofts aktuelle Version von Visual Basic eine vollständig objektorientierte Sprache ist? Und wenn ja – was halten Sie davon (wenn man sich Ihre Ablehnung des objektorientieren Paradigmas ansieht)?

Tom: Ich weiß es nicht. Bei ein paar einfachen Experimenten fand ich Visual Basic recht leicht zu nutzen. Ich bezweifle, dass jemand außerhalb der Microsoft-Welt VB als OOL definieren würde. Tatsächlich ist True BASIC genauso objektorientiert wie VB, vielleicht sogar mehr. True BASIC enthält Module, bei denen es sich um Sammlungen von Unterroutinen und Daten handelt. Sie bieten das eine wichtigste Feature von OOP an – Datenkapselung. (True BASIC hat keine vererbten Typen, da es neben den Array-Dimensionen keine benutzerdefinierten Typen besitzt. So gut wie keine Sprache hat Polymorphismus, was zu Laufzeitinterpretation führt.)

Sie haben erwähnt, dass Visual Basic im Vergleich zu True BASIC einige ernsthafte Einschränkungen besitzt. Meinen Sie, dass Visual Basic so etwas wie Ihr Modulsystem fehlt?

Tom: Ich weiß es nicht. Ich habe nur ein paar Beispielprogramme darin geschrieben – hm, eigentlich habe ich gar nichts in Visual Basic geschrieben. Ich habe mich nur davon überzeugt, dass ich es könnte. Ich hatte eine ziemlich einfache Zugangsmöglichkeit zur Sprache. Das unterschied sich von anderen Sprachen, die ich einmal probiert habe. Visual Basic war das alte Microsoft BASIC, und die behaupten, es sei objektorientiert, aber das war es in Wirklichkeit gar nicht, sondern es gab nur ein zusätzliches Tool zum Erstellen von Benutzerschnittstellen.

Sie haben auch einen interessanten Kommentar zu einigen der größeren Systeme abgegeben, die Leute für Video- und Audiobearbeitung aufbauen. Sie haben gesagt, es sei leichter, eine solche anspruchsvolle Anwendung mit einer objektorientierten Sprache wie Objective-C zu verbinden.

Tom: Ja, vermutlich, weil die Sprachumgebung dafür geeignet ist.

Ich versuche gerade erfolgreich, Objective-C zu lernen, aber Sie haben immer noch die Umgebung. Wenn Sie wissen, was Sie tun, können Sie auf der Plattform alles auf halbwegs sinnvollem Weg erreichen, auch Video und Audio. Ich habe es nicht versucht, daher weiß ich nicht, wie schwierig es ist, aber es ist Teil der Entwicklungsumgebung der Sprache.

Es ist nicht notwendigerweise ein Feature der Sprache selbst, sondern der Umgebung um die Sprache herum.

Tom: Es hat wirklich nichts mit der Sprache an sich zu tun, aber es ist nun einmal die Umgebung der Sprache. Wenn diese Umgebung aktuell von vielen Leuten genutzt wird, gibt es vielleicht hundert Programmierer bei der Herstellerfirma, die sich darum kümmern, dass alles funktioniert.

Was können die Lektionen über das Entstehen, die Weiterentwicklung und die Anpassung Ihrer Sprache Leuten erzählen, die heute und in naher Zukunft Computersysteme entwickeln?

Tom: Nichts.

Aus den frühen 60er Jahren erinnere ich mich an den Burroughs 5500-Computer. Seine Hardware war dafür entwickelt, Stapelspeicheranwendungen effizienter umzusetzen, wie zum Beispiel Algol-Compiler.

Heutzutage scheint sich der Trend eher in die entgegengesetzte Richtung zu bewegen, hin zu RISC-Maschinen.

Für die meisten Programmiersprachen ist nichts Besonderes erforderlich. Das liegt teilweise daran, dass die Geschwindigkeit von Computern so schnell ist und immer noch schneller wird, dass die Zeit zum Kompilieren und Verarbeiten in einer bestimmten Sprache kein Thema mehr ist.

Das Umgekehrte mag der Fall sein. Um zum Beispiel große Arrays zu verarbeiten, bauen Sie vielleicht einen Computer zur Array-Verarbeitung, für den Sie dann eine passende Programmiersprache entwickeln müssen.

Wenn Sie heute eine komplett neue Programmiersprache für die Lehre entwerfen müssten – wie stark würde sie BASIC ähneln?

Tom: Sie wäre sehr ähnlich, da die Prinzipien, denen wir folgten, immer noch gültig sind. So haben wir zum Beispiel versucht, eine Sprache zu bauen, die man sich leicht merken kann, sodass eine Person, die sie längere Zeit nicht verwendet hat, trotzdem schnell wieder damit arbeiten kann.

Wir haben versucht, eine Sprache zu bauen, die ein Minimum an esoterischen Anforderungen hat. Wenn Sie zum Beispiel in FORTRAN eine Zahl ausgeben wollten, mussten Sie eine Format-Anweisung verwenden und genau angeben, wie sie ausgegeben werden soll. Das ist sehr esoterisch, insbesondere für Leute, die die Sprache nicht so häufig verwenden, daher haben wir in BASIC dafür gesorgt, dass die Zahl einfach von vornherein so ausgegeben wird, wie es unserer Meinung nach sinnvoll ist. Wenn es eine Integer-Zahl war, gaben wir sie als Integer-Zahl ohne Dezimalpunkt aus, obwohl wir intern mit Gleitkommazahlen arbeiteten. Wenn Sie eine Zahl eingeben wollten, mussten Sie sich um das Format auch keine Gedanken machen. Sie hätten einfach die gewünschte Formel hingeschrieben, und die Zahl wäre genutzt worden – ohne Einschränkung auf ein bestimmtes Format beim Eingeben von Daten.

Das orientiert sich meistens an Tabellenkalkulationen – die sind darin richtig gut. Sie können festlegen, dass Sie für Zahlen in einer bestimmten Spalte eine Ausgabe mit einer festen Anzahl von Nachkommastellen haben wollen. Wenn Sie sich nicht darum scheren, erhalten Sie die allgemeine Form. Ich denke, so ungefähr gingen wir auch in BASIC vor. Wir haben die Eingabe von Zeichen zugelassen und machten es dabei sehr einfach: ohne Regeln.

Während der 70er und 80er Jahre haben wir in Dartmouth strukturierte Programmierversionen von BASIC entwickelt und die Elemente hinzugefügt, die für eine objektorientierte Programmierung notwendig sind. Wir würden heute nichts anders machen.

Sie mögen an der Objektorientierung vor allem die Kapselung?

Tom: Das ist vollkommen richtig. Ich habe immer gerne gesagt, dass die Kapselung 70% der Objektorientierung ausmacht, aber ich glaube, dieser Wert ist mittlerweile auf 90% angewachsen. Das ist das Entscheidende – Routinen und ihre Daten miteinander zu verbinden. Ich schreibe heutzutage nicht mehr viele Programme, aber alles, was ich bei meiner Arbeit an True BASIC und so weiter geschrieben habe, wurde gekapselt.

Wir hatten die Möglichkeit, Gruppen von Unterroutinen in *Modulen* zu kapseln. Dadurch waren sie vom Rest des Programms abgekapselt, abgesehen von der Möglichkeit, sie aufzurufen. Sie hatten sogar ihre eigenen privaten Daten. Zum Isolieren von Funktionalität war das außerordentlich praktisch.

Ich habe viele Sprachdesigner gefragt, inwieweit sie die Idee eines mathematischen Formalismus mögen. Schauen Sie sich Scheme an, das das Lambda-Kalkül sehr effektiv ausdrückt. Sie haben sechs Primitive, und alles andere baut sehr schön darauf auf. Das scheint wie der mathematische Ansatz auszusehen.

Tom: Ja, das ist sehr interessant. Ein interessantes mathematisches Problem, aber wenn Sie eine Computersprache entwerfen, müssen Sie sich darum nicht kümmern, da jede Computersprache, die ich je gesehen habe, viel einfacher als das ist. Selbst FORTRAN. Algol ist einfach, es nutzt rekursive Definitionen, die aber ziemlich einfach und geradlinig.

Ich habe die Theorie von Programmiersprachen nie studiert, daher kann ich dazu nicht viel mehr sagen.

Denken Sie über die Leute nach, die eine Sprache nutzen, und die größten Probleme, die diese Leute lösen wollen?

Tom: Ja. Das größte Problem für die Leute, die wir im Auge hatten, war, sich von Woche zu Woche an die Sprache erinnern zu können, da sie nur alle zwei Wochen ein Programm schrieben. Wir wollten zudem eine Programmiersprache und eine Systemumgebung haben, die wir in ein paar Stunden unterrichten konnten, sodass sie keinen Kurs zu belegen brauchten.

So haben ich und viele meiner Freunde gelernt, zu programmieren. Wir hatten Microsoft BASIC auf den PCs der frühen 80er Jahre – dem Commodore 64 und dem Apple II. Das waren Zeilen-BASICs mit Unterroutinen, aber nicht viel mehr.

Tom: Es gibt da ein paar komische Sachen, sogar richtig trickreiche. So nutzte ich zum Beispiel Apple Soft BASIC. Ich weiß nicht, ob es von Microsoft war oder von jemand anderem, aber alle diese Varianten waren ursprünglich von Dartmouth BASIC übernommen. Sie haben die Idee der mehrbuchstabigen Variablennamen eingeführt, aber das Parsen nicht korrekt durchgeführt. Wenn Sie unabsichtlich ein Schlüsselwort als Teil Ihres Variablennamens verwendeten, kam alles durcheinander.

Wegen des Ignorierens von Whitespace?

Tom: Nein, weil sie behauptet haben, lange Variablennamen zu unterstützen, es aber nicht taten. Sie haben nur so getan. Wenn Sie einen solchen langen Variablennamen hatten, zum Beispiel TOT, wurde das TO als Schlüsselwort erkannt. Das war nur ein Marketing-Gimmick. Bei diesen Sprachen waren nur wenige Features für den Markt entworfen. Sie dachten, dass lange Variablennamen ein gutes Gimmick wären. Die Leute, die diese Sprachen verwendeten, umgingen diese Probleme, indem sie lange Variablennamen nur selten verwendeten.

Das lässt sich nicht durch das Lesen der Anleitung erkennen.

Tom: Die Fehler in der Sprache nicht, das stimmt.

Wie kam es zum Ignorieren von Whitespace?

Tom: Das Einzige, was ich darüber weiß, wurde schon veröffentlicht. Der Grund für das Ignorieren von Whitespace lag teilweise darin, dass John Kemeny schlecht schreiben konnte. Ich weiß nicht, ob das wirklich der Grund war. Wir haben die Sprache gemeinsam entworfen, aber dieses Feature hatte er zu verantworten. Da Variablennamen eindeutig sind und nicht wie Schlüsselwörter aussehen, sind Leerzeichen nicht notwendig. Sie können sie nach Belieben hinzufügen oder wieder entfernen.

Sachen entwickeln sich. Wenn ich heute Programme schreibe, gibt es immer noch Versionen von True BASIC, die auf verschiedenen Rechnern laufen. Das ist die einzige Sprache, die ich verwende. Und ich verwende Leerzeichen, um mehr Klarheit zu schaffen.

Nicht, um Einschränkungen durch durch den Computer zu umgehen. Es ist nur eine Frage der Ergonomie?

Tom: Das stimmt. Denn ein ernsthaftes Programm, das Sie schreiben, müssen Sie auch für sechs Monate beiseite legen können, und es dann wieder hervorholen und auch wieder verstehen können. Es ist sehr wichtig, Variablennamen zu wählen, die die Inhalte beschreiben, oder eine Struktur aufzubauen. Auch Unterroutinen sollten nur einem Zweck dienen und einen sinnvollen Namen erhalten.

Durch die langen Variablennamen, die ein Teil aller heutigen Programmiersprachen sind, und lange Unterroutinennamen kann man auch nach sechs Monaten noch Programme verstehen.

Chuck Moore sagt, dass Sie in Forth einen Wortschatz aufbauen, sodass Sie in der Sprache der gewünschten Domäne schreiben können, wenn Sie die Wörter richtig auswählen. Es ist interessant, wie häufig diese Idee auftaucht.

Tom: Eine Computersprache wie BASIC ist für Leute gedacht, die keine professionellen Programmierer sind. Wenn Sie in einem Fachgebiet tätig sind und sich dazu entscheiden, ein Anwendungsprogramm in diesem Bereich zu schreiben, würden Sie vermutlich eine einfachere Programmiersprache bevorzugen als ein professioneller Programmierer. Ich denke insbesondere an diese objektorientierten Sprachen, die auf dem Markt sind.

Ich habe mit einer von ihnen ein wenig Erfahrung, und es ist grotesk kompliziert. Es ist die einzige Computersprache in meinem Leben, die ich nicht komplett verstanden habe – und ich habe Programme in vielleicht 30 Computersprachen geschrieben.

Wie würde WYSIWYG den Bedarf für Zeilennummern eliminieren? Sie haben gesagt, dass sie nur als Ziel für GOTO-Anweisungen existierten. Sind Zeilennummern auch notwendig, damit Programmierer beim Bearbeiten einer Datei darauf verweisen können?

Tom: Auf keinen Fall (was die letzte Frage angeht). Das Editieren über Zeilennummern ist schon lange Vergangenheit.

Wie würde WYSIWYG das Programmieren ändern?

Tom: Gar nicht. Die WYSIWYG-Editoren sind mittlerweile sehr ausgefeilt und mit der Sprache, für die sie gedacht sind, eng verbunden (in Bezug auf Einrückung, Farben und so weiter).

Gibt es etwas, was wir heute in der Informatikausbildung versäumen? Manche Leute sagen zum Beispiel, dass es keinen Ingenieursfokus mehr gibt.

Tom: Na ja, ich weiß es nicht, weil ich nicht weiß, wie dort heute unterrichtet wird. Ich bin vor 15 Jahren in Rente gegangen und habe nur Statistik und Informatik unterrichtet, daher weiß ich nicht, wie sich der Bereich seitdem entwickelt hat.

Wie sollte das Debuggen gelehrt werden?

Tom: Am besten ist, es direkt zu verhindern. Dazu muss man lernen, besser vorauszudenken.

Einer unserer früheren Studenten wurde ein Apple Fellow, weil er einige sehr wichtige Arbeiten gemacht hatte. Mittlerweile ist er in Rente. Aber vor seiner Zeit bei Apple arbeitete er in Dartmouth im Computer Center. Er schrieb einen PL/1-Compiler, einen ziemlich umfangreichen. Er prüfte ihn, schaute ihn sich an und so weiter, aber er testete ihn nie und führte ihn nie aus, bevor nicht alles abgeschlossen war. Das waren so 20.000 oder 30.000 Zeilen Code, und sein Test war das Lesen dieses Codes. Dann startete er ihn – und er funktionierte von Anfang an!

Das ist in der gesamten Geschichte der Informatik etwas Besonderes! Ich meine, jemand schreibt einen 20.000- oder 30.000-Zeilen-Code, und er läuft gleich beim ersten Mal, das ist bizarr, oder? Aber er hat es getan, und so muss man auch vorgehen. Er arbeitete alleine, nicht in einem Team. Wenn Sie alleine arbeiten, sind Sie immer produktiver. Er kümmerte sich sehr sorgfältig um die verschiedenen Teile des Programms, die zusammenarbeiten mussten, und er las den Code sehr genau. Wenn Sie den Code so lesen, emulieren Sie im Endeffekt das, was der Computer tun wird. Sie prüfen jeden Schritt – das ist richtig, das ist richtig und so weiter.

Als er dann den »Go«-Button drückte und es funktionierte, war das Wahnsinn, keiner macht so etwas, aber so sollte es sein. Sie reduzieren die Fehler, indem Sie sie gar nicht erst produzieren.

Viele kommerzielle Software ist heutzutage außerordentlich fehlerbehaftet, weil sie nicht von guten Programmierern geschrieben wurde, sondern von Teams, und das Design wurde vom Marketingteam bestimmt. Das Produkt muss zu einem bestimmten Zeitpunkt erscheinen und bestimmte Features besitzen, daher enthält es viele Fehler. Bei den meisten Softwarefirmen verwendet ein Großteil der Anwender den Computer nur oberflächlich, daher finden sie gar nicht alle Fehler.

Würden Sie eine Grenze ziehen zwischen dem, was Ihrer Meinung nach gut direkt in die Sprache passt und was in eine Bibliothek gehört?

Tom: Nun, wir haben diesem Thema viel Aufmerksamkeit gewidmet. Alles, was ein bisschen esoterisch war und nur einen Bruchteil der Anwender interessieren würde, haben wir in eine Bibliothek gesteckt. So hat sich die Sprache im Laufe der Jahre entwickelt. Wir hatten also eine Bibliothek für viele Dinge; in der modernen Version von BASIC, also True BASIC, nutzten wir eine Bibliothek mit Unterroutinen, um auf die Objekte von objektorientierter Programmierung zuzugreifen, wie zum Beispiel Buttons, Dialogboxen und so etwas. Der Zugriff auf solche Dinge ist also nicht direkt in der Sprache enthalten, sondern Sie müssen eine Unterroutine aufrufen. Diese Unterroutinen sind wiederum in einer Reihe von Bibliotheken enthalten. Darüber haben wir zu Beginn ziemlich lange nachgedacht.

Wenn die Leute Software im Team schreiben, bauen sie häufig gemeinsame Bibliotheken, die von allen verwendet werden können. Haben Sie einen Ratschlag für den Aufbau solcher Bibliotheken in True BASIC?

Tom: Na ja, ich habe schon selber Bibliotheken geschrieben, kann aber keinen besonderen Rat geben außer dem, alles möglichst einfach zu halten. Sie wissen schon, die Techniken, die jeder kennt: Halte es einfach und versuche, keine Fehler einzubauen.

So sind zum Beispiel Unterroutinen, die nur einem Zweck dienen, wichtig. Schreiben Sie keine Unterroutinen, die etwas nebenbei erledigen, weil es eine gute Idee zu sein scheint. Nebenwirkungen können furchtbar sein. Es gibt viele Möglichkeiten, Bibliotheken zu schreiben, um zukünftige Fehler zu reduzieren oder ganz zu vermeiden. Es gibt wohlbekannte Techniken zum Reduzieren von Fehlern, aber ich weiß nicht, wie sehr diese Techniken in der Industrie genutzt werden, da dort die Programme zum Großteil vom Marketing bestimmt werden.

Arbeitsziele

Wie definieren Sie Erfolg in Bezug auf Ihre Arbeit?

Tom: Viele Jahre lang hatte Dartmouth einen sehr guten Ruf im Computerumfeld – weil es so offen war und die Studenten, die Teil des Projekts waren, voll dazugehörten. Die Leute kamen aus Russland, Japan und anderen Ländern, nur um zu sehen, wie es bei uns ist. Und das war vor der Verbreitung von PCs. Jetzt hat jeder einen, daher ist das kein Thema mehr, aber damals war es sehr interessant, dass wir es jedem Studenten erlaubten, beliebig am Rechner zu arbeiten, wann immer er wollte, ohne vorher fragen zu müssen. Das war eine Neuheit damals. Dieser Ruf hielt 10 oder 15 Jahre an und half beim Einwerben von Geldern, dem Interesse von Studenten und dem Einstellen von Mitarbeitern.

Der andere Erfolg war, dass viele Studenten, die nach Dartmouth kamen und lernten, mit dem Computer zu arbeiten, aufgrund dieser Tatsache außerordentlich erfolgreiche Karrieren aufbauen konnten. Es gibt durchaus einige ehemalige Studenten, die Millionäre wurden, nur weil sie wussten, wie man einen Computer benutzt!

Das ist der Hauptmaßstab für unseren Erfolg.

Was sollten junge Leute aus Ihrer Erfahrung lernen?

Tom: Sie sollten sich der eigentlichen Benutzer der Software bewusst sein. Viele der Anwendungen, die wir heutzutage verwenden, lassen sich nur schwer bedienen.

Ich weiß, dass vor ein paar Jahren Leute bei Microsoft versucht haben, die Idee der Anwenderfreundlichkeit mithilfe eines Programms namens »Bob« oder so voranzubringen. Aber sie haben es nicht verstanden, sie dachten, dass »anwenderfreundlich« gleichzusetzen wäre mit »behütend«, so wie Sie ein Kind behüten. Das ist nicht das, was anwenderfreundlich sein sollte.

Ich fürchte, dass die Branche insgesamt nicht weiß, was anwenderfreundlich bedeutet. Ich weiß nicht, ob die Leute, die sich heute um Informatik kümmern, überhaupt verstehen, was das Wort bedeutet.

Mein Ratschlag ist, sich um die Leute Gedanken zu machen, die Ihre Software nutzen werden.

Sollten wir eine Benutzerschnittstelle bauen, die so leicht zu erlernen ist wie BASIC leicht zu erlernen war?

Tom: Ja, leicht zu erlernen, einfach in einer Anleitung zu beschreiben, und sie sollte mehr oder weniger das tun, was Sie von ihr erwarten, damit es keine Überraschungen gibt.

Sie haben auch gesagt, dass Sie immer produktiver sind, wenn Sie allein arbeiten. Was meinen Sie dabei mit »produktiv«?

Tom: Ich meine das auf sehr einfache Art und Weise. Ich denke, es gibt einige Beweise dafür, dass es so ist. Ich habe in meinem ganzen Leben nie in einem Programmierteam gearbeitet. Ich habe immer gesagt: »Okay, das muss erledigt werden, also werde ich ein Programm dafür schreiben.« Alles, was ich geschrieben habe, konnte von mir, von einem einzelnen Programmierer, betreut werden.

Ich habe natürlich Programme genutzt, die andere Leute geschrieben haben, aber ich war nie Teil eines Entwicklerteams. Ich weiß nicht, wie viele Zeilen Code ich geschrieben habe, aber es war viel dabei, was ich immer noch verwende und was 10.000 Zeilen lang ist. So etwas lässt sich leicht schreiben und leicht debuggen. Wenn Sie ein Feature finden, das Sie nicht mögen, lässt es sich leicht ändern – und Sie müssen keine Memos schreiben, wenn nur Sie selber daran arbeiten. Mich stört es nicht, eine Dokumentation zu schreiben. Aber ein Großteil meiner Programme hat keine Dokumentation, weil sie nur für mich selber entstanden sind. Andererseits glaube ich jedes Wort von dem, was Fred Brooks in seinem Buch *Vom Mythos des Mann-Monats* über das Programmieren geschrieben hat.

Ich mag vor allem, was er darüber gesagt hat, wie lange es dauert, ein Programm zu schreiben. Ein Programmierer schreibt drei Zeilen dokumentierten Code pro Tag oder so, und sie haben herausgefunden, dass ihre Anwendungen zu lange brauchen, bis sie fertig sind. Es war nicht klar, was nicht richtig lief. Dann fanden sie heraus, dass Programmierer nur 20 Stunden pro Woche arbeiten. Sie sind zwar 40 Stunden im Büro, aber 20 Stunden werden mit nicht produktiven Dingen wie Mitarbeitermeetings verbracht.

Das hasse ich am meisten: Mitarbeitermeetings. Manchmal sind sie wirklich notwendig. Ich erinnere mich an die Zeit, als das ursprüngliche BASIC für die GE225, GE235-Computer entwickelt wurde. Die studentischen Programmierer trafen sich einmal pro Woche etwa eine Stunde lang. John Kemeny leitete das Meeting und sagte gerne, dass er all die unwichtigen Entscheidungen traf – wer den Scheduling-Algorithmus bauen durfte und so weiter – aber die Studenten trafen alle wichtigen Entscheidungen, zum Beispiel welches Bit für welchen Zweck verwendet wurde.

Wir hatten damals zwei Rechner, also gab es an jedem einen Studenten. Das waren Studenten im zweiten Jahr, also mussten sie zusammenarbeiten und kommunizieren. Im Großen und Ganzen haben sie ihre Arbeit alleine erledigt. Immer wenn wir einen Compiler oder Editor schrieben, war das eine Aufgabe für eine Person.

Sie haben diesen Kommentar im Zusammenhang mit dem Studenten gemacht, der einen PL/1-Compiler schrieb, der gleich beim ersten Mal lief.

Tom: Das war Phil Koch, ein Apple Fellow. Er befindet sich nun im Ruhestand und lebt in Maine. Er war ein erstaunlicher Programmierer. Er brauchte eine ganze Zeit für den Compiler und las den Code sehr gewissenhaft.

Wenn es eine Lektion gibt, die die Leute aus Ihren umfassenden und vielfältigen Erfahrungen mitnehmen sollten – welche wäre das?

Tom: Machen Sie es den Anwendern einfach, Ihre Software zu nutzen.

Wenn Sie möchten, können Sie das »benutzerfreundlich« nennen, aber leider hat die Industrie benutzerfreundlich teilweise als – meiner Ansicht nach – herablassend definiert. Eigentlich geht es bei Benutzerfreundlichkeit darum, sinnvolle Standardvorgaben in allen Anwendungen zu haben, sodass jemand, der sich das erste Mal damit befasst, nicht erst all die Möglichkeiten und Freiheitsgrade kennenlernen muss, die möglich sind. Er kann sich einfach an den Rechner setzen und loslegen. Wenn er dann etwas anderes machen möchte, sollte es für ihn recht einfach sein, das zu erreichen.

Dazu müssen Sie aber zumindest grob wissen, wie Ihre Anwenderbasis aussehen wird.

Ich habe Microsoft Word häufig verwendet, aber in meinen Augen ist es überhaupt nicht benutzerfreundlich. Dann kam Microsoft vor etwa zehn Jahren mit diesem Bob-Dingens heraus, aber das war die falsche Idee. Sie haben nicht verstanden, was benutzerfreundlich wirklich bedeutet.

Manche Anwendungen sind meiner Meinung nach benutzerfreundlich, aber heutzutage geht es ja vor allem um das Design von Websites. Die Leute, die Websites entwerfen, machen manchmal ihre Arbeit gut, und manchmal nicht. Wenn Sie sich eine Website anschauen und nicht herausfinden können, was Sie tun müssen, um mehr Informationen zu erhalten, ist das ein lausiges Design.

So etwas lässt sich aber nur schwer unterrichten.

Ben Shniederman, ein Spezialist für Softwareergonomie an der University of Maryland hat Studien durchgeführt[1], die nahelegten, dass unsere BASIC-Strukturen für DO, LOOP und IF in Bezug auf Benutzerfreundlichkeit einfacher waren als die in anderen Sprachen, wie zum Beispiel das Semikolon in Algol oder Pascal, um einen Satz zu beenden.

Die Leute benutzen normalerweise keine Semikolons, um Sätze abzuschließen, das müssen Sie also extra lernen. Ich erinnere mich zum Beispiel, dass es in FORTRAN Stellen gab, an denen ein Komma notwendig war, und Stellen, an denen keines stehen musste. Das führte dazu, dass es einen Fehler in einem Programm in der Space Station in Florida gab, durch den sie wegen eines fehlenden Kommas eine Rakete verloren. Ich glaube, Ed Tufte hat darüber geschrieben. Versuchen Sie, alles zu vermeiden, was eventuell mehrdeutig sein könnte.

Ich sage gerne, dass Kemeny und ich keinen Erfolg hatten, weil wir es nicht schafften, die Computer von anderen Personen benutzerfreundlich zu machen, aber wir haben unsere Aufgabe bei unseren eigenen Studenten 20 oder mehr Jahre lang gut gemacht, denn die haben dann gute Jobs in der Industrie bekommen, weil sie wussten, wie man mit dem Computer umgeht.

Das ist eine schöne Art von Erfolg.

Tom: Wenn Sie Lehrer sind, ist es genau das, worum es geht.

---

[1] Shneiderman, B. »When children learn programming: Antecedents, concepts, and outcomes,« *The Computing Teacher*, volume 5: 14–17 (1985).

KAPITEL SECHS

AWK
Alfred Aho, Peter Weinberger und Brian Kernighan

Die Unix-Philosophie mit vielen kleinen Tools, die in Kombination sehr mächtig sind, kristallisiert sich in der Programmiersprache AWK. Ihre Erfinder (Alfred Aho, Peter Weinberger und Brian Kernighan) beschreiben sie als Sprache für die syntaxgetriebene Mustererkennung. Ihre direkte Syntax und geschickte Auswahl nützlicher Features machen es einfach, Text mithilfe von Einzeilern neu zu arrangieren, ohne Parser, Grammatiken und endliche Automaten verstehen zu müssen. Obwohl sich die Idee dahinter auch schon in universell einsetzbaren Sprachen wie Perl verbreitet hat, gibt es in jeder modernen Unix-Umgebung immer noch ein installiertes AWK, das leise und effektiv seine Arbeit verrichtet.

Das Leben von Algorithmen

Wie definieren Sie AWK?

Al Aho: Ich würde sagen, dass AWK eine einfach zu lernende und einfach anzuwendende Skriptsprache ist, die sich insbesondere bei der Verarbeitung von Daten als nützlich erweist.

Was war Ihre Rolle bei der Entwicklung von AWK?

Al: Ich habe in den 1970er Jahren im Bereich der effizienten Parsing- und String-Mustererkennungsalgorithmen geforscht. Brian Kernighan und ich hatten uns über eine Verallgemeinerung von grep unterhalten, um eine universellere Mustererkennung und Textbearbeitung für viele datenverarbeitende Anwendungen zur Hand zu haben, an die wir dachten. Peter Weinberger kam dazu und zeigte großes Interesse an diesem Projekt, sodass wir die erste Implementierung von AWK ziemlich schnell im Jahr 1977 fertig stellten.

Die Sprache entwickelte sich dann ein paar Jahre lang ziemlich zügig weiter, als einige unserer Kollegen sie für verschiedenste Aufgaben in der Datenverarbeitung nutzten, wobei wir an viele der Einsatzmöglichkeiten gar nicht gedacht hatten.

In welchem Kontext lässt sich AWK am besten einsetzen?

Al: Ich finde, dass AWK für einfache datenverarbeitende Aufgaben immer noch unschlagbar ist. Unser AWK-Buch enthält Dutzende von praktischen Beispielen, bei denen ein ein- oder zweizeiliges AWK-Programm das Gleiche erreichen kann wie Dutzende oder hunderte von Zeilen C- oder Java-Code.

Woran sollten die Leute denken, wenn sie Software in AWK entwerfen?

Al: AWK ist eine Skriptsprache, die dafür entworfen wurde, kurze Programme für allgemeine datenverarbeitende Anwendungen zu schreiben. Sie ist nicht dafür gedacht, große Anwendungen zu programmieren, aber wir haben schon häufiger Leute getroffen, die genau das taten, weil die Sprache so einfach zu verwenden war. Bei großen Anwendungen würde ich die üblichen guten Software-Entwicklungspraktiken empfehlen – eine gute Modularisierung, gute Variablennamen, gute Kommentare und so weiter. Diese Praktiken sind auch bei kurzen Programmen sinnvoll.

Wie beeinflusst die Verfügbarkeit von Hardwareressourcen das Denken von Programmierern?

Al: Es stimmt sicherlich, dass schnelle Hardware, viel Speicher und gute IDEs dafür sorgen, dass Programmieren mehr Spaß macht. Zudem können Programme auf viel größere Datensätze angewandt werden als jemals zuvor. Ich lasse heutzutage AWK-Programme auf Eingabedateien los, die um viele Potenzen größer sind als früher, also führt eine schnelle Hardware bei mir zu mehr Produktivität.

Allerdings hat das Ganze auch einen andere Effekt: Verbesserungen in der Hardware führen zu explosionsartigem Wachstum von Größe und Komplexität von Softwaresystemen. Software wird durch die Hardwareverbesserungen nützlicher, aber auch komplexer – ich weiß nicht, welche Seite gewinnen wird.

Wie haben Sie die Größe der Daten abgeschätzt, mit denen Ihr Code arbeitet, als Sie die Algorithmen hinter AWK entwickelten?

Al: Wann immer möglich, haben wir Algorithmen implementiert, die einen linearen Zeitverlauf haben, sowohl im schlechtesten als auch im durchschnittlichen Fall. Damit kann AWK wunderbar skalieren, um immer größere Eingabedaten zu verarbeiten.

Wir haben AWK mit unterschiedlich großen Datenmengen getestet, um zu messen, wie sich die Performance zur Größe der Eingabedaten verhält. Wir haben versucht, unsere Implementierung so effizient zu machen, wie es uns möglich war, wobei wir mit realen Daten geprüft haben, wie gut wir waren.

Haben Sie darüber nachgedacht, wie sehr die Datenmengen in Zukunft wachsen würden?

Al: Als wir AWK entwarfen, habe ich gedacht, dass ein Datensatz von einem Megabyte Größe riesig wäre. Wenn wir jetzt an die Exabyte an Daten denken, die mittlerweile im Internet verfügbar sind, lagen wir um mehrere Größenordnungen daneben. Natürlich ist selbst ein linear mit der Zeit wachsender Scan eines Terabyte an Daten viel zu langsam, daher werden neue Ansätze nötig, um die relevanten Daten im Internet zu verarbeiten.

Ich habe gehört, dass AWK als »Mustererkennungssprache für einfache datenverarbeitende Aufgaben« beschrieben wird. Wenn man bedenkt, dass AWK vor mehr als 30 Jahren erstellt wurde – was hat sich im Bereich der Mustererkennung seitdem geändert?

Al: Der Maßstab und die Vielfalt sind in den letzten 30 Jahren explodiert. Die Parameter der Probleme sind deutlich ausgeweitet worden; die Muster sind komplexer geworden, und die Größe der Datensätze ist rapide gewachsen. Heutzutage nutzen wir ganz selbstverständlich Such-Engines, um nach textuellen Mustern auf allen Webseiten des Internet zu suchen. Wir sind auch am *Data Mining* interessiert – der Suche nach jeder Art von Mustern in großen digitalen Bibliotheken, zum Beispiel in genomischen Datenbanken und wissenschaftlichen Archiven. Man kann durchaus sagen, dass die String-Mustererkennung eine der grundlegendsten Anwendungen in der Informatik ist.

Gibt es heutzutage bessere Mustererkennungsalgorithmen und -Implementierungen?

Al: Mustererkennung wurde in AWK mithilfe eines schnellen, kompakten, Lazy State-Transition Construction-Algorithmus umgesetzt, um aus einem regulären Ausdruck die Transition eines deterministischen endlichen Automaten zu bauen, der für die Mustererkennung notwendig ist. Der Algorithmus ist im Red Dragon-Buch dokumentiert.[1] Die Laufzeit dieses Algorithmus ist im Prinzip linear bezüglich der Länge des regulären Ausdrucks und der Größe des Eingabetexts. Das ist die beste bekannte Laufzeit für reguläre Ausdrücke. Wir hätten einen Boyer-Moore-Algorithmus oder einen Aho-Corasick-Algorithmus für die speziellen Fälle implementieren können, in denen ein regulärer Ausdruck ein einzelnes Schlüsselwort oder eine endliche Menge von Schlüsselwörtern ist. Wir haben das nicht getan, da wir die Eigenschaften der regulären Ausdrücke nicht kannten, die die Leute in AWK-Programmen verwendeten.

---

[1] Aho, Alfred V. et al. *Compilerbau* (Oldenbourg, 1988).

Ich sollte erwähnen, dass es bei der Verwendung komplexer Algorithmen in Softwaresystemen eine dunkle Seite gibt: Die Algorithmen werden nicht unbedingt von anderen verstanden (oder nach längerer Zeit auch nicht mehr vom Autor selbst). Ich hatte in AWK eine ziemlich ausgefeilte Mustererkennungstechnologie für reguläre Ausdrücke eingebaut. Und obwohl das im Red Dragon-Buch dokumentiert ist, hat Brian Kernighan einmal einen Blick auf das Mustererkennungsmodul geworfen, das ich geschrieben hatte, und nur einen Kommentar in Altitalienisch hinzugefügt: »Lasst jede Hoffnung fahren, wenn ihr eingetreten.«[2] Als Konsequenz wollten weder Kernighan noch Weinberger diesen Teil des Codes anfassen. Ich war derjenige, der an diesem Modul immer die Fehler beheben musste!

Sprachdesign

Haben Sie eine Ratschlag für Designer von Programmiersprachen?

Al: Denken Sie immer an Ihre Anwender. Wenn andere sagen, dass sie Ihr Tool verwendet haben, um ein Problem zu lösen, ist das sehr befriedigend. Es ist ebenfalls sehr zufriedenstellend, wenn andere auf Ihre Arbeit aufbauen und noch mächtigere Tools erstellen.

Wie denken Kernighan und Weinberger über Sprachdesign?

Al: Wenn ich ein Wort wählen müsste, das unsere zentralen Kräfte beim Design einer Sprache beschreibt, würde ich sagen, dass Kernighan das einfache Lernen betont, Weinberger die Stabilität der Implementierung und ich die Nützlichkeit. Ich denke, AWK hat alle diese drei Eigenschaften.

Wie treffen Sie Designentscheidungen mit der Nützlichkeit als Ziel? Wie beeinflusst das die Art und Weise, in der Sie über Design nachdenken?

Al: Ich weiß nicht, ob das bewusst oder unbewusst stattfindet, aber das, was diesen Prozess übersteht, ist sicherlich nützlich. Das ist ein bisschen wie bei Darwin. Sie denken sich Ideen und Darstellungsweisen aus, um Probleme zu lösen, an denen Sie interessiert sind, aber wenn sie nicht dabei helfen, Probleme von anderen Leuten zu lösen, gehen sie wieder ein. Das ist das Überleben der stärksten Ideen, die nützlich sind. Wir halten keine Sprachen am Leben, die keinen Nutzen haben.

Wenn wir keine Historiker sind, gibt es eine Aufteilung zwischen einem schönen und einem funktionalen Programm.

Al: Können wir nicht beides haben?

Man scheint hier eine Grenze zu ziehen. Die Frage ist, ob Programmieren eine kreative Tätigkeit ist, eine Kunst oder ein Handwerk.

Al: Knuth war in der Tat an der Programmierung als Kunst interessiert. Er dachte, dass Programme schön sein sollten. So gut wie alle Programmierer, die ich kenne, haben das Gefühl, dass die Programme, die man schreibt, elegant sein sollten.

---

[2] *Lasciate ogne speranza, voi ch'intrate* ist die Inschrift auf dem Tor zur Hölle im dritten Gesang, Inferno, in der *Göttlichen Komödie* von Dante Alighieri.

Ein Schreiner würde sagen: »Das hier ist ein Stuhl. Sie können darauf sitzen oder sich darauf stellen. Sie können Telefonbücher darauf stapeln, aber schauen Sie sich vor allem das elegante Design an, die wundervollen Verbindungen, die schönen Schnitzereien.« Das ist Kunstfertigkeit, obwohl es ein funktionales Hilfsmittel ist.

Al: Aber es kann auch Schönheit im Minimalismus geben. Wir brauchen nicht alle Arten von Ornamenten oder Rokkoko-Architektur, um Sachen schön zu machen.

Wie kann jemand ein besserer Programmierer werden?

Al: Mein wichtigster Vorschlag ist, vor dem Programmieren erst zu denken. Dann würde ich dazu raten, viel Code zu schreiben, sich Experten den Code anschauen (und kommentieren) zu lassen, guten Code zu studieren, der von anderen geschrieben wurde, und an Code-Reviews teilzunehmen. Wenn Sie wirklich mutig sind, könnten Sie auch versuchen, Studenten darin zu unterrichten, guten Code zu schreiben.

Ich habe festgestellt, dass es keinen besseren Weg zum Lernen eines Themas gibt als den, es selber zu unterrichten. Dabei müssen Sie das Material und die Präsentation so organisieren, dass das Thema für andere klar und verständlich wird. Wenn Sie das bei einer echten Schulung beziehungsweise im Unterricht machen, werden die Studenten Ihnen Fragen stellen, die ganz andere Sichtweisen aufzeigen als die, an die Sie selber vorher gedacht haben. Sie bekommen tiefere und bessere Einblicke als auf andere Weise.

Das gilt besonders beim Programmieren. Wenn Sie das unterrichten, werden die Studenten fragen: »Könnten wir es nicht auf diesem Weg lösen, oder auf jenem?« Dann merken Sie: »Ja, es gibt viele Wege, dieses Problem mit einem Programm zu lösen.« Sie erkennen, dass die Leute sehr unterschiedlich denken, daher haben sie auch unterschiedliche Vorgehensweisen beim Lösen von Problemen. Dadurch wiederum erhalten Sie ein besseres Verständnis für die verschiedenen Ansätze beim Lösen des Problems.

Ich habe bemerkt, dass in jedem von mir geschriebenen Buch die enthaltenen Programme beim Schreiben effizienter und kürzer werden. In den Jahren, in denen wir das AWK-Buch schrieben, wurden viele der Programme darin bis zu 50% kürzer. Das liegt daran, dass wir gelernt haben, die Abstraktionen in AWK effektiver einzusetzen, als wir am Anfang gedacht hatten.

Haben Sie Schwachstellen beim Design von AWK gefunden, als Sie das Buch schrieben?

Al: Als die Leute damit begannen, AWK für viele andere Aufgaben als die von uns gedachten zu nutzen, fanden sich bestimmte Aspekte der Sprache, die zeigten, dass die Sprache nicht als universell einsetzbare Sprache gedacht war. Ich würde sie nicht als »Schwachstellen« bezeichnen, aber sie zeigten, dass AWK eine spezialisierte Sprache war, die nicht für alle Anwendungen, für die die Leute sie nutzen wollten, gedacht war.

Konnten Sie ein paar dieser Punkte angehen oder haben Sie der Idee widerstanden, AWK allgemeiner einsetzbar zu machen?

Al: Nach der ersten Version von AWK entwickelte sich die Sprache über ein Jahrzehnt lang durch das Hinzufügen neuer Konstrukte und Operatoren, aber es blieb eine Musteraktionssprache, die für das Lösen von Datenverabeitungsproblemen gedacht war. Wir haben sie nicht aus dieser Domäne herausgenommen.

Wie bringen Sie die Idee syntaxgetriebener Transformationen Anwendern nahe, die eventuell nicht viel (oder gar nichts) über endliche Automaten und Stack-Maschinen wissen?

Al: Als Anwender von AWK müssen Sie natürlich nichts über diese Konzepte wissen. Wenn Sie sich andererseits mit Sprachdesign und Implementierung beschäftigen, ist das Wissen über endliche Automaten und kontextfreie Grammatiken außerordentlich wichtig.

Sollte ein Anwender von lex oder yacc die kontextfreie Grammatik verstehen, auch wenn die damit erzeugten Programme dieses Verständnis nicht benötigen?

Al: Die meisten Anwender von lex können es nutzen, ohne zu verstehen, was ein endlicher Automat ist. Ein Nutzer von yacc schreibt tatsächlich eine kontextfreie Grammatik, daher wird er sicherlich Grammatiken verstehen, aber kein Spezialist für die Theorie formaler Sprachen werden müssen.

Ansonsten müssen Sie sich Seite um Seite durch Shift/Reduce-Konfliktfehler kämpfen.

Al: Ein nützlicher Aspekt von yacc ist, dass es durch das Automatisieren der Konstruktion eines deterministischen Parsers aus einer Grammatik die Designer der Programmiersprache über Konstrukte in der Sprache informiert, die mehrdeutig oder schwierig zu parsen sind. Ohne dieses Tool hätten sie diese ungeschickten Konstrukte vielleicht nicht bemerkt. Mit yacc sagen Sprachdesigner oft: »Oh, ich habe nicht gemerkt, dass es zwei Möglichkeiten gibt, diese grammatikalische Konstruktion zu interpretieren!« Dann eliminieren oder verändern sie das entsprechende Konstrukt. Mehrdeutigkeiten in der Priorität und Assoziativität wurden durch einfache Mechanismen einfach aufgelöst, die so etwas sagten wie: »Ich möchte diese Reihenfolge an Prioritäten für die Operatoren in der Sprache haben und diese Reihenfolge an Assoziativitäten.«

Wie erstellen Sie eine Debugging-freundliche Sprache? Wie denken Sie beim Entwerfen einer Sprache über Features, die Sie zur Unterstützung der Debugging-Phase hinzufügen oder entfernen müssen?

Al: Der Trend beim Design von Programmiersprachen geht dahin, Sprachen zu erstellen, die die Softwarezuverlässigkeit und die Produktivität des Programmierers verbessern. Wir sollten also Sprachen entlang von vernünftigen Softwareentwicklungspraktiken aufbauen, sodass die Aufgabe des Entwickelns zuverlässiger Programme über den ganzen Software-Lebenszyklus verteilt wird – insbesondere in den frühen Phasen des Systemdesigns.

Systeme können nicht unter der Annahme entwickelt werden, dass Menschen Millionen von Codezeilen schreiben können, ohne Fehler zu machen, und einzig über das Debuggen kann kein zuverlässiges System entstehen. Eine Regulierung der Syntax und der Semantik ist eine gute Möglichkeit, zufällige Fehler zu eliminieren.

Unix und seine Kultur

Die anfängliche Unix-Kultur schien die Idee zu unterstützen, bei einem Problem einen kleinen Compiler oder eine kleine Sprache zu schreiben, die es löst. Wann haben Sie entschieden, dass es richtig ist, eine Sprache zu erstellen, um ein bestimmtes Problem zu lösen, statt ein Programm in einer anderen Sprache zu erstellen?

Al: Es gibt heutzutage tausende und abertausende von Programmiersprachen auf der Welt, und man kann sich natürlich fragen, warum diese Sprachen entstanden sind. So gut wie jede menschliche Anstrengung führt zu einer eigenen Fachsprache. Musiker haben eine spezielle Notation zum Niederschreiben von Musik, Juristen nutzen ihre eigene Sprache, um über Gesetze zu reden, Chemiker haben spezielle Symbole, um Atome und Moleküle sowie deren Kombinationen zu beschreiben. Es ist nicht so abwegig, wenn jemand sagt: »Lasst uns eine Sprache um diese Idee herum entwickeln, um Probleme zu lösen, die in diesem Bereich auftreten.«

Sie können eine universell einsetzbare Programmiersprache nutzen, um einen beliebigen Algorithmus auszudrücken, aber andererseits ist es häufig viel praktischer, ökonomischer und vielleicht sogar der Lösung näherbringend, eine spezialisierte Sprache zum Lösen einer bestimmten Klasse von Problemen zu haben. Man muss sich entscheiden, ob man eine neue Sprache erstellt, aber wenn der Bereich interessant ist und es bestimmte Ausdrucksweisen gibt, die sich gut für die Automatisierung nutzen lassen, ist es ganz natürlich, dass eine Programmiersprache entsteht, um Lösungen für Probleme in einem bestimmten Bereich auszudrücken.

Ökonomisch in Bezug auf Einsatz des Programmierers oder der Hardwarezeit?

Al: Sprachen entstanden, zumindest in den Anfangsjahren, weil die Leute bestimmte wichtige Problemklassen erkannt hatten, die gelöst werden mussten. Dann dachten sie sich Programmiersprachen aus, die die Hardware effizient nutzten, um Programme zum Lösen der Probleme in diesen Klassen zu erstellen. Als die Hardware billiger und schneller wurde, wurden auch die Sprachen »hochsprachiger« und die Hardwareeffizienz unwichtiger.

Haben Sie AWK als stark genug angesehen, in seiner Nische überleben zu können?

Al: Das Musteraktionsparadigma, das in AWK enthalten ist, löst große Klassen häufig vorkommender Datenverarbeitungsprobleme auf ganz natürliche Art und Weise. Ein Ändern dieses Paradigmas würde die Sprache beeinträchtigen und es für die Klasse von Problemen, die wir im Hinterkopf hatten, weniger passend machen. Die Sprache ist auch für die Befehlszeilenprogrammierung in Unix sehr nützlich.

Das klingt wie die Unix-Philosophie, viele kleine Tools zu kombinieren, die ihre Aufgabe jeweils sehr gut erledigen.

Al: Ich denke, das ist eine sehr passende Beschreibung.

Meist habe ich AWK an der Befehlszeile oder in Shell-Skripten gesehen.

Al: Anwendungen, in denen Sie Probleme auf der Befehlszeile bearbeiten oder Shell-Skripten erstellen können, die eine Kombination von Unix-Befehlen sind, sind sehr beliebte AWK-Programme. Diese Art der Problemlösung ist beispielhaft für frühe AWK-Anwendungen in Unix, und auch für viele heutige Unix-Anwendungen.

In Unix ist »alles eine Datei«. Haben Sie eine Vision, was im Internet als »Datei« angesehen werden könnte?

Al: Dateien sind eine nette, einfache Abstraktion, die immer angewandt werden sollte, wenn sie passt. Das heutige Internet ist bezüglich der Datentypen allerdings deutlich vielfältiger geworden, und Programme müssen sich häufig mit konkurrierenden Streams interaktiver Multimediadaten herumschlagen. Heutzutage scheint die beste Lösung zu sein, standardisierte, wohldefinierte APIs zu nutzen, um mit den Daten umzugehen, und Sicherheitsprogramme müssen sich damit befassen, wie man auf falsch formatierte Daten richtig reagiert.

Welche Grenzen sehen Sie bei Befehlszeilentools und grafischen Oberflächen?

Al: AWK ist sehr nützlich beim Umwandeln der Ausgabe eines Programms, sodass sie als Eingabe für ein anderes dienen kann. Wenn eine grafische Oberfläche diese Art von Datenumwandlung als einen Mausklick vorbereitet hat, ist das natürlich viel bequemer. Wenn nicht, kann es sehr viel schwieriger sein, an die internen Formate heranzukommen, um die notwendigen Datenkonvertierungen durchzuführen.

Gibt es eine Verbindung zwischen der Idee, Programme aus den Befehlen an der Kommandozeile mithilfe von Pipes zusammenzustellen, und der, kleine Sprachen jeweils für eine bestimmte Domäne zu schreiben?

Al: Ich denke, da gibt es eine Verbindung. Gerade in den frühen Tagen von Unix ermöglichten Pipes das Komponieren von Funktionen an der Befehlszeile. Sie konnten eine Eingabe nehmen, Transformationen darauf ausführen und das Ergebnis dann an ein anderes Programm weitergeben. Das war eine sehr mächtige Möglichkeit, durch die einfache Kombination von Programmen schnell neue Funktionalitäten zu produzieren. Die Leute fingen an, zu überlegen, wie sie auf diese Weise Probleme lösen konnten. Larry Walls Sprache Perl, die meiner Meinung nach ein Nachfahre von AWK und anderen Unix-Tools ist, vereinte viele Aspekte dieser Art von Programmkomposition in einer einzigen Sprache.

Wenn Sie »Komponieren von Funktionen« sagen, denkt man auch an den mathematischen Ansatz, Funktionen zu kombinieren.

Al: Genau das meine ich.

Hatte man diesen mathematischen Formalismus bei der Erfindung der Pipe im Hinterkopf, oder war es eine Metapher, die später genutzt wurde, als jemand merkte, dass es genauso funktioniert?

Al: Ich glaube, direkt von Anfang an. Doug McIlroy verdient den Dank für die Pipes, zumindest in meinem Buch. Er dachte wie ein Mathematiker, und ich glaube, er sah diese Verbindung von Anfang an. Ich sehe die Unix-Befehlszeile als prototypische funktionale Sprache.

Bis zu welchem Grad ist das Formalisieren der Semantiken und Ideen einer Sprache nützlich? Gibt es in AWK einen zugrunde liegenden Formalismus?

Al: AWK wurde um ein syntaxgeleitetes Übersetzungsschema herum entworfen. Ich war an Compilern und Compilertheorie sehr interessiert, daher haben wir beim Erstellen von AWK die Implementierung als syntaxgeleitete Übersetzung durchgeführt. Wir hatten eine formale Syntax für AWK in Form einer kontextfreien Grammatik, und die Übersetzung aus der Quellsprache in die Zielsprache wurde mithilfe semantischer Aktionen basierend auf dieser formalen Grammatik durchgeführt. Das half beim Wachstum und der Weiterentwicklung von AWK. Wir hatten die neu entstandenen Compilerbautools lex und yacc zur Verfügung, was beim Experimentieren und Entwickeln der Sprache eine große Hilfe war.

Simon Peyton Jones von Haskell hat gesagt, dass sie für 80 bis 85% der Sprache Formalismen hatten, aber es darüber hinaus nicht lohnenswert war, den Rest zu formalisieren, weil der Ertrag geringer wurde.

Al: Aufgrund von Sicherheitsaspekten wird eine Spezifität beim Design von Sprachen und Systemen sehr viel wichtiger. Hacker nutzen häufig die unüblichen oder nicht spezifizierten Teile eines Systems, um dort einzudringen.

Wenn man dann noch das Problem des Bibliotheksdesigns hinzunimmt, wird es noch größer. »Ich habe die Formalismen meiner Sprache spezifiziert, aber jetzt brauche ich eine Bibliothek, um mit dem Internet zu kommunizieren – habe ich die Formalismen dieser Bibliothek ausreichend festgelegt? Passen sie dazu? Verletzen sie die Formalismen und Garantien der Sprache?«

Al: Da ich in der Telekommunikationsbranche gearbeitet hatte, kannte ich so gut wie alle Schnittstellenspezifikationen, für die die Bell Labs Geräte entsprechend einem internationalen Standard bauten. Viele dieser Standards waren auf Englisch geschrieben und damit häufig mehrdeutig, unvollständig und inkonsistent. Aber trotz dieser Schwierigkeiten funktionieren das internationale Telekommunikationsnetzwerk und das Internet ziemlich gut – aufgrund der wohldefinierten Schnittstellen zwischen Systemen.

Fremdfirmen erstellen häufig Gerätetreiber und Anwendungen für die Betriebssysteme anderer Hersteller. Wenn ein Gerätetreiber oder eine Anwendung fehlerbehaftet ist, bekommt der Verkäufer des Systems einen schlechten Ruf aufgrund der minderen Softwarequalität, obwohl es gar nicht sein Fehler ist. Erst vor Kurzem wurden in der Forschung große Fortschritte beim Bauen von Software-Verifikationstools gemacht, die mit Modellprüfungen und anderen mächtigen Verifikationstechniken sicherstellen können, dass Programme von Gerätetreiberherstellern und anderen Anwendungsentwicklern die System-APIs korrekt verwenden. Diese neuen Verifikationstools haben einen deutlichen Nutzen für die Softwarequalität.

Würden Sprachen von diesem Formalismus profitieren?

Al: So gut wie jede aktuelle Sprache besitzt irgendeine Art formaler Grammatikbeschreibung. Das große Problem ist, wie vollständig wir die Semantiken der Sprache mit den aktuellen Formalismen zum Beschreiben von Programmiersprachensemantiken umfassen können oder wollen. Die semantischen Formalismen sind nicht annähernd so gut automatisierbar wie das Konstruieren eines Parsers aus einer kontextfreien Grammatik. Und obwohl das Beschreiben von Semantiken langweilig ist, bin ich ein großer Verfechter des Planens, Beschreibens und Umreißens der Semantik einer Sprache, bevor sie implementiert wird.

Ich denke an zwei Geschichten: die kanonische über Make, bei der Stuart Feldman sich dazu entschied, Tabulatoren nicht entfernen zu können, weil das Programm schon zwölf Benutzer hatte, und den Artikel »Worse Is Better« von Dick Gabrieß, in dem er den New-Jersey-Ansatz und den MIT-Ansatz beschreibt. Unix und C und der New-Jersey-Ansatz haben gewonnen.

Al: Ich habe das immer als den Erfolg des Darwinismus beschrieben. Ich glaube, dass erfolgreiche Sprachen aufgrund der Nutzung durch echte Programmierer wachsen und sich weiterentwickeln.

---

[3] http://www.dreamsongs.com/WorseIsBetter.html

Sprachen, die ein schwerfälliges Komitee für ihr erstes Design benötigen, werden meist von Programmierern ignoriert. Solange ihre Anwendung nicht verpflichtend ist, überleben sie anscheinend nicht.

Ein vielleicht alarmierender Aspekt beliebter Sprachen ist, dass sie unaufhörlich größer werden. Wir wissen nicht, wie man Features aus bestehenden Sprachen wieder herausnimmt. Die heutigen wichtigen Sprachen wie C++ und Java sind jetzt viel größer als bei ihrer Entstehung, und es scheint kein Ende des Wachstums ihres Umfangs in Sicht zu sein. Kein einzelner Mensch kann alle Details dieser Sprachen mehr allein verstehen, und die Compiler für diese Sprachen werden in Millionen Codezeilen gemessen.

Das scheint eine offene Frage bei der Systemforschung zu sein: Wie kann man eine Sprache erstellen, die über ihre erste Problemdomäne hinaus erweitert werden kann, ohne dass sie selber angepasst werden muss. Haben Sie einen Erweiterungsmechanismus?

Al: Bibliotheken sind das erprobte Mittel dazu.

Aber selbst C++ und Java machen weiterhin Sprachänderungen durch.

Al: Das stimmt. Selbst die Kernsprachen wachsen, aber es gibt das Bestreben, die Kernsprache abwärtskompatibel zu halten, damit keine bestehenden Programme »kaputtgemacht« werden. Damit wird die unbegrenzte Ausdehnung dieser Sprachen etwas eingeschränkt.

Ist das notwendigerweise aus sich heraus schon gut?

Al: Natürlich ist es sehr erstrebenswert, Programme aus der Vergangenheit weiterhin ausführen zu können. Ich habe einmal einen Artikel für das *Science Magazine* mit dem Titel »Software and the Future of Programming Languages« geschrieben. Darin versuchte ich abzuschätzen, wie viel Software die Welt verwendet, um sich am Laufen zu halten, und all die verschiedenen Softwaresysteme, die von Organisationen und Personen auf der ganzen Welt genutzt werden, zu berücksichtigen.

Ich habe zwischen einer halben und einer ganzen Billionen Quellcodezeilen an Software geschätzt. Davon ausgegangen, dass es zwischen 10 und 100 US-Dollar kostet, eine fertige Zeile Code zu entwickeln, habe ich geschlussfolgert, dass wir es uns schlicht nicht leisten können, einen relevanten Teil des alten Codes neu zu programmieren. Das bedeutet, dass die existierenden Sprachen und Systeme uns auch weiterhin für eine lange Zeit erhalten bleiben werden. Die Hardware ist dabei besser portabel als die Software, weil wir immer schnellere Hardware bauen wollen, auf der die alten Programme weiterlaufen.

Mit Unix hatten Sie ein Betriebssystem, das plötzlich sehr portabel war. Lag das daran, dass es portiert werden konnte, oder weil das Ziel darin lag, bestehende Software auf unterschiedliche Hardwareplattformen zu migrieren, die sich mit der Zeit ändern?

Al: Während Unix sich entwickelte, entwickelten sich die Computer noch schneller. Einen großen Schritt gab es in Unix, als Dennis Ritchie die Sprache C entwarf, um die dritte Version von Unix zu bauen. Damit wurde Unix portabel. In relativ wenigen Jahren, in denen ich an den Bell Labs war, lief bei uns Unix auf allem – vom Minicomputer bis hin zu den weltgrößten Supercomputern –, weil es in C geschrieben worden war und es eine portable Compilertechnologie gab, durch die sich C-Compiler schnell auf neue Maschinen übertragen ließen.

In Unix lag ein Schwerpunkt auf dem Erstellen eines Systems, das die Softwareentwicklung vereinfacht und durch das Programmierer gerne neue Programme erstellen und nutzen würden. Ich finde, das war außerordentlich erfolgreich.

Ein Großteil der besten Tools und der besten Software tut das.

Al: Das ist eine interessante Frage: Sind die besten Werkzeugmacher die Handwerker oder die Werkzeugschmiede? Ich denke, es gibt keine eindeutige Antwort darauf, aber mit Sicherheit wurden in den ersten Tagen von Unix viele der nützlichsten Tools von Programmierern erstellt, die sich innovative Tools ausdachten, um Probleme zu lösen, an denen sie interessiert waren. Das war einer der Gründe dafür, dass AWK entstand. Brian, Peter und ich wollten bestimmte Klassen von Anwendungsprogrammen schreiben, das aber in möglichst kurzen Programmen.

Hat das Vorhandensein von Tools und das schnelle Feedback die Leute dazu gebracht, bessere Tools und Algorithmen zu suchen?

Al: Wenn Sie sich die frühe Geschichte von Unix und meine eigene anfängliche Forschungskarriere anschauen, war ich sehr stark durch Knuths Aussage gelenkt, dass die beste Theorie durch Praxis motiviert ist und die beste Praxis durch Theorie. Ich schrieb Dutzende von Artikeln, in denen es darum ging, wie sich das Parsen effizienter gestalten lässt und wie man Konstrukte, die in realen Programmiersprachen auftreten, bequem und effizient parsen kann. Steve Johnson, Jeff Ullman und ich haben bei der Entwicklung dieser Theorie und des Programms yacc sehr eng zusammengearbeitet, daher war yacc eine wunderbare Verknüpfung von Theorie und Praxis.

Die Rolle der Dokumentation

Wenn ich eine Dokumentation, ein Tutorium oder einen Artikel für eine von mir entwickelte Software schreibe, stolpere ich häufig über Stellen, an denen das Design nur schwierig oder sehr langwierig zu erklären ist. Das führt dazu, dass ich das Programm verbessere. Ist es Ihnen auch schon so ergangen?

Al: Sehr häufig. Meine Erfahrungen mit AWK hatten einen starken Einfluss auf die Art und Weise, wie ich in Columbia Vorlesungen über Programmiersprachen und Compiler halte. Teil des Kurses ist ein Projekt, das über das ganze Semester geht und in dem Studenten in Fünferteams arbeiten, um ihre eigene kleine Sprache zu erstellen und einen Compiler dafür zu schreiben.

In den ungefähr 20 Jahren, die ich diesen Compilerkurs unterrichtet habe, gab es kein Team, das nicht zum Ende des Semesters einen funktionierenden Compiler präsentieren konnte. Dieser Erfolg war kein Zufall, sondern er basiert auf meinen Erfahrungen aus der Arbeit an AWK, der Softwareentwicklung in den Bell Labs, dem Erkennen der Wichtigkeit eines schlanken Software-Entwicklungsprozesses für solche Projekte und schließlich der Tatsache, dass ich meinen Studenten zuhöre.

Der Software-Entwicklungsprozess, der das Compilerprojekt begleitet, ist lebensnotwendig, um in 15 Wochen eine neue Sprache erstellen und einen funktionierenden Compiler bauen zu können. Die Studenten haben zwei Wochen Zeit, sich zu entscheiden, ob sie den Kurs belegen wollen. Danach bilden sie Teams, und nach weiteren zwei Wochen müssen sie ein kurzes Dokument schreiben (das sich an den Java-Whitepapers orientiert), in dem sie die Sprache erläutern, die sie erstellen wollen. Dieses Dokument ist eigentlich ein Wertbeitrag für die Sprache, in dem erklärt wird, warum man die Sprache benötigt und welche Eigenschaften sie haben sollte. Der wichtigste Aspekt des Dokuments ist, dass es die Studenten dazu zwingt, sich zu entscheiden, was für eine Art von Sprache sie erstellen wollen.

Nach einem Monat schreiben die Studenten ein Sprachtutorial und eine Referenzanleitung für die Sprache. Das Tutorial orientiert sich am ersten Kapitel von Kernighans und Ritchies *Programmieren in C* (Hanser) und die Referenzanleitung an Anhang A des gleichen Buches. Ich begutachte sowohl das Tutorial als auch die Sprachreferenz sehr sorgfältig, weil die Studenten an diesem Punkt nicht bemerken, wie schwer es ist, einen funktionierenden Compiler zu bauen – selbst für eine kleine Sprache.

Ich bitte die Studenten anzugeben, welche Features sie auf jeden Fall implementieren werden und welche sie nur dann umsetzen, wenn sie noch Zeit haben. (Keiner der Studenten hat je eines dieser zusätzlichen Features implementiert.) Zweck dieser Übung ist, den Rahmen des Projekts festzulegen, damit es innerhalb des Semesters abgeschlossen werden kann und auch einen ähnlichen Umfang wie die anderen Projekte hat.

Sobald sich die Teams gebildet haben, werden in jedem Team ein Projektmanager, ein Systemarchitekt, ein Systemintegrator, eine Person zur Qualitätssicherung und ein Sprachguru gewählt. Jede dieser Personen spielt beim Entwickeln und Fertigstellen eines funktionierenden Compilers eine wichtige Rolle.

Die Verantwortung des Projektmanagers ist, einen Zeitplan für die fertigzustellenden Programme und Informationen zu erstellen und umzusetzen. Der Systemarchitekt erstellt das Blockdiagramm für den Compiler, und der Systemintegrator definiert die Tools und die Entwicklungsumgebung, die zum Bauen des Compilers verwendet werden wird. Sobald die Sprachreferenz geschrieben ist, erstellt der Qualitätsverantwortliche einen Testplan und eine Testsuite für die gesamte Sprache. Der Sprachguru stellt sicher, dass die im Bericht definierten Eigenschaften auch tatsächlich implementiert werden.

Wir hatten eine Regressions-Testsuite für AWK erstellt, vielleicht ein wenig verspätet. Diese Suite war unbezahlbar. Bei der Entwicklung der Sprache führten wir vor dem Einchecken unserer Änderungen in das Hauptverzeichnis jedes Mal den gesamten Regressionstest durch. So hatten wir immer eine lauffähige Version des Compilers. Bevor wir die Sprache um neue Features erweiterten, erstellten wir die Tests dafür und fügten sie zur Regressions-Testsuite hinzu.

Ich habe erwähnt, dass jedes Studententeam am Ende des Semesters einen lauffähigen Compiler vorzuweisen hatte. Die Regressions-Testsuite ist der Schlüssel für das Erreichen dieses Ziels: Die Studenten geben am Ende des Semesters das ab, was bis dahin gelaufen ist. Aber dieser lauffähige Compiler musste auch die in der Sprachreferenz zugesagten Features implementieren.

Der Systemarchitekt erstellt ein Blockdiagramm für den Compiler, legt die Schnittstellenspezifikationen fest und beschreibt, wer welche Komponente bis wann implementieren wird. Jedes Teammitglied muss mindestens 500 Zeilen Quellcode zum Projekt beitragen, und jeder, einschließlich des Projektmanagers, muss einen Teil der Implementierung umsetzen. Es ist für Studenten sehr erhellend (und herausfordernd), Programme zu erstellen, die mit dem Code anderer Leute zusammenarbeiten müssen.

Der Systemintegrator muss die Plattform festlegen, auf der der Compiler gebaut werden wird, und dazu die Tools wie lex, yacc, ANTLR oder Ähnliches, die dabei verwendet werden. Er muss auch lernen, wie diese Tools angewandt werden, und den Rest des Teams in ihrer korrekten Verwendung unterrichten, sodass es eine Person in jedem Team gibt, die sich mit den Tools auskennt.

Der Sprachguru hat den interessantesten Job. Er ist für die intellektuelle Integrität der Sprache verantwortlich, damit die für die Sprache definierten Eigenschaften auch tatsächlich implementiert werden. Er muss die Grundlagen für Design und Codeänderungen legen, sodass Änderungen am Sprachdesign durch das Team aufgezeichnet und auch an alle verbreitet werden. Die Regressions-Testsuite muss ebenfalls angepasst werden.

Durch das Projekt lernen die Studenten drei wichtige Fertigkeiten: Projektmanagement, Teamwork und Kommunikation – sowohl mündlich als auch schriftlich. Am Ende des Kurses frage ich die Studenten, was ihrer Meinung nach das Wichtigste war, das sie gelernt haben. Meist führen sie eine dieser Fertigkeiten auf. Die Dokumentation leitet das Projekt, und die Studenten lernen, über Software zu reden und zu schreiben. Sie müssen eine Präsentation ihrer Sprache im Rahmen der Vorlesung halten, mit der sie ihre Mitstudenten darüber aufklären sollen, warum jeder genau diese Sprache nutzen sollte. Ich übe mit dem ersten Team, wie eine erfolgreiche Präsentation aussieht. Die folgenden Teams versuchen immer, das erste Team dabei zu übertreffen, weil die Studenten bezüglich ihrer Sprache so enthusiastisch sind. Die erstellten Sprachen reichen von der Simulation von Quantencomputern bis hin zum Komponieren von Musik, sie dienen dem Erstellen von Comics, dem Simulieren von Zivilisationen, dem Durchführen schneller Matrixberechnungen und dem Generieren von Grafiken.

Am Ende des Kurses müssen die Studenten einen Projektabschlussbericht liefern, in dem die Sprachbeschreibung, das Tutorial und die Sprachreferenz zu finden sind, sowie ein Kapitel vom Projektmanager darüber, wie das Projekt organisiert wurde, ein Kapitel vom Systemarchitekten mit dem Blockdiagramm und den Schnittstellenspezifikationen, ein Kapitel vom Systemintegrator, in dem die Entwicklungsplattform und die Tools beschrieben werden, ein Kapitel der für die Qualitätssicherung verantwortlichen Person mit dem Testplan und der Testsuite, und ein Kapitel vom Sprachguru, das über die Grunddefinition der Sprache unterrichtet. Das Abschlusskapitel trägt den Titel »Lessons Learned« und beantwortet die folgenden Fragen: »Was haben Sie als Team gelernt? Was haben Sie als Person gelernt? Was sollte ich beibehalten und was ändern, wenn dieser Kurs das nächste Jahr wieder angeboten wird?« Ein Anhang enthält den Quellcode, wobei die Autoren jedes Modul gegenzeichnen, das sie geschrieben haben.

Wenn Sie etwas über eine lange Zeit immer wieder verbessern, wird es normalerweise ziemlich gut. Ich habe auf die Vorschläge gehört, die die Studenten mir gemacht haben, und vor ein paar Jahren erhielt ich für diesen Kurs den Great Teacher Award von der Society of Columbia Graduates.

Viele Leute, die mit Studenten, die an diesem Kurs teilgenommen haben, Bewerbungsgespräche führten, haben mir gesagt, dass sie sich wünschen würden, ihre Softwaresysteme wären mit dieser Art von Prozess entwickelt worden.

Auf welchem Level befinden sich die Studenten in diesem Kurs?

Al: Das sind hauptsächlich Senior- und First-Year-Graduate-Studenten, allerdings gibt es eine Reihe von Voraussetzungen für diesen Kurs: fortgeschrittene Programmierung, theoretische Informatik sowie Datenstrukturen und Algorithmen. Mich beeindruckt bei den Studenten, dass sie letztendlich eine verteilte Softwareentwicklung umsetzen und dabei Wikis und ausgereifte IDEs nutzen. Viele der Studenten haben schon Praktika in Firmen gemacht.

Ich lege den Studenten sehr ans Herz, die Regressions-Testsuite während des Wachsens der Sprache immer aktuell zu halten. Dadurch werden die Studenten produktiver, weil die Fehler, die sie finden, eher von ihnen selber sind als von jemand anderem im Team.

Wann und wie sollte das Debuggen unterrichtet werden?

Al: Ich denke, Debuggen sollte zusammen mit dem Programmieren gelehrt werden. Brian hat in seinen vielen Büchern praktische Ratschläge zum Debuggen aufgeschrieben. Aber ich kenne keine gute allgemeine Theorie über das Debuggen. Die Techniken, die jemand zum Debuggen eines Compilers nutzt, unterscheiden sich sehr von denen zum Debuggen eines numerischen Analyseprogramms, daher ist es vielleicht am besten, während jedes Programmierkurses auf Beispiele für Unit Tests, den systematischen Testprozess und die Verwendung von Debugging-Tools einzugehen. Ich denke auch, dass es gut ist, Studenten dazu zu bringen, Spezifikationen für ihre Programme zu schreiben, bevor sie mit dem Programmieren selbst anfangen.

Einer der Fehler, die wir bei AWK gemacht haben, ist, dass wir nicht von Anfang an rigoros das Testen institutionalisierten. Nach Beginn des Projekts haben wir dann damit begonnen, aber im Nachhinein wären wir viel produktiver gewesen, wenn wir schon zu Beginn Test Suites erstellt und mitentwickelt hätten.

Welche Faktoren sollten Entwickler während des Wachsens des Codes messen, und wie sollte das geschehen?

Al: Die Korrektheit der Implementierung ist der wichtigste Aspekt, aber es gibt keinen Königsweg zur Korrektheit. Dazu gehören verschiedene Aspekte, wie zum Beispiel das Nachdenken über Invarianten, Tests und Code Reviews. Man sollte auch Optimierungen vornehmen, aber nicht zu früh. Zudem ist wichtig, die Dokumentation und die Kommentare immer konsistent zum Code zu halten. Das wird gern vergessen. Eine moderne IDE mit guten Softwareentwicklungstools ist ein Muss.

Wie setzen Sie eine Programmiersitzung nach ein paar Tagen fort? Oder nach ein paar Monaten?

Al: Wenn jemand ein Programmiersystem (oder auch ein Buch) schreibt, muss er das gesamte System irgendwie in seinem Kopf unterbringen. Durch Unterbrechungen werden die Gedankenketten aufgebrochen, aber wenn es nur ein kurzer Zeitraum ist, kann man normalerweise schnell wieder einsteigen, wenn man sich den Code erneut anschaut. Nach einer Unterbrechung, die Monate oder Jahre dauert, bin ich schnell dabei, Artikel, Bücher oder Notizen zu studieren, in denen ich meine Algorithmen dokumentiert habe, um mein Wissen über das, was ich vorher programmiert habe, wieder aufzufrischen.

Ich denke also, dass gute Kommentare und eine gute Dokumentation sowohl für die ursprünglichen Systemdesigner als auch für andere, die den Code über lange Zeit warten müssen, sehr hilfreich sein können. Brian hat ein Protokoll der wichtigsten Entscheidungen geführt, die wir beim Entwerfen der Sprache getroffen haben. Ich fand dieses Protokoll unbezahlbar.

Informatik

Was bedeutet Forschung in der Informatik?

Al: Das ist eine wunderbare Frage und eine, auf die es keine eindeutige Antwort gibt. Ich denke, dass die Informatikforschung ihren Bereich deutlich ausgeweitet hat. Wir haben immer noch die tiefgreifenden, ungelösten, essenziellen Fragen der Informatik: Wie beweisen wir, dass ein Problem wie zum Beispiel die Faktorisierung oder ein NP-vollständiges Problem tatsächlich schwierig ist? Wie modellieren wir komplexe Systeme wie eine menschliche Zelle oder das menschliche Gehirn? Wie können wir skalierbare, vertrauenswürdige Systeme aufbauen? Wie können Programmierer beliebige, zuverlässige Software erstellen? Wie können wir Software mit menschlichen Eigenschaften wie Emotionen oder Intelligenz erschaffen? Wie lange können wir Moores Gesetz noch nutzen?

Heutzutage sind Größe und Anwendungsbereiche der Computer explodiert. Wir versuchen, alle Informationen auf der Welt zu organisieren und zugreifbar zu machen, und Computer und Berechnungen beeinflussen alle Bereiche des täglichen Lebens. In Konsequenz sind ganze neue Bereiche der Informatikforschung in interdisziplinären Anwendungen entstanden, die Computeranwendungen mit anderen Bereichen der Wissenschaft verbinden. Beispiele dafür sind die Bioinformatik, Robotik und cyberphysikalische Systeme. Wir wissen nicht, wie sich Computer bestmöglich in der Ausbildung oder im Gesundheitswesen einsetzen lassen. Privatsphäre und Sicherheit sind wichtiger geworden als je zuvor. Ich glaube, die Informatik ist immer noch genauso spannend wie jedes andere Forschungsgebiet.

Welche Rolle spielt die Mathematik in der Informatik und der Programmierung?

Al: Ich denke, gute Entwicklungen bauen auf einer soliden wissenschaftlichen Grundlage auf. Bei AWK haben wir die Sprache um eine Reihe von eleganten Abstraktionen entstehen lassen, die ihre Wurzeln in der theoretischen Informatik haben, wie zum Beispiel reguläre Ausdrücke und assoziative Arrays. Diese Konstrukte wurden nach und nach von den großen Skriptsprachen übernommen: Perl, JavaScript, Python und Ruby. Wir haben zudem effiziente Algorithmen auf Basis von endlichen Automaten genutzt, um die Primitive zum Finden von Strings zu implementieren. Alles in Allem denke ich, dass AWK eine hübsche Verbindung guter Theorie mit robusten Entwicklungspraktiken war.

Sie haben an der Automatentheorie und ihrer Anwendung auf Programmiersprachen gearbeitet. Was hat Sie am meisten überrascht, als Sie mit der Implementierung der Ergebnisse Ihrer Studien begannen?

Al: Die vielleicht größte Überraschung war die weitreichende Anwendbarkeit. Lassen Sie mich die Automatentheorie als formale Sprachen und die Automaten, die sie erkennen, interpretieren. Die Automatentheorie liefert nützliche Ideen, insbesondere reguläre Ausdrücke und kontextfreie Grammatiken, um die wichtigen syntaktischen Features von Programmiersprachen zu beschreiben. Die Automaten, die diese formalen Sprachen erkennen, wie zum Beispiel Finite-State-

Maschinen und Kellerautomaten, können als Modelle für die Algorithmen dienen, die von den Compilern zum Scannen und Parsen von Programmen verwendet werden. Der vielleicht größte Vorteil der Automatentheorie für das Kompilieren ergibt sich durch die Möglichkeit, Compiler-Konstruktionstools wie lex und yacc zu bauen, die das Erstellen effizienter Scanner und Parser ausgehend von diesen Automaten automatisieren.

Was hält uns davon ab, einen Compiler (und/oder eine Sprache) zu bauen, der alle möglichen Fehler erkennt? Wo ist die Grenze zwischen den Fehlern, die mit einem falschen Design des Programms verbunden sind, und den Fehlern, die hätten erkannt oder verhindert werden können, wenn die Sprache vorausschauender wäre?

Al: Die Unentscheidbarkeit macht es unmöglich, einen Compiler zu entwerfen, der alle Fehler in Programmen findet. Wir haben aber trotzdem große Fortschritte beim Erstellen nützlicher Software-Verifikationstools gemacht, bei denen zum Beispiel Modelle geprüft werden, um wichtige Fehlerklassen in Programmen zu finden. Ich denke, die Softwareentwicklungsumgebung der Zukunft wird viele verschiedene Tools enthalten, die ein Programmierer verwenden kann, um häufig vorkommende Fehler zu finden.

Meine langfristige Vision ist die, dass die Software durch strengere Sprachen, mächtigere Verifikationstools und bessere Entwicklungspraktiken zuverlässiger und qualitativ besser werden wird.

Wie können wir Algorithmen zur Mustererkennung entwerfen, die Nebenläufigkeit in Mehrkernhardware zu ihrem Vorteil nutzen?

Al: Das ist gerade ein aktuelles Forschungsgebiet. Viele Forscher untersuchen parallel Hardware- und Softwareimplementierungen von Algorithmen zur Mustererkennung, zum Beispiel den Aho-Corasick-Algorithmus oder die Finite-State-Algorithmen. Einige der starken Motivatoren sind Genomanalysen und Intrusion Detection Systems.

Was hat Sie und Corasick dazu motiviert, den Aho-Corasick-Algorithmus zu entwickeln?

Al: Dahinter steckt eine sehr interessante Geschichte. In den frühen 70er Jahren arbeitete ich zusammen mit John Hopcroft und Jeffrey Ullman am Buch *The Design and Analysis of Computer Algorithms* (Addison-Wesley). Ich hielt an den Bell Labs eine Vorlesung über Algorithmen-Designtechniken. Margaret Corasick von den Technical Information Libraries der Bell Labs befand sich im Publikum. Am Ende meines Vortrags kam sie zu mir und erzählte, dass sie ein bibliographisches Suchprogramm für Boolesche Funktionen mit Schlüsselwörtern und Phrasen geschrieben hätte. Aber bei manchen komplexen Suchen überschritt ein Ausführen des Programms die 600-Dollar-Grenze für Suchen.

Ihre erste Implementierung des Suchprogramms nutzte einen einfachen Mustererkennungsalgorithmus. Ich schlug vor, dass sie mit einem endlichen Automaten parallel nach den Schlüsselwörtern suchen sollte, und sagte, dass es einen Weg gebe, den Mustererkennungsautomaten effizient mit linearem Zeitaufwand aus jedem beliebigen Satz von Schlüsselwörtern zu erstellen.

Ein paar Wochen später tauchte sie in meinem Büro auf und sagte: »Erinnern Sie sich an diese 600-Dollar-Programmsuche? Ich habe den von Ihnen vorgeschlagenen Algorithmus implementiert. Die Suche kostet jetzt 25 Dollar. Jede Suche kostet jetzt tatsächlich 25 Dollar – das sind die Kosten für das Lesen des Bandes.« Das war die Geburtsstunde des Aho-Corasick-Algorithmus.

Als mein Laborleiter Sam Morgan das mitbekam, sagte er: »Warum arbeiten Sie nicht weiter an Algorithmen? Ich denke, sie werden irgendwann in der Zukunft nützlich sein.« Das war der Zauber, der damals bei den Bell Labs vorhanden war: Es gab Leute mit Problemen und Leute mit unkonventionellen Wegen, über diese Probleme nachzudenken. Wenn Sie diese Personen zusammenbrachten, gab es erstaunliche Erfindungen.

Aufzucht kleiner Sprachen

Was hat Sie an der Programmierung gefesselt?

Brian Kernighan: Ich kann mich gar nicht an ein besonderes Ereignis erinnern. Ich hatte sogar erst einen eigenen Computer, als ich im College anfing, und bis ich wirklich gelernt hatte, zu programmieren (in FORTRAN), dauerte es noch mal ein Jahr oder so. Ich denke, am meisten Spaß beim Programmieren hatte ich bei einem Ferienjob beim Projekt MAC am MIT im Sommer 1966, bei dem ich an einem Programm arbeitete, das ein Aufgabenband für den brandneuen GE 645 in den ganz frühen Tagen von Multics erstellte. Ich schrieb in MAD, das viel einfacher und eleganter als das vorher von mir genutze FORTRAN oder COBOL war. Und ich nutzte CTSS, das erste Timesharing-System, das unendlich einfacher und angenehmer als Lochkarten war. Das war der Punkt, an dem der Aspekt des Rätsellösens bei der Programmierung wirklich Spaß machte, da die mechanischen Details nur noch sehr selten im Weg standen.

Wie lernen Sie eine neue Sprache?

Brian: Ich finde es am einfachsten, eine neue Sprache anhand sorgfältig ausgewählter Beispiele zu erlernen, die nahe an der Aufgabe sind, die ich später lösen möchte. Ich kopiere ein Beispiel, passe es an meine Bedürfnisse an und erweitere dann mein Wissen in Richtung der spezifischen Anwendung. Ich arbeite mit vielen verschiedenen Sprachen, sodass ich nach einer Weile den Überblick verliere und es etwas dauert, mich wieder einzugewöhnen, wenn ich von einer zur anderen wechsle – insbesondere wenn es keine Sprache wie C ist, die ich schon vor langer Zeit gelernt habe. Es ist gut, gute Compiler zur Hand zu haben, die sich über verdächtige Konstrukte ebenso beschweren wie über illegale. Sprachen mit strengen Typsystemen, wie C++ und Java, sind hier hilfreich, und die Optionen für eine strikte Ausrichtung an den Standards ebenfalls.

Ganz allgemein gibt es nichts Besseres, als viel Code zu schreiben, insbesondere guten Code, der von anderen Leuten benutzt wird. Direkt danach kommt das Lesen von gutem Code, um zu sehen, wie andere Leute schreiben. Das kommt allerdings seltener vor. Schließlich hilft eine umfassende Erfahrung – mit jedem neuen Problem, jeder neuen Sprache, neuen Tools und neuen Systemen werden Sie besser und stellen Verbindungen zu dem Wissen her, das Sie schon haben.

Wie sollte eine Anleitung für eine neue Programmiersprache aufgebaut sein?

Brian: Eine Anleitung sollte es einfach machen, Dinge zu finden. Das bedeutet, der Index muss wirklich gut sein, und die Tabellen, die Operatoren oder Bibliotheksfunktionen beschreiben, müssen konsistent und vollständig sein (und sich leicht finden lassen) und die Beispiele sollten kurz und klar sein.

Das unterscheidet sich von den Anforderungen an ein Tutorial. Ich denke, der beste Ansatz für ein Tutorial ist eine Art »Spirale«, in der ein kleiner Satz praktischer grundlegender Dinge präsentiert wird, die aber ausreichen, um vollständige und nützliche Programme zu schreiben. Die nächste Runde in der Spirale sollte eine weitere Detaillierungsebene behandeln, oder vielleicht alternative Wege vorstellen, wie etwas gelöst werden kann. Die Beispiele sollten immer noch nützlich, können aber größer sein. Am Ende muss eine gute Referenzanleitung stehen.

Sollten Beispiele – auch größere – auch den Code zur Fehlerbehandlung enthalten?

Brian: Da bin ich hin- und hergerissen. Code zur Fehlerbehandlung tendiert dazu, lang, uninteressant und nicht sehr aufschlussreich zu sein, daher stört er eher beim Lernen und Verstehen der grundlegenden Sprachkonstrukte. Gleichzeitig ist es aber wichtig, Programmierer daran zu erinnern, dass Fehler vorkommen und ihr Code in der Lage sein muss, damit umzugehen.

Persönlich ignoriere ich die Fehlerbehandlung zu Beginn eines Tutorials und erwähne nur, dass Fehler vorkommen können. Genauso ignoriere ich Fehler in den meisten Beispielen von Referenzanleitungen, bis es tatsächlich um Fehlerbehandlung geht. Aber damit kann man wieder unbewusst den Glauben stärken, es würde nichts ausmachen, Fehler zu ignorieren. Das ist allerdings immer eine schlechte Idee.

Was halten Sie von der Idee, in den Unix-Anleitungen Bugs aufzuführen? Ist das heute noch sinnvoll?

Brian: Ich habe die BUGS-Abschnitte gemocht, allerdings war das zu einer Zeit, als Programme klein und recht einfach waren und es möglich war, einzelne Fehler zu identifizieren. Die BUGS waren häufig Features, die noch nicht umgesetzt waren, oder Dinge, die nicht richtig implementiert wurden, nicht aber unbedingt Fehler im klassischen Sinne, wie das zu weite Laufen in einem Array oder so. Ich denke nicht, dass das bei den meisten Fehlern durchführbar wäre, die man heute in richtig großen modernen Systemen findet – zumindest nicht in einer Anleitung. Online-Fehler-Repositories sind eine tolle Hilfe für das Managen der Softwareentwicklung, aber es ist recht unwahrscheinlich, dass sie dem normalen Anwender helfen.

Sollten Programmierer heutzutage die Lektionen kennen, die Sie in Ihrem Buch über Programmierstile, The Elements of Programming Style *(Computing McGraw-Hill), zusammengefasst haben?*

Brian: Ja! Die grundlegenden Ideen guten Stils, bei denen es prinzipiell darum geht, klar und einfach zu schreiben, sind immer noch genauso wichtig wie vor 35 Jahren, als Bill Plauger und ich das erste Mal darüber schrieben. Im Detail gibt es mittlerweile Unterschiede, zum Teil aufgrund anderer Sprachen, aber die Grundlagen sind immer noch die gleichen. Mit einfachem, direktem Code lässt es sich viel besser arbeiten, und die Wahrscheinlichkeit für Probleme sinkt. Wo heute die Programme größer und komplizierter werden, ist es sogar noch wichtiger, klaren, einfachen Code zu haben.

Beeinflusst die Art und Weise, wie Sie Text schreiben können, auch die Art, wie Sie Software schreiben?

Brian: Vielleicht. Sowohl bei Text als auch bei Programmen tendiere ich dazu, das Material mehrfach zu überarbeiten, bis es sich richtig anfühlt. Bei Texten geht das vielleicht etwas weiter, aber auch bei Code habe ich den gleichen Wunsch, nämlich so klar und sauber wie möglich zu sein.

Wie hilft es dem Entwickler, bessere Software zu schreiben, wenn er die Probleme kennt, die die Software für den Anwender lösen soll?

Brian: Wenn der Entwickler nicht ganz genau weiß, wofür die Software genutzt werden wird, ist die Chance sehr groß, dass die Software nicht gut sein wird.

In manchen glücklichen Situationen versteht der Entwickler den Anwender, weil der Entwickler gleichzeitig auch Anwender sein wird. Einer der Gründe dafür, dass das junge Unix-System so gut war und die Bedürfnisse von Programmierern so gut erfüllen konnte, war, dass seine Erfinder, Ken Thompson und Dennis Ritchie, ein System für ihre eigene Softwareentwicklung haben wollten. Im Endergebnis war Unix genau richtig für Programmierer, die neue Programme schrieben. Das Gleiche gilt für die Programmiersprache C.

Wenn die Entwickler die Anwendung nicht gut genug kennen und verstehen, ist es notwendig, so viel Informationen und Erfahrungen wie möglich von den Anwendern einzuholen. Es ist sehr lehrreich, neue Anwender Ihrer Software zu beobachten – innerhalb einer Minute wird ein typischer Anfänger etwas ausprobieren oder Annahmen treffen, auf die Sie selber nie gekommen wären, und Ihr Programm wird ihr Leben viel schwerer machen. Wenn Sie aber Ihre Benutzer nicht beobachten, wenn sie das erste Mal in Kontakt mit Ihrer Software kommen, werden Sie ihre Probleme nicht erkennen. Führen Sie diese Beobachtungen erst später durch, haben sich die Anwender vielleicht schon Ihrem schlechten Design angepasst.

Wie können Programmierer ihr Programmieren verbessern?

Brian: Schreiben Sie mehr Code! Und dann machen Sie sich Gedanken über den Code, den Sie geschrieben haben, und versuchen, ihn zu überarbeiten, um ihn besser zu machen. Lassen Sie andere Leute den Code lesen, wenn das möglich ist, egal ob als Teil Ihres Jobs oder als Teil eines Open Source-Projekts. Es ist auch hilfreich, verschiedene Arten von Code zu schreiben, eventuell sogar in unterschiedlichen Sprachen, da Sie damit Ihr Repertoire an Techniken erweitern und mehr Wege haben, Programmierprobleme anzugehen. Lesen Sie zum Beispiel den Code von anderen Leuten und versuchen Sie, Features hinzuzufügen oder Fehler zu beheben – das wird Ihnen zeigen, wie andere Leute Probleme angehen. Schließlich geht nichts über das Unterrichten des Programmierens, um den eigenen Code zu verbessern.

Jeder weiß, dass Debuggen doppelt so schwer ist wie das Schreiben der Software. Wie sollte daher das Debuggen gelehrt werden?

Brian: Ich bin mir nicht sicher, ob Debuggen gelehrt werden kann, aber man kann sicherlich versuchen, den Leuten zu erklären, wie man es systematisch angeht. Es gibt dazu ein ganzes Kapitel in *The Practice of Programming* (Addison-Wesley), das Rob Pike und ich geschrieben haben, um zu erläutern, wie man beim Debuggen effektiver sein kann.

Debuggen ist eine Kunst, aber es ist auf jeden Fall möglich, Ihre Fertigkeiten als Debugger zu verbessern. Neue Programmierer machen gedankenlose Fehler, zum Beispiel den Anfang oder das Ende eines Array zu überschreiben, Typen in Funktionsaufrufen falsch zu verwenden oder (in C) in `printf` und `scanf` die falschen Konvertierungszeichen zu verwenden. Glücklicherweise lassen sich solche Fehler leicht finden, weil sie zu unverwechselbaren Fehlern führen. Sie lassen sich sogar noch leichter vermeiden, wenn Sie den Code selber schreiben und dabei immer an Grenzbedingungen denken. Dadurch überlegen Sie schon beim Schreiben, was schiefgehen kann. Fehler tauchen normalerweise in dem Code auf, der am frischesten ist oder den Sie gerade testen, daher ist es eine gute Idee, Ihre Bemühungen darauf zu konzentrieren.

Wenn Fehler komplizierter oder subtiler werden, ist mehr Aufwand nötig. Eine effektive Vorgehensweise ist »teile und herrsche«: Versuchen Sie, einen Teil der Daten oder des Programms auszumerzen, sodass der Fehler in immer kleineren Bereichen zu lokalisieren ist. Es gibt bei einem Fehler häufig auch ein Muster; die »Numerologie« von fehlerhaften Ein- oder Ausgaben ist oft ein guter Hinweis darauf, was falsch läuft.

Die schwierigsten Fehler sind die, in denen Ihr Gedankenmodell der Situation einfach falsch ist und Sie das Problem gar nicht sehen können. Da empfehle ich eine Pause, das Lesen des Codes, das Erläutern des Problems jemand anderem gegenüber und das Verwenden eines Debuggers. All das hilft mir dabei, das Problem auf eine andere Art und Weise zu sehen, was häufig schon zur Lösung führt. Aber leider wird das Debuggen immer schwer sein. Komplizierte Debugging-Sitzungen vermeidet man am besten, indem man gleich von Anfang an sorgfältig programmiert.

Wie beeinflussen Hardwareressourcen die Überlegungen von Programmierern?

Brian: Es ist immer gut, mehr Hardwareressourcen zur Verfügung zu haben – so muss man sich zum Beispiel nicht über die Speicherverwaltung Gedanken machen, was vor 20 oder 30 Jahren unendlich aufwendig und eine beliebte Fehlerquelle war (sicherlich auch beim Schreiben von AWK). Es bedeutet, das jemand potenziell ineffizienten Code schreiben kann, insbesondere allgemein nutzbare Bibliotheken, da das Laufzeitverhalten bei Weitem nicht mehr so entscheidend ist wie vor 20 oder 30 Jahren. So denke ich heute zum Beispiel gar nicht mehr groß nach, wenn ich AWK auf 10 oder sogar 100 MByte große Dateien loslasse, was früher sehr selten war. Durch die schnelleren Prozessoren und die gewachsenen Speicherkapazitäten ist es einfacher, schnell mal zu experimentieren und sogar produktiven Code in Interpreter-Sprachen (wie AWK) zu schreiben, was vor ein paar Jahrzehnten nicht möglich gewesen wäre. All das ist ein großer Vorteil.

Gleichzeitig führt die Verfügbarkeit von Ressourcen häufig zu sehr unaufgeräumten Designs und Implementierungen, also zu Systemen, die schneller und einfacher nutzbar sein könnten, wenn man beim Design ein wenig sorgfältiger vorgegangen wäre. Moderne Betriebssysteme haben dieses Problem mit Sicherheit. Meine Rechner scheinen jedes Mal länger und länger zu booten, obwohl sie dank Moores Gesetz deutlich schneller als ihre Vorgänger sind. Die ganze Software macht sie so langsam.

Was halten Sie von domänenspezifischen Sprachen (Domain Specific Languages, DSLs)?

Brian: Ich habe viel mit dem gearbeitet, was heute meist als domänenspezifische Sprachen bezeichnet wird, obwohl ich sie häufig »kleine Sprachen« nenne, während wieder andere von »anwendungsspezifische Sprachen« sprechen. Die Idee dahinter ist, dass man die Syntax einer Sprache durch das Konzentrieren auf eine spezifische und meist recht kleine Domäne sehr genau darauf einstellen kann, sodass sich der Code zum Lösen von Problemen innerhalb dieser Domäne sehr leicht schreiben lässt. Es gibt viele Beispiele – SQL ist eines, und natürlich ist AWK selbst eine Sprache für das Definieren bestimmter Arten von Dateiverarbeitung auf einfache und kompakte Art und Weise.

Das große Problem mit kleinen Sprachen ist, dass sie dazu tendieren, zu wachsen. Wenn sie so nützlich sind, wollen die Leute sie allgemeiner anwenden und machen sie deshalb größer, als sie am Anfang gedacht waren. Das bedeutet im Allgemeinen, dass die Sprache mehr Features erhält. So kann eine Sprache vielleicht ursprünglich rein deklarativ gewesen sein (keine if-Tests, keine Schleifen) und keine Variablen oder arithmetische Ausdrücke enthalten haben. All das ist nützlich, daher wird es eventuell hinzugefügt. Aber dann wächst die Sprache (sie ist schon nicht mehr so klein), und nach und nach sieht sie so aus wie all die anderen allgemein nutzbaren Sprachen, nur mit einer anderen Syntax, einer anderen Semantik und manchmal auch mit einer instabileren Implementierung.

Viele der kleinen Sprachen, mit denen ich gearbeitet habe, dienten der Bearbeitung von Dokumenten. Die erste, ich arbeitete zusammen mit Lorinda Cherry, hieß EQN und war zum Setzen mathematischer Ausdrücke gedacht. Sie war ziemlich erfolgreich, und als unser Satzequipment mehr machen konnte, erstellte ich auch eine Sprache für Zeichnungen und Diagramme, die den Namen PIC trug. PIC konnte zunächst nur zeichnen, es war aber schnell klar, dass es auch mit arithmetischen Ausdrücken umgehen können musste, um Koordinatenberechnungen und Ähnliches durchzuführen. Dann brauchte man Variablen, um Ergebnisse zu speichern, und Schleifen für sich wiederholende Strukturen. Das wurde alles hinzugefügt, aber jedes einzelne Element war schwierig und etwas wacklig. Schließlich war PIC ziemlich mächtig, eine Turing-vollständige Sprache, aber man wollte nicht mehr viel Code damit schreiben müssen.

Wie definieren Sie Erfolg im Sinne Ihrer Arbeit?

Brian: Es ist immer wieder besonders schön, wenn jemand sagt, dass er Ihre Sprache oder ein Tool von Ihnen verwendet hat und dadurch seine Arbeit besser erledigen konnte. Das ist sehr zufriedenstellend. Natürlich folgt dann manchmal eine Aufzählung von Problemen oder fehlenden Funktionen, aber selbst das ist hilfreich.

In welchem Umfeld ist AWK immer noch mächtig und nützlich?

Brian: AWK scheint immer noch am besten für schnelle und spontane Datenanalysen geeignet zu sein: Finde alle Zeilen, die eine bestimmte Eigenschaft haben, oder fasse bestimmte Aspekte der Daten zusammen, oder führe ein paar einfache Transformationen durch. Mit ein paar Zeilen AWK komme ich häufig weiter als andere mit fünf bis zehn Zeilen Perl oder Python, und empirisch gesehen läuft mein Code fast genauso schnell.

Ich habe eine Sammlung kleiner AWK-Skripten, die zum Beispiel alle Felder in allen Zeilen aufsummieren oder den Umfang aller Felder ermitteln (eine Möglichkeit, schnell einen Überblick über die Daten zu erhalten). Ich habe ein AWK-Programm, dass beliebige Textzeilen auf maximal 70 Zeichen begrenzt und das ich bestimmt 100 Mal am Tag verwende, um Mails aufzuräumen und Ähnliches zu tun. All diese Helferlein könnten auch leicht in einer anderen Skriptsprache geschrieben werden und würden genauso gut funktionieren, aber in AWK geht es noch leichter.

Woran sollten die Leute denken, wenn sie AWK-Programme schreiben?

Brian: Die Sprache war ursprünglich dafür gedacht, Programme zu schreiben, die nur ein oder zwei Zeilen lang sind. Wenn Sie etwas Großes schreiben wollen, wird AWK eher nicht die richtige Sprache sein, da es keine Mechanismen gibt, große Programme zu unterstützen. Zudem können einige Designentscheidungen dazu führen, dass es sehr schwer wird, Fehler zu finden – zum Beispiel die Tatsache, dass Variablen nicht deklariert werden müssen, aber automatisch initialisiert sind. Das ist für einen Einzeiler sehr bequem, aber es bedeutet, dass Schreibfehler und Vertipper in einem großen Programm nicht zu finden sind.

Entwerfen einer neuen Sprache

Wie würden Sie beim Erstellen einer neuen Programmiersprache vorgehen?

Brian: Vermutlich haben Sie eine Reihe von Aufgaben, eine Anwendungsdomäne, bei der Sie der Meinung sind, dass eine neue Programmiersprache besser als jede bestehende Sprache wäre. Denken Sie darüber nach, was die Leute ausdrücken wollen. Was sind die Probleme, die Anwendungen, für die diese Programmiersprache genutzt werden soll? Wie würden Sie sie in dieser Sprache ausdrücken wollen? Welcher Weg wäre der nächstliegende, um sie aufzuschreiben? Was sind die wichtigsten Beispiele, die einfachsten, mit denen jemand loslegen könnte? Versuchen Sie, sie so klar wie möglich zu machen.

Die Grundidee ist zu versuchen, alles in der Sprache niederzuschreiben, bevor sie existiert. Wie würden Sie etwas ausdrücken? Ich glaube, das passt sehr gut auf AWK, weil im Design der Sprache alles darauf ausgelegt war, ganz einfach nützliche Programme zu schreiben, ohne zu viel sagen zu müssen. Das bedeutet, wir hatten keine Deklarationen, teilweise weil wir keine Typen hatten. Das bedeutet, dass wir keine expliziten Eingabeanweisungen hatten, weil die Eingabe völlig implizit war – sie fand einfach statt. Das bedeutet, dass wir keine Anweisungen hatten, um Eingabezeilen in Felder zu unterteilen, weil das automatisch geschah. All die Eigenschaften der Sprache entsprangen dem Ziel, es wirklich einfach zu machen, einfache Dinge auszudrücken.

Die Standardbeispiele, die wir im ersten AWK-Artikel, in der Anleitung und so weiter verwendet haben, waren prinzipiell alles Einzeiler. Ich möchte alle Zeilen ausgeben, die mehr als 80 Zeichen lang sind. Indem ich `"length > 80"` schreibe, bin ich schon fertig. In dieser speziellen Sprache war ganz klar, was wir tun wollten. Natürlich stellten wir später fest, was alles so fehlte und dringend gebraucht wurde, zum Beispiel die Möglichkeit, aus bestimmten Eingabedateien über die Angabe ihres Namens lesen zu können. Also mussten wir das ergänzen. Konstrukte, die man brauchte, wenn Programme länger als ein paar Zeilen wurden, wie zum Beispiel Funktionen, kamen auch später dazu.

Die Sprache EQN, an der Lorinda Cherry und ich gearbeitet haben, ist ein ganz anderes Beispiel. EQN ist eine Sprache für das Beschreiben mathematischer Ausdrücke, um sie später drucken zu können. Das Ziel war, die Sprache so nah wie möglich an dem zu halten, wie die Leute Mathematik mit Sprache ausdrücken würden. Was würde ich sagen, wenn ich versuchen würde, Ihnen eine Formel am Telefon zu beschreiben? Oder wenn ich sie in einer Vorlesung während des Schreibens an die Tafel erklären würde? In meinem Fall sprach ich Lehrbücher für blinde Personen auf Band. Wie lese ich mathematische Ausdrücke vor, sodass jemand, der sie nicht sehen kann, sie trotzdem versteht? EQN war vollständig darauf ausgerichtet, Mathematik wie gesprochen hinzuschreiben, und es kümmerte sich nicht so sehr um die Qualität der Ausgabe. Vergleichen Sie das mit TeX, das nicht so leicht einzugeben ist, viel Syntax enthält, aber eine sehr mächtige Sprache ist, die Ihnen eine deutlich größere Kontrolle über die Ausgabe ermöglicht – dafür aber schwieriger zu nutzen ist.

Wie stark haben Sie beim Design der Sprache über die Implementierung nachgedacht?

Brian: Recht viel, weil ich immer sowohl am Design als auch an der Implementierung beteiligt war. Wenn ich nicht erkennen kann, wie etwas zu implementieren ist, kann ich auch dem Design nichts abgewinnen.

Bei so gut wie jeder Sprache, die ich erstellt habe, war entweder die Sprache so einfach, dass sie durch einen schlichten Ad-hoc-Parser verarbeitet werden konnte, oder ich konnte bei einer umfangreicheren Syntaxstruktur die Grammatik mit yacc festlegen.

Ich denke, wenn ich Sprachen wie EQN oder AWK ohne die Vorteile von yacc hätte aufbauen müssen, wären sie nie umgesetzt worden, weil es zu schwer ist, Parser von Hand zu schreiben. Nicht, dass man es nicht könnte, aber es ist schon eine ziemliche Plackerei. Nutzt man hingegen ein Tool wie yacc, kann man sich um die interessanten und abenteuerlichen Dinge kümmern und das Design schnell anpassen, wenn etwas nicht richtig zu sein scheint. Denn Sie müssen nur einen Teil der Grammatik anpassen und nicht größere Mengen an Code ändern, um etwas Grundlegendes an der Sprache zu variieren oder neue Features hinzuzufügen. Es war mit einem Tool wie yacc wirklich einfach und wäre mit einem klassischen, rekursiv absteigenden Parser deutlich schwerer geworden.

Sollten Sprachdesigner einen bevorzugten Stil erzwingen, um häufig vorkommende Fehler zu vermeiden? So wie die Quellcodeformatierung in Python oder das Fehlen von Zeigerarithmetik in Java?

Brian: Ich nicht eindeutig dafür oder dagegen. Denn meistens ist die eingeforderte Disziplin nützlich, sobald man sich an sie gewöhnt hat. Ich fand die Einrückungsregeln von Python zunächst irritierend, aber nachdem ich mich an sie gewöhnt hatte, stellten sie kein Problem mehr dar.

Man sollte versuchen, die Sprache so zu entwerfen, dass sie die richtigen Konstrukte hat, um es den Leuten leicht zu machen, das zu sagen, was sie sagen wollen, ohne dass es Mehrdeutigkeiten oder viele unterschiedliche Wege gibt, es auszudrücken. Wenn Java also keine Zeiger mehr hat, ist das ein deutlicher Unterschied zu C oder C++, aber es stellt Referenzen bereit, die eine echte Alternative in vielen Situationen sind. Java bietet keine goto-Anweisung. Ich hatte nie das Gefühl, dass das ein Problem wäre. C bietet diese Anweisung. Ich nutze sie normalerweise nicht, aber ab und zu ist sie doch sinnvoll. Daher kann ich mich mit beiden Entscheidungen arrangieren.

Ich habe die Sprache PIC erwähnt, mit der sich Abbildungen zeichnen lassen. Sie war sehr praktisch, um einfache Bilder wie Pfeile, Kästen und Flussdiagramme zu zeichnen. Aber die Leute wollten Bilder mit regelmäßigen Strukturen zeichnen. Also habe ich recht widerwillig eine while-Schleife, eine for-Schleife und sogar eine if-Anweisung eingebaut. Indem das erst im Nachhinein dazukam, hatte es eine irgendwie unpassende Syntax und fügte sich nicht richtig in die Sprache PIC ein, aber es war auch anders als in normalen Sprachen. Das Ergebnis war nützlich, aber unpraktisch.

Es scheint, dass die Sprache erst einfach beginnt, dann wächst und nach und nach all die Eigenschaften einer richtig großen Programmiersprache übernimmt – mit Variablen und Ausdrücken und den if-Anweisungen und while-Schleifen und Funktionen. Aber meist sind diese Konstrukte irgendwie unpassend, die Syntax gehört nicht in die Sprache, die Mechanismen arbeiten nicht so gut und alles fühlt sich falsch an.

Lag das an ihrem Ursprung als kleine Sprachen, bei denen das Entwickeln zu einer allgemeinen Sprache nicht berücksichtigt wurde?

Brian: Ja, daran wird es gelegen haben. Ich spreche hier nur für mich, aber das Gedankenbild, mit dem ich beginne, ist immer das einer kleinen Sprache – ganz klein und einfach, nicht für große Dinge gedacht, nicht als universell einsetzbare Sprache. Aber wenn sie nützlich ist, beginnen die Leute damit, die Grenzen auszuloten und mehr zu wollen. Und üblicherweise handelt es sich bei den gewünschten Funktionen um die Features allgemein nutzbarer Programmierersprachen, durch die sie programmierbar wird, statt nur deklarativ zu sein. Sie wollen die Möglichkeit haben, etwas zu wiederholen, sie wollen vermeiden können, das Gleiche immer und immer wieder schreiben zu müssen. Das führt zu Schleifen und Makros und Funktionen.

Wie können wir eine Sprache entwerfen, die für jeden nützlich ist? Sie haben kleine Sprachen erwähnt, die sich auf ein bestimmtes Ziel konzentrieren, aber ich habe auch den Eindruck, Sie mögen die Idee, dass ein Entwickler eine Sprache schreibt, um seine eigenen Bedürfnisse zu befriedigen. Wenn dann erst einmal etwas läuft – wie kann es dann wachsen, damit es auch für andere nützlicher wird?

Brian: Es wird wohl nie eine Sprache geben, die für jeden nützlich ist und sich für jede Anwendung nutzen lässt – selbst nicht für recht große Gruppen mit vielen Anwendungen.

Wir haben heutzutage viele gute, allgemein nutzbare Sprachen. C ist für manche Aufgaben wunderbar; C++, Java, Python – jede macht ihre Aufgabe in ihrem Bereich gut, kann aber auch in allen anderen Bereichen genutzt werden. Aber ich glaube nicht, dass ich versuchen würde, in Python ein Betriebssystem zu schreiben, und ich möchte nie mehr Code zum Bearbeiten von Text in C schreiben.

Wie erkennen Sie den Bereich, in dem eine Sprache besonders nützlich ist oder ihre Stärken ausspielen kann? Sie haben zum Beispiel gesagt, dass Python zum Schreiben eines Betriebssystems nicht so hilfreich ist. Liegt das an der Sprache oder eher an der Implementierung?

Brian: Ich glaube an beidem. Die Implementierung wird vermutlich dafür sorgen, dass alles zu langsam ablaufen würde. Aber wenn ich ein Spielbetriebssystem oder eines zum Vorführen schreiben würde, wäre Python vollkommen ausreichend. Es kann in mancher Hinsicht sogar besser sein. Aber ich glaube nicht, dass ich ein Betriebssystem in Python schreiben würde, das zum Beispiel Googles Infrastruktur unterstützt.

Echte Programmierer haben nicht immer den Luxus, wählen zu können. Sie müssen benutzen, was auch immer die lokale Umgebung unterstützt. Wenn ich ein Programmierer in einem großen Finanzinstitut an der Wall Street bin, werde ich wohl in einer ganz bestimmten Sprache programmieren oder aus einer sehr kleinen Gruppe von Sprachen auswählen können – vielleicht C++ und Java. Ich werde nicht einfach sagen können: »Ach, ich will nur in C schreiben«, oder: »Na ja, ich denke, Python wäre hier besser.« In einer Firma, die ich kenne, stehen C++, Java und Python zur Verfügung. Ruby mag in manchen Fällen besser geeignet sein, aber dort wird eben nicht in Ruby geschrieben. Viele Leute haben da keine freie Wahl.

Wenn sie andererseits eine bestimmte Aufgabe zu erledigen haben, können sie frei wählen zwischen C++, Java oder Python. Dann kann man die technischen Randbedingungen berücksichtigen und eine Wahl treffen.

Vielleicht sollte jeder eine eigene Sprache haben.

Brian: Eine, die nur ihm alleine gehört und die niemand anderes nutzt?

Wo jeder eine eigene Syntax hat, die in einen allgemeinen Bytecode umgewandelt wird, der wiederum universell ist.

Brian: Da wird eine gemeinsame Entwicklung echt schwer werden. :)

Was sollte man tun, wenn man den ersten Prototypen erstellt hat?

Brian: Versuchen Sie zuerst, selber Code in der vorgeschlagenen Sprache zu schreiben. Wie fühlt es sich an, das zu schreiben, was man persönlich möchte, und was die Leute um Sie herum vermutlich schreiben wollen? Bei EQN war das ganz klar. Wie sprechen Mathematiker? Ich bin keiner, aber ich hatte schon eine gute Vorstellung davon, weil ich viele Mathevorlesungen gehört habe. Sie wollen es selber verwenden und es dann so schnell wie möglich von anderen nutzen lassen, aber möglichst von Anwendern, die gute Kritikpunkte haben. Die Leute sollen es also ausprobieren und Ihnen dann sagen, was sie gefunden haben.

Einer der wundervollen Aspekte der Bell Labs in den 70er und 80er Jahren war, dass es viele Leute in der Unix-Gruppe (und darum herum) gab, die genau das sehr gut konnten – kritisch untersuchen, was andere gemacht haben. Die Kritik war häufig sehr direkt, aber es gab gutes und schnelles Feedback darüber, was gut war und was nicht. Wir haben alle davon profitiert, weil dadurch die gröbsten Ungereimtheiten geglättet und Systeme kulturell angepasst werden konnten und die richtig schlechten Ideen rausflogen.

Ich denke, heute ist das schwieriger. Sie können zwar Rückmeldungen von viel mehr Leuten erhalten, die dank dem Internet über die ganze Welt verteilt sind, aber keine fokussierten Kritiken von einer Gruppe von Personen, die in Ihrem Gebiet außerordentlich talentiert sind, die Sie mal für eine Stunde in der Kaffee-Ecke treffen oder in ihrem Büro aufsuchen können.

Wie haben Sie es geschafft, all Ihre Ideen und Experimente umzusetzen und gleichzeitig ein einmaliges und stabiles System aufzubauen?

Brian: Das war nicht so schwer, weil AWK sehr klein war. Die erste Version bestand aus vielleicht gerade einmal 3.000 Zeilen Code. Ich glaube, Peter Weinberger schrieb diese erste Version. Die Grammatik wurde mit yacc umgesetzt, was sehr einfach war. Den lexikalischen Teil erledigten wir mit lex. Und die Semantik war damals ziemlich regulär. Wir hatten verschiedene Versionen der Interpreter-Maschine, aber sie waren nicht sehr groß. Es war sehr leicht, Änderungen vorzunehmen und sie im Griff zu behalten. Und tatsächlich ist das Ganze immer noch ziemlich klein. Die Version, die ich zur Verfügung stelle, hat jetzt, 30 Jahre später, nicht viel mehr als 6.000 Zeilen.

Stimmt es, dass jeder von Ihnen Testmodule für jedes neue Feature schreiben musste, das eingebaut werden sollte?

Brian: Nein, auf keinen Fall. Als das Buch 1988 veröffentlicht wurde, begannen wir damit, beim Sammeln von Testfällen systematischer vorzugehen. Vermutlich ein paar Jahre später ging ich dann disziplinierter vor, und irgendwann dazwischen entschied ich, dass ich beim Hinzufügen eines Features auch ein paar Tests hinzufügen musste, die sicherstellen, dass das Feature auch tatsächlich funktioniert. Ich habe jetzt eine ganze Zeit keine neuen Features mehr eingebaut, aber es sind immer mehr Testfälle hinzugekommen, denn wenn jemand einen Fehler findet, ergänze ich ein oder zwei Tests, die den Fehler gefunden hätten, um zu verhindern, dass er wiederkommt.

Ich denke, dass ist ein gutes Vorgehen. Ich wünschte, wir hätten das schon früher sorgfältiger und systematischer gemacht. Die Testsuite umfasst heute im Prinzip alle Programme in den ersten beiden Kapiteln des AWK-Buches. Aber sie kam offensichtlich erst nach dem Buch, das wiederum auch erst nach der Sprache erschien.

In den vergangenen 40 Jahren hat es in der Informatik und bei den Programmiersprachen große Fortschritte in der Forschung gegeben. Haben Sie neben den verbesserten Tools Fortschritte im Sprachdesign gesehen?

Brian: Ich bin mir nicht sicher, ob ich genug weiß, um eine passende Antwort zu geben. Bei manchen Sprachen, zum Beispiel Skriptsprachen, ist der Sprachdesignprozess immer noch ziemlich spezifisch und basiert auf den Vorlieben, Interessen und Meinungen des Sprachdesigners. Wir haben also Dutzende von Skriptsprachen, und ich glaube nicht, dass sie direkt von den Forschungsergebnissen wie der Typentheorie profitiert haben.

In den 70ern gab es alle möglichen Arten von Sprachen: C, Smalltalk – sehr unterschiedliche Typen. Heute haben wir ein viel größeres Sprachumfeld, aber immer noch C, C++ und Smalltalk. Erwarten Sie noch mehr Innovationen und Verbesserungen beim Design von Sprachen und der Interaktion mit Computern?

Brian: Ich vermute, dass ich über den ganzen Bereich zu wenig weiß. Vermutlich schaffen wir es immer besser, den Rechner mehr für uns arbeiten zu lassen. Das bedeutet, dass Sprachen auf einer höheren Ebene genutzt werden und deklarativer werden, sodass wir uns nicht um so viele Details kümmern müssen. Man hofft, dass die Sprachen sicherer werden, sodass es schwieriger wird, Programme zu schreiben, die nicht funktionieren. Vielleicht Sprachen, die sich leichter in eine sehr effiziente ausführbare Form übersetzen lassen. Aber darüber hinaus habe ich ehrlich gesagt keine Ahnung.

Können wir eine Wissenschaft des Sprachdesigns haben? Können wir das Sprachdesign mit einer wissenschaftlichen Methode angehen, sodass wir aus früheren Entdeckungen oder Erfindungen lernen und immer besser werden? Wird da immer der persönliche Geschmack des Designers eine Rolle spielen?

Brian: Ich glaube, dass immer viel persönlicher Geschmack und Intuition beim Design einer Sprache beteiligt sind. So gut wie alle Sprachen sind im Endeffekt das Produkt einer oder zweier Personen, vielleicht auch von dreien. Es ist schwer, eine Sprache zu finden, die aus einer Gruppe entstanden ist. Daher ist die Wahrscheinlichkeit sehr groß, dass persönliche Vorlieben mitspielen.

Gleichzeitig ist unser Verständnis nahezu jedes Aspekts von Programmiersprachen besser geworden und wird auch noch weiter verbessert. Das legt nahe, dass neue Sprachen auf ordentliche

Prinzipien aufbauen und ihre Eigenschaften zum Großteil gut verstanden sind. In diesem Sinne ist das Ganze wissenschaftlicher als vor vielleicht 10 oder 20, sicher aber vor 30 Jahren, als es all diese Grundlagen noch nicht gab. Aber ich vermute, dass ein Großteil des Sprachdesigns immer noch vom individuellen Geschmack abhängt.

Die Leute kommen mit Sachen an, die sie reizvoll finden. Manche dieser Dinge werden auch viele andere Leute ansprechen. Aber es werden eben mehr und mehr Dinge, die eine Sprache haben muss, weil sie einfach als gegeben angenommen werden. So muss zum Beispiel jede relevante aktuelle Sprache heutzutage eigentlich immer eine Art von Objektmechanismus besitzen, die möglichst von Anfang an Teil des Designs sein muss und nicht nur später drangepappt wird. Nebenläufigkeit ist ein weiterer wichtiger Bereich, da wir Rechner mit vielen Prozessoren haben und die Sprachen mit Nebenläufigkeit direkt in ihrem Kern umgehen können müssen, nicht nur über irgendwelche Bibliotheks-Add-ons.

Wenn wir die Situation besser verstehen, versuchen wir, Systeme zu bauen, die immer größer sind, daher sind wir einerseits mächtiger, versuchen andererseits aber auch immer, die Latte noch ein bisschen höher zu legen. Ebenso werden die Teams immer größer.

Brian: Ich glaube, Ihre Beobachtung ist vollkommen richtig. Wir versuchen, immer größere Dinge zu bauen, daher arbeiten wir immer an der Grenze des Möglichen. Durch mehr Hardware, ein besseres Verständnis des Programmierens und bessere Programmiersprachen gehen wir immer größere Projekte an. Eine Aufgabe, für die man in den 1970er Jahren ein Team von hundert Personen über ein oder zwei Jahre beschäftigte, lässt sich heute von einem Studenten in ein paar Wochen zusammenstellen, weil es so viel Support, so viel Infrastruktur, so viel Leistung im Rechner und so viel bestehende Software gibt, auf die Sie aufbauen können. Daher denke ich, dass wir uns immer an den Grenzen bewegen.

Werden wir große Teams haben, wie die tausende von Leuten, die bei Microsoft an Vista arbeiten? Vermutlich, aber wir müssen auf jeden Fall Wege finden, große Projekte in eine Reihe kleiner Projekte aufzuteilen, die untereinander sicher und gut organisiert miteinander kommunizieren.

Für manches davon müssen Sprachen verbessert werden, bei anderen Aspekten werden bessere Mechanismen benötigt, um die Komponenten unabhängig von der verwendeten Sprache zusammenzufügen und Informationen beim Transport über Schnittstellen zusammenzufassen.

Sie haben gesagt, dass eine moderne Programmiersprache auf jeden Fall OOP unterstützen sollte. Ist OOP so gut? Gibt es etwas anderes, das wir versuchen oder erfinden oder ergänzen können, um das Aufbauen großer Systeme zu vereinfachen?

Brian: Objektorientierung ist in manchen Konstellationen sehr nützlich. Wenn Sie in Java schreiben, haben Sie keine Wahl, aber wenn Sie in Python oder C++ schreiben, können Sie es nutzen oder auch nicht. Ich denke, das ist das richtige Modell: Abhängig von der speziellen Anwendung nutzt man es, oder eben nicht. Wenn sich die Sprachen weiterentwickeln, wird es sicherlich auch andere Mechanismen geben, Einheiten zusammenzufassen und ein Programm zu organisieren.

Wenn Sie sich COM anschauen, das Component Object Model von Microsoft, basiert es auf objektorientierter Programmierung, aber es ist mehr als das, weil eine Komponente eine ganze Sammlung von Objekten ist, nicht nur eines. Wie gehen Sie damit auf einem geordneteren Weg als vielleicht COM um, sodass klarer wird, wie alles miteinander in Beziehung steht?

Wir brauchen Mechanismen, um mit einer großen Zahl von Objekten umzugehen. Wir arbeiten mit ziemlich komplizierten Objektstrukturen, wenn wir mit größeren Programmen beschäftigt sind, deren Bestandteile verteilt sind.

Unix nutzt die Sprache C, die keine OO-Unterstützung bietet, und darauf bauen Sie Komponenten – Objekte – als kleine Tools, die sich leicht zu komplexen Features kombinieren lassen. Anstatt das Objektkonzept in die Sprache zu stecken, sollten wir vielleicht Objekte oder Komponenten – kleine Tools – bauen, die eigenständige Programme sind. Wenn Sie sich eine Tabellenkalkulation anschauen, ist das im Allgemeinen ein großes Programm, das aus Objekten zusammengesetzt ist. Vielleicht unterstützt es Plugins oder Add-ons, aber die Idee ist, dass die Objekte ins Programm integriert und mit der Sprache verwaltet werden.

Brian: Excel ist ein schönes Beispiel, weil es eine große Anzahl von Objekten mit ihren Methoden und Eigenschaften nutzt. Sie können Code schreiben, der Excel kontrolliert, sodass es im Endeffekt eine gigantische Unterroutine wird, oder einfach eine weitere Berechnungseinheit. Die Verbindungen sind nicht so ordentlich wie zum Beispiel bei einer Unix-Pipeline, aber es kommt dem schon recht nahe, und es wäre gar nicht so schwierig, Excel zu einem Teil einer solchen Pipeline zu machen.

Mashups sind ähnlich: Es handelt sich um große Bausteine, Building Blocks, die schnell zusammengeklebt werden können. Sie sind nicht ganz so einfach wie eine Unix-Pipeline, aber es ist die gleiche Idee – das Kombinieren großer, eigenständiger Elemente zu größeren Systemen.

Yahoo! Pipes ist ein nettes Beispiel. Der Ansatz ist wirklich interessant: »Wie können wir ziemlich komplizierte Operationen nehmen und zusammenfügen?« Sie haben dem Ganzen eine schöne grafische Oberfläche verpasst, aber Sie können sich das Gleiche auch mit textbasierten Mechanismen vorstellen. So hätten Sie ein System, bei dem Sie beliebige Rechenblöcke kombinieren könnten, indem Sie einfach wieder ein textbasiertes Programm schreiben. Es wäre durchaus lohnenswert, sich zu überlegen, wie man das ordentlich macht. Wie bauen wir effektive Systeme aus bestehenden Komponenten auf, und wie kriegen wir die Programmiersprachen dazu, uns dabei zu helfen?

Während der Befehlszeilenära mussten Sie mit dem Computer mithilfe geschriebener Sprache kommunizieren – Text als Eingabe tippen und Text als Ausgabe lesen. Heute interagieren wir sowohl mit der Tastatur als auch mit der Maus und erhalten sowohl eine grafische als auch teilweise eine textuelle Ausgabe. Ist der beste Weg, mit einem Computer zu kommunizieren, immer noch eine Sprache? War die Befehlszeile besser, weil sie Sprache verwendete?

Brian: Grafische Schnittstellen sind für unerfahrene Benutzer sehr hilfreich. Wer ein System neu kennenlernt, eine Anwendung nicht häufig nutzt oder etwas wirkliches Grafisches macht, wie zum Beispiel ein Dokument zu erstellen, fährt mit einer GUI besser. Aber nach einiger Zeit bemerken Sie, dass Sie bestimmte Schritte wieder und wieder durchführen. Computer kommen mit sich wiederholenden Aufgaben sehr gut klar. Wäre es nicht viel netter, wenn wir dem Computer sagen könnten, er solle es immer wiederholen?

Es gibt schon Mechanismen dafür, wie zum Beispiel Makros in Word oder Excel. Aber es gibt auch programmierbare APIs für Systeme wie Google, Yahoo!, Amazon oder Facebook. Sie können jede Operation, die Sie mit der Tastatur oder Maus ausführen, nehmen und mechanisieren. Und Sie können das tun, ohne Screen Scraping nutzen zu müssen oder den HTML-Code zu parsen, wie Sie es vor zehn Jahren noch getan haben.

Im Endeffekt kommt man damit wieder zur Befehlszeile, an der reine textbasierte Bearbeitungen am besten sind. Sie wissen vielleicht nicht, was Sie tun wollen, bis Sie ein paar der Maus- und Tastaturoperationen durchgeführt haben, aber wenn Sie die regelmäßig vorkommenden Operationen erst einmal erkannt haben, mechanisieren die Befehlszeilenschnittstelle und diese APIs den Prozess, ohne dass ein Mensch beteiligt sein muss.

Berücksichtigen Sie beim Design der Sprache die Debugbarkeit von Features? Ein Kritikpunkt an AWK ist, dass Variablen automatisch ohne Deklaration initialisiert werden. Das ist bequem, aber wenn Sie Schreibfehler machen, kann es sehr schwer sein, Probleme zu finden.

Brian: Das ist ein Konflikt. Jede Sprache hat Konflikte, und in AWK entstanden Konflikte durch den Versuch, die Sprache sehr, sehr einfach verwenden zu können. Ziel waren Einzeiler, da wir dachten, dass die meisten Programme nur ein oder zwei Zeilen lang sein würden. Variablen, die nicht deklariert, aber automatisch initialisiert werden, passten dazu, denn wenn Sie sie deklarieren und initialisieren mussten, verdreifachten Sie die Größe des Programms. Das funktionierte für kleine Programme wunderbar, aber bei großen Programmen ist das ziemlich schlecht. Was sollten Sie also tun?

Perl hat einen Modus, in dem Sie gewarnt werden: »Sag' mir Bescheid, wenn ich etwas Dummes getan habe.« Sie könnten vorsichtiger sein, wenn Sie den von Python gewählten Weg eingeschlagen haben. Sie müssen Variablen in Python initialisieren, aber viel Deklaration ist im Allgemeinen nicht notwendig. Oder Sie haben ein eigenes Tool, ein kleines Helferlein für AWK-Programme, das sagt: »Sie haben zwei Variablen, deren Namen sehr ähnlich sind – ist das Ihre Absicht?«

Eine dubiosere Designentscheidung in AWK ist, dass Verkettungen durch Nebeneinanderstehen ausgedrückt wurden, ohne expliziten Operator. Eine Abfolge von aufeinanderfolgenden Werten wird einfach verkettet. Wenn Sie das mit der Tatsache kombinieren, dass Variablen nicht deklariert werden, ist so gut wie alles, was Sie schreiben, ein gültiges AWK-Programm. Es ist schlicht zu einfach, Fehler zu machen.

Ich denke, dass das ein Beispiel für dummes Design ist. Das hat gar keine Vorteile gehabt – wir hätten einfach einen Operator nehmen sollen. Automatisch initialisierte Variblen waren eine bewusste Designentscheidung, die bei kleinen Programmen wunderbar funktioniert, sich aber nicht skalieren lässt.

Legacy-Kultur

Stellen Sie sich vor, dass ich eine neue kleine Sprache schreibe, die in zwei MByte Speicher laufen soll – für ein Mobiltelefon oder ein Embedded Device. Bis zu welchem Grad beeinflussen solche Implementierungspunkte die Schnittstellenebene? Muss ein Anwender, der mein Programm verwendet, ein paar meiner Designentscheidungen verstehen, oder haben wir uns mittlerweile von solchen Einschränkungen lösen können?

Brian: Ich denke, wir sind viel weiter davon gelöst als früher. Wenn Sie sich die Geschichte früher Unix-Programme anschauen, insbesondere AWK, sehen Sie viele Stellen, an denen sich die Tatsache, dass Speicher sehr knapp war, in der Sprache oder an verschiedenen Orten im Betriebssystem bemerkbar machte.

So hatte AWK zum Beispiel viele Jahre lang interne Grenzen: Sie konnten nur eine bestimmte Anzahl von Dateien offen haben, eine Höchstmenge an Elementen in einem assoziativen Array und so weiter. Das hatte alles damit zu tun, dass Speicher sehr knapp und die Prozesse nicht schnell waren. Diese Einschränkungen sind nach und nach verschwunden. In meiner Implementierung gibt es keine festen Grenzen mehr. Feste Grenzen sind eine Stelle, an denen sich die Ressourceneinschränkungen bemerkbar machen und für den Endanwender sichtbar werden.

AWK versucht, den Zustand einer Variablen zu sichern. Wenn also eine Variable als Zahl genutzt wurde und dann zur Ausgabe in einen String gezwängt wird, weiß AWK, dass sowohl der numerische Wert als auch der String-Wert aktuell sind, sodass es die Umwandlung nicht erneut durchführen muss. Bei einem modernen Rechner, der tausendmal schneller läuft, würden Sie das nicht mehr machen. Sie würden einfach den Wert bei Bedarf umwandeln.

Selbst damals war das vermutlich schon ziemlich verrückt, da es zu einer Menge kompliziertem Code führte, der sehr vorsichtig ausbalanciert werden musste und vermutlich nicht immer korrekt war, um diesen Zustand zu verwalten. Hätte ich es heute zu tun, würde ich gar nicht darüber nachdenken. Ich bin sicher, bei Perl oder Python wird da überhaupt kein Gedanke dran verschwendet.

Perl 5 nutzt diesen Trick seltsamerweise immer noch.

Brian: Die erste Version von Perl wurde weniger als zehn Jahre nach AWK geschrieben und es gab immer noch eine ganze Reihe von Ressourceneinschränkungen. Wie auch immer, das sind Beispiele dafür, wie knappe Ressourcen Sie dazu zwangen, Dinge zu tun, die sie im Nachhinein sicherlich anders lösen würden.

Ich begann auf Rechnern, die, wenn ich mich richtig erinnere, 64 KBytes besaßen. Da waren wir aber schon mitten in der Unix-Welt.

Peter Weinberger sagte, dass es in den frühen Unix-Tagen immer das Gefühl gab, dass man ein Programm im nächsten Jahr neu schreiben konnte. Es musste nicht perfekt sein, weil es nicht groß oder kompliziert war. Sie konnten es immer neu schreiben. War das auch Ihre Erfahrung?

Brian: Programme wurden recht häufig umgeschrieben. Ich weiß nicht, ob sie von Grund auf neu geschrieben wurden. Meiner Erfahrung nach denke ich nicht, dass irgendetwas, das ich je geschrieben habe, komplett weggeworfen wurde, um danach neu anzufangen. Meine Änderungen waren eher inkrementell, aber es wurde viel neu nachgedacht und es war definitiv Teil der Kultur, herauszufinden, ob es Möglichkeiten gab, das Programm kleiner zu machen.

Er vermittelte den Eindruck, dass das eine Frage der Kultur gewesen sei. Die Designüberlegungen gingen nie davon aus, dass ein Programm 10, 20 oder 40 Jahre bestehen würde. Haben Sie eine Verschiebung von kurzfristigem zu langfristigem Denken beobachtet?

Brian: Ich weiß nicht, ob jemand heutzutage im Softwarebereich langfristig denkt, aber früher haben das manche getan. Einige tun das, weil sie es tun müssen. Wenn ich zum Beispiel in einer Telefonfirma arbeitete, die Switch-Software erstellt, musste dieser Code in der guten alten Zeit eine ganze Weile halten und kompatibel zu dem Code sein, der vorher gelaufen war. Sie mussten viel vorsichtiger vorgehen. Vielleicht sollten wir uns der Tatsache stellen, dass es sehr schwer ist, Code neu zu schreiben. Es ist einfach nicht genug Zeit dafür da.

Das andere ist, dass es – zumindest in meinen Erinnerungen an das Unix der 70er Jahre – so viele interessante neue Dinge gab, dass die Leute einfach loslegten und Programme änderten. Ich glaube nicht, dass irgendjemand davon ausging, dass sein Code Jahrzehnte halten würde. Wenn Sie Al oder Peter oder mir 1978 erzählt hätten, dass wir 30 Jahre später ein Gespräch über AWK führen würden, hätten wir das nicht geglaubt.

Der Unix-Kernel hat sich wirklich weiterentwickelt. Viele Leute wünschen sich vielleicht etwas anderes, aber die Sprache C ist immer noch eine der besten Optionen für Software wie AWK und den Kernel. Warum überleben solche Dinge, während es andere nicht tun?

Brian: Zum Teil überleben sie, weil sie in dem, was sie tun, wirklich gut sind. C hat sich als optimal bei der Systemimplementierung erwiesen. Es ist sehr ausdrucksvoll, gleichzeitig aber nicht kompliziert oder groß. Und es ist effizient, was auf einer bestimmten Ebene immer wichtig ist. Man kann gut mit dieser Sprache arbeiten, denn wenn Sie etwas Bestimmtes ausdrücken wollen, gibt es nicht so viele verschiedene Wege, das zu tun. Ich schaue mir Ihren Code an und sage: »Ich weiß, was Sie tun.« Ich glaube nicht, dass das für Sprachen wie Perl oder C++ gilt. Ich schaue mit Ihren Perl-Code an und sage: »Öhm?«, da es nicht nur den einen Weg gibt, etwas zu schreiben.

C++ ist groß und komplex, und es gibt viele verschiedene Wege, etwas auszudrücken. Wenn Sie und ich C++ schreiben würden, wären das eventuell ziemlich unterschiedliche Wege, eine größere Berechnung auszudrücken. Bei C ist das nicht der Fall. C überlebt, weil es die richtige Balance zwischen Ausdrucksstärke und Effizienz gefunden hat und für Core-Anwendungen ist es immer noch das beste Tool.

Das ist auch der Grund dafür, dass wir nie das X-Window-System auf Unix ersetzt haben. Jeder nutzt Xlib oder etwas, das Xlib verwendet. So barock Xlib auch sein mag, es ist überall.

Brian: Genau. Es erledigt seinen Job. Und macht ihn gut genug. Das Ganze von Grund auf neu zu schreiben, wäre eine zu große Aufgabe.

Wenn Sie sich nun C++ anschauen, war eines der ursprünglichen Designziele die Rückwärtskompatibilität zu C, im Guten wie im Schlechten. Wenn Sie also nun X ersetzen wollen, brauchen Sie etwas, das X-Programm-Strings transparent ausführen kann. C++ hat C nicht an vielen Orten verdrängt, auch wenn es das eigentlich als Ziel hatte.

Brian: Bjarne brachte sich fast um damit, es so kompatibel wie möglich zu C werden zu lassen. Einer der Gründe dafür, dass C++ Erfolg hatte, andere Sprachen aber nicht, ist, dass die Kompatibilität gut war – sowohl was Quellcode angeht, als auch bei den Objekten. Sie mussten also nicht eine komplett neue Umgebung aufbauen, um C++ zusammen mit altem C zu verwenden.

Ich bin sicher, dass die Entscheidungen, die Bjarne im Bereich der Kompatibilität getroffen hat, irgendwie wieder zu ihm zurückkamen, weil die Leute sagen: »Oh, es ist furchtbar, weil ...« Er traf diese Entscheidungen sehr bewusst und wandte viele Überlegungen darauf auf, da die Kompatibilität mit der bestehenden Welt wichtig war und dadurch der langfristige Erfolg wahrscheinlicher wurde.

Eine seiner größten Sünden ist, dass es zu sehr nach C kommt.

Brian: Vielleicht, aber je weiter es von C entfernt wäre, desto unwahrscheinlicher wäre sein Erfolg gewesen. Es ist schwierig, die richtige Balance zu finden, und ich denke dass er sehr gute Arbeit abgeliefert hat.

Bis zu welchem Grad können Sie Abwärtskompatibilität verfolgen, während Sie gleichzeitig etwas Neues und Revolutionäres einführen möchten?

Brian: Das ist in absolut jedem Bereich ein Dilemma, und ich sehe auch keine Lösung dafür.

Sie haben erwähnt, dass eine Reihe von kleinen Sprachen immer mehr Features erhielt, Turing-vollständig wurde und ihre konzeptionelle Reinheit verloren hat. Gibt es Designprinzipien, die man anwenden kann, wenn Sie eine kleine Sprache nehmen und allgemeiner nutzbar machen wollen, ohne dass sie ihren ursprünglichen »Charme« verliert?

Brian: Ich denke schon. Ich erinnere mich daran, dass ich das immer wieder gesagt habe, und ich habe mich häufig gefragt, ob das zu engstirnig war. Alle Sprachen, die ich angefasst habe, hatten diese Eigenschaft und vielleicht sonst keine. Vielleicht hatte ich nur mein eigenes Problem gesehen. Im Nachhinein wäre ich in den meisten Fällen vielleicht besser damit gefahren, sicherzustellen, dass neue Features syntaktisch kompatibel zu bestehenden Sprachen waren, sodass die Leute nicht eine nagelneue Syntax lernen mussten.

Wird es ein Wiederaufleben kleiner Sprachen geben, oder gibt es das bereits?

Brian: Ich bin nicht sicher, ob »Wiederaufleben« das richtige Wort ist, aber kleine Sprachen werden weiter entwickelt werden.

Das starke Wachstum von APIs für Webservices wird das vielleicht bis zu einem gewissen Grad fördern. Jeder hat eine API, mit der Sie seinen Webservice von einem Programm aus ansteuern können, statt selber Daten einzugeben. Die meisten davon sind momentan als JavaScript-APIs verpackt, aber ich kann mir Möglichkeiten vorstellen, sie so zugänglich zu machen, dass sie von der Unix- oder Windows-Befehlszeile aus ausgeführt werden können, ohne JavaScript schreiben zu müssen, das innerhalb eines Browsers sitzt und bei dem Sie trotzdem noch einmal klicken müssen, um das Programm zu starten.

Das klingt fast so, als ob Sie über ein Wiederauferstehen der Unix-Befehlszeile sprechen, die auf dem ganzen Internet arbeitet.

Brian: Das haben Sie schön gesagt. Wäre das nicht cool?

Transformative Technologien

Sie haben erwähnt, dass yacc das Experimentieren mit der Syntax einer Sprache vereinfacht hat, da Sie Ihre Grammatik anpassen und dann erneut einen Durchlauf machen konnten, statt einen handgemachten, direkt absteigenden Parser zu verändern. War yacc eine transformative Technologie?

Brian: Auf die Sprachentwicklung hatte yacc sicherlich einen enormen Einfluss. Meine persönliche Meinung ist, dass ich ohne es niemals eine Sprache zum Laufen bekommen hätte, da ich – aus welchem Grund auch immer – beim Schreiben rekursiv absteigender Parser nicht sehr gut war. Ich hatte immer so meine Schwierigkeiten mit Prioritäten und Assoziativität.

Mit yacc müssen Sie darüber nicht nachdenken. Sie könnten eine sinnvolle Grammatik aufschreiben und dann sagen: »Das sind die Priorität und die Assoziativität, und so sollst du die üblen Sachen wie unäre Operatoren behandeln, die genau wie binäre Operatoren geschrieben werden.« Alle diese Dinge waren viel einfacher. Allein die Existenz dieses Tools ermöglichte es, über das Umsetzen von Dingen aus Sicht der Sprache nachzudenken, die ansonsten zu schwierig für eine Realisierung gewesen wären.

Und yacc arbeitete auch außerordentlich gut bei EQN. Die Grammatik war nicht sehr kompliziert, aber es gab verrückte Konstrukte. Manche von ihnen waren noch nie vorher im Kontext einer Programmiersprache berücksichtigt worden, und EQN war schließlich auch deklarativ, nicht prozedural. Es gab sogar Diskussionen darüber in den CACM – die Schwierigkeit, Subskripten und Superskripten an dieselbe Entität zu hängen, was sehr gut in einer yacc-Grammatik umgesetzt werden konnte, aber sehr schwer auf anderen Wegen.

yacc war aus theoretischer Sicht ein erstaunliches Stück Software – diese Sprachtechnologie zu nehmen, das Verständnis, wie man Dinge parst und in ein Programm umwandelt –, aber es war auch außerordentlich gut entwickelt, viel besser, als irgendetwas anderes zur damaligen Zeit. Es dauert lange, bis es wieder etwas ähnlich sauber Entwickeltes wie yacc gab.

lex hatte ein paar ähnliche Eigenschaften, aber irgendwie fand es nicht die gleiche Verbreitung. Vielleicht, weil es leichter ist, Ihre eigenen lexikalen Analyseroutinen zu schreiben. In AWK hatten wir ursprünglich einen lex-Analyzer, aber mit der Zeit fand ich es schwierig, ihn in unterschiedlichen Umgebungen zu warten, daher ersetzte ich ihn durch einen selbstgebauten lexikalen Analyzer in C. Das war dann lange Jahre die Quelle aller Fehler.

Haben neben lex und yacc andere Technologien die Entwicklung von Sprachen oder Programmen einfacher oder mächtiger gemacht?

Brian: So gesehen bedeutete die Verfügbarkeit von Unix als Betriebssystem, dass alle Arten solcher Aufgaben leicht waren. Die Möglichkeit, Shell-Skripten zu erstellen, ein Programm auszuführen und seine Ausgabe abzufangen, darüber nachzudenken, es vielleicht zu etwas anderem umzubauen, und das zu einer Zeit, als die Rechner langsam waren – das machte schon einen Unterschied aus. Insgesamt waren all diese nützlichen Tools, insbesondere die Basistools wie sort, grep und diff, dafür verantwortlich, dass man sah, was man tat, und den Erfolg in kleinen Schritten verfolgen konnte.

Ich kann mir nicht vorstellen, Programme ohne Make zu kompilieren, aber ich kann mir auch eine Welt ohne patch nicht vorstellen, und das war '86 oder '87.

Brian: Bevor ich mit dem Unterrichten anfing, habe ich patch nie genutzt, da ich nichts schrieb, was so groß war, dass Patchen sinnvoller gewesen wäre als einfach den ganzen Quellcode zu nehmen. Ich entschied vor ein paar Jahren, dass die Studenten in meinen Kursen etwas über patch wissen sollten, weil auf diesem Weg so viel Code verteilt wird, insbesondere in der Linux-Welt. Eine der Aufgaben in meinem Kurs war, dass die Studenten meine AWK-Version aus dem Web herunterladen, ein bestimmtes Feature wie zum Beispiel repeat until hinzufügen, ein paar Tests durchführen, es mit Shell-Skripten ausführen und schließlich die Patchdatei schicken sollten. Dadurch lernten sie den kompletten Zyklus kennen – beschaffen, ein wenig verändern und zurückschicken. Ich hatte nie über patch nachgedacht, sondern sie meist gebeten, mir den ganzen Code zukommen zu lassen.

Es lässt sich leichter in Patchform begutachten.

Brian: Ich denke, das ist es auch. Patchdateien sind deutlich kompakter, und Sie können schneller erkennen, was gemacht wurde.

Sie haben das Testen erwähnt. Würden Sie Code jetzt anders schreiben, um Unit-Tests zu vereinfachen?

Brian: Für die Art von Programmen, die ich im Laufe der Jahre geschrieben habe, sind Unit-Tests nicht so sinnvoll gewesen, da die Programme selbst zu klein sind und allein laufen. Die Idee eines Unit-Tests, eine Reihe kleiner »ruf diese Funktion auf und prüfe, was sie tut« innerhalb eines unechten main zum Testen, ist für diese Programme unsinnig, daher habe ich auf dieser Ebene keine Unit-Tests durchgeführt. Ich habe es in meinem Kurs ein paar Mal probiert und es ging fürchterlich in die Hose.

Bei kleinen Programmen bevorzuge ich End-to-End-Blackbox-Tests. Erstelle eine Reihe von Testfällen, normalerweise in Form einer sehr spezialisierten kleinen Sprache, und schreibe dann ein Programm, das die Testfälle automatisch ausführt und die Dinge ausgibt, die nicht funktionieren. Das ist für Kleinigkeiten in AWK sehr gut und funktioniert wunderbar für reguläre Ausdrücke. Auch für Base64-Kodierer und -Dekodierer, die ich manchmal Studenten erstellen lasse. Für alle diese Dinge nutze ich so ein Testen von außen, nicht von innen. Ich füge in Programme nichts zum Testen ein.

Andererseits würde ich heute eine Sache anders machen: interne Konsistenzprüfungen vereinfachen, mit Assertions und Funktionen, die auf sinnvolle Werte prüfen, und vielleicht mehr Testpunkte oder Möglichkeiten, interne Zustände nach außen zu tragen. Allerdings sollte das Ganze nicht zu schwierig umzusetzen sein, eher wie die eingebauten Selbsttests, die Hardwareleute verwenden.

Das klingt fast genauso sehr nach Debuggen von Code wie nach Testen von Code. Vielleicht gibt es gar keine scharfe Trennung zwischen beidem?

Brian: Die Idee von Assertions ist meiner Meinung nach, dass Sie ziemlich sicher sind, dass etwas an einem bestimmten Punkt richtig ist, aber nicht ganz sicher. Daher bauen Sie einen Fallschirm ein, um sicherzugehen, dass Sie bei einem falschen Vorgehen noch sicher landen können. Das ist eine schlechte Metapher. Assertions und Gültigkeitsprüfungen sind nützlich, weil bei einem Fehlverhalten das Debuggen deutlich schneller sein wird, weil Sie wissen, wo Sie mit Ihren Tests anfangen können, um herauszufinden, was schiefgegangen ist. Zudem erfahren Sie, was für Tests Sie eventuell hätten haben sollen, die aber nicht da waren.

Ich habe einmal versucht, meine Studenten assoziative Arrays aufzubauen zu lassen, die die gleichen prinzipiellen Ideen nutzten wie die assoziativen Arrays in AWK. Sie schrieben das in C, was bedeutete, dass die String-Verarbeitung meist die Stelle war, an der Fehler auftreten konnten. Als ich meine eigene Version erstellte, schrieb ich eine eigene Funktion zur Gültigkeitsprüfung, die die Datenstrukturen durchlief und sicherstellte, dass die Anzahl an Elementen, die Sie beim Zählen im Inneren der Datenstrukturen erhielten, die gleiche war wie beim Kopfrechnen von außen.

Ich finde, das ist wie die Versionen von `malloc`, die vor und nach jeder Transaktion die Umgebung überprüfen. Die Prüfung sagt: »Wenn bei mir etwas fehlschlägt, ist das der Ort, an dem es passieren wird, daher will ich einfach sichergehen.« Ich würde viel mehr davon nutzen.

Liegt das teilweise an Ihrer Entwicklererfahrung, durch die Sie die Fehlerarten kennen, die entstehen können, oder weil es viel günstiger ist, so vorzugehen?

Brian: Ich glaube nicht, dass ich als Entwickler mit so viel Erfahrung aufwarten kann. Ich schreibe weniger Code als ich möchte, und wenn ich es tue, ist er häufig schlampig, egal was ich sage. Es ist eher ein: »Mach es, wie ich es sage, nicht wie ich es tue.«

Unser Herausgeber war dabei, als Sie einmal auf einer Konferenz sowohl Tcl als auch Visual Basic angepriesen haben. Was denken Sie heute über diese Sprachen?

Brian: In den frühen 90er Jahren programmierte ich viel in Tcl/Tk. Ich verstand all seine Geheimnisse und schrieb ein paar Systeme, die zumindest innerhalb der Bell Labs eine Zeit lang genutzt wurden. Ich konnte sehr schnell Benutzerschnittstellen schreiben. Tcl/Tk ist eine wunderbare Umgebung für das Erstellen von Benutzerschnittstellen und eine deutliche Verbesserung gegenüber all seinen Vorgängern.

Tcl als eigenständige Sprache ist recht eigenwillig. Es war für das, was es sein sollte, gut, aber es war auch ungewöhnlich genug, dass ich denke, viele Leute hatten Probleme damit. Und wenn es Tk nicht gegeben hätte, mit dem sich tolle Schnittstellen bauen ließen, wäre es untergegangen.

Visual Basic war in seinen frühen Tagen eine nette Sprache und Umgebung für das Schreiben von Windows-Anwendungen. Dann war es irgendwann die beliebteste Programmiersprache überhaupt. Es war so einfach, grafische Schnittstellen aufzusetzen, dass es in der Windows-Welt den gleichen Status hatte wie Tk in der X11-Unix-Welt – eben eine Möglichkeit, schnell UIs zu bauen. Microsoft hat Visual Basic nach und nach umgebracht, daher würde ich es heute für nichts Neues mehr nehmen. C# wäre ganz klar die erste Wahl.

Wie fühlen Sie sich dabei, ein Feature oder eine Idee fallen zu lassen und die Leute zu bitten, auf eine neue Version zu wechseln?

Brian: Das ist leider eines der Themen, auf die es keine richtige Antwort gibt – egal wie man sich entscheidet, wird jemand unglücklich sein. Wenn es mein Programm ist, möchte ich, dass die Leute mir folgen, und wenn es das Programm von jemand anderem ist, soll der gefälligst jedes noch so abstruse Konstrukt unterstützen, das ich verwende. Ich habe schon auf beiden Seiten gestanden. Eine der für mich schmerzhaftesten Sachen waren die verschiedenen Versionen von AWK, die aus den Bell Labs kamen. Al, Peter und ich hatten eine, und dann gab es noch eine Version namens NAWK von einer anderen Gruppe. Sie wollten die Sprache anders weiterentwickeln, und so kamen wir schließlich zu zwei recht inkompatiblen Versionen.

Das ist eine einleuchtende Meinung. Die Frage ist: »Was macht Ihr Leben einfacher?« Wenn Sie durch das Einstampfen eines Feature, das schwer zu warten ist, ein Programm langfristig einfacher warten können, ist das sicherlich ein Aspekt. Wenn Sie durch das Aufrüsten auf eine neue Version eines Programms eine Menge Code umschreiben müssen, ist das eine andere Art von Angst.

Brian: In manchen Situationen lässt sich das regeln. Microsoft zum Beispiel hatte einen sehr praktischen Wizard, der VB 6 nach VB.NET umwandelte. Die ersten Versionen dieses Wizard waren eigentlich nicht so toll, aber die neueren Versionen sind viel besser geworden und mittlerweile eine echte Option beim Wechsel.

Bis zu welchem Grad sollte ein Designer ein elegantes Interface als Hauptziel einer Implementierung berücksichtigen? Ist das immer eine der Hauptüberlegungen, oder hängt das von Ihren anderen Zielen ab?

Brian: Wenn es eine Programmiersprache ist, müssen Sie darüber nachdenken, wie die Leute Programme schreiben werden. Welche Programme wollen sie schreiben? Sie werden viele Beispiele selber ausprobiert haben, bevor Sie die Sprache einfrieren. Wenn es eine API ist, müssen Sie darüber nachdenken, wie die Leute sie nutzen werden und wie die API mit schwierigen Fragen wie der Verantwortung für Ressourcen umgeht.

Michi Henning hat einen sehr netten Artikel über das API-Design im ACM *Queue* in der Ausgabe vom Mai 2007 geschrieben. Den Artikel lese ich immer noch mal, bevor ich versuche, in der Vorlesung über APIs zu reden. Eine der Punkte, den er anspricht, ist, dass APIs heutzutage wichtiger sind, weil es mehr davon gibt und sie mit komplizierterer Funktionalität hantieren.

Webservice-APIs sind Beispiele dafür. So ist die API für Google Maps mittlerweile recht groß. Ich kann mich nicht daran erinnern, dass es schon so war, als ich vor drei Jahren das erste Mal damit herumspielte, sie scheint gewachsen zu sein. Aber soweit ich sehe, ist sie gut gemacht. Andere Schnittstellen sind weniger einfach zu verwenden. Es ist schwer, etwas richtig zu machen. Und was tun Sie, wenn Sie Ihre Meinung ändern?

Sie könnten an einem Feiertag alle Ihre Server aktualisieren.

Brian: Oder Sie ändern einen ganzen Haufen Namen, damit es aufwärtskompatibel ist?

Ist das etwas, was Sie entwickeln können? War es nicht Stuart Feldman, der sagte: »Ich kann die Tabs in Make nicht ändern – ich habe zwölf Anwender!«?

Brian: Stimmt. Das ist einer der unglücklichen Aspekte von Make, und ich bin sicher, dass Stu darüber heute genauso unglücklich ist wie damals. Es ist sehr schwer, Änderungen umzusetzen, wenn Sie einmal echte Anwender haben. Joshua Bloch hat einmal einen Vortrag über das Design von APIs gehalten, in dem er sagte: »APIs sind für die Ewigkeit.« Haben Sie etwas gemacht, ist es schwer, es zu ändern. Manchmal können Sie Konverter bauen. Wir haben schon über den VB-Konverter gesprochen. Mike Lesk änderte vor langer Zeit TBL. Tabellen wurden in Spalten erstellt und er entschied sich, dass das Aufbauen in Zeilen besser wäre, also schrieb er einen Konverter. Der war nicht perfekt, reichte aber aus, um eine bestehende Tabelle zu nehmen und in eine neue abzubilden. Dieses Vorgehen hilft manchmal. Es gibt einen AWK-nach-Perl-Übersetzer, der nur einen begrenzten Bereich unterstützt, aber zumindest für den Start ausreichend ist.

Gibt es eine Lektion, die Sie im Laufe der Jahre gelernt haben?

Brian: Denken Sie sehr gut darüber nach, was Sie tun, aber dann spielen Sie damit herum, probieren Sie es aus, passen Sie es an und korrigieren Sie es, bis Sie zufrieden sind. Liefern Sie nicht gleich den ersten Wurf aus.

Bei manchen Systemen haben Sie das Gefühl, dass jemand seine erste Version ausgeliefert hat. Sie wissen aus Veröffentlichungen, dass das einfach nicht funktioniert. Schauen Sie sich ein Genie wie Beethoven an. Seine Manuskripte sind das reinste Chaos. Mozart war vermutlich der einzige Komponist, der Musik gleich beim ersten Mal perfekt aufschreiben konnte.

Es gibt aber schon einen Unterschied zwischen der faszinierenden Arbeit eines Genies, das einmal unter Millionen vorkommt, und dem Rest von uns.

Brian: In Isaac Asimovs Autobiografie schrieb er, dass er einfach die Wörter zu Papier brachte, sie dann veröffentlichte und das meiste eigentlich ziemlich gut war. Er hat seine Texte nie überarbeitet. Für ihn ist das in Ordnung, aber ich glaube nicht, dass das die Norm ist.

In einem der Räume hier in der Universität hängt ein Gedicht von Paul Muldoon, das mich an die Manuskripte von Beethoven erinnert. Es gibt unendlich viel Durchgestrichenes, Überarbeitetes und Überschriebenes – alles auf einem Stück Papier. Jemand hat es eingerahmt und an die Wand gehängt, um daran zu erinnern, wie schwierig es ist, alles gleich beim ersten Mal richtig zu machen. Programmieren ist genauso. Liefern Sie nicht gleich das Erstbeste aus, was Sie geschrieben haben.

Bits, die das Universum ändern

Stimmt es, dass Sie am Anfang der Entwicklung von AWK ein Gespräch mit Al Aho führten, in dem es darum ging, einen Parser für erweiterbare Sprachen zu Ihrem Datenbankprojekt hinzuzufügen?

Peter Weinberger: So erinnere ich mich nicht daran, aber Erinnerung kann ja auch falsch sein. Ich habe in einer Abteilung gearbeitet, die sich mit Daten befasste (auf Univac-Computern), und Al und Brian waran daran interessiert, etwas mehr Datenbankfeeling in die Unix-Befehle zu bringen. Es kann sein, dass sie mit deutlich ambitionierteren Plänen losgelegt hatten, aber ich glaube, dass wir uns ziemlich schnell darauf einigten, das Scannen von Daten als Hauptziel zu haben.

Warum haben Sie sich dazu entschieden, sich auf ein Tool zu konzentrieren, mit dem man Informationen aus Dateien ziehen kann? Warum haben Sie es zum Beispiel vermieden, Features zum Hinzufügen von Daten zu integrieren?

Peter: Die Tools an der Unix-Befehlszeile hatten alle eines gemeinsam: Sie arbeiteten auf Dateien, die aus Zeilen bestanden (damals war es ASCII). Man fügte Daten per Editor ein, und das Aktualisieren einer Datei bedeutete im Allgemeinen, eine neue Datei mit verändertem Inhalt zu erstellen. Es gab auch andere Möglichkeiten, aber das war nicht das übliche Vorgehen.

Ich habe gehört, dass Sie sich auf das Auslesen von Daten konzentriert haben, weil Sie sich nicht mit Concurrency-Situationen beim Schreiben herumschlagen wollten.

Peter: Na ja, nicht ganz. Zumindest war es nicht so gedacht. :-)

Würden Sie heute die gleiche Entscheidung treffen?

Peter: Nein, ich denke, wenn wir es heute schreiben und daran denken würden, nicht zu ambitioniert zu sein, glaube ich nicht, dass irgendwelches für den Benutzer sichtbares Nebenläufigkeitszeugs drin wäre, aber ich bin sicher, es wäre so gebaut, dass es jegliche lokalen Mehrkern- oder Parallelisierungsmöglichkeiten ausnutzen würde. Es hätte uns sicherlich einigen Ärger gemacht, aber wir hätten es gemeistert. Es gibt da eine interessante Frage: Wie stark hätte das das Sprachdesign insgesamt geändert?

Ich weiß es nicht, man müsste darüber nachdenken. Wenn Sie glauben, dass Sie CPU-Zeit zur Verfügung haben, viel freie Zeit, gibt es einiges, was Sie tun können. So könnten Sie zum Beispiel nichts Besonderes damit anstellen, sondern es einfach den Prozessen überlassen, die sowieso schon laufen. Das ist bei AWK oder etwas Ähnlichem keine allzu schlechte Wahl, denn wenn Sie glauben, dass es vor allem für die Verwendung beim Pipelining genutzt wird, gibt es auch noch andere Dinge in der Pipeline, die CPU-Zeit brauchen.

Wenn Sie andererseits denken, dass die Zeit für recht komplizierte Dateiumwandlungen genutzt werden soll, fügen Sie vielleicht Dinge ein, die viele Prozessoren parallel verwenden können, was wir natürlich nicht getan haben, da die Rechner damals einfach nicht dafür ausgelegt waren.

In welchem Umfeld sehen Sie AWK als bessere Wahl als zum Beispiel SQL an?

Peter: Nun, die beiden lassen sich nicht einfach vergleichen. AWK hat keine expliziten Typen, SQL ist damit völlig überladen. AWK liest und schreibt also Strings, aber es ist darauf ausgelegt, manche Strings als Zahlen zu betrachten, wenn man es darum bittet. SQL nutzt Joins, aber um das Gleiche in AWK zu machen, muss man ein Programm vorweg laufen lassen, vermutlich join. SQL führt Sortier- und Aggregationsaufgaben aus, aber im Unix-Umfeld wird das durch sort und dann ein erneutes Pipen in AWK oder ein anderes Unix-Programm umgesetzt. Kurz gesagt war AWK dafür gedacht, Teil einer Sequenz von nacheinander ausgeführten Befehlen zu sein. SQL war dafür gedacht, mit Daten verwendet zu werden, die in einer eigenen Struktur versteckt sind, wobei der Anwender das Schema kennt. Schließlich sind in SQL Jahre der Abfrageoptimierung eingeflossen, während Sie in AWK das bekommen, was Sie sehen.

Welche Vorteile sehen Sie im Speichern von (Unix-)Logs in Textdateien und dem Bearbeiten dieser Dateien mit AWK?

Peter: Textdateien sind ein großer Gewinn. Man braucht keine besonderen Tools, um sie sich anzuschauen, und alle Unix-Befehle stehen einem zur Verfügung. Wenn das nicht genug ist, ist es leicht, sie umzuwandeln und in ein anderes Programm zu laden. Sie sind ein universeller Eingabetyp für alle Arten von Programmen. Zudem sind sie unabhängig von der CPU-Byte-Order. Selbst der kleine Schritt des Komprimierens zeigt, dass die Leute sich erinnern, welcher Komprimierungsbefehl genutzt wurde, und es gibt eine Reihe davon. Beim Bearbeiten mit AWK ist es ausreichend, dass eine Pipeline mit Befehlen genau das tut, was sie soll. Ansonsten liest auch eine Skriptsprache wie Perl oder Python die Textdateien ohne Probleme ein. Schließlich gibt es dann auch noch C und Java dafür.

Textdateien für Logs sind klasse. In der guten alten Zeit war ein Argument gegen sie, dass sie geparst werden müssen, Zahlen in Binärwerte zu konvertieren sind und so weiter. Aber Letzteres lässt sich in bei der genutzten CPU-Zeit kaum wiederfinden, und Textzeilen sind im Vergleich zu XML viel einfacher zu parsen. Andererseits müssen Binärstrukturen mit festen Feldgrößen nicht geparst werden, aber die sind sehr unüblich und es gibt nur wenige Fälle, in denen ein Unterschied zu finden ist.

AWK war einer der ersten Beweise für die Mächtigkeit des Unix-Konzepts mit vielen kleinen Programmen, die zusammenarbeiten. Diese Programme waren größtenteils textorientiert. Wie lässt sich dieses Konzept auf nichttextuelle Daten und Multimedia anwenden?

Peter: Es ist nützlich, zu klären, was das »Unix-Konzept« wirklich war. Es war ein Stil, in dem viele Programme mit einer Eingabe und einer Ausgabe nützlich waren. Dazu die Befehlszeilensyntax und eine Unterstützung durch das System, mit der alle Ein- und Ausgaben gleich waren (Lesen und Schreiben von Systemaufrufen, egal, um welches Gerät es sich handelt), und Pipes, durch die keine temporären Dateien benannt und erzeugt werden müssen. Das Umkodieren und Komprimieren sind Beispiele für Dinge, auf die diese Idee perfekt anwendbar ist, auch wenn es sich bei den Daten um Audio oder Video handelt. Aber selbst bei Text gibt es viele Anwendungen, die nicht auf diese Art und Weise funktionieren, insbesondere wenn ein Mensch mit ihnen interagieren soll. So erzeugte zum Beispiel der Befehl `spell` eine Liste mit Wörtern, die eventuell fehlerhaft waren. Allerdings war dieses Programm nicht interaktiv – der Anwender musste das Dokument dann selber wieder bearbeiten.

Die Quintessenz Ihrer Frage könnte also sein: »Wenn wir nur Befehlszeilen hätten – welche Befehle würden zum Bearbeiten von Daten oder Multimedia genutzt werden?« Aber das widerspricht den Tatsachen. Wir haben jetzt andere Wege, mit dem Rechner zu interagieren, und mehr Möglichkeiten, Aufgaben aufzuteilen. Die neuen Wege sind nicht unbedingt besser oder schlechter als die alten, nur anders. Ein Beispiel ist TeX im Gegensatz zu Programmen wie Word. Ist eines besser als das andere? Ich bezweifle, dass man sich da einig wird.

Welche Grenzen sehen Sie bei Befehlszeilentools und bei grafischen Schnittstellen?

Peter: Das ist ein altes Thema, und die Grenzen sind ein wenig verwischt. Vielleicht braucht man mal ein wohlüberlegtes Essay dazu. Hier eine oberflächliche Antwort: Wenn ich eine Reihe von Programmen kombinieren muss, funktioniert ein Shell-Skript, das Befehlszeilentools aufruft, gut. Es ist zudem eine Möglichkeit, sicherzustellen, dass die Optionen und Voreinstellungen für die verschiedenen Komponenten konsistent sind. Aber grafische Schnittstellen sind viel besser, wenn ich unter einer begrenzten Zahl von Optionen auswählen will, die ich vielleicht noch nicht alle kenne. Vor allem lassen sich solche Informationen dann besser organisieren.

Viele Interviewte haben die Wichtigkeit des Lernens von Mathematik unterstrichen, um ein besserer Programmierer zu sein. Ich frage mich, bis zu welchem Grad wir genau dann das studieren können, was wir brauchen, wenn wir es brauchen. So können Sie zum Beispiel mit dem Internet alle möglichen Dinge schnell finden und erlernen, oder?

Peter: Ja und nein. Um etwas zu erlernen, reicht es leider nicht aus, darüber nur nachzudenken, sondern man muss es auch üben. Daher gibt es den einen Teil, für den Sie ins Internet gehen können, etwas lesen und dann sagen: »Ah ja, das funktioniert.« Und dann gibt es den anderen Teil, bei dem es keinen Ersatz für Jahre harter Arbeit gibt. Stellen Sie sich vor, Sie sind mitten in einem Projekt und entscheiden, dass Sie lineare Optimierung verstehen müssen, um Ihr Problem zu lösen. Also gehen Sie vermutlich ins Internet, aber was Sie dort finden, wird nicht so hilfreich sein, und wenn Sie dieses Problem innerhalb einer Woche lösen müssen, werden Sie wohl kaum eine Methode wählen, die eine Menge Einarbeitung erfordert – selbst wenn sie viel besser wäre.

Wie ist die Rolle der Mathematik in der Informatik und insbesondere in der Programmierung?

Peter: Ich habe meinen Abschluss in Mathematik gemacht, daher würde ich gerne glauben, dass Mathematik die Grundlage ist. Aber es gibt viele Bereiche der Informatik und viele Arten von Programmierung, bei denen man auch ganz ohne Mathematik ziemlich erfolgreich sein kann. Die Anwendung (oder Nützlichkeit) von Mathematik kommt nach und nach. Leute ohne ein Gefühl für Statistik und Zufälligkeit werden wieder und wieder von realen Daten in die Irre geleitet werden. Es gibt Mathematik in der Grafik, beim maschinellen Lernen gibt es sehr viel Mathematik (bei der Statistiker vermutlich eine Art von Regression sehen), und es gibt alle möglichen Zahlentheorien in der Kryptographie. Ohne Mathematik lassen sich große Teile der Informatik einfach nicht verstehen.

Welche Unterschiede sehen Sie zwischen dem Arbeiten an Theoremen und dem Aufbau einer Implementierung?

Peter: Wenn Sie ein Theorem beweisen, wissen Sie etwas über das Universum, von dem Sie vorher nur vermutet haben, dass es stimmt. Das ist vorbehaltloses Wissen. Wenn Sie ein Programm schreiben, können Sie etwas tun, was Sie vorher vielleicht nicht tun konnten. In einem gewissen Sinne haben Sie das Universum geändert. Meist sind die Änderungen sehr, sehr klein. Mathematik und Programmieren sind ziemlich unterschiedlich. Vielleicht lässt sich das am einfachsten zeigen, wenn man mathematische Artikel und die Beweise für Theoreme oder Programme vergleicht, die dafür erstellt werden. Die Artikel sind kurz und vermitteln häufig tiefe Einblicke. Die maschinellen Beweise tun das nicht. Schreibt man ein Programm, ist das so ähnlich wie ein maschineller Beweis. Alle kleinen Details müssen richtig sein – eine große Herausforderung für das Verständnis und die Testfähigkeiten des Programmierers.

Hat Sie das Bauen der Implementierung etwas gelehrt?

Peter: Sicherlich. Normalerweise lernen Sie, dass Sie es wegwerfen und neu implementieren sollten. Jedes Projekt besteht aus Dutzenden oder mehr Designentscheidungen, von denen die meisten zum Zeitpunkt ihrer Entscheidung neutral erscheinen oder die Alternative intuitiv gewählt wird. Aber so gut wie immer wird beim Ausführen des Codes offensichtlich, dass die Entscheidungen hätten besser getroffen werden können. Und mit der Zeit wird der Code in vorher nicht erwarteten Situationen verwendet, und noch mehr Entscheidungen sehen nun schlecht aus.

Würde funktionale Programmierung hier helfen?

Peter: Wenn es bei der Frage darum geht, ob funktionale Programme, die mathematischer sind, Ergebnisse irgendwie besser ausdrücken könnten als normaler Programme, sehe ich keinen großen Unterschied. Jede Single-Assignment-Sprache lässt sich einfacher erklären, aber das macht das Schreiben der Programme nicht einfacher, noch gibt es überzeugende Beweise, dass sich Programme einfacher schreiben lassen. Tatsächlich sind die meisten vergleichenden Fragen über Sprachen, Coding-Techniken, Entwicklungsmethoden und Softwareentwicklung im Allgemeinen erschreckend unwissenschaftlich.

Hier ein Zitat aus *Snake Oil Science* von R. Bausell (Oxford University Press):

> Sorgfältig überwachte Forschung (wie randomisierte, kontrollierte Studien), die numerische Daten nutzt, zeigt uns viel eher, was möglich ist und was nicht, als das Vertrauen in Expertenmeinungen, Erfahrungen, Gefühle oder das, was unsere Vorbilder uns erzählen.

Software ist immer noch ein Handwerk, so wie das Herstellen von Möbeln. Es gibt Chippendales, erfahrene Handwerker und solche, die weniger Erfahrung haben. Ich glaube, ich bin hier ein wenig von der Frage abgekommen.

Was raten Sie, wenn man ein besserer Programmierer werden will?

Peter: Wie wäre es mit »lerne Mathematik«? Okay, vielleicht ist eine andere Antwort doch besser. Zum Beispiel: »Gleitkommazahlen verstehen«? Vielleicht die auch nicht. Die Leute sind da sehr unterschiedlicher Meinung.

Ich denke, es ist wichtig, neue Techniken und Algorithmen zu erlernen. Ohne das werden die Leute schnell überspezialisiert und kennen nur noch einen kleinen Bereich. Zusätzlich sollte man heutzutage auch wissen, wie man sicheren und robusten Code schreibt. Es gibt viele Angriffe auf Anwender und Systeme, und Sie werden sicher wollen, dass nicht gerade Ihr Code die Schwachstelle bietet. Das ist insbesondere für Websites schwierig.

Wann sollte das Debuggen unterrichtet werden? Und wie?

Peter: Debuggen sollte ein integraler Bestandteil aller Programmierkurse sein (und auch aller Sprachdesigns). Es ist schwierig genug, korrekte sequenzielle Programme zu schreiben, die auf isolierten Rechnern laufen. Multithreaded Code ist noch viel schwerer, und die Debugging-Tools sind noch nicht so befriedigend. Beim Design muss man sich auch immer überlegen, ob es das Debuggen vereinfacht. Es ist keine Übertreibung zu sagen, dass ich als Programmierer entweder versuche, zu entscheiden, was ich als Nächstes tue, oder debugge. Alles andere kostet im Prinzip keine Zeit.

Gibt es etwas, das Sie als größten Fehler in Bezug auf Design- oder Programmierentscheidungen ansehen? Was haben Sie daraus gelernt?

Peter: Ich weiß nicht, ob es einen einzelnen größten Fehler gibt. Die Leute machen die ganze Zeit Fehler. Man lernt aus Fehlern (vielleicht, ohne sie klar benennen zu können) eine Reihe von Designprinzipien, die im Allgemeinen funktionieren. Dann überstrapazieren Sie diese Prinzipien, sie gehen kaputt und Sie können dadurch vielleicht die neuen Lektionen mit in sie aufnehmen. Oder Ihr Code trägt für immer die Narben Ihrer veralteten Designregeln. Ich habe das Gefühl, dass meine Fehlermeldungen nicht aussagekräftig genug sind, sodass ich letztlich immer noch Informationen ergänzen muss. Das ist ein klassischer Konflikt: Wenn der Fehler auftritt, wollen Sie vollständige Informationen liefern. Aber wenn er nicht auftritt, ist das eine Menge Tipperei und viel Platzverbrauch auf dem Bildschirm. Man muss da einen Mittelweg finden.

Was bedauern Sie am meisten an AWK?

Peter: Ich denke, die Idee, Whitespace zum Verketten von Strings zu nutzen, hat nicht so funktioniert, wie wir gehofft hatten. Ein expliziter Operator hätte das Ganze klarer gemacht. Die Syntax leidet ganz allgemein am Konflikt zwischen den Wünschen, kurze Befehlszeilen zu haben, aber auch große Programme zu ermöglichen. Wir haben an die großen Programme zunächst nicht gedacht, daher sind einige unserer Entscheidungen etwas fantasielos.

Was wurde für Sie unerwarteterweise besonders beliebt (oder nützlich)?

Peter: Die ganze Sprache wurde beliebter, als wir erwartet hatten, oder zumindest als ich gedacht hätte. Eine der Ideen, die das Design leiteten, war, dass es für die Leute, die schon Unix-Dinge kannten, insbesondere C und grep, leicht sein sollte, die Sprache zu lernen. Damit spricht man nicht unbedingt die Massen an, keine Sekretärinnen oder Schäfer. Aber ich habe in den frühen 90er Jahren auf einer Hochzeit einen Schafzüchter getroffen, der Unix für seine Finanzverwaltung nutzte und ein großer Fan von AWK war. Ich vermute, er hat mittlerweile aber doch gewechselt.

Wie regen Sie in einem Softwareentwicklungsteam Kreativität an?

Peter: Der beste Weg zu hochwertiger Software sind talentierte Experten, die gemeinsam ziemlich genau wissen, was sie herstellen wollen. Es gibt andere Möglichkeiten, aber die bedeuten auch mehr Arbeit. Ich weiß nicht, wie man gute Software ohne talentierte Programmierer gebaut bekommt, aber vermutlich ist es möglich.

Wie haben Sie eine Sprache als Team entwickelt?

Peter: Wir haben uns alle über Syntax und Semantiken unterhalten, und jeder von uns schrieb Code. Dann änderte auch jeder von uns den Code. Der meiste Code stammt nicht von einer einzelnen Person, auch wenn Brian sich im Laufe der Jahre am meisten darum gekümmert hat. Wir hatten auch nur begrenzte Ambitionen. Ich denke, der Zielrechner hat uns geholfen, weil er nur 128k Speicher besaß.

Beim Design saßen wir zusammen, unterhielten uns, machten an der Tafel Notizen, und beim Codeschreiben fiel uns dann auf, dass wir etwas Wichtiges vergessen hatten. Dann setzten wir uns eben wieder kurz zusammen.

Wie erkennen Sie, ob die beste Lösung für ein regelmäßig auftretendes Problem ein lokaler Workaround oder ein globaler Fix ist?

Peter: Es gibt zwei Arten von Softwareprojekten: diejenigen, die fehlschlagen, und die, die sich in Wartungsdesaster verwandeln. Die einzige Möglichkeit, Letzteres zu vermeiden, wäre ein Umschreiben des Codes, wenn sich seine Umgebung ändert. Das Problem ist dabei, dass das ein Luxus ist, den sich die meisten Projekte nicht leisten können, daher sorgt die Realität dafür, dass die Leute dann doch nur lokale Fixes einfügen. Werden das zu viele, wird der Code immer unflexibler und schwer zu warten. Ohne die ursprünglichen Entwickler oder richtig gute Spezifikationen wird es aber auch sehr schwer, den Code umzuschreiben. Das Leben kann schon hart sein.

Wenn Sie einen Ratschlag haben: Was sollten die Leser am ehesten aus Ihren Erfahrungen lernen?

Peter: Ich möchte Einstein zitieren (vielleicht fälschlicherweise): »So einfach wie möglich, aber nicht einfacher.«

Der Trick ist, nicht maßlos zu werden, was schnell geschehen kann. Wenn Leute auf jeden Fall nach etwas fragen werden, können Sie es hinzufügen. Man muss abschätzen können, was »einfach, aber nicht zu einfach« bedeutet, egal, wie das Zitat genau lautet.

Das Einfachste, was funktioniert? Das war Kent Beck, oder? Wie erkennen Sie Einfachheit, und wie widerstehen Sie dem Drang, etwas hinzuzufügen, das Sie jetzt nicht benötigen?

Peter: Das hängt davon ab, wie Ihr Umfeld ist. Bei vielen Leute wäre »Kannst du es deinen Eltern erklären?« ein guter Test. Manchmal mag das nicht möglich sein, aber als Ausgangspunkt ist das für mich schon ziemlich hilfreich. Ein allgemeinerer Test wäre, an die Leute zu denken, die es wohl nutzen werden: »Kannst du es dem durchschnittlichen Anwender erklären?« statt »Wird der klügste Anwender es verstehen?«

Theorie und Praxis

Bevor Sie an die Bell Labs kamen, hatten Sie Mathematik unterrichtet. Sollten wir Informatik genauso unterrichten wie Mathematik?

Peter: Wir unterrichten Mathematik aus unterschiedlichen Gründen. Einer ist die Ausbildung zukünftiger Mathematiker, was damals in etwa mein Bereich war. Ein anderer ist, dass Mathematik ungemein nützlich ist. Aber im Vergleich zur Informatik ist meiner Meinung nach ein bisschen klarer, was Mathematik genau ist.

In der Informatik gibt es die unterschiedlichsten Programmierungen, und es ist schwierig zu klären, was man darüber denkt. Es gibt all diese Datenstrukturen und Algorithmen und komplexes Zeugs. Es ist irgendwie weniger klar, was die verschiedenen Anwender der Informatik brauchen, als was potenzielle Anwender der Mathematik benötigen – zumindest was die Leute glauben. Wenn Sie also Mathematik unterrichten, wissen Sie, was die Ingenieure brauchen – ich gehe davon aus, dass Sie wissen, was die Leute heute brauchen, wenn Sie Statistik- oder Wirtschaftsberechnungen durchführen, aber wenn es um reine Mathematiker geht, wird es noch einfacher.

Andererseits denke ich, dass Computerwissenschaftler mehr Mathematikkenntnisse haben sollten, aber das stammt wohl aus meiner Zeit als Mathematiker.

Es gibt also diese Frage und das, was wir grob als Realität bezeichnen können: Informatikfakultäten hatten, zumindest in diesem Land, Probleme, bekannte Gesichter an sich zu binden, wenigstens in den letzten Jahren. Es ist nicht klar, warum das so ist, aber einige von denen, die erfolgreicher waren, hatten ihre Lehrpläne geändert. Es ändert sich also gerade, was in der Informatik unterrichtet werden sollte.

Aus Ihren früheren Antworten habe ich den Eindruck gewonnen, dass Sie der Meinung sind, bei der Programmierung liege das Optimum irgendwo zwischen einem rein theoretischen Ansatz, der eventuell zu weit von den realen Bedürfnissen entfernt ist, und einem komplett pragmatischen Vorgehen, bei dem Sie Probleme lösen, indem Sie einfach Code aus verschiedenen Quellen zusammenstöpseln. Ist das sinnvoll?

Peter: Ja, aber ich denke, das größere Problem liegt darin, dass es sehr schwierig zu entscheiden ist, wo man die verschiedenen Grenzen zieht. Es hängt davon ab, was für Ziele Sie mit Ihrem Code verfolgen. Wenn Sie erwarten, dass er lange Zeit von den Leuten genutzt wird, muss er so geschrieben sein, dass sich Fehler sehr leicht beheben lassen.

Der andere schwierige Punkt ist, dass es zu schwer wird, Designprobleme zu lösen, wenn Sie zu schnell zu viele Anwender bekommen. Wenn ich nur für mich schreibe, kann ich den Code jedes

Mal, wenn ich seine Art nicht mehr mag, anpassen. Wenn ich den Code für eine übersichtliche Gruppe schreibe, beschweren sich die Leute nicht sofort bei inkompatiblen Änderungen, weil sie wissen, dass der Code noch experimentell ist. Aber wenn Sie für eine große Gruppe schreiben oder der Code zumindest von einer großen Gruppe genutzt wird, wird es viel schwieriger, eine inkompatible Änderung umzusetzen, daher bleiben Sie dann doch bei den Entscheidungen, die Sie einmal getroffen haben.

Das ist eventuell eines der Probleme veralteter Software – die Leute kopieren sich Code aus unterschiedlichsten Quellen, sodass die Probleme in diesem Code weiterverbreitet werden und für Jahrzehnte am Leben bleiben.

Peter: Ja, ich denke, es gibt viel Code, der immer noch genutzt wird und vor langer Zeit von Leuten geschrieben wurde, die nicht glaubten, dass er so lange am Leben bleiben würde.

Ein Faktor, der AWK am Leben erhält, ist die große Anzahl von Anwendern, die von anderen Leuten genutzte Skripten übernehmen und sie an ihre Bedürfnisse anpassen.

Peter: Ja, das stimmt und war sogar auch eines der Ziele beim Design. So in etwa hatten wir uns das vorgestellt. Die Leute würden sich Code nehmen, der schon fast das tut, was sie möchten, und ihn dann anpassen.

Ist diese Idee des »Programming by Example« auch auf größere Projekte anwendbar?

Peter: Ich denke, zu groß dürfen die Projekte nicht sein, da das Beispiel klein genug sein muss, damit man es noch verstehen kann. Am leichtesten geht das noch, wenn es sich nur um ein paar Zeilen Code handelt. Vielleicht bis zu einer Bildschirmseite, damit die Leute noch begreifen, worum es geht. Es muss einfach genug sein, um noch einen Blick auf den Code werfen und sehen zu können, was geändert werden muss, oder zumindest in welche Richtung die Änderungen gehen müssen, sodass man ein paar Experimente durchführen kann, um zu sehen, ob man es richtig macht.

Die Idee, sehr kurze »Einwegskripten« zu schreiben, klingt sehr verführerisch. Haben Sie durch Erfahrungen mit großen Codebases und anderen Programmiersprachen gelernt, wann Sie eine Codebase überarbeiten und wann Sie lieber neu anfangen?

Peter: In der Praxis ist es sehr schwer, von vorne anzufangen. Wenn Ihre Anwendergruppe klein ist, können Sie mit ihr reden. Oder wenn Ihr Code eine wohldefinierte Schnittstelle besitzt, ist es auch möglich. Wenn die Schnittstellen aber nicht ordentlich definiert sind und der Benutzerkreis sehr groß ist, dürfte es sehr schwierig sein, etwas »kaputtzumachen«. Leider gilt das auch für weniger drastische Änderungen. Das lässt sich durchaus positiv sehen, denn da jedes ernsthafte Update etwas kaputtmachen wird, ist es für den Anwender auch nicht so schlimm, wenn größere Teile neu implementiert werden. Nach ein paar Jahren muss auch neuer Code mit großer Sicherheit wieder neu geschrieben werden. Die Anwender werden ihn auf Wegen nutzen, an die die Entwickler nicht gedacht haben, und viele der Entscheidungen bei der Implementierung stellen sich als suboptimal heraus, insbesondere auf neuer Hardware.

Die Erfahrungen mit AWK sind da ein wenig anders. Wir haben es mehrfach neu geschrieben, aber dann als fertig deklariert. Es wäre möglich gewesen, ein Upgrade durchzuführen, aber alle unsere Ideen schienen unvereinbar mit den Grundprinzipien zu sein. Ich denke, das war schon die richtige Entscheidung. Wir kümmerten uns alle um andere Dinge, anstatt den Umfang des Systems zu erweitern. Das Einzige, was meiner Meinung nach für seine kleine Nische in der modernen Welt fehlt, ist eine UTF-8-Unterstützung bei der Eingabe.

Brian sagte, dass Sie ein sehr schneller Implementierer waren. Was ist Ihr Geheimnis?

Peter: Ich glaube nicht, dass es dabei ein Geheimnis gibt. Die Leute sind halt unterschiedlich. Ich bin mir zum Beispiel nicht sicher, ob ich heute noch genauso schnell wäre, wenn ich es jetzt implementieren müsste. Ich denke, zum Teil basierte das auf optimistischer Ignoranz – dem Glauben, dass man es einmal schreibt und es dann fertig ist. Ein weiterer Teil ist, wie jemand mit den zur Verfügung stehenden Tools und der Sprache klarkommt. Manche Leute finden die Tools komfortabel, andere nicht. Es ist wie die Fähigkeit, mit Wasserfarben einen bestimmten Farbton zu treffen – manche finden das einfach, andere finden es schwer.

Etwas, das meiner Meinung nach allgemein gültig ist, ist, dass Sie es beim Schreiben von professionellem Code, der sehr lange halten soll, einfach finden sollen, ihn zu erstellen, denn ansonsten hadern Sie die ganze Zeit mit ihm. Es ist wie beim Schreiben von Kurzgeschichten – wenn es Ihnen nicht ganz leicht fällt, wird es wohl so gar nicht funktionieren, auch wenn ich das nicht mit Sicherheit sagen kann, da ich es gar nicht beherrsche. Es ist sehr aufwendig, dem Ganzen den letzten Schliff zu verpassen.

Schreiben Sie den Prototyp und passen ihn dann an, um professionellen Code zu erhalten? Oder experimentieren Sie mit der Idee, schreiben dann aber nochmals alles neu, um das eigentliche Programm zu bekommen?

Peter: Ich denke, das kann man nicht im Voraus entscheiden. Wenn Sie mit dem Schreiben des Prototyps beginnen, stellen Sie fest, welche Art von Kompromissen Sie eingehen müssen. Manchmal bedeuten diese Kompromisse, dass sich der Prototyp nicht einfach in ein produktives Programm umwandeln lässt. Aber es gibt alle möglichen Dinge, die das Umwandeln stark erschweren. In solchen Fällen müssen Sie neu schreiben, aber wenn Sie Glück haben, können Sie es vielleicht Schritt für Schritt konvertieren. Sie sollten allerdings eher einplanen, den Prototyp wegzuwerfen und das Programm neu zu schreiben.

Zum einen ist es unwahrscheinlich, dass Sie genug richtige Entscheidungen treffen. Sie schreiben das Programm, experimentieren mit ihm herum und ändern dies und das. Nach einiger Zeit sieht der Code richtig furchtbar aus, wenn Sie nicht sehr viel Glück haben. Er muss zumindest refaktoriert, vermutlich aber sogar komplett neu geschrieben werden. Gehen Sie lieber von Letzterem aus. Die erste AWK-Implementierung war sicherlich nur ein Proof-of-Concept, weil sie C-Code erzeugte – das lässt sich natürlich gar nicht mit der gewünschten Arbeitsweise vereinbaren.

Tom Kurtz, der Vater von BASIC, hat gesagt, dass man durch das Schreiben von Code diejenigen Aspekte des Problems verstehen kann, an die man vorher nicht gedacht hat.

Peter: Das stimmt. Es gibt genug, was Ihnen nicht in den Sinn kommen würde, bevor Sie es nicht vor sich sehen. Wenn Sie Mitarbeiter einstellen wollen, sollten Sie daher nach Personen Ausschau halten, für die das Schreiben von Code eine ganz natürliche Ausdrucksweise ist. Drücken sie so ihre Art von algorithmischen Ideen aus?

Welche Unterschiede gibt es zwischen dem Schreiben von Software und dem Erstellen einer Sprache?

Peter: In mancherlei Hinsicht ist das Schreiben einer Sprache einfacher als das von allgemeiner Software, aber ich bin mir nicht sicher, dass das immer der Fall ist. Ihre möglichen Vorgehensweisen sind eingeschränkt, weil alles zusammenpassen muss und es nur recht wenige Wege gibt, die jeweiligen Punkte anzugehen. Nachdem Sie sich für die Kernpunkte der Sprache entschieden haben, gibt es schon einen großen Rahmen in Ihrem Kopf: wie die Funktionen arbeiten werden, ob Sie eine Garbage Collection durchführen werden und so weiter. Was sind die Primitive der Sprache? Die Implementierung geschieht in Schichten. Ich denke, das gestaltet sich irgendwie einfacher. Wenn Sie natürlich ziemlich spät erst bemerken, dass Sie irgendwo eine richtig schlechte Wahl getroffen haben, können Sie alles wegwerfen.

Beeinflusst die Implementierung das Design der Sprache?

Peter: Oh, sicherlich. Ich denke, das kann man ohne Zweifel so sehen. So war zum Beispiel die Garbage Collection lange Zeit eine recht spezielle Sache. Die Lisp-Jungs arbeiteten daran und ein paar Leute aus der Ecke der funktionalen Programmierung. Viele andere Leute warteten lieber ab, weil nicht so klar war, wie so etwas zum Beispiel in C-ähnlichen Sprachen funktionieren würde. Dann haben die Java-Jungs einfach gesagt: »Das werden wir machen.« Es war eher eine Nebenwirkung, die durch eine ziemlich kleine Änderung in den Features der Sprache entstehen konnte. Ich sage nicht, dass das so bei Java passiert ist, aber indem man die tatsächliche Speicheradresse dem Programmierer vorenthält, kann man entscheiden, ob man eine Garbage Collection durchführen möchte oder etwas Ähnliches umsetzen will.

Ich denke, dass Sprachen ohne eine Garbage Collection heute eher einen Nachteil haben, auch wenn sie noch weit davon entfernt ist, perfekt zu sein. Der Kampf mit den Speicherallokationen ist sehr nervig, daher ist das nie ganz einfach, aber mittlerweile weiß man viel mehr über die Implementierung von Sprachen, und Sie haben eine größere Auswahl bei der Umsetzung, insbesondere wenn Sie nur eine kleine Sprache implementieren.

Wenn Sie in Ihrer Sprache ein Feature haben wollen, das sich nur schwer implementieren lässt, ist nicht klar, ob es sich lohnt, wenn Sie eigentlich nur etwas Einfaches umsetzen wollen. Wenn Sie eine Sprache bauen wollen, die etwas Schwieriges ermöglicht, kann es eine Liste von Dingen geben, die Sie machen müssen, um sich dann die Knackpunkte anzuschauen.

Wie stark beeinflusst die Sprache die Produktivität eines Programmierers? Wie groß ist der Einfluss der Fähigkeiten des Programmierers?

Peter: Ich wünschte, ich hätte die Antwort darauf gewusst. Ich dachte wohl früher, ich wüsste die Antworten auf diese Fragen. Es ist klar, dass die Fähigkeiten von Programmierern sehr unterschiedlich sein können. Der Faktor mag durchaus zehn oder noch viel mehr betragen. Bei der Softwareentwicklung gibt es keine empirischen Beweise dafür, und ich glaube, dass die Sprachen keinen Einfluss haben sollten. Bei einer gegebenen Gruppe von Personen und einem Projekt sollte es also egal sein, welche Sprache gewählt wird, während es bei einer einzelnen Person durchaus etwas ausmachen kann. Ich denke, die Leute mögen aus persönlichen Gründen oder aufgrund ihrer Lernhistorie bestimmte Arten von Sprachen lieber als andere. Daraus entstehen auch diese lustigen Diskussionen.

So ist zum Beispiel klar, das es beispielsweise Lisp-Anwendungen gibt, die sich in C nur sehr schwer umsetzen lassen würden, und umgekehrt C-Anwendungen, für die man in Lisp viel Aufwand betreiben müsste. Aber für eine ganze Gruppe von Programmen könnten Sie verschiedenste Sprachen nutzen. Allerdings bin ich mir nicht sicher, ob sich alle Programmierer selbst mit ausreichender Erfahrung in allen Sprachen wohlfühlen würden. Natürlich dauert es seine Zeit, in einer Sprache Experte zu werden. Andererseits ist diese Zeit für manche in einer Sprache kürzer als in einer anderen.

Die Leute diskutieren viel über Sprachen und welche der vielen wünschenswerten Features implementiert werden und wie furchtbar es ist, was alles nicht umgesetzt ist, und so weiter. Aber es ist nicht klar, dass es gar keinen Unterschied macht. Etwas kontrovers gesagt: Sie können Software für ein Marsfahrzeug in jeder Sprache schreiben. Es hängt viel mehr von den Leuten ab, die die Software schreiben, und wie sie sie organisieren, als von der Sprache selbst. Jeder wird heftigst für seine Wahl werben, aber meiner Meinung nach ist diese Wahl nicht so entscheidend.

C unterstützt keine Objekte, aber andererseits haben Sie kleine Tools gebaut, Komponenten des Unix-Systems, die gemeinsam genutzt werden können, um komplexe Features aufzubauen. Bis zu welchem Grad funktioniert das Bauen von Objekten innerhalb der Sprache als Teil eines großen Programms besser als das Bauen von Komponenten, die Teil des Systems sind?

Peter: Das wirft zwei Fragen auf. Die eine ist eine Frage zum Thema Binding oder Modularität. Was stecken Sie in eine Sprache und was versuchen Sie, mithilfe von Tools zusammenzufügen? Die Beziehungen zwischen den Komponenten sind viel enger und natürlich viel komplexer, wenn sie sich alle innerhalb der Sprache befinden. Ein Teil davon ist nur Recheneffizienz, aber ein anderer auch eine konzeptionelle Konsistenz.

Die andere Frage dreht sich um »Objektorientierung« als allgemeine Idee. Ich denke, es ist möglich, bezüglich des objektorientierten Zeugs etwas überenthusiastisch zu sein. Lassen wir das aber mal beiseite, da es da durchaus unterschiedliche Meinungen gibt. Wenn Sie sich Sprachen anschauen, behaupten viele von sich, dass sie objektorientiert seien. Schauen Sie sie sich genauer an, bemerken sie, dass sie alle unterschiedlich vorgehen. Es ist nicht immer klar, was der Begriff bedeutet. Tatsächlich gibt es diese sehr verwirrenden Diskussionen, weil es ganz natürlich ist, zu glauben, dass Objektorientierung genau das bedeutet, was Ihre Sprache mit Objekten macht. Ich glaube, es ist einfach ein Begriff, der keine einfache, gradlinige und weitgehend akzeptierte Definition besitzt.

Wie beeinflusst die Wahl der Programmiersprache die Codesicherheit?

Peter: Sie brauchen sicherlich etwas, das Ihnen bei all den Problemen hilft, die mit Sicherheit zu tun haben. Ich denke, das vor allem zwei Arten von Dingen in Programmen falsch laufen, die mit Sicherheit zu tun haben. Eines sind logische Fehler, bei denen Sie dem Programm etwas sagen und dann durch einen Fehler Berechtigungen erhalten oder das Programm etwas tut, was es gar nicht tun sollte. Das andere sind die ganzen Pufferüberläufe, bei denen es Implementierungsfehler gibt, die ausgenutzt werden können, echte Fehler, über die die Leute nicht nachdenken. Und ich denke, die meisten dieser Dinge sollte es gar nicht geben. Sprachen auf niedriger Ebene unterstützen Pufferüberläufe durch sorglose Programmierung, daher ist es nicht leicht, es richtig zu machen.

Eine Zeit lang machten Gerüchte die Runde, dass Microsoft das Betriebssystem, das dann den Namen Vista erhielt, komplett von C und C++ auf C# umstellen wollte. Dadurch wären die Pufferüberläufe Vergangenheit geworden, weil man so keine mehr bekommen kann. Aber das hat natürlich nicht funktioniert. Stattdessen haben sie diese außerordentlich komplizierten Sachen mit Executables in Maschinensprache, um das Ausnutzen von Pufferüberläufen und ähnlichen Schwachstellen zu erschweren.

Es gibt aber noch ein anderes Sicherheitsproblem, das an den Nahtstellen zwischen Programmen auftritt, weil viele Schnittstellen nicht so gut oder höchstens informell spezifiziert sind, wie zum Beispiel das HTTP- und XML-Cross-Site-Skripting. Wir müssen etwas für die Sicherheit tun, aber ich weiß nicht, was.

Wie hilfreich ist es, wenn die Sprache das Erstellen bestimmter Probleme erschwert?

Peter: Sehr, so weit wie möglich, aber wie schon vorhin ist auch hier nicht klar, wie viel das hilft. Es gab eine Zeit, in der ich viel in Python schrieb, und ich hatte diese netten kleinen Fehler, die natürlich durch zu wenig Nachdenken und einen schlechten Stil entstanden waren. Ich hatte eine verschachtelte Schleife, die sehr lang wurde. Am Ende musste ich aufgrund der Einrückungsregeln von Python zwei Tab-Schritte zurückgehen, um die Schleife zu verlassen. Aber ich ging nur einen Tab zurück, weil ich dachte, das würde reichen, denn auf dem Bildschirm sah es so aus. Dadurch führte ich einen teuren Schritt jedes Mal in der äußeren Schleife aus, was ziemlich dumm war. Das Programm lief zwar korrekt, aber recht langsam.

Ich denke, die Moral der Geschichte ist, dass es für den Programmierer immer möglich ist, dumme Fehler zu machen – egal wie gut die Sprache entworfen ist. Und ob man auf möglichst wissenschaftlichem Weg versuchen kann, diese Wahrscheinlichkeit zu verringern, weiß ich nicht. Softwareentwicklung ist wissenschaftlich gesehen oft ziemlich erbärmlich, weil so viel davon anekdotisch abläuft und auf Einschätzungen von Personen basiert – teilweise sogar aufgrund ästhetischer Gesichtspunkte. Mir ist nicht klar, wie viele der Kriterien die Leute bei Diskussionen über Programmiersprachen nutzen, die direkt relevant für das Schreiben korrekten Codes oder wartbarer Programme sind, oder mit denen sich Programme erstellen lassen, die leicht zu ändern sind.

Untersuchungen helfen im Allgemeinen bei der Implementierung, aber die Designaspekte spiegeln meist die persönlichen Vorlieben der Designer wider.

Peter: Ja, ich denke, die wirklich erfolgreichen Sprachen besitzen Elemente, die nicht direkten Beispielen aus der Literatur entspringen. Die Leute entschieden sich dazu, dass es interessant wäre, etwas Bestimmtes zu tun. All die Dinge, die man in Programmiersprachen findet, sind nützlich, wenn man über Sprachen nachdenkt oder redet, aber es ist nicht klar, was Sie tun sollten – sei es in der Sprache selber oder in ihrer Anwendung –, um einen Programmierprozess oder den Wartungsprozess zu verbessern. Jeder hat dazu eine dezidierte Meinung, aber mir ist nicht klar, warum wir was glauben sollten. Es scheint keinen wissenschaftlichen Hintergrund dazu zu geben.

Es ist teilweise auch deshalb schwierig, beim Design der Sprache einem wissenschaftlichen Ansatz zu folgen, weil wir keinen wissenschaftlichen Weg haben, das Gute und Schlechte einer Sprache zu messen.

Peter: Ja, das stimmt wohl, sogar für das Gute und Schlechte in der Programmierung im Allgemeinen, nicht nur bei Sprachen. Es gibt viele Leute, die denken, sie hätten Lösungen, aber mir ist nicht ganz klar, warum man ihnen glauben sollte, denn es ist doch klar, dass es viele verschiedene erfolgreiche Wege beim Entwickeln von Programmen gibt.

Wie wählen Sie die richtige Syntax für eine Sprache aus? Konzentrieren Sie sich mehr auf Grenzfälle oder auf das, was der durchschnittliche Anwender nutzt?

Peter: Die nicht so überraschende Antwort ist: »Beides.« Es sollte so vernünftig sein, wie wir Menschen es mit unserer beschränkten Intelligenz machen können, aber auch in Grenzfällen sollte die Semantik klar sein. Eine erfolgreiche Sprache wird von vielen Leuten genutzt werden, von denen die meisten nicht die Sichtweise oder das ästhetische Empfinden des Designers teilen. Dann ist es am besten, wenn sie nicht durch seltsame Features oder Grenzfälle in die Irre geleitet werden. Zudem werden Leute auch Programme schreiben, die wiederum Programme in der neuen Sprache generieren, was bei der Implementierung häufig überraschend ist.

Berücksichtigen Sie beim Bewerten möglicher Features das Debugging, wenn Sie eine Sprache entwickeln?

Peter: Das ist eine schwierige Frage. Sie hoffen auf anständige Hilfe durch die Entwicklungsumgebung, wenn sich etwas leicht realisieren lässt. Was wir schon kennen, sind Hinweise zum Vervollständigen und zu den vorhandenen Parametern. Wenn die Umgebung gut ist, erhalten Sie auch noch Verweise auf andere Einsatzstellen oder die Definitionen. Es ist natürlich schwieriger, eine Funktion zu finden, von der Sie nicht den Namen kennen, sondern nur ihre Aufgabe. Vielleicht sind Sie ja sicher, dass es irgendwo in dem ganzen Chaos eine Funktion gibt, die Zahlen maschinenlesbar aufbereitet oder Kommas einfügt oder sonst was. Aber wie sollen Sie auf den Namen kommen? Wenn die Leute also diese Bibliotheken schreiben, versuchen sie, sich an informelle Namenskonventionen zu halten, und so weiter. Aber Vieles davon skaliert überhaupt nicht gut.

Wie sieht es mit guten Fehlermeldungen aus?

Peter: Ja, die wären schön. Ich beschwere mich normalerweise über Fehlermeldungen, wenn sie sich wie kurze Hinweise des Programms selbst lesen, anstatt vorzuschlagen, was der Anwender eventuell machen kann, um den Fehler zu beheben. Manchmal sind sie sogar noch schlimmer.

Wie detailliert müssen Fehlermeldungen sein?

Peter: Nun, sie sollten so hilfreich wie möglich sein, das beantwortet aber nicht die Frage. Bestimmte Arten von Fehlern in Programmiersprachen sind viel schwieriger zu beschreiben als andere, auch wenn die Heuristiken verständlich sind. In C-ähnlichen Sprachen tendieren Fehler in Separatoren und Klammern eher dazu, den Compiler durcheinanderzubringen. Dann ist es schwer für ihn zu beschreiben, wo genau das Problem liegt. Daher lernen die Leute zu erkennen, was ihr Compiler sagt, wenn Sie das Semikolon zwischen einer Klassendefinition und der nächsten Funktion vergessen. Sie erkennen einfach, dass diese dämliche Fehlermeldung nichts damit zu tun hat, was tatsächlich passiert ist. Der Compiler war schon zu weit in die nächste Funktion gegangen, bevor er bemerkte, dass es einen Fehler gab. Und wenn Sie eine schließende geschweifte Klammer vergessen, erhalten Sie die gleiche Art von unverständlicher Meldung – Sie lernen einfach irgendwann, was sie wirklich bedeuten. Es ist möglich, das zu verbessern, aber es scheint eine Menge Arbeit zu sein, und es ist nicht klar, ob es sich lohnt.

Es gibt eine andere Fragestellung: Bevorzugen Sie dumme Fehlermeldungen, die Sie darauf hinweisen, was nach Meinung des Programms fehlgeschlagen ist, oder möchten Sie lieber hilfreiche Fehlermeldungen haben, die Sie an diese Hinweise erinnern, die Microsoft in Word integriert hat, die aber nie wirklich helfen und irgendwie immer danebenliegen?

Ich denke, wenn Sie schicke Fehlermeldungen umsetzen wollen, müssen Sie einiges an Arbeit investieren, damit sie meistens richtig sind. Das liegt aber teilweise daran, dass wir uns an mäßig ordentliche Meldungen gewöhnt haben, an denen wir halbwegs erkennen können, wo der Fehler liegt.

Warten auf den Durchbruch

Wie würden Sie AWK anpassen, um die Unterstützung für große Programme zu verbessern?

Peter: Wenn man berücksichtigt, was zwischendurch alles passiert ist, ist die Frage eher, ob wir Perl herausgebracht hätten oder etwas anderes. Ich glaube nicht, dass wir die richtige Einstellung gehabt hätten, Perl so, wie es ist, zu entwickeln, aber wenn Sie sich anschauen, wie sich AWK entwickelt hat, wäre so etwas eventuell bei der Unterstützung großer Programme herausgekommen.

Ich glaube, die andere Antwort ist, dass wir aufgehört haben, weil es der richtige Moment dafür zu sein schien. Ich weiß nicht, ob ich die Geschichte schon einmal erzählt habe. Es war Monate, vielleicht auch ein paar Jahre, nachdem wir AWK intern veröffentlicht hatten. Ich erhielt einen Anruf von jemandem im Computer Center, der Probleme mit AWK hatte. Ich ging also hinunter, um mir sein Programm anzuschauen. Wir hatten ja eigentlich AWK für Einzeiler, kleine Prögrämmchen gedacht, okay? Und er hatte einen Assembler für irgendeine exotische Hardware in AWK geschrieben, der 55 Seiten lang war. Wir waren perplex. Tatsächlich ist es gar nicht so verrückt, dass man das machen kann, die Leute haben sicherlich längere Programme in Sprachen geschrieben, die weniger Struktur hatten, aber es war doch recht überraschend.

Brian hat gesagt, dass die Leute im Prinzip bei jeder neu erstellten kleinen Sprache anfangen, sie zu nutzen, und dann nach Schleifen und so weiter fragen, sodass Sie jedes Mal bremsen müssen, da die Sprache sonst ...

Peter: ... größer und größer werden würde und Sie entscheiden müssten, ob Sie diesen Weg gehen wollen oder nicht.

Wenn Sie eine allgemein nutzbare Sprache erstellen wollen, sollte man auch mit diesem Ziel loslegen, statt mit einer kleinen Sprache zu beginnen und im Erfolgsfall größer zu werden.

Peter: Ich glaube, das ist auch richtig. Das ist eine weitere Geschichte. Größe bedeutet auch, dass die Leute Programme schreiben, zum Beispiel Sprachen, Parser oder Compiler, und dabei an Anwender denken, die den Code eingeben. Aber aus verschiedensten Gründen gibt es Leute, die

Programme schreiben, die die Eingabe erzeugen. Ich denke, meist geschieht das im Compilerfall, da zum Beispiel in einer C-ähnlichen Sprache niemand jemals eine case-switch-Anweisung mit 80.000 Zeilen gesehen hat. Keiner glaubt, dass ein Mensch 80.000 case-switch-Anweisungen schreiben kann. So etwas passiert bei allgemein nutzbaren Sprachen auf allen Ebenen.

Wie sieht es mit erweiterbaren Sprachen aus, bei denen die Anwender die Sprache anpassen können?

Peter: Nun, das hängt wohl davon ab, was es genau bedeutet. Prinzipiell ist das nett, aber es gibt eine Reihe von Einschränkungen, wenn Sie nicht gerade Lisp meinen, bei dem die Leute die Sprache mithilfe von Makros erweitern können. Es gibt viele Gründe dafür, dass die Leute einer Sprache etwas hinzufügen wollen, sei es aus Gründen der Ausdrucksfähigkeit oder weil sie Bibliotheken aus anderen Sprachen einbauen wollen, die komplizierte Dinge erledigen.

Es gibt noch eine weitere Frage, die wir uns bei AWK zum Glück nicht stellen mussten: Wie schwer ist es, Unterroutinen oder Pakete einzubinden, die in anderen Sprachen geschrieben wurden? Die Antwort auf diese Frage variiert sehr stark.

Es scheint einen Unterschied zwischen Mathematikern und Nichtmathematikern zu geben. Gibt es auch einen Unterschied zwischen Mathematikern und Softwareentwicklern? C hat gewonnen, Scheme nicht. C hat gewonnen, Lisp nicht. Das ist wieder der »Worse is better«-Ansatz.

Peter: Ich glaube, es kann einen Unterschied zwischen den mathematisch entworfenen Sprachen und den nicht mathematisch entworfenen Sprache geben, aber der Unterschied zwischen Scheme und C ist mehr der Unterschied zwischen denjenigen Sprachen, die versuchen, eine einfache Grundlage zu haben, und denen, die das nicht versuchen. Das ist nichts Absolutes: Wir wissen nicht, was gerade läuft.

Es gibt sicherlich unterschiedliche Meinungen dazu, was Sprachen erfolgreich macht, aber es gibt viele Faktoren. Jeder hat Lieblingsfacetten und -aspekte, und niemand weiß, wie man sie alle einbinden soll. Das ursprüngliche Lisp hatte ein sehr einfaches Ablaufmodell und war dafür erstaunlich mächtig. Man kann sich fragen, warum die Sprache dann komplizierter gemacht wurde. Wofür war das notwendig? All die zwischendurch entstandenen Lisps und dann Scheme und schließlich Common Lisp wurden jeweils komplizierter.

Es gibt wahrscheinlich zweierlei. Das mag jetzt nicht so ganz perfekt sein, weil ich es nicht ganz durchdacht habe, aber lassen Sie es mich zumindest kurz anreißen. Eines ist die Bequemlichkeit für Programmierer. Das andere die Programmperformance. Wir werden schließlich zu anderen Sprachen kommen, aber ich denke, dass Sprachen wie Lisp bei manchen dieser Themen viel Klarheit bieten.

Einer der großen Unterschiede zwischen dem ursprünglichen Lisp und Common Lisp sind die zusätzlichen Datentypen, Hash-Tabellen und so weiter. Die sind vor allem aus Performancegründen vorhanden. Am anderen Ende – ich bin in dem Thema nicht so gut drin, da ich gar nicht so viel über Lisp weiß – begannen die Lisp-Jungs damit, Makros einzuführen. Makros sind eigentlich ganz natürlich. Es gibt nur eine andere Auswertungsumgebung für sie, aber – und das ist eine Frage der Bequemlichkeit für Programmierer – es gibt nichts, was Makros tun, was die Programmierer nicht selbst hätten schreiben können.

Sie vervielfältigen die Macht.

Peter: Das erwartet man. Aber auch die Verwirrung kann sich vervielfältigen, und wenn Sie Makros zu exzessiv nutzen, kann das dazu führen, dass Ihr Code von niemand anderem mehr gelesen werden kann. Es wird viel schwieriger, zu sagen, was Ihre Sprache tut, selbst auf informeller Ebene. Es gibt da viele lustige Grenzfälle. Selbst in dieser relativ reinen Umgebung können Sie die Spannung erkennen zwischen dem, was Sie als mathematische Reinheit bezeichnen würden, und dem Ziel, die verdammte Arbeit einfach erledigt zu bekommen.

All die Lisp-Sprachen und all die anderen Sprachen, von denen viele sehr formelle Semantikdefinitionen besitzen, haben exakt das gleiche Problem. Es sind in mindestens zwei Lebensabschnitten eines Programms Personen beteiligt, und dazu noch ein Computer. Um den Computer glücklich zu machen, brauchen Sie eine ziemlich präzise Definition dessen, was der Kram, den die Leute schreiben, bedeutet. Die Menschen brauchen etwas, das nicht so schwierig zu schreiben ist. Ist das Programm erst einmal eine Zeit lang am Leben und wird es auch genutzt, ist die Chance groß, dass die Leute, die das Programm ändern, also die Wartungscrew, den Code lesen und anpassen können müssen.

Meiner – bescheidenen, aber korrekten – Meinung nach sorgen viele der Features einiger Sprachen, die das Schreiben des Codes so bequem machen, dafür, dass er sich schlecht warten lässt. Wir können da fast jede beliebige objektorientierte Sprache wählen. Diese pragmatischen Sprachen, in denen die genaue Semantik nur dem Compiler und seinen Autoren klar ist, helfen dem Programmierer neuen Codes sehr. Sprachen, die Ihre Ziele so ausdrücken, dass auch Personen, denen nur der Code zur Verfügung steht, sie verstehen, wären auch nett. Ich müsste mir jetzt Mühe geben, um Beispiele zu bringen, obwohl ich natürlich welche in jeder Sprache geschrieben habe. Aber unter den Sprachen, mit denen ich vertraut bin, gibt es bessere und schlechtere für dieses Thema.

Sie sprechen über zwei verschiedene Achsen.

Peter: Ja, genau. Aber wir schrieben ja schon Code in der guten alten Zeit, als noch Riesen die Erde bevölkerten. Zwerge auch. Niemand hat geglaubt, dass sein Code 30 Jahre genutzt werden würde. Wenn Sie gesagt hätten: »Unix wird es immer noch geben«, oder »FORTRAN wird immer noch da sein«, wäre die Antwort gewesen: »Klar, und wir würden es umschreiben.« So haben wir gelebt. Sie veröffentlichen etwas und schreiben es um. Es ist nur ein bisschen inkompatibel, dafür aber jedes Mal besser, bis Sie auf ein zweites System treffen, das total inkompatibel und dafür viel schlechter ist. Irgendwie hatten wir den Eindruck, dass es nur zwei Arten von Softwareprojekten gibt: solche, die fehlschlagen, und solche, die furchtbar zu warten sind.

Wir haben nicht verstanden, dass Sie eine Software nicht Jahr für Jahr erweitern und umschreiben können. Entweder nutzen Sie Ihre gesamte Zeit, um die alte Software umzuschreiben, oder Sie lassen sie einfach laufen. Beides zusammen ist nicht möglich. Das Wartungsproblem wird immer größer, was ich auch sehe, wenn ich mich bei Google herumtreibe, wo es für mich immer deutlicher sichtbar wird.

Lassen wir diesen ungelösten Fall einmal beiseite – die Kommentare zu meiner Unterscheidung zwischen mathematischen Sprachen und nichtmathematischen Sprachen. Es gibt auch Sprachen, die von Mathematikern, Exmathematikern oder Leuten entworfen wurden, die wie Mathematiker denken, und Sprachen, bei denen es eben nicht so ist. Ich würde erwarten, dass die ersteren nahezu vollständig spezifiziert sind, zumindest informell. Sie sollten wirklich aufschreiben, was die Sprache tut – in allen Fällen, die Sie sich ausdenken können. Sie sollten auch lexikalische Themen niederschreiben und nicht nur kurze Hinweise darauf geben. Versuchen Sie auch, den Rest aufzuschreiben, aber eventuell haben Sie keinen Erfolg.

Simon Peyton Jones hat gesagt, dass sie es geschafft haben, etwa 85% der ersten Version von Haskell aufzuschreiben, aber alles darüber hinaus die Zeit nicht wert gewesen wäre.

Peter: Manchmal kann man zu sorgfältig sein. Eines der Dinge, die genauso wenig funktionieren wie in C short int oder long. Sie hatten hier die Wahl.

Sie haben auch Vorzeichen.

Peter: Bitte, wir wollen jetzt nicht mit Vorzeichen oder const anfangen. Sie hätten sagen können: »Wir werden int8, int16, int24, int36, int64 und so weiter haben, und die Sprache wird versprechen, entweder genau das zu nutzen, oder wir versuchen, notfalls zu runden.«

Das ist jetzt alles im Nachhinein gesagt. Ich bin mir nicht sicher, ob ich es gekonnt hätte, selbst wenn wir ganz vorne angefangen hätten. Oder Sie sagen: »Hör mal, wir haben short int und long und wir werden dir erzählen, was sie sind, und dann verzieh dich! Alles andere musst du dir selbst zusammenreimen.« Das hätte die Compilerautoren überrascht, die jedes Fitzelchen Effizienz an die Anwender weitergeben wollen. In GCC sehen Sie das, wo Sie einen Haufen Typen geschenkt bekommen. Dann gibt es da den Vorzeichenlosen, den Zeigertypen und so weiter.

Strings sind auch ein interessantes Beispiel. Nachdem Sie so weit gekommen sind und beliebige Zeichen zugelassen haben, anstatt sie meinetwegen auf UTF-8- oder ASCII-Strings einzuschränken, bemerken Sie, dass Sie sie gar nicht alle ausgeben können. Jetzt klingt das zwar gar nicht so furchtbar, zu sagen: »Ja, alle meine Strukturen, die meine Sprache und die Programme unterstützen, sind binär, außer denen, die explizit für die Ausgabe gedacht sind.« Aber es ist schon ein ziemlich großes Übel.

Wir brauchen ein paar konzeptionelle Durchbrüche. Das geht jetzt schon recht lange so, und ich bin da pessimistisch.

Sie haben mich pessimistisch gemacht.

Peter: Das tut mir leid. Erstaunlich ist, dass all diese Dinge im Prinzip funktionieren und Sie sich auch darauf verlassen können. Es gibt keine Garantien, aber trotzdem können Sie darauf aufbauen. Ihr Auto hat schon vor langer Zeit die Fähigkeit verloren, ohne Computer zu funktionieren, und es gibt eine Menge Code dafür. Die Programme funktionieren fast immer. Ich weiß, dass es keine Garantie gibt, und ich kenne Geschichten, in denen der Computer sich neu starten musste, während man gerade auf der Schnellstraße unterwegs war, aber prinzipiell können Sie sich darauf verlassen. Ich beschwere mich hier nur über ineffizientes Vorgehen, nicht über grundlegende Fehler – aber es nervt trotzdem.

Was für eine Art von Durchbruch bräuchten wir, um diese Probleme lösen zu können?

Peter: Ich denke nicht nur »Nein!«, sondern »Natürlich nicht!«, aber lassen Sie mich ein paar Beobachtungen schildern. Einerseits haben wir auf den Rechnern, auf denen wir die Software schreiben, große Rechenleistung zur Verfügung. Die meiste Zeit sitzt der Prozessor nur da und dreht Däumchen. Ein erstaunlich großer Teil der genutzten Leistung geht in den Betrieb der Benutzeroberfläche. Wenn Sie dann zum Beispiel C kompilieren, wird ein großer Teil der Leistung in das Lesen des Zeugs in den Speicher und das Schreiben diverser Zwischendateien geleitet, damit sie später wieder in den Speicher gelesen werden können.

Okay? Bei einer Sprache mit normaler Strukturintegrität, bei der Sie Aliase und viele andere Dinge nutzen können, würden Sie vielleicht denken, dass die Compiler ihre Arbeit deutlich besser machen könnten. Das bedeutet, dass die Programmierer Methoden bekommen müssen, um ihre Wünsche auszudrücken, über die wir bisher noch nicht nachgedacht haben. Tatsächlich wurde es schlimmer. Es wäre außerordentlich engagiert, Threads und Objektorientierung als orthogonal zu beschreiben. Sie müssten eine ganze Menge Kram aufräumen, durch den es schwierig ist, genau zu sagen, was die Programme tun. Das wird insbesondere bei Mehrkernprozessoren anstrengend.

Vielleicht gibt es viele kluge Köpfe, die sehr interessante Arbeit leisten. Vielleicht ist ja etwas im Entstehen. Wir können momentan nur den Computer bitten, uns dabei zu helfen, die Programme sicherer und sauberer zu machen, und mit besseren Sprachen beginnen, die wir entwickeln. Es ist nicht leicht, die richtigen herauszufinden, denn alles ist wie ein großes Wollknäuel und man weiß nicht genau, an welchem Faden man ziehen soll. Finden Sie ein Ende. Ich weiß nicht, welches. Ich bin nicht sehr optimistisch.

Andererseits ist es alles gar nicht so dramatisch. Nur ziemlich nervig.

Wie definieren Sie in Ihrem Arbeitsumfeld Erfolg?

Peter: Als wir AWK und so etwas machten, schien es (ob es wirklich so war, weiß ich nicht), dass man einfach eine Idee haben konnte, die sich recht leicht umsetzen ließ. Wenn die Idee gut war und die Implementierung ebenfalls, hatten Sie einen großen Einfluss auf die Berechnungen. Damit wurde ein Standard gesetzt, der sich jetzt nur sehr schwer wieder erreichen lässt. Es war einfach, einen deutlichen Einfluss auf die Computerwelt zu haben, und ich denke, das ist heute nicht mehr der Fall.

Ich vermute, die Anzahl kleiner Gruppen, die einen großen Einfluss haben, ist recht gering. Es ist schwer, großen Einfluss zu haben. Es ist nicht unmöglich, erfolgreich zu sein, also viele Anwender zu haben, die Ihren Kram nutzen, und die der Meinung sind, dass er gut ist, aber Sie können nicht mehr leicht so viel Einfluss haben. Es ist schwer zu erkennen – ein extremes Beispiel ist Unix, das von einem recht kleinen Kernteam erstellt wurde, das einen großen Einfluss hatte. Jetzt wird vielleicht einer der Leser Beispiele aus den letzten fünf oder zehn Jahren bringen, die ich vergessen habe, aber viele werden das nicht sein. Ich denke, man braucht heute größere Gruppen und es ist viel schwerer.

Die Antwort auf Ihre Frage ist wohl: Wir waren glücklich und hatten viel Einfluss mit recht wenig Aufwand. Was für ein toller Moment, was für ein toller Erfolg. Heutzutage müssen selbst Leute, die viel talentierter sind als wir, viel mehr tun, um diese Art von Erfolg zu haben. Natürlich ist das nicht schlecht. Es bedeutet, dass es viel Fortschritt gab, aber es bedeutet auch, dass die Einzelnen mit weniger zufrieden sein müssen.

Programming by Example

Sie haben erwähnt, dass AWK eine Sprache ist, die durch Programming by Example lebt.

Peter: Das war eine bewusste Designentscheidung. Es gibt viele Dinge, manche sind schlecht, manche sind gut. AWK hat eine Reihe interessanter – freundlich gesprochen – syntaktischer Wege, von denen meiner Meinung nach nur ein paar wenige echte Fehlgriffe waren. Meist war die Idee, es sehr wie C aussehen zu lassen, weil wir es dann den Leuten nicht erklären mussten, mit denen wir zusammenarbeiteten.

Die Frage ist: Was nun? Unsere Einstellung war, dass AWK-Programme ja alle nur eine oder höchstens ein paar Zeilen lang waren und man AWK daher am besten nutzt, indem man sich Beispiele anschaut, die schon in etwa das tun, was man selber tun möchte. Wenn es komplizierter werden sollte, würde man inkrementell vorgehen und nach und nach Teile ergänzen. Parallel zu unserer Entwicklung von AWK gab es ein Projekt bei Xerox PARC, dessen Namen ich leider vergessen habe und das ungefähr das Gleiche tat wie AWK. Es ging um das Verarbeiten von Dateien. Die Xerox-PARC-Systeme behandelten ihre Dateien nicht mit Zeilen und so, aber es war nahe dran. Bei ihnen sollte es von Sekretärinnen benutzt werden können. Die Seiten, auf denen man arbeitete, hatten zwei Spalten. Links schrieb man das Programm, rechts gab es ein funktionsfähiges Beispiel. Der Compiler prüfte, ob das Programm das tat, was das Beispiel vorgab.

Das ist clever.

Peter: Es war clever, und zudem arbeiteten sie hart daran, die Syntax auch für Sekretärinnen verständlich zu machen. Natürlich ging es schief. Es fand aus vielerlei Gründen keine große Verbreitung, im Gegensatz zu AWK. Unix wuchs und wuchs, aber ihr System nicht, und so weiter. Unsere Version davon war die Idee, dass Sie ein Programm finden, das schon ungefähr das tut, was man möchte. AWK war schon immer vor allem für Programmierer gedacht.

So hat es sich dann zwar nicht entwickelt, aber seine relative Einfachheit und die Beispiele, die man sich anschauen konnte, und das AWK-Buch mit den Beispielen waren meiner Meinung nach eine große Hilfe.

Beim Kopieren und Anpassen eines Programms lernt man die Semantik der Sprache ganz automatisch.

Peter: Abgesehen von der Idee, dass es beim AWK-Buch um einen Mittelweg zwischen informeller Einführung und vielen Beispielen ging, sollte es eine ziemlich komplette Beschreibung der Sprache sein. Ich denke, das hat auch so geklappt.

Lesen die Leute das Buch?

Peter: Manche tun es, manche nicht. Lassen Sie es mich ein bisschen anders aufziehen: Egal, ob Sie das Buch lesen oder nicht – in AWK kommen Sie auch mit Beispielen sehr weit. Das ist eine empirische Tatsache. Wie sieht es mit Ada aus?

Ich habe es nie ausprobiert.

Peter: Ich vermute, man muss sich ganz schön anstrengen, um Ada-Programme nur anhand von Beispielen zu schreiben. Es kann gut sein, dass es auch schwer wäre, C++-Programme anhand von Beispielen zu erstellen. Ab einer gewissen Einfachheit kommt man dagegen sehr weit damit.

Die Leute führen auch normalerweise keine C-Einzeiler aus.

Peter: Das ist natürlich der Unterschied. Es ist sehr schwierig, außer für die reine Bildschirmausgabe Einzeiler zu schreiben. Die kleinen Beispiele sind gleich größer.

Wie es auch der Umfang des Problems ist, das Sie lösen wollen.

Peter: Das stimmt. Es sind halt allgemein nutzbare Sprachen, AWK ist es aber nicht. Eines der ersten großen in AWK geschriebenen Programme war ein Assembler für einen bestimmten Prozessor. Ich war entsetzt. Der Autor erklärte nicht genau, warum er diesen Weg gegangen war, aber es war klar, dass es viel einfacher war, mit einer interpretierenden Sprache zu beginnen, und die Shell war dafür nicht mächtig genug.

Ich fände es schön, wenn das Programmieren für mehr Leute erleichtert werden würde, andererseits mag ich auch Programme, die zuverlässiger werden und sich leicht in größeren Metaprogrammen kombinieren lassen. Es ist schwierig, beide Ideen zu kombinieren.

Peter: Eine gewisse Unterstützung zum Kombinieren kann durch das Sprachdesign und die Sprache selbst gegeben werden. Zuverlässigkeit ist schwer zu erreichen. Klares Design auch.

Wie erkennen Sie ein klares Design?

Peter: Das ist eine Art Metathema. Ich habe meinen Einschätzungen früher mehr getraut als heute. Sie schauen sich das Design an und versuchen, kleine Beispiele zu schreiben. Sie denken darüber nach, was die Leute dazu sagen. Klar ist aber auf jeden Fall, dass die schönen Beispiele, die die Leute in den Lehrbüchern verwenden, total unrealistisch sind. Es mag eine Klasse geben wie die, die man in den Einführungen in objektorientierte Programmierung findet, aber ich glaube das nicht. Sie haben alle viele, viele Member, die auf viele Nachrichten reagieren können. Das nützliche Objekt, das Sie in ein Programm stecken können, um dessen Zustand zu verstehen, ist schon ziemlich groß. Ich denke, man arrangiert sich mit ziemlich viel Komplexität, wenn es sich lohnt.

Oder glaubt, dass es sich lohnt.

Peter: Genau. Das ist alles, was Sie bekommen. Das ist Softwareentwicklung. Es gibt nichts Quantitatives. Empfunden und real sind das Gleiche, weil wir das Reale nicht messen können, oder zumindest kein Interesse daran haben.

Wir können nicht einmal Produktivität messen, was es schwierig macht, zu bestimmen, ob etwas besser oder schlechter ist.

Peter: Man kann, aber ich denke, das ist nicht das Entscheidende. Wenn Sie in einem echten Ingenieursumfeld sind, messen Sie die Ergebnisse. Sie bauen Brücken. Wie teuer war die Brücke? Wie schwer war es, sie zu bauen? Bleibt sie stehen?

Bei Programmen können Sie messen, wie aufwendig es war, sie zu bauen, wie viel Geld Sie hineingesteckt haben, aber der Rest bleibt vollständig im Dunkeln. Macht es das, was es soll, gut? Woher sollten wir das wissen? Wie würden Sie beschreiben, was es tun soll?

Wir haben keine Werkstoffkunde für Software.

Peter: Wenn den Hardwareleuten schließlich der Schwung verloren geht, gehe ich davon aus, dass wir bei der Software mehr Entwicklungsprinzipien bekommen werden. Alles ändert sich so schnell. Es ist eine zweifelhafte Analogie, aber wenn sich die Eigenschaften von Baustoffen und Stahl pro Jahr um 10% ändern würden, würde das Bauwesen ziemlich anders aussehen.

Das ist pure Spekulation, weil es keinen Grund dafür gibt, dass es anders aussehen würde. Nur die Modelle würden von 2007, 2008, 2009 sprechen. Da wir niemals Modelle im Softwareumfeld hatten, könnten wir wohl nichts dazu sagen.

Wir sprechen über Software. Wir haben keine Atome. Wir haben keine physikalischen Eigenschaften.

Peter: Das stimmt. Es ist nicht ganz so wie in der Mathematik. Es lebt nicht komplett in den Köpfen der Leute. Software wird fast vollständig von Menschen erstellt, und die Grenzen kommen aus der Mathematik und haben mit Berechenbarkeit und der Komplexität von Algorithmen zu tun, und mit dem, was die Hardwarejungs uns ermöglichen. Dieser Teil ändert sich rapide.

Sie haben auch darauf hingewiesen, dass es einen Unterschied zwischen einem Computerprogramm und einem Theorem gibt. Sie können ein Theorem beweisen und wissen dann etwas, aber Sie schreiben ein Computerprogramm, und plötzlich können Sie etwas tun, was Sie vorher nicht konnten.

Peter: Ich denke, das stimmt größtenteils. Natürlich kommen die moderneren Versionen von Theoremen manchmal (nicht unerwartet) mit Algorithmen, da Computer sich als so nützlich erwiesen haben, dass die Grenzen ein wenig verschwommen sind.

Vor dem Computerzeitalter haben die Leute darüber nachgedacht, wie anstrengend Berechnungen sind. Es gab Dinge, die berechnet werden mussten. In der wissenschaftlichen Literatur gibt es einige Stellen, bei denen Sie in die Notizbücher der Leute schauen und sehen, dass sie per Hand erstaunliche Berechnungen durchgeführt haben, um das Ergebnis zu erhalten. Ich finde, man kann das Ganze nicht vollständig auftrennen. Damals hat mich das beeindruckt, weil ich als Mathematiker begonnen hatte.

Wird es eine Rechenrevolution geben, bei der wir Komponenten als Theoreme ansehen werden?

Peter: Nicht, bis wir gelernt haben, wie man sie beschreibt. Die Beschreibungen, die meist genutzt wurden, sind rein funktional. Wie wird die Eingabe in die Ausgabe umgewandelt? Sie sagt nichts – oder fast nichts – darüber aus, wie lange es dauert. Sie sagt auch fast nichts darüber aus, wie viel Speicher genutzt wird. Die Umgebung, die benötigt wird, ist auch nur vage erwähnt. Die Theoreme hingegen, zumindest die von Menschen und nicht die von Maschinen, haben Hypothesen und Schlussfolgerungen. Da bleibt nicht so viel zu interpretieren, während man bei der Software viel zu interpretieren hat.

Es gibt viele scheußliche Beispiele. Es gibt Programme, die sich nicht von 16 auf 32 Bit portieren ließen, weil irgendwo in ihnen drin intrinsisch 16 Bit genutzt wurden, man das aber nicht wusste. Es ist schwer, all diese Sachen zu beschreiben. Es ist nicht fair, aber mein Lieblingsbeispiel dafür sind Programme, deren Korrektheit bewiesen wurde, die aber trotzdem Fehler enthalten. Irgendwo fehlte da leider etwas, das die Realität nicht abgebildet hat. Den Leuten ist das nie aufgefallen.

Die Typ-Leute haben dieses Problem. Sie wollen einen Typ automatisch und garantiert erkennen können, wodurch die starke Typisierung des Systems wieder schwächer wird. Oder ein C++-Template, das zum Zeitpunkt des Kompilierens alles berechnen kann und dabei wirklich schnell ist, aber da es eben alles berechnen kann, wird es dann doch wieder langsam.

Das ist eine interessantere Antwort darauf, was uns in der Informatik nervt. Computer werden nicht schneller. Sie werden umfassender.

Peter: Ein exponentielles Wachstum von Güte führt zu einem angenehmen Lebensumfeld.

Ich habe neulich festgestellt, dass seit den 70er Jahren der Umfang der Datenmengen mehr gewachsen ist als die Prozessorgeschwindigkeit. Schaut man sich SQL an, das damals entworfen wurde, kann es immer noch mit diesen riesig gewachsenen Datenmengen umgehen. Andere Sprachen verhalten sich da nicht so gut.

Peter: Ich würde sagen, seitdem hat sich die CPU-Geschwindigkeit vertausendfacht. Bei den Daten ist das nicht so. Im Computerbereich würde ich sagen, dass man mit der Zeit eine Verbesserung von 10^n erhält. Man kann näherungsweise sagen, dass davon $10^{n/2}$ aus der Hardware und $10^{n/2}$ durch Algorithmen kommen. Das gilt hier auch.

Es wurde viel Arbeit in das Optimieren von Abfragen und ein besseres Verständnis des Datenbankdesigns gesteckt, um mit diesen Terabyte-Datenbanken umgehen zu können.

Wie beeinflussen Hardwareressourcen die Überlegungen von Softwareprogrammierern?

Peter: Programmierer sind ein zu buntes Völkchen, als dass man da verallgemeinern könnte. Man muss sich der Grenzen bewusst sein. So bleibt zum Beispiel die Lichtgeschwindigkeit immer bestehen, es kann keine Verbesserung geben. Manche Dinge, die lokal gut funktionieren, sind über das Netzwerk eine Katastrophe. All diese Abstraktionsebenen und hilfreichen Bibliotheken ermöglichen uns, Programme schnell zum Laufen zu bekommen, aber sie haben nachteilige Auswirkungen auf Geschwindigkeit und Robustheit.

Suchen Sie zuerst den richtigen Algorithmus, um ihn dann schneller zu machen, oder konzentrieren Sie sich von Anfang an auf die Geschwindigkeit?

Peter: Wenn es ein Problem ist, das Sie halbwegs verstehen, bauen Sie den Algorithmus so, dass er an den Ihrer Meinung nach entscheidenden Stellen schnell genug ist. Dann kann man ihn immer noch bei Bedarf anpassen. Im Allgemeinen ist es wichtiger, dass der Algorithmus läuft. Es ist schwieriger, die Implementierung nach einer Reihe von Tuningschritten umzuarrangieren. Aber es ist nicht ungewöhnlich, dass man feststellt, dass etwas größer oder häufiger genutzt wird, als man gedacht hätte, daher sind Algorithmen mit schlechtem Laufzeitverhalten (zum Beispiel quadratisch steigende) nicht akzeptabel. Oder es wird zu viel Zeit mit dem Kopieren und Sortieren verbracht. Viele Arten von Programmen laufen auch ohne viel Arbeit ausreichend gut. Moderne Computer sind sehr schnell, und ein Großteil der empfundenen Verzögerung kommt aus der Netzwerk- und I/O-Verarbeitung.

Wie suchen Sie in einer Software nach Problemen?

Peter: Der Trick ist, Probleme zu finden, die man lösen kann. Es gibt viele Probleme im Softwarebereich, die sich als zu schwer lösbar herausstellen, und bei vielen, für die es eine Lösung gibt, kann es sein, dass sie bei einer Skalierung um ein paar Zehnerpotenzen auch nicht mehr so gut laufen.

Wenn Sie etwas haben, was halbwegs läuft, was machen Sie dann?

Peter: Wenn es nur für mich gedacht ist, breche ich hier ab und hoffe, dass ich mich später gut genug daran erinnere, wenn ich es erweitern will. Bei professionellen Programmen sollte man es wirklich dokumentieren, es gegen verschiedenste Arten böser Situationen stählen und dem Code genug Kommentare hinzufügen, dass jemand anderes ihn leicht warten kann (oder zumindest so leicht wie ich selber). Das Letzte ist schwer. Gut kommentierter Code ist selten.

Es gibt eine Unix-Philosophie, die besagt: »Wenn Du nicht weißt, wie etwas richtig gemacht wird, dann tu es nicht.« Kann dieser künstlerische Ansatz auch über Unix hinaus zum Einsatz kommen?

Peter: Diese Frage geht weit über Software hinaus. In unserem Leben müssen wir immer wieder Sachen machen, von denen wir nicht genau wissen, wie man sie richtig macht. Es war ein Luxus, den wir uns in Unix leisten konnten; zudem wussten die ursprünglichen Unix-Leute in vielen Dingen, wie man es richtig macht.

Es könnte interessant sein, die nüchterne Hypothese zu untersuchen, dass Firmen nicht so erfolgreich sind, wenn sie diesem Ansatz nicht folgen. Aber ich bezweifle, dass die Daten das hergeben. Der natürliche (und ohne Zweifel oberflächliche) Vergleich ist der zwischen Microsoft und Apple, aber was wollen Sie messen – gute Kritiken oder die Gesamtumsätze?

KAPITEL SIEBEN

Lua

Luiz Henrique de Figueiredo und Roberto Ierusalimschy

Lua ist eine sehr kleine, unabhängige, dynamische Sprache, die 1993 von Roberto Ierusalimschy, Luiz Henrique de Figueiredo und Waldemar Celes erstellt wurde. Luas kleine Sammlung mächtiger Features und die einfach zu nutzende C-API ermöglichen es, sie leicht einzubetten und zu erweitern, um domänenspezifische Konzepte auszudrücken. Lua ist bei proprietärer Software weit verbreitet, so zum Beispiel in Spielen wie Blizzards *World of Warcraft* und Cryteks *Crysis*, aber auch in Photoshop Lightroom von Adobe, wo sie für Skripting- und UI-Aufgaben genutzt wird. Ihre Vorgänger sind Lisp, Scheme und vielleicht AWK. Ihr Design ähnelt JavaScript, Icon und Tcl.

Die Macht der Skripten

Wie definieren Sie Lua?

Luiz Henrique de Figueiredo: Eine einbettbare, leichtgewichtige, schnelle und mächtige Skriptsprache.

Roberto Ierusalimschy: Leider verwenden mehr und mehr Leute »Skriptsprache« als Synonym für »dynamische Sprache«. Heutzutage werden selbst Erlang oder Scheme als Skriptsprachen bezeichnet. Das ist schlecht, da wir dadurch die Genauigkeit verlieren, eine bestimmte Klasse dynamischer Sprachen zu beschreiben. Lua ist eine Skriptsprache in der ursprünglichen Bedeutung des Begriffs: eine Sprache, mit der andere Komponenten kontrolliert werden können, die normalerweise in einer anderen Sprache erstellt wurden.

Was sollten die Leute bedenken, wenn sie mit Lua Software entwerfen?

Luiz: Das es wahrscheinlich einen Lua-Weg gibt, etwas umzusetzen. Es ist nicht empfehlenswert, alle Praktiken aus anderen Sprachen zu emulieren. Sie müssen die Features Ihrer Sprache wirklich nutzen, das gilt aber vermutlich für jede Sprache. Bei Lua geht es da vor allem um Tabellen, die für alles genutzt werden können, und Metamethoden für elegante Lösungen. Und Koroutinen.

Wer sollte Lua nutzen?

Roberto: Ich denke, die meisten Anwendungen ohne Skripting-Möglichkeiten können von Lua profitieren.

Luiz: Das Problem ist, dass die meisten Designer diese Anforderung erst sehr spät erkennen, wenn schon viel Code geschrieben wurde, zum Beispiel in C oder C++, und sie das Gefühl bekommen, dass es nun zu spät sei. Anwendungsdesigner sollten Skripting von Anfang an berücksichtigen. Sie erhalten damit deutlich mehr Flexibilität. Zudem sind die Perspektiven für die Performance besser, weil die Designer dann dazu gezwungen werden, darüber nachzudenken, wo die Anwendung Performance wirklich nötig hat und wo es nicht so wichtig ist, damit dort dann die einfacheren und kürzeren Skripting-Entwicklungszyklen genutzt werden können.

Was bietet Lua dem Programmierer im Bereich Sicherheit?

Roberto: Der Kern des Lua-Interpreters ist als »freistehende Anwendung« aufgebaut. Das ist ein Begriff aus ISO C, der im Prinzip bedeutet, dass das Programm nichts aus der Umgebung verwendet (kein `stdio`, `malloc` und so weiter). All diese Fertigkeiten sind durch externe Bibliotheken umgesetzt. Durch diese Architektur ist es sehr einfach, Programme mit begrenztem Zugriff aus externen Ressourcen zu erstellen. So können wir zum Beispiel in Lua selber Sandboxes aufbauen, indem wir alle potenziell gefährlichen Dinge rausschmeißen (zum Beispiel `fileopen`).

Luiz: Lua stellt auch benutzerdefinierte Debug-Hooks bereit, mit denen man die Ausführung eines Lua-Programms beobachten und so zum Beispiel schauen kann, warum das Programm zu langsam läuft oder zu viel Speicher verbraucht.

Was sind die Grenzen von Lua?

Roberto: Ich denke, die entscheidenden Grenzen von Lua sind die gleichen wie die jeder dynamischen Sprache. So können Sie selbst mit der fortschrittlichsten JIT-Technologie (und Lua hat unter den dynamischen Sprachen einen der besten JITs) nicht die Performance einer guten statischen Sprache erreichen. Und viele komplexe Programme können wirklich von statischen Analysen profitieren (speziell von statischer Typisierung).

Warum haben Sie sich dazu entschieden, einen Garbage Collector zu nutzen?

Roberto: Lua hat vom ersten Tag an einen Garbage Collector genutzt. Ich würde sagen, dass ein Garbage Collector für eine interpretierende Sprache viel kompakter und robuster als ein Referenzzähler sein kann, ganz zu schweigen davon, dass dann eben kein Müll herumliegt. Davon ausgegangen, dass eine interpretierende Sprache normalerweise selbstbeschreibende Daten besitzt (Werte mit Tags und so etwas), kann ein einfacher Mark-and-Sweep-Kollektor sehr schlicht aufgebaut sein und muss den Rest des Interpreters nur ganz wenig beeinflussen.

Bei einer untypisierten Sprache kann das Zählen von Referenzen zudem sehr schwierig sein. Ohne statische Typisierung kann jede einzelne Zuweisung den Zähler verändern, sodass eine dynamische Prüfung sowohl den alten als auch den neuen Wert kontrollieren muss. Aktuelle Erfahrungen mit Referenzzählern in Lua haben die Performance nicht verbessert.

Sind sie damit zufrieden, wie Lua mit Zahlen umgeht?

Roberto: Meiner Erfahrung nach sind Zahlen in Computern immer eine Quelle für gelegentliche Überraschungen (so wie außerhalb von Computern!). Ich betrachte die Verwendung eines Double als einziger numerischer Typ in Lua als sinnvollen Kompromiss. Wir haben viele andere Optionen durchdacht, aber die meisten sind für Lua zu langsam, zu komplex oder zu speicherhungrig. Selbst die Nutzung von Double ist für eingebettete Systeme keine sinnvolle Wahl, daher lässt sich der Interpreter auch mit einem anderen numerischen Typ kompilieren, zum Beispiel long.

Warum haben Sie sich dazu entschlossen, Tabellen als den einheitlichen Datenkonstruktor in Lua zu nutzen?

Roberto: Ich selber war von VDM inspiriert worden (eine formale Methode, die vor allen für Softwarespezifikationen genutzt wird), womit ich zu tun hatte, als wir mit Lua anfingen. VDM bietet drei Arten von Collections an: Sets, Sequenzen und Maps. Aber sowohl Sets als auch Sequenzen lassen sich einfach durch Maps ausdrücken, daher hatte ich die Idee, Maps als vereinheitlichenden Konstruktor zu nutzen. Luiz hatte seine eigenen Gründe.

Luiz: Ja, mir hat AWK sehr gefallen, insbesondere seine assoziativen Arrays.

Was haben Programmierer von First-Class-Funktionen in Lua?

Roberto: »Funktionen« haben unter verschiedenen Namen – von Unterroutinen bis zu Methoden – seit mehr als 50 Jahren als Grundstock von Programmiersprachen gedient, daher ist eine gute Unterstützung von Funktionen in jeder Sprache ein Gewinn. Die Unterstützung, die Lua anbietet, ermöglicht es den Programmierern, viele verschiedene, mächtige Techniken aus der Welt der funktionalen Programmierung zu nutzen, zum Beispiel das Darstellen von Daten als

Funktionen. So kann eine geometrische Form zum Beispiel durch eine Funktion dargestellt werden, die bei gegebenem x und y ermittelt, ob dieser Punkt innerhalb oder außerhalb der Form liegt. Durch diese Repräsentation lassen sich Operationen wie das Bilden von Vereinigungs- und Schnittmengen leicht umsetzen.

Lua verwendet Funktionen auch auf recht unkonventionellen Wegen, und die Tatsache, dass es First-Class-Objekte sind, vereinfacht diese Anwendung. So wird zum Beispiel jedes Codeschnipselchen, das wir dem Interpreter geben, wie ein Funktionsrumpf kompiliert, wodurch jede konventionelle Funktionsdefinition in Lua auch immer in einer äußeren Funktion verschachtelt ist. Das bedeutet, dass selbst triviale Lua-Programme First-Class-Funktionen benötigen.

Warum haben Sie Closures implementiert?

Roberto: Closures sind die Art von Konstrukten, die wir möglichst immer in Lua haben wollen: einfach, generisch und mächtig. Lua besitzt seit Version 1 Funktionen als First-Class-Werte, und sie haben sich als sehr nützlich herausgestellt, selbst für »normale« Programmierer ohne vorherige Erfahrung mit funktionaler Programmierung. Ohne Closures wäre die Verwendung von First-Class-Funktionen recht eingeschränkt. Übrigens bezieht sich der Begriff *closure* auf eine Implementierungstechnik, nicht auf das Feature selber. Das heißt »First-Class-Funktion mit lexikalem Scoping«, aber *Closure* ist da doch kürzer. :)

Wie wollen Sie mit Nebenläufigkeit umgehen?

Roberto: Wir glauben nicht an Multithreading, also gemeinsam genutzten Speicher mit Aufteilung des Zugriffs. Im HOPL-Artikel[1] schreiben wir: »Wir glauben immer noch, dass niemand in einer Sprache korrekte Programme schreiben kann, in denen $a=a+1$ nicht deterministisch ist.« Dieses Problem lässt sich vermeiden, indem entweder die Präemption oder der gemeinsam genutzte Speicher verworfen wird. Lua unterstützt beide Ansätze.

Mit Koroutinen haben wir gemeinsam genutzten Speicher ohne Präemption, aber das ist für Mehrkernrechner nicht von Nutzen. Aber mehrere »Prozesse« können diese Rechner ziemlich effektiv ausnutzen. Mit »Prozess« meine ich einen C-Thread mit eigenem Lua-Zustand, sodass es auf Lua-Ebene keinen gemeinsam genutzten Speicher gibt. In der zweiten Ausgabe von *Programming in Lua* (Lua.org, auf Deutsch die erste Auflage von *Programmieren mit Lua*, Open Source Press) habe ich schon einen Prototyp so einer Implementierung vorgestellt, und kürzlich haben wir Bibliotheken gesehen, die dieses Vorgehen unterstützen (zum Beispiel Lua Lanes und luaproc).

Sie unterstützen keine Nebenläufigkeit, aber Sie haben eine interessante Lösung für das Multitasking implementiert – asymmetrische Koroutinen. Wie funktionieren die?

Roberto: Ich hatte einige Erfahrung mit Modula 2 (meine Frau schrieb während ihrer Masterarbeit einen kompletten Interpreter für M-Code), und mir gefiel schon immer die Idee, Koroutinen als Basis für kooperative Nebenläufigkeit und andere Kontrollstrukturen zu nutzen. Allerdings würden symmetrische Koroutinen, wie sie in Module 2 zur Verfügung stehen, in Lua nicht funktionieren.

---

[1] R. Ierusalimschy, L. H. de Figueiredo, and W. Celes, »The evolution of Lua,« Proceedings of ACM HOPL III (2007).

Luiz: In unserem HOPL-Artikel haben wir all diese Designentscheidungen detailliert erläutert.

Roberto: Wir sind dann bei diesem asymmetrischen Modell gelandet. Die zugrunde liegende Idee ist sehr einfach. Wir erstellen eine Koroutine mit einem expliziten Aufruf einer Funktion `coroutine.create`, wobei wir als Koroutinenrumpf eine Funktion zur Ausführung mitgeben. Wenn wir mit der Koroutine fortfahren, führt sie ihren Rumpf aus und läuft bis zum Ende oder bis zum Abbruch. Eine Koroutine bricht nur ab, wenn explizit die `yield`-Funktion aufgerufen wird. Später können wir sie dann weiterlaufen lassen und sie fährt da fort, wo sie abgebrochen wurde.

Die Grundidee ähnelt den Generatoren in Python, es gibt aber einen entscheidenden Unterschied: Eine Koroutine in Lua kann ein `yield` innerhalb eines verschachtelten Aufrufs nutzen, während ein Generator in Python nur von seiner Hauptfunktion aus ein `yield` aufrufen kann. Wenn man da über die Implementierung nachdenkt, bedeutet das, dass eine Koroutine einen unabhängigen Stack benötigt, so wie ein Thread. Überraschend ist, wie viel mächtiger diese mit einem Stack versehenen Koroutinen im Vergleich zu »flachen« Generatoren sind. So können wir zum Beispiel »Einweg«-Fortsetzungen darauf aufbauen lassen.

Erfahrung

Wie definieren Sie im Rahmen Ihrer Arbeit Erfolg?

Luiz: Der Erfolg einer Sprache hängt von der Anzahl der Programmierer ab, die sie nutzen, und dem Erfolg der Anwendungen, die sie nutzen. Wir wissen wirklich nicht, wie viele Leute in Lua programmieren, aber es gibt sicherlich viele erfolgreichen Anwendungen, die Lua nutzen, einschließlich einer Reihe sehr erfolgreicher Spiele. Zudem zeigt der Bereich der Anwendungen, die Lua verwenden, von der Bildverarbeitung am PC bis zur Embedded Control von Robotern, dass es eine klare Nische für Lua gibt. Und schließlich ist Lua die einzige Sprache, die in einem Entwicklungsland entstanden ist und so eine globale Relevanz erreicht hat. Es ist die einzige solche Sprache, die je ein Themenschwerpunkt im ACM HOPL war.

Roberto: Das ist schwierig. Ich arbeite an verschiedenen Themen, und bei jedem empfinde ich Erfolg unterschiedlich. Insgesamt würde ich sagen, dass die meisten Definitionen das »Bekanntsein« enthalten. Es ist immer toll, jemandem vorgestellt zu werden oder jemanden zu kontaktieren und erkannt zu werden.

Bedauern Sie etwas an der Sprache?

Luiz: Ich bedaure eigentlich nichts. Im Nachhinein hätten wir einiges früher machen können, wenn wir das Wissen gehabt hätten, das wir heute haben!

Roberto: Ich bin mir nicht sicher, ob ich etwas Bestimmtes bedaure, aber beim Entwerfen einer Sprache muss man viele kritische Entscheidungen treffen. Für mich sind die schwierigsten Entscheidungen die, bei denen es um die Einfachheit der Sprache geht. Eines der Ziele von Lua ist, für nichtprofessionelle Programmierer einfach anwendbar zu sein. Ich passe nicht in diese Kategorie. Daher sind einige Entscheidungen in der Sprache aus meiner Sichtweise als Anwender nicht ideal. Ein typisches Beispiel ist die Syntax von Lua: Viele Anwendungen von Lua profitieren von ihrer wortreichen Syntax, aber für meinem Geschmack hätte es auch eine kompaktere Notation sein können.

Haben Sie beim Design oder der Implementierung Fehler gemacht?

Luiz: Ich denke nicht, dass wir beim Design oder der Implementierung von Lua große Fehler gemacht haben. Wir haben gerade gelernt, wie man eine Sprache entwickelt, was mehr ist, als nur die Syntax und Semantik zu definieren und zu implementieren. Es gibt auch wichtige soziale Aspekte, wie zum Beispiel das Aufbauen und Unterstützen einer Community mit Anleitungen, Büchern, Websites, Mailinglisten, Chaträumen und so weiter. Wir haben sicherlich gelernt, wie sinnvoll es ist, eine Community zu unterstützen, aber auch, wie viel Arbeit das neben Design und Coding doch bedeutet.

Roberto: Glücklicherweise haben wir keine großen Fehler gemacht, aber ich denke, wir haben im Laufe der Zeit einige kleine Fehler begangen. Wir hatten aber die Gelegenheit, sie im Laufe der Weiterentwicklung von Lua zu korrigieren. Natürlich hat das einige Anwender genervt, da es Inkompatibilitäten zwischen den Versionen gab, aber mittlerweile ist Lua ziemlich stabil.

Was sollte man tun, um ein besserer Programmierer zu werden?

Luiz: Scheuen Sie sich nicht, damit anzufangen, was natürlich leichter gesagt als getan ist. Unterschätzen Sie nie die Notwendigkeit, auf Details zu achten. Fügen Sie keine Funktionalität hinzu, von der Sie *denken*, dass sie irgendwann in der Zukunft nützlich sein wird: Bauen Sie sie jetzt ein, können Sie später eventuell kein besseres Feature implementieren, wenn es wirklich notwendig ist. Und schließlich sollten Sie immer versuchen, die einfachere Lösung zu nutzen. So einfach wie möglich, aber nicht einfacher, wie Einstein sagte.

Roberto: Lernen Sie neue Programmiersprachen, aber nur aus guten Büchern! Haskell ist eine Sprache, die alle Programmierer kennen sollten. Studieren Sie Informatik: neue Algorithmen, neue Formalismen (Lambda-Kalkül, wenn Sie es noch nicht kenne, Pi-Kalkül, CSP und so weiter). Versuchen Sie immer, Ihren eigenen Code zu verbessern.

Was ist das größte Problem in der Informatik, und wie kann man das vermitteln?

Roberto: Ich denke, es gibt nicht *die* »Informatik« als wohlverstandenen Wissenskorpus. Nicht, dass Informatik keine Wissenschaft wäre, aber was dazugehört und was nicht (und was wichtig ist und was nicht), ist immer noch zu schlecht definiert. Viele Leute im Computerbereich haben keinen formalen Hintergrund aus der Informatik.

Luiz: Ich sehe mich selber als Mathematiker, der an der Rolle von Computern in der Mathematik interessiert ist, aber natürlich mag ich Computer auch so sehr gerne. :)

Roberto: Selbst unter denjenigen mit einem formalen Hintergrund gibt es keinen einheitlichen Wissensstand. Viele Leute denken, durch Java wären Monitore, virtuelle Maschinen, Schnittstellen (im Gegensatz zu Klassen) und so weiter eingeführt worden.

Gibt es viele Informatikkurse, die eigentlich nur über die Maßen gelobte Ausbildungsprogramme sind?

Roberto: Ja. Und viele Programmierer haben nicht einmal einen Abschluss in Informatik.

Luiz: Ich sehe das nicht so, aber ich bin auch nicht als Programmierer angestellt. Andererseits denke ich, es wäre falsch, von Programmierern einen Informatikabschluss, ein Zertifikat oder

Ähnliches zu verlangen. Ein Informatikabschluss ist keine Garantie, dass jemand gut programmieren kann, und viele gute Programmierer haben keinen Informatikabschluss. (Das stimmte zumindest, als ich anfing, mittlerweile bin ich wohl zu alt.) Ein Informatikabschluss ist jedenfalls nicht damit verbunden, dass man gut programmieren kann.

Roberto: Es ist falsch, zu fordern, dass die meisten professionellen Programmierer einen entsprechenden Abschluss haben sollen, aber was ich meinte, war, dass die »Kultur« in diesem Bereich zu schwach ist. Es gibt nur wenige Dinge, von denen Sie annehmen können, dass die Leute sie wissen müssten. Natürlich kann jemand, der Programmierer einstellt, fordern, was er will, aber es sollte keine Gesetze geben, die einen Abschluss notwendig machen.

Was ist die Rolle der Mathematik in der Informatik und speziell beim Programmieren?

Luiz: Na ja, ich bin ja Mathematiker. Ich sehe überall Mathematik. Ich wurde vermutlich von der Programmierung so angezogen, weil sie definitiv mathematische Qualitäten besitzt: Genauigkeit, Abstraktion, Eleganz. Ein Programm ist der Beweis eines komplizierten Theorems, das Sie fortlaufend ergänzen und verbessern können. Und es tut sogar auch noch was!

Natürlich denke ich beim Programmieren nicht in diesen Begriffen, aber ich denke, dass das Erlernen von Mathematik für das Programmieren im Allgemeinen wichtig ist. Es hilft Ihnen dabei, im Kopf einen bestimmten Rahmen aufzubauen. Programmieren ist viel einfacher, wenn Sie daran gewöhnt sind, über abstrakte Dinge nachzudenken, die ihre eigenen Regeln haben.

Roberto: Nach Christos H. Papadimitriou ist »Informatik die neue Mathematik«. Ein Programmierer kann ohne Mathematik nur bis zu einer gewissen Grenze gelangen. In einer umfassenderen Sichtweise erfordern Mathematik und Programmieren dieselbe entscheidende geistige Fähigkeit: Abstraktion. Und sie haben auch ein gemeinsames, entscheidendes Hilfsmittel: formale Logik. Ein guter Programmierer nutzt die ganze Zeit »Mathematik«, setzt Code-Invarianten um, Modelle für Schnittstellen und so weiter.

Viele Programmiersprachen wurden von Mathematikern erfunden – vielleicht ist das der Grund, warum Programmieren schwierig ist!

Roberto: Ich überlasse diese Frage unserem Mathematiker. :)

Luiz: Na ja, ich habe ja schon gesagt, dass die Programmierung definitiv mathematische Qualitäten besitzt: Genauigkeit, Abstraktion, Eleganz. Beim Entwerfen von Programmiersprachen habe ich immer das Gefühl, eine mathematische Theorie aufzubauen: Sie stellen mächtige Hilfsmittel zur Verfügung, damit andere gute Arbeit leisten können. Ich mochte schon immer gerne Programmiersprachen, die klein und mächtig sind. Es gibt eine gewissen Schönheit in mächtigen Primitiven und Konstrukten, so wie es eine Schönheit in mächtigen Definitionen und grundlegenden Theoremen gibt.

Wie erkennen Sie einen guten Programmierer?

Luiz: Das weiß man nicht. Heutzutage habe ich das Gefühl, schlechte Programmierer leichter zu erkennen – nicht, weil ihre Programme schlecht wären (auch wenn sie häufig eine kompliziertes, unstabiles Chaos darstellen), sondern weil man spüren kann, dass sie sich beim Programmieren nicht wohl fühlen, so als ob ihre eigenen Programme eine Last und ein Mysterium für sie seien.

Wie sollte das Debuggen unterrichtet werden?

Luiz: Ich denke nicht, dass Debuggen unterrichtet werden kann, zumindest nicht formal, aber man kann lernen, wie man es macht, wenn man eine Debugging-Sitzung mit jemand anderem abhält, der vielleicht erfahrener ist als man selber. So können Sie Debugging-Strategien erlernen: wie man das Problem eingrenzt, wie man Vorhersagen trifft und Ergebnisse abschätzt, was nutzlos ist und nur für Ablenkung sorgt und so weiter.

Roberto: Debuggen ist prinzipiell das Lösen von Problemen. Es ist eine Aktivität, bei der Sie eventuell all die intelektuellen Hilfsmittel einsetzen müssen, die Sie einmal kennengelernt haben. Natürlich gibt es ein paar nützliche Tricks (zum Beispiel den Debugger wenn möglich zu vermeiden oder einen Memory-Checker zu nutzen, wenn man in einer Low-Level-Sprache wie C programmiert), aber diese Tricks sind nur ein kleiner Teil des Debuggens. Sie sollten das Debuggen parallel zum Programmieren erlernen.

Wie testen und debuggen Sie Ihren Code?

Luiz: Ich versuche hauptsächlich, ihn Stück für Stück aufzubauen und zu testen. Ich nutze nur selten einen Debugger. Wenn ich es tue, dann für C-Code, niemals für Lua-Code. Bei Lua reicht im Allgemeinen eine gut platzierte `print`-Anweisung aus.

Roberto: Ich verfolge einen ähnlichen Ansatz. Wenn ich einen Debugger verwende, dann meist nur für ein `where`, um herauszufinden, wo der Code abstürzt. Bei C-Code ist ein Tool wie Valgrind oder Purify außerordentlich wichtig.

Wie sehen Sie die Rolle von Kommentaren im Quellcode?

Roberto: Sehr gering. Ich gehe normalerweise davon aus, dass ein Kommentar nur dann notwendig ist, wenn etwas nicht gut geschrieben wurde. Für mich sieht ein Kommentar fast immer so aus wie ein Hinweis: »Ich sollte diesen Code später nochmal umschreiben.« Ich denke, klarer Code lässt sich viel besser lesen als kommentierter Code.

Luiz: Ich stimme dem zu. Ich bleibe an Kommentaren hängen, die etwas sagen, was der Code nicht so offensichtlich ausdrückt.

Wie sollte ein Projekt dokumentiert werden?

Roberto: Mit roher Gewalt. Kein Tool ist ein Ersatz für gut geschriebene und wohlüberlegte Dokumentation.

Luiz: Aber das Erstellen einer guten Dokumentation im Verlauf eines Projekts ist nur dann möglich, wenn wir von Anfang an daran denken. Das ist bei Lua nicht der Fall gewesen – wir haben nie geplant, dass Lua so stark wächst und so intensiv genutzt wird, wie es jetzt der Fall ist. Als wir den HOPL-Artikel schrieben (was fast zwei Jahre dauerte!), fanden wir es schwer, uns wieder an einige der Designentscheidungen zu erinnern, die wir getroffen hatten. Wenn wir andererseits von Anfang an Meetings mit formellen Aufzeichnungen gehabt hätten, wäre uns bestimmt viel Spontaneität und Spaß verloren gegangen.

Welche Faktoren messen Sie während der Entwicklung einer Codebasis?

Luiz: Ich würde sagen: »Einfachheit der Implementierung«. Damit einher gehen Geschwindigkeit und Korrektheit der Implementierung. Gleichzeitig ist auch die Flexibilität ein wichtiger Punkt, sodass Sie eine Implementierung bei Bedarf ändern können.

Wie beeinflussen die verfügbaren Hardwareressourcen das Denken von Programmierern?

Luiz: Ich bin ein alter Mann. :-) Ich habe Programmieren auf einer IBM 370 gelernt. Ich verbrachte Stunden damit, Lochkarten zu stanzen, sie einzulegen und die Ausdrucke zu erhalten. Ich habe alle Arten langsamer Rechner kennengelernt. Ich denke, Programmierer sollten sich damit auseinandersetzen müssen, da nicht jedermann auf der Welt Zugriff auf die schnellsten Rechner hat. Diejenigen, die Anwendungen für einen großen Kundenkreis programmieren, sollten sie auf langsamen Rechnern ausprobieren, um ein Gefühl für die Benutzererfahrung darauf zu erhalten. Natürlich können sie ihre besten Rechner für die Entwicklung nutzen – es macht keinen Spaß, lange auf das Ende eines Kompilierungsvorgangs warten zu müssen. In den heutigen Tagen des globalen Internet sollten Webentwickler auch einmal langsame Verbindungen nutzen und nicht nur die superschnellen, die sie auf der Arbeit zur Verfügung haben. Arbeiten Sie auf eine durchschnittliche Plattform hin, wird Ihr Produkt schneller, einfacher und besser.

Bei Lua ist die »Hardware« der C-Compiler. Bei der Implementierung von Lua haben wir gelernt, dass es sich auszahlt, auf Portabilität zu achten. Fast von Anfang an haben wir Lua in sehr striktem ANSI/ISO C (C89) implementiert. Damit läuft Lua auch auf spezieller Hardware, zum Beispiel auf Robotern, in Drucker-Firmware, auf Netzwerkroutern und so weiter, von denen keine ein bewusstes Ziel für uns war.

Roberto: Ein goldenes Prinzip ist, dass Sie Hardwareressourcen immer als begrenzt betrachten sollten. Natürlich sind sie *immer* begrenzt. »In der Natur gibt es keinen leeren Raum«, jedes Programm tendiert dazu, sich so weit zu vergrößern, dass es alle möglichen Ressourcen nutzt. Zudem werden die Ressourcen gleichzeitig für bestehende Plattformen immer billiger, während neue Plattformen mit ernsthaften Einschränkungen entstehen. Das passierte mit Microcomputern und mit Mobiltelefonen, es passiert immerzu. Wenn Sie der Erste in einem Markt sein wollen, sollten Sie sich besser darauf vorbereiten, sich der Ressourcen sehr bewusst zu sein, die Ihre Programme brauchen.

Was lehren die Lektionen über das Erfinden, die Weiterentwicklung und das Anpassen Ihrer Sprache die Leute, die heute und in naher Zukunft Computerssysteme entwickeln?

Luiz: Ich denke, man muss daran denken, dass nicht alle Anwendungen auf starken Desktoprechnern oder Laptops laufen. Viele Anwendungen werden auf beschränkten Geräten ausgeführt, zum Beispiel auf Mobiltelefonen oder noch kleineren Geräten. Leute, die Softwaretools entwerfen und implementieren, sollten das besonders beherzigen, da sie niemals wissen können, wo und wie ihre Tools genutzt werden. Daher sollten Sie sich an minimalen Ressourcen orientieren und angenehm überrascht sein, dass Ihr Tool in vielen Umfeldern genutzt wird, die gar nicht Ihr primäres Ziel waren und von denen Sie vielleicht gar nicht wussten, dass sie existieren. Das ist bei Lua passiert! Und aus gutem Grund. Wir haben einen internen Witz, der eigentlich gar kein Witz ist: Wenn wir diskutieren, ob ein Feature in Lua aufgenommen werden soll, fragen wir uns selber: »Okay, aber wird es in einer Mikrowelle laufen?«

Sprachdesign

Lua lässt sich leicht einbetten und benötigt nur wenige Ressourcen. Wie berücksichtigen Sie beim Design begrenzte Ressourcen bei Hardware, Speicher und Software?

Roberto: Als wir anfingen, waren uns diese Ziele gar nicht so klar. Wir mussten sie nur erreichen, um unser Projekt abschließen zu können. Im Laufe der Zeit wurden diese Ziele nach und nach klarer. Mittlerweile ist, glaube ich, bei uns Wirtschaftlichkeit der Hauptaspekt – immer und überall. Wenn jemand zum Beispiel ein neues Feature vorschlägt, fragen wir uns als Erstes, wie viel es kosten wird.

Haben Sie schon Features abgelehnt, weil sie zu teuer waren?

Roberto: Fast alle Features sind im Verhältnis zu ihrem Nutzen für die Sprache »zu teuer«. So hat zum Beispiel selbst eine einfache `continue`-Anweisung unseren Kriterien nicht standhalten können.

Wie viel Vorteil muss ein neues Feature haben, damit es seinen Preis wert ist?

Roberto: Da gibt es keine festen Regeln, aber eine gute Regel ist, ob uns das Feature »überrascht«, also ob es für etwas anderes nützlich ist als nur für das, wofür es ursprünglich gedacht war. Das erinnert mich an eine andere Hauptfrage: Wie viele Anwender würden von dem Feature profitieren? Manche Features sind nur für einen kleinen Teil der Anwender nützlich, während andere nahezu jedem helfen.

Haben Sie ein Beispiel für ein Feature, das Sie hinzugefügt haben und das vielen Leuten nützt?

Roberto: Die `for`-Schleife. Wir selbst haben ihr widerstehen wollen, aber als sie dann doch drin war, hat sie *alle Beispiele* im Buch beeinflusst! Schwache Tabellen sind ebenfalls erstaunlich nützlich. Sie werden leider nicht von vielen Leuten genutzt, was sich möglichst ändern sollte.

Sie haben nach Version 1.0 sieben Jahre gewartet, bis Sie die `for`-Schleife ergänzt haben. Warum waren Sie gegen sie? Warum haben Sie sie dann doch aufgenommen?

Roberto: Wir hatten sie draußen gelassen, weil wir kein Format finden konnten, in dem sie gleichzeitig generisch und einfach war. Als wir ein gutes Format gefunden hatten, nahmen wir sie auch auf – mithilfe von Generatorfunktionen. Tatsächlich waren Closures eine Hauptzutat, um Generatoren einfach und generisch genug zu machen, da die Generatorfunktion mit Closures selber den internen Zustand in einer Schleife verwalten kann.

Ist das ein anderer »teurer« Bereich – das Anpassen von Code, um neue Features und neu erkannte Best Practices nutzen zu können?

Roberto: Die Leute müssen die neuen Features nicht verwenden.

Entscheiden sich die Leute für eine Version von Lua und bleiben dann während des Projektverlaufs die ganze Zeit dabei, ohne sie zu aktualisieren?

Roberto: Ich glaube, im Spieleumfeld machen es die meisten Leute genau so, aber in anderen Bereichen werden viele Projekte ihre Lua-Versionen aktuell halten. Als Gegenbeispiel sei hier *World of Warcraft* genannt, das von Lua 5.0 nach Lua 5.1 wechselte! Allerdings sollten Sie auch bedenken, dass Lua mittlerweile viel stabiler ist als früher.

Wie verteilen Sie die Entwicklungsverantwortung, insbesondere beim Schreiben von Code?

Luiz: Die ersten Versionen von Lua wurden von Waldemar 1993 geschrieben. Seit etwa 1995 hat sich Roberto um den Großteil des Codes gekümmert. Ich bin für einen kleinen Teil des Codes verantwortlich: die Bytecode-Dump/Undump-Module und der Standalone-Compiler luac. Wir haben immer Coderevisionen durchgeführt und Vorschläge mit Codeänderungen an andere geschickt, zudem haben wir lange Meetings über neue Features und ihre Implementierung abgehalten.

Erhalten Sie viel Feedback zur Sprache oder Implementierung von den Anwendern? Haben Sie einen formellen Mechanismus, um Benutzerfeedback in die Sprache und ihre Revisionen einzubinden?

Roberto: Wir machen Späße darüber, dass alles, woran wir uns nicht mehr erinnern können, auch nicht so wichtig war. Die Lua-Diskussionsliste ist ziemlich aktiv, aber manche setzen Open Source-Software mit einem Communityprojekt gleich. Ich habe einmal folgende Nachricht an die Lua-Liste geschickt, die unser Vorgehen zusammenfasst:

> Lua ist Open Software, wurde aber nie offen entwickelt. Das bedeutet nicht, dass wir anderen Leuten nicht zuhören. Wir lesen so gut wie jede Nachricht in der Mailingliste. Viele wichtige Features in Lua kamen von außen (zum Beispiel Metatabellen, Koroutinen und die Implementierung von Closures, um nur die wichtigsten zu nennen), aber letztendlich entscheiden wir. Wir machen das nicht, weil wir glauben, unser Urteilsvermögen sei besser als das von anderen. Wir machen das, weil wir wollen, dass Lua so ist, wie sie unserer Meinung nach sein sollte, und nicht die beliebteste Sprache der Welt.
>
> Aufgrund dieses Entwicklungsstils bevorzugen wir es, kein öffentliches Repository für Lua zu haben. Wir wollen nicht jede einzelne Änderung erklären müssen, die wir am Code vornehmen. Wir wollen nicht die Dokumentation jederzeit aktuell halten müssen. Wir wollen die Freiheit haben, seltsamen Ideen zu folgen und sie wieder aufzugeben, ohne jeden Schritt erläutern zu müssen.

Warum bekommen Sie gern Vorschläge und Ideen, aber keinen Code? Mir würde da einfallen, dass Sie durch das Schreiben von Code vielleicht die Möglichkeit haben, mehr über das Problem und die Lösung zu erlernen.

Roberto: So in etwa. Wir möchten gerne vollständig verstehen, was in Lua passiert, daher ist ein bisschen Code nicht so spannend. Er erklärt nicht, warum er so ist, wie er ist, aber sobald wir einmal die zugrunde liegenden Ideen verstanden haben, wollen wir uns den Spaß nicht nehmen lassen, den Code selber zu schreiben.

Luiz: Ich denke, wir haben uns auch Sorgen um Code von dritter Seite gemacht, für den wir nicht garantieren können, dass er uns gehört. Wir wollen schließlich nicht in Prozesse verwickelt werden, wenn andere ihren Code von uns lizensiert haben wollen.

Wird Lua einen Punkt erreichen, an dem Sie alle Features hinzugefügt haben, die Sie hinzufügen wollten, und Änderungen nur noch durch Verbesserungen der Implementierung entstehen (zum Beispiel LuaJIT)?

Roberto: Ich denke, wir sind schon an diesem Punkt. Wir haben vielleicht nicht alle, aber doch die meisten Features hinzugefügt, die wir haben wollten.

Wie gehen Sie bei Smoke Tests und Regression Tests vor? Einer der großen Vorteile eines offenen Repository ist, dass Sie die Leute automatische Tests gegen nahezu jede Revision machen lassen können.

Luiz: Releases von Lua sind nicht so häufig, daher werden sie vorher ausführlich getestet. Wir geben Arbeitsversionen (Pre-Alpha) nur heraus, wenn sie schon ziemlich stabil sind, sodass die Leute sehen können, was für neue Features es gibt.

Roberto: Wir führen strenge Regression Tests durch. Aufgrund der ANSI-C-Kompatibilität unseres Codes haben wir sehr wenige Portierungsprobleme. Wir müssen die Änderungen nicht auf vielen verschiedenen Rechnern testen. Ich führe immer alle Regression Tests durch, wenn ich etwas im Code ändere, aber sie sind vollständig automatisiert – alles, was ich tun muss, ist `test all` zu tippen.

Wie erkennen Sie bei einem Problem, ob die beste Lösung ein lokaler Workaround oder ein globaler Fix ist?

Luiz: Wir versuchen immer, nach dem Finden eines Fehlers so schnell wie möglich Bug Fixes herauszubringen. Aber da wir nicht so häufig neue Versionen von Lua veröffentlichen, tendieren wir dazu, zu warten, bis wir genug Fixes zusammenhaben, um das Veröffentlichen einer kleineren Version zu rechtfertigen. Nur in größeren Versionen gibt es Verbesserungen, die keine Bug Fixes sind. Wenn das Thema ziemlich kompliziert ist (was selten vorkommt), stellen wir in einer kleineren Version einen lokalen Workaround bereit, und in der nächsten größeren Version einen globalen Fix.

Roberto: Normalerweise werden Sie einen lokalen Workaround ziemlich schnell erhalten. Wir versuchen, Workarounds nur dann zu verwenden, wenn ein globaler Fix wirklich unmöglich umzusetzen ist – zum Beispiel wenn dadurch eine neue, inkompatible Schnittstelle erforderlich wäre.

Würden Sie jetzt, einige Jahre nach dem Beginn mit Lua, immer noch für begrenzte Ressourcen entwerfen?

Roberto: Natürlich, wir konzentrieren uns immer noch darauf. Wir berücksichtigen sogar die Reihenfolge von Feldern in C-Strukturen, um ein paar Bytes zu sparen. :)

Luiz: Und es gibt heutzutage mehr Leute, die Lua in kleinere Geräte stecken als jemals zuvor.

Wie beeinflusst der Wunsch nach Einfachheit das Sprachdesign aus Benutzersicht? Ich denke an die Unterstützung für Lua-Klassen, die mich stark an OO in C erinnert (wenn auch weniger nervig).

Roberto: Aktuell haben wir die Regel »Mechanismen statt Richtlinien«. Damit bleibt die Sprache einfach, aber wie Sie gesagt haben – der Anwender muss seine eigenen Richtlinien mitbringen. Das gilt auch bei Klassen. Es gibt viele Möglichkeiten, sie zu implementieren. Manche Anwender mögen sie, andere hassen sie.

Luiz: Lua bekommt damit ein wenig Do-it-yourself-Flair.

Tcl hat einen ähnlichen Ansatz verfolgt, aber es führte zu einer Fragmentierung, da jede Bibliothek und jeder Shop einen eigenen Ansatz hatte. Ist die Fragmentierung hier weniger ein Problem, weil Lua einen bestimmten Zweck verfolgt?

Roberto: Ja. Manchmal ist das ein Problem, aber bei vielen Anwendungsfällen (zum Beispiel Spielen) stört das gar nicht. Lua wird meist eingebettet in anderen Anwendungen genutzt, daher stellt die Anwendung ein robustes Framework für einheitliche Programmierstile bereit. Sie haben Lua/Lightroom, Lua/WoW, Lua/Wireshark – jedes hat seine eigene interne Kultur.

Betrachten Sie den Stil »Wir stellen Mechanismen bereit« von Lua mit seiner Formbarkeit daher als besonderen Vorteil?

Roberto: Nicht in jeder Hinsicht. Wie bei den meisten Dingen ist er ein Kompromiss. Manchmal ist es sehr nützlich, fertige Richtlinien zu haben. »Wir stellen Mechanismen bereit« ist ziemlich flexibel, erfordert aber mehr Arbeit und führt zu einer stärkeren Fragmentierung von Stilen. Aber er ist auch sehr wirtschaftlich.

Luiz: Andererseits ist es manchmal ziemlich schwierig, das Benutzern zu erklären. Ich meine, ihnen klarzumachen, was die Mechanismen sind und was sie für einen Hintergrund haben.

Ist das ein Hindernis, wenn es um das Austauschen von Code zwischen verschiedenen Projekten geht?

Roberto: Ja, häufig. Zudem verhindert es das Entstehen von unabhängigen Bibliotheken. So hat zum Beispiel WoW Berge von Bibliotheken (sie haben sogar eine Implementierung für das Travelling Salesman-Problem mithilfe generischer Programmierung), aber niemand außerhalb von WoW nutzt sie.

Machen Sie sich Sorgen, dass Lua daher irgendwie in WoW/Lua, Lightroom/Lua und so weiter aufgesplittet ist?

Luiz: Das stört uns nicht – die Sprache bleibt gleich. Die verfügbaren Funktionen unterscheiden sich. Ich denke, diese Anwendungen haben dadurch irgendwie auch Vorteile.

Schreiben ernsthafte Lua-Anwender ihre eigenen Dialekte auf Basis der Sprache?

Roberto: Vielleicht. Wenigstens haben wir keine Makros. Ich denke, mit Makros könnten Sie einen echten neuen Dialekt erstellen.

Luiz: Kein Sprachdialekt per se, aber ein Dialekt als domänenspezifische Sprache, die mithilfe von Funktionen implementiert ist – ja. Das war das Ziel von Lua. Wenn Lua nur für Datendateien genutzt wird, kann es wie ein Dialekt aussehen, aber natürlich handelt es sich nur um Lua-Tabellen. Es gibt ein paar Projekte, die mehr oder weniger Makros umsetzen. Ich erinnere mich zum Beispiel an Metalua. Das ist bei Lisp ein Problem.

Warum haben Sie sich dazu entschieden, eine erweiterbare Semantik bereitzustellen?

Roberto: Es begann als Möglichkeit, OO-Features bereitzustellen. Wir wollten Lua keine OO-Mechanismen hinzufügen, aber die Anwender wollten sie haben, daher hatten wir diese Idee, den Benutzern genug Mechanismen zu bieten, um ihre eigenen OO-Mechanismen implementieren zu können. Wir sind immer noch der Meinung, dass das eine gute Entscheidung war. Auch wenn die OO-Programmierung damit für Einsteiger schwieriger wird, erhält man viel Flexibilität. Insbesondere, wenn Lua mit anderen Sprachen kombiniert wird (ein Kennzeichen von Lua), ermöglicht diese Flexibilität dem Programmierer, das Objektmodell von Lua mit dem Objektmodell der externen Sprache abzugleichen.

Wie unterscheidet sich die aktuelle Umgebung von Hardware, Software, Services und Netzwerkmöglichkeiten von der Umgebung, in der Sie Ihr System ursprünglich entworfen haben? Wie beeinflussen diese Unterschiede Ihr System, und werden dadurch weitere Anpassungen notwendig?

Roberto: Da Lua sehr stark auf Portierbarkeit ausgerichtet ist, würde ich sagen, dass sich die aktuellen »Umgebungen« nicht sehr von den alten unterscheiden. Als wir zum Beispiel mit der Entwicklung von Lua begannen, liefen DOS und Windows 3 auf 16-Bit-Rechnern, manche alten Rechner hatten immer noch nur 8 Bit. Aktuell haben wir keine 16-Bit-Desktops, aber viele Plattformen, auf denen Lua genutzt wird (Embedded Systems), laufen immer noch mit 16 Bit oder sogar 8 Bit.

Eine große Änderung gab es in C. Als wir 1993 mit Lua begannen, war ISO (ANSI) C bei Weitem nicht so etabliert wie heutzutage. Viele Plattformen nutzten immer noch K&R C, und viele Anwendungen hatten komplexe Makroschemata, um sich mit K&R C sowie ANSI C kompilieren zu lassen, wobei der Hauptunterschied in der Deklaration von Funktionsköpfen bestand. Damals war es schon eine mutige Entscheidung, bei ANSI C zu bleiben.

Luiz: Und wir haben immer noch nicht das Bedürfnis, zu C99 zu wechseln. Lua ist in C89 implementiert. Vielleicht werden wir Teile von C99 nutzen müssen (insbesondere die neuen größenspezifischen Typen), wenn sich Fehler beim Wechsel auf 64-Bit-Maschinen zeigen, aber ich erwarte das eigentlich nicht.

Würden Sie bei ANSI C bleiben, wenn Sie die Lua-VM nochmals komplett neu aufbauen könnten, oder wünschten Sie sich, es gäbe eine bessere Sprache für die plattformübergreifende Low-Level-Plattformentwicklung?

Roberto: Nein. ANSI C ist (derzeit) die portabelste Sprache, die ich kenne.

Luiz: Es gibt exzellente ANSI C-Compiler, aber selbst, wenn wir deren Erweiterungen nutzen würden, hätten wir keine stark verbesserte Performance.

Roberto: Es ist nicht leicht, ANSI C zu verbessern und seine Portabilität und Performance beizubehalten.

Es geht um C89/90, oder?

Roberto: Ja. C99 ist noch nicht sehr verbreitet.

Luiz: Zudem bin ich mir nicht sicher, ob C99 uns viele zusätzliche Features bieten könnte. Ich denke vor allem an die gelabelten gotos im gcc, die eine Alternative zu `switch` sind (im Haupt-Switch der VM).

Roberto: Das ist etwas, was die Performance auf vielen Rechnern verbessern könnte.

Luiz: Wir haben es ziemlich zu Anfang getestet, und erst kürzlich hat das jemand anderes ausprobiert. So groß ist der Gewinn nicht.

Roberto: Teilweise aufgrund unserer registerbasierten Architektur. Sie bevorzugt weniger Opcodes, die dafür jeweils mehr tun. Damit verringert sich der Einfluss des Dispatchers.

Warum haben Sie eine registerbasierte VM gebaut?

Roberto: Um all diesen getlocal/setlocal-Anweisungen zu vermeiden. Zudem wollten wir mit der Idee herumexperimentieren. Wenn es nicht funktioniert hätte, hätten wir zumindest ein paar Artikel darüber schreiben können. Letztendlich funktionierte es ziemlich gut und wir haben nur einen Artikel geschrieben. :)

Hilft die Ausführung in einer VM beim Debuggen?

Roberto: Sie »hilft« nicht – sie ändert das ganze Konzept des Debuggens. Jeder, der jemals Programme sowohl in kompilierten als auch in interpretierten Sprachen debuggt hat (zum Beispiel C versus Java), weiß, dass sie voneinander meilenweit entfernt sind. Eine gute VM macht die Sprache sicher, sodass Fehler immer im Rahmen der Sprache selbst verstanden werden können und nicht im Rahmen des zugrunde liegenden Rechners (zum Beispiel Segmentation Fault).

Wie wird das Debuggen beeinflusst, wenn eine Sprache unabhängig von der Plattform ist?

Roberto: Normalerweise wird das Debuggen dadurch vereinfacht, denn je unabhängiger eine Sprache von der Plattform ist, desto solider müssen eine abstrakte Beschreibung und das Verhalten sein.

Wir sind alle nur Menschen, und es ist klar, dass wir beim Schreiben von Software Fehler machen. Haben Sie sich Gedanken darüber gemacht, welche Features Sie der Sprache hinzufügen oder ihr wegnehmen müssen, um in der Debugging-Phase unterstützend zu wirken?

Roberto: Sicher. Ein erster Schritt zur Hilfe beim Debuggen sind gute Fehlermeldungen.

Luiz: Fehlermeldungen haben sich in Lua seit den ersten Versionen deutlich verbessert. Wir sind von den gefürchteten Meldungen »call expression not a function«, die bis Lua 3.2 existierten, weggekommen hin zu viel besseren Fehlermeldungen wie »attempt to call global 'f' (a nil value)«. Seit Lua 5.0 nutzen wir eine symbolische Ausführung des Bytecodes, um sinnvolle Fehlermeldungen bereitstellen zu können.

Roberto: Beim Design der Sprache haben wir immer versucht, Konstrukte mit komplexen Erläuterungen zu vermeiden. Wenn etwas schwer zu verstehen ist, lässt es sich noch schwerer debuggen.

Wie sieht die Verbindung zwischen dem Design der Sprache und dem Design von Programmen aus, die in dieser Sprache geschrieben wurden?

Roberto: Zumindest für mich sind die *User Cases* ein wichtiger Teil beim Design einer Sprache, also die Überlegungen, wie Anwender jedes einzelne Feature und die Kombination aus Features der Sprache nutzen würden. Natürlich finden Programmierer immer neue Wege, eine Sprache zu nutzen, und eine gute Sprache sollte auch unvorhergesehene Anwendungen zulassen, aber die »normale« Anwendung der Sprache folgt dem, was sich die Designer beim Erstellen der Sprache gedacht haben.

Inwieweit beeinflusst die Implementierung der Sprache das Design der Sprache?

Roberto: Das geht in beide Richtungen. Die Implementierung hat einen großen Einfluss auf die Sprache: Wir sollten nichts entwerfen, was wir nicht effizient implementieren können. Das vergessen manche Leute, aber Effizienz ist immer einer der (oder der eine) entscheidende Punkt beim Design einer Software. Aber das Design kann natürlich auch einen großen Einfluss auf die Implementierung haben. Auf den ersten Blick kommen viele verschiedene Aspekte von Lua aus der Implementierung der Sprache (geringer Umfang, gute API zu C, Portabilität), aber das Design von Lua spielt eine große Rolle, wenn man so eine Implementierung überhaupt möglich machen will.

Ich habe in einem Ihrer Artikel gelesen, dass »Lua einen handgeschriebenen Scanner und einen handgeschriebenen rekursiv absteigenden Parser nutzt.« Wie kamen Sie auf die Idee, einen Parser von Hand zu bauen? War von Anfang an klar, dass er viel besser sein konnte als ein von yacc generierter?

Roberto: Die ersten Versionen von Lua haben sowohl lex als auch yacc genutzt, aber eines der ursprünglichen Hauptziele war von Anfang an, als Datenbeschreibungssprache genutzt zu werden, ähnlich wie XML.

Luiz: Aber viel früher.

Roberto: Die Leute begannen schnell damit, Lua für Datendateien mit mehreren Megabyte Größe zu nutzen, und der von lex generierte Scanner stellte sich bald als Schwachstelle heraus. Es ist ziemlich einfach, einen guten Scanner von Hand zu schreiben, und diese eine Änderung verbesserte die Performance von Lua um ungefähr 30%.

Die Entscheidung, von yacc zu einem per Hand geschriebenen Parser zu wechseln, kam viel später und war nicht ganz so einfach. Es begann mit Problemen mit dem Rumpfcode, den die meisten yacc/bison-Implementierungen verwenden.

Sie waren damals nicht so portabel (zum Beispiel wurde häufig `malloc.h` genutzt, ein Nicht-ASCII-C-Header), und wir hatten keine gute Kontrolle über die Gesamtqualität (zum Beispiel, wie Stack Overflows oder Speicherallozierungsfehler behandelt wurden), zudem war der Parser nicht wiedereinsprungfähig (das heißt, den Parser beim Parsen aufzurufen). Zudem ist ein Bottom-up-Parser nicht so gut wie ein Top-down-Parser, wenn Sie Code on the fly generieren wollen, wie es bei Lua der Fall ist. Denn es ist schwierig, mit »vererbten Attributen« umzugehen. Nach der Änderung stellten wir fest, dass unser handgeschriebener Parser ein bisschen schneller und kleiner als der von yacc generierte war, aber das war nicht der Hauptgrund für die Änderung.

Luiz: Ein Top-down-Parser ermöglicht auch bessere Fehlermeldungen.

Roberto: Ich würde allerdings nie einen handgeschriebenen Parser für eine beliebige Sprache mit einer ausgefeilten Syntax empfehlen. Und sicherlich ist LR(1) (oder LALR oder sogar SRL) viel mächtiger als LL(1). Selbst bei einer einfachen Syntax wie der von Lua mussten wir einige Tricks anwenden, um einen absteigenden Parser zu bekommen. So folgen zum Beispiel die Routinen für binäre Ausdrücke nicht der ursprünglichen Grammatik, sondern wir haben stattdessen einen pfiffigen rekursiven, prioritätsbasierten Ansatz verfolgt. In meinen Compilerkursen empfehle ich meinen Studenten immer yacc.

Gibt es interessante Anekdoten aus Ihren Vorlesungen?

Roberto: Als ich mit dem Unterrichten des Programmierens begann, war die wichtigste Praxismöglichkeit für unsere Studenten ein Mainframe. Einmal geschah es, dass sich ein Programm von einer sehr guten Gruppe nicht kompilieren ließ. Ich sprach mit ihnen und sie schworen, dass sie ihr Programm sorgfältig getestet hatten, mit vielen Testfällen, und dass es gelaufen wäre. Natürlich nutzen sowohl die Gruppe als auch ich genau die gleiche Umgebung, den Mainframe. Das Geheimnis klärte sich erst ein paar Wochen später auf, als ich mitbekam, dass der Pascal-Compiler aktualisiert worden war. Das Upgrade fand statt, nachdem die Gruppe ihre Aufgabe abgeschlossen hatte und bevor ich mit der Kontrolle der Aufgaben begann. Ihr Programm hatte einen sehr kleinen Syntaxfehler (ein zusätzliches Semikolon, wenn ich mich richtig erinnere), den der alte Compiler nicht erkannt hatte!

KAPITEL ACHT

Haskell

Simon Peyton Jones, Paul Hudak, Philip Wadler, und John Hughes

Haskell ist eine rein funktionale, nicht strikte Sprache, die ursprünglich als offener Standard für moderne funktionale Sprachen entworfen wurde. Der erste Haskell Report erschien 1990, und ein »Standard« wurde 1998 fertig gestellt. Aber die Sprache hat sich im Laufe der Jahre deutlich weiterentwickelt, insbesondere in Bezug auf ihr Typsystem, das viele neue Features enthält. Haskell wurde ziemlich beliebt, mit vielen essenziellen Bibliotheken, vielen realen Anwendungen, deutlichen Verbesserungen bei der Implementierung (vor allem mit dem hervorragenden Glasgow Haskell Compiler [GHC]) und einer wachsenden und sehr hilfreichen Community. Haskell dient insbesondere der Forschung an domänenspezifischen Sprachen, Nebenläufigkeit und der Zustandskontrolle. Der hohe Abstraktionsgrad ist für das Lösen von Problemen einmalig – zumindest, wenn man den Haskell eigenen Ansatz des Softwaredesigns verstanden hat.

Anmerkung des Herausgebers: Dieses Interview basiert auf E-Mail-Interviews mit Paul Hudak, John Hughes, Simon Peyton Jones und Philip Wadler, die anschließend in einem Telefongespräch mit Simon Peyton Jones abgestimmt wurden.

Ein funktionales Team

Wie entwickeln Sie eine Sprache in einem Team?

Simon Peyton Jones: Wir hatten das Glück, ein gemeinsames Ziel zu verfolgen (nämlich die Entwicklung einer allgemein nutzbaren, nicht-strikten funktionalen Programmiersprache) und weitgehend kompatible technische Agenden zu haben. Unser Artikel zur Geschichte von Haskell[1] beschreibt verschiedene Taktiken, die wir genutzt haben (Face-to-Face-Meetings, E-Mails, das Vorhandensein eines Editor- und Syntaxgurus). Zudem mussten wir uns nicht darum kümmern, für vorhandene Anwender Abwärtskompatibilität sicherstellen zu müssen. Es gab keine Firmen, die mitmischten, daher waren auch keine (inkompatiblen) Firmenziele zu erreichen.

John Hughes: Wir hatten eine gemeinsame Vision. Wir waren alle begeistert von funktionaler Programmierung – damals war man sehr angetan davon und wir wollten alle etwas dazu beitragen, den Traum der funktionalen Programmierung Realität werden zu lassen. Und wir haben uns alle sehr respektiert. Ich denke, sowohl die Begeisterung als auch der Respekt haben uns sehr dabei geholfen, die vielen unvermeidlichen, unbequemen Enscheidungen zu treffen, die wir treffen mussten.

Paul Hudak: Man beginnt mit einer gemeinsamen Vision. Ich bezweifle, dass man ohne sie sehr weit kommt. Die ursprünglichen Mitglieder des Haskell-Komitees hatten alle eine erstaunlich ähnliche Vision.

Dann kommt noch viel Energie dazu. Das Haskell-Komitee hatte erstaunlich viel Energie. Sie waren wie eine Herde wilder Tiere.

Und Sie brauchen Bescheidenheit. Wie beim Mythos des Mann-Monats bedeuten mehr Leute nicht, dass die Dinge schneller erledigt werden, da es trotz einer gemeinsamen Vision unterschiedliche Ansichten geben wird. Wir hatte viele Differenzen, aber auch genug Bescheidenheit, um Kompromisse zu erreichen.

Und Sie brauchen Führungsqualitäten. Wir hatten das Glück, Führungsaufgaben gemeinsam erledigen zu können – ich denke, das ist recht unüblich. Es gab immer eine Person, die das Projekt vorantrieb, wir wussten immer, wer diese Person war, und wir vertrauten ihr in dem, was sie tat.

Wie haben Sie Ihre Ideen zu einem passenden Ganzen zusammengebracht?

Simon: Wir haben viel diskutiert, vor allem per E-Mail. Wir haben technische Argumente niedergeschrieben, die unsere Sichtweisen unterstützten, und sie herumgeschickt. Wir waren zu Kompromissen bereit, da uns wichtig war, eine Sprache auf die Beine gestellt zu bekommen. Und weil wir erkannten, dass es auf der anderen Seite des Kompromisses auch valide Argumente gab.

John: Manchmal übernahmen wir auch zwei sich überlappende Vorgehensweisen, zum Beispiel Equational versus Expression Style, die beide von Haskell unterstützt werden. Meist hatten wir

---

[1] »Being Lazy with Class: the history of Haskell,« Proc Third ACM Conference on the History of Programming Languages (HOPL III), *http://research.microsoft.com/~simonpj/papers/history-of-haskell/index.htm.*

allerdings lange technische Diskussionen über konkurrierende Ideen, die schließlich zu einem Konsens führten. Ich denke, hier spielten Semantiken eine große Rolle – auch wenn wir niemals vollständige formale Semantiken für ganz Haskell produziert haben, wurden regelmäßig Teile des Designs formalisiert, und eine hässliche Semantik war immer ein gutes Argument gegen einen Vorschlag. Das Berücksichtigen formaler Semantiken hat uns dabei geholfen, ein klares Design zu erhalten.

Paul: Durch Diskutieren – meist auf technischer Ebene, wo »richtig« und »falsch« häufig offensichtlich waren, aber auch auf subjektiver/ästhetischer/manchmal stark persönlicher Ebene, wo es kein Richtig oder Falsch gab. Diese Diskussionen schienen endlos zu sein (manche laufen immer noch), aber irgendwie sind wir auch da durchgekommen. Bei scheinbar bedeutungslosen Themen haben wir oft den Leiter entscheiden lassen. So hatten wir zum Beispiel einen »Syntaxguru«, der die abschließenden Entscheidungen zu syntaktischen Feinheiten traf.

Wie erkennen Sie die besten Ideen und wie gehen Sie mit Features um, die Sie nicht mögen?

Paul: Die besten Ideen lagen auf der Hand – wie auch die schlechtesten! Schwieriger war es, wenn man keine klare beste Lösung sah.

Simon: Bei Features, die wir nicht mochten, haben wir uns einfach dagegen ausgesprochen. Wenn das genug Leute taten, war es für die Idee schwierig, sich trotzdem durchzusetzen. Aber tatsächlich erinnere ich mich an eine Idee, die von einer Person oder einer kleinen Gruppe stark unterstützt wurde, aber schließlich doch nicht umgesetzt wurde. Vielleicht ist das ein Zeichen für den gemeinsamen technischen Hintergrund, den wir in das Projekt eingebracht haben.

Meistens waren Meinungsverschiedenheiten kein Problem. Stattdessen war es schwierig, Freiwillige zu finden, die sich um die kleinen Details kümmerten. Sprachen haben Unmengen solcher Details. Was passiert in diesem oder jenem obskuren Fall? Bibliotheken haben viele Details. Das ist nichts, mit dem man berühmt wird, aber es ist wichtig.

John: Sie erkennen die besten Ideen anhand der Begeisterung! Das Klassensystem war eine solche Idee – als wir es sahen, fingen wir alle an zu sabbern. Trotzdem folgte danach noch ein ganzes Stück harter Arbeit, um auch mit den Details ins Reine zu kommen, wie zum Beispiel Standardinstanzen und die Interaktion mit Modulen.

Features, die wir nicht mögen, sind fast immer die am meisten diskutierten. Anwender beschweren sich die ganze Zeit darüber, und jedes Mal, wenn die Sprache überarbeitet wird, sagt jemand: »Können wir nicht endlich X loswerden?« Und was auch immer X sein mag – es wird erneut diskutiert. So wissen wir zumindest ziemlich genau, warum wir die Features haben, die wir nicht mögen, und warum wir sie nicht loswerden können.

In manchen Fällen hatten wir diese Dinge direkt von Anfang an – zum Beispiel die schon immer unbeliebte »monomorphische Beschränkung«, die in dieser Form von Anfang an vorhanden war, weil sie einfach ein reales Problem löst und noch niemand einen besseren Weg dafür gefunden hat. In anderen Fällen haben wir Entscheidungen auch überarbeitet, wenn sich bei der Anwendung die ersten Erfahrungen zeigten. Wir haben die Behandlung expliziter Striktheit geändert, nachdem sich zeigte, dass das erste Design die Weiterentwicklung des Programms behinderte – zum Preis einer etwas weniger eleganten Semantik; das war eine der wenigen Gelegenheiten, wo wir das gemacht haben. Wir haben das Überladen von List-Comprehensions entfernt, nachdem es sich für Anfänger als zu verwirrend herausgestellt hatte. Dadurch, dass wir auch mal einen Schritt zurückgingen und aufgrund gewonnener Erfahrungen Fehler behoben, selbst durch inkompatible Änderungen in der Sprache, hat sich das Design letztendlich deutlich verbessert.

Hatte es Vorteile, eine Gruppe zu sein? Waren Sie dadurch gezwungen, Kompromisse einzugehen?

Simon: Eine Gruppe zu sein war das *Wichtigste*! Jeder hatte seine eigenen Sprachen und wir glaubten, dass wir durch eine *gemeinsame* Sprache doppelte Arbeit vermeiden könnten und die Anwender an uns glauben würden, weil wir alle eine Sprache unterstützen. Diese Hoffnung hat sich bestätigt – Haskell wurde in jeder Hinsicht ein Erfolg und hat all unsere Erwartungen übertroffen.

Paul: Es war ein eindeutiger Vorteil. Trotz der gemeinsamen Vision haben wir alle unterschiedliche Fertigkeiten eingebracht. Wir haben einander vertraut und viel voneinander gelernt. Es war ein fantastischer Austausch unter klugen, aktiven und hart arbeitenden Individuen. Haskell hätte vermutlich nicht von einer einzelnen Person entworfen werden können.

John: Kompromisse können eine gute Sache sein!

Die Arbeit als Gruppe hatte definitiv große Vorteile. Wir hatten unterschiedliche Erfahrungen und Fertigkeiten, und ich denke, das Entwerfen einer Sprache als größere Gruppe führt auf jeden Fall zu einem weiträumiger anwendbaren Ergebnis, als ein Einzelner von uns hätte erreichen können. Eine Person hätte vielleicht eine kleinere, einfachere, vielleicht sogar elegantere Sprache entworfen – aber ich denke, sie wäre dann nicht so nützlich geworden.

Zudem wurde jede schwierige Designentscheidung von vielen möglichen Blickwinkeln aus betrachtet. Viele Köpfe sind besser als einer. Eine Entscheidung, die für eine Person recht kritisch aussieht, kann für eine andere Person ganz offensichtlich falsch sein – immer wieder verwarfen wir Ideen, nachdem auf diesem Weg ernsthafte Fehler entdeckt worden waren und wir zu besseren Ideen gefunden hatten. Ich denke, die Sorgfalt, die wir in das Design gesteckt haben, zeigt sich auch in der Qualität. Es mag dialektisch klingen, oder? These + Antithese = Synthese.

Trajektorien der funktionalen Programmierung

Was unterscheidet funktionale Programmiersprachen von anderen Sprachen?

Simon: Oh, das ist einfach: die Kontrolle von Nebenwirkungen.

John: Nun, natürlich die sorgfältige Kontrolle von Nebenwirkungen. First-Class-Funktionen (auch wenn diese ihren Weg in mehr und mehr imperative Sprachen finden). Präzise Notationen für rein funktionale Operationen – alles vom Erstellen einer Datenstruktur bis hin zu Listen-Comprehensions. Ich denke, leichtgewichtige Typsysteme sind auch sehr wichtig – egal, ob es sich um rein dynamische Typsysteme wie bei Scheme und Erlang handelt, oder um polymorphe inferenzbasierte Systeme wie bei Haskell und ML. Beide sind dahingehend leichtgewichtig, dass ihre Typen ihnen nicht im Weg stehen, selbst wenn Sie Funktionen höherer Ordnung intensiv nutzen – das ist wirklich das Herz der funktionalen Programmierung.

Ich finde, Lazy Evaluation ist ebenfalls wichtig, aber nicht in jeder funktionalen Sprache vorhanden.

Paul: Abstraktion, Abstraktion und Abstraktion – wozu für mich auch Funktionen höherer Ordnung, Monaden (eine Abstraktion der Kontrolle), verschiedene Typabstraktionen und so weiter gehören.

Was sind die Vorteile davon, in einer Sprache ohne Nebenwirkungen zu schreiben?

Simon: Sie müssen sich nur um *Werte* Gedanken machen, nicht um *Zustände*. Wenn Sie einer Funktion immer die gleiche Eingabe geben, erhalten Sie auch immer die gleiche Ausgabe. Das hat Folgen für die Logik, für das Kompilieren und für die parallele Verarbeitung.

Wie David Balaban (von Amgen, Inc.) sagt: »FP verringert den Kopf-zu-Code-Abstand – das ist wichtiger als alles andere.«

John: Nun, eigentlich gibt es solche Sprachen gar nicht. Haskell-Programme können Nebenwirkungen haben, wenn die passenden Typen oder die »unsicheren« Operationen genutzt werden. Programme in ML und Erlang können Nebenwirkungen haben. Es ist nur so, dass sie nicht die Grundlage aller Programmierung sind, sondern die Ausnahme. Sie sind unerwünscht und sorgfältig kontrolliert. Daher inteprretiere ich Ihre Frage um: Was sind die Vorteile der Programmierung nahezu ohne Nebenwirkungen?

Viele Leute würden nun über Logik sprechen wollen, und das werde ich auch tun, aber aus einer sehr praktischen Perspektive. Denken Sie an das Testen einer Funktion in einer imperativen Sprache. Wenn Sie Code testen, müssen Sie eine Reihe unterschiedlicher Eingaben bereitstellen und dann prüfen, ob die Ausgaben der Spezifikation entsprechen. Aber wenn es Nebenwirkungen gibt, bestehen diese Eingaben nicht nur aus den Funktionsparametern, sondern auch noch aus den Teilen des globalen Zustands, auf die die Funktion zugreift. Genauso besteht die Ausgabe nicht nur aus dem Ergebnis der Funktion, sondern auch aus all den Teilen des Zustands, den sie verändert. Um die Funktion effektiv testen zu können, müssen Sie Testeingaben in dem Teil des Zustands setzen können, den sie liest, und die Teile des Zustands auslesen können, den sie verändert ... Aber vielleicht haben Sie gar keinen direkten Zugriff auf diese Teile, daher konstruieren Sie im Endeffekt den gewünschten Testzustand indirekt durch eine Abfolge anderer Funktionsaufrufe und beobachten den Effekt der Funktion, indem Sie nach ihrer Ausführung noch mehr Funktionen aufrufen, um die Informationen auszulesen, die Sie interessieren. Sie *wissen* eventuell gar nicht, welche Teile des Zustands genau gelesen und geschrieben werden! Und ganz allgemein brauchen Sie zur Prüfung der Endbedingungen einer Funktion den Zugriff auf den Zustand, *bevor* sie ausgeführt wurde, und *danach* – gleichzeitig! Sie sollten also den Zustand vor dem Test kopieren, damit Sie danach Zugriff auf alle relevanten Informationen haben.

Vergleichen Sie das mit dem Testen einer reinen Funktion, die nur von ihren Argumenten abhängt und deren einziger Effekt das Bereitstellen ihres Ergebnisses ist. Das Leben wird dadurch viel, viel einfacher. Selbst bei Programmen, die eine Reihe von Nebenwirkungen ausführen müssen, ist es sinnvoll, so viel Funktionalität wie möglich in gut testbaren, nebenwirkungsfreien Code auszufaktorisieren und nur einen dünnen Wrapper darumzulegen, der Nebenwirkungen enthält. Don Stewart beschreibt diesen Ansatz in einem Blogbeitrag sehr schön bei der Anwendung auf den XMona Window Manager.²

Alles als Argumente zu übergeben, wovon eine Funktion abhängt, verschafft einem Klarheit über die Abhängigkeiten. Selbst in Haskell *können* Sie Programme schreiben, die einen großen Zustand verändern, der als Argument an all Ihre Funktionen übergeben und auch (verändert) zurückgeliefert wird. Aber normalerweise machen Sie das nicht. Sie übergeben nur die Informationen, die die Funktion braucht und erhalten nur das zurück, was die Funktion selber erzeugt. Dadurch werden Abhängigkeiten viel klarer als in imperativem Code, bei dem jede Funktion prinzipiell von jedem Teil des Zustands abhängen kann. Und genau durch das Vergessen solcher Abhängigkeiten können die ärgerlichsten Fehler entstehen!

Sobald Sie schließlich das Programmieren mit Nebenwirkungen beginnen, wird die Ausführungsreihenfolge wichtig. So müssen Sie zum Beispiel einen Datei-Handler öffnen, bevor Sie mit der Datei etwas machen können. Und Sie müssen daran denken, ihn genau einmal wieder zu schließen und ihn nach dem Schließen nicht noch einmal zu verwenden. Jedes zustandsbehaftete Objekt sorgt für Einschränkungen bei der Reihenfolge, in der Sie seine API nutzen können. Diese Einschränkungen übertragen sich dann auf größere Codeabschnitte – so muss zum Beispiel diese oder jene Funktion aufgerufen werden, bevor die Logdatei geschlossen wird, da sie manchmal einen Logeintrag erstellt. Wenn Sie eine dieser Einschränkungen vergessen und die Funktionen in der falschen Reihenfolge aufrufen, gibt es – peng! – einen Fehler in Ihrem Programm. Das ist eine große Fehlerquelle. Microsofts Static Driver Verifier prüft zum Beispiel im Prinzip, ob Sie die Einschränkungen der zustandsbehafteten Objekte im Windows-Kernel berücksichtigen. Programmieren Sie ohne Nebenwirkungen, müssen Sie sich darum keine Gedanken machen.

Die schwierigsten Fehler, mit denen ich mich in letzter Zeit herumschlagen musste, ließen sich in Erlang-Bibliotheken mit einer zustandsbehafteten API zurückverfolgen, die ich in Code mit einer sehr komplexen und dynamisch bestimmten Ausführungsreihenfolge verwendete. Letztendlich konnte ich meinen Code nur dadurch zum Laufen bringen, dass ich eine nebenwirkungsfreie API auf die Standard-API aufgesetzt habe. Ich fürchte, ich bin nicht klug genug, Code mit Nebenwirkungen zum Laufen zu bringen! (Hmm, vielleicht wäre imperative Programmierung viel einfacher, wenn man keine jahrelange Erfahrung mit funktionaler Programmierung besäße ...) :-)

Oh, und habe ich die einfache Parallelisierbarkeit erwähnt?

Paul: Vernunft und der Spaß am Lösen eines Puzzles! :-)

John hat die Parallelisierbarkeit erwähnt. Gibt es andere Veränderungen im Computerbereich, die funktionale Programmierung noch wünschenswerter und notwendiger machen als früher?

Simon: Ich glaube, dass es einen langfristigen Trend gibt, Nebenwirkungen mehr und mehr unter Kontrolle zu halten, in allen Programmiersprachen. Dieses fünfminütige Video erklärt, was ich meine:

> http://channel9.msdn.com/ShowPost.aspx?PostID=326762

---

2 http://cgi.cse.unsw.edu.au/~dons/blog/2007/06/02#xmonad-0.2

Ist der Wunsch nach möglichst wenigen Nebenwirkungen eine natürliche Entwicklung in der strukturierten Programmierung, so wie wir zu höheren Programmiersprachen mit ausgefeilteren Kontrollstrukturen und Schleifen gewechselt sind, anstatt weiter bei goto-*Anweisungen zu verharren? Ist Programmieren ohne Nebenwirkungen der nächste Schritt darüber hinaus?*

Simon: Das ist eine Perspektive. Der Grund dafür, dass ich da ein wenig vorsichtig bin, liegt darin, dass die Leute sehr unterschiedliche Dinge meinen, wenn sie von »strukturierter Programmierung« reden. Ich denke immer, dass Sie schon sehr sorgfältig bei der Wahl des Vokabulars sein müssen, wenn Sie knackige Aussagen treffen wollen.

Wenn Sie sich an Dijkstras klassischen Brief »Goto Considered Harmful« erinnern, sagt er dort: »Nehmen Sie goto weg, um Ihre Programme verständlicher zu machen, sie leichter kompilieren zu können und so weiter.« Dann könnten Sie Reinheit als eine Möglichkeit ansehen, Zuweisungen zu entfernen, um die Programme leichter lesbar zu gestalten. Aber ich glaube, es ist ein Fehler, funktionale Programmierung nur als Übung in Ästhetik zu sehen (»wir nehmen diese sündhaften, bösen Dinge weg und lassen Ihnen ein langweiliges und schwieriges Leben«).

Anstatt einfach zu sagen: »Wir werden Ihnen Dinge wegnehmen«, sagen wir: »Wir werden Ihnen ein paar Dinge wegnehmen, dafür aber im Tausch nicht-strikte Auswertung und Funktionen höherer Ordnung und ein extrem umfangreiches Typensystem und diese Monad-Sache geben.« Diese Änderung zwingt Sie dazu, ganz anders über Programmierung nachzudenken, daher ist es keine schmerzlose Veränderung, aber eine, die viel bringt.

Wie ändert sich die Fehlerbehandlung in der funktionalen Programmierung?

Simon: Sie können Fehler auf eine neue Art und Weise sehen, eher als »Fehlerwerte« denn als »Ausnahmebehandlung«. Ein Fehlerwert ist wie ein NaN bei Gleitkommazahlen. Das führt zu einer mehr wertorientierten und weniger kontrollflussorientierten Sichtweise der Fehlerbehandlung, was insgesamt eine gute Sache ist. Als Konsequenz drückt der Typ der Funktion viel stärker ihr Fehlerverhalten aus. Anstatt zum Beispiel Folgendes zu haben:

```
item lookup( key ) /* Wirft eventuell Not-Found */
```

haben wir

```
lookup :: Map -> Key -> Maybe Item
```

wobei der Datentyp Maybe die Möglichkeit eines Fehlers ausdrückt – mithilfe von Werten.

Wie ändert sich das Debuggen in der funktionalen Programmierung?

Paul: Nun, zunächst einmal hatte ich immer das Gefühl, dass das Verfolgen des Ablaufpfades beim Debuggen in imperativen Sprachen nicht funktionierte, selbst bei imperativen Programmen! Tatsächlich verzichteten einige wohlbekannte imperative Programmierer auf diese Methode und zogen rigidere Methoden vor, die auf Testen oder Verifizieren basierten.

Das Schöne an funktionalen Sprachen, insbesondere nicht-strikten funktionalen Sprachen, ist, dass es gar keine besonders nützliche Idee eines Ablaufpfades gibt, sodass diese Methode keine gute Wahl ist. GHC hat eine Trace-Möglichkeit für die Graphenreduktionsengine, die seinen Auswertungsmechanismen zugrunde liegt, aber das zeigt meiner Meinung nach viel zu viele Interna des

Auswertungsprozesses. Stattdessen haben die Leute Debugger wie Buddha entworfen, die auf »Datenabhängigkeiten« basieren, was viel mehr zu den deklarativen Prinzipien der funktionalen Programmierung passt. Überraschend ist aber vielleicht, dass ich in all den Jahren, in denen ich Haskell programmiert habe, niemals Buddha, den GHC-Debugger oder irgendeinen anderen Debugger verwendet habe. Ich finde, dass Testen vollkommen ausreicht. Man testet mithilfe von QuickCheck oder einem ähnlichen Tool kleine Codeabschnitte, um präziser zu sein, und studiert dann – das ist der wichtigste Schritt – den Code, um herauszufinden, warum das Ganze nicht so läuft, wie man es erwartet hätte. Ich vermute, dass viele Leute ähnlich programmieren, sonst würde es im Bereich von Haskell-Debuggern viel mehr Forschung geben. Das war eine Zeit lang recht verbreitet, aber heute ist das Gebiet eingeschlafen. Es wäre interessant, eine Umfrage durchzuführen, um herauszufinden, wie die Leute tatsächlich Haskell-Programme debuggen.

Es sei aber noch darauf hingewiesen, dass es eine andere Art von Debuggen gibt, der mittlerweile viel mehr Aufmerksamkeit gewidmet wird, nämlich das *Profiling* des Zeit- und Speicherverbrauchs. Dort auftretende Lecks sind die versteckte Geißel der nicht-strikten funktionalen Programmierung, und das Profiling ist ein wichtiges Tool, um sie loszuwerden.

Würden funktionale Sprachen einfacher zu lernen sein, wenn wir ihnen ohne jahrelange Erfahrung in imperativen Sprachen begegneten?

Simon: Ich bin mir nicht sicher. Die Fähigkeit, FP zu erlernen, scheint starkt damit zusammenzuhängen, prinzipiell ein cleverer Programmierer zu sein. Man muss sicherlich in seinem Kopf ein paar Verbindungen umbiegen, aber kluge Programmierer sind dazu in der Lage. Ich glaube, die Tatsache, dass die meisten Programmierer ihren ersten Unterricht in imperativen Techniken erhalten, ist nur eine Ausrede für den Nischenstatus von FP.

Ein stärkerer Grund ist, dass es einen erstaunlichen Einkapselungsprozess gibt. Viele Leute nutzen C++, daher ist C++ so gut durch Compiler, Tools, den Programmier-Pool und so weiter unterstützt. Aber auch das ist nicht zwingend ein Grund – schauen Sie sich den großen Erfolg von Python oder Ruby an.

John: Nein, das ist ein Mythos. Ein Großteil der Erfahrungen lässt sich direkt übertragen – ob es um das Verständnis für die Wichtigkeit der Abstraktion in der Programmierung geht, um das Wissen über Algorithmen und Datenstrukturen, oder sogar einfach um das Wissen, dass Programmiersprachen formale Sprachen sind. Die C/C++-Hacker, die ich in Haskell unterrichte, schlagen sich im Allgemeinen deutlich besser als echte Anfänger. Sie verstehen, was ein »Syntaxfehler« ist, sie verstehen zwar vielleicht nicht das Typensystem, aber sie wissen, was ein Typfehler ist. Sie wissen, dass das Verwenden von suggestiven Namen für Variablen dem Computer nicht dabei hilft, das Programm zu »verstehen« und ihre Fehler zu beheben!

Ich denke, der Mythos ist entstanden, weil imperative Programmierer die funktionale Programmierung *schwieriger als erwartet finden*. Erfahrene Programmierer können sich normalerweise schnell in neue Sprachen einarbeiten, da sie die grundlegenden Konzepte wie Variablen, Zuweisungen und Schleifen leicht übertragen. Das klappt bei einer funktionalen Sprache nicht: Selbst erfahrene Programmierer stellen fest, dass sie ein paar neue Konzepte erlernen müssen, bevor sie überhaupt etwas machen können. Daher denken sie, funktionale Programmierung sei »schwierig« – obwohl sie sie gleichzeitig deutlich schneller erlernen als echte Anfänger!

Paul: Ich habe immer gesagt, dass fest verwurzelte Gewohnheiten den Übergang so schwierig gestalten, aber mittlerweile bin ich mir nicht mehr sicher. Ich denke, die besten, klügsten und erfahrensten Programmierer (jeglicher Coleur) können Haskell schnell erlernen und lieben lernen. Ihre Erfahrungen helfen ihnen dabei, die Abstraktion, das Kontrollieren von Effekten, das starke Typensystem und so weiter schätzen zu wissen. Weniger erfahrene Programmierer tun das häufig nicht.

Was ist Ihrer Meinung nach der Grund dafür, dass keine funktionale Programmiersprache den Mainstream erreicht hat?

John: Schlechtes Marketing!

Ich meine keine Propaganda – da hatten wir genug von. Ich meine eine sorgfältige Wahl einer Nische in einem Zielmarkt, um sie zu dominieren, gefolgt von Aufwänden, funktionale Programmierung zum weitaus besten Weg zu machen, diese Nische zu adressieren. In der guten alten Zeit der 80er Jahre haben wir gedacht, funktionale Programmierung sei gut für alles – aber eine neue Technologie als »gut für alles« zu bezeichnen, bedeutet das Gleiche wie »für nichts besonders gut«. Was soll das Ziel sein? Dieses Problem hat John Launchbury sehr deutlich in seinem einleitenden Vortrag beim ICFP beschrieben. Galois Connections ging fast ein, als ihr Markenzeichen »Software in functional Languages« war, aber seit sie sich auf »High-Assurance Software« konzentrieren, blühen sie auf.

Viele Leute haben keine Ahnung davon, wie technologische Innovationen geschaffen werden, und erwarten, dass die bessere Technologie automatisch dominiert (der »bessere Mausefalle«-Effekt), aber die Welt funktioniert so nicht.

Bücher wie Moores *Crossing the Chasm* (HarperBusiness) und Christensens *The Innovator's Dilemma* (Collins Business) haben meine Überlegungen zu diesem Thema stark beeinflusst. Wenn es damals in den 80ern eine Zielnische gab, war es die parallele Programmierung – allerdings wurde die erst in jüngster Zeit relevant (durch das Aufkommen von Mehrkernprozessoren), dank der Genialität von Computerarchitekten. Ich denke, das war wichtiger als technische Probleme wie eine geringe Performance, auch wenn diese ebenfalls wichtig sind.

Paul: Da sie sich zu sehr von konventioneller Programmierung unterscheidet. Dieser Unterschied erschwert die Akzeptanz, das Lernen und die Unterstützung (durch Bibliotheken, Implementierungen und so weiter).

Ändert sich diese Situation?

Simon: Funktionale Programmierung läuft langfristig. Es ist ein radikal andersartiger Weg, über die ganze Welt des Programmierens nachzudenken. Dadurch ist es für die Leute schwieriger zu lernen. Und selbst wenn man es gelernt hat, lässt es sich nur schwer anwenden, da es eher revolutionär als evolutionär ist.

Es ist nicht klar, ob FP irgendwann einmal Mainstream werden wird. Klar *ist* aber, dass FP die Mainstreamsprachen beeinflusst und dieser Einfluss weiter wächst. Beispiele dafür sind die Garbage Collection, polymorphe Typen (»Generics«), Iteratoren, LINQ, anonyme Funktionen und mehr.

Es gibt zwei Gründe dafür, dass FP immer mehr Einfluss erhält. Zum einen werden die Programme größer und die Leute sorgen sich immer mehr um Korrektheit. Die Kosten für unbegrenzte Nebenwirkungen und die Vorteile eines funktionaleren Stils werden offensichtlicher. Zum anderen steigt das Interesse an reinen Berechnungen durch Mehrkernprozessoren und Parallelität, zumindest aber an Berechnungen, bei denen Nebenwirkungen sorgfältig kontrolliert werden (das ist allerdings eventuell eher ein kurzfristiger Einfluss). Ein Beispiel dafür ist Software Transactional Memory (STM).

Die Haskell-Community ist also in letzter Zeit deutlich gewachsen, und es ist nicht mehr ganz unmöglich, dass es eine funktionale Sprache schließlich in den Mainstream schafft. (Allerdings vermute ich, dass sie dann den Namen Java3 tragen und syntaktisch wie eine OO-Sprache aussehen wird.)

John: Sicher. Schauen Sie sich Erlang an – eine Sprache, die sich einzig auf eine sehr spezielle Nische konzentriert hat: robuste verteilte Systeme, die in Telekommunikationssystemen benötigt werden. Dazu eine große Sammlung an Bibliotheken für jede Telekommunikationsaufgabe und das große Glück, dass Internetserver prinzipiell die gleichen Charakteristika benötigen. Erlang mag selbst im Telekommunikationsbereich nicht Mainstream sein, aber es hat dort eine Menge Anwender und ein exponenzielles Wachstum. Wenn man Erlang für eine Telekommunikations-Anwendung wählt, muss man sich dafür nicht erst rechtfertigen – es ist anerkannte Technologie.

Haskell ist noch längst nicht soweit, aber das Interesse steigt stark an, und alle möglichen und unerwarteten Anwendungen erscheinen. Wie zum Beispiel OCaml.

Mehrkernprozessoren bieten eine einmalige Möglichkeit für die funktionale Programmierung – viele wissen nicht, wie man sie programmieren soll, und man beginnt, über alternative Wege nachzudenken. Dazu gehört auch funktionale Programmierung. Man hört immer, die automatische Parallelisierung von altem Code sei nur eine kurzfristige Lösung, während funktionale Programmierung der attraktive, langfristige Ansatz sei. Wenn Sie heute mit der Entwicklung eines Produkts beginnen, das bei seiner Veröffentlichung in einem Jahr acht Kerne unterstützen muss, und sequenziellen Code in C schreiben, um darauf zu hoffen, dass die automatische Parellelisierung Ihre Probleme löst, gehen Sie ein *extrem* hohes Risiko ein. Wählt man hingegen Concurrent Haskell oder SMP Erlang, gibt es keine Risiken, da die Techologie schon heute funktioniert.

Es gibt schon Dual-Core-Erlang-Produkte auf dem Markt, die dank dem zusätzlichen Kern doppelt so schnell laufen. In ein paar Jahren wird die einfache Parallelisierbarkeit ein wichtiger Vorteil sein, und funktionale Sprachen haben die Möglichkeit, dann gestärkt aus dem sich ändernden Umfeld hervorzugehen.

Paul: Ja, der Rahmen für mögliche Anpassungen ändert sich aus verschiedenen Gründen:

- Andere Sprachen haben einige der guten Ideen übernommen, daher ist ein Wechsel nicht mehr so radikal.

- Programmierer, die in den letzten 15 Jahren dazugekommen sind, sind häufiger modernen PL-Ideen, der Mathematik und den formalen Methoden ausgesetzt gewesen, sodass auch dadurch die Ideen nicht mehr als so radikal anders angesehen werden.

- Es gibt viel mehr Bibliotheken, Implementierungen und dazugehörige Tools, um die Verwendung der Sprache einfacher und praktikabler zu gestalten.
- Es gibt mittlerweile einen Grundstock nicht-trivialer Anwendungen, die in Haskell (oder anderen funktionalen Sprachen) geschrieben wurden, sodass die Leute sehen, dass es funktioniert.

Erfahren wir etwas über den Situation des Rechnens mit Computern aufgrund der Tatsache, dass die funktionale Programmierung nach 50 Jahren immer noch nützlich zu sein scheint?

Simon: Ich denke, wir erfahren etwas über funktionale Programmierung. Ich liebe FP, weil sie ihren Prinzipien und Grundlagen treu ist, sich aber *auch* praktisch anwenden lässt.

Mit »Prinzipien« meine ich, dass die Sprachen und ihre Implementierungen (insbesondere reine Sprachen wir Haskell) sehr stark auf ungewöhnlich einfachen mathematischen Grundlagen basieren – anders als mächtige, aber eher zur schnellen Implementierung gedachte Sprachen wie Python oder Java. Das bedeutet, dass FP nicht aus der Mode gerät – FP repräsentiert einen grundlegenden Weg, über das Rechnen nachzudenken, daher ist es keine Modeerscheinung.

Mit »praktisch anwendbar« meine ich, dass FP heute viel, viel besser nutzbar ist als vor nur zehn Jahren, weil sich die Implementierungen und Bibliotheken so stark verbessert haben. Damit werden die Vorteile eines auf Prinzipien basierenden Ansatzes für eine viel größere Gruppe nützlich.

Die Leute machen sich mehr Sorgen über

- Sicherheit,
- Parallelisierbarkeit und
- Fehler durch Nebenwirkungen.

Dadurch wird FP immer sichtbarer und nützlicher. Wenn Sie wollen, können Sie sagen, dass sich das Computerumfeld auf den Punkt zubewegt, an dem die Kosten der FP weniger wichtig sind als früher, die Vorteile aber wachsen.

Die Sprache Haskell

John hat weiter oben gesagt, dass Sie beim Design des Klassensystems »gesabbert« hätten. Warum?

Simon: Wir wussten, dass wir eine Reihe von Problemen im Zusammenhang mit der Gleichheit bei beliebigen Typen hatten, ebenso bei der Ausgabe und beim Umgang mit Zahlen. Wir wussten, dass wir Integer- und Gleitkommawerte und doppelt genaue Zahlen und Integerwerte mit beliebiger Stellenanzahl haben wollten. Wir wollten nicht, dass der Programmierer `plus int` und `plus float` und `plus arbitrary precision integer` schreiben müsste.

Wir wussten, dass wir eine Möglichkeit haben wollten, einfach A + B schreiben zu können und das korrekte Ergebnis zu erhalten. Bei ML war die Lösung, A + B schreiben zu können, die Art der Addition aber lokal definieren zu müssen. Wenn Sie `f(x,y) = x + y + 1` schreiben, sagt das System: »Ah, Sie müssen mir mehr sagen. Geben Sie eine Typsignatur für `f( )` an, sodass ich weiß, ob dieses Plus ein Integer-Plus, ein Float-Plus oder ein Double-Plus ist.«

Damit müssen Sie überall in Ihrem Programm Typinformationen hinterlegen.

Simon: Schlimmer noch. Es mag nützlich sein, diese spezielle Funktion mit Float-, Integer- oder Double-Werten aufzurufen. Das dann auf einen Typ abzubilden, kann sehr schwierig sein.

Sie verlieren Generik. Stattdessen müssen Sie drei Funktionen schreiben: f `float`, f `double` und f `integer`, alle mit dem gleichen Rumpf, aber unterschiedlichen Typsignaturen. Welche soll der Compiler dann nehmen, wenn Sie sie aufrufen? Sie sind wieder beim `plus int`-Problem, aber eine Stufe höher.

Das ärgerte uns. Es fühlte sich nicht gut an. Es war nicht stimmig. Das Klassensystem hat das dann gelöst, da es sagte, dass Sie `f(x,y) = x + y + 1` einmal für alle schreiben können. Die Funktion erhält den Typ `Num a => a -> a -> a` und sie funktioniert für jeden numerischen Typ, einschließlich derer, an die Sie noch gar nicht gedacht haben!

Es muss sich um Instanzen von `Num` handeln, aber das Schöne ist, dass Sie einen Typ später entwickeln können – zehn Jahre, nachdem der Haskell-Standard abgeschlossen, die Klasse `Num` definiert und die Funktion `f` geschrieben wurde. Sie können ihn zu einer Instanz von `Num` machen, und Ihre alte Funktion wird damit funktionieren.

Daher kam unser Sabbern. Wir hatten ein hartnäckiges Problem, das einfach gelöst wurde. Die ursprüngliche Arbeit stammt von Philip Wadler und Stephen Blott.

Zudem wurde auch das Gleichheitsproblem damit gelöst. ML hat dort eine andere Lösung. Wenn Sie einen Member des Typs `member :: [a] -> Bool` definieren, der Sie fragt, ob ein Wert Element einer Liste ist, muss die Operation die Werte des Typs a auf Gleichheit prüfen. Eine mögliche Lösung ist, zu sagen, dass jeder Wert Gleichheit unterstützt, aber das mögen wir nicht. Sie können aus gutem Grund auch Funktionen auf Gleichheit überprüfen.

ML sagt: »Ah, wir stellen Ihnen eine spezielle Art von Typvariable namens 'a bereit. Der Member hat den Typ `member :: a -> ['a] -> Bool`. Dieses 'a wird als Gleichheitstypvariable bezeichnet. Sie gilt nur für Typen, die Gleichheit ermöglichen. So können Sie nun den Member einem Integer oder einem Character zuweisen, aber nicht einer Funktion, weil 'a dann für eine Funktion instanziiert wird – und das ist nicht erlaubt.

ML hat eine andere Lösung als das Überladen von numerischen Typen, aber auch das Typensystem ist davon erfüllt, sodass diese 'as überall in der Beschreibung auftauchen. Es löst ein sehr spezielles Problem des Prüfens auf Gleichheit auf ganz anderem Weg, aber es hilft nicht beim Festlegen einer Ordnung. Was passiert, wenn Sie eine Liste sortieren wollen? Jetzt geht es nicht nur um Gleichheit, sondern auch noch um eine Reihenfolge. Typklassen haben dieses Problem ebenfalls gelöst. In Haskell schreiben Sie

```
member :: Eq a => a -> [a] -> Bool
sort :: Ord a => [a] -> [a]
```

Damit sagen Sie präzise, welche Eigenschaften der Typ a haben muss (Gleichheit oder Reihenfolge).

Das ist der Grund dafür, dass wir gesabbert haben – ein einziger, mächtiger Mechanismus auf Typensystemebene, der viele Probleme löste, die ansonsten kurzfristig und unterschiedlich hätten angegangen werden müssen. Ein Hammer, der viele Nüsse knackt, nicht eine Nuss mit einer guten Lösung nur für sie.

Philip Wadler: Nett an den Typklassen ist, dass sie die Art und Weise beeinflussen, auf der in Java die Generics funktionieren. Die Java-Methode

```
public static <T extends Comparable<T>> T min (T x, T y) {
    if (x.compare(y) < 0)
   x;
    else
   y;
}
```

ähnelt dieser Haskell-Methode doch sehr:

```
min :: Ord a => a -> a -> a
min x y  = if x < y then x else y
```

Letztere ist dabei kürzer. Im Allgemeinen entspricht das Erweitern eines Interface durch eine Typvariable (wobei das Interface normalerweise mit der gleichen Typvariablen parametrisiert ist) in Java der Zuordnung einer Typvariablen zu einer Typklasse in Haskell.

Ich bin ziemlich sicher, dass es hier einen direkten Einfluss gab, da ich (zusammen mit Martin Odersky, Gilad Bracha und vielen anderen) in dem Team war, das die Generics für Java entworfen hat. Ich glaube, dass die Generics in C# wiederum von diesem Design beeinflusst wurden, aber da ich dort nicht beteiligt war, kann ich das nicht sicher sagen. Die neue Idee der »Konzepte« in C++ ähnelt dem auch sehr, und die entsprechenden Artikel weisen für Vergleiche auf die Typklassen in Haskell hin.

Wann lernen Haskell-Programmierer Ihrer Meinung nach die starke Typisierung zu schätzen?

Simon: Haskells Typensystem ist umfangreich genug, um viel Design ausdrücken zu können.

Die Typprüfung ist nicht nur eine Möglichkeit, dumme Fehler wie 5+True zu vermeiden. Sie erhalten dadurch eine komplette Abstraktionsebene, um das Design und die Architektur eines Programms beschreiben und darüber sprechen zu können. Denn wo OO-Jünger UML-Diagramme zeichnen, geben Haskell-Anhänger Typdefinitionen an (und ML-Leute schreiben Modulsignaturen). Das ist viel, viel besser, da es exakt ist und sich durch den Rechner überprüfen lässt.

Philip: Hier eine alte Anekdote:[3] Die Software AG vermarketete ein kommerzielles Datenbankprodukt namens Natural Expert, bei dem Daten durch ihre eigene, selbstentwickelte funktionale Sprache abgefragt und bearbeitet wurden, die Haskell recht ähnlich war. Sie hatten einen Trainingskurs, der eine Woche dauerte. Am Anfang des Kurses beschwerten sich die Entwickler im Allgemeinen, dass der Typchecker so viele Typfehler ausgeben würde. Am Ende des Kurses stell-

---

[3] Hutchison, Nigel et al. »Natural Expert: a commercial functional programming environment«, *Journal of Functional Programming* 7(2), March 1997.

ten sie fest, dass die meisten Programme wunderbar funktionierten, wenn sie erst einmal den Typchecker überstanden hatten. Daher waren die Typen das Einzige, was debuggt werden musste. Kurz gesagt: Zu Beginn der Woche dachten sie, Typen wären ihre Feinde, aber am Ende sahen sie sie als ihre Freunde an.

Ich will nicht sagen, dass *jedes* Programm, das Sie schreiben, funktionieren wird, sobald Sie es durch den Typchecker bekommen haben. Aber Typen fangen eine sehr große Zahl von Fehlern ab und machen das Debuggen um so viel einfacher.

Typen scheinen insbesondere dann wichtig zu sein, wenn jemand sich erstmalig um die fortgeschritteneren Features kümmert. So ist zum Beispiel die Nutzung von Funktionen höherer Ordnung viel leichter, wenn Sie Typen haben, die das Ganze geradliniger machen. Polymorphe Funktionen enthalten in ihrem Typ eine ganze Menge an Informationen. Wenn Sie zum Beispiel wissen, dass etwas den folgenden Typ hat:

```
l :: (Int -> Int) -> [Int] -> [Int]
```

(nimm eine Funktion von Integer nach Bool und eine Liste mit Integer-Werten und gib eine Liste mit Integer-Werten zurück), können Sie nahezu alles erreichen. Aber wenn folgender Typ genutzt wird:

```
m :: forall a b. (a -> b) -> [a] -> [b]
```

(nimm für alle Typen a und b eine Funktion von a nach b und eine Liste von a und gib eine Liste mit bs zurück), dann wissen Sie erstaunlich viel darüber. Tatsächlich stellt der Typ selbst ein Theorem dar[4], das die Funktion erfüllt, und durch diesen Typ können Sie Folgendes beweisen:

```
m f xs = map f (m id xs) = m id (map f xs)
```

Wobei map eine Funktion auf jedes Element einer Liste anwendet, um eine neue Liste zu erhalten. id ist die Identitätsfunktion. Sehr wahrscheinlich ist m selber nur map, daher ist (m id) dann die Identität. Aber m kann auch Elemente umordnen – zum Beispiel die Eingabeliste umdrehen und dann die Funktion anwenden, oder die Funktion anwenden und dann jedes andere Element des Ergebnisses nutzen. Das ist dann aber auch alles. Die Typen garantieren, dass die Funktion auf ein Element der Eingabeliste angewandt werden *muss*, um ein Element der Ausgabeliste zu erhalten, und dass sie sich *nicht* den Wert eines Elements anschauen kann, um zu entscheiden, was mit ihm getan wird. Sie darf nur davon abhängen, wo sich das Element in der Liste befindet.

Das Unglaublichste an Typsystemen ist, dass sie eine sehr enge Beziehung zur Logik haben. Es gibt diese tiefe und schöne Eigenschaft namens »propositions-as-types« oder den Curry-Howard-Isomorphismus, der deklariert, dass jedes Programm wie der Beweis einer Aussage ist, und dass der Typ des Programms wie die Aussage ist, die das Programm beweist, und dass das Auswerten eines Programms wie das Vereinfachen eines Beweises ist. Die grundlegendsten Wege, Daten zu strukturieren – Datensätze, Varianten und Funktionen – entsprechen exakt den drei grundlegendsten Konstrukten in der Logik – Konjunktion, Disjunktion und Implikation.[5]

---

[4] Wadler, Philip. »Theorems for Free«, 4th International Conference on Functional Programming and Computer Architecture, London, 1989.

[5] Wadler, Philip. »New Languages, Old Logic«, *Dr. Dobb's Journal*, December 2000.

Es stellt sich heraus, dass das für alle Arten von logischen Systemen und Programmen funktioniert, sodass es nicht nur ein fragiler Zufall, sondern ein tiefgreifendes und wertvolles Prinzip beim Design typisierter Programmiersprachen ist. Sie erhalten dadurch sogar ein Rezept für das Design: Überlegen Sie sich einen Typ, fügen Sie der Sprache Konstruktoren hinzu, um Werte dieses Typs zu erstellen, und Destruktoren, um sie wieder zu entfernen. Damit halten Sie sich an die Regel, dass Sie nach dem Ein- und Wiederausbauen von etwas das erhalten, womit Sie begonnen hatten (das ist ein *Beta Law*), während man umgekehrt nach dem Entfernen und Wiedereinbauen von etwas auch wieder den Anfangszustand erhalten (das *Eta Law*). Das ist ausgesprochen mächtig und gleichzeitig schön. Wenn man etwas entwirft, fühlt es sich häufig so beliebig an. Es gibt fünf verschiedene Wege, es umzusetzen, und es ist nicht klar, welcher der beste ist. Aber so sehen wir, dass es bei funktionalen Sprachen einen Kern gibt, der gar nicht beliebig ist.

Mittlerweile ist es durchaus üblich für Informatiker, ihre Beweise in einen Computer einzugeben, damit dieser prüfen kann, ob sie wahr sind. Die Prozedur basiert auf den gleichen Prinzipien und Typsystemen, auf denen auch funktionale Sprachen aufbauen, da es diese tiefgreifende Verbindung zwischen Programmen und Beweisen, zwischen Typen und Aussagen gibt. Wir sehen langsam, wie sich die Dinge verbinden, und die Typen ermöglichen es Ihnen mehr und mehr, zu beschreiben, wie sich Ihr Programm verhält, und der Compiler wird mehr und mehr Eigenschaften Ihres Programms sicherstellen, und es wird nach und nach üblicher werden, Eigenschaften Ihres Programms zu beweisen, während Sie es schreiben. Die U.S.-Regierung besteht manchmal auf dem Beweis von Sicherheitseigenschaften bei militärischer Software. Wir werden sehen, wohin dieser Trend führt. Momentan können Betriebssysteme in Bezug auf Sicherheit keine allzu guten Garantien abgeben, aber ich denke, das wird sich ändern, und Typsysteme werden ein sehr wichtiger Teil davon werden.

Lässt sich die Nichtstriktheit in andere Programmiersprachen exportieren, oder passt sie aufgrund all der anderen Features besser in Haskell?

John: Nichtstriktheit führt zu komplexen und nicht vorhersehbaren Abläufen. Das ist in Haskell kein Problem, weil die Auswertungsreihenfolge das Ergebnis nicht beeinflussen kann – Sie können den Kontrollfluss so komplex machen, wie Sie möchten, und das beeinflusst nicht, wie einfach oder schwierig es ist, Ihren Code zum Laufen zu bekommen. Nichtstriktheit kann anderen Sprachen hinzugefügt werden – und wurde es auch –, und es ist auch nicht schwer, das zu simulieren. Aber wenn sich Nichtstriktheit und Nebenwirkungen verbinden, bricht die Hölle los. Es ist fast unmöglich, solchen Code zum Laufen zu bringen, da Sie keine Chance haben, zu verstehen, warum die Nebenwirkungen jetzt in dieser bestimmten Reihenfolge auftreten. Ich habe das in Erlang erlebt, in dem ich Nichtstriktheit in Code simuliert habe, der eine Bibliothek mit einer Schnittstelle mit Nebenwirkungen nutzte. Letztendlich konnte ich den Code nur das tun lassen, was ich wollte, indem ich eine rein funktionale Schnittstelle für die Bibliothek baute, sodass mein nicht-strikter Code nebenwirkungsfrei sein konnte.

Ich denke also, die Antwort auf Ihre Frage ist: Ja, Nichtstriktheit kann in andere Sprachen exportiert werden – aber Programmierer, die das nutzen, müssen in diesem Teil ihres Codes Nebenwirkungen vermeiden. LINQ ist natürlich ein gutes Beispiel dafür.

Gibt es andere Features von Haskell, die man nutzen könnte, um andere Sprachen nützlicher oder sicherer zu machen?

Philip: Viele Features von Haskell wurden und werden von einer Reihe von Mainstreamsprachen übernommen.

Funktionale Closures (Lambda-Ausdrücke) gibt es mittlerweile in einer ganzen Reihe von Sprachen, zum Beispiel in Perl, JavaScript, Python, C#, Visual Basic und Scala. Innere Klassen wurden in Java eingeführt, um Closures zu simulieren, und es gibt einen intensiv diskutierten Vorschlag, Java auch richtige Closures (ähnlich wie die in Scala) hinzuzufügen. Die Closures kommen nicht nur aus Haskell, sondern aus allen funktionalen Sprachen, einschließlich Scheme und der ML-Familie.

Listen-Comprehensions gibt es in Python, C# und Visual Basic (beide in Verbindung mit LINQ) und Scala, und sie sind für Perl und JavaScript in Planung. Haskell hat Listen-Comprehensions nicht erfunden, aber viel für ihre Popularität getan. Die Comprehensions in C#, Visual Basic und Scala lassen sich auch auf andere Strukturen als Listen anwenden, daher passen sie eher zu Monad-Comprehensions oder zur »do«-Notation, die beide mit Haskell vorgestellt wurden.

Die generischen Typen in Java wurden stark durch die polymorphen Typen und Typklassen in Haskell beeinflusst. Ich habe dabei geholfen, die Generics in Java zu entwerfen und bin auch Koautor eines Buches über sie, das bei O'Reilly erschienen ist.[6] Die Features in Java haben wiederum die in C# und Visual Basic inspiriert. Typklassen gibt es auch in Scala. Jetzt wird bei C++ überlegt, ein Feature namens »Konzepte« zu übernehmen, das auch eng mit Typklassen zusammenhängt. Haskell hat zudem eine Reihe weiterer, weniger genutzter Sprachen beeinflusst, zum Beispiel Cayenne, Clean, Mercury, Curry, Escher, Hal und Isabelle.

John: Zur Ergänzung: anonyme Delegates in C# und Listen-Comprehensions in Python. Ideen der funktionalen Programmierung tauchen überall auf.

Paul: Ich habe viele Berichte von Leuten gelesen, die Haskell zwar gelernt haben, es aber in ihren eigentlichen Programmierjobs nur selten nutzen, und nun fordern, die Sprache so (zum Besseren) zu ändern, dass sie so funktioniert, wie sie in einer imperativen Sprache denken und programmieren. Und Haskells Einfluss auf Mainstreamsprachen und neuere Sprachen ist groß. Wir müssen also irgendetwas richtig machen und scheinen den Mainstream beeinflusst zu haben, selbst wenn wir nicht im Mainstream sind.

Wie ist die Verbindung zwischen dem Design einer Sprache und dem Design einer Software, die in dieser Sprache geschrieben wurde?

Simon: Die Sprache, in der Sie meistens schreiben, beeinflusst das Design der Programme, die in dieser Sprache geschrieben wurden. So nutzen zum Beispiel in der OO-Welt viele Leute UML, um ein Design zu skizzieren. In Haskell oder ML schreibt jemand stattdessen Typsignaturen. Ein Großteil der ersten Designphase eines funktionalen Programms besteht aus dem Schreiben von

---

6 Naftalin, Maurice and Philip Wadler. *Java Generics and Collections* (O'Reilly, 2000).

Typdefinitionen. Anders als bei UML geht dieses Design allerdings vollständig in das fertige Produkt ein und wird komplett durch den Computer geprüft.

Typdefinitionen sind auch ein wunderbarer Ort, um Invarianten des Typs zu erfassen, zum Beispiel: »Diese Liste ist nie leer.« Momentan werden solche Angaben nicht durch den Computer geprüft, aber ich gehe davon aus, dass das zunehmend geschehen wird.

Robuste Typen ändern auch die Programmwartung. Sie können einen Datentyp anpassen und wissen, dass der Compiler auf alle Stellen hinweisen wird, die als Konsequenz daraus geändert werden müssen. Für mich ist das der wichtigste Grund für ausdrucksstarke Datentypen – ich kann mir nicht vorstellen, substanzielle Änderungen an einem großen, dynamisch typisierten Programm zu machen und dabei das gleiche Vertrauen in seine anschließende Lauffähigkeit zu haben.

Die Verwendung einer funktionalen Sprache ändert auch dramatisch das Testen, wie John schon so schön beschrieben hat.

Mit einer funktionalen Sprache wird man deutlich in die Richtung rein funktionaler Datenstrukturen geschoben, statt welche zu haben, die sich verändern. Das kann tiefgreifende Auswirkungen auf das Design des Programms haben. Sie können in Haskell imperative Programme schreiben, aber sie sehen dann ungeschickt aus, und damit werden Programmierer zur Reinheit geleitet.

Paul: Ich mag Simons Antwort, obwohl er sich hauptsächlich darauf konzentriert, wie Haskell (oder andere funktionale Sprachen) das Design der Software beeinflussen. Die zugehörige Frage ist, wie eine Softwareanwendung das Design der Sprache beeinflusst. Haskell und die meisten anderen funktionalen Sprachen sind natürlich für eine allgemeine Anwendbarkeit gedacht, aber eine der coolen Sachen in Bezug auf Anwendungen, die im Laufe der Jahre in Haskell geschrieben wurden, ist, dass viele von ihnen auf einer domänenspezifischen Sprache (Domain Specific Language, DSL) basieren, die in Haskell »eingebettet« ist (wir nennen sie häufig »DSELs«). Es gibt haufenweise Beispiele dafür – im Grafikbereich, bei der Animation, der Computermusik, der Signalverarbeitung, dem Parsen und Ausdrucken, bei finanziellen Verträgen, in der Robotik und so weiter – und ebenso haufenweise Bibliotheken, deren Designs auf diesem Konzept basieren.

Wie der Immobilienmaker, der sagt, dass »Standort, Standort, Standort« die drei wichtigsten Dinge als Makler sind, denke ich, dass »Abstraktion, Abstraktion, Abstraktion« die drei wichtigsten Dinge in der Programmierung sind. Und für mich ist eine gut entworfene DSL die *ultimative* Abstraktion einer Domäne – es wird genau die richtige Menge an Information vorgehalten, nicht mehr und nicht weniger. Das Tolle an Haskell ist, dass es ein Framework für das einfache und effektive Erstellen dieser DSLs bietet. Es ist keine perfekte Methode, aber eine ziemlich gute.

Philip: Funktionale Sprachen erleichtern das Erweitern der Sprache innerhalb der Sprache. Lisp und Scheme sind brillante Beispiele dafür. Lesen Sie einmal bei Paul Graham[7] nach, wie Lisp die Geheimwaffe beim Entwickeln einer der frühesten Webanwendungen war (die später ein Yahoo!-

---

[7] Graham, Paul. *Hackers & Painters* (O'Reilly, 2004).

Produkt wurde), und insbesondere, wie Lisp-Makros der Schlüssel zum Aufbau dieser Software waren. Haskell stellt ebenfalls eine Reihe von Features bereit, die es sehr leicht machen, die Mächtigkeit der Sprache zu erweitern – durch Lambda-Ausdrücke, Nichtstriktheit, Monat-Notation und (in GHC) Templates für die Metaprogrammierung.

Paul hat schon erwähnt, dass Haskell dadurch eine bevorzugte Sprache für eingebettete domänenspezifische Sprachen wurde. Aber man sieht das auch (weniger prominent) beim Aufbau kleiner Bibliotheken für Parserkombinatoren oder das Pretty Printing. Wenn jemand wirklich die Möglichkeiten funktionaler Programmierung verstehen will, sind diese beiden Beispiele ein guter Ausgangspunkt.

Nichtstriktheit hat in Haskell zudem einen tiefgreifenden Effekt auf das Schreiben von Programmen, da Sie dadurch Ihr Problem auf eine Art und Weise aufteilen können, die anders nur schwer zu erreichen ist. So finde ich, dass Nichtstriktheit es Ihnen ermöglicht, Zeit in Raum umzuwandeln. Statt zum Beispiel darüber nachzudenken, wie man Werte sequenziell ausgibt (Zeit), kann ich eine Liste zurückgeben, die alle Werte enthält (Raum) – die Nichtstriktheit garantiert, dass die Werte in der Liste wie erforderlich einer nach dem anderen berechnet werden, so wie man sie braucht.

Es ist oft leichter, über Raum als über Zeit nachzudenken: Der Raum kann direkt visualisiert werden, während man für das Darstellen der Zeit Animationen benötigt. Stellen Sie einmal das Durchforsten eines Zeitplans mit den Ereignissen eines Tages dem Betrachten eines Videos mit den Geschehnissen gegenüber! Das Ausnutzen der Nichtstriktheit kann somit grundlegend ändern, wie Sie ein Problem angehen. Ein Beispiel sind die Parserkombinatoren, die ich schon erwähnt habe, die eine Liste aller möglichen Parser zurückgeben. Die Nichtstriktheit garantiert, dass diese Liste nach Bedarf berechnet wird. Insbesondere, wenn Sie mit dem ersten Parser zufrieden sind, wird keiner der anderen jemals generiert.

(Funktionales) Wissen verbreiten

Was haben Sie gelernt, wenn Sie College-Studenten in Programmierung unterrichtet haben?

Paul: Viele Jahre lang, und vielleicht auch heute noch, fanden sich funktionale Sprachen hauptsächlich in Einführungskursen, da sie sich leicht erlernen lassen und viele Details des imperativen Rechnens wegabstrahieren. Ich denke heute, dass das langfristig ein Fehler gewesen sein könnte! Der Grund ist, dass die Studenten schnell zu der Meinung gelangen, funktionale Sprachen seien Spielsprachen, da sie schließlich in ihren Einführungskursen zusammen mit Spielbeispielen genutzt werden. Wenn die Studenten dann einmal die »Macht« der Nebenwirkungen erkannt haben, kommen viele von ihnen nie mehr zurück. Was für eine Schande!

Es scheint, dass die besten Sachen an der funktionalen Programmierung von Anfängern häufig gar nicht gewürdigt werden. Erst nachdem Sie eine Weile programmiert haben, werden die Vorteile deutlicher.

In Yale haben wir einen Kurs zur funktionalen Programmierung, der vor allem von fortgeschrittenen Studenten belegt wird. Ich habe kein Problem damit, ihnen schwierige und umfangreiche

Aufgaben zu geben oder sie mit fortgeschrittener Mathematik zu konfrontieren, um ihnen die wirkliche Macht von funktionaler Programmierung zu zeigen. Wichtiger ist noch, dass ich sagen kann: »Macht das mal mit euren imperativen Sprachen.« Das tun wir dann auch regelmäßig – den Haskell-Code mit C-Code vergleichen – und es ist ziemlich aufschlussreich, allerdings kann man so etwas nicht mit Studenten machen, für die Haskell ihre erste Sprache ist.

Was läuft in der Informatik falsch, und wie wird es unterrichtet? Wir würden Sie das verbessern?

Paul: Ich wollte über ein persönliches Ziel beim Unterrichten schreiben, von dem ich hoffe, dass andere es interessant und vielleicht sogar herausfordernd finden.

Es gibt wirklich hunderte von Büchern über das Programmieren oder das Schreiben von Programmen in einer bestimmten Sprache. Diese Bücher benutzen normalerweise Beispiele, die aus verschiedenen Bereichen stammen, aber meist recht lahm sind – von Fibonacci-Zahlen und Faktorierungen über Strings und Textbearbeitung hin zu einfachen Puzzles und Spielen. Ich frage mich, ob es möglich ist, ein Buch zu schreiben, dessen Hauptthema sich gar nicht um das Programmieren dreht, das aber eine Programmiersprache nutzt, um die Hauptkonzepte zu erläutern.

Ich vermute, dass Sie nun sagen, dass ein Buch über Betriebssysteme, Netzwerke, (Computer-) Grafik oder Compiler so etwas ist, wenn es eine Sprache nutzt, um das Material zu erläutern, aber ich bin an Themen interessiert, die nicht so nah an der Informatik liegen. Daher denke ich zum Beispiel über bestimmte Naturwissenschaften nach – Physik, Chemie, Astronomie – oder sogar Geistes- und Sozialwissenschaften, insbesondere Wirtschaftslehre. Und ich frage mich, ob es möglich ist, noch einen Schritt weiterzugehen und die Aspekte von künstlerischen Disziplinen zu unterrichten – insbesondere Musik.

Ich denke, eine funktionale Sprache, insbesondere eine Sprache wie Haskell, die diese umfangreiche Unterstützung von eingebetteten domänenspezifischen Sachen bietet, wäre ein exzellentes Transportmittel, um auch andere Konzepte außer Programmieren zu unterrichten. Das Tolle an der Programmierung ist, dass Sie gezwungen sind, genau zu sein, und das Tolle an der funktionalen Programmierung ist, dass Sie kurz und präzise sein können. Die Pädagogik könnte in vielen der erwähnten Disziplinen aus beidem einen Nutzen ziehen.

Simon: Das passt zu etwas, an dem ich in Großbritannien im Schulbereich beteiligt bin. Ich bin Schulrat, jede Schule hat dort einen solchen Schulvorstand. Bezüglich des Computerunterrichts sieht es dort momentan recht düster aus. Es gibt keinerlei Informatikunterricht, sondern es geht im Prinzip nur um Informationstechnologie.

Mit Informationstechnologie meine ich Tabellenkalkulationen und Datenbanken. Es ist so ähnlich, als ob man sagen würde: »Hier ist ein Auto, und so fährt man es.« So wird eine Tabellenkalkulation genutzt. »Jetzt können Sie es fahren. Nun besprechen wir, wohin Sie vielleicht wollen. Nach Birmingham? Dann würde ich die Route so planen und diese oder jene Person mitnehmen.«

Sie lernen Projektplanung und Anforderungsanalysen und Systemintegration und all diese Sachen kennen. Aber momentan lernen Sie an der Schule nicht, wie es unter der Motorhaube aussieht. Bis zu einem gewissen Grad ist das verständlich, weil jeder lernen sollte, wie man ein

Auto fährt, oder? Zudem sollten Sie ungefähr wissen, wohin Sie fahren können und wie man vermeidet, Fußgänger zu überfahren.

Nicht jeder sollte daran interessiert sein, wie Autos funktionieren. Es ist vollkommen in Ordnung, dass die meisten Leute nur mit ihnen fahren wollen, aber manche sind dann doch an der Funktionsweise interessiert. Es gibt einen Teil der Informatik, der an der Schule unterrichtet werden sollte, zumindest Schülern, die daran interessiert sind. Momentan wird ihnen gesagt: »Dafür werden Computer genutzt«, aber diese Schüler schalten dann ab, weil es so langweilig ist.

Ich arbeite in einer britischen Arbeitsgruppe mit, die versucht, Lehrer dabei zu unterstützen, Computerwissen oder Informatik auf Schulniveau zu unterrichten. Vor allem an der weiterführenden Schule, die in England im Alter von 11 bis 16 Jahren besucht wird. Im Oberstufenbereich gibt es einen A-Kurs im Computerbereich, bei dem es um echte Informatik geht. Das ist der Bereich von 16 bis 18 Jahren, aber dann haben die meisten schon abgeschaltet.

Die Interessenten für die Informatikkurse in weiterführenden Schulen werden weniger, und an den Universitäten sind es noch weniger, genau wie in den USA. Das liegt zum Teil daran, dass heutzutage jedes Kind einen Computer hat, sodass sie schon viel von diesem IT-Kram kennen. Wenn sie darin unterrichtet werden und dann auch noch in jeweils unterschiedlichen Fächern, denken sie nur: »Das ist einfach nur langweilig. Warum sollte mich das interessieren?«

Das ist meiner Meinung nach das, was heutzutage in Bezug auf Computerthemen an der Schule falsch läuft. Für die Leute, die wirklich nicht an der Technologie interessiert sind, reicht es aus, ihnen zu erklären, wie man fährt. Das sollte zurückhaltend geschehen und mit anderen Themen verknüpft sein. Es ist ein nützliches Tool, und so funktioniert es. Kein großes Thema. Aber wir unterrichten auch Physik, die natürlich auch nur eine Minderheit interessiert. Die meisten werden später nicht aus dem Effeff den Expansionskoeffizienten kennen oder sich überhaupt Gedanken um ihn machen. Genauso denke ich, dass es einen Computerbereich geben sollte, über den sie Bescheid wissen sollten, um dadurch das Interesse zu wecken, weil es so interessant ist.

Formalismen und Evolution

Welchen Wert sehen Sie in der Definition formaler Semantiken für Sprachen?

Simon: Formale Semantiken garantieren für alles, was wir mit Haskell gemacht haben. Wenn Sie sich zum Beispiel meine Veröffentlichungen anschauen, werden Sie feststellen, dass die meisten Artikel Formalismen enthalten, die versuchen zu erklären, was passiert. Selbst für etwas Imperatives wie den transaktionalen Speicher hatte der Artikel eine formale Semantik, was Transaktionen bedeuten.

Formale Semantik ist ein fantastischer Weg, mit einer Idee umzugehen, zu versuchen, einige der Details festzulegen, und einige der kritischen Ecken bekannt zu machen. Aber in einer echten Sprache, in der alles zusammenspielt, ist es sehr mühsam, tatsächlich alles zu formalisieren. Ich ziehe meinen Hut vor der Definition von Standard-ML, weil ich finde, dass sie eine echte Glanzleistung ist. Es ist so ziemlich die einzige Sprache, die eine komplette formale Beschreibung besitzt.

Ich denke, man sollte bei der Formalisierung so weit gehen, wie man der Meinung ist, dass es sich noch lohnt. Es ist sehr teuer, die letzten 10% einer Sprache aus einer Sammlung formaler Fragmente, die Aspekte der Sprache beschreiben, in eine vollständige formale Beschreibung einer ganzen Sprache umzuwandeln. Das ist viel Arbeit. Es können durchaus 70% der Arbeit sein. Wie stark profitieren Sie von diesen letzten 70% der Arbeit? Vielleicht nur 20% oder so. Ich weiß nicht, ob sich das wirklich auszahlt. Mir scheint, dass das Kosten/Nutzen-Verhältnis ziemlich stark wächst, wenn Sie versuchen, die ganze Sprache zu formalisieren. Das gilt auch beim ersten Mal.

Dann werden Sie sagen: »Aber was, wenn sich die Sprache entwickelt?« Wir ändern Haskell auch weiterhin. Wenn ich jeden Aspekt dieser Änderungen formalisieren muss, hält das die Änderungen in der Sprache stark auf. Genau das ist auch in ML geschehen. Es ist ziemlich schwer, ML zu ändern, weil die Sprache eine formale Beschreibung besitzt.

Formalismen können vielleicht Innovationen ausbremsen. Sie können Innovationen vorantreiben, weil sie Ihnen dabei helfen, zu verstehen, worum es bei der Innovation geht, aber gleichzeitig wird die Innovation ausgebremst, wenn es eine Umgebung gibt, die festlegt, dass alles in der Sprache formalisiert werden muss.

Gibt es da einen Mittelweg, vielleicht einen Semiformalismus, bei dem Sie Jeans mit einem Sportsakko tragen?

Simon: Ich denke, das ist der Bereich, in dem sich Haskell aufhält. Die Sprachdefinition ist fast komplett in Englisch gehalten, aber wenn Sie sich die begleitenden Forschungsartikel anschauen, finden Sie viele Formalismen für Teile der Sprache. Es ist also nicht in den Berichten festgelegt, zumindest nicht vollständig. Für eine Sprache, die keine formale Beschreibung besitzt, finden Sie allerdings deutlich mehr formalisiertes Material als für C++, das ausschließlich informell definiert ist, obwohl darauf wiederum große Anstrengungen aufgewendet wurden.

Es ist eine lustige Balance. Ich denke wirklich, dass Formalismen einen großen Einfluss dabei hatten, Haskell sauber zu halten. Wir haben halt nur nicht alles bis zum Exzess betrieben. Alles musste prinzipiell zueinander passen. So können Sie sagen: »Das sieht durcheinander aus. Sind Sie sicher, dass das so sein muss?« Wenn es durcheinander aussieht, kann es gut sein, dass es schwer zu implementieren und für den Programmierer schwer herauszufinden ist, was Sie implementiert haben.

Philip: Der erste Artikel zu Typklassen stammt von mir und Stephen Blott und erschien in den Proceedings des Symposium on Principles of Programming Languages im Jahr 1989.[8] Es formalisierte den Kern der Typklassen, und wir haben versucht, es so einfach und klein wie möglich zu halten. Später haben Cordy Hall, Kevin Hammond, Simon und ich versucht, ein deutlich vollständigeres Modell zu beschreiben.[9] Das wurde beim ESOP 1994 veröffentlicht. Sie sehen also,

---

[8] Wadler, Philip and Stephen Blott. »How to make ad-hoc polymorphism less ad hoc«, 16th Symposium on Principles of Programming Languages, Austin, Texas: ACM Press (January 1989).

[9] Hall, Cordelia et al. »Type classes in Haskell«, European Symposium On Programming, LNCS 788, *Springer Verlag*: 241–256 (April 1994).

dass es fünf Jahre dauerte, das fertigzustellen! Wir haben nicht ganz Haskell formalisiert, aber wir versuchten, alle Details der Typklassen zu formalisieren. Es gibt also verschiedene Modellierungsstufen für verschiedene Zwecke.

Der ESOP-Artikel diente als direktes Modell für die Implementierung in GHC, vor allem die Verwendung des höherstufigen Lambda-Kalküls als Zwischensprache, was nun ein zentraler Bestandteil des GHC ist. Das ist das Nette an der Formalisierung. Es ist zwar ein Haufen Arbeit, aber wenn die einmal erledigt ist, haben Sie einen tollen Implementierungsleitfaden. Es passiert häufig, dass sich etwas nur schwer implementieren zu lassen scheint, aber nachdem Sie den Aufwand betrieben haben, es zu formalisieren, ist die Implementierung viel einfacher.

Ein anderes Beispiel für die Formalisierung ist Featherweight Java, das ich zusammen mit Atsushi Igarashi und Benjamin Pierce entwickelt und auf der OOPSLA im Jahr 1999 veröffentlicht habe (und erneut in TOPLAS im Jahr 2001).[10] Damals veröffentlichten viele Leute formale Modelle für Java, und sie versuchten, sie so vollständig wie möglich zu machen. Unser Ziel bei Featherweight Java war stattdessen, es so einfach wie möglich zu machen – wir versuchten, alles in einer kleinen Syntax mit nur sechs Seiten Regeln zusammenzubringen. Und das war eine gute Idee, da das Modell so einfach war, dass es eine gute Grundlage für Leute darstellte, die ein neues Feature hinzufügen und modellieren wollten. Daher ist dieser Artikel sehr oft zitiert worden.

Andererseits stellte sich heraus, dass es im ersten Design der Generics einen Fehler gab, der mit Zuweisungen und Arrays zu tun hatte. Den haben wir nicht entdeckt, weil wir weder Zuweisungen noch Arrays in Featherweight Java aufgenommen hatten. Es gilt also einen Kompromiss zu finden zwischen einem einfachen Modell, durch das Sie viel verstehen können, und einem kompletteren Modell, das Ihnen eher dabei helfen kann, mehr Fehler zu finden. Beides ist wichtig!

Ich war auch in die Formalisierung der Definition von XQuery involviert, bei der es sich um eine Abfragesprache für XML handelt, einen W3C-Standard.[11] Natürlich gibt es in Standardisierungskomitees viele Meinungen. In unserem Fall sagten viele Leute: »Was soll dieser ganze Formalisierungskram? Wie soll ich das denn lesen?« Sie wollten nicht, dass die Formalisierung der kanonische Standard wird – stattdessen sollte englischer Text kanonisch werden, weil sie dachten, die Entwickler könnten das leichter lesen. Aber Teile des Typensystems ließen sich formal besser beschreiben als als englischer Text, daher wurde entschieden, bei diesen Teilen die formale Spezifikation als kanonischen Standard zu nutzen.

Irgendwann schlug jemand vor, eine Änderung am Design vorzunehmen. Interessant war, dass das Komitee die Gruppe von uns, die an der Formalisierung arbeitete, trotz dieser Beschwerden bat, diese Änderung zu formalisieren. Das taten wir, und wir entdeckten, dass der auf Englisch geschriebene Vorschlag zwar präzise sein sollte, es aber zehn Stellen gab, an denen wir nicht wussten, wie die Formalisierung aussehen sollte, da der normale Text unterschiedlich interpretiert werden konnte. Wir lösten also diese Fragen und präsentierten dann eine formale Spezifika-

---

[10] Igarashi, Atsushi et al. »Featherweight Java: A minimal core calculus for Java and GJ«, TOPLAS, 23(3): 396–450 (May 2001).

[11] Simeon, Jerome and Philip Wadler. »The Essence of XML«, Preliminary version: POPL 2003, New Orleans (January 2003).

tion. Nach der Präsentation beim nächsten Meeting wurde die Änderung einstimmig beschlossen – es gab überhaupt keine Diskussion – etwas, was bei Standardisierungsmeetings *niemals* passiert. In diesem Fall war die Nutzung des Formalismus also ein wirklich großer Erfolg.

Wie Simon schon über Haskell gesagt hat, ist es meist zu viel Aufwand, wirklich alles zu formalisieren. Bei XQuery haben wir etwa 80% formalisiert, aber es gab weitere 20%, die wichtig waren, bei denen der Formalisierungsaufwand aber zu groß gewesen wäre. Darum haben wir es sein gelassen.

Ich denke also, wir haben durch das Formalisieren viel gewonnen.

Diese Formalisierung wurde übrigens der Kern von Galax, das von meinen Kollegen Mary Fernandez und Jerome Simeon implementiert wurde und mittlerweile eine der Schlüsselimplementierungen von XQuery ist. Auch hier zeigt sich wieder, dass Formalisieren eine Implementierung leichter machen kann.

All die Mathematiker, die ich kenne, sagen, wenn Mathematik nicht schön ist, ist sie vermutlich falsch.

Simon: Stimmt. Um ein Beispiel zu nennen: Wir sind im Moment damit beschäftigt, Funktionen auf Typebene in Haskell hinzuzufügen, und wir versuchen wirklich, den Formalismus dafür zu finden. Wir haben einen ICFP-Artikel dazu, aber ich bin immer noch nicht zufrieden damit. Das hat direkte Folgen für die Implementierung. Wir könnten einfach eine Implementierung zusammenschustern und dann sagen: »So ist sie nun, probiert es aus.« Dann wären die Chancen groß, dass die Leute am nächsten Tag wiederkommen und sagen: »Hey, ich habe hier ein Programm, von dem ich dachte, es würde die Typprüfung durchlaufen, aber dem ist nicht so. Sollte es denn?« Dann würden wir sagen müssen: »Na ja, die Implementierung macht keine Typprüfung, daher kann das schon sein. Aber fragen darfst du das schon.«

Ich bin nicht unglücklich über die Tatsache, dass wir niemals die ganze Sprache formalisiert haben. Aber das heißt nicht, dass es keinen Vorteil hätte, wenn es so wäre. Die letzten 70% des Aufwands bringen schon etwas. Vielleicht ist das Kosten/Nutzen-Verhältnis nicht so gut, aber es gibt Vorteile. Vielleicht gibt es Interaktionen zwischen Sprachfeatures, die Sie nicht verstanden haben. Sie formalisieren Aspekte, aber wenn Sie einen genialen Plan A und ein trickreiches Feature B haben, wissen Sie vielleicht nicht, dass sich beides gegenseitig ausschließen würde. Da sind wir ein wenig angreifbar.

Wenn Sie eine große Sprachcommunity haben, werden die Leute da schließlich drüber stolpern und es als Fehler melden.

Simon: Genau, und dann sagen Sie peinlich berührt: »Nun, öhm, ja«, und »Wenn wir nur einen größeren Teil der Sprache formalisiert hätten, wäre uns das gleich aufgefallen.« Es ist unglaublich wichtig. Aber schließlich sind wir absichtlich nicht so weit gegangen wie ML.

Haben Sie eine Technik, um mit Abwärtskompatibilitätsproblemen umzugehen, wenn so etwas passiert?

Simon: Ich vermute, wir entwickeln uns immer noch weiter, aber in der Vergangenheit haben wir es mehr oder weniger ignoriert. Das ist heute nicht mehr so der Fall. Vor etwa zehn Jahren haben wir die Sprache Haskell 98 als eine Art stabile Untermenge eingeführt. Es war eine Sprache, von der wir sicher waren, dass wir sie nicht mehr ändern würden. Haskell-Compiler erwarten standardmäßig Haskell 98. Wenn Sie etwas anderes haben wollen, müssen Sie Optionen dafür angeben.

Eine Option besagte: Schalte alles an. Heutzutage ist das in etwa 30 getrennte Erweiterungen unterteilt. Die alte einzelne Option nutzt davon etwa 15. Wenn Sie sich ein Quellmodul anschauen, können Sie normalerweise erkennen, welche Spracherweiterung tatsächlich genutzt wird. Im Endeffekt wurden wir deutlich vorsichtiger, wenn wir Programmierer dazu einluden, festzustellen, welche Sprache sie nutzten.

Die Abhängigkeit scheint zu sein, dass Sie keine alten Programme »zerstören« sollten, auch wenn das nicht immer der Fall ist. Einige dieser Erweiterungen schalten die zusätzlichen Schlüsselwörter wie forall frei. In Haskell 98 können Sie forall als Typvariable in einem Typ haben – aber wenn Sie die hochrangigen Typen anschalten, wird forall ein Schlüsselwort und Sie können keine Typvariable mehr so benennen.

Die Leute tun das sowieso nur sehr selten. Meist sind die Erweiterungen aufwärtskompatibel. Aber wie ich schon sagte, es wird definitiv Haskell 98-Programme geben, die nicht laufen, wenn Sie nur genug Erweiterungen anschalten.

Gibt es einen Zeitpunkt in der Zukunft, zu dem ein Haskell 2009 oder 2010 all das in einem neuen Standard zusammenfasst?

Simon: Ja. Es gibt einen ziemlich weit fortgeschrittenen Prozess mit dem Namen Haskell Prime, wobei »Prime« das Akzentzeichen ist, das an einem Variablennamen stehen kann. Das bedeutet vor allem, dass wir noch nicht entschieden haben, wie der Name lauten soll. Unser ursprüngliches Ziel war eine Gruppe von Leuten, die öffentlich diskutieren und eine neue Sprache herausbringen, so etwas wie ein neuer Standard, den wir festmachen und sagen können: »Das ist Haskell 2010«, so ähnlich, wie wir es mit Haskell 98 gemacht haben. Tatsächlich ist es schwierig, genug Leute zu finden, um das auch umsetzen zu können.

Ich vermute, das liegt daran, dass wir zu erfolgreich waren. GHC ist nun mal der am meisten genutzte Haskell-Compiler und wurde damit ein wenig der De-facto-Standard. Das bedeutet in der Praxis, dass die Leute gar nicht so große Probleme durch Sprachinkompatibilitäten zwischen verschiedenen Compilern haben. Das ist ist für die Sprache gar nicht so gut, aber dadurch fühlen sich die Leute auch nicht genötigt, ihr wichtigstes Gut – ihre Zeit – zu opfern, um den Sprachstandard zu erstellen.

Wird es jemals konkurrierende Implementierungen geben, die dem GHC-Sprachstandard sehr eng folgen?

Simon: Es gibt schon in Konkurrenz zueinander stehende Implementierungen, die sich jeweils in bestimmten Bereichen spezialisiert haben. Gerade auf der ICFP, der Konferenz zu funktionaler Programmierung vor ein paar Wochen, haben wir uns anders ausgerichtet. Anstatt zu versuchen, einen einzelnen großen Monolithen zu bauen, was hier Haskell Prime wäre, wollen wir versuchen, Spracherweiterungen in Code zu bringen. Anstatt sie durch GHC definiert zu bekommen, wollen wir die Leute einladen, uns Vorschläge in Bezug auf Spracherweiterungen zu machen, die umgesetzt werden sollten, darüber dann diskutieren und eine Person oder eine kleine Gruppe daran setzen, eine Art Ergänzung zum Bericht zu schreiben, in dem steht, was diese Spracherweiterung leisten soll.

Dann werden wir sagen können, dass Haskell 2010 diese Sammlung sich gegenseitig ergänzender Erweiterungen ist. Wir können dann fortfahren, vor allem mit dem Kodifizieren und Benennen von Erweiterungen, um sie dann in einer Gruppe zusammenzufassen, so ähnlich wie bei den Glasgow-Erweiterungen, allerdings ein wenig zusammenhängender.

Wir hoffen, zumindest in Bezug auf das Sprachdesign, dass das ein bisschen in die Richtung geht, was die Open Source-Community tut, wenn sie eine neue Version von GNOME oder Linux oder so veröffentlicht. Es passiert eine ganze Menge im Hintergrund, aber schließlich verschnürt es jemand und sagt: »Alle Einzelteile passen zusammen, und diese spezielle Zusammenstellung wird als GNOME 2.9 bezeichnet.«

Eine lose Sammlung von Fortschritten, die eine gemeinsame Philosophie haben und eine hübsche Schleife.

Simon: Genau, und ein Versprechen, dass die einzelnen Teile zusammenarbeiten. Das machen wir mit der Sprache. Die Sprache ist schon fast vollständig durch eine Implementierung definiert, daher ist schon einiges an Ordnung drin. Vermutlich ist es so ordentlich, dass niemand diesen Schritt in Angriff nehmen will.

Bei den Bibliotheken sieht es genau andersherum aus. Es gibt viele Leute, die Bibliotheken entwickeln. Kennen Sie Hackage? Dort gibt es nahezu jeden Tag eine neue Bibliothek. Momentan sind wir bei 700 oder so. Das bedeutet, dass man nur schwer die Fragen beantworten kann: »Funktioniert diese Bibliothek überhaupt? Ist sie zu dieser Bibliothek hier kompatibel?« Das sind ziemlich wichtige Fragen, wenn Sie nur ein einfacher Entwickler sind und Haskell nutzen wollen.

Mein Ziel ist momentan als Compilerautor, mich aus dem Design von Bibliotheken und der Wartung zurückzuziehen. Stattdessen werden andere Leute den beschriebenen Prozess für die Bibliotheken umsetzen. Sie werden ihn die »Haskell-Plattform« nennen. Dabei wird vor allem eine Reihe von Bibliotheken festgelegt. Das ist wohl alles ziemlich konventionell. Die Haskell-Plattform wird vor allem eine Metabibliothek sein, die von bestimmten Versionen von Dutzenden anderer Bibliotheken abhängt. Damit wird gesagt werden: »Wenn Sie die Haskell-Plattform nutzen, erhalten Sie eine Reihe von Bibliotheken, die eine Qualitätskontrolle durchlaufen haben und zueinander passen.«

Inkompatibilitäten können dadurch entstehen, dass zwei Bibliotheken von verschiedenen Versionen der gleichen Basisbibliothek abhängen. Wenn Sie beide zusammenfügen, haben Sie zwei Kopien der Basisbibliothek, was Sie vermutlich nicht wollen. Wenn die Basisbibliothek einen Typ definiert, sorgen die zwei verschiedenen Kopien der Bibliothek eventuell für verschiedene Versionen des Typs, die nicht zueinander passen. Dabei würde der eine Typ nicht einfach nicht funktionieren, sondern es würde komische Typfehler geben. Zum Beispiel würde er sagen, dass T aus Modul M in Paket P1, Version 8, nicht zu T aus Modul M in Paket P1, Version 9 passt.

Ich glaube, ich habe Ihre Frage zur Abwärtskompatibilität jetzt ziemlich langatmig beantwortet. Wir nehmen sie immer wichtiger. Wir haben immer noch das Problem, dass der Compiler beim Veröffentlichen einer neuen Version von GHC ziemlich eng mit einem Grundpaket von Bibliotheken verbunden ist.

Alle hängen auch von Prelude ab.

Simon: Ja, aber das liegt daran, dass Prelude sehr nützlich ist. Es definiert eine Reihe von Funktionen. Wenn ich »eng verbunden« sage, meine ich, dass der Compiler die genaue Implementierung von Map, den Namen und die Definition kennt. Es gibt ein paar Bibliotheken, mit denen der GHC verheiratet ist.

Dient das dazu, in den Compilerabschnitten zu schummeln?

Simon: Ja. Wenn der Compiler Code produziert, der Bibliotheksfunktionen aufruft, muss er wissen, dass diese Funktionen existieren und was ihre Typen sind. Das Wissen wurde in den Compiler eingewoben. Zumindest kann man es sich so vorstellen.

Wenn wir also die Schnittstelle des Basispakets ändern, wie es ab und zu geschieht, müssen wir in zukünftigen Releases eine Art Hülle um das Basispaket bereitstellen, die die gleiche API bereitstellt wie das alte Basispaket, sodass Sie von den Änderungen nichts merken. All das dient dem Sicherstellen der Abwärtskompatibilität, um das wir uns bisher nicht kümmern mussten. Aber unser Motto ist ja auch nicht: »Erfolg mit allen Mitteln vermeiden.«

Beliebtheit hat ihre eigenen Probleme.

Simon: Das stimmt, aber es sind wenigstens nettere Probleme.

Was lehren die Lektionen über die Entwicklung, Weiterentwicklung und Anpassung Ihrer Sprache die Leute, die heute und in naher Zukunft Computersysteme entwickeln?

Simon: Funktionale Programmierung ist ein Labor, in dem viele interessante Ideen erforscht werden. Da die Grundlagen einfacher sind, können wir vielversprechende Ideen viel weiter analysieren (zum Beispiel Typensysteme, generische Programmierung, reaktive Programmierung, Continuations). Wenn Sie also das FP-Labor betreten, werden Sie viele interessante Dinge herumliegen sehen. Es muss nicht unbedingt *direkt* nützlich sein, aber die Zukunft passiert genau hier.

Paul: Die interessanteste Lektion, die ich gelernt habe, ist, dass es sich lohnen kann, ein Ideal hochzuhalten – bei Haskell die Reinheit. Es mag eine Weile dauern, die richtige Lösung zu finden, und vielleicht noch länger, den Lohn dafür zu erhalten, aber es wird passieren. Wenn man zu kurzfristig vorgeht, erhält man seinen Lohn eventuell früher, aber wenn Sie in diesem Prozess Kompromisse bezüglich Ihrer Prinzipien eingehen, kann es sein, dass Sie am Ende doch verlieren.

KAPITEL NEUN

ML
Robin Milner

ML ist eine allgemein nutzbare Sprache, die von Robin Milner und seinem Team an der University of Edinburgh in den 1970er Jahren entwickelt wurde. Sie entstand aus einem Metasprachenprojekt, mit dem mathematische Beweise beschrieben werden sollten. MLs wichtigster Beitrag zum Sprachdesign dürfte wohl der Hindley-Milner-Typinferenz-Algorithmus sein, der in vielen statischen, latenten Typensystemen verwendet wird. Die Sprache hat unter anderem Standard ML, Caml, Haskell und F# inspiriert.

Die Solidität von Theoremen

Sie haben LCF erstellt, eines der ersten Tools für das automatische Beweisen von Theoremen, und die Programmiersprache ML, um die Beweise auszuführen. Wie hat das funktioniert?

Robin Milner: Es gab um 1970 herum noch andere Aktivitäten zu rechnerunterstützten Beweisen. Dabei gab es zwei Extreme: entweder vollständig selbsterfindend (zum Beispiel mit Robinsons berühmten Resolutionsprinzipien) beim Suchen nach einem Beweis oder komplett passiv, sodass nur jeder von einem Menschen durchgeführte kleine Schritt auf logische Gültigkeit geprüft wird (wie in de Bruijns Automath-System). Beide Ansätze haben übrigens viele Grundlagen für die heutigen Beweistechnologien geliefert.

Ich war auf der Suche nach etwas dazwischen, bei dem ein Mensch eine Taktik (oder eine Strategie aus kleinen Taktiken) entwerfen und sie dem Rechner zusammen mit dem zu beweisenden Satz liefern würde. Es sollte Interaktion geben – wenn eine Taktik teilweise oder ganz fehlschlagen würde, könnte der Rechner darauf hinweisen, und der Mensch könnte einen anderen Weg wählen. Entscheidend war, dass die Taktiken zwar abenteuerlich sein könnten, der Rechner aber nur dann Erfolg vermelden würde, wenn ein echter Beweis gefunden worden wäre. Tatsächlich könnte der Rechner im Erfolgsfall den Beweis stolz exportieren, sodass ein anderes, unabhängig geschriebenes Programm (der nichterfinderischen Art) das prüfen könnte.

Der Schlüssel zum Erfolg lag darin, dass ML, die Metasprache, in der schlaue Anwender die ausgedachten Taktiken schreiben würden, ein Typensystem hatte (eine Neuerung, wenn auch nicht ganz neu), durch das die Sprache wirklich nur dann einen Erfolg vermelden würde, wenn sie (dank den geschickten Benutzertaktiken) jedes Detail des Beweises ausfüllen konnte, das die Taktik grob skizzierte. Daher war ML das Gefährt für eine Kooperation zwischen hoffnungsvollen Menschen und peniblen Rechnern.

Was sind die Grenzen des LCF?

Robin: Ich sehe keine offensichtlichen Grenzen. Heutzutage drücken die Leute in Systemen wie HOL oder COQ und Isabelle ziemlich abenteuerliche Taktiken aus, und die gelösten Probleme werden langsam schwieriger. HOL hat sogar bewiesen, dass das Typensystem von ML stabil war – das ist in etwa so, als ob bestätigt wird, dass das Reproduktionssystem Ihrer Eltern in Ordnung war. Aber wir sind noch weit davon entfernt, die inspirierten Gedanken der Mathematiker als Taktiken einzufangen. Ich vermute, dass die größeren Fortschritte vor allem aus dem Aufbau eines Gerüsts aus einfacheren Theoremen entstehen, aus denen komplexere abgeleitet werden können. So sind mathematische Theorien sowieso aufgebaut.

Beim Beweis, dass Programme funktionieren, ist das schon ziemlich gut möglich, wenn der Benutzer dazu in der Lage ist, sein zu prüfendes Programm mit Assertions zu versehen (wie es von Floyd und Hoare in den frühen 70ern schon probiert wurde), die Dinge sagen wie: »Jedes Mal, wenn *dieser* Punkt bei der Ausführung erreicht wird, wird *jene* Beziehung zwischen den Programmvariablen gültig sein.«

Kann dieser Ansatz auch den Quellcode eines Programms analysieren und sicherstellen, dass er keine Fehler enthält?

Robin: Ja! Es wird häufig gemacht, insbesondere bei kleinen, kritischen Programmen, die in realen Produkten eingebettet sind, wie zum Beispiel den Bremsen eines Autos. Die größten Probleme entstehen, wenn Leute die gewünschten Eigenschaften nicht präzise ausdrücken können (oder das gar nicht wollen).

Wie viel Aufwand ist notwendig, um diese Eigenschaften so präzise anzugeben?

Robin: Das ist wirklich eine Frage für diejenigen, die sich mit Logiken beschäftigen, in denen die Eigenschaften ausgedrückt werden können. Die Rolle von ML ist nicht, so eine Logik zu sein, sondern ein Medium, in dem Beweise in diesen Logiken ausgedrückt werden können, zusammen mit heuristischen Algorithmen zum Finden dieser Beweise. ML ist also ein Host für solche Logiken. Die ursprüngliche Logik, für die ML ein Host war, war LCF, dank Dana Scott eine Logik berechenbarer Funktionen. In dieser Logik nutzten wir ML (und seinen Vorgänger), um einige Theoreme zu finden und/oder zu beweisen. Ich bin froh, sagen zu können, dass eines dieser Theoreme der (nahezu vollständige) Beweis der Korrektheit eines Compilers aus einer sehr einfachen Quellsprache in eine sehr einfache Zielsprache war.

Lässt sich das auf andere Programmiersprachen übertragen?

Robin: Nachdem ich die Rolle von ML erläutert habe (als Host für Logiken), vermute ich, dass ich folgende möglichst nahe daran liegende Frage beantworten kann: Können andere Sprachen genauso gute Hosts für beweisende Logiken sein? Ich bin sicher, dass das so ist, wenn sie ein umfangreiches und flexibles Typsystem besitzen und sowohl mit Funktionen höherer Ordnung als auch mit imperativen Elementen aufwarten können. ML war glücklicherweise der Host, der von einigen erfolgreichen Logikentwicklern gewählt wurde, was bedeutet, dass diese Leute die Sprache auch weiterhin wählen.

Warum sind Funktionen höherer Ordnung nötig für eine Sprache, die ein guter Host für Beweislogiken sein soll?

Robin: Sie implementieren Inferenzregeln als Funktionen von Theoremen auf Theoreme. Das ist der Typ erster Ordnung. Ihre Theoreme sind im Prinzip Sätze, daher ist eine Inferenzregel prinzipiell eine Funktion von Strings auf Strings. Wir haben diese Dinger namens *Taktiken* erfunden – Sie drücken ein Ziel aus, Ihren Satz, den Sie beweisen möchten, und Sie erhalten eine Reihe von Unterzielen zusammen mit einer Funktion, die bei bewiesenen Unterzielen einen Beweis des Ziels liefert. Daher ist eine Taktik eine Funktion zweiter Ordnung.

Wir hatten einige dieser Taktiken. Wir haben sie programmiert, und dann wollten wir Dinge haben, mit denen diese Taktiken zu größeren Taktiken kombiniert werden konnten. Daher hatten wir dann Funktionen dritter Ordnung, die wir *Tacticals* nannten, und die Taktiken zu größeren Taktiken verbanden. So eine Taktik könnte sagen: »Gut, werde erstmal alle Implikationen los und steck sie in die Liste mit Annahmen. Dann wende die Induktionsregel an und schließlich die Vereinfachungsregeln.« Das war eine ziemlich komplexe Taktik, die wir als *Strategie* bezeichneten und die viele Theoreme anging.

Als ich in Stanford für John McCarthy arbeitete, sagte ich: »Guck mal, ich habe etwas Nettes gemacht. Ich habe diese Strategie und diese Taktik erhalten, und hier eine Reihe von Strings, die sie beweisen. Ich drücke nur dieses Ziel aus, was eine Aussage über Strings ist, und dann wende ich meine Taktik an, die diese Behauptung als Theorem erzeugt.« Er sagte dann: »Wie allgemein ist deine Taktik? Auf was lässt sie sich noch anwenden? Ich habe eine Idee. Was ist mit dieser speziellen Sache, die ich beweisen möchte?« Er hatte dann ein weiteres Beispiel. Ich hatte dieses zweite Beispiel schon im Geheimen mit der gleichen Taktik bewiesen, es ihm aber nicht erzählt, daher wendeten wir die Taktik an, und natürlich funktionierte sie. Dazu sagte er nichts, denn so erhielt man seine Zustimmung. Ich konnte zeigen, dass wir eine polymorphe Taktik hatten – sie konnte für mehr als einen Beweis angewendet werden.

Sie haben auch ein theoretisches Framework für das Analysieren von nebenläufigen Systemen entworfen, den Kalkül kommunizierender Systeme (Calculus of Communicating Systems, CCS), und seinen Nachfolger, den Pi-Kalkül. Kann das dabei helfen, die Art und Weise zu studieren und zu verbessern, in der wir Nebenläufigkeit in moderner Hardware und Software nutzen?

Robin: Ich begann, mir Gedanken über kommunizierende Systeme zu machen, als ich an McCarthys KI-Labor in Stanford war, so 1971 bis 1972. Es ärgerte mich, dass es in bestehenden Sprachen fast nichts gab, um ordentlich mit ihnen umzugehen. Vor allem suchte ich nach einer mathematischen Theorie, die Sprachen als ihre Semantik nutzen konnten – also musste es etwas Modulares sein. Sie sollten ein (nebenläufiges) Kommunikationssystem aus kleineren Einheiten aufbauen können.

Damals gab es schon ein schönes Modell von Carl Adam Petri – die Petri-Netze –, das sehr gut mit Kausalitäten umgehen konnte. Zudem gab es das Actor-Modell von Carl Hewitt. Petri-Netze waren nicht modular, und ich wollte näher an eine Art von Nebenläufigkeitstheorie von Automaten kommen als mit Hewitts Modell. Zudem sollte die Idee der synchronisierten Kommunikation (Handshake) als Primitiv dabei sein. Auch behandelte die Automatentheorie mit ihrer Semantik als formaler Sprache (Strings mit Symbolen) den Nichtdeterminismus und die Interaktionen nicht sehr gut. Daher war CCS mein Versuch.

Vor allem erhoffte ich mir, eine algebraische Behandlung zu erhalten – erst für die statischen Sachen, dann für die dynamischen. Es wurden viele Jahre zur Verbesserung aufgewendet, einschließlich eines wichtigen Schrittes, der von David Park angeregt wurde, um die Idee der Bisimilarität auf Basis maximaler Fixpunkte einzuführen. Ziemlich zu Anfang wollte ich Systeme modellieren, die ihren Zustand rekonfigurieren. So können zum Beispiel A und B nicht miteinander kommunizieren, bevor nicht C, das mit beiden in Verbindung steht, A die Adresse von B schickt. Zunächst hatten wir, als ich das mit Mogens Nielsen diskutierte, (mathematisch) keinen Erfolg. Dann konnte Mogens etwas korrigieren, was wir uns nicht richtig überlegt hatten. Das führte zum Pi-Kalkül, das mit Joachim Parrow und David Walker entwickelt wurde.

Das Spannende hier war, dass pi nicht nur mit Rekonfiguration umging, sondern auch – ohne weitere Ergänzungen – Datentypen repräsentieren konnte. Daher sah es wie ein grundlegendes Kalkül für mobile, nebenläufige Systeme aus, so wie das Lambda-Kalkül für sequenzielle Systeme.

Pi scheint häufig genutzt zu werden und ist sogar für biologische Systeme anwendbar. Aber wichtiger ist, dass ein ganzer neuer Bereich von Kalkülen im Anmarsch ist, die verteilte Systeme direkter modellieren und solche Dinge wie Mobilität und stochastisches Verhalten behandeln. Anstatt die Theorie der konkurrierenden Prozesse beiseite zu schaffen, scheinen wir eine sehr nützliche Büchse der Pandora geöffnet zu haben.

Ist es möglich, ein System wissenschaftlich zu verstehen, bevor Sie es entworfen und gebaut haben?

Robin: Ich habe darüber neulich erst im Zusammenhang mit Ubiquitous Computing nachgedacht, aber ich denke, das lässt sich verallgemeinern. Sie brauchen eine Art Modell der Funktionsweise des Systems. Auf einfachster Ebene haben Sie die Von-Neumann-Maschine, bei der es sich um ein wissenschaftliches oder formales oder präzises Modell handelt, durch das FORTRAN und eine Reihe von sequenziellen Sprachen entstehen konnten. Das ist ein wissenschaftliches Modell. Ein sehr einfaches, aber gerade das war seine Schönheit.

Sie brauchen ein Modell, aus dem die Programmiersprache extrahiert oder definiert wurde. Bei allgegenwärtigen Systemen kann dieses Modell sehr weit entfernt von der Von-Neumann-Maschine sein, es muss sich um etwas handeln, das ganz allgemein mit Gruppen von Agenten umgeht, die miteinander interagieren und sich bewegen, mit Sensoren und so weiter.

Das klingt, als ob Sie über eine Reihe von Metasprachen sprechen, die Semantik ausdrücken.

Robin: Ich bin nicht so glücklich darüber, das Wort »Sprache« zu verwenden, bevor wir nicht ein Modell haben. Natürlich geschieht das die ganze Zeit – Sprachen werden definiert, auch in Metasprachen, und häufig bevor es ein gutes Modell gibt, sofern natürlich nicht gerade die Metasprache dieses Modell tatsächlich liefert. Vielleicht ist in diesem Fall »Metasprache« ein Synonym für »Modell«. Wir haben es genutzt, als wir Standard ML definierten. Wir haben die Metasprache verwendet, die eine Art induktiver Inferenz für die zulässigen Anweisungen und ihre Auswirkungen war. Ich vermute, dass das ein generisches Modell ist. Ich stimme Ihnen zu – ich spreche über eine Reihe oder eine Art unbekannter Familie von Metasprachen. Jede davon spezialisiert sich auf ein bestimmtes System, das wir als ein Programm bezeichnen können.

Ist Rechnen in diesem Sinne die Definition und Formalisierung von Modellen in verschiedenen Schichten, durch die Sie Modelle auf höheren Schichten bauen können?

Robin: Ja. Das ist meine größte Sorge beim Ubiquitous Computing, da es so viele Konzepte gibt, die Sie durch das Verhalten eines bestimmten Systems wiedergespiegelt haben wollen, sie aber gar nicht alle direkt in einem Modell abbilden können. Ich habe über ein Gerüst aus Modellen gesprochen, an dessen Basis Sie eine ziemlich elementare Maschine haben. Wenn es nach oben geht, erhalten Sie interessantere oder menschlichere oder feinere Konzepte, zum Beispiel Fehlerbehandlung, Selbsterkenntnis, Vertrauen, Sicherheit und so weiter. Irgendwie will man ein Modell in Schichten aufbauen, sodass Sie in jedem Modell über eine sinnvoll verwaltbare Reihe von Konzepten sprechen können, um diese dann in einem Modell auf niedrigerer Ebene zu implementieren.

Lisp und Forth reden häufig von Extrahieren und Aufbauen von Systemen aus wiederverwendbaren Bedeutungskonzepten. In diesem Sinne entwickeln Sie eine umfangreiche Sprache, um Ihr Problem zu lösen.

Robin: Wenn ich an einen Stack aus Modellen denke, haben Sie auf den unteren Ebenen Sachen, die man als Programme bezeichnen kann. Auf höheren Ebenen haben Sie Spezifikationen oder Beschreibungen dessen, was möglich ist und was nicht, oder was passieren sollte und was nicht. Das kann in beliebiger Form vorliegen, in logischer Form oder sogar in natürlicher Sprache. Wenn Sie zu den niedrigeren Ebenen vordringen, erhalten Sie so vertraute Dinge wie Programme, die als bestimmte Modelle angesehen werden können.

Sind sie ein Trost für die Idee, dass unsere Rechenmodelle von sich aus prozedural sind?

Robin: Ja. Wenn Sie sich die dynamisch expliziteren Modelle anschauen, sind sie vermutlich prozedural. Sie können ein Modell aus Spezifikationen haben. Es mag aus logischen Prädikaten bestehen – das ist ein Modell, nicht sehr dynamisch, aber Sie können Paare von Prädikatformeln verwenden, um Vor- und Nachbedingungen zu repräsentieren, und Sie können die Stabilität einer Implementierung einschätzen, indem Sie kontrollieren, ob Sie sie logisch überprüfen können. Sie gehen von einer Spezifikation oder einem Modell, das nicht offensichtlich dynamisch ist, zu einem dynamischen über. Das ist interessant, und ich denke nicht, dass ich die Verschiebung von dynamisch weiter unten stehenden zu beschreibend weiter oben stehenden Modellen verstehe, aber sie scheint zu passieren.

Alternativ haben Sie, wie in der Methode der abstrakten Interpretation, immer noch ein dynamisches Modell auf höherer Ebene, aber Sie arbeiten mit einer Form von Datenabstraktion. Das ist eigentlich nicht das Programm, aber es ist dynamisch. Es ist das, was die Franzosen beim Überprüfen der in den Airbus eingebauten Software verwendet haben. Es ist interessant und wirft Fragen auf, wann zum Beispiel ein Modell dynamisch ist und wann nur beschreibend.

Vielleicht tritt diese Verschiebung auf, wenn wir die Gesetze der Physik anerkennen müssen – zum Beispiel das Verhalten von NAND-Gattern. Wir verstehen diese physikalischen Prozesse, aber es gibt einen Punkt, an dem die von uns gebauten Modelle diese Ebene zusammenfassen.

Robin: Ja. Es gibt diese Schaltpläne für einen Computer, bei denen es um Elektronik geht. Darüber haben Sie den Assembler-Code, und Sie reden nicht mehr über Elektronik. Aber wenn Sie sich weiter nach oben bewegen, gibt es weiterhin ein dynamisches Element im Programm, so als ob es in die dynamischen Elemente der Schaltpläne übersetzt würde. Sie scheinen sich da durchbewegen zu können, mit unterschiedlichen dynamischen Ideen, aber dem Beibehalten der Dynamik, doch ist es auf dem Weg nach oben einer sehr anderen Art.

Häufig haben logische Modelle auch ein dynamisches Element. So ist zum Beispiel die sogenannte Modallogik in Begriffen der möglichen Welten und dem Bewegen von einer in die andere definiert. Da haben Sie ein dynamisches Element, es ist nur ein wenig verhüllt.

Ich kann mir vorstellen, dass die Leute einwenden, solche Fehler oder unentscheidbaren Elemente auf niedrigerer Ebene würden die Rechenmöglichkeiten auf höherer Ebene beeinflussen.

Robin: Das scheint einfach eine Tatsache zu sein. Sie können die Unentscheidbarkeit auf niedrigerer Ebene eventuell nicht verringern, aber auf höherer Ebene geschieht das durch Typprüfung. Typen sind ein abstraktes Modell, und dort haben Sie vielleicht eine Entscheidbarkeit, da es sich um eine schwache Abstraktion handelt und Sie nicht die Zutaten besitzen, die zu einer Unentscheidbarkeit führen. Natürlich geht es dann nur um einen Aspekt eines Programms, daher erhalten Sie nur dann Entscheidbarkeit, wenn Sie mehr Details liefern.

So habe ich das noch nie gesehen.

Robin: Ich auch nicht so sehr. Bezüglich der Typprüfung haben Sie Typensysteme, für die entscheidbar ist, ob das Programm gut typisiert ist und welchen Typ es hat. Dann ändern Sie eine Kleinigkeit, und es wird plötzlich unentscheidbar. Sie fügen Ihrem Typensystem nur ein kleines

Detail hinzu. Das ist mit dem Typensystem passiert, das wir in ML genutzt haben – es war prinzipiell entscheidbar, aber wenn Sie sogenannte konjunktive Typen hinzufügen, wird es unentscheidbar.

Das ist diese Art von Spannung zwischen dem, was nützlich ist, und dem, was sich noch beherrschen lässt. Auch wenn Sie nicht immer etwas gegen ein konjunktives Typensystem prüfen können, ist es möglich, dass Sie meistens mit einem ausreichend intelligenten Beweistool viel Erfolg haben können.

Man kann all das mit der Idee des »Modellgerüsts« ausdrücken, wie ich es nenne. Wenn Sie nach oben gehen, verlieren Sie mehr Informationen. Sie erhalten vielleicht analytische Möglichkeiten, und es mag trotzdem sinnvoll sein, wenn Sie eine Eigenschaft des Programms untersuchen, die interessant ist, auch wenn Sie nicht die ganze Geschichte erhalten.

Ich habe gehört, dass Sie auch den anderen Weg gehen können. Ein Ausdruck im Modell auf höherer Ebene bedeutet, dass Sie aus tieferen Ebenen viel Unentscheidbarkeit entfernen können, wenn sich beweisen lässt, dass bestimmte Bedingungen niemals eintreten.

Robin: Ah, ja. Die niedrigere Ebene besteht aus einem prinzipiell unentscheidbaren Modell, aber mit bestimmten Einschränkungen lässt sich doch eine Entscheidbarkeit erreichen.

Ist Unentscheidbarkeit nicht immer so schlecht, wie sie klingt?

Robin: Nein, aber es ist ein interessantes Thema, wenn man herausfinden möchte, welche Modelle Ihnen helfen und wie sie die Unentscheidbarkeit beeinflussen. Ich denke, es ist ein gutes Thema.

Wie sollten wir als Informatiker, Computerwissenschaftler oder Programmierer die Konzepte von Theoremen und Beweisbarkeit unterrichten, wenn die Leute einfach nur ihre Aufgaben erledigen wollen?

Robin: Es wäre vermutlich fatal, sie zu früh im Lehrplan einzusetzen. Da haben wir etwas gegen, und in der Mathematik sieht es genauso aus. Sie machen Dinge, die Sie später abstrakter umsetzen werden, aber zuerst machen Sie es konkret, damit die Leute es besser verstehen können. Erst stellen Sie die Euklidische Geometrie vor und erzählen nichts von all den anderen Geometrien, die es so gibt. Später, vielleicht im zweiten Jahr an der Universität, können Sie langsam verstehen, wie andere Geometrien aussehen können, während dieser Abstraktionsgrad für einen 17-jährigen meist noch zu hoch ist. Es wäre einfach nicht sinnvoll, davon auszugehen, dass es die meisten dann schon verstehen werden.

Ich weiß, dass ich auch Fehler im Lehrplan mache, indem ich versuche, den vor dem Abschluss eines Undergraduate-Programms stehenden Studenten Sachen beizubringen, die viel zu abstrakt sind. Selbst auf dieser Ebene ist ein Großteil der theoretischen Informatik noch zu abstrakt. Damit müssen wir einfach leben. Das Problem ist, ein ausreichendes Verständnis des Themas zu erreichen, ohne diese Abstraktionen einzusetzen. Man braucht eine Art von Verständnishierarchie. Manche Leute werden nie über die Abstraktionen reden wollen. Andere werden sie gern mögen, und Sie müssen nur sicherstellen, dass sie zusammen über etwas reden können.

Wird damit die Anwendbarkeit auf praktische Programmierer beschränkt? Können wir davon ausgehen, dass bis zu 20% von ihnen an der Theorie interessiert sind?

Robin: Es ist nachvollziehbar, dass sie die Theorie nicht verstehen müssen. Sprache ist ein Tool, und es gibt alle möglichen Arten von Tools. Die Modellprüfung ist ein Tool, das die Leute verwenden, um nicht zu viele Details verstehen zu müssen. Das ist in Ordnung, wenn es Leute gibt, die es begreifen und wissen, dass das Modellprüfungstool stabil ist. Wir scheinen in unserer Disziplin eine Menge Tools zu haben, die nur dazu da sind, den Leuten das Verstehen bestimmter Dinge abzunehmen, weil sie etwas Besseres zu tun haben. Sie müssen sich mit größeren und dringenderen Problemen befassen, und das ist genau die Stelle, an der eine High-Level-Programmiersprache ins Spiel kommt. An manchen Theorien mag ich besonders, dass man eine Programmiersprache aus ihnen extrahieren kann.

Ich arbeite mit einem grafischen Modell für Ubiquitous Computing. Es handelt sich um einen beschreibenden Mechanismus, der vermutlich von vielen Leuten nur schwer verstanden wird, aber Sie können eine Sprache daraus erstellen, die meiner Meinung nach sehr leicht zu verstehen ist. Wenn Sie die Sprache extrahieren, verwenden Sie Metaphern – manchmal sehr spezielle Metaphern, manchmal sind es strukturelle Begrenzungen und so weiter –, sodass der Schritt vom abstrakten Modell in die Programmiersprache den Komfort verspricht, die Leute vor Sachen zu schützen, mit denen sie sich nicht herumschlagen wollen. Typensysteme zum Beispiel schützen Sie vor Dingen, die Sie in den meisten Fällen gar nicht wissen wollen. Ist das nicht die Natur unseres Themas: dass wir das Modellgerüst emporsteigen, immer abstrakter werden und jeder nur einen bestimmten Weg nach oben – oder unten – klettert und nicht weiter?

Wenn Sie sich das Modellgerüst hinaufbewegen, wird es nicht notwendigerweise abstrakter, aber Sie begegnen mehr Einschränkungen. Ein schönes Beispiel ist das Modell der Message Sequence Charts, die finite Fragmente konkurrierenden Verhaltens bei der Message-Bearbeitung und die Möglichkeiten beschreiben. Das scheint mir ein restriktives Modell zu sein, das direkt in ein komplexeres Modell umgewandelt werden kann, das Rekursionszyklen und all diesen furchtbaren Dinge behandelt, über die Sie gar nicht nachdenken wollen – zum Beispiel Race Conditions. Die Schönheit des MSC-Modells liegt darin, dass Ihre Manager es verstehen können. Wenn Sie sich also im Modellgerüst nach oben bewegen, machen Sie es nicht nur abstrakter, um es theoretisch besser verstehen zu können, sondern durch die Einschränkungen wird das Modell auch für weniger spezialisierte Leute verständlicher.

Es wird also allgemeiner, aber auch spezieller.

Robin: Ja, genau. Das ist wohl ein Rätsel. Sie wollen das Speziellere eher tiefer als höher ansiedeln, aber ich habe es höher untergebracht. Wichtig ist, dass es anders ist und den Zweck erfüllt, etwas für manche Leute besser verständlich zu machen, auch wenn es dadurch weniger allgemein wird. Das scheint sich durchaus zu lohnen.

Wenn ein Modell eine Sammlung von Theoremen ist, die aus fundamentaleren Prinzipien aufgebaut sind – wie beeinflusst das die Ideen, die Sie mit diesem speziellen Modell ausdrücken können?

Robin: Ich habe da ein Beispiel. Ich hoffe, es ist nicht zu weit hergeholt, aber es passiert in dem Modell, mit dem ich im Moment arbeite. Sie haben ein Modell mobiler Systeme, deren Nachrichten, Sensoren und Aktuatoren herumwandern, halt das, was bei Ubiquitous Computing passiert. Sie können das Modell so einrichten, dass Sie viel darüber sagen können. Sie können die Invarianten ausdrücken, sodass es niemals zu einem Zustand kommt, in dem Sie mehr als 15 Personen in einem Raum haben oder so etwas. Aber in einer Version des Modells schaffen Sie es nicht, eine bestimmte Person zu verfolgen und zu sagen: »Diese Person war niemals in diesem Raum.«

Es scheint ein sehr eigenartiges Problem zu sein, aber es ist ziemlich einfach, wirklich: Es gibt in dem Modell nichts, das die Identität eines Individuums durch mehrere Ereignisse und Rekonfigurationen hindurch verfolgt. Sie können nicht einmal fragen, »War diese Person jemals in diesem Raum?«, da Sie nicht wissen, wie Sie »diese« Person sagen sollen – »diese« impliziert eine über die Zeit bestehende Identität.

Das ist ein Fall eines Modells, in dem Sie manche Dinge nicht einmal ausdrücken können. Ich bin davon recht fasziniert, weil es in manchen Fällen ein Vorteil zu sein scheint. Beim Anwenden dieses Modells auf biologische Systeme haben Sie viele Vorteile – wenn Sie über Millionen von Molekülen reden und sich nicht darum scheren, um welches Molekül es gerade geht, sondern darum, dass Sie etwas dazu sagen können, wie viele Moleküle in 15 Minuten oder so da sein werden. Das Modell kann für die Biologie sehr nützlich sein, ohne die Identität bestimmter Moleküle festlegen zu müssen.

Identität ist nicht so wichtig wie die stochastische Beschreibung?

Robin: Das stimmt in diesem speziellen Fall, allerdings nicht unbedingt immer. Natürlich habe ich eine Analogie zwischen biologischen und allgegenwärtigen Systemen hergestellt, in denen sich die Leute oder Agenten eines bestimmten Typs in einer Stadt oder einer anderen kontrollierten Umgebung bewegen. In diesem zweiten Fall werden Sie viel wahrscheinlicher über die Identität einer einzelnen Person reden wollen. Er war nie in der Kneipe, in der das Verbrechen begangen wurde. Sie werden so etwas sagen wollen, daher müssen Sie wissen, was »er« im Laufe der Zeit bedeutet.

In den Modellen, hier wieder für Ubiquitous Computing, reden Sie über den Raum vielleicht in diskreten Dimensionen, daher sagen Sie gar nichts über Distanz. Sie reden nur über Entitäten, die nebeneinander liegen oder ineinander verschachtelt sind. Vielleicht wollen Sie die Kontinuität des Raumes gar nicht modellieren, daher vergessen Sie das komplett. Es scheint viele Features zu geben, die Modelle ohne bestimmten Grund umsetzen, um sich danach für andere Zwecke wieder anpassen zu müssen.

Stellen wir uns vor, ich würde eine API schreiben. Je besser meine Designentscheidungen sind, desto ausdrucksstärker und verständlicher ist das Modell. Zudem erleichtere ich damit einen korrekten Umgang mit dem System und vermeide Missbrauch.

Robin: Das passiert vermutlich mit jeder Systemfamilie, die Sie berücksichtigen. Sie können über Sicherheitssysteme reden, und in einem bestimmten Modell werden Sie nicht dazu in der Lage sein, bestimmte Sicherheitsaspekte auszudrücken, andere aber gut darstellen zu können. Oder das Modell drückt Sicherheitseigenschaften aus, kann aber nichts zur Privatsphäre sagen. Eigenschaften wie Authentizität, Privatsphäre und Sicherheit sind alle ein bisschen verschieden. Die meisten Modelle können nur Teile davon darstellen.

Um nochmal die biologische Metapher zu nutzen – ich muss den Prozess der ATP-Umwandlung in meinen Zellen nicht verstehen, um trotzdem begreifen zu können, wie ich meine Katze verwöhne, aber diese Zellen wissen nichts über die Katze. Für sie ist sie nur ein Haufen anderer Zellen.

Robin: Wir unterscheiden uns da von den Naturwissenschaften nicht so sehr. Sie können Newton'sche Mechanik mit sich bewegenden Körpern machen, dabei aber die Reibung ignorieren.

Gibt es demnächst eine Renaissance der Beweisbarkeit?

Robin: Ich denke, sie wird sich fortsetzen, solange Leute Sprachen mit einer expliziten Semantik entwerfen. Diese Semantik wird keinen Nutzen haben, wenn es nicht Theoreme gibt, die Sie dazu beweisen können, zum Beispiel, »kein Programm wird jemals etwas so Dummes tun«, oder positiver formuliert: »Programme werden immer eine polynomiale Menge Speicher nutzen.«

Das könnte eine Motivation für Leute sein, die neue Sprachen entwerfen, um diese Art von Beweisen zu ermöglichen.

Robin: Ich wünschte, sie würden es tun. Im Allgemeinen werden Sprachen ohne diese Hintergedanken entworfen. Das würde ich gerne ändern, aber so ist es nun einmal. Manche der Designs sind ausgezeichnet, aber sie haben normalerweise keine Beweise im Hinterkopf. Sie erhalten Fehler wie die in Pascal, wo es um Variantendatensätze geht, bei denen die Typdisziplin verletzt ist. Solche Nichttheoreme über Sprachen sind weit verbreitet.

Ich denke, wir machen da Fortschritte, da wir sehen, dass diese Beweise zu Sprachen durchgeführt werden. Das geschieht aufgrund der Effizienz der Beweissysteme auch ohne großen Aufwand, sodass die Beweisenden auch Feedback an die Designer geben können. Das wäre sehr schön.

Die Theorie der Bedeutung

Wie ist die Verbindung zwischen dem Design einer Sprache und dem Design von Software, die in dieser Sprache geschrieben wird?

Robin: Das ist eine weitreichende Frage. Vor langer Zeit, ich glaube in den 60ern und 70ern, gab es die Hoffnung auf eine UNiversal Computer Oriented Language (UNCOL), die allerdings nie umgesetzt wurde. Die Idee war, dass Sie UNCOL für alles nutzen würden. Wenn sie existiert hätte, würde es keine sinnvolle Verbindung mehr zwischen dem Design einer Sprache und dem von Programmen geben!

Heute (und nicht erst seit heute) gibt es viel mehr Sprachen, meist jeweils für bestimmte Anwendungen. Prolog bevorzugt Anwendungen, bei denen Aktionen bequem durch logische Formeln beschrieben werden können, daher würde das Design eines Prolog-Programms auf logischen Begriffen aufbauen. ML und Haskell haben umfangreiche Typstrukturen, daher wird das Design von ML- und Haskell-Programmen oft eng mit den Typstrukturen verknüpft sein. Und so weiter. Jede Aufgabe kann in vielen verschiedenen Sprachen geschrieben werden, und es kann sein, dass die Struktur im Kopf des Programmierers gleich ist, aber jede Sprache bestimmte Teile der Struktur besser explizit umsetzen kann, während andere Teile implizit bleiben. Die explizit umsetzbaren Teile unterscheiden sich dabei von Sprache zu Sprache.

Wenn ein Programmierer eine bestimmte Aufgabe hat, wählt er wohl häufig die Sprache aus, die seiner Meinung nach die Aspekte der Aufgabe explizit macht, die ihm am wichtigsten sind. Aber manche Sprachen erreichen noch mehr: Sie beeinflussen die Art und Weise, wie der Programmierer über die Aufgabe nachdenkt. Objektorientierte Sprachen machen sich in dieser Sichtweise sehr gut, da die Idee von Objekten dabei hilft, in einer bemerkenswert vielfältigen Anwendungslandschaft Klarheit zu schaffen.

Beeinflussen Paradigmen neben der OOP die Art und Weise, wie ein Programmierer entwirft und denkt?

Robin: Ja, ich glaube, dass logische Programmierung und funktionale Programmierung diesen Einfluss hatten. Ich hoffe, dass die Paradigmen des Prozesskalküls auch einen Einfluss haben. In Lotos – einer Spezifikationssprache – war das mit Sicherheit der Fall, und ich denke, ebenso in Ada unter anderem über die Idee der ALT-Befehle.

Wird jeder Programmierer seine eigene Programmiersprache nutzen, statt eine Sprache für jede Aufgabe auszuwählen? Werden wir uns auf ein paar wenige Sprachfamilien einschränken?

Robin: Es wäre die reinste Anarchie, wenn jeder Programmierer seine eigene Sprache nutzen würde, die in ihrer Bedeutung durch eine akzeptierte Theorie begrenzt wäre. Wie wäre denn die Bedeutung seiner Sprache definiert, wenn nicht in Begriffen einer solchen Theorie? Wenn denn diese Theorie existiert, kann ein Programmierer syntaktische Begriffe erfinden, die durch die Theorie erläutert werden. So würde er »seine eigene« Syntax nutzen, die Bedeutung aber aus der Theorie übernehmen. Und wenn er seine Sprache beschriebe, würde er sich explizit auf diese Theorie beziehen. Daran ist nichts verkehrt. Aber da diese eine Theorie hinter diesen Sprachen steckt, würden sie doch alle recht ähnlich sein.

Wie definieren Sie die Idee des Entwerfens einer Programmiersprache? Ist sie ein Tool, um Ideen auszudrücken, oder ein Tool, um Ziele auszudrücken?

Robin: Wenn Sie sich das nette Beispiel der funktionalen Programmierung und auch der logischen Programmierung anschauen, gab es schon eine Theorie – für funktionales Programmieren die Theorie der Funktionen, Typen und Werte, und für das logische Programmieren die gut entwickelte Theorie der Prädikatenlogik. Diese Theorie gab es schon vor den Sprachen, und die Sprachen basieren mehr oder weniger auf dieser Theorie. Daher sind das Beispiele für Theorien, die es vor den Sprachen gab, und ich denke, wir brauchen mehr davon – ich weiß nur nicht, wie viele.

Wir würden vielleicht sagen, dass das Ziel, das jemand erreichen möchte, für das Design einer Sprache grundlegend ist.

Robin: Es kann sein, dass Sie das Ziel oder die Eigenschaften des Verhaltens von Programmen in einer anderen Sprache ausdrücken oder ein anderes theoretisches Tool nutzen müssen. So wollen Sie zum Beispiel vielleicht Ihre Spezifikationen in einer bestimmten Art von Logik schreiben, während die Programmiersprache eher algebraisch wäre. Aber die beiden – Algebra und Logik – wären schon hübsch miteinander verbunden, bevor Sie auch nur einen Teil davon als Programmiersprache entworfen hätten.

Ich denke, das Tool, das Sie zum Ausdrücken von Zielen und wünschenswerten Eigenschaften nutzen, muss nicht das gleiche sein wie das, das Sie zum Ausdrücken des Programms verwenden, aber beide sollten irgendwie in einer Theorie miteinander verbunden sein, die vielleicht nicht nur zum Erzeugen von Programmen existiert, sondern auch zum Verstehen von Naturphänomenen dient, wie der von mir erwähnte Fall der Biologie. Wenn wir Informatik verstehen können, scheint es so zu sein, dass wir auch natürliche Systeme aus Informatiksichtweise verstehen können – das ist genau das, was ein Naturwissenschaftler tut. Aber vielleicht können wir auch die gleichen Formalismen nutzen, die gleichen mathematischen Konstrukte und Eigenschaften, um Sprachen zu definieren und damit Artefakte einzubringen, die keine Naturphänomene sind. Daher kann ich nicht erkennen, warum sich die informationstechnische Beschreibung von natürlichen Systemen von der informationstechnischen Beschreibung von Programmiersystemen oder Softwaresystemen unterscheiden sollte.

Stellen Sie sich vor, dass Sie heute einen Fehler in dem System finden, das Sie vor fünf Jahren entwickelt haben. Sie haben eine Spezifikation, die zur Implementierung synchron ist. Was, wenn es einen Fehler im Sprachdesign gibt? Was, wenn ein Irrtum zu einer bestimmten Art von Fehlern führt?

Robin: Ich bin sehr froh, sagen zu können, dass das noch nie passiert ist, und ich weiß auch nicht, was wir dann tun würden. Ich denke, wir würden vermutlich sagen, dass Sie damit leben müssen. Wir würden etwas veröffentlichen, in dem steht:»Okay, das war ein Fehler, aber wenn Sie das, das und das tun, müssen Sie sich niemals Sorgen machen.« Diese Definitionen sind ziemlich empfindlich. Ich glaube, einige Leute arbeiten an der Idee, Definitionsmechanismen weniger empfindlich und mehr modular zu machen. Das ist wohl ziemlich schwierig. Ich weiß nicht, wie man das macht. Ich wäre wohl geneigt, es nicht zu ändern, sondern den Leuten einfach zu erzählen, dass das Problem halt da ist. Man muss es dann eben umgehen.

Wenn man eine Sprache mit einem umfangreichen Typensystem hat, wie ML oder Haskell, welche Ideen macht das Typensystem innerhalb des Designs von Programmen explizit, die in diesen Sprachen geschrieben werden?

Robin: Wenn deren System durch den Compiler kommt – also den Typprüfer –, können bestimmte Dinge nicht passieren. Es wird bestimmte Arten von Laufzeitfehlern nicht geben. Man weiß nicht, ob man einen Array Overflow erhält, und auch nicht, ob man alle möglichen anderen verrückten Fehler erhält, die vorkommen können, wie unendliche Schleifen und so weiter, aber man weiß schon eine ganze Menge.

Für die Anwendung, die wir hatten – das Beweisen mathematischer Theoreme – war es wunderbar, sagen zu können: »Wenn Sie denken, dass Sie ein Theorem in ML bewiesen haben, und Sie denken, dass Ihre Darstellung der Inferenzregeln Ihrer Logik in ML gut gelungen ist und das ML-Programm den Beweis eines Theorems liefert, ist das Theorem sicher bewiesen.« Das liegt an den abstrakten Typmechanismen, durch die Sie den Typ der Theoreme als etwas ausdrücken können, das nur durch die Inferenzregeln verändert werden kann. Egal, was für schlaue Tricks Sie nutzen wollen, um nach möglichen Inferenzen zu suchen – wenn eine Ihrer Suchen nach einer möglichen Inferenzsequenz Erfolg hat, müssen Sie diese Inferenz auch tatsächlich ausführen, und zwar auf den Typ des Theorems. Sie wissen, dass Sie nur gültige Inferenzen umsetzen können. Es kann sein, dass Sie niemals eine passende Inferenz finden, aber wenn Sie eine finden, führen Sie sie aus, oder das System erledigt das für Sie. Und zwar innerhalb der Verifikation der Stabilität der Implementierung und des Sprachdesigns – dann wissen Sie, dass es ein Theorem ist. Wenn Sie eine typlose Sprache haben, geht das nicht.

Sie haben nur eine Sammlung von Operationen.

Robin: Das System würde sagen: »Ich habe ein Theorem« und Sie würden sagen: »Wie soll ich da sicher sein?« Das ist eine ernste Sache. Ich erinnere mich an den Anfang in Stanford, als wir die erste Version von – es war noch nicht einmal ML – entwarfen. Wir arbeiteten mit automatischen Inferenzsystemen und glaubten, dass wir es korrekt automatisiert hatten und dass das, was geschlussfolgert werden konnte, durch die Inferenzregeln schlussfolgerbar war. Ich erinnere mich daran, dass einmal um Mitternacht etwas herauskam und das Theorem durchkam und sagte: »Ich bin ein Theorem.« Und ich musste mir keine Sorgen machen, weil ich den Typen vertraute, weil ich der Implementierung vertraute. Ich vertraute allem so weit, dass ich wüste Sachen am Terminal machen konnte, ohne die Robustheit des Systems zu beeinträchtigen.

Es ist wirklich ein starkes Feature, und es existiert in Systemen wie Isabel und HOL und all den anderen Systemen, die es jetzt gibt. Dadurch erhält man erstaunliche Freiheiten, weil man sich darum nun keine Sorgen zu machen braucht.

Die Frage ist dann: Wie überzeugen wir den Computer, uns mitzuteilen, was unser Programm bedeutet?

Robin: Ein bestimmtes Programm bedeutet vermutlich so etwas wie: »Wenn Sie das mit mir tun, wird jenes geschehen – wenn Sie jenes tun, wird solches geschehen.« Typen ermöglichen Ihnen, stabile Anweisungen dieser Art zu geben. Hier hilft Ihnen der Computer, der Compiler über den Typprüfer. Natürlich muss das kein entscheidbarer Typprüfer sein, es kann auch sein, dass er feststellt, dass das Programm nicht gut typisiert ist. Aber er muss nichts aus einem Programm schließen. Sie können sehr umfangreiche Typensysteme haben, die nicht entscheidbar sind, aber immer noch eine »positive Sicherheit« besitzen: Wenn das Theorem besteht, ist es das Theorem.

Was raten Sie jemandem, der ein besserer Softwaredesigner werden will?

Robin: Er soll sich entscheiden, ob er Geld verdienen will oder ob er forschen will. Sie können niemandem die Entscheidung abnehmen, was von beidem er tun soll, aber es gibt viele Wege, Geld zu verdienen und Forschung zu vermeiden. Und umgekehrt.

Wenn ich jemanden berate, der in die Wissenschaft gehen will, würde ich sagen, dass er mit Leuten spricht, die die Designs machen, und nicht alleine in einem Raum sitzen soll und eine Theorie entwerfen, die gut aussieht, sondern er soll sicherstellen, dass sie auch in der Praxis eine Relevanz besitzt.

Sie haben den Millennium-Bug als gutes Beispiel für eine Situation beschrieben, in der wir nicht wussten, was für Probleme wir lösen mussten. Wie können wir ähnliche strukturelle Probleme während der Designphase verhindern?

Robin: Ich weiß es nicht. Der Markt giert nach Softwareprodukten. Wenn Sie zu viel Zeit damit verbringen, zu analysieren, was Sie verkaufen werden, wird jemand anderes den Deal machen. Das klingt sehr zynisch, aber ich glaube, es ist so. Wenn Sie sich die reale Welt anschauen, werden Sie keinen Erfolg haben, wenn Sie versuchen, analytische Tools bereitzustellen, selbst wenn es welche gibt. Natürlich gibt es sie oft noch nicht einmal.

In Bezug auf den Millennium-Bug hatten wir tatsächlich alle die Theorie, dass das Problem hätte verhindert werden können, wenn wir die Programme anständig geschrieben hätten. Wir hätten nur eine Typtheorie nutzen müssen, die schon seit 20 Jahren vorhanden war. Natürlich gibt es eine Reihe von Mutmaßungen, warum diese Theorie ignoriert worden war, aber ich denke, es lag vor allem an den Marktkräften.

Vielleicht hätte auch Dokumentation geholfen. Wie sollten Entwickler Dokumentation schreiben?

Robin: Nun, sie sollten auf jeden Fall Kommentare in den Code schreiben, aber es sollte auch eine ordentliche Basis geben. Die Schwierigkeit, adäquate Kommentare zu schreiben, steigt nicht-linear mit der Größe von Programmen. Wenn Sie also eine Millionen Zeilen haben, erfordert das ganz andere Vorgehensweisen als ein Programm, das nur ein paar tausend Zeilen lang ist. Die Dinge werden viel schwieriger, die zunehmende Komplexität der Interaktionen zwischen den verschiedenen Teilen ist größer als linear, daher ist der Bedarf an ordentlichen Spezifikationen bei »realen« Programmen viel größer.

Wir haben übrigens die vollständige formale Spezifikation von ML in Form von Inferenzregeln aufgeschrieben. Wir haben damit die formale Definition der Sprache erstellt. Dabei haben wir aufgeschrieben, wie sich Implementierungen in Bezug auf diese formale Spezifikation verhalten sollten, aber da wir die formale Spezifikation hatten, wussten wir sehr gut, was wir implementieren wollten. Erstens hatten wir eine sehr klare Spezifikation, und zweitens wollten wir sie nicht ändern, oder wenn, dann nur sehr, sehr langsam.

Reale Programme müssen die Möglichkeit bereitstellen, Teile zu ändern oder zu entfernen, anzupassen und andere Teile einzufügen, da sich die Spezifikation ändern wird. Bei realen Programmen im realen Leben gibt es einen zusätzlichen Grund, bei der Beziehung zwischen der Spezifikation und der Implementierung sorgfältig zu sein, da Sie die Spezifikation ändern werden und genau wissen wollen, was das dann für das Ändern der Implementierung zu bedeuten hat.

Haben Sie aus der Zeit der Entwicklung von ML irgendeine interessante Anekdote?

Robin: Na ja, wir haben zum Beispiel viel mehr Zeit damit verbracht, über die Syntax zu diskutieren, als über Semantik. Wir waren uns in Bezug auf das funktionale Verständnis der Sprache weitgehend einig, aber wenn es darum ging, welches Wort in der Syntax genutzt werden sollte, war das natürlich eine Geschmacksfrage und wir diskutierten hin und her, da wir keine wissenschaftliche Basis hatten, auf der wir entscheiden konnten.

Eine andere Geschichte: Wir haben ML ein sehr sorgfältig durchdachtes Typensystem mitgegeben, das im Vergleich zu einigen der bestehenden Typtheorien sehr zurückhaltend war. Wir nutzten ML für formale Beweise mithilfe mathematischer Logik, und dabei mussten wir dafür sorgen, dass die »Vereinfachungsregeln« möglichst effizient implementiert wurden. Wenn Sie einen komplizierten Ausdruck in einen Ausdruck einer bestimmten Form umwandeln, der manchmal als *Normalform* oder *kanonische Form* bezeichnet wird, gibt es viele Regeln, die die Transformationen bestimmen. Um diese schnell auszuführen, müssen Sie sie ziemlich pfiffig implementieren, sodass Sie alle Regeln anschauen und die passenden halbwegs simultan anwenden können.

Wir haben dieses simultane Prüfen in ML implementiert und entdeckt, dass einiges nicht sehr effizient ablief. Es stellte sich heraus, dass unser Typensystem ein wenig eingeschränkt war. Für diesen speziellen Teil der Implementierung – die Implementierung eines analytischen Tools zum automatischen Beweisen – haben wir uns entschieden, die Regel in ML wegzulassen und es dadurch viel effizienter zu machen. Tatsächlich war das gar nicht so schlecht, denn das großzügigere Typensystem, das wir benutzten, hatten wir ziemlich gut verstanden, aber es war komplizierter. Wir wollten, dass ML ein einfaches Typensystem hat, und wir brauchten ein etwas großzügigeres, aber auch etwas komplizierteres System, um einen Teil der Arbeit umzusetzen, die wir effizient erledigt haben wollten.

Wenn Sie ML heute neu aufsetzen und designen würden – würden die Fortschritte im Computerumfeld oder Ihr Verständnis das Design dramatisch ändern, oder würde es nahezu gleich bleiben?

Robin: Wir haben es zum Beweisen von Theoremen entworfen. Es stellte sich heraus, dass das Beweisen von Theoremen eine so anspruchsvolle Aufgabe war, dass es eine allgemein nutzbare Sprache wurde. Damit könnte ich mich fragen: »Wofür würde ich es heute entwerfen?« Wenn ich es wieder für das Beweisen von Theoremen entwerfen würde, gäbe es die gleichen Probleme. Sie wollen etwas, wo Zustände geändert werden können. Sie wollen keine rein funktionale Sprache, da Sie ihren Zustand häufig ändern wollen – Sie wollen den Inferenzbaum verwalten, oder was auch immer Sie aus dem Baum aus Zielen und Unterzielen wachsen lassen. Das wollen Sie ändern.

Nachdem ich mich von dieser Welt in den Umgang mit deutlich expliziter dynamischen Systemen wie dem Ubiquitous Computing bewegt habe, würde ich mich verloren fühlen, wenn ich eine funktionale Sprache nutzen würde. Wenn ich die Sprache für das Beweisen von Theoremen entwerfen würde, wären vielleicht die Möglichkeiten in Haskell, die Monaden, mit denen mit Sequenzen umgegangen wird, eine bessere Idee – aber ich bin mir nicht sicher. Ich würde ziemlich genau wissen müssen, wofür ich entwerfe.

Was mich verwirrt, ist, wie Leute Sprachen entwerfen können, ohne eine bevorzugte Anwendungsdomäne zu haben, etwas Spezielles, das sie vereinfachen wollen. Java hatte da vermutlich gute Ideen, und es stellte sich dann auch als gute Sprache heraus. Aber der Raum der möglichen Anwendungsdomänen ist mittlerweile ziemlich groß. Das ist der Grund dafür, dass Sie so viele verschiedene Sprachen für verschiedene Zwecke zu erhalten scheinen. Der Zweck ist da der fehlende Parameter. Wenn ich für denselben Zweck entwerfen müsste, würde ich vielleicht auch dieselbe Sprache bringen.

Ich habe mir Ihre Arbeit angesehen, und es scheint, als ob Sie folgendes Vorgehen praktizieren: »Innerhalb dieses Problems will ich eine Reihe wiederverwendbarer Primitive – meine Theoreme – erstellen und dann darauf aufbauend andere Theoreme erstellen.«

Robin: Ich denke, Sie können ML nutzen, ohne viele Theoreme im Hinterkopf zu haben, aber vielleicht reden Sie über einen Designer und weniger über einen Anwender. Als wir das Ding entwarfen und uns für die operationalen Strukturen und die Semantik entschieden, war sicherlich unser Hintergedanke, bestimmte Theoreme über die ganze Sprache zu beweisen – zum Beispiel, dass es keine losen Referenzen gibt. Es gab ein paar Dinge, von denen wir uns gewünscht haben, dass sie wahr wären, und die tatsächlich später durch automatische oder semiautomatische Beweissysteme bestätigt wurden ... zu meiner Erleichterung!

Wir wussten informell, dass es keine losen Referenzen geben würde, aber es ist schön, auch einen formalen Beweis zu haben, um sicher zu sein, dass man keinen bösen Fehler gemacht hat. Andererseits haben wir einigen Ärger mit Referenztypen gehabt, also Typen von zuweisbaren Variablen. Eine Reihe von Leuten hat gezeigt, dass wir im Typensystem damit Probleme hatten. Wenn wir eine bestimmte Einschränkung bei der Sprache vorgenommen hätten, hätte es diesen Ärger nicht gegeben. Untersuchungen zeigten, dass nur 3% der Programme von dieser Einschränkung betroffen gewesen wären! Wenn wir mit den anderen 97% glücklich gewesen wären, hätten wir den Ärger verhindern können.

Ist eine formale Überarbeitung die einzige Möglichkeit, die Implementierung und die Spezifikation synchron zu halten, wenn Sie eine Sprache überarbeiten?

Robin: Ich vermute, wir haben sie synchron gehalten. Wir konnten zeigen, dass wir aufwärtskompatibel waren. Mit anderen Worten: Alte Implementierungen waren in Ordnung, solange sie nur die leicht eingeschränkte Form von Programmen implementierten. Aufwärtskompatibilität war bei der Überarbeitung ein echtes Thema.

Tatsache ist, dass ich mir fast wünsche, wir hätten die Überarbeitung nie vorgenommen, aber es war einfach zu verführerisch, alles richtig zu machen und manches zu vereinfachen, was diese Leute vorgeschlagen hatten. Aber als wir schließlich die Überarbeitung durchführten, haben wir gleich auch noch andere Dinge überarbeitet. Das war mehr Aufwand, als wir eigentlich gewollt hatten. Insgesamt hätten wir es dann vielleicht doch nicht gemacht, wenn wir das vorher gewusst hätten. Aber eigentlich bin ich doch froh, dass wir es gemacht haben, weil sich beim Typensystem etwas gezeigt hat, das für uns gut zu wissen war, und weil wir diese Sachen deutlich vereinfachen konnten.

Über Informatik hinaus

Was sind im Moment die größten Probleme in der Informatik?

Robin: Ich habe zuletzt an der Idee einer Struktur aus Modellen gearbeitet. Wenn Sie in einer High-Level-Programmiersprache arbeiten, wird das in Begriffen von Entitäten von Low-Level-Sprachen ausgedrückt. Die Art und Weise, wie sich Assembler-Code verhält, wird in Begriffen von logischen Diagrammen beschrieben, sodass Sie dann ein Modell haben, das kein Softwaremodell mehr ist, sondern ein Modell von elektronischen Objekten. Das wiederum ist eine Erläuterung des Produkts, das als Computer bezeichnet wird, das schließlich Ihr Programm ausführt, das in der Hierarchie der Modelle etwa vier Ebenen höher angesiedelt ist. Und das ist nicht das Ende der Geschichte, da Sie von einer Programmiersprache noch eine Ebene höher zu einer Spezifikationssprache gehen können, sodass Sie schließlich fünf Stufen haben.

Denken Sie an Ubiquitous Computing, die Art von Systemen, die Ihre Einkaufslisten verwaltet und Ihren Kühlschrank für Sie füllt, oder die Gesundheit von Personen überwacht, indem sie sich mit ihrem Körper verbindet oder sogar in ihm reist. Um solche Systeme zu verstehen, brauchen Sie viele Modellierungsebenen, da die Leute über Softwareagenten reden, die untereinander verhandeln, Ressourcen anfordern, sich vertrauen und ein eigenes Verhalten an den Tag legen – also alle Arten semimenschlicher Eigenschaften zeigen. Einige der Verhaltensweisen dieser Systeme werden in einer sehr weit entwickelten Logik ausgedrückt werden, die mit Vertrauen, Wissen,

Glauben und so weiter zu tun hat. Daher brauchen Sie eine Theorie dieser Logiken, die erklärt, wie man Programme in den Begriffen grundlegenderen Verhaltens spezifiziert. Diese Spezifikationen werden ganz normal sein, was mit dem operativen Verhalten des Programms zu tun hat, aber auf höherer Ebene könnten Sie Fragen stellen wie: »Stimmt es, dass dieses Programm dem da vertraut?« oder »Wie implementieren Sie die Idee von Vertrauen zwischen Computeragenten?« oder »Wie verstehen Sie den Weg, auf dem einem Agenten gesagt werden kann, dass er glauben kann, was ein anderer Agent tun möchte, oder dass der andere Agent eine Bedrohung für die eigenen Zielsetzungen ist?«

Ich sehe diese Fragen vielleicht drei Ebenen höher als das normale Spezifikationsniveau, das wir für normale Programme haben. Wie auch immer die Modelle aussehen werden, sie modellieren Software oder andere Modelle, die Software auf einer niedrigeren Ebene erläutern. Wenn Sie etwas wie den Airbus bauen, kombinieren Sie zudem das Modell der Software mit dem elektromechanischen Modell, wie das Flugzeug funktioniert, und eventuell sogar dem Modell der atmosphärischen Bedingungen oder des Wetters, durch das das Flugzeug fliegen wird. Wir haben also diese Herausforderung, Modelle zu kombinieren, manchmal Modelle aus der Naturwissenschaft, wie meteorologische Modelle oder elektromechanische Modelle, und dann die Softwaremodelle, die alle miteinander interagieren. Auf der Ebene solcher kombinierten Modelle sollten Sie in der Lage sein, vorherzusagen, wie sich der Airbus verhalten wird.

Ich mag die Vorstellung, dass wir eine Kombination des Natürlichen und des Künstlichen haben, dabei aber auf beides dieselben Modellierungsideen anwenden. Im Künstlichen ist das Modell nur vor dem Produkt vorhanden, während in der Natur das Phänomen zuerst da war und dann die Modellierung vorgenommen wird. Es ist eine Art Integriertheit von Informatik und Naturwissenschaft.

Wenn Sie Hardware entwerfen, können Sie sie richtig physisch testen. Bei Software geht es manchmal während der Implementierung schief, noch bevor wir Anwender haben. Wie können wir diese unterschiedlichen Schritte kombinieren – Design, Implementierung und reale Anwendung?

Robin: Wenn Sie sich die Modelle anschauen, die die Naturwissenschaft gebaut hat, werden diese letztendlich nur durch Beobachtung validiert, indem geprüft wird, ob sich die reale Welt so verhält, wie es die Modelle vorhersagen. Das bedeutet, dass diese Modelle nie vollständig überprüft werden können – man kann sie nur falsifizieren, indem man feststellt, dass bestimmte Beobachtungen nicht mit dem Modell übereinstimmen. Man könnte nie beobachten, dass jedes mögliche Phänomen so wie vorhergesagt eintritt, weil das eine unendlich große Menge Arbeit wäre.

Wir haben eine bessere Situation, wenn wir zum Beispiel eine High-Level-Programmiersprache auf Basis einer Sprache auf niedrigerem Level implementieren. Wir haben eine formale Beschreibung, wie sich diese Sprachen verhalten, daher können wir die Implementierung, die aus den Programmen der High-Level-Sprache solche der niedrigeren Sprachen macht, überprüfen, indem wir sicherstellen, dass die wissenschaftliche oder theoretische Erklärung des Verhaltens auf dem höheren Niveau mit den Erläuterungen auf dem niedrigeren Niveau übereinstimmt. So haben wir eine Chance, die Art und Weise zu überprüfen, in der ein Modell durch ein anderes auf niedrigerer Ebene realisiert wird. Erst wenn wir so weit nach unten gelangt sind, dass die Programme als physikalische Artefakte implementiert sind, können wir diese Art mathematischer Beweise nicht mehr durchführen, aber auf jeder höheren Ebene haben wir eine Möglichkeit, sofern die Modelle gut beschrieben sind und die Bedeutung der Entitäten auf jeder Ebene Teil des Modells dieser Ebene ist. Auf jeder Stufe haben Sie Entitäten und die Erläuterung, wie sie sich verhalten. Das ist das Medium, von dem Sie die erwarten, die Implementierung eines High-Level-Modells durch Implementierungen auf niedrigerer Ebene validieren zu können.

Ich habe versucht, die Leute davon zu überzeugen, so zu denken. So hatte einer meiner letzten Vorträge den Titel: »Ubiquitous Computing: Sollten wir es verstehen?« Mit »verstehen« meine ich nun genau, dass wir gerne das Verhalten eines dieser Systeme spezifizieren wollen, zum Beispiel ein System, das das Verhalten unseres Körpers beobachtet, und wir verstehen wollen, wie die Spezifikation des Verhaltens dieses Systems tatsächlich durch die Agenten implementiert ist.

Ich denke nicht, dass es sehr leicht ist, Leute davon zu überzeugen. Sie tendieren dazu, zu sagen, dass es unmöglich sein wird, weil die Systeme so groß werden. Tatsächlich habe ich in einen Bericht aus Europa gelesen, dass niemand dazu in der Lage wäre, das Verhalten von Ubiquitous Computing-Systemen zu analysieren. Ich glaube, das stimmt überhaupt nicht. Es liegt an uns, ob wir Systeme entwerfen, die analysiert werden können oder nicht, daher sollten wir sie so erstellen, dass eine Analyse möglich ist.

Welche Verbindungen sehen Sie zwischen den Ingenieurswissenschaften und der Informatik?

Robin: Na ja, die Ingenieure werden sehr häufig schon von einer Naturwissenschaft unterstützt, die zuerst da war. Viele chemische Entwicklungen fanden statt, nachdem die chemischen Theorien entworfen und mit der Realität verglichen worden waren, daher entsteht chemische Entwicklung als Ergebnis der chemischen Wissenschaft, also dem Beobachten von Naturphänomenen, sodass Sie dann mithilfe der Erklärungen aus der Naturwissenschaft Ihre eigenen Entwicklungen durchführen können.

Ich glaube, das Gleiche gilt in der Physik, aber bei Software scheint es anders zu sein. Es gibt keine natürlich vorkommende Software. Meiner Meinung nach geht es etwas weit, zu behaupten, dass in unserem Kopf eine Software abläuft. Daher haben wir keine entwickelte Wissenschaft, die die Basis für die Softwareentwicklung ist. Ich denke also, dass die Verbindung zwischen Ingenieurswissenschaften und Software weniger eine Verbindung, als vielmehr ein Kontrast ist. Wir haben keine Softwareentwicklung, die auf einer breit akzeptierten Wissenschaft aufbaut, während das in den meisten anderen Ingenieursbereichen der Fall ist.

Wie sehen Sie die Rolle der Mathematik in der Informatik?

Robin: Es werden verschiedenste Teile der Mathematik genutzt. Wir verwenden Logik, Algebra, Wahrscheinlichkeitstheorie. In hybriden Systemen, in denen kontinuierliche Phänomene mit diskretem Verhalten kombiniert werden, nutzen wir die Differentialrechnung. Es scheint also Aufgaben für mehr und mehr Bereiche der Mathematik zu geben. Nicht so klar ist, wie Sie einen Bereich auswählen. Tun Sie das, weil Sie gerne Wahrscheinlichkeitstheorie machen, oder weil Sie Stochastik mögen? Oder wählen Sie ihn aus, weil Sie ein Computersystem im Sinn haben, das etwas Bestimmtes erklären wird?

Als Mathematiker können Sie sich aussuchen, was Sie erforschen möchten. Wir müssen meiner Meinung nach nach tatsächlich existierenden Systemen suchen – seien sie natürlich oder künstlich – und uns dann fragen, was wir brauchen, um sie zu erklären.

Neulich musste ich mich mit der stochastischen Analysis befassen, bei der es um die Wahrscheinlichkeit der Dauer, des Zeitverlaufs und so weiter geht. Das ist offensichtlich absolut notwendig, wenn wir einige unserer Modelle nutzen wollen, um biologische Phänomene zu erklären. Ich musste Dinge lernen, von denen ich noch nie gehört hatte, um zu verstehen, wie diese Theorie funktioniert. Zudem habe ich ein paar abstraktere Teile der Mathematik verstanden, wie Algebra, Kategorientheorie und so weiter. Meist stellt man fest, dass man nur einen Teil davon nutzen wird, daher werden Sie nicht die sehr ausgefeilten reinen Theorien entwickeln, die die Mathematiker aufbauen, sondern sich ein bisschen von hier und von dort holen. Diese Teile sind vielleicht schon gut verstanden, andere weniger, da sie nicht schön genug sind, sodass Sie schließlich sogar zu den reinen Theorien beitragen, obwohl Sie doch eigentlich etwas Reales erklären wollen.

Definieren Sie sich selber als Computerwissenschaftler oder als Forscher?

Robin: Ich mag den Begriff »Computerwissenschaftler« nicht, weil er einen zu großen Schwerpunkt auf den Computer legt, und ich denke, der Computer ist nur eine Instanz der Informatik. Daher würde ich sagen, ich bin ein »Informatikwissenschaftler«. Natürlich hängt das davon ab, was Sie mit Informatik meinen. Ich tendiere dazu, sie als Rechnen und Kommunizieren anzusehen, wobei die Kommunikation sehr wichtig ist.

Was ist Ihre Rolle als Informatiker?

Robin: Ich glaube, meine Rolle ist, zu versuchen, ein konzeptionelles Framework zu erstellen, in dem Analysen durchgeführt werden können. Dazu müssen Sie berücksichtigen, was tatsächlich in der Software geschieht, wie zum Beispiel diese Idee der Ubiquitous Systems, aber Sie versuchen, davon Abstraktionen abzuleiten. Das ist etwas ganz anderes. Sie werden Fehler machen, Sie werden die falschen Konzepte entwickeln, und die werden nicht richtig funktionieren oder sich nicht skalieren lassen. Sie suchen nach elementaren Ideen, die skaliert werden können, um sie dann zu nutzen und bestehende oder geplante Softwaresysteme zu erklären.

Ich finde, die Idee der Kommunikation zwischen Agenten ist sehr wichtig, da sie eines der ersten Konzepte in der theoretischen Informatik ist, das die Logiker noch nicht erforscht haben. Die Idee einer strukturierten Population interaktiver Agenten: Wie sollte die Struktur aussehen? Wie werden sie miteinander verbunden sein? Wer kann mit wem kommunizieren? Können sie neue Agenten erzeugen? Können sie ihr Verhalten aufgrund des Verhaltens oder der Wünsche von Nachbarn anpassen? Sie finden da sehr viele Fragen, die nur gestellt werden können, wenn Sie schon Populationen von Agenten haben, statt wie in der Frühzeit der Programmierung nur ein einzelnes Programm, das einen einzigen Zweck erfüllen soll.

Kann das Internet uns dabei helfen, Lösungen zu finden?

Robin: Ich glaube, das Internet wird eher Probleme erzeugen. Allein es zu verstehen, ist schon ein Problem für sich. Es kann helfen, wenn wir konzeptionelle Tools erstellen, die zum Analysieren des Internetverhaltens genutzt werden, dann können wir diese Tools vielleicht nutzen, um andere Populationen mit Agenten zu verstehen, so wie Agenten, die Ihren Körper überwachen oder den Verkehr auf einer Autobahn kontrollieren.

Viel von dem, was im Internet geschieht, ist exzellent entworfen. Es ist ein Beispiel, das man gut erforschen kann, weil es sich in der Praxis so gut schlägt, daher denke ich, dass es sowohl ein Teil des Problems als auch ein Teil der Lösung ist.

Wie sehen Sie das Feld der Informatikforschung heute?

Robin: Ich sehe es sehr stark gestreut. Leute, die große Systeme aufbauen, nutzen keine exakten Wege, sie zu spezifizieren. Und die Leute, die auf niedrigeren Ebene arbeiten, oder wenn Sie möchten, auf formaleren Ebenen, verlieren sich manchmal in der reinen Mathematik und wollen vielleicht keine Konzessionen an die Realität machen. So erhalten Sie eine Aufspaltung der Community. Tatsächlich gibt es ein Spektrum von der »richtigen« Anwendungsentwicklung bis hin zu den Theorien, und Sie finden auf dem ganzen langen Weg überall Leute, die es sehr schwer finden, zu verstehen, was die anderen links oder rechts von ihnen machen.

Ich finde, diese Leute sind nicht sehr gut miteiander verbunden. Wir haben eine Grand Challenge für die Informatik in Großbritannien mit dem Namen »Ubiquitous Computing: Experience, Design and Science« entworfen. Mit »Experience« meinen wir die Art von Experimenten, die Leute mit Instrumenten in bestimmten Umgebungen durchführen. Sie können ein Gebäude instrumentieren, indem sie einen Computer in jeden Raum stellen, der vielleicht die Personen erkennt, die den Raum betreten, oder ihre Bewegungen aufzeichnet. So können Sie an die Leute kommen, die mit alternativen Designs experimentieren. Dann haben Sie Leute im Hintergrund, die diese Sachen implementieren und dabei auf guten Entwicklungsprinzipien aufbauen. Darunter gibt es dann die Wissenschaftler, die abstraktere Modelle mit der Entwicklungsarbeit verbinden, während die Ingenieure das, was sie gebaut haben, für Experimente in der realen Welt verwenden. Diese drei Ebenen – Experiment, Design und Wissenschaft – versuchen, die Lücke zu schließen, über die ich geredet habe.

Ich habe mit Leuten gesprochen, mit denen ich normalerweise nie reden würde, Leute, die über die sozialen Auswirkungen von allgegenwärtigen Systemen nachdenken, und sie sehen die Systeme nicht als Systeme für die Nutzung durch Menschen an, sondern als Systeme, in denen Menschen eine der Komponenten sind. Sie haben diese sehr konkreten Verständnisebenen der Systeme, und man muss sich seinen Weg zurück durch die Entwicklungsprinzipien bis hinunter zu Konzepten schlagen, die als Basis für die Analyse des Ganzen genutzt werden können.

Sehen Sie Unterschiede zwischen der Art und Weise, in der die Forschung heute betrieben wird und der in den 60er und 70er Jahren?

Robin: Na ja, es gibt viel mehr Interesse an diesen allgegenwärtigen Systemen, die noch viel mehr in unsere Umgebung eingebettet werden, das ist ein großer Unterschied. Denken Sie insbesondere an die Echtzeitsoftware, die sich in Autos oder anderen kritischen Maschinen befindet. Die Art von Analyse, die Sie durchführen müssen, um Echtzeitsoftware zu überprüfen, ist eine andere; die Beziehung zwischen dem Rechnen und der Echtzeit war bisher nicht so ein Thema. Natürlich sind heute Ingenieure, die den Airbus oder andere pervasive Systeme bauen, viel mehr darum besorgt, was in der Echtzeit passiert, so wie in der Physik, wenn Sie wissen, wie lange etwas braucht.

Wird pervasives Rechnen Verbesserungen oder Durchbrüche bei der KI bringen?

Robin: Ja, aber ich finde, wir sollten die KI indirekt angehen. Ich war über die Intensität, mit der die KI in den 60ern und 70ern angegangen wurde, nie sehr glücklich. Ich hatte den Eindruck, dass einige der Hoffnungen überstrapaziert wurden.

Wenn wir beginnen, Wörter wie »Glauben« und »Wissen« beim Erklären von Agentenpopulationen zu nutzen, sehen wir künstliche Intelligenz nicht mehr als etwas an, das entweder existiert oder nicht existiert, sondern als etwas, das Sie nach und nach angehen. Ihre Systeme werden immer intelligenter, und sie werden das, was als »reflektiert« bezeichnet wird, was bedeutet, dass sie über ihre eigenen Aktivitäten berichten und ihr eigenes Verhalten analysieren können, sodass nach und nach Konzepte, die aus der KI stammen, einfließen – zuerst in kleinen Häppchen, später vielleicht auch in größeren – während wir immer mehr solcher Systeme entwickeln.

Daher bin ich mir nicht sicher, dass all die Arbeit, die für die KI aufgewendet wurde, so hilfreich sein wird. Ich denke, dass wir beim Entwerfen unserer großen Systeme eher »menschliche« Wörter wie »Glauben« nutzen werden, um die Ereignisse zu beschreiben. Dann verschwimmen die Unterschiede zwischen einem intelligenten und einem unintelligenten Wesen durch diese Abstufungen.

Gibt es Lektionen aus der Forschung, die Ihrer Meinung nach nicht umgesetzt werden?

Robin: Die meisten Programmiersprachen wurden entworfen, ohne zunächst über die Theorie nachzudenken, auf der die Bedeutung basieren würde. Daher wird eine Sprache sehr häufig entworfen und implementiert, und dann ist das, was sie bedeutet oder was geschehen soll, wenn jedes Programm ausgeführt wird, nicht unbedingt vorhersagbar. Natürlich war es in manchen Fällen wunderbar vorhersagbar, zum Beispiel in ALGOL60. Der ALGOL60-Bericht aus dem Jahr 1960 war so genau, dass man ihm folgen und herausfinden konnte, was passieren würde. Das ist nicht immer der Fall. Selbst in guten Sprachen ist die formale Basis nicht vorhanden, wenn die Sprache entsteht, daher schneiden dann später die Leute eine Theorie auf die Sprache zu. Das bedeutet vielleicht, dass das Design keine Vorteile aus einem theoretischen Verständnis ziehen kann.

Andere Beispiele von angepassten Analysen sind große Softwaresysteme. Es gibt dafür viele Beispiele in Großbritannien – sie verursachen enorme Verzögerungen und manchmal komplette Katastrophen. Große Systeme ziehen große Vorteile aus präzisen Spezifikationen und wissenschaftlichen Analysen.

Was meinen Sie damit, wenn Sie sagen, eine Sprache hat eine »Theorie der Bedeutung«?

Robin: Es ist eine Theorie dessen, was eine Implementierung tun wird. ML hat eine solche Theorie der Bedeutung, da ich aus ihrer operationalen Semantik heraus beweisen kann, dass es keine losen Referenzen geben wird. Es wurde in letzter Zeit alles Mögliche im Hinblick auf die Semantik von C gezeigt und eine Theorie der Bedeutung von C erstellt. Sie haben die Semantik von C, und dann beweisen Sie bestimmte Theoreme über alle möglichen C-Programme mithilfe dieser Semantik. Das war jetzt ein wirklich großer Erfolg. Ich denke, hier gerät alles in Bewegung.

Für eine Programmiersprache meinen Sie die Spezifikation und das Design der Sprache selbst. Können damit Fehler von den Anwendern der Sprache verhindert werden?

Robin: Ja, denn die Fehler der Anwender können mit den Spezifikationen verglichen werden. Dann kann eine Abweichung gefunden werden, bevor das Programm jemals ausgeführt oder in der Praxis eingesetzt wird.

Ich arbeite gerade an einer Verhaltenstheorie für Populationen interagierender Agenten. Sie kann beschreiben, wie eine Population von Personen und Maschinen in einer Umgebung leben und miteinander kommunizieren kann. Dieselbe Theorie kann hoffentlich für das Verstehen biologischer Systeme genutzt werden – zum Beispiel, wie eine Zelle eine neue Zelle als eine Art Blase an ihrer Oberfläche produzieren kann.

Es gibt die Möglichkeit einer allgemeinen Informatikwissenschaft, die nicht von bestimmten Anwendungen abhängt. Bevor Sie überhaupt zu einer Programmiersprache kommen, hoffen Sie, eine Theorie zu haben, die dann Ihr Design einer Programmiersprache leitet. Ich möchte diese Theorie erstellen, bevor die Sprache fertig ist.

KAPITEL ZEHN

SQL
Don Chamberlin

Wie können Sie bei einer großen Menge strukturierter Daten einen effizienten Weg anbieten, um Informationen zu suchen, zu lesen und zu aktualisieren, wenn Sie nicht wissen, was für Operationen die Leute brauchen werden? Das ist die grundlegende Idee hinter dem relationalen Modell, das von E. F. (Ted) Codd entwickelt wurde. SQL ist die bekannteste Implementierung des relationalen Modells – eine deklarative Sprache, in der Sie beschreiben, was Sie machen möchten, aber nicht, wie es geschehen soll. Donald Chamberlin und Raymond Boyce haben SQL ausgehend von Codds Ideen entwickelt.

Ein bahnbrechender Artikel

Wie wurde SQL entworfen?

Don Chamberlin: In den frühen 1970ern begann die eigentliche Verbreitung integrierter Datenbanksysteme. Trends in Technologie und Wirtschaft ermöglichten es den Firmen zum ersten Mal, ihre Daten als Quelle anzusehen, die von vielen Anwendungen genutzt werden kann. Diese neue Sichtweise von Daten sorgte für die Gelegenheit, eine neue Generation von Datenverwaltungstechnologien zu entwickeln.

In den 1970ern war IBMs Hauptdatenbankprodukt IMS, aber neben der IMS-Entwicklungsgruppe arbeiteten kleine Forschungsteams an verschiedenen IBM-Standorten am Datenbankproblem. Dr. E. F. (Ted) Codd war Leiter einer dieser Gruppen, die im IBM Research Laboratory in San Jose in Kalifornien arbeiteten. Ray Boyce und ich waren Mitglieder eines weiteren kleinen Forschungsteams im IBM Watson Research Center in Yorktown Heights, New York. Ray und ich untersuchten Datenbankabfragesprachen und wollten Wege finden, um die Sprachen zu verbessern, die damals genutzt wurden.

Im Juni 1970 veröffentlichte Ted Codd einen bahnbrechenden Artikel[1], in dem das relationale Datenmodell eingeführt und seine Vorteile für die Datenunabhängigkeit und die Anwendungsentwicklung beschrieben wurden. Codds Artikel zog viel Aufmerksamkeit auf sich, sowohl innerhalb als auch außerhalb von IBM.

Ray Boyce und ich nahmen an einem Symposium zum relationalen Datenmodell teil, das 1972 von Codd am Watson Research Center organisiert wurde. Dieses Symposium brachte für Ray und mich die »Erleuchtung«. Wir waren von der Eleganz und Einfachheit beim Speichern von Daten in einer relationalen Form beeindruckt und sahen, dass viele Arten von Abfragen in relationaler Form leicht auszudrücken waren. Nach dem Symposium spielten Ray und ich ein »Query Game«, bei dem wir uns gegenseitig damit herausforderten, Sprachen zu entwerfen, die flexibel genug waren, um viele Arten von Abfragen auszudrücken.

1973 war Codds Idee so bekannt geworden, dass IBM sich dazu entschied, seine Datenbankforschungen an Codds Standort, in San Jose, zu bündeln und einen praxistauglichen Prototyp namens »System R« zu entwickeln, um zu prüfen, ob das relationale Konzept nutzbar sei. Ray Boyce und ich gingen zusammen mit vielen anderen IBM-Forschern aus Yorktown und Cambridge nach Kalifornien, um im System R-Team mitzumachen. Da Ray und ich uns für Sprachen interessierten, war unsere erste Aufgabe, eine Abfragesprache zu entwerfen, die als Benutzerschnittstelle zum System R dienen sollte. Wir untersuchten die relationalen Sprachen, die von Codd und anderen vorgeschlagen worden waren, und legten die Ziele für uns selbst fest:

- Wir wollten eine Sprache entwerfen, die auf normalen englischen Wörtern basiert und sich leicht über die Tastatur eingeben lässt. Wir wollten, dass die Sprache auf vertrauten Konzepten aufbaut, so wie Tabellen mit Zeilen und Spalten. Wie bei Codds ursprünglichem Vorschlag sollte unsere Sprache deklarativ sein, nicht prozedural. Die Mächtigkeit des rela-

---

[1] Codd, E. F. »A Relational Model of Data for Large Shared Data Banks«, Communications of the ACM, June 1970.

tionalen Ansatzes sollte erhalten bleiben, während einige der mathematischen Konzepte und Begriffe zu vermeiden waren, zum Beispiel universelle Quantifikatoren und relationale Divisonsoperatoren, die in Codds frühen Artikeln auftauchten. Zudem wollten wir ein paar Abfragekonzepte auf hohem Niveau einführen, zum Beispiel das Gruppieren, das unserer Meinung nach in anderen relationalen Sprachen nicht gut ausgedrückt werden konnte.

- Neben den Möglichkeiten von Abfragen sollte die Sprache auch noch andere Funktionen bereitstellen. Die offensichtlichste Erweiterung war das Aufnehmen von Operationen für das Einfügen, Löschen und Aktualisieren von Daten. Wir wollten auch Aufgaben ansprechen, die klassischerweise von Datenbankadministratoren erledigt wurden, wie zum Beispiel das Anlegen neuer Tabellen und Views, die Zugriffskontrolle für die Daten und das Definieren von Abhängigkeiten und Triggern, um die Datenbankintegrität sicherzustellen. All diese Aufgaben sollten in einem einheitlichen syntaktischen Framework erledigt werden können. Autorisierte Anwender sollten administrative Aufgaben ausführen dürfen, zum Beispiel das Definieren neuer Datenviews, ohne das System stoppen und spezielle Tools aufrufen zu müssen. Mit anderen Worten – wir sahen Abfragen, Aktualisieren und die Datenbankadministration als unterschiedliche Aspekte einer einzigen Sprache an. Dabei hatten wir eine einmalige Gelegenheit, denn unsere Anwender erstellten ihre relationalen Datenbanken von Grund auf neu und es gab keine Notwendigkeit der Abwärtskompatibilität.

- Unsere Sprache sollte als eigenständige Abfragesprache für die Entscheidungsfindung, aber auch als Entwicklungssprache für komplexere Anwendungen genutzt werden können. Das zweite Ziel erforderte, dass wir Wege fanden, unsere neue Sprache mit den verschiedenen verbreiteten Anwendungsprogrammiersprachen verbinden zu können.

Teilweise basierend auf unseren früheren Erfahrungen mit dem »Query Game« entwickelten Ray und ich einen ersten Vorschlag für eine relationale Abfragesprache namens SEQUEL (die Abkürzung für »Structured English Query Language«) und veröffentlichten ihn in einem 16-seitigen Artikel[2] auf der jährlichen ACM SIGFIDET-Konferenz (dem Vorgänger der SIGMOD) im Mai 1974 (dieselbe Konferenz, auf der die berühmte Diskussion zwischen Ted Codd und Charles Bachmann stattfand). Kurz nach der Veröffentlichung dieses ersten Artikels starb Ray Boyce plötzlich und tragisch an den Folgen eines Gehirn-Aneurysmas.

Nach der Veröffentlichung des ersten SEQUEL-Vorschlags durchlief die Sprache eine Reihe von Validierungen und Verbesserungen, so zwischen 1974 und 1979. In dieser Zeit wurde SEQUEL als Teil des experimentellen System R-Datenbankprojekts am IBM San Jose Research Laboratory implementiert. System R untersuchte verschiedene Aspekte des Datenbankmanagements, einschließlich B-Tree-Indexen, Join-Methoden, kostenbasierter Optimierung und der Transaktionskonsistenz. Diese Implementierungserfahrung wirkte sich wiederum auf das sich entwickelnde Design der Sprache aus. SEQUEL wurde zudem durch die Rückmeldungen von IBM-Kunden beeinflusst, die den System R-Prototyp installiert und auf experimenteller Basis eingesetzt hatten. Das System R-Team traf sich vierteljährlich mit den Kundenteams, um mögliche Verbesserungen an der Sprache und ihrer Implementierung zu besprechen.

---

[2] Chamberlin, Don and Ray Boyce. »SEQUEL: A Structured English Query Language,« Proceedings of ACM SIGFIDET (precursor to SIGMOD) Conference, Ann Arbor, MI, May 1974.

Die SEQUEL-Sprache entwickelte sich im Rahmen des System R-Projekts deutlich weiter. Der Name der Sprache wurde von SEQUEL zu SQL gekürzt, um Markenstreitigkeiten aus dem Weg zu gehen. Zudem wurde die Möglichkeit allgemeiner Joins hinzugefügt, die im ursprünglichen Vorschlag fehlten. Die Gruppierungsmöglichkeiten wurden verbessert und eine HAVING-Klausel hinzugefügt, um Gruppen filtern zu können. Um mit fehlenden Informationen umgehen zu können, wurden der Sprache Nullwerte und die dreiwertige Logik hinzugefügt. Ein paar neue Prädikate wurden ebenfalls ergänzt, zum Beispiel ein »Like« für Teilübereinstimmungen und ein »Exists« für Tests auf nicht-leere Unterabfragen. Es wurden weitere Artikel veröffentlicht, um die Entwicklung der Sprache zu dokumentieren.[3, 4] In dieser Phase des Sprachdesigns wurden die meisten Entscheidungen sehr pragmatisch getroffen – auf Basis unserer Implementierungserfahrungen und der Bedürfnisse unserer experimentellen Anwender.

Die Forschungsphase von SQL endete bei IBM 1979 mit dem Abschluss des System R-Projekts. Die Verantwortung für die Sprache wechselte zu Entwicklungsteams, die den System R-Prototyp in kommerzielle Produkte auf diversen IBM-Plattformen umwandelten. Aber das erste kommerzielle Produkt, das auf SQL basierte, wurde 1979 nicht von IBM veröffentlicht, sondern von einer kleinen Firma namens Relational Software, Inc. Das Produkt trug den Namen Oracle, ein Name, der später von der Firma übernommen wurde, die jetzt nicht mehr klein ist. Dem Oracle-Produkt folgten bald SQL-Implementierungen von IBM und schließlich von allen großen Datenbankherstellern. SQL ist heute die weltweit am meisten genutzte Datenbankabfragesprache.

Um die Portierbarkeit von Anwendungen zwischen den verschiedenen SQL-Implementierungen zu unterstützen, führte das American National Standards Institute (ANSI) ein Projekt durch, um eine Standardspezifikation für SQL zu entwickeln. Das Ergebnis mit dem Namen Database Language SQL wurde als ANSI-Standard im Jahr 1986[5] und als ISO-Standard im Jahr 1987 veröffentlicht.[6] Der SQL-Standard diente als Grundlage für die fortschreitende Entwicklung von SQL, bei der der Sprache neue Features hinzugefügt wurden, um die sich ändernden Anforderungen zu bedienen. Neue Versionen des SQL-Standards wurden von der ISO in den Jahren 1989, 1992, 1999, 2003 und 2006 herausgegeben.

Adin Falkoff hat mit Ken Iverson an APL gearbeitet. Seine Arbeit ähnelte Ihrer Arbeit an SQL – beide entwickelten sich aus dem Ausdruck eines präzise definierten Modells. Hilft ein Formalismus wie Iverson's Notation oder Ted Codds relationales Modell beim Erstellen einer erfolgreichen Programmiersprache?

Don: Ich denke, das relationale Datenmodell war für das Design von SQL grundlegend. Jede Programmiersprache, die deterministische Ergebnisse berechnet, braucht meiner Meinung nach

---

3 Chamberlin, Don et al. »SEQUEL 2: A Unified Approach to Data Definition, Manipulation, and Control«. *IBM Journal of Research and Development*, November 1976.

4 Chamberlin, Don. »A Summary of User Experience with the SQL Data Sublanguage«. Proceedings of the International Conference on Databases, Aberdeen, Scotland, July 1989.

5 American National Standards Institute. »Database Language SQL«, Standard No. X3.135 (1986 und folgende Updates).

6 International Organization for Standardization »Information Technology – Database Language SQL«, Standard No. ISO/IEC 9075 (1987 und folgende Updates).

einen wohldefinierten Satz von Objekten und Operatoren, was Sie vielleicht als formales Datenmodell bezeichnen können. Ich glaube, das ist die Grundlage der deterministischen Programmierung.

Selbst wenn Sie sich lose typisierte Sprachen wie Python anschauen, werden Sie sehen, dass sie ein wohldefiniertes Datenmodell zugrunde liegen haben. Es ist flexibler als das relationale Modell, aber es muss wohldefiniert sein, um als Basis für die Sprachsemantik zu dienen.

Wenn ich eine neue Sprache für mich selber erstellen wollte – würden Sie dann empfehlen, dass ich von einem präzisen Datenmodell aus starte, oder ist das etwas, was man in eine Sprache einpassen kann, während sie wächst?

Don: Im Prinzip denke ich, dass Sie beide Wege beschreiten können, aber Sie haben nicht immer die Möglichkeit, parallel zur Definition einer neuen Sprache auch ein neues Datenmodell zu entwerfen. So konnten zum Beispiel die Designer von XQuery nicht XML erfinden – sie mussten mit dem Datenmodell arbeiten, das schon durch XML Schema und andere W3C-Standards definiert worden war.

Die Sprache

Warum haben Sie sich für Abfragesprachen interessiert?

Don: Ich war immer schon an Sprachen interessiert.

Sprechen Sie (neben Englisch) noch andere Sprachen?

Don: Nein, ich spreche keine andere menschliche Sprache, aber ich lese und schreibe gerne und ich finde, Sprachen sind ein faszinierendes Thema. Ich hatte in meinem Berufsleben das Glück, zur richtigen Zeit am richtigen Ort zu sein, als Ted Codd seine bahnbrechenden Ideen über das relationale Datenmodell hatte. Ich hatte die einmalige Gelegenheit, Teil eines Projekts zu sein, das den Einfluss auf unsere frühe Forschung im Bereich der relationalen Datenbanken hatte. Mein vorhandenes Interesse an Sprache hat mir dabei geholfen, eine Nische in diesem Projekt zu finden und ich bin sehr dankbar dafür, dass ich diese Gelegenheit bekommen habe.

Eine der ersten Designentscheidungen war, dass SQL deklarativ und nicht prozedural sein sollte. Was waren die wichtigsten Kriterien für diese Wahl?

Don: Es gab dafür verschiedene Gründe. Der erste ist, dass wir die Sprache optimierbar machen wollten. Wenn der Anwender dem System in detaillierten Schritten erklärt, welcher Algorithmus zum Ausführen einer Abfrage zum Einsatz kommen soll, hat der Optimierer nicht die Flexibilität, Änderungen vorzunehmen, zum Beispiel das Wählen eines alternativen Zugriffspfads oder die Wahl einer besseren Join-Reihenfolge. Eine deklarative Sprache ist deutlich besser optimierbar als eine prozedurale Sprache auf niedrigerem Niveau.

Der zweite Grund ist, dass wir sehr interessiert an der Datenunabhängigkeit waren, dass also die Systemadministratoren die Freiheit haben sollten, Indexe hinzuzufügen oder zu löschen, die Organisation der Daten zu ändern und neue Views zu erzeugen. Sie sollten Anwendungen so schreiben können, dass es keine Abhängigkeiten von der physischen Organisation der Daten und den Zugriffspfaden gab, die auf physikalischer Speicherebene vorhanden waren. Daher ist die Datenunabhängigkeit ein zweiter wichtiger Grund dafür, dass wir eine deklarative Sprache haben wollten.

Der dritte Grund hat etwas mit der Benutzerproduktivität zu tun. Wir dachten, dass es für die Anwender leichter sein würde, ihre Wünsche auf hohem Niveau mit vertrauter Terminologie auszudrücken, als ihre Abfragen auf Basis von Low-Level-Maschinenkonzepten ausdrücken zu müssen, die nicht so eingängig sind.

Daher gingen wir davon aus, dass deklarative Sprachen wichtige Vorteile bei der Optimierung, der Datenunabhängigkeit und der Benutzerproduktivität bieten.

Waren das Ansichten, die damals in Ihrer Gruppe allgemein verbreitet waren?

Don: Ich glaube, die generellen Vorteile deklarativer Sprachen waren sehr gut bekannt, aber ich denke auch, dass es eine erkennbare Unsicherheit darüber gab, ob eine deklarative Sprache, die so komplex wie SQL war, mit der notwendigen Performance für kommerzielle Anwendungen implementiert werden konnte.

Views abstrahieren die physische Struktur von Daten, die auf Festplatten gespeichert sind. War damals ein Ziel, dass Anwender mit den Daten über Views interagierten statt über Tabellen?

Don: Wir dachten, dass Views für die Abfrage von Daten häufig verwendet werden würden, da verschiedene Anwendungen unterschiedliche Zugriffe auf die Daten benötigten. So würden zum Beispiel unterschiedliche Anwendungen Daten auf unterschiedlichen Aggregationsstufen anzeigen wollen und vielleicht unterschiedliche Autorisierungen für Teilbereiche der Daten besitzen. Views stellen einen sehr natürlichen Mechanismus für das Implementieren dieser Zugriffsunterschiede bereit.

Bei Updates ist die Situation andererseits viel schwieriger, da das System beim Aktualisieren von Daten über eine View Ihre Änderungen auf die zugrunde liegenden gespeicherten Daten abbilden muss. In manchen Fällen ist das möglich, aber in anderen gibt es keine eindeutige Abbildung, die ermittelt werden kann. So ist es zum Beispiel in Ordnung, eine View abzufragen, die die durchschnittlichen Gehälter nach Abteilungen zusammenfasst, aber wenn Sie versuchen, diese View zu aktualisieren, weiß ich nicht, was es bedeutet, das durchschnittliche Gehalt einer Abteilung zu ändern. Daher haben wir gemerkt, dass die Anwendung von Views bei abfragenden Anwendungen viel weiter verbreitet ist als bei ändernden Anwendungen.

SQL war eine der ersten Sprachen, die sich mit konkurrierenden Zugriffen auf gemeinsam genutzte Daten herumschlagen musste. Was für Auswirkungen hatte das auf das Design von SQL?

Don: Das Aufrechterhalten der Datenbankkonsistenz in einer Umgebung mit parallelen Änderungswünschen war eines der wichtigsten Forschungsthemen, die vom System R-Projekt bei IBM Research angegangen wurden. Das endgültige Ergebnis dieser Arbeit war eine präzise Definition der »ACID«-Eigenschaften elektronischer Transaktionen, für die Jim Gray 1999 den ACM Turing Award erhielt. Diese transaktionalen Eigenschaften wurden in System R (und anderen relationalen Systemen) durch ein System von Sperren und Logs unterstützt, das für SQL-Anwender größtenteils transparent ist.

Konkurrierender Zugriff auf gemeinsam genutzte Daten spiegelt sich in SQL vor allem im Konzept der Transaktionen und in den unterschiedlichen Isolationsgraden (Isolation ist das »I« in den ACID-Eigenschaften) wider. Letztere erlauben es Anwendungsentwicklern, zu entscheiden, wie stark die Benutzer untereinander geschützt werden sollen – im Gegensatz zur Entscheidung, wie viele Anwender gleichzeitig zu unterstützen sind. Eine Anwendung, die eine statistische Auswertung durchführt, kann zum Beispiel einen niedrigen Isolationsgrad wählen, um zu vermeiden, dass große Teile der Datenbank gesperrt werden. Eine Banktransaktion wählt andererseits vielleicht einen sehr hohen Isolationsgrad, um sicherzustellen, dass alle Transaktionen, die ein gegebenes Konto betreffen, serialisierbar sind.

Konkurrierende Updates sind für SQL-Programmierer in Form von Deadlocks ebenfalls sichtbar. Unter bestimmten Umständen können zwei konkurrierende SQL-Transaktionen einen Deadlock auslösen. In diesem Fall erhält eine der Transaktionen einen Rückgabewert, der angibt, dass ihre Änderungen zurückgerollt wurden.

Ich habe gelesen, dass es eine interessante Halloween-Geschichte aus den Tagen des System R gibt, in der Pat Selinger und Morton Astrahan vorkommen.

Don: Es war glaube ich an Halloween 1975, als Pat Selinger und Morton Astrahan am Optimizer für die erste SQL-Implementierung arbeiteten. Der Optimizer musste entscheiden, welcher Zugriffspfad gewählt wird, wenn man ein Massenupdate durchführt, zum Beispiel eine Gehaltserhöhung für alle unterbezahlten Mitarbeiter. Zunächst dachten Pat und Morton, dass es am effizientesten wäre, die Mitarbeiter mit einem Gehalt unter einem bestimmten Wert über einen Index zu finden. Der Optimizer nutzte also einen Index, um mit steigendem Gehaltswert über die Mitarbeiter zu laufen und dabei die Gehälter zu erhöhen. Aber wir bemerkten, dass durch das Ändern des Gehalts eines Mitarbeiters dieser an einen anderen Platz im Index wanderte und es geschehen konnte, dass derselbe Mitarbeiter erneut angesteuert und sein Gehalt noch mal erhöht wurde. Dieses Problem führte zu falschen und nicht vorhersagbaren Ergebnissen in diesem frühen Experiment.

Das Problem wurden von Pat und Morton an einem Freitagnachmittag entdeckt. Es war Halloween, ein amerikanischer Feiertag. Pat kam in mein Büro und fragte, »Was wollen wir da machen?«, und ich antwortete: »Pat, es ist Freitagnachmittag, wir können das heute nicht mehr lösen. Lass es uns als Halloween-Problem merken und nächste Woche daran arbeiten.«

Irgendwie blieb dieser Name an dem Problem haften, nicht über einen Index über ein Attribut auf Daten zugreifen zu können, wenn dieses Attribut geändert wird. Da das ein Problem ist, das von allen relationalen Datenbank-Optimizern gelöst werden muss, hat sich dieser Name in der Branche irgendwie weit verbreitet.

Was können die Leute, die heute und in naher Zukunft Programmiersprachen entwickeln, aus Ihren Lektionen über die Erfindung, Weiterentwicklung und Anpassung Ihrer Sprache lernen?

Don: Ich denke, die Geschichte von SQL zeigt, wie wichtig es ist, einen besonderen Satz von Prinzipien zu haben, die den Prozess des Sprachdesigns leiten. Ich habe eine Liste mit Prinzipien erstellt, die meiner Meinung nach (im Nachhinein) beim Entwerfen einer Computersprache wichtig sind. Ich behaupte hier nicht, dass alle diese Prinzipien beim Design von SQL ausreichend berücksichtigt wurden. Tatsächlich sind einige von ihnen Bereiche, die im ursprünglichen SQL-Design Defizite aufweisen, wie manche Leute schon bemerkt haben. Aber zu einem beträchtlichen Teil sind diese frühen Defizite während der Weiterentwicklung der Sprache verschwunden.

Hier kommt meine Liste mit Designprinzipien. Viele von ihnen dürften schon allgemein anerkannt sein, aber eine Anwendung in der Praxis ist schwieriger, als es aussieht.

Abgeschlossenheit
Die Sprache sollte ausgehend von einem Datenmodell definiert werden, das aus einer Reihe von Objekten mit wohldefinierten Eigenschaften besteht. Jeder Operator in der Sprache sollte aus seinen Operanden und seinem Ergebnis als Datenmodellobjekte definiert werden. Die Semantik jedes Operators sollte die Auswirkungen des Operators und alle Eigenschaften der beteiligten Objekte festlegen.

Vollständigkeit
Jede Art von Objekt im Datenmodell sollte Operatoren besitzen, um es zu konstruieren, um es in seine primitiveren Einzelteile aufzuspalten (wenn vorhanden) und um es mit anderen Objekten ähnlicher Art zu vergleichen.

Orthogonalität
Die Konzepte der Sprache sollten unabhängig voneinander definiert werden und es sollte keine speziellen Regeln geben, die ihre Nutzung einschränken. Wenn zum Beispiel ein Skalarwert ein Konzept in der Sprache ist, sollte jeder Ausdruck, der einen Skalarwert zurückgibt, in jedem Kontext nutzbar sein, in dem ein Skalarwert erwartet wird.

Konsistenz
Allgemeine Aufgaben, wie das Extrahieren einer Komponente aus einem strukturierten Objekt, sollten konsistent behandelt werden, wo auch immer sie in den verschiedenen Teilen der Sprache auftreten.

Einfachheit
Die Sprache sollte mithilfe weniger, recht einfacher Konzepte definiert werden. Designer sollten der Versuchung widerstehen, Features für ganz besondere Zwecke hinzuzufügen. Wenn die Sprache erfolgreich ist, erfordert es Disziplin und Entschlossenheit, viele Anfragen für »Verbesserungen« zurückzuweisen. Dieser fortlaufende Kampf wird einfacher, wenn die Sprache einen guten Erweiterungsmechanismus hat (siehe nächster Punkt).

Erweiterbarkeit
Die Sprache sollte einen wohldefinierten, allgemein anwendbaren Mechanismus haben, durch den neue Funktionalität ergänzt werden kann – idealerweise mit wenig oder keinen Auswirkungen auf die Syntax der Sprache. So könnte zum Beispiel eine Datenbankabfragesprache eine Möglichkeit bereitstellen, benutzerdefinierte Funktionen hinzuzufügen, die in einer eigenen, Turing-vollständigen Programmiersprache geschrieben wurden.

Abstraktion
Die Sprache sollte keine Aspekte einer speziellen Implementierung nach außen bringen und auch nicht davon abhängen. So sollte zum Beispiel das Löschen doppelter Einträge in einem Satz von Werten anhand eines abstrakten Konzepts wie eines »Primärschlüssels« definiert werden, anstatt eine physische Strategie wie »eindeutiger Index« zu nutzen. (Das war ein Fehler in einigen der ersten Versionen von SQL.) In der Datenbankwelt wird dieses Konzept manchmal *Datenunabhängigkeit* genannt.

Optimierbarkeit
> Die Sprache sollte keine unnötigen Abhängigkeiten von Algorithmen haben, um ihre Ausdrücke auszuführen. So sollte zum Beispiel die Definition der Sprache eine gewisse Flexibilität bei der Reihenfolge der Auswertung der Prädikate ermöglichen. Wann möglich, sollte die Semantikspezifikation der Sprache deklarativ und nicht prozedural sein, um die Möglichkeiten einer automatischen Optimierung nutzen zu können. In manchen Fällen ist es hilfreich, eine gewisse Unbestimmtheit zu tolerieren (zum Beispiel, ob beim Verarbeiten einer bestimmten Abfrage ein Fehler in Abhängigkeit von der Reihenfolge der Auswertung der Prädikate ausgelöst wird oder nicht).

Robustheit
> Nicht alle Programme sind korrekt. Die Sprache sollte so designt sein, dass viele Programmierfehler beim Kompilieren erkannt und eindeutig identifiziert werden können (also in Abwesenheit echter Eingabedaten). Zudem sollte die Sprache einen Mechanismus bereitstellen, mit dem die Programmierer Ausnahmebedingungen zur Laufzeit behandeln können.

Feedback und Weiterentwicklung

Ted Codds ursprünglicher Artikel über das relationale Datenmodell wurde in der freien wissenschaftlichen Literatur veröffentlicht und hat auch Leute außerhalb von IBM beeinflusst, wie Larry Ellison und Mike Stonebrakers Gruppe in Berkeley. Entsprach dieser Prozess dem »Open Source«-Modell? Wie beeinflusst die externe Sichtbarkeit die Entwicklung von SQL?

Don: In den 1970ern war das relationale Datenmodell eine neue Idee. Es wurde noch erforscht und es wurden Prototypen gebaut, aber es war noch nicht allgemein kommerziell verfügbar. SQL wurde als Teil eines experimentellen Forschungsprojekts namens System R entwickelt, das unabhängig von IBMs normalem Produktentwicklungsprozess lief. Die Forschungsabteilung bei IBM veröffentlicht die Ergebnisse seiner Untersuchungen traditionell in der wissenschaftlichen Literatur, und das geschah auch mit der SQL-Sprache und anderen Teilen von System R.

Wir haben den Quellcode unserer SQL-Implementierung nicht veröffentlicht, daher gibt es schon einen Unterschied zum heutigen Modell der Open Source-Software. Wir haben auch keine Software herausgegeben, aber einige der Schnittstellen und Techniken beschrieben, die in unserer experimentellen Implementierung von SQL genutzt wurden. So haben wir zum Beispiel einige unserer Optimierungstechniken in der wissenschaftlichen Literatur erläutert, und wie Sie wissen, haben einige unserer Artikel andere Leute aus der Branche beeinflusst, die ähnliche Arten von Software entwickelten.

Dieser Prozess des Teilens von Ideen war keine Einbahnstraße. In der Frühzeit der Forschung an relationalen Datenbanken wurden die Ideen frei zwischen vielen Organisationen wie IBM, UC Berkeley und anderen ausgetauscht – zum Vorteil aller Beteiligten.

Warum wurde SQL so beliebt?

Don: Ich glaube, der Hauptgrund für die Beliebtheit von SQL ist die Mächtigkeit und Einfachheit von Ted Codds relationalem Datenmodell. Codd war für den konzeptionellen Durchbruch verantwortlich, der die Datenbankverwaltung revolutionierte – SQL war einfach ein Versuch, Codds Konzepte in einem gut nutzbaren Format zu kapseln. Verglichen mit anderen bestehenden Technologien sind relationale Datenbanken beim Erstellen und Verwalten von Datenbankanwendungen bezüglich der Benutzerproduktivität ein echter Quantensprung.

Natürlich war SQL nicht die einzige Sprache, die auf Codds Ideen basierte und während der 1970er Jahre vorgeschlagen wurde. Ich denke, einige der Gründe dafür, dass gerade SQL so erfolgreich wurden, sind folgende:

- Die Tatsache, dass SQL einen vollständigen Satz an Datenbankadministrationsaufgaben unterstützte, war für die Akzeptanz der Sprache wichtig. Mit SQL konnte jeder berechtigte Anwender mit einfachen Befehlen Tabellen, Views und Indexe erstellen oder löschen. Diese Aufgaben hatten klassischerweise einen Datenbankadministrator erforderlich gemacht, der dafür die Datenbank herunterfuhr, was natürlich Kosten und Verzögerungen nach sich zog. SQL befreite die Endanwender von den Datenbankadministratoren und ermöglichte ihnen, mit alternativen Datenbankdesigns frei experimentieren zu können.

- SQL war ziemlich einfach zu erlernen. Eine Teilmenge von SQL, mit der sich einfache Aufgaben erledigen ließen, konnte in ein paar Stunden erlernt werden. Dann konten die Anwender nach und nach komplexere und mächtigere Aspekte der Sprache angehen, wenn es nötig wurde.

- SQL war in robusten Mehrbenutzerimplementierungen von mindestens zwei Herstellern (IBM und Oracle) und auf vielen Plattformen verfügbar, einschließlich OS/370 und Unix. Als die Sprache Verbreitung fand, gab es weitere Implementierungen, was zu einem Schneeballeffekt führte.

- SQL unterstützte Schnittstellen zu verbreiteten Programmiersprachen. Zusammen mit diesen Hostsprachen war SQL dazu in der Lage, auch komplexe Anwendungen zu ermöglichen.

- Die frühe Arbeit bei ANSI und ISO zur Standardisierung von SQL gab den Anwendern das Vertrauen, dass ihre SQL-Anwendungen von einer Implementierung auf eine andere portierbar sein würden. Dieses Vertrauen wurde noch gestärkt durch das Erstellen einer SQL-Konformitäts-Testsuite durch das National Institute of Standards and Technology (NIST). Einige Behörden der U.S.-Regierung fordern bei ihren Datenbankanwendungen Konformität zum SQL-basierten Federal Information Processing Standard (FIPS-127).

- Die Entwicklung von SQL fand zu einer sehr günstigen Zeit statt, als nämlich gerade viele Firmen ihre kritischen Anwendungen entwickelten oder konvertierten, um integrierte Datenbanken zu nutzen. Anwendungsentwickler und Datenbankadministratoren waren sehr gefragt. Die Produktivitätssteigerungen durch Organisationen, die SQL nutzten, konnte man für das Abarbeiten des Anwendungsentwicklungs-Backlog verwenden.

Warum ist SQL so beliebt geblieben?

Don: Viele der Sprachen, die vor 25 Jahren beliebt waren, sind mittlerweile verschwunden, auch Sprachen, die von großen Firmen unterstützt wurden. Ich glaube, die Gründe dafür, dass SQL immer noch so viel eingesetzt wird, sind folgende:

- Der ISO-SQL-Standard bot eine Möglichkeit für das kontrollierte Weiterentwickeln der Sprache, um die sich ändernden Benutzeranforderungen zu berücksichtigen. Der Standard wird von einem Komitee betreut, in dem sowohl Anwender als auch Hersteller vertreten sind, und die Hersteller stellen Ressourcen bereit, um ihre Implementierungen mit dem sich entwickelnden Standard konform zu halten. Mit den Jahren hat der SQL-Standard Fehler im ursprünglichen Sprachdesign korrigiert und wichtige neue Funktionen hinzugefügt, zum Beispiel Outer Joins, rekursive Abfragen, Stored Procedures, objektrelationale Funktionalität und OLAP (Online Analytical Processing). Der SQL-Standard diente zudem dazu, die Aufmerksamkeit und die Ressourcen der Branche zu fokussieren, wodurch ein allgemeines Framework entstand, in dem Einzelpersonen und Firmen Tools entwickeln, Bücher schreiben, Kurse halten und Beratungsservices anbieten können.

- SQL verwaltet persistente Daten, die eine lange Lebenszeit haben. Firmen, die in SQL-Datenbanken investiert haben, bauen eher darauf auf, statt mit einem anderen Ansatz neu zu starten.

- SQL ist robust genug, um reale Probleme zu lösen. Es stellt ein breites Anwendungsspektrum von Business Intelligence bis zur Transaktionsverarbeitung bereit. Es wird auf vielen Plattformen und in vielen Umgebungen unterstützt. Trotz einiger Kritik an seiner fehlenden Eleganz ist SQL von vielen Organisationen erfolgreich eingesetzt worden, um kritische Anwendungen für den realen Einsatz zu entwickeln. Ich glaube, dass dieser Erfolg die Herkunft der Sprache aus einem experimentellen Prototyp widerspiegelt, der auf die Bedürfnisse realer Anwender einging. Zudem zeigen sich darin die pragmatischen Entscheidungen, die im Verlauf der Sprache getroffen wurden, um die sich ändernden Anforderungen zu erfüllen.

Systeme, die heute in C geschrieben werden, sind vielleicht ein paar Potenzen größer als Systeme, die in den 70ern in C geschrieben wurden, aber die Datenmengen sind bis heute noch viel, viel mehr gewachsen. Trotzdem kann eine Handvoll SQL-Zeilen immer noch mit einem Dataset arbeiten, auch wenn es sehr riesig geworden ist. Anscheinend skaliert SQL mit den Daten viel besser. Stimmt das? Und wenn ja, warum?

Don: Vielleicht liegt das an einem weiteren Vorteil deklarativer Sprachen – sie sind für eine Parallelverarbeitung deutlich empfänglicher als prozedurale Sprachen. Wenn Sie eine Operation auf einem großen Dataset ausführen und sie nichtprozedural beschrieben ist, hat das System mehr Möglichkeiten, die Arbeit auf mehrere Prozessoren zu verteilen. Das relationale Datenmodell und der hohe Abstraktionsgrad, den es unterstützt, waren für diese Art von Skalieren sehr hilfreich. SQL stellt als deklarative Sprache für Compiler Möglichkeiten bereit, Vorteile aus der impliziten Parallelisierung zu ziehen.

Haben Sie im Laufe der Jahre von Anwendern Feedback erhalten, die Produkte benutzen, die auf Ihren Forschungen aufbauen?

Don: Seit die wichtigsten Datenbankprodukte von IBM in den 1980er Jahren mit der Unterstützung von SQL begannen, führt IBM regelmäßige Reviews durch, sogenannte »Customer Advisory Councils«, in denen wir Feedback von unseren Anwendern zu SQL und anderen Aspekten unserer Datenbankprodukte erhalten haben. Zudem gibt es eine unabhängige Anwendervereinigung namens IDUG, die DB2 User Group, die einmal jährlich ein Meeting in Amerika, Europa und Asien durchführt. Auf diesen IDUG-Konferenzen gibt es viel Informationsaustausch zwischen DB2-Anwendern und IBM. Ein Großteil des Feedbacks erreicht die Forschungs- und Entwicklungsteams bei IBM und wird genutzt, um zukünftige Verbesserungen des Produkts zu planen. Das ist die Quelle vieler neuer Features, zum Beispiel der objektrelationalen und der OLAP-Erweiterungen.

Eine andere Quelle für Ideen sind die ANSI- und ISO-Komittees, die sich um den SQL-Sprachstandard kümmern. Dazu gehören Vertreter von Anwender- und Implementierungsseite. Diese Feedbackquellen haben dabei geholfen, die Sprache im Laufe der Jahre weiterzuentwickeln, um die sich ändernden Bedürfnisse der Anwendercommunity zu berücksichtigen.

Sie haben auch zusammen mit der Psychologin Phyllis Reisner Usability Tests für die zwei Sprachen SQUARE und SEQUEL durchgeführt. Was haben Sie aus diesen Tests gelernt?

Don: Ja, Phyllis Reisner war eine experimentelle Psychologin, die mit der System R-Gruppe zusammenarbeitete, um unsere Sprachideen mit College-Studenten zu testen. SQUARE war ein früher Versuch einer relationalen Datenbanksprache, die auf einer mathematischen Notation basierte, während SEQUEL eine ähnliche Sprache war, die englische Schlüsselwörter verwendete.

Phyllis führte ein Experiment durch, in dem sie Studenten in beiden Sprachen unterrichtete, um herauszufinden, welcher Ansatz leichter erlernbar war und mit weniger Fehlern genutzt werden konnte. Ich glaube, dass sich insgesamt die Notation mit englischen Schlüsselwörtern als einfacher zu lernen und zu nutzen herausstellte.

Es war interessant, obwohl die Mehrzahl der Fehler, die von den College-Studenten gemacht wurden, nicht viel mit der Struktur der Sprache zu tun hatte. Es ging da eher darum, ob Strings in Anführungszeichen eingeschlossen waren oder ob die Daten Groß- und Kleinschreibung besaßen – Sachen, die Sie vielleicht als triviale oder inkonsequente Fehler betrachten, und keine, die wirklich mit der Struktur der Sprache oder den Daten zu tun hatten. Trotzdem war es für die Anwender schwierig, diese Art von Details richtig hinzubekommen.

Heute gibt es viele SQL-Injection-Angriffe auf Webservices, die die Eingabe nicht korrekt filtern, bevor sie sie in die Abfragen in ihren Datenbanken einfügen. Können Sie dazu etwas sagen?

Don: SQL-Injection-Angriffe sind ein gutes Beispiel für etwas, an das wir in der Anfangszeit nie gedacht hätten. Wir haben nicht damit gerechnet, dass Abfragen aus den Benutzereingaben von Webbrowsern zusammengesetzt werden. Ich glaube, die Lektion ist hier, dass Software immer sorgfältig darauf achten sollte, was ein Anwender eingibt, bevor sie es verarbeitet.

Hat sich SQL in Richtungen entwickelt, die während des ersten Designs nicht zu erwarten waren?

Don: SQL war als deklarative, nichtprozedurale Sprache gedacht – und sie hat diesen Charakter immer noch. Aber mit den Jahren hat sie sich weiterentwickelt und wurde komplexer, als wir uns zu Anfang vorgestellt hatten. Sie wird für Vieles genutzt, woran wir nie gedacht hätten. Features wie Data Cubes und OLAP-Analysen wurden der Sprache hinzugefügt. Sie hat sich in eine objektrelationale Sprache gewandelt, mit benutzerdefinierten Typen und Methoden. Wir haben nicht mit all diesen neuen Anwendungen gerechnet. SQL-Anwender müssen sich heutzutage mit viel mehr Komplexität herumschlagen und brauchen mehr technisches Wissen, als wir zu Anfang erwartet hätten.

Ray Boyce und ich hofften, dass SQL einen Einfluss auf die Datenbankindustrie haben würde, aber dieser Einfluss wirkte sich nicht so aus, wie wir erwartet hatten. Ray und ich dachten, dass wir eine Sprache entwickeln würden, die vor allem von »Gelegenheitsanwendern« genutzt werden würde, um Ad-hoc-Abfragen zur Entscheidungsfindung zu stellen. Wir versuchten, Datenbanken für eine neue Gruppe von Anwendern zugänglich zu machen, die keine ausgebildeten

Computerspezialisten waren. Wir erwarteten, dass SQL direkt von Finanzanalysten, Städteplanern und anderen Leuten genutzt würde, die Zugriff auf Daten brauchten, aber keine Computerprogramme schreiben wollten. Diese Erwartungen erwiesen sich als zu optimistisch.

Seit den Anfängen wurde SQL vor allen von ausgebildeten Computerprogrammierern genutzt. Tatsächlich wurde in all den Jahren sehr viel SQL-Code automatisch von Tools erzeugt, eine Entwicklung, die zu Beginn nicht vorherzusehen war. Die Leute aus nicht programmierenden Berufen, von denen Ray und ich dachten, sie würden SQL direkt nutzen, verwenden eher formularbasierte Schnittstellen, die von Anwendungsprogrammen bereitgestellt werden und einen Backend-Zugriff auf eine SQL-Datenbank besitzen. Direkter Zugriff auf Daten durch Gelegenheitsanwender musste warten, bis Spreadsheets und Suchmaschinen entstanden.

Sie haben mit relationalen Systemen gearbeitet, aber auch an einem Tool zur Dokumentenverarbeitung namens Quill, das Anwender vor der physischen Repräsentation von Dokumenten abschirmt. Spreadsheets wie Excel stellen Daten ebenfalls in einer sehr intuitiven, benutzerorientierten Art und Weise dar. Haben diese Systeme etwas gemeinsam? Kann diese Art von Datenunabhängigkeit auf das ganze Web ausgeweitet werden?

Don: Quill und Excel unterstützen beide das, was wir vielleicht Schnittstellen zur direkten Bearbeitung nennen würden. Die ermöglichen es den Anwendern, mit einer visuellen Darstellung der Daten zu arbeiten, die eine zugrunde liegende Struktur besitzen. Das hat sich als sehr mächtige Metapher herausgestellt. Es gibt hier eine Analogie zu relationalen Datenbanken: Der Anwender arbeitet mit Daten auf einer hohen Abstraktionsebene, die unabhängig von den zugrunde liegenden Datenstrukturen ist. Solche Schnittstellen zur direkten Bearbeitung lassen sich leicht erlernen und anwenden, aber auf einer gewissen Ebene müssen Sie trotzdem durch spezialisierte Datenstrukturen unterstützt werden. Eine gewisse Art eines optimierenden Compilers oder Interpreters ist erforderlich, um die Eingabe des Benutzers auf die zugrunde liegenden Daten abzubilden.

Soweit das Web als Ganzes betroffen ist, ist es das, was es ist, und wir haben keine Möglichkeit, das Web heute umzudesignen, aber alle beliebten Suchmaschinen schützen ihre Anwender vor den Details der Anfrageverarbeitung. Ich bin sicher, dass Suchmaschinen sich weiterentwickeln werden, um noch höhere Abstraktionsebenen und das Erforschen und Nutzen der Semantiken der Informationen im Web zu unterstützen.

Sie haben versucht, ein Tool zu entwickeln, das für normale Anwender nützlich wäre, aber jetzt wird es größtenteils nur von Programmierern genutzt.

Don: Ich denke, wir haben gezeigt, dass wir ein bisschen naiv und überoptimistisch waren, was unsere Ziele beim ursprünglichen Design der Sprache angeht. Ich habe in den frühen Tagen des relationalen Datenmodells mit Ted Codd zusammengearbeitet. Damals arbeitete er an einem Projekt namens Rendezvous, bei dem es sich um ein Frage-und-Antwort-System handelte, das mit natürlicher Sprache genutzt werden konnte und auf dem relationalen Modell basierte. Ich glaube, es war damals durchaus durchführbar, mit natürlichen Sprachen zu arbeiten, aber ich hoffte, dass wir eine Benutzerschnittstelle entwerfen könnten, die so verständlich war, dass auch Leute mit wenig Training sie nutzen konnten.

Ich denke, das ist größtenteils nicht geschehen. SQL hatte schnell die Komplexität einer Programmiersprache und erforderte Training, genau wie andere Programmiersprachen, also wurde es vor allem von Profis benutzt.

Ich habe den größten Respekt vor den neueren webbasierten Anwendungen wie Google, die genutzt werden können, um ohne irgendwelches Training Informationen zu finden. Wir hatten damals in den 70ern einfach nicht die Technolgie dafür.

Liegt die Schwierigkeit darin, zu erklären, wie SQL funktioniert, oder beim Erläutern der Ideen des relationalen Modells, auf das die Leute nicht vorbereitet sind?

Don: Ich glaube, beides waren Faktoren, die dazu führten, dass man als SQL-Anwender ein gewisses technisches Verständnis haben musste. Andere Faktoren haben mit dem Unterschied zwischen genauen und ungenauen Abfragen zu tun.

Wenn Sie Google eine Handvoll Suchbegriffe hinwerfen, stört es Sie nicht, ein ungenaues Ergebnis zu erhalten. Google tut sein Bestes, die Dokumente zu finden, die bezüglich Ihrer Liste mit Suchbegriffen die meiste Relevanz haben. Das ist ein nichtdeterministischer Prozess, und das Ergebnis in den meisten Fällen hilfreich.

Bei SQL arbeiten wir an einer anderen Art von Problemen, bei denen die Antworten deterministisch sind. Und bei deterministischen Antworten brauchen Sie eine Abfragesprache mit einer höheren Genauigkeit. Sie müssen zum Beispiel ziemlich gut den Unterschied zwischen »und« und »oder« verstehen. Bei Google kann die Semantik von Abfragen ein bisschen ungenauer sein als in der strukturierten Abfragedomäne, in der SQL genutzt wird.

Die Kosten für das Begehen eines Fehlers oder für ungenaue Antworten von einem Webserver sind viel kleiner als die Kosten für falsche Gehaltsübersichten.

Don: Das stimmt, und wenn Sie etwas falsch schreiben oder sich nicht mehr genau daran erinnern, was die Join-Spalte in einer Tabelle ist, kann es sein, dass Ihre Abfrage in SQL gar nicht funktioniert, während die weniger deterministischen Schnittstellen wie Google bei kleinen Fehlern viel großzügiger sind.

Sie glauben an die Bedeutung des Determinismus. Wenn ich eine Codezeile schreibe, muss ich verstehen, was sie tut.

Don: Na ja, es gibt Anwendungen, bei denen Determinismus wichtig ist, und welche, bei denen das nicht so ist. Traditionell gab es eine Trennlinie zwischen dem, was Sie als Datenbanken bezeichnen, und dem, was Sie Information Retrieval nennen. Beides sind natürlich florierende Bereiche, und beide haben ihre jeweiligen Anwendungen.

XQuery und XML

Wird XML die Art und Weise beeinflussen, in der wir in Zukunft Suchmaschinen nutzen?

Don: Ich glaube, das könnte sein. Suchmaschinen nutzen schon die Metadaten, die in HTML-Tags enthalten sind, zum Beispiel Hyperlinks. Wie Sie wissen, ist XML eine stärker erweiterbare Auszeichnungssprache als HTML. Da sich immer mehr XML-basierte Standards für das Auszeichnen spezieller Dokumente, zum Beispiel aus dem medizinischen oder geschäftlichen Umfeld, zeigen, denke ich, dass Suchmaschinen lernen werden, Vorteile aus den semantischen Informationen in diesem Markup zu ziehen.

Sie arbeiten jetzt an einer neuen Sprache namens XQuery für den Zugriff auf XML-Daten. XML unterscheidet sich von relationalen Daten, da es Metadaten enthält. Was für Herausforderungen sahen Sie sich beim Entwerfen einer neuen Abfragesprache für XML gegenüber?

Don: Eine der größten Stärken von XML ist, dass XML-Dokumente selbstbeschreibend sind. Damit wird es für solche Dokumente möglich, unterschiedliche Strukturen zu haben und diese Unterschiede durch das Auslesen der Metadaten in Form von XML-Tags, die im Dokument selbst enthalten sind, zugänglich zu machen. So ist XML ein sehr umfassendes und flexibles Format, um Informationen zu repräsentieren. In den heutigen Geschäftsanwendungen, in denen wir Dokumente austauschen, die nicht alle die gleiche Struktur haben, sind die internen Metadaten, die im XML-Format enthalten sind, sehr wichtig. Eines der Hauptziele der XQuery-Sprache ist, diese Flexibilität auszunutzen, sodass Abfragen gleichzeitig auf Daten und Metadaten operieren können.

Eine der Herausforderungen, denen wir uns beim Design von XQuery gegenübersahen, ist, dass es viele verschiedene Umgebungen gibt, in denen die Sprache genutzt werden muss. Es gibt Anwendungen, in denen Typen sehr wichtig sind. In diesen Anwendungen wollen Sie eine stark typisierte Sprache, die viele Typprüfungen ausführt und Fehler wirft, wenn ein Objekt nicht den erwarteten Typ hat. Aber es gibt auch andere Umgebungen, manchmal als Schema-Chaos-Umgebungen bezeichnet, in denen Datentypen weniger wichtig sind. In diesen Umgebungen sind Sie vielleicht auch bereit, Daten unbekannten Typs oder heterogene Typen zu akzeptieren, und dann wollen Sie natürlich, dass die Sprache sehr flexibel ist und mit Daten unterschiedlichster Typen arbeitet.

Es war schwierig, eine Sprache zu entwerfen, die dieses Anwendungsspektrum umfassen kann – von starken Typen bis hin zu losen Typen. Zudem ist das Typensystem von XML Schema viel komplexer als das Typensystem des relationalen Datenmodells, und das Entwerfen einer Sprache, die mit diesem komplexen Typensystem genutzt werden kann, ist sehr anspruchsvoll.

Das Ergebnis ist eine Sprache, die viel komplexer als SQL ist. Ich glaube, XQuery ist schwieriger zu erlernen als SQL, aber der Lohn für den Umgang mit dieser Komplexität ist die Fähigkeit, mit den umfangreicheren und flexibleren Datenformaten umgehen zu können, die von XML angeboten werden.

Sie waren an der Standardisierung von zwei Abfragesprachen beteiligt, SQL und XQuery. Was haben Sie aus Ihren Erfahrungen über den Standardisierungsprozess gelernt?

Don: Zunächst einmal habe ich gelernt, dass Standards für das Bereitstellen einer formalen Sprachdefinition, eine Konzentration auf das Anwenderfeedback und einen Mechanismus für die kontrollierte Weiterentwicklung einer Sprache große Vorteile haben. Der Standardisierungsprozess bringt Leute mit unterschiedlichen Sichtweisen und Erfahrungen zusammen. Die so entstehende Gruppe ist notorisch langsam, aber ich glaube, dadurch entsteht eher eine ziemlich robuste Sprachdefinition.

Meiner Erfahrung nach sind die folgenden Praktiken für die Effektivität eines Sprachstandardisierungskomitees wichtig:

- Das Komitee sollte während der gesamten Sprachentwicklung einen Referenzparser betreuen und ihn nutzen, um alle Beispiele und Use Cases zu validieren, die in der Sprachspezifikation und den zugehörigen Dokumenten genutzt werden. Durch diesen einfachen Prozess werden erstaunlich viele Fehler zum Vorschein kommen. Durch das Bereithalten eines Referenzparsers zeigen sich auch Usability- und Implementierungsthemen, und zudem wird sichergestellt, dass es keine Mehrdeutigkeiten oder andere Anomalien gibt, die in die Sprachgrammatik eingeführt werden.
- Das Komitee sollte einen formalen Satz von Use Cases verwenden, die die geplante Verwendung der Sprache illustrieren. Diese Use Cases sind beim Untersuchen alternativer Ansätze während des Designprozesses sehr hilfreich und können schließlich als Beispiele für »Best Practices« im Sprachgebrauch genutzt werden.
- Die Sprachdefinition sollte durch eine Konformitäts-Testsuite unterstützt werden, und mindestens eine Referenzimplementierung sollte Konformität zeigen, bevor der Standard übernommen wird. Diese Praxis zeigt Grenzfälle besser auf und stellt sicher, dass die semantische Definition der Sprache vollständig und eindeutig ist. Ein Standard ohne eine objektive Messmöglichkeit für die Konformität hat keinen großen Wert.

Wie fühlte sich XQuery beim Erfinden im Vergleich zu SQL an?

Don: Ich habe schon einige Unterschiede bemerkt. Wir hatten beim Entwerfen von XQuery deutlich mehr Abhängigkeiten als beim Entwurf von SQL, und es gab eine Reihe von Gründen dafür.

Einer davon war, dass viele Leute von Anfang an an XQuery interessiert waren. Wir entwarfen die Sprache im Rahmen einer internationalen Standardisierungsorganisation, an der Vertreter aus etwa 25 verschiedenen Firmen beteiligt waren, und alle hatten vorgefasste Meinungen dazu, wie die Sprache aussehen sollte. Wir führten diese Arbeit in aller Öffentlichkeit durch, wobei alle unsere Arbeitsentwürfe im Web veröffentlicht wurden. Dafür bekamen wir viel Feedback, von dem einiges sehr hilfreich war.

Bei SQL war das ganz anders. Wir entwarfen die Sprache in einer sehr kleinen Gruppe, und niemand außerhalb von IBM und nicht einmal sehr viele Leute innerhalb der Firma interessierten sich dafür, daher hatten wir viel mehr Freiheiten, autonome Entscheidungen zu treffen, ohne sie erklären und gegenüber vielen Leuten verteidigen zu müssen, die eigene dezidierte Meinungen hatten.

Wenn man nicht groß auffällt, kann man viele Freiheiten haben.

Don: Ja, das hat viele Vorteile!

Beeinflusst die Größe des Teams die Ergebnisse?

Don: Ja, im Idealfall besteht für mich ein Team aus acht bis zehn Personen. Bei dieser Größe kann man eine Menge erreichen, aber es ist auch klein genug, dass jeder verstehen kann, was der andere tut, und Informationen können leicht die Runde machen, ohne dass es zu Reibungen oder einem Overhead kommt. Das ist auch ungefähr die Größe des System R-Teams, das die erste experimentelle SQL-Implementierung erstellte.

Was ist der beste Weg, um ein F&E-Team anzuregen?

Don: Ich finde, der beste Weg, um ein Forschungs- und Entwicklungsteam anzuregen, ist, den Mitgliedern die Gelegenheit zu geben, durch ihre Arbeit Einfluss zu nehmen. Wenn die Leute sehen können, dass ihre Arbeit die Welt verändern wird, werden sie sehr motiviert sein und hart arbeiten. Das ist ein Vorteil, den kleine Start-up-Firmen meiner Meinung nach haben – sie machen oft etwas Revolutionäres und müssen sich nicht um Altlasten kümmern, die ihre Arbeit einschränken.

In größeren Firmen sind solche Gelegenheiten eher selten, aber es gibt sie. Ich fand es persönlich sehr motivierend, Teil der ersten Entwicklung der relationalen Datenbanktechnologie zu sein. Es war etwas, das unserer Meinung nach das Potenzial für revolutionäre Auswirkungen hatte. Arbeitet man an einem Projekt, das dieses Potenzial besitzt, werden die Leute dazu motiviert, ihr Bestes zu geben.

Wie definieren Sie bei Ihrer Arbeit Erfolg?

Don: Das ist eine wundervolle Frage. Ich würde Erfolg in der Forschung so definieren, dass sie einen Einfluss auf die Technologie hat. Wenn wir Theorien oder Schnittstellen oder Methoden entwickeln können, die häufig eingesetzt werden und auch eine längere Zeit am Leben bleiben, finde ich, dass wir durchaus sagen können, unsere Forschung hat einen Wert.

Eines der besten Beispiele ist die Arbeit von Ted Codd. Ted hatte Ideen, die simpel genug waren, dass sie von jedem verstanden werden konnten, aber auch mächtig genug, dass sie fast 40 Jahre später immer noch die Informationsverwaltungsbranche dominieren. Nicht viele von uns können so einen Erfolg erreichen, aber so würde ich das ideale Ergebnis eines Forschungsprojekts definieren.

KAPITEL ELF

Objective-C
Brad Cox und Tom Love

Objective-C ist eine Kombination aus den Programmiersprachen C und Smalltalk, wobei die Objektunterstützung von Smalltalk hinzugefügt wurde. Tom Love und Brad Cox entwickelten dieses System in den 80er Jahren. Seine Popularität wuchs mit dem Aufkommen von Steve Jobs NeXT-Systemen 1988, und es findet momentan die weiteste Verbreitung in Apples Mac OS X. Anders als andere damalige OO-Systeme nutzte Objective-C eine sehr kleine Laufzeitbibliothek statt einer virtuellen Maschine. Der Einfluss von Objective-C ist vor allem in der Programmiersprache Java sichtbar, während Apples Objective-C 2.0 bei Mac OS X und bei iPhone-Anwendungen verbreitet ist.

Die Entwicklung von Objective-C

Warum haben Sie eine bestehende Sprache erweitert und nicht eine neue entwickelt?

Tom Love: Das war aufgrund der Forderungen großer Organisationen nach Kompatibilität sehr wichtig. Wir trafen sehr früh diese Entscheidung, ein C-Programm zu nehmen, es durch den Objective-C-Compiler zu schicken und laufen zu lassen. Nichts, was Sie in C machen könnten, würde verboten sein, und nichts, was Sie in Objective-C machen, würde inkompatibel mit C sein. Das war eine große Einschränkung, aber auch eine sehr wichtige. Sie ermöglichte auch ein einfaches Mischen und Zusammenfügen.

Warum haben Sie sich für C entschieden?

Tom: Vermutlich weil wir ursprünglich Unix-Systeme als Forschungsumgebung benutzten und in C programmierten. Wir versuchten, Sachen umzusetzen, die in C schwierig zu machen waren. Die Ausgabe der Zeitschrift *Byte* vom August 1981 erschien und zeigte das erste Mal der breiten Öffentlichkeit, was man mit Smalltalk machen konnte. Brad sagte so etwas wie: »Ich denke, für die meisten Dinge, über die man in Smalltalk redet, könnte ich mir auch überlegen, wie man sie in C umsetzt.«

Wir waren eine Forschungsgruppe in der ITT und bauten verteilte Programmierumgebungen, um Softwareentwicklern dabei zu helfen, Telekommunikationssysteme zu erstellen. Daher suchten wir nach den richtigen Tools, um etwas zu bauen, was heute als CAD-Tools bezeichnet würde – allerdings war es mehr als nur ein CAD-Tool.

Ist Objective-C aus heutiger Sicht in mancher Hinsicht besser als Smalltalk?

Tom: Das Objective-C, das es heute gibt, und die Bibliotheken, die es heute gibt, unterscheiden sich sehr von dem, was 1984 oder 1983 vorhanden war, als die erste Version herauskam. Wir haben über eine Reihe von Anwendungen gesprochen, für die eine Sprache passt, und über andere, für die sie nicht passt. Smalltalk ist wirklich eine wunderbare Sprache, um objektorientiertes Programmieren zu erlernen, und ich bin ehrlich überrascht, dass sie im akademischen Umfeld nicht häufiger genutzt wird, weil sich mit ihr die grundlegenden Konzepte so schön erlernen lassen. Wenn ich aber im Gegensatz dazu für das Schreiben eines neuen Betriebssystems verantwortlich wäre, würde ich nicht Smalltalk nehmen. Wenn ich bestimmte Forschungsmodelle aufbaue oder Prototypen erstelle oder so etwas, ist Smalltalk eine feine Lösung. Ich denke, es gibt einen Bereich mit passenden Lösungen, bei dem jede Sprache gut nutzbar ist, und es gibt eine Überlappung zwischen beidem.

Objective-C und C++ gingen beide von C aus, entwickelten sich dann aber in sehr verschiedene Richtungen. Welchen Ansatz bevorzugen Sie heute?

Tom: Es gibt die erfolgreiche Richtung und es gibt den Ansatz, den Bjarne mit C++ wählte. In einem Fall war es eine kleine, einfache – vielleicht kann man sogar sagen, elegante – Programmiersprache, die sehr knackig und wohldefiniert ist. Im anderen Fall war es eine ziemlich hässliche, komplizierte, schwierige Sprache, die einige Features hatte, die ziemlichen Ärger machen konnten. Ich denke, das sind die Unterschiede zwischen beiden.

Ist C++ in manchen Bereichen zu komplex?

Tom: Oh, absolut.

Es entwickelt sich immer noch weiter. Der Sprache wird immer noch etwas hinzugefügt.

Tom: Na ja, sollen sie doch Sachen hinzufügen. Ich habe meine Sprachen wirklich gern einfach. APL ist eine nette Programmiersprache, weil sie so unglaublich einfach, dabei aber für bestimmte Anwendungsarten außerordentlich mächtig ist. Wenn ich ein Statistikpaket schreibe, ist APL die perfekte Sprache, weil sie Matrixalgebra besser als jede andere Sprache beherrscht, die ich kenne. Aber gut, das ist nur ein Beispiel.

Warum denken Sie, dass C++ häufiger genutzt wurde als Objective-C?

Tom: Sie hatten die AT&T-Jungs hinter sich.

Nur das?

Tom: Ich denke schon.

Was denken Sie heute über Objective-C?

Tom: Es ist noch immer da. Nicht schlecht, oder?

Objective-C 2.0 enthält eine Reihe zusätzlicher interessanter Features – Apple hält die Sprache auf jeden Fall am Leben.

Tom: Ich habe gerade gestern Abend mit jemandem gesprochen, der für das iPhone programmiert. Er erzählte, dass er das Developers Kit für das iPhone heruntergeladen hätte und es durch und durch Objective-C sei. Es ist am Leben.

Hatten Sie während der anfänglichen Entwicklung eine Ahnung, dass die Leute die Sprache auf Mobiltelefonen und kleinen Geräten nutzen würden?

Tom: Wir trafen uns das erste Mal, als ich Brad für eine Gruppe zur fortschrittlicheren Technologieforschung in der Telefonbranche einstellte – ITT. Unser Aufgabe war es, zehn Jahre in die Zukunft zu schauen. Etwas, das wir über das Vorausblicken in die Zukunft gelernt hatten, war, dass wir es nicht sehr gut konnten – insbesondere bei den Softwareaspekten. Es stellte sich heraus, dass wir im Hardwarebereich eine sehr gute Voraussage getroffen hatten, aber bezüglich der Software waren wir zehn Jahre lang optimistisch. Ich meine, wir dachten, bis 1990 würden Sachen passiert sein, die auch zehn Jahre später nicht passiert waren.

Selbst in den späten 90ern fanden die Leute einige der Ideen immer noch dubios, die Lisp und andere Sprachen schon vor 30 oder 40 Jahren aufgebracht hatten und die seitdem durchaus erfolgreich genutzt wurden.

Tom: Stimmt. Natürlich sind Programmierer legendär für ihren Optimismus. Zudem ändert sich auch die Gruppe der Programmierer. Wir entwickeln PCs und PDAs und programmierbare Telefone, und die Leute, die diese unterschiedlichen Geräte programmieren, sind häufig auch sehr unterschiedlich. Es ist nicht so, dass dieselben Leute immer die gleichen Technologien nutzen. Vor langer Zeit hieß es, dass die Mainframe-Leute ganz anders als die Minicomputer-Leute waren, die sich wiederum von den PC-Jungs unterschieden, die dann nichts mit den Workstation-Leuten gemein hatten. Sie alle mussten unabhängig voneinander die gleichen Lektionen lernen. Das ist immer noch der Fall.

Hören Sie mal einer Gruppe von Leuten zu, die sich auf einer Konferenz über das Entwickeln von Anwendungen für das iPhone unterhalten. Die sehen nicht einmal so aus wie die Leute, die heutzutage auf einer Mainframe-Konferenz auftauchen, oder gar auf einer Windows-Entwicklerkonferenz. Die .NET-Programmierer sind nicht nur eine andere Gruppe, sondern sogar eine andere Generation.

Sehen Sie das bei der Hardware genauso?

Tom: Ich denke nicht, dass das Lernen da so anders ist.

Warum können wir über die Hardware in zehn Jahren spekulieren, aber nicht über die Software?

Tom: Wir haben für die Hardware gut quantifizierbare Daten. Bei der Software gibt es die nicht. Wie Sie vielleicht von mir wissen, bin ich im Zählen sehr gut. Ich mag Zahlen. Es ist so eine Art Hobby von mir, dass ich seit 30 Jahren versuche, herauszufinden, wie lange ein Programmierer zum Schreiben einer Klasse braucht, wie lange die Tests dauern und wie viele Tester man pro Programmierer benötigt, und wie viele Tests für jede Klasse geschrieben werden müssen, und wie viele Zeilen Code in eine Papierkiste passen: 100.000.

Das Wachsen einer Sprache

Glauben Sie an das Wachsen und Weiterentwickeln einer Sprache?

Tom: Langsam. Diese interessante und komplizierte Frage hat mit Unterschieden zwischen Firmensprachen, öffentlich nutzbaren Sprachen und Open Source-Sprachen zu tun. Da sind jeweils ganz unterschiedliche Ziele zu erreichen. Wenn Sie eine einzelne Autoritätsperson haben, die für die Änderungen an der Sprache verantwortlich ist, und diese Änderungen langsam und methodisch vorgenommen werden, ist das wahrscheinlich ziemlich gut – aber manche Leute mögen es halt nicht, für die Compiler selbst oder eine jährliche Wartungspauschale für einen Compiler zahlen zu müssen, der sich nicht sehr ändert. Wir haben uns mit diesen Fragen lange Jahre herumgeschlagen. Das ist eines der Themen, die beim Entwerfen und Veröffentlichen einer Programmiersprache auftreten – genauso wie bei Betriebssystemen natürlich.

Wie entscheiden Sie, ob Sie einer Sprache ein Feature hinzufügen?

Tom: Sie wollen so wenig Features wie möglich haben, um so viel Funktionalität und Flexibilität wie möglich zu erhalten.

Sie haben einmal gesagt, dass objektorientierte Sprachen in ihrer Anwendbarkeit begrenzt sind. Gibt es Möglichkeiten, diese Grenze zu überwinden?

Tom: Jede Sprache, die Sie auswählen, hat Systeme, auf die sie sinnvoll angewendet werden kann, und Systeme, die sich außerhalb dieses Bereiches befinden. Es gibt trotzdem Leute, die sehr knappen Assembler-Code für besondere Anwendungen schreiben, weil sie eine absolute Laufzeiteffizienz brauchen. Ich glaube nicht, dass das noch sehr häufig geschieht, aber es gibt einfach physikalische Grenzen, deren man sich bewusst sein muss. Ich sehe das so, dass es egal ist, wie großzügig der Bereich bemessen ist – es gibt immer Beispiele, die nicht darin liegen. Ich will damit nicht sagen, dass objektorientierte Sprachen einen besonders kleinen Bereich abdecken.

Wenn Sie zum Beispiel ein Onboard-Flugsystem für ein aus der Ferne gesteuertes Flugobjekt aufbauen und einen kleinen Prozessor haben und das ganze System klein ist, weil es nur die Größe eines Modellflugzeugs hat, ist das ein ganz anderes Problem, als wenn Sie Software entwerfen, die in einem Boeing Dreamliner laufen soll.

Ich kann verstehen, warum Sie Smalltalk ausgewählt haben – es war eindeutig die beste Wahl. Selbst heute ist es eine gute Wahl.

Tom: Es ist eine elegante Sprache. Ich kenne einige der älteren Sprachen wie APL. APL hat, wie Smalltalk, ein wirklich gigantisches Vereinfachungsprinzip, um das die Sprache entworfen und gebaut wurde. Das war außerordentlich wichtig. Objective-C begann mit der Idee einer hybriden Sprache, und wir haben rigoros die Idee aufrechterhalten, nichts von C wegzunehmen, sondern nur Sachen hinzuzufügen. Daher haben wir keine von C abgeleitete Sprache gebaut, sondern ein Hybrid, das auf C basiert.

Einige der ersten Entscheidungen waren tatsächlich sehr entscheidend dafür, dass die Sprache noch immer lebt. Ich bezeichne mich häufig selber als den Typ, der für die eckigen Klammern in Objective-C verantwortlich ist, weil Brad und ich da eine lange Diskussion drüber hatten. Haben wir eine C-Syntax, die konsistent zu C ist, oder erstellen wir eine hybride Sprache, in der man sie beschreiben kann als »Die eckigen Klammern sind eine neue Stufe auf dem Weg ins Objektland«? Wir sahen es so, dass Sie bei einer Hybridsprache eine Reihe von Grundlagenklassen aufbauen können, sodass ab einem bestimmten Zeitpunkt die meiste Arbeit innerhalb der eckigen Klammern erledigt wird. Damit lassen sich viele Details vor einem typischen Anwendungsprogrammierer verbergen.

Die eckigen Klammern sind ein Zeichen für eine Nachricht, die in Objective-C gesendet wird. Die ursprüngliche Idee war, dass Sie nach dem Aufbauen einer Reihe von Bibliotheken mit Klassen die meiste Zeit innerhalb der eckigen Klammern verbringen, sodass Sie wirklich objektorientierte Programmierung mit einem zugrunde liegenden Framework von Objekten durchführen, die in der Hybridsprache entwickelt wurden, womit man eine Kombination aus prozeduraler und objektorientierter Sprache hat. Wenn Sie dann begonnen hatten, Bibliotheken mit Funktionalität aufzubauen, gibt es immer weniger die Notwendigkeit, sich in der prozeduralen Welt aufhalten zu müssen. Es war eine bewusste Entscheidung, eine Sprache zu entwerfen, die zwei Ebenen hat – nachdem Sie genug Möglichkeiten aufgebaut haben, können Sie auf dieser höheren Ebene arbeiten. Ich denke, das ist einer der Gründe. Hätten wir eine sehr C-ähnliche Syntax gewählt, wäre ich mir nicht sicher, ob noch irgendwer den Namen der Sprache kennen würde.

Die anderen zwei Ziele waren damals Einfachheit und Eleganz. Die Leute hatten zu der Zeit ein Programm vermutlich in 20 verschiedenen Sprachen geschrieben. Ich stellte fest, dass man bei einer ernsthaften Beschäftigung mit APL erst die wahren Möglichkeiten kennenlernt und es sich in ein tolles Programm für diese Anwendungen wandelt.

Mein erster Home Computer war ein IBM 5100, bei dem es sich eigentlich um einen APL-Rechner handelte. Ich dachte, es wäre interessant herauszufinden, ob man so etwas wie einen Fullscreen-Editor mit APL bauen kann. Das stellte sich als echtes Problem heraus.

Sie müssten den Bildschirm als eine Zeichenmatrix behandeln, das wäre schwierig.

Tom: Richtig. Es passte einfach nicht zusammen. Viele in dieser Generation experimentierten herum und verbrachten Zeit mit einer String-verarbeitenden Sprache, einer Lisp-Sprache, einer Sprache zur Matrixbearbeitung und einer objektorientierten Sprache. Ich hatte das Gefühl, dass ich wichtige grundlegende Konzepte immer dann lernte, wenn ich meinem Repertoire eine Sprache hinzufügte.

Ich sehe, wie das den Wunsch nach einer guten, allgemein nutzbaren Sprache wachsen lässt. War Ihre Motivation, mit C zu beginnen und dann Smalltalk-Elemente zu ergänzen?

Tom: Wir versuchten, herauszufinden, was die richtige Programmiersprache ist, um Programmierumgebungen für große, internationale Teams aufzubauen, die Telefonvermittlungssysteme entwickeln wollten. Wir waren mit den damals verfügbaren Möglichkeiten nicht ganz zufrieden.

Als die Zeitschrift *Byte* im August 1981 etwas über Smalltalk schrieb, lasen wir sie alle mehrfach von vorne bis hinten. Brad kam in mein Büro und sagte: »Kann ich diesen Computer für etwa eine Woche mit nach Hause nehmen? Ich denke, wenn ich dann wiederkomme, kann ich dir zeigen, dass ich etwas als Erweiterung zu C erstellen kann, das sehr nahe an Smalltalk liegt.«

Ich erlaubte ihm, etwas zur damaligen Zeit sehr Unübliches zu tun – einen Computer mit nach Hause zu nehmen. Der Computer hatte ungefähr die Größe einer Schuhschachtel für Cowboy-Stiefel. Es handelt sich um einen Computer von Onyx, einer Computerfirma, die für die meisten Leute schon Geschichte ist.

Ich habe das Smalltalk 80-Buch von 1983 hier. Es sieht aus, als ob man mehr als eine Woche dafür braucht, aber der Compiler selbst ist nicht so kompliziert.

Tom: Nein, ist er nicht. Sprachen mit einem klaren Unterbau sind gar nicht so kompliziert. Im Gegensatz dazu können Sie sich gut vorstellen, dass ein C++-Compiler einfach ziemlich übel ist, da es sich nicht um eine ordentliche Sprache handelt. Sie enthält alle möglichen speziellen und unüblichen Konstrukte, die nicht vollständig konsistent sind. Das ist ein Problem.

Viele andere Interviewte haben gesagt, dass sie wirklich mit einer sehr kleinen Grundmenge an Ideen beginnen und dann alles darauf aufbauen wollen. Ist das auch Ihre Erfahrung oder Ihr Eindruck?

Tom: Ich finde, das ist ganz vernünftig. Ich würde mit ein paar Beispielen für sehr einfache, sehr reine Sprachen beginnen, und Smalltalk und APL wären dafür offensichtliche Kandidaten. Sie könnten auch an andere denken, zum Beispiel Lisp.

Im Gegensatz dazu können Sie sich eine wirklich hässliche Sprache vorstellen. Ich werde Ihnen einen Kandidaten nennen, der wichtiger ist, als Sie vielleicht denken. Es handelt sich um die Programmiersprache MUMPS. Es ist eigentlich eine einfache Sprache. Sie ist ziemlich hässlich und unaufgeräumt und sehr unkonventionell, aber sie ist anscheinend sehr gut dazu geeignet, Sachen wie elektronische Patientenakten zu verwalten.

Es ist sogar eine ganze Programmierumgebung, nicht nur eine Programmiersprache. Die Umgebung ist sehr hilfreich, wenn man Systeme für elektronische Patientenakten aufbauen will, die eine hohe Performance haben sollen. Das größte bestehende produktive System ist Wall-to-Wall-MUMPS, erstellt vom U.S.-Kriegsveteranenministerium.

Von 108 Anwendungen sind ungefähr 100 in MUMPS geschrieben. Das sind etwa 11 Millionen Zeilen Code, die unzerstörbar sind und so aussehen, wie Sie noch nie etwas gesehen haben. Da elektronische Patientenakten für dieses Land und die ganze Welt im Moment sehr, sehr wichtig sind, und da das größte produktive System in dieser Sprache geschrieben ist, ist sie tatsächlich wichtiger, als den meisten Leuten bewusst ist.

Einer meiner Kollegen hat immer gesagt, dass die Tabellenkalkulation die beliebteste Programmiersprache sei. Warum sollten wir von so etwas überrascht sein?

Tom: Ich werde Ihnen ein Beispiel einer wirklich kranken Programmiersprache bringen. Ich habe einmal in einer kleinen, entspannten Firma namens Morgan Stanley gearbeitet. Dort ging es um das Erstellen von Handelssystemen, was wohl nicht so überraschend sein dürfte.

Dort entschied einmal jemand, dass es zwar sehr viele Programmiersprachen auf der Welt gebe, aber keine, die zum Umsetzen von wirklich hochperformanten Handelssystemen geeignet sei. Er entschied, seine eigene Programmiersprache zu schreiben. Sie wurde im Geist von APL entworfen, aber er glaubte sehr daran, dass jeder Compiler, der sein Geld wert sei, in zehn Seiten Code oder weniger geschrieben werden könne.

Da der Sprache und der Umgebung mehr und mehr Features hinzugepackt wurden, versuchte er herauszufinden, wie er die unter Berücksichtigung seiner Zehn-Seiten-Begrenzung unterbringen konnte. Irgendwann begann er damit, die Variablennamen zu kürzen, um mehr in einer Zeile unterzubringen. Nach etwa 15 Jahren schauten Sie auf diese zehn Seiten Code, und es sah aus wie ein Core Dump. Das war Mitte der 90er Jahre. Jedes Bond-Handelssystem bei Morgan Stanley war in dieser Sprache namens A+ programmiert worden.

Als ich bei Morgan Stanley anfing, hatte ich 250 Leute, die für mich an drei verschiedenen Standorten arbeiteten: Tokio, London und New York. Ich begann mit einem Prozess, bei dem ich mindestens 30 Minuten an jedem Schreibtisch dieser 250 Leute verbrachte.

Mir fielen die vielen verschiedenen Programmiersprachen auf, mit denen sie arbeiteten. Ich begann damit, eine Liste zu erstellen, und als ich damit fertig war, standen dort 32 prozedurale Programmiersprachen. Das waren keine Abfragesprachen. Das waren keine Befehlssprachen. Das waren alles Programmiersprachen. Ich fragte die Gruppe: »Denkt ihr nicht, dass wir das auf 16 reduzieren könnten?«

Ich startete eine Kampagne zur Reduktion der Artenvielfalt, nahm alle 32 Sprachen, schrieb sie jeweils auf ein Kärtchen, auf deren Rückseite die Sprache durchgestrichen stand. Diese Kärtchen hängte ich an eine Wand in meinem Büro. Die Idee war, dass man einfach durch Umdrehen eine Sprache als »erledigt« kenntlich machen konnte. Irgendwann rief mich einer meiner Mitarbeiter aus London an: »Okay, Tom, stell dein Telefon laut und geh zu deiner Wand. Wir werden eine kleine Zeremonie veranstalten. Heute wurde ganz offiziell die folgende Sprache ausgemustert.« Ich weiß nicht mehr, welche es war. Ich schaute auf die Wand und sagte: »Oh nein.« Er sagte: »Warum sagst du das?« Ich sagte: »Die Sprache war nicht an der Wand. Wir sind immer noch bei 32. Die gute Nachricht ist, dass wir eine unnötige Sprache ausgemustert haben. Die schlechte Nachricht ist, dass wir immer noch 32 haben.«

Das ist eine lustige Geschichte, aber stellen Sie sich das Problem vor, 250 Leute zu haben, die in 32 verschiedenen Programmiersprachen schreiben. Es ist auch ein Problem bei der Projektplanung. Sie haben 15 Personen, die etwas für Sie tun können, aber nicht in den vier Programmiersprachen, die Sie in diesem Projekt nutzen wollen. Das ist ein außerordentlich teurer Weg, eine Firma zu leiten.

In diesem Geschäft ist mehr nicht immer besser.

Wenn Sie heute eine neue Sprache entwerfen würden, wie würde sie aussehen?

Tom: Vergessen Sie nicht, dass ich nicht gerne etwas Technisches ergänze, wenn es nicht absolut notwendig ist. Ich würde mit der Frage beginnen: »Brauche ich es ganz, ganz, ganz wirklich?« Eine Sprache, die wir nicht erwähnt haben, ist Ruby. Das ist eine saubere Sprache, die außerordentlich effizient sein kann – effizient genug, um Vieles umzusetzen. Dafür hat sie eine nette, saubere Struktur.

Ich habe nicht das Gefühl, dass eine neue Sprache notwendig ist. Ich verbringe viele meiner Tage damit, mir darüber Gedanken zu machen, was passiert, bevor man die erste Codezeile schreibt.

Ich habe gerade diese Woche ein paar Freunden einen großen Haufen Buttons überreicht, auf denen das Wort ANFORDERUNGEN stand, aber durchgestrichen wie bei einem Verbotsschild. Auf der Rückseite des Buttons sind 14 akzeptable Alternativen für dieses Wort. Es gibt viele Diskussionen zwischen Einzelpersonen oder Gruppen in der Form: »Ich konnte diese Arbeit nicht erledigen, weil du mir die Anforderungen noch nicht gegeben hast.« oder »Wir brauchen eine Gruppe von Leuten, die zu den Kunden gehen und die Anforderungen für dieses neue System sammeln.«

Der Begriff ist einfach zu ungenau. Sie brauchen präzisere Begriffe als Alternative. In einem großen Projekt, an dem ich beteiligt war, führten wir eine Anforderungssteuer ein. Wenn jemand das Wort »Anforderungen« allein verwendete, musste er der Kaffeekasse zwei Dollar spenden. Wenn man über Use Cases oder Story Cards oder Performancemetriken oder Business Cases oder Business Process Models sprechen will, sind das alles akzeptable Begriffe. Dafür muss man keine Steuer zahlen, denn wenn Sie jetzt sagen: »Ich brauche den Use Case oder die funktionale Spezifikation oder ein Mockup der Anwendung, die entwickelt werden soll.«, ist das eine präzise Anfrage.

Ich sehe, dass Projekte Probleme bekommen, wenn sie da nicht richtig vorgehen. Das Schreiben des Codes scheint nicht mehr der schwierige Teil zu sein, sondern herauszufinden, was der Code tun soll.

Glauben Sie, dass wir ein Produktivitätsniveau erreicht haben, bei dem Sprachen und Tools und Plattformen und Bibliotheken nicht mehr so entscheidend für den Erfolg sind wie vor 20 Jahren?

Tom: Ich glaube, das stimmt. Es hat eine ganze Zeit gebraucht, bis ich begriffen hatte, dass man beim Schreiben einer Klasse in einer objektorientierten Programmiersprache eigentlich die Programmiersprache erweitert.

In manchen Sprachen ist das ein bisschen offensichtlicher als in anderen. In Smalltalk ist es zum Beispiel sehr deutlich – in einer Sprache wie C++ ein bisschen weniger.

Seit wir die Möglichkeit haben, durch Entwicklungs-Frameworks oder Klassenbibliotheken im Prinzip spezialisierte Sprachen zu erstellen, verschiebt sich das Problem in andere Bereiche des Entwicklungszyklus. Ich würde bei »Was müssen wir tun?« sowohl das Frontend des Prozesses als auch das Backend hervorheben, bei dem es sich um das Testen handelt.

Ich habe letzte Woche mit jemandem gesprochen, der eine Anwendung baut, bei der davon ausgegangen wird, dass tagtäglich 40.000 Benutzer damit arbeiten. Ich habe gesagt: »Erzähl mir über die Stresstests, mit denen du sichergehst, dass das System mit diesen 40.000 Leuten umgehen kann, wenn sie alle gleichzeitig die Eingabetaste drücken.«

Vermutlich aufgrund meiner kurzen Zeit in der Telefonindustrie sehe ich das als Systementwicklungsproblem an. Im Medizinbereich saß ich mit einer Gruppe von Leuten zusammen, die über das Übermitteln elektronischer Patientendaten aus einer zentralen Datenbank in das ganze Land sprachen, wobei die Antwortzeiten unter einer Sekunde liegen sollten. Ich sagte: »Wissen Sie, wie groß eine aktuelle MRT-Datei ist? Fünf Gigabyte.«

Wenn Sie überlegen, wie die Leitung aussehen muss, damit fünf Gigabyte in unter einer Sekunde durch das Land geschickt werden können, ist das ganz schön teuer. Sie können das tun, aber es ist nicht billig. Und fast nie ist es wirklich notwendig.

Ausbildung und Training

Was empfehlen Sie zur Verwaltung komplexer technischer Konzepte?

Tom: Ich finde, wir sollten uns als Beispiel die europäischen Handwerke anschauen. Eine Person sollte bei ihrer Karriere in ihrer Branche mit dem Verstehen der einfachsten Aspekte beginnen. Was muss getan werden? Wie schreibt man Testfälle? Wie entwickelt man funktionale Spezifikationen für Projekte? Wie entwirft man die eigentliche Lösung? Wie implementiert man sie? Wie führt man kompliziertere Dinge durch, wie zum Beispiel Stresstests von Systemen oder das Bereitstellen großer Systeme? Ich finde, wir haben die Tendenz, Leute an Aufgaben arbeiten zu lassen, für die sie nicht qualifiziert sind. Und dann sind wir überrascht, wenn sie keinen Erfolg haben.

Ich kenne mich ein bisschen besser mit Deutschland aus als mit Italien, und soweit ich weiß, muss man in Deutschland, um Architekt zu werden, eine gewisse Zeit – ich glaube sechs Monate – in verschiedenen Handwerken tätig sein. Sie müssen etwas darüber wissen, wie man tatsächlich Rohre verlegt und wie man ein Haus baut, bevor man als Architekt zugelassen wird und solche Sachen offiziell planen darf. Ich finde, in der Softwarebranche fehlt dieser Prozess, die Leute die passende akademische Ausbildung und Praxiserfahrung machen zu lassen – oder nach der akademischen Ausbildung zumindest das richtige Training am Arbeitsplatz.

Wie wichtig ist Erfahrung aus dem echten Leben?

Tom: Ich ziehe da eine Analogie zum Fliegen, wo Sie einen methodisch sehr gut definierten rechtlichen Prozess durchlaufen müssen – das Fliegen kleiner Flugzeuge, etwas größerer Flugzeuge, noch größerer Flugzeuge und schnellerer Flugzeuge, bis Sie endlich auf dem Pilotensitz einer 757 sitzen und 300 Leute über den Atlantik fliegen. Natürlich wurden diese Regeln auf dem Rücken vieler Leute entwickelt, die beim Versuch, anders vorzugehen, gestorben sind. Daher kamen sie erst ins Spiel, als es erforderlich wurde.

Welche Themen sollten Studenten intensiver bearbeiten?

Tom: Ich war gerade letzte Woche bei einem Treffen mit einigen Oldies der Sofwarebranche, und wir haben uns gefragt, wo man in den Vereinigten Staaten am besten etwas über Softwareentwicklung lernen kann, wie angesehen die Unis sind und wie viele Forschungszuschüsse sie bekommen. Und es sieht nicht so gut aus. Ich mache einen klaren Unterschied zwischen der Softwareentwicklungsausbildung und der Informatikausbildung. Ich rede hier nicht davon, wie man einen Compiler entwirft oder ein Betriebssystem schreibt, sondern wie man ein Projekt plant, durchführt und erfolgreich mit verschiedenen Rollen abschließt.

Ich bin mit dem Ausbildungssystem in Europa in Bezug auf Softwareentwicklung nicht mehr so vertraut wie früher, aber ich finde, in den Vereinigten Staaten sieht es im Moment ziemlich mau aus. Neulich hat mich ein schwedischer Freund gefragt: »Ich werde in einer Softwareorganisation einen Managementposten übernehmen. Welche Bücher sollte ich über Softwareentwicklung lesen, damit ich meine Arbeit besser erledigen kann?« Ich gab ihm eine Liste mit fünf Büchern und er sagte: »Wo kann ich die herbekommen?« Ich sagte: »Du kannst zu Amazon gehen oder so, aber wenn du möchtest, gehe ich morgen in einen Unibuchladen, besorge sie und schicke sie dir zu.«

Also fuhr ich zur Yale University, aber es stellte sich heraus, dass sie dort im Buchladen keines der fünf Bücher vorrätig hatten, was ich ganz aufschlussreich fand. Yale hat nicht die prestigeträchtigste Informatikfakultät in der Ivy League, ganz zu schweigen von den ganzen Vereinigten Staaten, aber es ist doch eine durchaus bekannte Fakultät, die es schon sehr, sehr lange gibt. Aber sie hatten nicht einmal die Bücher oder Kurse da, in denen man ein bisschen mehr lernt als aus den Büchern. Gestern habe ich etwas sehr Lustiges gesehen. Ein neues Produkt wurde teilweise damit beworben, dass es zu 100% in Objective-C geschrieben sei.

Wie würden Sie Softwareentwickler trainieren?

Tom: Ich würde damit beginnen, sie in eine Testgruppe zu stecken und ihnen zu zeigen, wie man Code testet und liest. Die Softwarewelt ist einer der wenigen Orte, an dem wir den Leute erst schreiben beibringen, bevor sie lesen können. Das ist wirklich ein Fehler. Es geht nichts darüber, ein wirklich furchtbares Stück Code zu nehmen und zu verstehen, was es tut. Das stellt sich als sehr lehrreich heraus. Ich würde die Leute auch darin unterstützen, sich mit bestehenden Softwareprodukten vertraut zu machen, die ein gutes Design und eine gute Architektur haben, sodass sie auch einmal diese Erfahrung aus dem Inneren heraus machen und nicht nur von außen zusehen können.

»Hier ist ein Beispiel für ein sehr gut geschriebenes Produkt in unserer Firma. Schaut es euch an und vergleicht es mit dem, an dem ihr gerade arbeitet.« Ich würde ihnen mehr und mehr Verantwortung übertragen, dabei aber in sehr kurzen Zyklen vorgehen, sodass es die Gelegenheit gibt, ihren Fortschritt und Erfolg zu bewerten und ihnen auch die Hilfe zukommen lassen zu können, die sie brauchen.

Wie stellen Sie einen guten Programmierer ein?

Tom: Das ist ein großes Thema. Sie wissen vielleicht, dass meine Dissertation eine Studie zu den psychologischen Eigenschaften erfolgreicher Programmierer in den 1970ern war.

Einige von ihnen sind immer noch aktiv.

Tom: Ja, einige von ihnen leben tatsächlich noch. Das ist ziemlich erstaunlich. Es gibt eine Reihe kognitiver psychologischer Eigenschaften, nach denen Sie Ausschau halten: Merkfähigkeit, Aufmerksamkeit für Details. Ich schaue auch nach Kommunikationsfähigkeiten, sowohl schriftlich als auch mündlich. Arbeiten in einem Team: Es ist wichtig, dass Sie effektiv mit dem Rest des Teams kommunizieren können, und es ist genauso wichtig, dass Sie, wenn Sie eine leitende Position haben, mit Kunden und Experten oder anderen operationalen oder Wartungsteams kommunizieren können, wenn Sie Produkte ausliefern wollen. Es ist keine Anforderung von mir, aber ich schaue nach Zusammenhängen zu ihren Hobbys, wenn ich versuche, jemanden als Chefdesigner oder Architekten für ein Projekt einzustellen. Wenn sie tüchtige Musiker sind, ist das schon einmal ein gutes Zeichen – tüchtig heißt, sie haben klassische Musik studiert und können eine Klaviersonate aus dem Kopf spielen. Das ist ein ziemlich guter Test ihrer Merkfähigkeit und des Achtens auf Details, zudem klingt es sehr schön!

Projektmanagement und alte Software

Sie haben einmal gesagt, dass ein Programmierer ungefähr eine halbe Kiste Papier warten kann.

Tom: Das stimmt. Ich bin momentan an vielen Projekten mit Regierungsstellen beteiligt. Es ist erstaunlich, wie hilfreich diese kleine Tatsache für mich ist. 100.000 Codezeilen sind eine Kiste mit Ausdrucken. Es kostet drei Millionen Dollar, sie zu entwickeln. Man braucht zwei Leute, um sie zu warten. Die Anzahl von Testfällen, um diese Kiste mit Code vollständig zu testen, macht noch einmal zwei oder drei weitere Kisten aus.

Ist das unabhängig von der Sprache?

Tom: Fast. Es dürfte zumindest für alle objektorientierten Sprachen gelten. In einer halbwegs objektorientierten Sprache benötigt man tatsächlich mehr Leute zum Testen des Codes als zum Schreiben, da die Sprachen mächtig genug sind. Ich bin gerade an einem Projekt beteiligt, das eine Dreiviertelmillion Codezeilen enthält, und mehr als die Hälfte des Codes wurde von außen eingekauft. Dabei ist da nicht einmal irgendetwas technisch wirklich Ausgefuchstes bei. Wenn Sie nun sagen: »Ich werde einen Tester für jeden Programmierer brauchen.«, unterschätzen Sie den wahren Aufwand massiv, da der Programmierer in Wirklichkeit eine Menge ungetesteten Code von außen dazubringt, der im Falle einer medizinischen Anwendung ausführlich getestet werden muss.

Sie landen nachher in einem solchen Umfeld eventuell bei fünf oder sechs Testern je Programmierer. In den frühen 1980er Jahren in einer C-Umgebung hatten Sie vielleicht sechs Programmierer für jeden Tester.

Liegt das an der Sprache C und ihren Abstraktions- und Wiederverwendbarkeitsebenen?

Tom: Es ist die Größe der Bibliothek, die Sie an Bord bringen. Ich habe am Anfang von Objective-C viele Analysen durchgeführt, bei wie vielen Codezeilen Sie landen, wenn Sie ein großes C-Programm nehmen und es in Objective-C neu programmieren. Das Verhältnis war etwa fünf zu eins, Sie hatten also nur ein Fünftel der Codezeilen in Objective-C.

Das ist ein gutes Kompressionsverhältnis.

Tom: Das ist eine ziemlich große Zahl. Wir haben vor vier Jahren ein Projekt durchgeführt, das eine Kombination aus COBOL- und C++-Code enthielt, aber aus den 11 Millionen Codezeilen nur eine halbe Million Java-Zeilen gemacht hat. Das ist ein 20-zu-1-Verhältnis für den Wartungsaufwand. Das wird dann schnell wirklich interessant.

Ein Teil davon kommt von den Erfahrungen, die man beim Reimplementieren eines Systems macht.

Tom: Das trifft immer zu. Ich erzähle diese Geschichte folgendermaßen. Es ist eine Tatsache, dass es immer einfacher ist, eine zweite Version eines Systems zu bauen, als die erste Version. Einer der Gründe dafür ist, dass Sie sich nicht fragen müssen, ob es möglich ist. Da es vorhanden ist, ist es nicht unmöglich.

Sie kennen vielleicht diese Geschichte von den Russen, die einen B-29-Bomber in die Finger bekamen – das Flugzeug, das die Atombombe abwarf. Sie stellten eine exakte Kopie her, bis hin zu Mustern auf Flügeln, die genau repliziert wurden. Es dauerte nur zwei Jahre und kostete viel weniger als die 3 Milliarden Dollar, die in den USA in fünf Jahren ausgegeben worden waren, um die erste B-29 zu bauen – das war teurer als das Manhattan Project![1]

Es stimmt wirklich, dass man bei einem zweiten Mal alles schneller erledigt.

Natürlich. Sie sprechen über mehr als eine Größenordnung im Unterschied der Codezeilen. Kann ein Programmierer unabhängig von der Sprache die gleiche Anzahl von Codezeilen warten?

Tom: Ich habe mich mit vielen guten Programmierern über dieses Thema unterhalten. Es gibt viele Variationen bezüglich dieser Zahl. Ich glaube, der Durchschnitt ist recht stabil. Andererseits gibt es eine recht gute Streuung. Es ist möglich, dass Code sehr klar und ordentlich und gut organisiert geschrieben ist und eine Person dann 200.000 Codezeilen betreuen kann. Das kommt selten vor, ist aber sicherlich möglich.

Genauso können Sie eine Klitsche haben, in der sich eine Person den Hintern aufreißt, um 10.000 Codezeilen am Laufen zu halten. Das beobachtet man allerdings häufiger. Macht man die Architektur und das Design eines neuen Systems richtig gut und übergibt es dann an die Organisation, die dafür bezahlt hat, ist es erstaunlich, wie schnell die Ordnung in der Anwendung verloren geht. Leute, die nicht wissen, was sie tun müssen, hacken darauf los und können in kurzer Zeit viel Schaden anrichten.

Haben Sie an diese Organisationsprinzipien gedacht, als Sie Objective-C entwickelten?

Tom: Ja, das habe ich. Die ursprüngliche Forschungsgruppe bei ITT wurde ausgeliehen, um einer großen internationalen Telefongesellschaft dabei zu helfen, ein verteiltes, objektorientiertes Telefonschaltsystem aufzubauen und dazu verteilte Entwicklungsteams zu nutzen.

---

[1] http://www.rb-29.net/HTML/03RelatedStories/03.03shortstories/03.03.10contss.htm

Wir hatten dauernd mit solchen Problemen zu kämpfen. Ich war von General Electric zu ITT gekommen und hatte vorher schon solche Projekte betreut. Bei GE nannte ich das die Software Psychology Research Group. Wir schauten uns nicht nur die Eigenschaften von Programmiersprachen an, durch die sie lesbarer, veständlicher und besser wartbar wurden, sondern auch die organisatorischen Strukturen von Entwicklungsteams und organisatorische Probleme, die bei der Entwicklung großer Systeme auftraten.

Die Softwarebranche würde sich dramatisch ändern, wenn Regierungen die Softwareentwickler für Sicherheitsprobleme verantwortlich machen würden.

Tom: Ja, auf jeden Fall, und eine meiner Regeln, wenn ich nach Personen Ausschau halte, die in einem Projekt mitmachen sollen, ist, dass sie vorher erfolgreich in einem Projekt gearbeitet haben müssen, das sich nicht mehr als zu 20% vom aktuellen Projekt unterscheidet.

Das bedeutet, dass Sie viel Erfahrung sammeln müssen, bevor Sie ein Architekt eines großen Projekts werden.

Tom: Na ja, die braucht man doch auch dafür, oder? Die Alternative ist doch, nur sehr kurze Projekte durchzuführen. Allerdings laufen manche dieser Projekte für drei Jahre, und wenn man jetzt mal übertreibt – wenn Sie 40 Jahre arbeiten, können Sie nur ziemlich wenige Projekte umsetzen. Das gleiche Problem gibt es in der Luftfahrt. Die Lösung für dieses Problem sind realistische Simulatoren, was ich auch für Projektmanager vorschlage. Es ist wirklich schwierig, lang genug zu leben, um 100 Projekte umzusetzen, aber wenn Sie einige der Entscheidungen und Erfahrungen simulieren könnten, sodass Sie Ihren Lebenslauf auf Basis von simulierten Projekten im Gegensatz zu realen Projekten aufbauen, wäre das ein anderer Weg, das Problem zu lösen.

Hängt die Produktivität mehr von der Qualität der Programmierer oder von den Eigenschaften der Programmiersprache ab?

Tom: Der Effekt individueller Unterschiede wird jeden Effekt der Programmiersprache weit übertreffen. Studien aus den 1970ern zeigen, dass für Programmierer mit dem gleichen Ausbildungshintergrund und der gleichen Erfahrung der Wert bei 26:1 liegt. Ich glaube nicht, dass irgendjemand behauptet, seine Programmiersprache sei 26-mal besser als die von jemand anderem.

Sie haben gesagt, dass Sie jetzt ein Experte im Reengineering alter Software seien und dass dies das Verständnis von drei Wörtern erfordern würde: agil, Legacy und Reengineering. Was meinen Sie damit?

Tom: Lassen Sie uns die Wörter von hinten angehen. Wenn ich das Wort »Reengineering« verwende, meine ich das nahezu exakte Austauschen von Funktionalität durch moderne Designtechniken und Technologien. Ich unterscheide klar zwischen einem Reengineering-Projekt und einem Modernisierungsprojekt. Modernisierungsprojekte leiden unter dem schon vor langer Zeit erkannten Second System-Effekt, den Fred Brooks in *Vom Mythos des Mann-Monats* (mitp) beschreibt: »Lasst uns in diesem Durchlauf all das machen, von dem wir im ersten Durchlauf nicht wussten, wie wir es machen sollten, und das Ganze in der halben Zeit.« Und? Diese Projekte geraten regelmäßig ins Trudeln. Ich suche immer noch nach einem Modernisierungsprojekt bei der U.S.-Regierung, das erfolgreich war. Es ist ausgesprochen einfach, welche zu finden, die keinen Erfolg hatten, aber es muss doch wenigstens eins geben, das tatsächlich erfolgreich war.

Ich verwende das Wort »Reengineering« als Eingrenzung für das Projekt. Ich sage nicht, dass man sich das alte System anschaut, sich Gedanken über das neue System macht und mit einem leeren Blatt Papier von vorne anfängt. Wenn man den Workflow, die Bildschirmdefinitionen, die Datenmodelle oder zumindest die Datenelemente wiederverwenden kann oder die Testfälle oder die Dokumentation oder die Trainingskurse, spart man eine Menge Zeit und Aufwand und reduziert das Risiko.

Ein riesiger Vorteil eines Reengineering-Projekts ist, dass Sie ein funktionierendes System haben, das Sie von Zeit zu Zeit antesten können, um Antworten auf Fragen zu finden, die Sie sonst nicht erhalten. Das ist eines der drei Wörter.

»Legacy« (»Vermächtnis«) bezieht sich natürlich einfach auf ein bestehendes System, häufig ein firmenweites. Das müssen nicht notwendigerweise 20 Jahre alte Systeme sein, die in antiken prozeduralen Sprachen entwickelt wurden oder Schlimmeres. Ich habe von Fällen gehört, in denen alte Smalltalk-Anwendungen in Java neu gebaut werden sollten. Legacy-Systeme sind bestehende Systeme, die genutzt werden, die funktionieren, die für die Firma wichtig sind und die aus bestimmten Gründen ersetzt werden müssen. Die Gründe können sein, dass das System auf einem alten Betriebssystem läuft, das vom Hersteller nicht mehr unterstützt wird; es kann in einer Programmiersprache geschrieben sein, für die Sie keine Programmierer mehr finden, die sich noch damit auskennen; es kann sonst einen Grund geben. Es kann sein, dass sich das Geschäftsumfeld geändert hat und Sie all die Funktionalität noch brauchen, aber anders angeordnet, oder dass Sie komplett neue Funktionalität brauchen – dann ist es allerdings kein Reengineering-Projekt mehr. Das ist dann ein Projekt für eine neue Anwendung.

Das dritte Wort ist »agil« – das ist einfach ein Prozess, der sich oft bewährt hat, auch in unterschiedlichen Größenordnungen. Daher sollte ein risikobewusster Projektmanager einen sehr ernsthaften Blick darauf werfen.

Wie können wir Legacy-Probleme bei heute entwickelter Software verhindern?

Tom: Ich bin mir nicht sicher, dass man sie verhindert. Jedes Produkt, dass Sie erstellen, hat eine Lebensdauer, in der es nützlich ist. Häufig ist diese Lebensdauer im Softwaregeschäft um Dekaden länger als sich die ursprünglichen Entwickler das vorgestellt haben. Hier ist hilfreich, wenn der Code gut strukturiert, gut dokumentiert und gut getestet ist. Ich arbeite momentan mit einem Regierungs-Kunden zusammen, bei dem es um 11 Millionen Zeilen Code geht, von denen einige schon 25 Jahre alt sind und für die es keine Testfälle gibt. Es gibt keine Dokumentation auf Systemebene. Sie haben sogar vor ein paar Jahren aus Effizienzgründen alle Kommentare aus dem Code entfernt, es gibt keine Konfigurationskontrolle, dafür aber jeden Monat seit 1996 so um die 50 Patches für das System. Das ist ein Problem.

Sie können all diese Dinge rückgängig machen und sagen, tue dies nicht, tue das nicht, so ist es richtig.

Wie ist es mit der Modularität des Designs?

Tom: Je besser das System entworfen ist, desto modularer ist das System, und je besser das Objektmodell entworfen wurde, desto länger ist aller Wahrscheinlichkeit nach die nutzbare Lebensdauer. Natürlich können Sie ein wundervoll entworfenes System haben – wenn sich die Geschäftsvorgänge ändern, kann es trotzdem sein, dass sich diese Änderungen nicht so einfach berücksichtigen lassen.

Haben Sie eine Faustregel, wie viele Programmiersprachen eine Organisation haben sollte?

Tom: Ich habe eine Regel für Projektmanager, aber sie passt nicht so ganz zur Frage. Ein Projektmanager muss alle Programmiersprachen lesen können, die in dem von ihm betreuten Projekt genutzt werden, was übrigens so gut wie nie der Fall ist. Ich glaube, das ist einer der fundamentalen Gründe, warum so viele Projekte Probleme bekommen.

Zu mir kam einmal ein Projektmanager und sagte: »Wir werden in diesem Projekt sechs Sprachen nutzen. Sie erwarten doch nicht wirklich von mir, dass ich mir für all diese sechs Sprachen Wissen aneigne, oder?« Ich sagte: »Nein, nein, das ist nicht die einzige Möglichkeit, das Problem zu lösen. Sie können auch versuchen, ein paar der Sprachen loszuwerden.«

Er merkte schließlich, dass ich es ernst meinte. Ich habe in so vielen Meetings gesessen, in denen ein Programmierer darüber diskutiert hat, wie lange es dauert, eine Klasse zu schreiben, der Projektmanager aber keine Ahnung hatte, was eine Klasse in einer modernen Programmiersprache ist.

Nutzen Sie immer noch Schaumstoffbälle, um Ihre Systeme zu modellieren, wobei jeder Ball eine Klasse darstellt?

Tom: Ja, tatsächlich. Wir haben auch eine 3D-Animation davon erstellt, die sich aber als bei weitem nicht so nützlich herausstellte wie die Schaumstoffbälle. Es hat irgendwie etwas, eine physische, deutlich sichtbare Struktur von der Decke hängen zu haben, die regelmäßig aktualisiert wird und nicht nur die Struktur des Systems darstellt, das Sie aufbauen wollen, sondern auch noch den aktuellen Status jeder dieser Klassen.

Als ich das letzte Mal gezählt habe, haben wir das bei 19 Projekten gemacht. Eines davon hatte 1856 Klassen, was ziemlich viel ist – vermutlich sogar viel mehr, als sinnvoll wäre. Es war ein großes, kommerzielles Projekt, daher musste es recht groß sein.

Repräsentiert eine Klasse immer noch eine grundlegende Fortschrittseinheit in einem System?

Tom: Das ist der stabilste Messwert, den ich bisher gefunden habe. Sie müssen die Natur der Klasse definieren, die Sie gerade schreiben. Wenn Sie nur einen ersten Prototypen einer Klasse erstellen, kann das eine Person in einer Woche schaffen. Eine echte Klasse als Teil einer produktiven Anwendung entspricht eher einem Mann-Monat Aufwand. Eine sehr gut wiederverwendbare Klasse benötigt zwei bis vier Mann-Monate.

Gehören dazu auch Testen und Dokumentieren?

Tom: Das volle Programm.

Es dauert etwa einen Tag, eine Klasse zu lesen und zu verstehen. Dadurch kommen heutzutage viele Projekte in Schwierigkeiten, denn wenn Sie diese Klassen-Bibliothek nutzen wollen, die Swing-Klassen, oder Ihren aktuellen Favoriten, setzt sich niemand hin und sagt, wenn alle Programmierer wirklich 365 Klassen verstehen müssen, wird das 365 Tage dauern, bevor wir die erste Codezeile schreiben können.

Wenn Sie im Gegensatz dazu diese Zeit, die für das Verständnis des Codes zu Beginn notwendig ist, vergessen, können Sie mit Ihrem Zeitplan später ins Schleudern geraten.

Sie brauchen die Zeit dann zum Beispiel für das Debuggen.

Tom: Ja, irgendwo im Verlauf des Projekts wird die Zeit notwendig sein. Das ist eine große Zahl. Wenn Sie ein sechsmonatiges Projekt durchführen, haben Sie dadurch eine zweijährige Verzögerung.

Ist es das wert?

Tom: Es kann, aber es gibt diverse andere Dinge, die Sie machen können. So können Sie Personen einstellen, die die Klassen schon kennen. Oder Sie teilen das Ganze so auf, dass nicht jeder alles wissen muss, was eigentlich immer eine gute Idee ist. Sie müssen sich darüber Gedanken machen und dürfen davon nicht überrascht werden.

Schauen Sie sich diese modernen Projekte in der Java-Welt an. Da kommt man schnell auf 2000 Klassen, auf denen sie aufbauen. Sie haben etwa 200 Arbeitstage pro Jahr, also verschiebt sich der Zeitplan nur um zehn Jahre.

Sie haben gesagt, dass die Zeit für das Schreiben von Code im Laufe der Jahre konstant geblieben ist, Sie haben aber auch erwähnt, dass uns andere Faktoren mittlerweile produktiver machen. Einige Produktivitäts-Sprünge erfordern Zeit- und Lernaufwand.

Tom: Ist es nicht besser, einen Mann-Tag darauf zu verwenden, eine Klasse zu verstehen, statt einen Mann-Monat, sie neu zu schreiben? Es ist teuer, aber Sie haben gleich von Anfang an eine Menge Funktionalität, die wir früher erst selber entwickeln mussten.

Sie sind vielleicht 20 Mal produktiver, wenn es 20 Arbeitstage in einem Monat gibt. Das ist ein gutes Ergebnis.

Tom: Es ist gigantisch. Lassen Sie uns eine Zahl wählen, die heutzutage meiner Meinung nach normal ist. Stellen Sie sich vor, dass Sie 500 Klassen verstehen müssen, um heute eine ernsthafte Anwendung zu entwickeln. Es sind nicht jedes Mal, wenn Sie mit einem Projekt beginnen, 500 komplett neue Klassen. Sie müssen wahrscheinlich gar nicht von 0 auf 500 in einem Schritt kommen. Vermutlich machen Sie es in fünf oder mehr Schritten.

Wie erkennen Sie in einem Design Einfachheit?

Tom: Früher hat man gemessen, wie viele Seiten BNF-Beschreibung es gab, um die Sprache zu erläutern. Das ist keine schlechte Kennzahl, da Sie damit die komplizierten von den einfachen Sprachen unterscheiden können.

Wenn Sie aus dem richtigen Winkel auf ein APL- oder Smalltalk-Programm schauen, sehen Sie gar nicht sehr viel von der Sprache. Es scheint, dass sie verschwunden ist, und das ist auch gut so.

Wie dick ist die Referenzanleitung für die Sprache? Wie viel ist enthalten? Die Programmiersprache Objective-C ist nicht sehr kompliziert, aber die dafür im Laufe der Zeit erstellten Klassenbibliotheken sind es. Es ist schwer und langwierig, all die Details zu beschreiben, zudem sehr fehleranfällig. Schwer zu testen, schwer zu dokumentieren.

Selbst eine Sprache, die so einfach wie C ist, kann eine komplexe Semantik haben – wer ist dafür verantwortlich, den Speicher für eine bestimmte Bibliothek zu verwalten?

Tom: Genau. Wie groß ist Ihrer Meinung nach die Wahrscheinlichkeit, dass die Anwendungen von Microsoft immer langsamer werden, weil sie den Speicher nicht ordentlich verwalten? Haben Sie jemals ein drei Jahre altes Betriebssystem von Microsoft gefunden, das Sie nutzen wollten? Ich habe sogar auf meinem Laptop eine Microsoft-freie Zone. Es ist erstaunlich, wie viel produktiver ich im Vergleich zu anderen Leuten sein kann, die im gleichen Raum wie ich sitzen, aber an Microsoft-Computern arbeiten. Mein Rechner ist hochgefahren, ich habe meine Arbeit erledigt und den Rechner wieder heruntergefahren, bevor die anderen ihr erstes Excel-Arbeitsblatt geöffnet haben.

Welches ist der wichtigste Rat, den Sie aus Ihren Erfahrungen geben können?

Tom: Ich kann das auf fünf Wörter reduzieren. Machen Sie interessante neue Fehler.

Wir müssen nicht die ganze Geschichte durchkauen, uns aber bewusst sein, woher wir kommen. Wie viele 25-jährige, die ein Informatik-Studium abgeschlossen haben, kennen Sie, von denen Sie wissen, dass sie ein APL-Programm geschrieben haben?

Ich weiß es natürlich nicht, aber ich denke, so gut wie keinen. Das ist aber eine wichtige Erfahrung, denn obwohl dies natürlich eine spezialisierte Sprache ist, mit der bestimmte Arten von Anwendungen gebaut werden können, wird ein fähiger APL-Programmierer, der eine Statistik-Anwendung schreibt, jeden anderen, der eine andere Sprache nutzt, um Längen schlagen.

Ich habe mich mit Leuten am Software Engineering Institute darüber unterhalten, wie Software-Entwickler ausgebildet werden – wenn überhaupt – und wie wenige Graduierten-Programme es gibt, die die Leute wirklich gewissenhaft im Bereich des System-Aufbaus ausbilden und nicht nur im Design von Algorithmen. Ich denke, da gibt es bei uns noch so einige Schwächen.

Wäre es nicht toll – ich tue das heutzutage – wenn ein Projektmanager beim Einstellungsgespräch eine Art Logbuch vorweisen würde, in dem alle bisherigen Projekte zusammen mit passenden Kontaktdaten aufgeführt sind. Wie viele Codezeile, wie viele Klassen, wie viele Testfälle, Einhalten des Zeitplans – Sie wissen schon, all diese Sachen.

Ich bin auch ein Pilot und verbringe ein wenig Zeit genau damit. Es gibt dabei Regeln, die auf Basis von Fehlern und Unfällen entstanden, bei denen Menschenleben verloren gingen – hier im Land und überall auf der Welt.

Es gibt im Luftraum der USA an einem normalen Tag jederzeit ungefähr 56 000 Flüge, die sich gleichzeitig in der Luft befinden, und es gab Jahre, in denen es keinen einzigen Unfall eines kommerziellen Flugzeugs gab. Das ist ziemlich beeindruckend.

Es wurde schon einiges herausgefunden. So sollten Piloten zum Beispiel nüchtern sein, wenn sie starten. Sie sollten schon ein- oder zweimal mit einem Piloten geflogen sein, der dieses Flugzeug kennt. Wenn sich unsere Branche weiterentwickelt, landen wir vielleicht auch irgendwann dort. Einer der Gründe dafür, dass Firmen so wenig Zeit dafür aufbringen, sich zu überlegen, ob sie lieber neue Anwendungen bauen oder bestehende überarbeiten, ist, dass sie furchtbare Angst haben. Sie gehen davon aus, dass jedes Projekt, das sie angehen wollen, ein Fehlschlag sein wird, und sie wollen nicht, dass sie daran Schuld sind.

Wenn sie dagegen davon überzeugt werden könnten, dass sie eine Erfolgschance von 90% oder 95% oder – Gott bewahre – 99% haben und schon vorher wissen werden, was es kosten wird, wäre unsere Branche viel stabiler.

Was meinen sie mit »Erfolg«?

Tom: Da gibt es unterschiedliche Ansichten. Lassen Sie uns vorstellen, dass ein Projekt mit einer Millionen Codezeilen oder mehr enden wird. Die Wahrscheinlichkeit, dass solche Projekte in den USA erfolgreich sein werden, ist sehr gering – durchaus unter 50%. Das ist aber strittig. Ich weiß nicht, woher die Leute zuverlässige Daten für solche Ergebnisse herbekommen, da man so etwas nicht gerne publik macht. Verschiedene kompetente Leute haben versucht, diese Informationen zu erhalten. Ich will nur darauf hinweisen, dass es tatsächlich schwer ist, solche Daten zu bekommen. Nicht unmöglich, aber schwer.

Objective-C und andere Sprachen

Warum haben Sie eine bestehende Sprache erweitert, statt eine neue zu entwickeln?

Brad Cox: Ich war mit C ziemlich zufrieden, abgesehen von den wohlbekannten Einschränkungen, mit denen sich aber leben ließ. Die grundlegende Sprache neu zu erfinden, nur um OOP machen zu können, wäre nur Zeitverschwendung gewesen.

Warum haben Sie C gewählt?

Brad: Die hatten wir zur Verfügung. An Ada war nicht zu denken, Pascal war als Spielzeug für Forscher angesehen. Somit blieben COBOL und FORTRAN. Mehr muss ich dazu wohl nicht sagen. Oh ja, es gab noch Chill (eine Telefonie-Sprache). Die einzige plausible Alternative zu C war Smalltalk, aber Xerox hätte sie dafür nicht hergegeben.

Unser Ziel war, OOP aus den Forschungslaboren in die Firmen zu bringen. C war die einzige akzeptable Option.

Warum haben Sie Smalltalk emuliert?

Brad: Es traf mich wie eine Erscheinung. Wie eine Ladung Backsteine. Beim Bauen großer Projekte in C hat mich am meisten genervt, dass es keine Kapselungsmöglichkeiten gab, keine Möglichkeit, Daten und Prozeduren zu etwas zusammenzufassen, was wie Methoden aussah – aha! Das war es.

Wann haben Sie C++ zum ersten Mal gesehen und was haben Sie sich da gedacht?

Brad: Bjarne hörte von meiner Arbeit und lud mich in die Bell Labs ein, bevor eine unserer Sprachen an die Öffentlichkeit drang. Er konzentrierte sich vollständig auf statische Bindung und das Verbessern von C. Ich konzentrierte mich auf das Hinzufügen des dynamischen Bindens in das gute alte C auf möglichst stringente Art und Weise. Bjarne hatte eine ambitionierte Sprache zum Ziel: eine komplexe Software-Herstellungslinie mit einem Schwerpunkt auf der Gatter-Produktion. Ich wollte etwas viel einfacheres erreichen: ein Software-Lötkolben, der Software-Bausteine verbinden kann, welche in klassischem C geschrieben wurden.

Wie erklären Sie die unterschiedlichen Vebreitungsraten der beiden Sprachen?

Brad: Objective-C war das erste Produkt einer kleinen Firma, die nur mit dem Compiler und den dazugehörigen Bibliotheken Umsätze machte. AT&T hat C++ nicht aus Umsatzgründen entwickelt und konnte es sich leisten, es so herauszugeben.

Waren Sie an dem von Apple als Objective-C 2.0 ankündigten Projekt beteiligt?

Brad: Ich habe keinerlei Beziehungen zu Apple. Ich mag nur ihre Produkte.

Wie stehen Sie zu Garbage Collectors?

Brad: Ich finde sie toll. Man muss sie haben. Ich musste mich mit Marketing-Leuten herumschlagen, die es als Sprach-»Feature« ansahen, das sich ohne viel Aufwand auf C aufsetzen ließe und keinen Einfluss auf diejenigen hätte, die C aus Performancegründen wählten.

Warum hat Objective-C Mehrfachvererbung verboten?

Brad: Der historische Grund ist, dass Objective-C ein direkter Nachkomme von Smalltalk war, das eben auch keine Vererbung unterstützte. Wenn ich diese Entscheidung heute nochmals überdächte, würde ich vielleicht sogar soweit gehen, auch die einfache Vererbung zu entfernen. Vererbung ist gar nicht so wichtig. Die Kapselung ist der wichtigste Beitrag von OOP.

Warum unterstützt Objective-C keine Namensräume?

Brad: Als ich direkt an der Entwicklung beteiligt war, wollte ich Smalltalk kopieren, das auch keine Namensräume kannte.

Was Sie heute von Objective-C kennen, ist genauso viel ein Produkt von Apple wie von mir. Heutzutage arbeite ich vor allem in XML und Java.

War die Idee der Protokolle einmalig in Objective-C?

Brad: Ich wünschte, ich könnte das als meinen Verdienst beanspruchen. Diese Idee war eines der Dinge, die dem reinen Objective-C-Backbone noch hinzugefügt wurde – also der kleinsten meiner Meinung nach sinnvollen Menge an Dingen, die von Smalltalk kommen mussten. Smalltalk hatte damals keine Protokolle, dies wurde von Steve Naroff ergänzt, der jetzt bei Apple an Objective-C arbeitet. Wenn ich es richtig in Erinnerung habe, hatte er die Idee von SAIL übernommen.

Es scheint, Java wurde von Ihrem Design beeinflusst, als die Einfach-Vererbung dort übernommen wurde. Könnte die Einfach-Vererbung auch aus Java entfernt werden?

Brad: Vermutlich schon. Aber sie wird nicht und sollte auch nicht entfernt werden. Sie ist da, funktioniert und tut, was sie soll. Sie lässt sich halt, wie jedes Sprachfeature, missbrauchen, und ist nicht so wichtig wie die Kapselung.

Zuerst habe ich Vererbung sehr stark genutzt, um ihre Grenzen herauszufinden. Dann habe ich gemerkt, dass die Kapselung der eigentliche Beitrag von OOP war und dass ich damit manuell so gut wie alles machen konnte, für das ich Vererbung genutzt hatte, nur sauberer.

Mein Fokus ist seitdem zu Objekten höherer Granularität gewandert (OOP und JBI/SCA), die Vererbung gar nicht unterstützen.

Wie entscheiden Sie, ob ein Feature zu einem Projekt gehört? So kann zum Beispiel ein Garbage Collector zwar einige C-Anwendungen verlangsamen, aber er hat mehrere Vorteile.

Brad: Absolut. Wir tatsächlich bei Stepstone einen entwickelt, der dem ähnelt, den Apple jetzt hat. Es gab sogar einen Objective-C-Interpreter. Aber die Marketingleute wollten etwas automatisches haben, das sich mit Smalltalk messen konnte, nichts, was so sehr nach C aussah.

Glauben Sie an Standardeinstellungen und eingeschränkte Konfigurierbarkeit?

Brad: Wir konnten es und haben es getan. Ich wollte nicht, dass C in die Wunschliste des Marketing wandert.

Viele Sprachdesigner fingen mit dem Beschreiben eines sehr kleinen, formalisierten Kerns an, um dann darauf aufzubauen. Haben Sie das auch bei Objective-C gemacht oder haben Sie sich dazu entschieden, das zu nutzen, was Smalltalk und C schon bereitgestellt haben?

Brad: Ja, ich habe eindeutig nicht mit einer formalen Grundlage begonnen. Ich dachte an Silizium. Wir haben ein Halbleiterwerk beraten und ihre Fabriken besichtigt. Ich habe mir überlegt, wie sie im Vergleich zu unserem Vorgehen gearbeitet haben, und ich habe festgestellt, dass es dort immer um die Wiederverwendung von Silizium-Komponenten ging. Sie haben immer lange über die Komponenten nachgedacht und sich nicht um ihre Lötkolben gekümmert. Bei uns ist natürlich die Sprache der Lötkolben.

Ich habe gesehen, wie sich jeder auf Sprachen oder Lötkolben konzentriert hat, aber niemand auf Komponenten. Es schien mir so rückwärtsgerichtet zu sein. Aber es zeigte sich, warum die Chiphersteller ihre Sichtweise als so wichtig ansahen: Silizium-Komponenten bestehen aus Atomen und es gibt ein Geschäftsmodell, sie zu kaufen und zu verkaufen. Das Geschäftsmodell für Software-Komponenten ist dagegen sehr kurzlebig.

Software selber ist kurzlebig.

Brad: Natürlich, aber das ist der Grund, warum wir uns auf Sprachen konzentrieren und nicht auf Komponenten. Wir haben gar keine richtig »robusten« Komponenten. Wenn Sie über ein Haus als Analogie nachdenken, ist es so, als ob wir wieder in Höhlen leben würden und Häuser dadurch entstanden, dass man einen großen, monolithischen Berg eines Materials suchte – zum Beispiel Vulkanasche. Ich fürchte, das führt uns zum Java-Classloader. Ein Höhlenhaus baut man, indem man mit einem großen Berg Material anfängt und alles entfernt, was man nicht braucht. Das ist im Prinzip das Classloader-Modell. Ich versuche momentan, Komponenten mit kleinerer Granularität zu bauen, wo Sie mit nichts beginnen und das hinzufügen, was Sie brauchen. So baut man heute Häuser.

Wir beschreiben die Biologie und Chemie auf Englisch. Vielleicht ist das Problem, dass die Programmiersprachen, die wir verwenden, nicht so mächtig wie die englische Sprache sind.

Brad: Wenn Computer so schlau wie Menschen wären, würde ich diesem Vorgehen viel Vertrauen entgegenbringen. Wir sprechen aber über etwas, was so dumm wie ein Stein ist – also Computer –, die sich nicht grundlegend geändert haben, seit ich in den 1970er Jahren damit begann, an ihnen zu arbeiten.

Andererseits gibt es einige faszinierende neue Sprachen, wie zum Beispiel funktionale Sprachen, die bei Mehrkern-Computern helfen können. Ich höre von vielen Leuten, dass sie helfen werden, und ich habe keinen Grund, ihnen nicht zu glauben.

Wie wird das OO-Paradigma durch eine Konzentration auf Nebenläufigkeit beeinflusst? Werden Änderungen am OO-Vorgehen notwendig?

Brad: Trotz OOPs Simula-Erbe habe ich immer gedacht, dass Programmiersprachen so viel Unterstützung für Threads bieten sollten, dass sich Komponenten auf höherer Ebene bauen lassen, die Nebenläufigkeit auf einer beschränkten, aber kontrollierbaren Art und Weise anbieten. So unterstützen zum Beispiel Unix-Filter Nebenläufigkeit, die in reinem C implementiert wurden, in einer kontrollierbaren Art und Weise. Ich habe einige Zeit mit einem ähnlichen Ansatz für Objective-C verbracht: eine Multitasking-Bibliothek namens TaskMaster, die nur auf dem `setjmp()`-Mechanismus aufbaut.

Ein anderes Beispiel ist die HLA des Defense Modeling and Simulation Office, die bei militärischen Simulationen eine weite Verbreitung findet. Sie ist in vielen Sprachen implementiert, unter anderem auch in C++ und Java. Die HLA unterstützt ein Ereignis-getriebenes Nebenläufigkeitsmodell, das, soweit ich weiß, nicht auf die Thread-Unterstützung durch die Sprache angewiesen ist.

Ein letztes Beispiel ist das, an dem ich im Moment am stärksten beteiligt bin. SOA unterstützt große, im Netz lebende Objekte, die von sich aus nebenläufig sind, da sie normalerweise auf verschiedenen Rechnern vorhanden sind. Suns JBI und SCA von OASIS ergänzen dieses Modell mit feingranulareren Objekten/Komponenten, die zu SOA-Objekten zusammengefügt werden. Dies ist im Softwarebereich das erste Vorkommen des multigranularen Ansatzes, der bei der Hardware-Entwicklung die Norm ist: feingranulare Objekte (Gatter) werden zu Objekten einer gröberen Granularität zusammengefügt (Chips, wie die berühmten Software-ICs), die schließlich in Objekte noch größerer Granularität kombiniert werden (Karten), die wiederum ... und so weiter. Der Hauptunterschied liegt darin, dass das System in »fassbaren« Bereichen wirklich fraktal ist und noch viel mehr Ebenen besitzt, während wir nur diese drei haben. Heutzutage.

Natürlich gibt es Anwendungen, die enger verknüpft werden müssen. Das war nur kein Problem, dass ich angegangen war. Diese Unterlassung war zumindest teilweise meiner eigenen Unfähigkeit geschuldet, stark nebenläufige Systeme zu verwalten, und ich bezweifle, dass dies jemand wirklich kann.

Die Komplexität und Größe von Anwendungen scheint immer weiter zu wachsen. Hilft OOP dabei oder wird es dadurch noch schlimmer? Meiner Erfahrung nach wird das System durch das Erstellen wiederverwendbarer Objekte komplexer und der Aufwand verdoppelt sich. Zuerst schreiben Sie ein wiederverwendbares Objekt. Dann müssen Sie es anpassen und etwas anderes genau passend dafür entwickeln.

Brad: Sie haben recht – wenn Sie mit OOP die Kapselung im Objective-C/Java-Stil meinen. Das habe ich in meinem zweiten Buch *Superdistribution* (Addison-Wesley Professional) als *Integration auf Chip-Ebene* bezeichnet. Nicht aber, wenn Sie die Integration auf Chip-Ebene nur als eine Ebene der mehrstufigen Integrations-Toolsuite ansehen, die in der Hardware-Entwicklung die Norm ist. Dort gibt es Objekte auf Gatter-Ebene, die in perfekter Harmonie in einer fraktalen Welt mit Kapselmöglichkeiten auf Gatter-, Chip-, Karten- und noch höherer Ebene nebeneinander existieren.

Das ist aber genau der Grund, warum ich mich heutzutage auf SOA (auf Chassis-Ebene) und JBI (Bus-Ebene) konzentriere. Beide unterstützen die Kapselung genauso wie die klassische OOP. Besser ist sogar noch, dass die Kapselung nicht nur die Daten und Prozeduren betrifft, sondern auch den ganzen Kontrollthread, der sie bearbeitet.

Und das allerbeste ist, dass die Integration auf mehreren Ebenen nichts kostet und man weiß, dass sie in beliebigen Größenordnungen in anderen Branchen funktioniert. Das einzige Problem ist, dass man das nur schwer einem OOP-Jünger klarmachen kann, der nur auf einer Ebene denkt. Aber ich habe das schon geschaft. Früher ging es um OOP versus klassischer prozeduraler Programmierung, heute eben SOA versus JBI versus Java.

Jeder glaubt, dass neue Technologien die älteren wie OOP obsolet werden lassen. Das ist nie geschehen und wird auch nie geschehen. Neues baut immer auf altem auf.

Wir scheinen eine neue Ära anzusteuern, in der mit Sprachen experimentiert wird und Programmierer gewillt sind, Paradigmen auszuprobieren, mit denen sie nicht vertraut sind, wie zum Beispiel Rails und funktionaler Programmierung. Was können Sie aus Ihrer Erfahrung mit Objective-C beisteuern, wenn Sprachdesigner Sprachen anpassen oder neu aufbauen?

Brad: Ich habe es versucht, allerdings noch nicht geschafft, mich in die Syntax von Sprachen wie Haskell einzudenken – zumindest nicht soweit, dass ich mir eine stabile Meinung dazu bilden kann. Ich nutze XQuery recht häufig, das ja eine funktionale Sprache ist. Und ich finde XQuery viel ansprechender zu lesen als XSLT.

Ich denke, ich bin durchaus offen für neue Ansätze – aber insbesondere bei Haskell komme ich einfach nicht mit der Syntax klar. Bei Lisp hatte ich ähnliche Probleme. Somit ist klar, dass ich von einem Navy-Projekt beeindruckt bin, das die komplette Autorisierungs- und Authentifizierungs-Richtlinien in Haskell-Regeln ausdrückt, die sich beweisen lassen.

Für mich ist die Zukunft, nicht immer mehr Ideen zu bringen, wie genau das gleiche gemacht werden kann, was wir schon seit Jahrzehnten tun – prozeduralen Code zu schreiben. Ich will damit nicht sagen, dass es nicht wichtig ist, auf dieser Ebene zu arbeiten. Schließlich kommen die Komponenten auf höherer Ebene ja daher und das wird sich auch nicht ändern. Ich sage nur, dass das Finden neuer Wege zum Schreiben prozeduralen Codes nicht der Weisheit letzter Schluss ist.

Ich finde es spannend, neue Notationen für komplett neue Dinge einzuführen, insbesondere das Zusammensetzen von Systemen aus Bibliotheken bestehender Komponenten auf noch höherer Ebene. BPEL ist solch ein Beispiel, das auf zwei Integrationsebenen angewandt werden kann: SOA für Objekte größter Granularität und JBI (Sun) oder SCA (OASYS). Schauen Sie sich zum Beispiel den BPEL-Editor in NetBeans an. OMG hat hier exzellente Arbeit für die Modell-getriebene Architektur geleistet.

Komponenten, Sand und Steine

Was lehren die Lektionen über das Erfinden, die Weiterentwicklung und Anpassung Ihrer Sprache die Leute, die heute und in naher Zukunft Computersysteme entwickeln?

Brad: Ich bin an der Multilevel-Integration (also der Kapselung) schon interessiert, solange ich mich erinnern kann: die Möglichkeit, Arbeit so aufzuteilen, dass sie sich Spezialisten zuweisen lässt, um dann deren Ergebnisse zu nutzen, ohne die Kapselung groß aufreißen zu müssen, zu wissen, was sich drinnen abspielt, um es erfolgreich nutzen zu können.

Ich habe in einigen meiner Bücher den einfachen Bleistift als Beispiel genutzt. Wenn ich das Publikum frage, was »einfacher« ist – ein digitaler Stift wie Microsoft Word, oder ein Bleistift –, geben die Leute zu, dass die Holzvariante einfacher ist. Bis ich darauf hinweise, dass Microsoft Word von acht Programmierern geschrieben wurde, während an der Produktion des Stifts Tausende beteiligt sind, von denen keiner die vollständige Komplexität zu schätzen weiß, Bäume wachsen zu lassen, Graphit abzubauen, Metalle zu schmelzen, Lack herzustellen, Raps für das Öl wachsen zu lassen und so weiter. Die Komplexität war im Stift vorhanden, wurde aber vor dem Anwender verborgen.

Ich beschwere mich bei C (und ähnlichen Sprachen) darüber, dass die Programmierer der Komplexität jedes Programms vollständig ausgesetzt sind, abgesehen von dem geringen Anteil, der in Funktionen gekapselt werden kann. Die einzige echte Kapselungsgrenze war der gesamte Prozessraum, was zu einer enorm effektiven Kapselung auf hoher Ebene führte, die von Unix als Zwei-Ebene-Kapselung über das Shell-Skripting und die Idee der Pipes und Filter stark ausgenutzt wurde.

Beim Versuch, die Vorteile objektorientierter Programmierung zu erklären, habe ich häufig den Begriff »Software-IC« genutzt, um mich auf eine neue Integrationsebene zu beziehen, die größer als die C-Funktionen ist (Gatter-Ebene) und kleiner als ein Unix-Programm (Chassis-Ebene). Meine Hauptmotivation für die Entwicklung von Objective-C war, einen einfachen Software-»Lötkolben« zum Zusammenbauen großer Funktionalitäts-Einheiten (auf Chassis-Ebene) aus wiederverwendbaren Software-ICs zu bekommen. Im Gegensatz dazu entstand C++ aus einer ganz anderen Vision – eine riesige und automatisierte Fabrik, die eng gekoppelte Baugruppen auf Gatter-Ebene erstellt. Wenn man die Hardware-Metapher für die Programmierung weiterspinnt, geschieht die Integration auf Chip-Ebene vor allem beim Linken, während die Integration auf Gatter-Ebene beim Kompilieren stattfindet.

Damals (Mitte der 1980er Jahre) waren leichtgewichtige Threads nicht sehr bekannt und es gab nichts kleineres als einen Prozess im Unix-Stil (»schwergewichtiger Thread«). Ich habe einige Zeit damit verbracht, eine Objective-C-Bibliothek namens TaskMaster zu erstellen, um leichtgewichtige Threads als Grundlage für die Integration auf Karten-Ebene zu unterstützen. Das Auftauchen von RISC-Rechnern beendete das – solches Herumgebastel mit Stack Frames auf unterer Ebene ließ die mögliche Portabilität zu kompliziert werden.

Die große Chance entstand seitdem durch das allgegenwärtige Netz, das neue Integrationsebenen erschlossen hat, die größer als der Unix-Prozessraum sind. In einer Service-orientierten Architektur (SOA) ist das Internet zum Beispiel wie die Verkabelung zwischen den Komponenten einer

Stereoanlage, bei der Services (Programme) auf getrennten Server wie die Komponenten selber funktionieren. Ich fand das außerordentlich spannend, weil es die erste Integrationsebene ist, die die Aufteilung von Verantwortlichkeiten widerspiegelt, die wir im realen Leben als selbstverständlich annehmen. Es gibt nur eine geringe Versuchung oder Notwendigkeit, sich den Quellcode jedes Service anzuschauen, den wir nutzen, wenn er auf einem entfernten Server läuft, der jemand anderem gehört.

Dies ist auch die erste Integrationsebene, die es ermöglicht, einen fatalen Fehler in der Software-IC-Idee zu lösen: die Möglichkeit, eine Belohnung für andere zu bieten, wenn sie Komponenten bereitstellen. Stifte (und die vielen Unterkomponenten, aus denen sie erstelllt sind) werden produziert, weil die Massenerhaltung für greifbare Güter funktioniert. Für digitale Güter existierte nichts vergleichbares, bis SOA es möglich gemacht hat, einen nützlichen Service bereitzustellen und für seine Nutzung Geld zu kassieren.

In den letzten zwei Jahre wurde mir ein grundlegendes Problem mit dem »guten alten SOA« bewusst und ich befase mich zur Zeit vor allem damit. In großen SOA-Installationen (zum Beispiel dem NCES von DISA oder dem FCS der Army) gibt es größere Widerstände, die Konsensebene zu erreichen, die notwendig ist, um vollständig homogene SOA-Systeme aufzubauen, die kompatible Transportmechanismen für Land-, See-, Untersee- und Lufttransportmittel nutzen. Nicht zu vergessen kompatible Definitionen für Vertraulichkeit, Integrität, Sendegarantien und so weiter. Und selbst, wenn die »Firma« auch die ganzen Systeme des Verteidigungsministeriums umfassen würde – wie sieht es mit den Partner-Streitkräften aus? Wie mit der Kompatibilität zu anderen staatlichen Behörden? Oder bei anderen Staaten? Was ist mit dem Rettungsdienst? Egal, wie weit Sie die Organisation definieren – irgendetwas bleibt außen vor, mit dem Sie eines Tages vielleicht kommunizieren müssen. In solche einem Umfang kann man gar nicht jeden Service-Entwickler dafür verantwortlich machen.

Daher schaue ich mir im Moment Suns JBI (Java Business Integration) und ihren mehrsprachigen Nachfolger, die SCA (Software Component Architecture) an, um auch eine geringere Integrationsstufe zu unterstützen, aus denen die guten alten SOA-Services aufgebaut werden können.

Brauchen wir eine Hardwareunterstützung, um solch ein System zu erstellen?

Brad: Die Hardware ist sicherlich ein gutes Beispiel, das wir anstreben können. Computer-Hardware ist eines von vielen Beispielen für Ingenieurs-Können, 200 Jahre nach der industriellen Revolution. Die Leute sind beim Aufbau von Hardware außerordentlich gut geworden, daher kann die Hardware uns ein gutes Vorbild sein. Aber es gibt keine einfachen Lektionen, keinen Knopf, den man nur drücken muss, um die Qualität zu verbessern.

Neulich habe ich ein anderes Beispiel genutzt, um zu verdeutlichen, was ich damit meine, dass Software primitiv ist. Denken Sie an den Hausbau. Die Leute machen das seit Jahrtausenden. Tatsächlich wird dies an manchen Orten immer noch so primitiv durchgeführt wie früher, wo jeder Bautrupp Lehm in Rahmen füllt, um die Lehmziegel herzustellen, aus denen dann ein Haus gebaut wird. Auch wenn es Anzeichen dafür gibt, dass es in letzter Zeit Fortschritte gab, bauen wir Software-Systeme immer noch genauso auf. Um zum Beispiel einen SOA-Service zu erstellen, beginnt jedes Entwicklungsteam mit den Rohmaterialien aus dem java.net-Steinbruch, um die grundlegenden Anforderungen eines SOA-Service zu erfüllen.

Denken Sie zum Beispiel an die Sicherheit, die dem entspricht, was beim Haus die Wände liefern. Das Verteidigungsministerium hat außerordentlich strenge Sicherheitsanforderungen, die erfüllt werden müssen. Zudem hat es sich intensiv mit Sicherheitsstandards wie der WS-Security-Suite befasst. Und kürzlich wurden Certification and Accreditation (C&A)-Prozesse veröffentlicht, die jeder einzelne Webservice erfüllen muss. C&A ist im Prinzip ein mühseliger und teurer Prozess, den jeder Webservice getrennt durchlaufen muss, um sicherzustellen, dass er sicher genug ist, in vertraulichen Netzwerken installiert werden zu können.

Diese Webservices ähneln den Lehmziegelhäusern. Die Richtlinien und Standards führen zu Anweisungen, denen jeder Entwickler folgen sollte, wenn er seine eigenen Ziegel brennt. Aber diesen Ziegeln kann noch nicht von anderen vertraut werden, weil ihre Qualität immer noch davon abhängt, wer sie erstellt hat. Folgen sie wirklich den Standards? Wurden sie korrekt implementiert? Sicher, Lehmziegel sind frei, aber niemand kann ihnen vertrauen, weil ihre Qualität nur dem Team bekannt ist, das sie hergestellt hat.

Die Baubranche hat schon vor langer Zeit zu einer recht fortschrittlichen Produktionsform gewechselt, die wir heute als selbstverständlich annehmen. Bautrupps machen nicht mehr länger ihre eigenen Ziegel, weil ihnen niemand trauen würde. Die Standards und Richtlinien bleiben die gleichen, ebenso die C&A-Prozesse (branchenweite Ziegel-Testlabore). Aber nur wenige von uns bekommen sie je zu sehen. Wir können uns auf diese unsichtbaren Prozesse verlassen, die sicherstellen, dass kein Ziegel auf dem Markt einfach verwittert, sondern das Dach dauerhaft hält.

Dieser evolutionäre Prozess von einfachen Lehmziegeln zu echten Ziegeln war nicht einmal besonders technisch getrieben. Es ging vor allem um das Aufbauen von Vertrauen. Wir haben mehr und mehr verstanden, dass es unabhängige Standards dafür gibt, wie ein Ziegel sein sollte, wie lang er ist und wie gut er dem Wetter widersteht. Uns es gibt unabhängige Testlabore, auf die wir implizit zählen. Die meisten von uns wissen nicht einmal, dass es solche Labore gibt – wir müssen es auch nicht wissen, wir können einfach darauf vertrauen, dass die Ziegel das tun, was wir von ihnen erwarten!

Das bringt uns direkt dazu, warum ökonomische Systeme so wichtig sind. Ziegel, auf die wir vertrauen, existieren deshalb, weil es eine Belohnungsstruktur dafür gibt, sie herzustellen: wir zahlen pro Ziegel. Abgesehen von den wenigen Spezialisten für das Herstellen von Ziegeln muss sich niemand um die Komplexität ihrer Herstellung kümmern, dafür kann er sich um die kreativen Elemente des Hausbaus kümmern.

Schauen Sie auch einmal auf *http://bradjcox.blogspot.com/*. Dort finden Sie mehr Texte zum Unterschied zwischen der Architektur mit einfachen Lehmziegeln und richtigen Ziegeln.

Um das ganze etwas optimistischer enden zu lassen: Die Situation bessert sich langsam. Diverse Firmen haben damit begonnen, SOA-Sicherheitskomponenten zu bauen und sich damit herumzuschlagen, die Registrierung als vertrauenswürdige Komponente beim Verteidigungsministerium zu erhalten. Das fortgeschrittenste Beispiel, das ich kenne, ist OpenSSL, aber Sun, Boeing und viele andere haben gerade ähnliche Initiativen für die SOA-Sicherheit gestartet.

Sind die Kapselung und das Trennen von Aufgaben der Antrieb für das Entwerfen von Software?

Brad: Ich denke schon. Das basiert vor allem darauf, wie andere Branchen mit Komplexität umgehen. Es scheint ein weitverbreitetes Muster zu sein, durch Kapselung die Komplexität zu besiegen.

Sind SOA und Ihre Initiativen Versuche, Software in Komponenten aufzuteilen?

Brad: Auf jeden Fall. Genau das ist verfolge ich während meiner ganzen beruflichen Karriere.

War das etwas, was Sie immer berücksichtigt haben, oder haben Sie bemerkt, wie die beliebten Vorgehensweisen bei der Softwareentwicklung nicht zur realen Welt passen?

Brad: Ich begann mit letzterem und hielt danach Ausschau, wie andere Leute damit umgehen. Ausgangspunkt war die Feststellung, dass Software kaputt war.

Steht der praktische Ansatz über große Komponenten im Gegensatz zur stark mathematisch geprägten Informatik-Sichtweise auf die Software?

Brad: Wahrscheinlich. Ich möchte jetzt nicht an der Informatik herummäkeln. Ich haber sie nur nie im Einklang damit gesehen, wie Menschen Probleme lösen. Das entstammt einem entscheidenden Unterschied in der Sichtweise. Informatiker gehen davon aus, dass es eine Wissenschaft der Software gibt und dass es ihre Aufgabe ist, sie zu dokumentieren und zu unterrichten. Ich bin immer davon ausgegangen, dass dies nicht der Fall ist. Es gibt eine Wissenschaft des Hochbaus und eine der Elektronik und unsere Aufgabe ist es, zu lernen, was dort im Verlauf von Jahrtausenden gelernt wurde, um einen Software-Wissenschaft aufzubauen. Für mich ist das Glas komplett leer, für die anderen ist das Glas einfach interessant.

Sie haben ein paar Mal erwähnt, dass Ihrer Meinung nach das Geschäftsmodell für Software zusammenbricht.

Brad: Es bricht nicht zusammen. Diese Aussage impliziert, dass es ein Modell gab, das sich nun auflöst. Es gab nie eins. Sie können damit nicht vorankommen, weil sich Software einfach so verteilt. Die menschliche Rasse hat noch keinen Weg erfunden, darauf Ökonomien aufzubauen. Langsam kann man sich etwas vorstellen, daher wird es mit SOA-Services einfach, sich ein Geschäftsmodell für Services vorzustellen, da die Software auf einem Server an einem anderen Ort vorhanden ist und man für den Zugriff Geld verlangen kann.

Diese Objekte mit einer kleinen Granularität – ich hatte die Hoffnung, dass es eine Möglichkeit gibt, mit solchen feingranularen Dingen umzugehen, dem Sand und Kies der Computerwelt, java.net-Objekten, aber die menschliche Komplexität für das Finden einer Lösung war einfach überwältigend. Im Mittelfeld dienen die entsprechend »durchschnittlich« skalierten Objekte uns als Grundlage. Daher gibt es auf SOA-Ebene Hoffnung. Und vielleicht auch auf der nächst-tieferen Ebene. Das muss man halt beobachten. Ich denke, es gibt keine Hoffnung mehr für Objekte mit sehr kleiner Granularität.

Ist diese mittlere Ebene die der Frameworks?

Brad: Das sind die Wohnhöhlen-Objekte, monolithische Komponenten, bei denen Sie mit etwas sehr großem beginnen und dann abhängig von der Funktionalität agieren. Ich denke, es gibt dafür ein Modell. JBoss unterstützt das zum Beispiel. Sie geben im Prinzip die Bits weg und verkaufen das Vertrauen. Das ist ziemlich kompliziert.

Was bedeutet es, dazu in der Lage zu sein, einem Stück Software zu vertrauen?

Brad: Nun, das Verteidigungsministerium ist da gerade mittendrin und sie haben Antworten darauf. Es ist sehr aufwändig und unglaublich teuer, sehr unbefriedigend auf jede denkbare Art und Weise, aber sie haben Antworten darauf.

Allerdings konzentriert sich das Verteidigungsministerium so sehr auf SOA, dass sie gar nicht bemerken, dass SOA alleine nicht ausreicht. Sie brauchen auch kleiner granulare Komponenten, die wiederverwendet werden können, um wiederholt auftretende Probleme zu lösen, bei denen SOA alleine nicht helfen kann. So zum Beispiel Sicherheit und Interoperabilität, um die Begriffe des Verteidigungsministeriums zu nutzen. Meine aktuelle Aufgabe besteht daher darin, Komponenten auf Sub-SOA-Ebene bereitzustellen, die zusammengefügt werden können, um die langweiligen, sich wiederholenden Teile beim Aufbau von SOA-Services anzugehen. Ich hoffe, diese Lehmziegel eines Tages durch die C&A-Prozesse des Verteidigungsministeriums zu bekommen, so dass sie richtige Ziegel werden, denen implizit vertraut werden kann, so wie wir den Ziegeln unserer Häuser vertrauen.

Sicherheit ist ein Beispiel für ewas, das jede SOA-Anwendung des Verteidigungsministerium benötigt. Es ist eine Anforderung aufgrund der Richtlinien. Das einzige, auf dem der SOA Application Builder aufbauen kann, sind Standards und Richtlinien. Das Verteidigungsministerium hat keinen Ziegellieferanten. Es gibt keine vertrauenswürdigen Komponenten – richtige Ziegel, wenn Sie so wollen – die Sie nehmen oder kaufen können, um sie dann zusammenzusetzen, ohne nicht vollständig über SOA-Standards, Sicherheitsrichtlinien und die Einzelheiten von java.net-Komponenten informiert zu sein, um die Sicherheitsanforderungen zu erfüllen.

Wie sehen diese mehreren Abstraktionsebenen aus Sicherheitssicht aus?

Brad: Ich bin mir nicht sicher, ob ich Ihre Frage verstanden habe. Es ist wie die Frage: »Wie beeinflusst die Arbeitsteilung in der Autoindustrie die Fahrsicherheit?« Ich denke, dass jedes Produkt durch Spezialisierung von mehr Leuten abhängt, die auf Armeslänge voneinander entfernt arbeiten. Ein Teil dieser Leute kann böse sein. Aber ihr Produkt muss die Akzeptanztests auf allen höheren Ebenen bestehen, daher sind die Chancen kleiner als in einer monolithischen Konstruktion, dass es negative Effekte gibt.

Denken Sie daran, dass eine mehrschichtige Integration nicht mehrere Ebenen der »Abstraktion« bedeuten. Es geht eher um mehrere Ebenen der »Konkretisierung«: Komponenten auf höherer Ebene werden aus wiederverwendbaren, vorgefertigten und getesteten Komponenten zusammengestellt. Stellen Sie sich zum Beispiel sichere SOA-Services vor, die aus einer Bibliothek mit JBI-Subkomponenten erstellt wurde, indem die Kernfunktionalität der SOA-Services in JBI-Komponenten eingehüllt werden, die jeweils SOA-Sicherheitsattribute vorweisen können: Authentifizierung, Autorisierung, Vertraulichkeit, Sendegarantien, Integrität und so weiter. Das Ergebnis ist noch sicherer, da Sie nun die Möglichkeit haben, es richtig zu machen.

Gibt es Antworten, die den Rest von uns zufriedenstellen können?

Brad: Ich denke schon. Schauen Sie sich die Unterschiede zwischen einem einfachen Lehmziegel und einem richtigen Ziegel an. Warum bauen wir unsere Häuser nicht aus einfachen Lehmziegeln? Wir können ihnen nicht vertrauen. Das ist wie bei der Software. Die Qualität dieses Lehmziegels hängt vollständig von den Fertigkeiten desjenigen ab, der ihn hergestellt hat. Lassen Sie uns einmal die technischen Unterschiede zwischen echten Ziegeln und einfachen Lehmziegeln ignorieren. Der grundlegende Unterschied – neben der Tatsache, dass Sie den einen bei hoher Temperatur brennen – ist der, dass bei richtigen Ziegeln Labore Tests durchführen und Zertifikate ausstellen. Um ein echter Ziegelhersteller zu werden, müssen Sie das alles durchlaufen. Das entspricht im Prinzip dem Vertrauensmodell des Verteidigungsministeriums.

Zertifizierung und Autorisierung sind prinzipiell sehr aufwändige Testprozeduren. Eine der Bezeichnungen dafür sind die »gemeinsamen Kriterien«. Sie sind nun umgesetzt und ich denke, dort werden wir letztendlich landen – nach ein paar tausend Jahren Nörgeln über Lehmziegel. »Wir« bedeutet die Branche im Ganzen, da es schon viele Beschwerden über Softwaresicherheit gibt und noch nicht so viele Lösungen bereitstehen. Schließlich vertrauen die Leute der Software nicht. Sie werden es nie tun. Es wird irgendwann ein Vertrauensmodell geben, das von den Leuten genutzt wird, die Software bereitstellen.

Schauen Sie sich Sun an. Sun versucht, ein komplett neues Geschäftsmodell auf die Beine zu stellen. Sie wissen, dass sie zu einem Open-Source-Ansatz gewechselt sind. Sie sind von der Analogie, die ich weiter oben erwähnt habe, sehr begeistert. Beim alten Geschäftsmodell ging es um das Verkaufen von Bits, beim neuen um das Verkaufen von Vertrauen. Auf diese Idee springt Sun voll an, denn das ist genau das, was sie gerade tun: die Bits sind nun kostenlos. Sie können so gut wie alles herunterladen, was Sun aktuell produziert, und es nutzen, wenn Sie möchten. Sun baut darauf, dass die Leute, wenn sie die Wahl haben, sich dafür entscheiden werden, die Bits zu kaufen, die gewisse Zusicherungen und Support und noch ein paar andere Dinge mitbringen, auf die ich in diesem Interview nicht eingegangen bin. Die Zeit wird zeigen, ob das funktioniert, aber ich denke, es gibt durchaus eine realistische Chance.

Sie haben vermutlich von den Problemen gehört, die der Bundesstaat Kalifornien mit seinen in COBOL geschriebenen Problemen hatte. Könnte ein System, das aus kleinen »Bausteinen« erstellt wurde, dabei helfen, die Probleme mit veralteter Software in Zukunft zu vermeiden?

Brad: Ich glaube sehr stark an Komponenten, aber ich möchte die Idee nicht überstrapazieren – Komponenten sind nicht für alles eine Lösung. Komponenten sind der Weg, den die Leute beim Lösen von Problemen oberhalb einer gewissen Grenze beschreiten. Das ist eines der Dinge, die uns vom Schimpansen unterscheiden. Wir haben eine Möglichkeit erfunden, Probleme dadurch zu lösen, dass wir sie zu einem Problem von jemand anderem machen. Das wird als Arbeitsteilung bezeichnet und genau das ist es auch. Schimpansen haben das nie erfunden. Sie wissen, wie man Werkzeuge herstellt, sie haben eine Sprache, daher gibt es erst einmal gar nicht so offensichtliche Unterschiede zwischen Schimpansen und Menschen. Wir haben herausgefunden, wie man Probleme von anderen lösen lässt – durch ein Wirtschaftssystem.

Wenn wir eine Antwort finden – wird es sich dabei um etwas handeln, das auf Vergangenem aufbaut oder etwas vollständig neues?

Brad: Evolution ist eine Revolution in Zeitlupe. Es gibt keine scharfe Trennlinie. Aber der von Ihnen angeführte Artikel über COBOL erwähnt auch, dass der jüngste COBOL-Standard objektorientierte Erweiterungen unterstützt. Ich verfolge die Entwicklung von COBOL heutzutage nicht mehr, aber in den 80ern war ich ein großer Fürsprecher, COBOL mit OO zu verheiraten, so wie ich es für C getan habe.

Das ist ein Beispiel dafür, was immer wieder passiert. COBOL wurde nicht weggeworfen und durch etwas neues ersetzt. Man hat einfach die fehlenden Teile ergänzt und weitergemacht.

Denken Sie immer noch, dass Superdistribution der richtige Weg ist? Wie sieht es mit Web-Anwendungen aus?

Brad: Die Superdistribution (so wie ich den Begriff nutze) lässt sich für feingranulare Objekte nutzen. Einfachere Wege gibt es für grobkörnigere Objekte, wie zum Beispiel SOA-Services. Ich denke auf jeden Fall, dass anständige Anreize dafür notwendig sind. Aber es gibt mittlerweile einfachere Bereiche als Objekte im OOP-Maßstab, mit denen man anfangen kann – insbesondere SOA-Services. Damals gab es sie noch nicht (abgesehen von dem Hype über »Thin Clients«).

Das ist so, als ob man sagen würde, man solle lernen, sich zu vertragen, um den Palästina-Konflikt zu lösen. Das stimmt zwar offensichtlich, da diese Lösung auch in den USA und in Südafrika erfolgreich angewendet wurde. Aber gleichzeitig ist das mitten in einem offenen Konflikt zwischen den Eigentümern und Anwendern von digitalen Gütern vollkommen irrelevant. Keine von beiden Seiten wird kompromissbereit sein und lernen wollen, sich zu vertragen. Die Superdistribution als *die* Lösung für solch einen Konflikt zu verbreiten, wird nur dazu führen, dass man Sie auf's Korn nimmt – von beiden Seiten.

Ist die allgegenwärtige Verfügbarkeit eines Netzes eine Voraussetzung für den Aufbau der Städte in Ihrer Analogie?

Brad: Wenn Häuser SOAs sind, ist das Netzwerk sicherlich eine Voraussetzung dafür. Sie können kein SOA ohne eine Netzwerk haben. Aber wenn man ehrlich ist, kann man heutzutage gar nichts mehr ohne ein Netzwerk tun.

Robin Milner von ML möchte viele sehr kleine, sehr dumme Maschinen haben, die parallel arbeiten. Ähnelt das Ihrem Ziel?

Brad: Das ist eine interessante Idee. Ich habe viel Zeit mit militärischen Simulationen verbracht und für solche Probleme ist diese Lösung sehr attraktiv. Es mag andere Probleme geben, auf die man diese Lösung anwenden kann, über die ich noch nicht nachgedacht habe.

Qualität als ökonomisches Phänomen

Wie können wir die Qualität von Software verbessern?

Brad: Eine Möglichkeit ist, Software auf Servern zu belassen, so wie dies bei Software as a Service (SaaS) geschieht. Es mag hier die Hoffnung auf eine ökonomische Antwort geben, auch wenn der Ansatz offensichtliche Kompromisse enthalten muss (Privatsphäre, Sicherheit, Performance und so weiter).

Ich habe einige Jahre damit verbracht, an einem entgegengesetzten Ansatz zu arbeiten und ein ökonomisches System um Komponenten herum aufzubauen, die lokal auf dem Rechner des Endanwenders laufen, aber ich wurde da zunehmend pessimistischer, da die Diskussion beim Kampf um das digitale Rechtemanagement landete und noch ewig laufen kann. Ich sehe keine Möglichkeit, diejenigen, die etwas produzieren und besitzen wollen, mit denjenigen zu versöhnen, die die Sachen haben wollen. Ohne die physikalische Massenerhaltung als Grundlage von »Besitz« bleiben uns nur Gesetze, Gerichte und Anwälte, was schließlich zu Polizeistaat-Taktiken führt. Stellen Sie sich vor, die Banken würden keine Safes und Schlösser mehr nutzen, das Geld nachts auf der Straße liegen lassen und die verfolgen, die es stehlen. Kein sehr schönes Bild.

Eine andere ökonmische Lösung ist diejenige, die heute häufig genutzt wird – Werbung. Hier sind die Anwender weder der Fischer noch der Fisch, sondern der Köder. Ungeachtet Googles Erfolg sehe ich nicht, wie das zu etwas Gutem führen kann. Wir haben alle gesehen, wo das bei Radio und Fernsehen endete, und genau das gleiche passiert im Internet.

Der letzte Weg ist das Open-Source-Modell, das es in vielen unterschiedlichen Versionen gibt, von der Freeware über Shareware zu Beerware und so weiter. Das ist meist das Modell, in dem ich heute arbeite. Das liegt nicht daran, dass es das beste vorstellbare Modell ist, sondern das einzige, das noch besteht und das eine der vielen selbstverursachten Wunden des Verteidigungsministeriums angeht – proprietäre Software als Black Box.

Was fehlt uns für das Erstellen von Software-Objekten, die die gleiche »Qualität« wie echte Objekte besitzen?

Brad: Ein ökonomisches System, das Verbesserungen belohnt.

Das ist alles?

Brad: Das ist der Motor des Ganzen, aber auch andere Innovationen werden erforderlich sein, sobald ein ökonomisches System bereitsteht. Passende Beispiele lassen sich auch in der Biologie finden. So hat Java zum Beispiel einfache Ideen der Kapselung, die sich mit Mitochondrien, Zellen, Gewebe, Organen und so weiter vergleichen lassen. In Java ist die größte Kapselung eine vollständige JVM und die kleinste eine Java-Klasse. Die einzige Ebene dazwischen ist das Java-Paket (*.jar*). Man kann mit dem Classloader einige Tricks umsetzen, um noch ein paar andere Ebenen zu unterstützen (zum Beispiel Servlets, die für SOA-Services genutzt werden).

Ich habe mich kürzlich mit der OSGI befasst und fand sie sehr interessant, da sie den ersten ernsthaften Versuch darstellt, eine ausgereifte Kapselungsebene zwischen den Java-Klassen und der JVM aufzubauen. So sind zum Beispiel meine Sub-SOA-Sicherheits- und Interoperabilitätskomponenten als OSGI-Bundles gepackt.

Glauben Sie, dass wir bessere Anreizen brauchen, um bessere Software herzustellen?

Brad: Wenn Sie sich anschauen, was für bessere Socken, Pullover und Twinkies sorgt, stecken da wirtschaftliche Aspekte hinter.

Die Ökonomie funktioniert bei Software nicht, so dass sie ohne Veränderung auf ihrem momentanen primitiven Evolutionsniveau bleibt.

Eine pharmazeutische Firme gibt Milliarden Dollar für die Forschung aus, weil sie das zehn- oder hundertfache durch den Verkauf der so gefundenen Arzneimittel wieder einnimmt. Es gibt in diesem Wissenschaftsbereich durchaus die Möglichkeit, Geld zu machen, obwohl so viele Forschung öffentlich ist.

Brad: Ja, das ist eine Möglichkeit, die Bits so zu nutzen, dass sie Ihnen gehören. Bei Ziegeln und Silizium-Chips helfen Ihnen die Naturgesetze bei Schutz Ihres Geschäfts. Dieser Ansatz dagegen verlässt sich auf die Gesetze der Menschen. Sie holen sich also ein paar Anwälte, strengen Klagen an, registrieren Patente, nutzen Firmengeheimnisse und so weiter. Das kann dann irgendwann funktionieren, aber ich finde das furchtbar.

Alles, was Sie sich vorstellen können, sind Banken, die nachts das Gold auf der Straße liegen lassen und diejenigen verfolgen, die es stehlen, anstatt es in ihren Safes einzuschließen. Ich finde dieses Bild sehr unmenschlich und es sieht so aus, als ob wir mit dem DMCA-Zeugs genau da landen. DMCA, RIAA, all das bewegt sich in diesem Bereich. Ich hasse es, damit verbunden zu sein.

Könnte der freie Zugriff des Open-Source-Modells die Situation verbessern?

Brad: Nun, Open Source ist das Modell, das momentan ökonomisch am besten läuf. Das meiste, mit dem ich aktuell zu tun habe, ist Open Source. Das liegt daran, dass es das beste Modell ist, bis diese SOA-Sache erwachsen wird und sich richtig nutzen lässt.

Aber wenn ich über ein Lehmziegel-Geschäft rede, meine ich Open Source. Die Materialien zum Herstellen von Lehmziegeln stehen frei zur Verfügung, aber im Endergebnis muss sich jeder, der etwas mit diesen Lehmziegeln macht, mit dem unerträglichen Dokumentationsproblem der Open Source herumschlagen.

Mit der Lehmziegel-Analogie will ich sagen, dass es in Ordnung ist, wenn es keine anderen Optionen gibt. Lehmziegel sind besser als gar nichts. Aber das ist unsere einzige Option und sie ist sehr primitiv.

Welche Rolle spielt das Internet und das Netz im Allgemeinen beim Design von Software?

Brad: Heutzutage können Sie keine Software mehr ohne Internet herstellen, das ist undenkbar.

Aber um zur kontroversen Seite davon zu wechseln – ohne ein Geschäftsmodell entweder hinter dem Internet oder der Software wird die Qualität der Dinge dort deutlich geringer sein als die von fassbaren Gütern.

Ändert der Blick auf Software aus Sicht von Services und Komponenten auf einer höheren Ebene als der Sprache die Ökonomie des Software Schreibens? Zerstören Sie den Markt für das Verkaufen von Bits durch das Verkaufen von Vertrauen?

Brad: Meine Kristallkugel ist leider nicht so gut. Ich weiß es nicht. In tausenden von Jahren ... die Baubranche brauchte so lange, warum denken wir, dass es schneller geht? Ich glaube, dort wird es in tausenden von Jahren enden, aber dann bin ich tot und begraben. Es ist schwer, Voraussagen für diesen Zeitraum zu treffen.

Mancher mag einwenden, dass uns nicht die physikalischen Gesetze im Weg stehen werden.

Brad: Ja, das sollte ein Vorteil sein. Sie scheinen uns mehr zu behindern als zu helfen. Das Geschäftsmodell für Einsteiger wird dadurch beschnitten, was ziemlich ärgerlich ist.

Wenn Sie heute Objective-C bauen würden – wäre es dann ein Open-Source-Projekt?

Brad: Da gibt es für mich zu viele »Wenns«. Open Source war damals keine Option und wir mussten irgenwie unsere Miete bezahlen können. Wenn ich einen sicheren Job hätte, der mich nicht zu sehr fordern würde, könnte ich wahrscheinlich die freie Zeit für Open Sourcen nutzen. Aber Einnahmen sind wie die Schwerkraft – die schwächste Kraft, und damit leicht durch stärkere Kräfte überlagert (wie zum Beispiel Selbstverwirklichung). Einkommen ist aber auch das langfristigste Kriterium und daher auf lange Sicht nicht einfach auszublenden.

Meinen Sie, dass ein Open-Source-Projekt ohne finanzielle Unterstützung keine ernsthafte Alternative für kommerzielle Software ist?

Brad: Nein, ich meine, was ich gesagt habe. Einkommen gibt es in unterschiedlichster Form. Eine Reputation erfüllt dies für viele von uns auch.

Ist das Phänomen der Web-Anwendungen etwas Gutes?

Brad: SOA bringt die Software auf Server, wo sie nicht durch die Endanwender kontrolliert werden kann. Das mag irgendwann zu einem ökonomischen System für SaaS führen.

Dieses Vorgehen hat uns noch keine echten Ergebnisse geliefert, weil SaaS immer noch in den Kinderschuhen steckt, aber ich kann mir vorstellen, wie dieser Ansatz zu einem Geschäftsmodell führt, das Software so verbessert, wie sich greifbare Dinge durch die ökonomischen Kräfte verbessern.

Ausbildung

Sie haben einen Bachelor-Grad in organischer Chemie und in Mathematik, sowie einen Doktor in mathematischer Biologie. Wie sind Sie von dort zum Erstellen einer Programmiersprache gekommen?

Brad: Nach meiner Postdoc-Zeit habe ich mich umgeschaut und festgestellt, dass ich mich für Computer mehr interessiere als für andere Dinge.

Beeinflusst Ihr universitärer Hintergrund Ihre Vision vom Software-Design?

Brad: Absolut. Andauernd.

Wenn Sie sich Ökosysteme anschauen, stellen Sie fest, dass Software auch ein Ökosystem ist, nur dass es keinerlei physikalischen Erhaltungssätze gibt – keine Massen- oder Energieerhaltung. Das

Produkt unserer Arbeit besteht aus Bits, die so leicht kopiert werden können, dass es schwer ist, sie zu kaufen, zu verkaufen oder zu besitzen. Das ökonomische System, die Ökologie, bricht zusammen.

Wenn ein Leopard sein Futter so replizieren könnte, wie wir Software replizieren, würde es sowohl für den Leoparden als auch für seine Beutetiere keine Verbesserungen geben.

Im Softwarebereich ist das Beantworten der Frage, wie man etwas besitzt und wie man für die Produkte und die Arbeit entlohnt werden kann, ein andauerndes Problem.

Haben sich die Prioritäten für Informatik-Forschung vom akademischen Bereich in die Industrie verschoben?

Brad: Ich habe mich nie als »Informatik-Forscher« oder als Akademiker gesehen (auch wenn ich einige Zeit in dieser Umgebung verbracht habe). Meist war ich im industriellen Umfeld unterwegs, daher liegen meine Schwerpunkte natürlich eher dort.

Ich war also nie von irgendwelchen akademischen Forschungsergebnissen beeindruckt, bis ich in jüngster Zeit einen zunehmenden akademischen Einfluss in Standard-Umgebungen wie dem W3C, Oasis und so weiter bemerkt habe. Meiner Meinung nach ist das außerordentlich spannend.

Ich mag dieses Zitat von virtualschool.edu:

> Informatik ist nicht tot. Informatik hat es nie gegeben.
>
> Das grundlegende Konzept dieses neuen Paradigmas, das ich versuche, in meinem neuen Buch zu vermitteln, ist folgendes: Der Virus, der die Krankheit verursacht, welche die Symptome auslöst, die wir Software-Krise nennen, ist unser Umgang mit einer Substanz, die aus Bits statt aus Atomen besteht, welche von Menschen kommen und nicht aus der Natur.
>
> Aber da diese Substanz nicht durch Gesetze zur Massenerhaltung geschützt ist, brechen die klassischen Mechanismen, die die Leute dafür belohnen, zusammenzuarbeiten und Stifte oder Gepäckförderbänder zu bauen, komplett zusammen. Ohne Handel können keine fortgeschrittenen sozialen Ordnungen entstehen, daher sind wir in dem primitiven Zustand gefangen, in dem jeder Nerd alles von Anfang an fabriziert.
>
> Da nun alles gleich ist, gibt es über den Bits nichts konsistentes, das experimentelle Studien rechtfertigt. Darum gibt es die Informatik nicht.

Ist die Informatik zehn Jahre später immer noch tot?

Brad: Zu den von Ihnen zitierten Zeilen habe ich nicht viel hinzuzufügen. Diese Frage hängt schließlich davon ab, wie man »Informatik« und »tot« definiert … und wie groß der Wunsch ist, sich die eine oder andere Gruppe zum Feind zu machen. Mir geht dieser Wunsch komplett ab.

Ich kann als einzig Substanzielles nur hinzufügen: Solange Software einmalig ist und nicht durch physikalische Gesetze beschränkt wird (beachten Sie allerdings, dass die wachsende Verwendung von Standards diese Behauptung, die vor vielen Jahren entstand, verfestigt), ist die Informatik eher eine Geisteswissenschaft und keine Naturwissenschaft.

Wie hat sich Ihre Einstellung in Bezug auf OOP, Superdistribution und SOA geändert?

Brad: Wonach Sie anscheinend fragen, ist, dass ich mich gar nicht für Programmiersprachen interessiere, sondern dafür, warum Software so schwierig in den Griff zu bekommen ist, im Vergleich zu anderen Dinge, mit denen die Leute keine Probleme haben. So wie das Versorgen Millionen New Yorker Bürgern mit Essen, Moores Gesetz zu folgen, Planeten auszulöschen, um ausreichend Autos zu produzieren und so weiter. Das ist ein bemerkenswertes Phänomen, etwas, was keine andere Spezies geschafft hat. Ich versuche weiter, zu verstehen, wie das funktioniert, um es auch für Software umzusetzen.

Tatsächlich ist die Fähigkeit, solche komplexe Dinge zu betreuen, so weit verbreitet, dass ich es als angeboren bezeichnen würde, wenn es nicht die Jäger und Sammler gegeben hätte, die das nicht konnten und wo jeder alles machte ... jeder beackerte seinen eigenen Garten, jagt sein eigenes Fleisch, baut sein eigenes Haus. Aber selbst da kann die Kapselung und Arbeitsteilung beobachtet werden: Frauen kochen, Männer jagen, Kinder helfen, alte Leute geben Ratschläge.

Aber im modernen Leben ist die Spezialisierung überall vorhanden – diese besondere menschliche Fähigkeit, einen Teil meiner Probleme abzutrennen und sie zu den Problemen von jemand anderem zu machen. Ich koche das Essen, wenn du den Laden schmeißt, jemand anderes die Zutaten herstellt, noch jemand den Weizen anbaut, jemand den Dünger herstellt und so weiter und so fort bis hin zum Erzschürfen in Minen. Es ist so offensichtlich, dass wir dies als gegeben hinnehmen, denn wir haben nicht einmal das Vokabular, über die vielen Produktionsebenen reden zu können, die daran beteiligt sind, Essen auf den Tisch zu bringen. Beachten Sie die beiden Elemente: 1) die Fähigkeit, einen abtrennbaren Teil meines Problems zu *definieren*, und 2) die Fähigkeit, diesen Teil zu einem Problem von jemand anderem zu machen. Ich komme darauf später zurück.

Vor der OOP war die Fähigkeit, ein Problem einzugrenzen, sehr beschränkt. Je mehr Leute an einem Problem arbeiteten, desto mehr geriet das Problem außer Kontrolle. Immer mehr Dateien mit verwirrenden Namen (ungarische Notation), Konflikte von nach außen sichtbaren Variablen, so gut wie keine Kapselung. Genau das Problem, dem sich Gatter-Designer gegenüber sehen, wenn sie große Chips entwerfen. Ihre Lösung? Eine Handvoll Gatter in einem Chip kapseln. Ich kümmere mich um das Chip-Design. Du lötest sie zusammen. Objective-C war genau dafür gedacht.

Natürlich war das nur der Anfang, nicht das Ende (weshalb ich auch manchmal die Geduld mit Sprach-zentriertem Denken verlieren). Sprachen sind Tools, dafür gedacht, je nach aktuellem Problem genutzt und wieder beiseite gelegt zu werden. Das gleiche Problem taucht auf jeder Ebene auf. So gibt es zum Beispiel 20 Jahre später die gleichen Probleme mit Java-Bibliotheken, die weit über das hinausgewachsen sind, was jemand alleine verarbeiten und effektiv nutzen kann (J2EE, du bist gemeint).

Die Superdistribution kommt auch wieder aus der Fähigkeit, meine Probleme zu denen von jemand anderem zu machen, wenn wir über Güter aus Bits reden, die nicht an die Massenerhaltungsgesetze gebunden sind. Denn für letztere gibt es seit langer Zeit Vergütungsmöglichkeiten. Warum sollten Sie sich um meine Probleme kümmern? Was ist da für Sie drin, wenn ich doch einfach das nehmen kann, was Sie herstellen, um es an meine Bedürfnisse anzupassen? Mein

Superdistributions-Buch stellt eine Antwort im Kontext der fein granulierten OOP-Objekte vor, wobei die Vergütung auf dem Messen der Verwendung von Bits basiert, nicht wie heute auf dem Verkauf.

Aber das Messen ist ein langweiliges und schwieriges Problem bei Gütern, die von skrupellosen Anwendern genutzt werden können. Bei SOA-Services ist das dagegen kein Problem. Sie laufen auf einem Server, über den der Besitzer und nicht der Anwender Kontrolle hat. Die Nutzung kann protokolliert werden, ohne sich um viele Betrugsmöglichkeiten Gedanken machen zu müssen. Sie haben immer noch das Problem der fairen Vergütung auf allen Ebenen der Produktion, aber das ist nur ein Verbuchungsproblem und nicht mehr eines des Schützens von Objekten.

Interessanterweise sind immer noch all die alten Informatik-Probleme vorhanden, wenn Sie in der Hierarchie von OOP über JBI/SCA nach SOA wandern. Der einzige Unterschied liegt darin, dass die Standard-Datenrepräsentation (XML-Schemas) eigene Parser für jede Repräsentation überflüssig macht. Damit kann die Code-Generierung DOM-Bäume abarbeiten, die durch Standard-XML-Parser erstellt wurden, welche wiederum zunehmend von grafischen »Sprachen« wie UML, DODAF und so weiter getrieben werden. Das ist recht spannend, zumindest im Vergleich zu den endlosen Debatten, welche OOP-Sprache die »beste« ist.

Das habe ich alles schon mitgemacht (mit C, Objective-C, Perl, Pascal, Java, Ruby und so weiter). Die IT wurde langweilig, daher habe ich mich interessanteren Problemen zugewandt.

Fehlt uns beim Programmieren lehren etwas?

Brad: Ich habe versucht, auf das Fehlen stabiler ökonomischer Kräfte für die Software-Qualität aufmerksam zu machen. Im Allgemeinen werden die ökonomischen Probleme in der Informatik und in der Software-Entwicklung ignoriert und vergessen.

Warum ist die Informatik keine echte Wissenschaft?

Brad: Jedes Mal, wenn Sie sich einem neuen Stück Software gegenüber sehen, entdecken Sie etwas vollständig neues und einmaliges. Wie können Sie eine Wissenschaft haben, wenn alles einmalig ist?

Wenn Sie jeden Tag an Gold oder Blei forschen, können Sie die Eigenschaften studieren und wissenschaftliche Methoden entwickeln, um sie zu erforschen. Bei Software gibt es da nichts.

KAPITEL ZWÖLF

Java
James Gosling

Java entstammt einem Projekt, das auf kleinen Geräten laufen sollte. Es gewann durch die Verbreitung von Webbrowsern und Applets Bekanntheit, aber erst durch eine automatische Speicherverwaltung, eine virtuelle Maschine, eine Menge mitgelieferter Bibliotheken und das Motto »Write Once, Run Anywhere« wurde Java zu einer allgemein anwendbaren Programmiersprache. Obwohl Sun Microsystems den Quellcode als freie Software herausgegeben hat, behält die Firma durch den Java Community Process immer noch eine gewissen Kontrolle über die Entwicklung der Sprache und der Bibliotheken.

Stärke oder Einfachheit

Sie haben einmal gesagt, dass Einfachheit und Stärke teuflische Zwillingsbrüder seien. Können Sie das näher erläutern?

James Gosling: Häufig tendieren Systeme, die sehr mächtig sind, dazu, kompliziert zu werden. Nehmen Sie so etwas wie die Java EE-Spezifikation. Sie enthält all die Sachen über Transaktionen und Persistenz – alles sehr, sehr mächtig. Aber in den Anfangstagen von Java hatten wir das alles nicht.

Das System war wirklich sehr einfach, die Leute konnten sich hinsetzen und es sehr schnell verstehen. Wenn Sie sich auf die Sprache Java und die grundlegenden APIs beschränken, ist es immer noch sehr einfach. Aber sobald Sie einige der mächtigeren Untersysteme wie Swing oder Java EE und den ganzen Rest nutzen, haben Sie schnell das Gefühl, in dem ganzen Kram zu ertrinken. Schauen Sie sich die OpenGL-Bibliotheken an. Mit OpenGL kann man wirklich tolle Sachen machen. Aber mein Gott – einfach ist es wirklich nicht.

Insbesondere in OpenGL brauchen Sie ein gutes Gespür dafür, wie idealisierte Grafikhardware funktioniert.

James: Richtig. Ich glaube, Einstein hat einmal sinngemäß gesagt, Systeme sollten so einfach wie möglich sein, aber nicht einfacher.

Ist Einfachheit oder Komplexität eine Konstante im System? Larry Wall spricht von einer Wasserbett-Theorie der Komplexität – wenn Sie die Komplexität in einem Teil der Sprache herunterdrücken, erhöht sie sich woanders. Zeigt sich die Komplexität nun zum Beispiel in den Bibliotheken, weil die Kernsprache von Java sehr einfach gemacht wurde?

James: Die Phrase, die ich dafür gerne verwende, ist »Whack-a-Mole«. Wenn die Leute sagen: »Oh, ich habe das Problem gelöst« und Sie ein bisschen herumstochern, stellen Sie fest, dass das Problem eigentlich gar nicht gelöst wurde, sondern nur an eine andere Stelle gewandert ist.

Die Sprache ist dafür gedacht, von jedem genutzt zu werden. Wenn Sie eine spezielle Unterstützung für Transaktionen in die Sprache einbringen, werden solche Transaktionen vielleicht für die Leute, die sie benötigen, ein wenig einfacher, aber für jeden anderen, der keine Transaktionen nutzt, wird das Leben viel schwerer.

Da bezahlen sie für den konzeptionellen Overhead.

James: Nun, sie zahlen auf jeden Fall den konzeptionellen Overhead, und abhängig davon, wie es umgesetzt ist, zahlen sie eventuell den Overhead von anderen.

Java ist mittlerweile eine ausgereifte Plattform, die seit über einem Jahrzehnt viel genutzt wird. Gibt es eine Möglichkeit, in so ein System wieder Einfachheit hineinzubringen?

James: Ich weiß es nicht. Ich glaube, das ist so eine Frage, die man sowohl mit Ja als auch mit Nein beantworten kann.

Nein, weil es einen riesigen Berg von Code gibt, der all diese Sachen verwendet. Wir würden liebend gerne viele Teile loswerden, die die Komplexität ausmachen. Wenn man sich aber die Anwendungen anschaut, die gebaut wurden, sieht man, dass diese Teile alle benutzt werden.

Sie hatten die Chance, AWT durch Swing zu ersetzen, aber AWT wird immer noch genutzt.

James: Ja, es ist erstaunlich, wie viele Leute immer noch AWT einsetzen. Das liegt zum Teil daran, dass es in Mobiltelefonen Verwendung findet.

Aber ein anderer Grund ist auch, dass Java – gegenteiligen Presseberichten zum Trotz – ausgesprochen häufig in Desktopanwendungen verwendet wird, vor allem in Enterprise-Anwendungen. Es gibt zehntausende davon, die mit Beta-Bibliotheken entstanden sind. Sie funktionieren gut, daher gibt es keinen Ansporn, sie loswerden zu wollen.

Die Antwort ist aber auch Ja, denn bei einem objektorientierten System mit einem ausreichenden Abstraktionsgrad kann sich die Welt verändern – wenn Sie einen besseren Weg finden, etwas umzusetzen, muss es nicht unbedingt einen Konflikt mit dem alten Kram geben.

Sie haben Namensräume, Abstraktionen und Kapselung.

James: Genau. In Java EE haben wir mit EE5 eine regelrechte Revolution der Einfachheit durchgezogen. Wenn Sie sich heute Java EE anschauen und sich eine EE5-Anleitung schnappen, ist das Ganze schon recht kompliziert. Aber wenn Sie sich die alten EE-Anleitungen anschauen, erkennen Sie die Unterschiede. Wir haben EE ziemlich weit vorangebracht, solange Sie nicht mit beiden Versionen gleichzeitig arbeiten müssen. Dann wird es ungemütlich.

Abwärtskompatibilität ist immer schwierig. War es eine bewusste Entscheidung der Entwickler bei Sun, auch sehr alten Java 1.1-Code auf der modernsten JVM ausführbar sein zu lassen?

James: Es ist interessant, dass die JVM selber aus so gut wie allen Diskussionen herausgehalten wurde, denn sie ist erstaunlich stabil. All der Schmerz und die Qualen sind in die Bibliotheken ausgelagert. Die lassen sich in der Basis-VM deutlich besser verwalten. Sie sind modular entworfen. Sie kommen dazu, sie verschwinden auch wieder. Sie können sogar Classloader bauen, die den Namensraum so aufteilen, dass Sie tatsächlich zwei Versionen der Java AWT haben. Es gibt eine Reihe von Tools, die das ermöglichen. Sobald sie aber an die eigentliche virtuelle Maschine gehen, wird es viel schwieriger. Aber so weit muss man normalerweise gar nicht gehen.

Der Bytecode ist bisher auch sehr stabil geblieben. All die Arbeit, die in die VM gesteckt wurde, betraf vor allem die fantastischen Optimizer.

Nun, ich habe gehört, dass Sie eigentlich zwei Compiler in der Java-Welt haben. Einmal den Compiler für den Java-Bytecode und dann den JIT, der im Prinzip wieder alles neu kompiliert. All Ihre verrückten Optimierungen finden sich im JIT.

James: Genau. Heutzutage schlagen wir die wirklich guten C- und C++-Compiler fast immer. Nutzt man dynamische Compiler, hat man zwei Vorteile, wenn der Compiler erst im letzten Moment läuft. Zum einen wissen Sie genau, auf welchem Prozessor Sie arbeiten. Wenn die Leute ein Stück C-Code kompilieren, müssen sie es ganz häufig so kompilieren, dass der Code auf jeder x86-Architektur läuft. So gut wie keines der Binaries, die Sie erhalten, ist speziell für einen den Prozessoren optimiert. Sie laden die neueste Version von Mozilla herunter, und sie läuft auf so gut wie jeder CPU mit Intel-Architektur. Es gibt im Prinzip nur eine Linux-Bibliothek. Alles sehr generisch und mit dem GCC kompiliert, der kein sehr guter C-Compiler ist.

Wenn HotSpot läuft, weiß es genau, auf welchem Prozessor es arbeitet. Es weiß genau, wie der Cache funktioniert. Es weiß genau, wie der Speicher am besten anzusprechen ist. Es weiß genau, wie all die Pipeline-Sperren in der CPU arbeiten. Es weiß, welche Instruction-Set-Erweiterungen der Chip hat. Es optimiert für genau die Maschine, auf der Sie sich gerade befinden. Zudem kann es tatsächlich die Anwendung bei der Ausführung beobachten. Es kann Statistiken darüber führen, welche Dinge wichtig sind. Es ist in der Lage, Sachen inline auszuführen, wie es ein C-Compiler nie tun könnte. Was in der Java-Welt alles inline umgesetzt werden kann, ist ziemlich beeindruckend. Dann schauen Sie sich mal die Art und Weise an, auf die die Speicherverwaltung mit den modernen Garbage Collectors arbeitet. Mit so einem modernen Garbage Collector ist die Speicherallokation außerordentlich schnell.

Sie schneiden immer nur Speicher ab.

James: Der Speicher wird wirklich nur scheibchenweise abgeschnitten. New kostet in der Java-Welt in etwa so viel wie `malloc( )` in der C-Welt. Es gibt Benchmarks, die zeigen, dass es zehnmal besser als `malloc( )` ist. Wenn es um viele kleine Objekte geht, macht `malloc( )` meist keine sehr gute Figur.

Wo wir gerade von C sprechen – wie entwerfen Sie eine Systemprogrammiersprache? Was muss ein Designer berücksichtigen, wenn er etwas bauen will, das vielleicht eine Systemprogrammiersprache werden soll?

James: Ich tendiere dazu, nicht viel über Sprachen und Features nachzudenken. Als ich mich um Sprachdesign kümmerte, was leider viel zu häufig vorkam, war das immer durch ein Problem motiviert. Wie sieht der Kontext aus, in dem die Sprache laufen soll? Was werden die Leute mit ihr machen? Was ist dabei anders? Bei Java war es das Netzwerk, das anders war. Das dauerhaft verfügbare Netzwerk lässt Sie über das Ganze ein bisschen anders denken, weil es so viele Nebenwirkungen mit sich bringt. Eine der Komponenten davon war das Rechnen im Wohnzimmer Ihrer Großmutter.

Oder ein Handheld, der nicht wie ein Computer aussieht.

James: Auf der langen Liste der Dinge, die das ändert, wollen Sie niemals einen Bluescreen of Death sehen. Sie wollen keine komplexen Installationsfeatures. Daher landete Java bei sehr starken Mechanismen zum Isolieren von Fehlern. Die meisten Leute sehen sie so gar nicht, aber sie sind da. So dient zum Beispiel die Art und Weise, wie Zeiger, die Garbage Collection und Exceptions arbeiten, dazu, Fehler zu isolieren. Damit soll es auch möglich sein, weiterzuarbeiten, wenn das System einen kleinen Schluckauf hat. Wenn Sie mit Ihrem Auto eine Straße entlangfahren und sich Ihr Türknauf lockert, können Sie trotzdem weiterfahren. Eines der Probleme bei vielen C-Programmen ist, dass sie etwas ganz Harmloses tun, dadurch ein Zeiger dereferenziert wird und – peng! – fliegen überall Splitter herum.

Sie haben absolut keine Möglichkeit, vorherzusagen, was wo kaputt geht und ob oder wann Sie einen Absturz erhalten.

James: Genau. Das habe ich immer als vollkommen inakzeptabel empfunden. Als C damals gebaut wurde, und auch in den frühen Tagen von Sun, war Performance alles. Zu prüfen, ob auf ein Array außerhalb seiner Grenzen zugegriffen wird, war nicht akzeptabel. Als die Java-Spezifikation veröffentlicht wurde, stand da so etwas wie »Array-Indexprüfung kann nicht abgeschaltet werden«. Kein »keine Indexprüfung«. Das war ein radikales Abwenden von C, da C gar keine Indexprüfung besitzt, es hier aber ein fester Bestandteil der Sprachspezifikation ist.

Es besitzt ja noch nicht einmal Arrays, wenn Sie es so sehen wollen.

James: Ja. Es gibt die Addition und diese schräge Syntax für die Addition. Einer der Zauber der modernen Compiler ist, dass sie potenziell alle Indexprüfungen beweisen können. Auch wenn Sie vielleicht denken, dass es schlecht wäre, die Prüfung nicht abschalten zu können, ist dem nicht so. Es ist sogar sehr gut. Es hat keinen negativen Einfluss auf die Performance. Sie führen vielleicht ein paar Prüfungen außerhalb der Schleife durch, aber innerhalb der Schleife ist es furchtbar.

Wenn C sein String-Problem gelöst hätte, bei dem Sie die Länge eines Strings nicht kennen, weil er Null-terminiert ist, hätten wir vielleicht schon seit 40 Jahren ein schnelleres C. Das ist für mich das größte Problem von C heutzutage.

James: Ja. Ich liebe C. Ich war jahrelang ein professioneller C-Entwickler. Ich wechselte schon zu C, lange bevor jemand anderes es benutzte. Die ersten C-Compiler liefen auf Rechnern, die 32K RAM besaßen, und dafür, dass sie in diesem Speicher liefen, waren die Compiler ziemlich erstaunlich. Aber es ist mittlerweile ziemlich schwierig, eine Uhr zu finden, die nur 32K RAM hat. Selbst Ihre Kreditkarte hat mehr als 32K.

Eine Frage des Geschmacks

Wie ändert das allgegenwärtige Internet das Konzept einer Programmiersprache?

James: Die Anwesenheit eines Netzwerks beeinflusst das Design einer Programmiersprache in sehr großem Maße. Sobald Sie ein Netzwerk haben, müssen Sie sich mit Diversität und Kommunikation beschäftigen. Sie müssen darüber nachdenken, was für Auswirkungen Fehler haben können. Sie müssen sich um die Zuverlässigkeit sorgen.

Insbesondere müssen Sie sich darüber Gedanken machen, wie Sie stabile Systeme aufbauen können, die auch bei Teilausfällen noch funktionieren, da die meisten Systeme, die gebaut werden und tatsächlich für etwas nützlich sind, genau die sind, bei denen immer irgendetwas kaputt ist.

Die klassische Sichtweise der Software war immer »ganz oder gar nicht«: Es funktioniert, oder es funktioniert nicht. Viele der Überlegungen dazu fließen in Dinge wie den Java-Exception-Mechanismus, das starke Typsystem, den Garbage Collector, die virtuelle Maschine und so weiter ein. Ich glaube, das Netzwerk hat wirklich grundlegende Auswirkungen auf das Design von Java – die Sprache und die virtuelle Maschine.

Wo hatte Ihre Sichtweise beim Design und der Programmierung den größten Einfluss? Können Sie in einem System, an dem Sie beteiligt waren, auf etwas zeigen und sagen: »Das hat der Gosling gemacht«?

James: Tja, ich wünschte, das wäre so einfach.

Ich habe viele Architekten kennengelernt, die sagen, sie haben ein »Markenzeichendesign«, also eine bestimmte Art und Weise, etwas anzugehen. Ich tendiere dazu, eher frei von Markenzeichen zu sein. Wenn ich ein Erkennungszeichen haben sollte und man zusätzlich mit den Leuten redet, die sich den von mir geschriebenen Code angeschaut haben, zeigt sich, dass ich sie in den Wahnsinn treibe, weil ich es mit der Performance ein wenig übertreibe.

Ich würde kein aggressives Inlining betreiben, aber komplizierte Algorithmen nutzen, wenn es ganz einfache auch tun würden. Ich setze alle Hebel in Bewegung – ich gehe beim Cachen weiter als die meisten anderen Leute. Nur aus Reflex baue ich einen Cache ein, denn wenn etwas keinen Cache hat, werde ich nervös.

Das erinnert mich an ein Zitat, bei dem jemand fragte: »Warum nutzt du eine lineare Suche für ein Array? Quicksort ist schneller!« Die Antwort war: »Das Array wird höchstens sieben Elemente enthalten, es wäre viel zu viel Overhead, extra dafür Quicksort zu nehmen.«

James: Für sieben Einträge würde ich sicherlich keine komplexe Datenstruktur einrichten.

Viele Programmierer bedenken niemals die praktischen Auswirkungen von solchen Dingen.

James: Was mich wahnsinnig macht, ist Folgendes: Die Leute bauen ein System für all ihre Entwicklungsarbeiten auf. Dabei würde eine einfache lineare Suche reichen. Sie wissen aber, wenn sie es ausliefern, wird es 100.000 Elemente enthalten. Es wird mit zehn Elementen getestet, daher fällt die lineare Suche gar nicht negativ auf, und sie sagen: »Irgendwann werde ich mich mit der Performance beschäftigen.« Das einer dieser Robert-Frost-Momente: »Doch Wege führen zu anderer Wege Lauf: Ich wußte wohl, dass ich nie wiederkehre.« Viel Code sieht so aus. Ich habe dann immer das Gefühl, dass die Leute eben nicht wiederkehren, um noch etwas zu ändern, und die Welt daher mit Systemen vollgestopft ist, die einfach unglaublich langsam sind.

Fehlt da die Zeit oder die Lust, oder liegt es daran, dass das Programmieren für Nichtprogrammierer immer einfacher wird?

James: Ich glaube, von allem ein bisschen. Zudem wird das Ganze dadurch unterstützt, dass diese Rechner alle mit drei Gigahertz laufen und Sie daher auch eine unendliche Schleife mittlerweile in endlicher Zeit ablaufen lassen können. :)

Warum haben Sie sich am Anfang dazu entschieden, bei Java eine virtuelle Maschine zu benutzen?

James: Für das Portieren ist das eine Riesenhilfe. Zudem hilft es überraschenderweise auch bei der Zuverlässigkeit und, komischerweise, auch bei der Performance. Es ist viel einfacher, eine hohe Performance zu erhalten, wenn Sie Just-in-Time-Kompilation nutzen. Also hilft die VM überall. Auch beim Debuggen.

Gibt es etwas, das sie beim JVM-Design anders machen würden, oder sind Sie damit zufrieden, wie sie arbeitet?

James: Ich bin ausgesprochen zufrieden mit der JVM. Das Design ist vermutlich der stabilste Teil der ganzen Systemarchitektur. Wenn ich mich auf die Suche nach einem zu lösenden Problem machte, würde ich nicht dort schauen, weil die JVM in einem guten Zustand ist. Es gibt keine Probleme, die groß genug sind, sich mit ihnen zu beschäftigen. Zudem hat eine Gruppe sehr kluger Leute an ihr ungefähr zehn Jahre gearbeitet, vor allem viele Compilerspezialisten.

Hätten Sie die JVM anders entworfen, wo sie jetzt auch bei anderen Sprachen populär ist?

James: Nun, es gäbe vielleicht ein paar Sachen, die ich etwas anders gemacht hätte. Wir drehen gerade eine Runde über Fragen des Sprachdesigns, die sich mit diesem Thema befassen, und es ist erstaunlich schwer, Dinge in der VM zu finden, die man ändern könnte, um es anderen Sprachen einfacher zu machen.

Die Stellen, an denen wir eher die großen Probleme haben, sind die, bei denen es um philosophische Probleme oder Aspekte mit der virtuellen Maschine geht. So ist es zum Beispiel sehr schwierig, Sprachen wie C und C++ auf der virtuellen Maschine von Java zu implementieren, weil wir keine nackten Zeiger zulassen.

Durch nackte Zeiger würden wir ein riesiges Zuverlässigkeitsproblem bekommen, und wir haben uns dazu entschieden, dass wir das nie zulassen werden. Die Schwierigkeiten, die Sie da bei der Zuverlässigkeit und Sicherheit bekommen, sind einfach zu groß. C und C++ auf der JVM? Niemals.

Sie haben das Beispiel gebracht, dass Sie beim Fahren eines Autos nicht stoppen müssen, weil so etwas Unwichtiges wie das Radio nicht mehr funktioniert. Brauchen wir neue Bausteine für Software, um dieses grundlegende Problem zu vermeiden, dass alles stehen bleibt, wenn etwas einen Fehler hat?

James: Viel davon beruht auf der Art und Weise, auf die die Details mancher dieser Sprachsysteme umgesetzt sind. »Alles kommt mit quietschenden Reifen zum Stehen«, ist wegen des Umgangs mit den Zeigern eines der großen Probleme in C.

Sobald Sie irgendeinen Speicherfehler durch Ihre Zeiger erhalten, wirft das System einen Core Dump und – peng! – alles ist vorbei. In Java ist es hingegen einerseits unwahrscheinlicher, dass Sie einen Zeigerfehler erhalten, und andererseits können Sie auch weitermachen, wenn ein Fehler auftritt.

Das Exception-System ist sehr gut darin, den Schaden zu begrenzen. Wenn also das Autoradio ausgeht, können Sie es vielleicht einfach abstöpseln.

Und Leute, die diese großen Enterprise-Systeme in Java bauen, verbringen einen ordentlichen Teil ihrer Zeit damit, die verschiedenen Komponenten sauber gegeneinander abzuschotten, sodass die Elemente bei Fehlern kontrolliert reagieren können.

Wenn Sie sich zum Beispiel die Spezifikation von Java Enterprise anschauen, gibt es alle möglichen Dinge im Framework, die dafür sorgen, dass bei Fehlern nicht alles zusammenbricht.

Ist das objektorientierte Paradigma diesbezüglich immer noch vollständig und korrekt?

James: Objektorientierte Programmierung lässt sich heute sehr gut von den Leuten nutzen. Es gibt immer wieder Diskussionen über Sachen, die State of the Art sind – die Leute lassen sich immer wieder auf sprachtheoretische Debatten zu völligen Nebensächlichkeiten ein –, aber die grundlegende Idee der objektorientierten Programmierung ist außerordentlich erfolgreich und zeigt auch keine wirklichen Schwachstellen.

Manchmal hat es den Anschein, dass Entwickler mit Objekten doppelt so hart arbeiten müssen. Zunächst entwerfen sie eine wiederverwendbare Komponente. Wenn sie dann später eine Änderung vornehmen, müssen sie etwas schreiben, das genau in die Lücke passt, die von der alten Komponente offen gelassen wurde. Im Grunde sehe ich einen sehr schmalen Grad zwischen der Verwendung von Objekten, um ein gutes Design zu erreichen, und der Verwendung von Objekten, durch die alles komplizierter wird.

James: Nun, es stimmt sicherlich, dass man beim objektorientierten Design ein gewisses gutes Gespür braucht. Die Welt ist voll von Beispielen von Leuten, die die Kontrolle verloren haben und wo es etwas aus dem Ruder gelaufen ist, aber das kommt erstaunlich selten vor. Die Verwendung von Interfaces und Objekten war einfach außerordentlich erfolgreich, und die Tatsache, dass Sie durch sie gezwungen sind, darüber nachzudenken, wie die Subsysteme in Beziehung zueinander stehen, ist allein schon als geistige Übung sehr wichtig.

Gestaltet man das Ganze so, dass es wieder aufgeteilt werden kann, um Teile Ihres Systems herauszuziehen, werden die Weiterentwicklung, das Debuggen, das Eindämmen von Fehlern und Vieles andere deutlich einfacher.

Und ja, man braucht ein gutes Gespür, um die Objektorientierung richtig einzusetzen, aber das ist gar nicht so schwer. Und es hat sich gezeigt, dass sie sehr, sehr wertvoll ist – viel wertvoller als das, was die Leute mit Spaghetticode produzieren, wo alles mit allem anderen verknüpft ist. Wenn Sie da versuchen, eine Sache zu ändern, muss sich auch alles andere ändern. Das ist ganz furchtbar.

Es ist eine wirklich furchtbare Welt, in der Sie leben, wenn Sie nicht objektorientiert vorgehen. Die objektorientierte Programmierung fängt dann an, sich bezahlt zu machen, wenn die Systeme größer werden, wenn es große Teams gibt und wenn sie sich mit der Zeit entwickeln.

Je modularer Sie das Ganze halten können, je isolierter die verschiedenen Programmieraufgaben voneinander sind und je weniger sich die Grenzen von Dingen ändern müssen, wenn sich etwas anderes ändert, desto nützlicher ist es.

Nebenläufigkeit

Die Leute reden viel über das Ende von Moores Gesetz, dass Systeme immer größer, aber nicht notwendigerweise schneller werden. Stimmen Sie dem zu?

James: Ja. Bei Moores Gesetz ging es um die Anzahl von Gattern, und es ist ziemlich leicht zu erkennen, dass diese Zahl sich im Laufe der Jahre an dieses Gesetz halten konnte. Aber was die Umsetzung in Geschwindigkeit angeht, ist es eher Zufall, dass sich das Gesetz so lange auch darauf beziehen ließ.

Ändert der Bedarf für eine bessere Nebenläufigkeit nur die Implementierung oder auch das Design?

James: Oh, das Design ändert sich sehr, obwohl es große Unterschiede beim Wechsel von einer Problemdomäne zu einer anderen gibt.

Um eine mathematische Software in einer Multithread-Welt zum Laufen zu bringen, müssen Sie den Algorithmus komplett ändern. Enterprise-Software läuft dagegen häufig innerhalb eines Frameworks.

In der Java-Welt gibt es das Applikationsserver-Framework Java EE, und innerhalb von EE merken die Anwendungen fast gar nicht, dass sie in einer Multithread-Welt leben – der Container, der App-Server weiß alles über das Multithreading und den Umgang mit Clustern und mehreren Prozessen und all dem.

Diese Probleme werden einfach nur von Ihnen wegabstrahiert und Sie müssen sich nicht darum kümmern, aber das funktioniert für Enterprise-Software wirklich gut, da sie sich oft durch viele kleine Transaktionen, die nichts miteinander zu tun haben, auszeichnet. Sie werden einfach Schlag auf Schlag verarbeitet.

Mathematische Software, bei der alles eng miteinander verwoben ist, die gemeinsame Daten nutzt und so weiter und so fort, ist es schwieriger. Daher gibt es hier keine klare Antwort.

Brauchen wir neue Sprachen, oder reichen neue Tools oder Bibliotheken, um dieses Problem anzugehen? Müssen wir nur alle vorhandenen Programmierer umtrainieren, damit sie anders denken?

James: Na ja, das kommt darauf an. Ich denke, es ist extrem abhängig von der Domäne. Bei den meisten Enterprise-Anwendungen, die stark transaktionsorientiert sind, können Sie Frameworks wie Java EE nutzen, die sich komplett um das Multithreading kümmern. Wenn Sie auf einer Sun-Maschine mit 128 Kernen arbeiten, was tatsächlich passieren kann, sind sich die Entwickler nicht einmal dessen bewusst und verwenden sie ohne große Probleme.

Es hängt nicht unbedingt von den Fähigkeiten des Programmierers ab – Sie können einen anständigen Programmierer haben, der nicht einmal Experte im Bereich Multithreading sein muss, denn dann kümmert sich Java um alles.

James: Genau. Die Frameworks abstrahieren all die Thread-Schwierigkeiten größtenteils weg. Es wird schwieriger, wenn es eher um numerische Sachen geht – wenn Sie Simulationen durchführen und so etwas. Bei all diesen Graphenalgorithmen und numerischen Sachen ist es ziemlich schwer, sie in mehrere Threads aufzuteilen. Das liegt zum Teil daran, dass Sie Zugriff auf Datenstrukturen, Sperren und so weiter brauchen. Häufig ist es einfach aufgrund der Datenstrukturen und der Algorithmen schwer. Der Travelling Salesman ist da besonders widerspenstig. Manche Algorithmen sind einfacher, zum Beispiel das Raytracing, aber das ist eine sehr domänenspezifische Sache – Sie haben die einzelnen Pixel, die völlig unabhängig voneinander sind.

Es lässt sich auf Pixelebene herunterparallelisieren, wenn Sie die entsprechende Hardware haben.

James: Genau. Das funktioniert wirklich ziemlich gut. Die meisten guten Raytrace-Renderer machen das. In manchen Bereichen, zum Beispiel in der Strömungslehre, der Grundlage für Wettervorhersagen oder die Berechnung, ob ein Flugzeug vom Himmel fällt, ist es schwieriger, weil es viel Kommunikation zwischen den verschiedenen Teilen des Fluids gibt. Das lässt sich in einem System mit einem gemeinsam genutzten Adressraum ziemlich leicht aufteilen, aber nur schwer in einem Cluster, der keinen gemeinsamen Adressraum hat. Bei CFD-Algorithmen nehmen zum Beispiel die Kommunikationskosten zwischen den Knoten im Cluster ziemlich schnell überhand. Diese Algorithmen funktionieren besser mit Mehrkernprozessoren, aber das hängt stark vom einzelnen Algorithmus ab.

Etwas, was ich an funktionalen Sprachen wie Scala mag, ist, dass der Compiler bei numerischen Algorithmen viel besser erkennen kann, was das Programm tut. Es kann den Algorithmus einfacher auf ein verteiltes System mit mehreren Threads und Kernen abbilden.

Liegt das daran, dass Scala eine rein funktionale Sprache ist?

James: Scala ist nicht rein funktional. Einer der Gründe dafür, dass das meistens so gut funktioniert, ist, dass es einen Teil von beidem hat. Sie können damit so programmieren, wie Sie es mit Java tun, oder Sie können damit funktional programmieren.

Gibt es Problemdomänen, in denen Multithreading mit gemeinsam genutztem Arbeitsspeicher besser funktioniert als eine funktionale Vorgehensweise?

James: Bei Enterprise-Anwendungen funktioniert der Framework-basierte Ansatz für verteilte Mehrkernsysteme tatsächlich richtig, richtig gut. Ich denke nicht, dass es mit einem System wie Scala große Vorteile gäbe. Es wird dann richtig interessant, wenn Sie zum Beispiel so etwas wie den Travelling Salesman-Algorithmus umsetzen wollen.

Eine bewusste Entscheidung, die aus dem Green Project oder dem Oak Project kommt, ist die, dass man beim Design einer Sprache, die mit dem Netzwerk in einer pervasiven Netzwerkwelt und mit mehreren Threads arbeitet, Primitive für die Synchronisation braucht und die zentralen Bibliotheken Thread-sicher sein müssen.

James: Wir haben eine ganze Menge von Mechanismen für die Thread-Sicherheit. Tatsächlich ist das ein ziemlich verrückter Fall, denn wenn Sie normalerweise auf einem System arbeiten, das nur eine CPU hat, zahlen Sie einen bestimmten Preis. Aber in diesem besonderen Fall bedeutet die Abstraktion die Rettung, da die abstrakteren APIs und Interfaces im Vergleich zur realen Maschine ziemlich abstrakt sind – wie die Java Virtual Machine. Die zugrunde liegenden Mechanismen können eine ganze Menge Anpassung übernehmen. Im Fall des Multithreading-Logging zeigt sich, dass die HotSpot-VM wie durch Zauberei versteht, dass Einzelkernrechner anders sind.

Wenn Sie JIT nutzen, können Sie sagen: »Ich muss mich wirklich nicht um das Synchronisieren dieses Teils kümmern, weil ich genau weiß, dass wir niemals in eine Deadlock-Situation kommen werden – für diesen Speicherbereich werden wir niemals Thread-Konflikte erhalten.«

James: Ja, und das passiert ganz von alleine und völlig transparent. Niemand merkt das. Es gibt ähnliche Probleme mit 64-Bit-Zeigern.

Die Leute in der C-Welt müssen einiges anstellen, wenn ihre Anwendungen mit 64 Bit laufen sollen. Bei Java-Anwendungen gibt es da überhaupt nichts zu tun.

Entwerfen einer Sprache

Würde Scala die Sprache Ihrer Wahl sein, wenn es Java nicht gäbe?

James: Ja, wahrscheinlich.

Was halten Sie von all diesen neuen Sprachen, bei denen es sich nicht nur um Forschungsprojekte handelt, sondern um ernsthafte Versuche, auf Basis der JVM eine wirklich mächtige Sprache zu bauen?

James: Ich finde, die sind ziemlich cool.

Sie fühlen sich nicht ausgenutzt, so als ob die alle Ihre guten Ideen nehmen und an Ihnen vorbei entwickeln?

James: Nein, alle wichtigen Teile von Java stecken in der JVM. Damit funktioniert die Interoperabilität. In einem gewissen Sinne wurden Java und die ASCII-Syntax als etwas entworfen, durch das es C- und C++-Programmierer bequem haben. Das funktioniert ziemlich gut. Die meisten C- und C++-Programmierer können sich ein Stück Java-Code anschauen und sagen: »Oh, das verstehe ich.«

Taktisch gesehen erkenne ich, was der Code tut, selbst wenn ich die Details der APIs nicht kenne.

James: Das war genau eines der großen Designziele. In einer abstrakten Welt des »Was ist die weltbeste Programmiersprache?« war das kein Ziel. Ich persönlich denke, dass Scala außerordentlich interessant ist. Das Problem der Sprache ist nur, dass es sich um eine funktionale Sprache handelt und die meisten Leute damit nicht so gut klarkommen.

Wenn ich eine Programmiersprache nur für mich entwerfen wollte, würde ich die meisten anderen Leute damit vermutlich zur Verzweiflung treiben.

Also Lisp?

James: Es wäre vermutlich nicht Lisp, aber es gäbe Teile, die sehr danach aussehen würden.

Bill Joy hat einmal gesagt, dass es Ihr Ziel war, C++-Programmierer tretend und schreiend in Richtung Common Lisp zu zerren.

James: Auf gewisse Weise stimmte das, wenn Sie sich die JVM einmal anschauen.

Die Idee, dass eine VM nicht langsam sein muss, oder die Idee, dass eine pervasive Garbage Collection für Programmierer sehr produktiv ist.

James: Die Garbage Collection ist für die Zuverlässigkeit und Sicherheit sehr hilfreich. Das war eine der Sachen, die die Leute nicht so richtig zu schätzen wussten. Schauen Sie sich an, wo die meisten Fehler in klassischen großen Systemen herkommen: überall Speicherverwaltungsfehler. Ich habe eine Zeit lang Statistiken zu allen Fehlern geführt, die ich gefunden habe, und auch die Stunden protokolliert, die ich dafür aufwenden musste. Um Fehler, die den Speicher durcheinanderbringen, zu finden, benötigt man meist sehr viel Zeit. Ich habe mir geschworen, dass ich nie mehr Zeit dafür verschwenden will.

Ich habe die ersten beiden Garbage Collectors in der JVM geschrieben. Garbage Collectors lassen sich ganz furchtbar debuggen, aber wenn sie einmal laufen, braucht man sie nicht mehr anzufassen und sie funktionieren einfach. Jetzt haben wir verschiedene ernsthafte, ausgefeilte Garbage Collectors.

Was für eine Art von GC haben Sie zuerst geschrieben?

James: Ich musste einen bauen, der in sehr kleinen Adressräumen funktionieren würde. Es war konzeptionell gesehen ein einfacher Mark and Sweep mit Compaction und einer eingeschränkten Fähigkeit, asynchron zu laufen. Es gab nicht genug Speicherplatz, um eines der moderneren Konzepte umzusetzen. Wenn jemand Handles hatte, half das der Compaction.

Eine zusätzliche Zeigerindirektion, aber damit konnten Sie die Sachen herumkopieren.

James: Da ich versuchte, mit C-Bibliotheken zu arbeiten, waren die ersten Versionen nur semigenau. Alle Zeiger auf dem Heap waren exakt, nicht aber auf dem Stack, da tatsächlich der C-Stack gescannt wurde, um alles zu finden, was ein Zeiger sein könnte.

Das ist der einzige Weg, ordentlich mit dem C-Stack umzugehen, sofern Sie eigentlich keinen C-Stack nutzen wollen. Das hat Vor- und Nachteile.

James: Genau. Das macht auch die JVM heute. Sie verwendet den C-Stack nicht. Ich meine, sie hat ihren eigenen Stack-Mechanismus. Wenn Sie in den C-Code einsteigen, haben Sie einen getrennten Stack. Das ist eines der unangenehmeren Dinge bei JNI – der Wechsel zwischen den Welten.

C# wurde durch Java inspiriert. Denken Sie, dass es andere Features von Java gibt, die von anderen Programmiersprachen übernommen werden könnten?

James: Nun, ich meine, C# hat nahezu alles übernommen, obwohl man sich dort seltsamerweise dazu entschieden hat, Sicherheit und Zuverlässigkeit zu entfernen, indem man all diese unsicheren Zeiger hinzufügte, was ich als unglaublich dumm ansehe. Aber die Leute haben die meisten Java-Features irgendwo genutzt.

Sie haben einen Garbage Collector geschrieben, um keine Zeit mehr mit dem Debuggen von Speicherverwaltungsfehlern verschwenden zu müssen. Wie stehen Sie zu Zeigern, wie sie in C++ implementiert sind, im Gegensatz zu den Referenzen in Java?

James: Zeiger in C++ sind eine Katastrophe. Sie sind eine direkte Einladung zum Fehlermachen. Es geht weniger um die Implementierung der Zeiger an sich, sondern um die Tatsache, dass Sie sich selber um das Abräumen kümmern müssen und vor allem, dass Sie zwischen Zeigern und Integer-Zahlen casten können – und wenn man sich ansieht, wie eine Menge APIs aufgesetzt sind, müssen Sie das auch!

Haben Sie die Referenzen in Java entworfen, um all diese Probleme zu lösen und trotzdem die Vorteile von C++-Zeigern zu erhalten?

James: Ja, Sie können in Java alles Wichtige tun, wofür Sie in C++ Zeiger verwenden.

Sehen Sie andere wiederkehrende Probleme, die sich durch das Implementieren einer allgemeinen Lösung in der Sprache vermeiden lassen?

James: So etwas gibt es überall in Java. Ein Beispiel ist der Exception-Mechanismus. In C++ ignorieren die Leute immer die Fehlercodes, die sie irgendwoher erhalten. Java erleichtert Ihnen den Umgang mit Fehlern, wenn sie auftreten.

Java-Programme sind im Allgemeinen deutlich zuverlässiger, zum Teil weil die Leute dazu ermuntert werden, Fehler so weit wie möglich zu berücksichtigen. Denn wenn Fehler auftreten, sind Sie ziemlich sicher, dass sie auch enthalten sind.

Können sorgfältig ausgewählte Standardwerte den Programmierern dabei helfen, besseren Code zu schreiben, ohne nach externen Bibliotheken oder Add-ons Ausschau halten zu müssen?

James: Im Laufe der Jahre haben die meisten Sprachen mit einem Großteil dieses Krams aufgeräumt. Eines der größten Probleme in C++ war lange Zeit das Multithreading. Multithreading ist sehr tiefgehend im Java-Code berücksichtigt, daher kann Java mit Mehrkernprozessoren sehr gut umgehen.

Wie sieht die Verbindung zwischen dem Design der Sprache und dem Design der Software aus, die in dieser Sprache geschrieben wurde?

James: Oh, es gibt überall subtile Verbindungen. Eine objektorientierte Sprache ermutigt Sie ja, sehr modulare Systeme zu bauen. Wenn Sie ein sehr gutes Exception-Handling-System haben, werden Sie ermutigt, sehr stabile Systeme zu bauen. Fast jedes Feature einer Sprache hat die Macht, einen subtilen Druck hin zu einem bestimmten Softwaredesign zu bewirken.

Gibt es andere Features, die Sie gerne in die Standardsprache aufnehmen würden? Wie sähe es mit automatischen Codeprüfungen aus?

James: Nun, wir machen ziemlich viel in den Tools. Wenn Sie sich anschauen, was `makeme(?)` tut, ist das prinzipiell wie ein Realtime-LINT. Heutzutage können Sie sich eine Sprache nicht mehr isoliert anschauen, Sie müssen Sprache und Tools zusammen berücksichtigen.

Berücksichtigen Sie, wie die Leute in der Sprache debuggen werden, wenn Sie die Sprache entwerfen?

James: Es gibt eine Reihe von Sachen, die für das Bauen zuverlässiger Software wichtig sind, aber da geht es nicht direkt um das Debuggen selbst. Für das Debuggen haben wir eine Reihe von Standards, zum Beispiel wie das System mit dem Debugging-System kommuniziert.

Sie können tatsächlich eine Menge Zeugs in der Sprache umsetzen, um eine Situation zu vermeiden, in der Sie debuggen müssen. Das ist der Grund dafür, dass es die Speicherverwaltung, das starke Typsystem, das Thread-Modell und all das andere in Java gibt. All das hilft Ihnen, bevor Sie überhaupt den Debugger nutzen müssen.

Wie wird das Debuggen beeinflusst, wenn eine Sprache unabhängig von der Plattform ist?

James: Nun, aus Entwicklersicht funktioniert das Debuggen vollkommen nahtlos. Sie können auf einem Mac etwas debuggen, was auf einem Linux-Server läuft – das funktioniert perfekt.

Wie debuggen Sie Ihren Java-Code?

James: Ich verwende einfach NetBeans.

Haben Sie einen Ratschlag für Java-Programmierer?

James: Nutzen Sie NetBeans, verteilen Sie überall `assert`-Anweisungen, seien Sie sehr vorsichtig, wenn Sie Tasks bauen – es gibt JUnit, was sehr beliebt ist – wenn Sie sie zusammenbringen, funktionieren sie gut.

Was fehlt den College-Studenten in der Informatik?

James: Die meisten Universitäten konzentrieren sich auf die technischen Aspekte des Ganzen. Im Software-Engineering läuft es häufig so ab: »Okay, hier haben Sie eine Software. Nun versuchen Sie bitte, einen Fehler darin zu finden.« Und die übliche Aufgabe ist: »Schreiben Sie eine Software, die dies und das erledigt.« Dabei wollen Sie doch mit einem leeren Blatt Papier loslegen, damit Sie alles tun können, was Sie wollen.

Zudem geht es bei der Softwareentwicklung viel um die soziale Dynamik bei der Zusammenarbeit in einem Team. Dazu wird nicht viel unterrichtet.

Wie stehen Sie zur Dokumentation von Software?

James: Je mehr, desto besser.

Etwas Einmaliges, bei dem Java Pionier war, ist die Dokumentation, die in den Code integriert ist.

Und für Java-APIs gibt es dieses Tool namens Javadoc, das die Dokumentation aus Ihrem Quellcode extrahiert. Eines der großen Probleme, die die Leute häufig mit der Dokumentation von Software haben, ist, dass sie nicht aktuell genug ist. Indem viele der Standardtexte automatisch extrahiert werden können, bleibt alles viel besser synchron, und selbst wenn Sie überhaupt keine Kommentare schreiben, leistet Javadoc immer noch recht gute Arbeit, indem es eine brauchbare API-Dokumentation erzeugt.

Daher ist es am wichtigsten, dass die Leute ihren Code so weit wie möglich dokumentieren und das Javadoc-Tool nutzen. Und wenn Sie viele gute Kommentare in Ihrem Code unterbringen, hilft das jedem.

Glauben Sie eher an eine formale oder eine vollständige Spezifikation eines Projekts, bevor Sie es bauen?

James: Ich habe gegenüber formalen Spezifikationen gemischte Gefühle. In der Theorie sind sie wohl toll, aber in der Praxis scheinen sie nicht ganz so gut zu funktionieren. Für ziemlich kleine Sachen mag es noch in Ordnung sein, aber je größer es wird, desto weniger formal werden die Spezifikationen, da sie nicht sehr gut skalieren.

Wichtiger ist noch, dass formale Spezifikationen ein Problem häufig gar nicht lösen. Sie verschieben das Problem vom Finden von Fehlern in Ihrer Software hin zum Finden von Fehlern in Ihrer Spezifikation. Und es kann wirklich schwer sein, Fehler in der Spezifikation zu finden.

Selbst wenn Sie keine formalen Spezifikationen schreiben, führen Sie eine Art Anforderungs-Analyse durch – viele Organisationen gehen da nach dem Wasserfallmodell vor, bei dem eine Gruppe ein Anforderungsdokument schreibt, das sie an die Leute übergibt, die dann tatsächlich das Ding bauen müssen.

Das Anforderungsdokument ist häufig mit Problemen angefüllt, und solange es keine wirklich kurze Feedbackmöglichkeit gibt, finden Sie keine Fehler in den Spezifikationen. Während ich also im Allgemeinen ein großer Fan von Spezifikationen und Anforderungen und solchen Sachen bin, tendiere ich dazu, sie nicht furchtbar ernst zu nehmen, und ich erwarte auf keinen Fall, dass sie große Probleme lösen.

Ich habe auch die Leute von UML und anderen Sprachen interviewt, und eine der Ideen, die sehr interessant klangen, war, Designsprachen zu nutzen, die auf sehr hohem Niveau arbeiten, um die Logik hinter der Software zu bauen. Sie haben die Möglichkeit erwähnt, logische Fehler im Modell zu entdecken, bevor überhaupt Code geschrieben wurde.

James: Ja, es gibt eine ganze Reihe von High-Level-Tools in der Java-Welt, die modellbasiert sind. Diese Art von High-Level-Modellierung, die Sie in vielen Webanwendungs-Frameworks, in UI-Frameworks und in UML-Frameworks finden, können sehr mächtig sein.

Wenn Sie zu NetBeans kommen, werden Sie sehen, dass es ein ziemlich ausgereiftes UML-Modellierungssystem besitzt. Sie können es dafür nutzen, anfangs Software in diesem UML-Modell zu spezifizieren, um sie dann automatisch generieren zu lassen, oder Sie nutzen den UML-Modellierer als eine Art archäologisches Tool, mit dem Sie eine Software untersuchen. Diese Tools sind sehr hilfreich, aber es gibt auch Probleme mit ihnen.

Feedbackschleife

Wie viel Feedback erhalten Sie zur Sprache selbst, nicht zur Implementierung?

James: Oh Mann, wir bekommen zur Sprache wirklich Unmengen an Feedback.

Wie gehen Sie damit um?

James: Wenn ein oder zwei Leute nach einem Feature fragen, ignorieren wir es.

Denn bei einer Sprache können Sie Änderungen nur sehr wohlüberlegt vornehmen. Bei APIs ist die Hürde etwas niedriger, aber im Allgemeinen machen wir nichts, sofern es keine wirkliche Notwendigkeit gibt.

Wenn also viele Leute nach derselben Sache fragen, ist das wie ein »oh, okay, dann ist das vielleicht doch sinnvoll«. Aber wenn nur einer von einer Million Entwicklern nach etwas fragt, führt das zu: »Sorgt vermutlich für mehr Ärger, als dass es hilft.«

Wie sind Ihre Erfahrungen nach dem Freigeben des Java-Quellcodes?

James: Oh, wir hatten viele gute Interaktionen. Wir haben den Quellcode von Java ja schon seit 1995 zur Verfügung gestellt, und die Leute haben den Code heruntergeladen und ihn überall genutzt – in Doktorarbeiten und Sicherheits-Audits. Das hat sich als sehr nützlich herausgestellt.

Geht es da um das Aufpolieren der Implementierung oder um die gemeinsame Weiterentwicklung der Sprache?

James: Es ist gut, mehrere Leute zu haben, die etwas beitragen können. Dadurch führt man gute Gespräche.

Können Sie eine Sprache demokratisch entwerfen?

James: Es gibt da einen sehr, sehr schmalen Grat, denn wenn Sie zu demokratisch sind, erhalten Sie am Ende nur Müll. Aber wenn Sie zu diktatorisch vorgehen, kann eventuell niemand anderes mehr etwas mit der Sprache anfangen, weil sie nur die Sichtweise einer einzelnen Person widerspiegelt.

Daher ist es sehr wichtig, sich mit vielen Leuten zu unterhalten und einen gut gestalteten Prozess der Entscheidungsfindung zu haben.

Glauben Sie an die Idee, eine Sprache wachsen zu lassen, oder denken Sie, Sie haben ein Ziel, und wenn Sie etwas gebaut haben, mit dem Sie dieses Ziel erreichen können, schreiben Sie besser eine neue Sprache?

James: Ich denke, ein bisschen von beidem. Ich habe kein Problem damit, eine Sprache wachsen zu lassen, aber ich denke, dass es eine recht hohe Barriere geben muss, bevor man irgendwelche Bestandteile hin und her schiebt. Dinge, die einen echten Mehrwert zeigen, kann man durchaus in eine Sprache aufnehmen. Wenn der Wert nicht so groß ist, oder wenn es nur darum geht, die Syntax beliebig zu verändern, lohnt sich das nicht. Wenn Sie morgens aufwachen und der Meinung sind, Klammern seien des Teufels, wäre es dumm, die Sprache umzubauen, aber wenn man mit einer Änderung den Leuten beim Bauen von Software wirklich deutlich entgegenkommen kann, sollte man das tun. Vor ein paar Jahren haben wir den ganzen Prozess durchgezogen und die Sprache um Generics ergänzt. Das hat sich als ausgesprochen sinnvoll erwiesen.

Wie haben Sie entschieden, was in die Sprache kommt und was in einer externen Bibliothek untergebracht wird?

James: Das hängt fast immer davon ab, wie allgemein anwendbar das Feature ist. Wenn Dinge nur für eine kleine Gruppe hilfreich sind, sind sie besser in einer Bibliothek aufgehoben. Alles, was Sie in einer Bibliothek umsetzen können, sollte auch dort umgesetzt werden, und Sprachänderungen sollten Sachen vorbehalten bleiben, die wirklich nicht in eine Bibliothek passen.

Welchen Kriterien folgen Sie, wenn Sie eine API entwerfen?

James: Mein Hauptziel ist, sie so klein wie möglich zu halten. Und ich denke, an zweiter Stelle kommt, dass das Design auf Use Cases basiert. Einer der Fehler, den die Leute beim Entwerfen einer API häufig begehen, ist, dass sie die API im luftleeren Raum designen und sich sagen: »Hmm, irgendjemand wird das tun wollen.« Oder: »Jemand möchte vielleicht jenes tun.«, und dadurch wuchern die APIs und werden viel komplizierter, als sie sein müssten.

Fragen Sie sich stattdessen lieber: »Was werden die Leute damit machen wollen?« Schauen Sie sich andere Systeme an, bei denen die Leute versucht haben, Menüs darzustellen oder Netzwerkverbindungen aufzubauen. Was hat woanders funktioniert? Gucken Sie, was die Leute wirklich benutzt haben, und nicht, was die API angeboten hat.

Sie können viele interessante Dinge beim API- und Sprach-Design lernen, indem Sie einfach statistische Analysen von Software durchführen, die in anderen Sprachen geschrieben wurde.

Gibt es eine Lektion, die Sie anderen Leuten vermitteln wollen und die aus Ihrer Erfahrung beim Entwurf von Java entstammt?

James: Das Entwerfen einer Sprache ist gar nicht furchtbar schwierig. Am wichtigsten ist es, nicht eine Sprache zu entwerfen, sondern sich zu überlegen, wofür die Sprache gedacht ist. Wie sieht der Kontext aus? Was für Aufgaben wollen die Leute erledigen?

Was Java so anders gemacht hat, war der Umgang mit dem Netzwerk. Wie sind die Auswirkungen des Netzwerks auf das Design der Programmiersprache? Es stellt sich heraus, dass sie ziemlich umfassend sind und die Entscheidungen beim Design der Sprache in manchen Bereichen sehr schnell getroffen werden können, wenn erst einmal einige von ihnen bezüglich der Auswirkungen des Netzwerks begutachtet worden sind.

Hat Java die Meinung der Öffentlichkeit über Plattformunabhängigkeit beeinflusst?

James: Ich glaube nicht, dass die Öffentlichkeit über Plattformunabhängigkeit nachdenkt. Aus meiner Sicht als Entwickler, der diese großen Systeme aufbaut, sollte die Öffentlichkeit aber eigentlich auch nichts davon mitbekommen müssen.

Wenn Sie Ihre EC-Karte in einem Geldautomaten nutzen, bemerken Sie vermutlich gar nicht, dass da mit großer Sicherheit schon Java-Code genutzt wird, der auf Sun-Rechnern und IBM-Rechnern und Dell-Rechnern und HP-Rechnern und anderen Kisten mit x86-Architektur und PowerPC-Architektur und sonst was läuft.

Viele dieser Prozesse laufen hinter den Kulissen ab. Sie fahren mit der U-Bahn: Wenn Sie eine dieser Transponderkarten nutzen, wie der Oyster-Card bei der Londoner U-Bahn, nutzen Sie ein auf Java basierendes System.

Sie nutzen tatsächlich alle die Plattformunabhängigkeit, und wenn die Konsumenten genötigt würden, sich der Programmiersprache bewusst zu sein, mit der das System aufgebaut wurde, wäre das ein echter Fehler des Systems. Eines unserer Ziele ist, vollständig transparent zu sein und von den Leuten gar nicht bemerkt zu werden. Natürlich bringt das die Marketingleute zur Verzweiflung. Sie würden gerne immer dann ein Java-Logo anzeigen, wenn Sie die Zugangssperren bei der U-Bahn passieren, aber das wäre verrückt.

KAPITEL DREIZEHN

C#
Anders Hejlsberg

Nachdem Microsoft einen Prozess von Sun Microsystems bezüglich der Änderungen an der Programmiersprache Java abgeschlossen hatte, wandte sich die Firma an den altgedienten Sprachdesigner Anders Hejlsberg. Er sollte eine neue objektorientierte Sprache entwerfen, die eine mächtige virtuelle Maschine nutzt. Das Ergebnis war C# – und ein Ersatz sowohl für Visual C++ als auch Visual Basic. Obwohl Vergleiche zu Java in Bezug auf die Syntax, die Implementierung und die Semantik unvermeidlich sind, hat sich die Sprache deutlich weiterentwickelt und Features aus funktionalen Sprachen wie Haskell und ML übernommen.

Sprache und Design

Sie haben viele Sprachen entworfen und betreut. Sie haben als einer der Implementierer von Turbo Pascal begonnen – gibt es eine natürliche Entwicklung vom Implementierer zum Designer?

Anders Hejlsberg: Ich denke, das ist ein ganz natürlicher Weg. Der erste Compiler, den ich schrieb, war für eine Untermenge von Pascal gedacht, und dann war Turbo Pascal die erste nahezu vollständige Implementierung von Pascal. Aber Pascal war immer als Lehrsprache gedacht, und es fehlten ihr eine Reihe von Features, die für das Schreiben von »richtigen« Anwendungen notwendig waren. Um also kommerziell überleben zu können, mussten wir uns direkt mit allen möglichen Erweiterungen befassen.

Es ist überraschend, dass eine Lehrsprache so viel Erfolg darin hatte, den Graben zwischen dem Erfolg in der Ausbildung und im kommerziellen Einsatz zu überwinden.

Anders: Es gibt viele verschiedene Lehrsprachen. Wenn Sie sich die Geschichte von Niklaus Wirth anschauen – er entwarf Pascal und später Modula und Oberon –, legte er immer Wert auf Einfachheit. Lehrsprachen können Lehrsprachen sein, weil sie gut darin sind, ein bestimmtes Konzept zu erklären, aber ansonsten sind sie meist nicht so richtig nutzbar. Es kann sich aber auch um vollständige Programmiersprachen handeln, die Ihnen wirklich die Grundlagen der Programmierung nahebringen. Das war immer das Ziel von Pascal.

Es scheint zwei Denkrichtungen gegeben zu haben. Manche Universitäten – zum Beispiel das MIT – begannen mit Scheme. Andere hatten einen »praktischeren« Fokus. Eine Zeit lang unterrichteten sie C++. Jetzt ist es Java, und manche nutzen C#. Was würden Sie machen?

Anders: Ich war eigentlich immer eher ein Verfechter der praktischen Linie. Wenn Sie so wollen, bin ich eher ein Ingenieur als ein Wissenschaftler. Ich glaube daran, dass Sie den Leuten etwas beibringen sollten, das sie später auch praktisch einsetzen können.

Wie immer findet sich die Antwort nicht in einem der Extreme. Sie liegt irgendwo dazwischen. In der normalen Programmiersprachenpraxis und bei der Implementierung von Programmiersprachen für die Industrie greifen wir andauernd auf Ergebnisse aus dem akademischen Bereich zurück. Gerade im Moment werden viele Ideen aus der funktionalen Programmierung übernommen, die im akademischen Bereich schon wer weiß wie lange existierten. Ich denke, entscheidend ist hier, beides zu nutzen.

Ist Ihre Philosophie beim Entwurf von Sprachen, Ideen aus allen Bereichen zu übernehmen und sie in die Praxis umzusetzen?

Anders: Na ja, in gewisser Weise schon. Ich glaube, Sie müssen wahrscheinlich mit ein paar Prinzipien beginnen, die Ihnen die Richtung weisen. Einfachheit ist immer ein gutes Prinzip. Zudem bin ich ein großer Fan davon, Sprachen weiterzuentwickeln, anstatt immer neu anzufangen.

Vielleicht finden Sie Gefallen an einer bestimmten Idee, und um sie zu implementieren, bauen Sie eine brandneue Sprache, die diese neue Idee wunderbar umsetzt. Aber die 90% Bestandteile, die jede Sprache haben muss, sind furchtbar. Es gibt so viel, was man berücksichtigen muss. Wenn Sie aber eine bestehende Sprache weiterentwickeln können – zum Beispiel haben wir C# in letzter Zeit stark in Richtung funktionale Programmierung entwickelt –, haben Sie schon alles andere. Sie haben eine große Anwenderbasis, die diese neuen Sachen übernehmen kann. Es wird vielleicht ein bisschen komplexer, aber mit Sicherheit muss man weniger lernen, als wenn es um eine neue Sprache mit einer ganz neuen Ausführungsumgebung geht, um einen bestimmten Programmierstil zu nutzen.

Es ist schwierig, die Grenze zwischen der eigentlichen Sprache und ihrem Ökosystem zu ziehen.

Anders: Nun ja, und insbesondere heutzutage wird es immer schwieriger. Die Sprache hat vor 20 oder 30 Jahren noch deutlich Ihre Lernkurve dominiert. Lernte man etwas über eine Programmierumgebung, ging es um das Lernen der Sprache. Dann hatte die Sprache eine kleine Laufzeitbibliothek. Das Betriebssystem besaß vielleicht ein paar Elemente, wenn Sie überhaupt so weit vordrangen. Jetzt schauen Sie sich doch mal diese gigantischen Frameworks an, wie .NET oder Java, und die Programmierumgebungen werden so stark von der schieren Größe der Framework-APIs dominiert, dass die Sprache selbst fast ganz in den Hintergrund tritt. Das stimmt nicht ganz, aber es geht sicherlich viel mehr um die Umgebung als um die Sprache und ihre Syntax.

Wird dadurch der Job des Bibliotheksdesigners wichtiger?

Anders: Der Job des Plattformdesigners wird sehr wichtig, denn Sie erhalten dann einen maximalen Effekt, wenn Sie eine gewisse Langlebigkeit auf der Plattform und die Fähigkeit zum Implementieren verschiedener Sprachen auf dieser Plattform sicherstellen können. Da habe ich immer viel Wert drauf gelegt. .NET wurde von Anfang an als eine Plattform für mehrere Sprachen entwickelt, und jetzt zeigt sich, dass alle möglichen Sprachen sich dieser Plattform bedienen – statische Sprachen, dynamische Sprachen, funktionale Sprachen, deklarative Sprachen wie XAML und Vieles andere mehr. Aber darunter liegt das gleiche Framework, die gleichen APIs, und die Vorteile sind enorm. Wenn das alles autonome Silos wären, würden Sie bezüglich Interoperabilität und Ressourcenverbrauch einen langsamen Tod sterben.

Bevorzugen Sie im Allgemeinen eine polyglotte virtuelle Maschine?

Anders: Ich denke, das ist der richtige Weg. Ich sehe es so, dass ich zurück in die guten alten 8-Bit-Tage gehe, als Sie 64K Speicher hatten. Es ging immer darum, dass die 64K viel zu schnell voll wurden. Damals haben Sie eben kein System jahrelang gebaut.

Sie konnten einen oder zwei Monate implementieren, und dann war es das. 640K – vielleicht sechs Monate, und der Speicher war voll. Jetzt ist es im Prinzip ein Loch ohne Boden. Die Anwender fordern mehr und mehr, und es gibt keine Möglichkeit, alles umzuschreiben. Es geht darum, Vorteile zu erzeugen und Sachen zu bauen, die interoperabel sind. Ansonsten finden Sie sich für immer im gleichen Trott wieder, weil Sie versuchen, die Grundlagen hinzubekommen.

Wenn Sie eine gemeinsame Grundlage unter alles legen können und eine deutlich höhere Interoperabilität und Effizienz durch gemeinsame Systemservices erreichen, sollten Sie diesen Weg gehen. Nehmen Sie zum Beispiel die Interoperabilität zwischen gemanagetem und nicht gemanagetem Code. Da gibt es alle möglichen Herausforderungen. Aber besser, wir lösen sie einmal, als dass sie in jeder einzelnen Programmierumgebung angegangen werden müssen. Die schwierigsten zu bauenden Anwendungen sind diese Hybridanwendungen, bei denen die Hälfte des Codes gemanagt und die andere Hälfte nicht gemanagt ist und Sie auf der einen Seite des Zaunes eine Garbage Collection nutzen können, auf der anderen Seite aber nicht.

Es scheint in der JVM ein Designziel zu sein, niemals die Abwärtskompatibilität zu früheren Versionen des Bytecodes zu zerstören. Damit sind Sie bei einigen Designentscheidungen eingeschränkt. Man kann eine Designentscheidung auf Sprachebene treffen, aber in der tatsächlichen Implementierung der Generics müssen Sie zum Beispiel Type Erasure nutzen.

Anders: Wissen Sie was? Ich denke, das Designziel war gar nicht unbedingt, abwärtskompatibel zu sein. Sie konnten neuen Bytecode hinzufügen und trotzdem abwärtskompatibel sein. Das Designziel war, nichts mit dem Bytecode oder der VM insgesamt zu machen. Das ist etwas anderes. Im Endeffekt war das Ziel keine Weiterentwicklung. Damit sind Sie total eingeschränkt. In .NET hat wir das Ziel der Abwärtskompatibilität, also haben wir neue Fähigkeiten hinzugefügt, neue Metadateninformationen. Ein paar neue Anweisungen, neue Bibliotheken und so weiter, aber jede .NET 1.0-API konnte auch unter .NET 2.0 laufen.

Ich war immer irritiert, dass sie diesen Weg gewählt hatten. Ich kann verstehen, wie man dorthin gelangt ist, aber wenn Sie sich die Geschichte dieser Branche anschauen, geht es immer um Weiterentwicklung. Sobald Sie damit aufhören, haben Sie Ihr eigenes Todesurteil unterzeichnet. Es ist nur eine Frage der Zeit.

Mit unserer Entscheidung, Reified Generics statt Type Erasure zu nutzen, bin ich sehr zufrieden, und es zahlt sich immer wieder aus. All die Arbeit, die wir in LINQ gesteckt haben, wäre meiner Meinung nach ohne Reified Generics gar nicht möglich gewesen. All die dynamischen Sachen, die wir in ASP.NET nutzen, und all die dynamische Codegenerierung, die wir in so gut wie jedem Produkt einsetzen, das wir ausliefern, nutzen die Tatsache, dass Generics zur Laufzeit tatsächlich repräsentiert werden und dass es eine Symmetrie zwischen der Kompilierungs- und der Laufzeitumgebung gibt. Das ist ausgesprochen wichtig.

Einer der Kritikpunkte an Delphi war, dass es einen starken Widerwillen gab, Code ungültig zu machen, was manche Sprachentscheidungen beeinflusste.

Anders: Lassen Sie uns zurückblicken. Wenn Sie vom Ungültigmachen von Code sprechen, muss das zuallererst bedeuten, dass Sie über die Weiterentwicklung von etwas sprechen. Sie reden von einer Version N +1 von etwas. Sie könnten nun argumentieren, dass es manchmal gut ist, Code ungültig zu machen, aber wenn ich alles zusammen betrachte, kann ich so etwas niemals rechtfertigen. Das einzige Argument, dass ich dafür höre, da es keine wirklich guten Argumente gibt, ist: »So ist es sauberer.«, oder »Aus Architektursicht ist das stabiler.«, oder »So sind wir besser auf die Zukunft vorbereitet.«, oder was auch immer. Ich antworte dann: »Nun, wisst ihr, Plattformen existieren vielleicht zehn, fünfzehn Jahre und brechen dann auf die eine oder andere Art und Weise unter ihrem eigenen Gewicht zusammen.«

Irgendwann ist das alles veraltet, vielleicht nach 20 Jahren. Dann gibt es genug Neues, auch ohne den alten Overhead. Wenn Sie etwas ungültig machen wollen, dann richtig. Machen Sie alles kaputt. Direkt im Kern. Nehmen Sie nicht nur ein paar kleine Änderungen vor. Das ist nutzlos.

Das klingt wie Bockspringen, bei dem ein Sprung fünf oder zehn Jahre benötigt.

Anders: Entweder spielen Sie Bockspringen oder Sie achten sehr stark auf Abwärtskompatibilität und nehmen immer Ihre ganze Community mit.

Gemanagter Code macht das bis zu einem gewissen Grad. Sie können in diesem Prozess Ihre bestehenden Komponenten nutzen.

Anders: Seit den ersten Tagen von .NET haben wir die Abwärtskompatibilität bei jedem Release beibehalten. Wir beheben ein paar Fehler, die dazu führten, dass Code nicht lief, aber meiner Meinung nach muss es schon Grenzen dafür geben, wie weit es okay ist, Code ungültig zu machen.

Im Namen der Sicherheit oder im Namen des korrekten Programmverhaltens machen wir manchmal Code ungültig, aber das geschieht selten und wird meist durch einen Designfehler im Anwenderprogramm ausgelöst, oder die Anwender sind sogar froh, dass es behoben wird, weil sie sich gar nicht bewusst waren, dass es da einen Fehler gab. Das ist dann auch in Ordnung, aber unnötiges Ungültigmachen von Code, nur damit die Syntax schöner wird oder so, ist meiner Meinung nach ein Fehler. Ich habe das in meiner Anfangszeit oft genug gemacht, um zu wissen, dass Sie das bei Ihren Kunden nirgendwo hinbringt.

Es ist schwierig, als Argument nur guten Geschmack anzubringen.

Anders: Ja. Denn mein guter Geschmack ist nun einmal nicht Ihr guter Geschmack.

Wenn Sie sich die Sprachen anschauen, an denen Sie beteiligt waren, von Turbo Pascal über Delphi, J++ und Cool bis hin zu C# – gab es da immer Themen bei Ihrer Arbeit? Ich kann mir frühe Stücke von Mozart anhören und dann sein Requiem und sagen: »Das ist beides eindeutig Mozart.«

Anders: Alles ist ein Bildnis der Zeit, in der Sie sich befinden. Ich bin mit Objektorientierung und anderen Dingen aufgewachsen. Von den späteren Versionen von Turbo Pascal bis heute war alles, womit ich gearbeitet habe, im Kern eine objektorientierte Sprache. Es gab eine Menge Weiterentwicklungen, die für Fortschritt sorgten. In Delphi haben wir viel Arbeit in ein eher komponentenorientiertes Modell gesteckt, mit Eigenschaften und Ereignissen und so weiter.

Das führte weiter zu der Arbeit, die ich für C# vollbracht habe, und das kann man sicherlich auch wiedererkennen. Ich versuche immer, ein Ohr an den Wünschen der Community zu haben und etwas relevantes Neues anbieten zu können. Turbo Pascal hatte die innovative Entwicklungsumgebung und Delphi die visuelle Programmierung – RAD. C# und .NET drehten sich um gemanagte Ausführungsumgebungen, Typsicherheit und so weiter. Sie lernen von den Dingen, die um Sie herum sind, in Ihrem eigenen Ökosystem und in konkurrierenden. Sie versuchen wirklich, herauszufiltern, was daran gut ist und was nicht funktioniert hat. In diesem Geschäft stehen wir alle auf den Schultern von Riesen. Es ist faszinierend, wie langsam sich Programmiersprachen entwickeln, wenn Sie das mit der Weiterentwicklung in der Hardware vergleichen. Das ist erstaunlich.

Seit Smalltalk-80 hatten wir 15 oder 20 Hardwaregenerationen!

Anders: Praktisch gesehen eine alle 18 Monate, aber es gibt keine echten, massiven Unterschiede zwischen den Programmiersprachen, die wir heute nutzen, und denen, die vor vielleicht 30 Jahren entwickelt wurden.

Man diskutiert immer noch über alte Konzepte wie Funktionen höherer Ordnung in Java. Das wird vermutlich eine zehnjährige Diskussion werden.

Anders: Was unglücklich ist, da ich denke, dass man sich da ein bisschen schneller bewegen könnte. Ich glaube nicht, dass es wirklich um den Wert der Erweiterung geht, sondern eher darum, ob das nicht zu viel Prozessaufwand und Overhead in der Java-Community erfordert.

Würde Sie einen Continuation Passing Style anbieten und den »Aufruf mit aktueller Continuation« auf Sprachebene bereitstellen, wenn es einen großen Vorteil böte, selbst wenn nur 10% der Programmierer es jemals verständen?

Anders: Wenn, dann ja – aber das ist ein großes Wenn. Ich denke nicht, dass das der Fall ist, aber schauen Sie sich an, was wir mit LINQ gemacht haben. Ich glaube fest daran, dass davon der Großteil unserer C#-Programmierer profitieren wird. Die Möglichkeit, Abfragen in einem deklarativeren Stil schreiben und eine einheitlich anwendbare Abfragesprache für verschiedene Datendomänen nutzen zu können, hat einen sehr großen Wert. Das ist wie der Heilige Gral der Sprach- und Datenbankintegration. Wir haben hier vielleicht nicht das komplette Problem gelöst, aber ich finde doch einen merklichen Fortschritt gemacht, der das zusätzliche Lernen durchaus rechtfertigt. Zudem können Sie das auch den Leuten nahebringen, ohne dass sie das Lambda-Kalkül von Grund auf verstehen müssen.

Ich denke, es ist ein tolles Beispiel für eine praktische Anwendung der funktionalen Programmierung. Sie können sie unbeschwert nutzen, ohne überhaupt zu wissen, dass es sich um funktionales Programmieren handelt, oder dass ihm die entsprechenden Prinzipien zugrunde liegen. Ich bin mit diesem Thema sehr glücklich.

Sie haben das Wort »praktisch« benutzt. Wie entscheiden Sie, welche Features Sie mit aufnehmen und welche ausgeschlossen bleiben? Wie sind da Ihre Kriterien?

Anders: Ich weiß es nicht. Mit der Zeit bekommen Sie ein Gespür dafür, ob ein Feature Ihren Anwendern so viel bringt, dass die konzeptionelle Unruhe, die es mit sich bringt, zu verkraften ist. Vertrauen Sie mir, wir erhalten viele interessante Vorschläge von unseren Anwendern, die »Oh, wenn ich nur dies tun könnte« oder »Ich würde liebend gerne das tun« lauten, aber häufig sind sie zu sehr darauf konzentriert, nur ein bestimmtes Problem zu lösen, und sie liefern als abstraktes Konzept einfach zu wenig Wert.

Die besten Sprachen werden sicherlich von kleinen Gruppen oder Einzelpersonen aufgebaut.

Gibt es einen Unterschied zwischen Sprachdesign und Bibliotheksdesign?

Anders: Einen sehr großen. Die APIs sind offensichtlich viel domänenspezifischer als Sprachen, und Sprachen befinden sich im Allgemeinen eine Abstraktionsebene oberhalb von APIs. Sprachen stellen das Framework, die Quarks und Atome und Moleküle für das API-Design bereit. Sie legen fest, wie Sie die APIs zusammenstellen, aber nicht, was die APIs tun.

In diesem Sinne denke ich, dass es große Unterschiede gibt. Das führt mich wieder zu dem zurück, worüber ich vorher sprechen wollte. Immer, wenn wir uns überlegen, der Sprache ein neues Feature hinzuzufügen, versuche ich, es für mehr als eine Domäne anwendbar zu gestalten. Man erkennt ein gutes Sprachfeature daran, dass Sie es auf mehr als eine Art und Weise nutzen können.

Auch hier möchte ich LINQ als Beispiel nutzen. Wenn Sie sich anschauen, was wir für LINQ getan haben, geht es im Endeffekt um sechs oder sieben Sprachfeatures, wie zum Beispiel Extension-Methoden und Lambdas und Typinferenz und so weiter. Sie können sie dann zusammenfügen und eine neue Art von API erzeugen. Insbesondere können Sie diese Abfrage-Engines als APIs implementiert erstellen, aber die Sprachfeatures selbst sind auch noch für alle möglichen anderen Dinge nützlich. Die Leute verwenden Extension-Methoden für viele andere interessante Sachen. Die Typinferenz für lokale Variablen ist auch ein sehr nettes Feature, und so weiter.

Wir hätten so etwas wie LINQ sicherlich viel schneller bereitstellen können, wenn wir gesagt hätten: »Lasst uns einfach SQL einbauen oder etwas, das total SQL-serverspezifisch ist. Wir reden dann nur mit der Datenbank, und fertig.« Aber das ist nicht allgemein genug, um eine Existenz in einer allgemein nutzbaren Sprache zu rechtfertigen. Sie landen dann schnell bei einer Domänen-spezifischen Programmiersprache und sind dieser Domäne auf Gedeih und Verderb ausgeliefert.

Sie verwandeln Ihr nettes 3GL in ein 4GL, was der Tod der allgemeinen Anwendbarkeit ist.

Anders: Ja. Dessen bin ich mir sehr bewusst. Was wir uns jetzt anschauen, ist Nebenläufigkeit. Jeder befasst sich damit, weil man es tun muss. Es ist keine Frage des Habenwollens, sondern des Habenmüssens. Auch im Bereich der Nebenläufigkeit könnten wir die Sprache ein bestimmtes Modell diktieren lassen – aber das wäre falsch. Wir sollten einen Schritt weiter gehen und herausfinden, was für Fähigkeiten in der Sprache fehlen, mit denen die Leute tolle Bibliotheken und Programmiermodelle für die Nebenläufigkeit implementieren könnten. Wir brauchen die Möglichkeit in der Sprache, die Zustände besser isolieren zu können. Wir brauchen Funktionsreinheit. Wir brauchen Immutabilität als Basiskonzept. Wenn Sie diese Konzepte hinzufügen können, können wir es dem Betriebssystem und den Framework-Designern überlassen, mit verschiedenen Nebenläufigkeitsmodellen zu experimentieren, denn die brauchen alle diese Sachen. Dann müssen wir nicht raten, wer der Gewinner sein wird. Stattdessen können wir schauen, ob eines der Konzepte versagt und ein anderes das bessere ist.

Wir sind immer noch relevant.

Das klingt so, als ob Sie den Leuten Tools in die Hand geben wollen, mit denen sie tolle Dinge bauen, statt zu bestimmen, was sie zu bauen haben.

Anders: Das möchte ich. So kann die Community viel mehr dazu beitragen.

Wo sehen Sie das in der C#-Community? Erhalten Sie Code von den Leuten? Besuchen Sie Kunden? Durchstöbern MVPs Newsgroups und Anwendergruppen?

Anders: Das ist eine Mischung aus allem und ein bisschen mehr. Wir haben mit Codeplex die Möglichkeit, Code gemeinsam zu nutzen. Es gibt alle möglichen Communities. Es gibt Open Source. Es gibt viel Open Source-Code mit .NET. Er kommt überall her. Ich denke nicht, dass es nur eine einzige Quelle für all das gibt. Es ist ein abwechslungsreiches und komplexes Ökosystem.

Sie finden immer wieder Sachen, bei denen Sie sagen: »Wow, wie haben die das denn geschafft?«, oder: »Das ist erstaunlich.« Sie wissen zu schätzen, wie viel Arbeit jemand hineingesteckt hat. Es mag nicht kommerziell nutzbar sein, aber es ist auf jeden Fall eine sehr schöne Arbeit.

Ich versuche, viele Blogs zu lesen, die für C# und LINQ relevant sind.

Das sind ein paar meiner wichtigsten Schlüsselwörter, wenn ich in Blogs stöbere, nur um sehen, was draußen so passiert. So können Sie herausfinden, ob die Leute mit den von Ihnen erdachten Sachen gut arbeiten können. Sie erfahren dadurch einiges für die Zukunft.

Wachsen einer Sprache

Wie erkennen Sie Einfachheit?

Anders: Es gibt echte Einfachheit, und es gibt etwas, was ich als *Simplexität* bezeichne und was ich häufig zu Gesicht bekomme. Dabei bauen Sie zunächst etwas Superkomplexes, und dann merken Sie: »Wow, die Leute werden damit nie klarkommen. Das ist viel zu kompliziert, aber wir brauchen all die Möglichkeiten. Lasst uns versuchen, ein einfaches System obendrauf zu bauen und alles in einer einfacheren Schnittstelle zu verpacken.«

Sobald Sie aber etwas machen müssen, das nicht ganz dem entspricht, wofür das System gedacht war, knallt es! Sie stürzen in diesen tiefen Morast der Komplexität, weil Sie bisher nur auf eine dünne Fassade von etwas geschaut haben, das sehr kompliziert ist. Demgegenüber gibt es Systeme, die wirklich durchgehend einfach sind. Einfachheit bedeutet häufig, dass Sie mehr mit weniger erreichen. Es geht nicht darum, mehr mit mehr zu erreichen, bei dem außen nur eine einfache Schicht drumherum liegt.

Würden Sie diesem Prinzip folgen, wenn Sie heutzutage eine neue Programmiersprache erstellen würden?

Anders: Oh, auf jeden Fall. Ich habe bisher viele Programmiersprachen gebaut, zumindest aber viele Implementierungen. Ich denke, es ist sehr wichtig, sich sehr, sehr klar darüber zu sein, warum Sie etwas tun und was das Problem ist, das Sie lösen wollen, bevor Sie damit beginnen, eine neue Sprache zu erstellen.

Viele Leute machen bei neuen Programmiersprachen den Fehler, dass sie ganz angetan von einem bestimmten Problem sind, das sie lösen wollen. Vielleicht ist die Programmiersprache die richtige Stelle, das Problem zu lösen, also lösen sie diesen Teil des Problems und machen da ihre Arbeit wunderbar. Aber jede Programmiersprache – und ich meine wirklich jede – besteht zu 10% aus Neuem und zu 90% aus Dingen, die für das Programmieren die Grundlagen bilden und einfach vorhanden sein müssen. Viele dieser innovativen Lösungen, die wir bei neuen Programmiersprachen sehen, sind in den 10% Neuerungen toll, aber in den 90%, die jede Sprache haben muss, damit man in ihr auch Programme schreiben kann, einfach furchtbar. Daher geht es in die Hose.

Es ist sehr, sehr wichtig, zu verstehen, dass es vielen langweiligen Standardkram gibt, der in jeder Programmiersprache sein muss. Wenn Sie den nicht richtig machen, werden Sie keinen Erfolg haben. Umgekehrt bedeutet das: Statt eine neue Programmiersprache zu nutzen, können Sie eine bestehende Sprache weiterentwickeln. Dann sieht die Sache schon ganz anders aus, weil Sie schon die 90% abgedeckt haben. Tatsächlich habe Sie sogar schon 100% abgedeckt. Sie versuchen einfach nur, neue Dinge hinzuzufügen.

Wie C++.

Anders: Wie C++, das ein tolles Beispiel für die Weiterentwicklung von C war, oder eine andere Version von C#, die wir angedacht haben, und so weiter. Ich glaube sehr an die Evolution von

Sprachen. Dann kommt natürlich eine Zeit, in der Sie einfach nicht noch mehr Zeugs hineinpacken können – es gibt so viel Spannung zwischen den neuen Dingen, die Sie ergänzen, und der alten Art der Sprache, dass Sie sich einfach nicht mehr bewegen können. Das Erstellen einer neuen Sprache ist eher eine Ausnahme von der Regel als die Regel selbst.

Würden Sie eine allgemein nutzbare Sprache oder eine domänenspezifische Sprache erstellen?

Anders: Ich denke, die ehrliche Antwort ist: »Keine.« Ich würde das Problem so angehen, dass ich eine allgemein nutzbare Programmiersprache erstellen würde, die sehr gut darin wäre, domänenspezifische Sprachen zu erstellen. Das Teuflische an all diesen domänenspezifischen Sprache ist hier wieder, dass sie in ihrer Domäne sehr gut sind, aber die restlichen Sachen falsch angehen. Es gibt bestimmte allgemeine Features, die wirklich jede domänenspezifische Sprache enthalten muss, solange sie nicht eine reine Datendefinitionssprache ist, mit der Sie Daten ausdrücken – und da können Sie meiner Meinung nach auch XML nutzen.

Wenn Sie wirklich eine Programmiersprache bauen, in der es Logik oder Prädikate oder Regeln oder was auch immer gibt, brauchen Sie auch Ausdrücke, und Ausdrücke haben Operatoren, und vielleicht brauchen Sie auch Standardfunktionen, und Ihre Kunden werden Dinge machen wollen, an die Sie nie im Leben gedacht haben. Das ist einfach eine ganze Menge Standardkram, den Sie brauchen. Wenn Sie stattdessen Ihre domänenspezifische Sprache ausgehend von einer allgemein nutzbaren Sprache aufbauen können, denke ich, dass Sie einen viel besseren Start haben, als jedes Mal von vorne beginnen zu müssen.

An den allgemein nutzbaren Sprachen ist heutzutage problematisch, dass sie besser darin werden, interne DSLs zu erzeugen. Sie könnten LINQ als ein Beispiel dafür ansehen. Aber sie sind noch nicht gut darin, die richtigen Anwendungsmuster dieser internen DSLs einzufangen. Wenn Sie interne DSLs erstellen, wollen Sie manchmal Grenzen für die Verwendbarkeit der allgemein nutzbaren Sprache setzen. Sie wollen dazu in der Lage sein, die allgemeine Nutzbarkeit der Sprache abzuschalten und sie nur für bestimmte Dinge in ihrer DSL nutzbar lassen. Das ist etwas, das allgemein nutzbare Sprachen noch nicht gut können. Vielleicht sollte man sich darum mal kümmern.

Brian Kernighan hat gesagt, wenn Sie eine allgemein nutzbare Sprache erstellen wollen, sollten Sie von Anfang an mit einem Ziel im Hinterkopf starten. Denn wenn Sie sonst mit einer kleinen Sprache anfangen, wird schnell nach zusätzlichen Features gefragt, sobald die Leute mit der Sprache arbeiten. Das Erweitern einer DSL funktioniert im Allgemeinen nicht so gut.

Anders: Oh ja. Ich glaube, Gosling hat gesagt, dass jede Konfigurationsdatei irgendwann zu ihrer eigenen Programmiersprache führt. Das ist sehr wahr, und Sie sollten damit sehr vorsichtig sein.

Sie haben gesagt, dass die Plattform in manchen Bereichen wichtiger ist als die Sprache. Werden wir zukünftig wiederverwendbare Komponenten produzieren?

Anders: Wenn Sie sich die Entwicklung von Sprachen, Tools und Frameworks in den letzten 25, 30 Jahren anschauen, ist es ziemlich bemerkenswert, wie wenig sich Programmiersprachen geändert haben. Es ist genauso bemerkenswert, wie viel größer unsere Frameworks und Laufzeitumgebungen geworden sind. Sie sind heute vermutlich drei Größenordnungen umfangreicher als vor 25, 30 Jahren. Als ich mit Turbo Pascal begann, gab es vielleicht 100 oder 150 Standardfunktionen in der Laufzeitbibliothek, und das war alles. Jetzt haben wir das .NET-Framework mit 10.000 Typen und 100.000 Membern. Es ist offensichtlich zunehmend wichtig, all das nutzen zu können. Denn es formt die Art und Weise, wie wir über Probleme nachdenken. Die Frameworks werden immer wichtiger, weil wir sie in unseren Programmen anwenden.

Geschicktes Anwenden ist heute alles. Ihr Computer ist aus Programmierperspektive ein Loch ohne Boden. Sie können Code schreiben – von heute an bis zu Ihrem Tod – und es doch nicht gefüllt bekommen. Es gibt so viel Kapazität, und die Erwartungen der Endanwender wachsen und wachsen. Die einzige Möglichkeit, Erfolg zu haben, ist das Finden von Wegen, geschickt das anzuwenden, was schon geschaffen wurde. Vor 25, 30 Jahren war das nicht der Fall. Sie hatten 64K Speicher, der war in ein oder zwei Monaten voll.

Wie stark beeinflusst die Sprache die Produktivität des Programmierers, und wie groß ist der Einfluss der Fähigkeiten des Programmierers?

Anders: Ich denke, das geht beides Hand in Hand. Die Sprache beeinflusst die Art und Weise, wie wir denken. Wenn Sie so wollen, ist es die Aufgabe des Programmierers, zu denken. Das ist das Rohmaterial, die reine Kraft, die in den Prozess gesteckt wird. Die Sprache formt dann Ihre Gedanken – ihre Funktion ist, Ihnen dabei zu helfen, in produktiven Bahnen zu denken. So sorgen zum Beispiel Sprachen mit Objektorientierung dafür, dass Sie über ein Problem auf eine bestimmte Art und Weise nachdenken. Funktionale Sprachen lassen Sie anders über das Problem nachdenken. Dynamische Sprachen führen zu einem dritten Weg. Das sind unterschiedliche Hüte, die Sie aufsetzen können und durch die Sie unterschiedlich denken. Manchmal ist es nützlich, verschiedene Hüte auszuprobieren, um unterschiedliche Perspektiven einzunehmen.

Würden Sie einer Sprache lieber ein Feature hinzufügen, die jeden ein bisschen produktiver macht, oder lieber eines, die nur ein paar wenige deutlich produktiver macht?

Anders: Bei einer allgemein nutzbaren Programmiersprache ist es keine gute Idee, Features zu ergänzen, die nur ein paar wenigen helfen, da die Sprache dann zu einem Sammelsurium seltsamer Dinge verkommt. Das Kennzeichen eines guten Sprachfeatures ist die Nützlichkeit bei vielen Anwendungsfällen, nicht nur bei einem. Schauen Sie sich all die Sachen an, die wir der Sprache in C# 3.0 hinzugefügt haben und die gemeinsam diese Language-Integrated Query oder LINQ bilden. Das sind sechs oder sieben einzelne Sprachfeatures, die jedes für sich viele gute Anwendungsmöglichkeiten bietet. Sie helfen nicht nur einem bestimmten Programmierer, sondern stehen auf einer höheren abstrakten Ebene. Bei jedem guten Sprachfeature müssen Sie zeigen können, dass es in vielen verschiedenen Szenarien nützlich ist, ansonsten ist es für die Sprache nicht das richtige. Vielleicht sollte man es dann eher als API-Feature ergänzen.

Berücksichtigen Sie beim Hinzufügen oder Wegnehmen von Features, wie das Debuggen vereinfacht werden kann? Berücksichtigen Sie die Debugging-Erfahrungen im Designprozess der Sprache?

Anders: Oh, absolut. Wenn Sie sich den ganzen Unterbau von C# anschauen, ist die Sprache eine typsichere Sprache, was bedeutet, dass es keinen Array-Überlauf oder herrenlose Zeiger gibt. Alles hat ein wohldefiniertes Verhalten. In C# gibt es kein undefiniertes Verhalten. Die Fehlerbehandlung wird über Exceptions vorgenommen und nicht über Rückgabewerte, die man einfach ignorieren kann. Daher helfen all diese Grundlagen wie die Typsicherheit, Speichersicherheit und die Ausnahmebehandlung dabei, ganze Fehlerklassen zu beseitigen oder zumindest leichter auffindbar zu machen. Daran denken wir die ganze Zeit.

Wie versuchen Sie, diese wiederkehrenden Probleme zu verhindern, ohne die Entwickler einzuschränken? Wie entscheiden Sie sich zwischen Sicherheit und Freiheit für den Entwickler?

Anders: Ich denke, jede Sprache findet sich irgendwo im Spektrum zwischen Mächtigkeit und Produktivität, wenn Sie so wollen. C# ist definitiv eine viel sicherere und geschütztere Umgebung als C++, das wiederum sicherer und produktiver als Assembler-Code ist. Der allgemeinen Trend war bei Programmiersprachen immer schon, abstrakter zu werden und die Programmierumgebung sicherer zu machen, oder mehr und mehr Standardaufgaben, die der Programmierer bisher per Hand zu erledigen hatte, die Maschine machen zu lassen, sodass sich die Programmierer auf den kreativen Teil des Prozesses konzentrieren können. Da können sie nämlich wirklich wertvolle Arbeit leisten. Als Faustregel kann man sagen, dass Programmierer bei der Speicherverwaltung einfach lausig sind. Ebenso bei der Analyse der Typsicherheit – daher haben wir so viele Fehler.

Soweit wir diese Aufgaben dem Rechner und dem Programmierer die kreativen Aufgaben überlassen können, ist das ein guter Kompromiss. Es kostet ein bisschen Performance, aber wirklich nicht allzu viel. Wenn Sie heute in einer typischen .NET-Anwendung ein Profiling einer Programmausführung machen und sich anschauen, womit das Programm seine Zeit verbringt, taucht die Garbage Collection teilweise gar nicht einmal auf. Und trotzdem ist unser Programm sicher und hat keine Speicherlecks. Das ist eine wunderbare Nebenwirkung. Im Vergleich zu dem, was wir anstellen mussten, um in Systemen wie C++ oder C ordentlich vorzugehen, wo wir den Speicher selber verwaltet haben, ist das fantastisch.

Könnten wir beim Design und Weiterentwickeln einer Sprache ein wissenschaftliches Vorgehen nutzen? Ich kann mir Verbesserungen durch Forschungsergebnisse in der Implementierung vorstellen, aber das Sprachdesign klingt so, als ob es da eher um die persönlichen Vorlieben des Designers geht.

Anders: Ich finde, das Design von Programmiersprachen ist eine interessante Kombination aus Kunst und Wissenschaft. Ganz klar steckt eine Menge Wissenschaft drin, mathematische Formalismen in der Notation für das Parsen und die Semantik und die Typsysteme und was Sie noch so alles haben – Codegenerierung, bla, bla, bla ... Es gibt viel Wissenschaft, viel Ingenieurswesen.

Dann ist da der künstlerische Aspekt. Wie fühlt sich die Sprache an? Wie sieht der Prozess aus, wenn Sie in dieser Sprache programmieren – im Gegensatz zu anderen Sprachen –, und was für Unterschiede gibt es? Was können die Leute einfacher verstehen und was macht es schwieriger? Ich denke nicht, dass wir so etwas jemals messen können. Das wird nie Wissenschaft sein, sondern immer ein Winkel des Sprachdesigns, der reine Kunst ist. So wie es gute und schlechte Gemälde gibt und Sie wissenschaftlich darüber reden können: »Nun, die Komposition ist nicht richtig geworden. Vielleicht hat er nicht die richtigen Farben genommen.« Aber letztendlich liegt es im Auge des Betrachters. Das ist einfach etwas, das Sie nicht formalisieren können.

Denken Sie, es ist hilfreich, dass Sie mindestens zwei Sprachen sprechen? Manchmal kann ich auf italienisch mit einem Wort ein Konzept beschreiben, für das ich auf englisch einen Satz brauche, und offensichtlich gibt es auch den gegenteiligen Fall.

Anders: Ich weiß es nicht. Das ist eine gute Frage, über die ich nie nachgedacht habe. Vielleicht. Sicher bin ich, dass Sie als guter Sprachdesigner ohne Zweifel viele Programmiersprachen verstehen müssen. Ob es hilft, mehrere gesprochene Sprachen zu kennen, kann ich nicht sagen. Vielleicht sind die beiden Dinge miteinander verbunden. Im Designteam haben wir auf jeden Fall Leute, die mehrere Sprachen sprechen oder musikalisch sind. Irgendwie scheint das zusammenzuhängen, aber ich bin mir nicht sicher, auf welche Weise.

C#

Wie weit reicht die Zukunft von C#? Sie arbeiten da jetzt schon fast zehn Jahre dran.

Anders: Das Projekt C# begann Ende Dezember 1998, daher nähern wir uns unserem zehnjährigem Jubiläum. Das sind nicht zehn Jahre Existenz in der Industrie, sondern zehn Jahre seit dem internen Start. Ich würde sagen, wir haben noch mindestens weitere zehn Jahre, aber das hängt von Vielem ab. Ich habe gesagt, dass ich es schon lange aufgegeben habe, in dieser Branche so weit in die Zukunft zu schauen, da es niemand so weit richtig abschätzen kann. Aber sicherlich gehe ich von einer starken, gesunden Zukunft von C# aus. Wir können immer noch innovativ sein, und es gibt noch viel zu tun.

Wenn ich mir die Entwicklung von C# aus der Sicht der Anwendungsdomäne anschaue, sehe ich den Wunsch, C++ als Systemprogrammiersprache abzulösen.

Anders: C# kann dafür genutzt werden, aber es gibt viele Anwendungsmöglichkeiten, für die eine gemanagte Ausführungsumgebung wie .NET oder Java passender ist.

Wenn ich C# mit Java vergleiche, scheint sich C# stärker weiterentwickelt zu haben. Die Java-Leute wollen wohl eine Ausgangsbasis anbieten, auf der jeder Code mehr oder weniger gleich aussieht. Ob Sie mit Java seit über zehn Jahren programmiert, noch nie eine Zeile Code geschrieben oder gerade einen sechsmonatigen Java-Kurs abgeschlossen haben – aller Code wird gleich aussehen. C# scheint neue Ideen aus Haskell oder F# anzuziehen. Gibt es den Wunsch, neue Features hinzuzufügen, die Leute mit einem frisch bestandenen sechsmonatigen C#-Kurs nicht gleich verstehen?

Anders: Ich bin nicht dafür, das nächste COBOL zu entwickeln – lassen wir das einfach mal so stehen.

Was hat die Internetrevolution und die elektronische Revolution angetrieben, die wir erlebt haben? Es ist die konstante Weiterentwicklung. Das ist für mich das Kernelement. Sobald Sie aufhören, sich weiterzuentwickeln, glaube ich nicht, dass Sie noch irgendwelchen Wert beitragen können. Das ist natürlich jetzt extrem dargestellt. Natürlich ist es von Wert, wenn eine Plattform stabil ist, aber ich denke, das geht auch, indem Sie Abwärtskompatibilität sicherstellen. Sie dürfen durchaus bei C# 1.0 stehengeblieben sein und keinen Schritt mehr vorwärts gemacht haben. Diejenigen, die wirklich produktiver sein und neue Arten von Anwendungen bauen wollen, zum Beispiel SOA oder was auch immer, und dynamischere Programmierstile nutzen wollen – adaptierbare Programme und deklarativere Programmierung, wie bei LINQ –, müssen sich weiterentwickeln oder beiseite treten, da sie sonst ersetzt werden.

Erhalten Sie Feedback bezüglich der Sprache C#, nicht nur bezüglich der Implementierung?

Anders: Wir erhalten jeden Tag Feedback zur Sprache in allen möglichen Ausprägungen. Leute mailen mir. Ich lese Blogs. Ich lese in Foren, in denen die Leute technische Fragen stellen. Ich gehe zu Konferenzen – alle möglichen Arten von Feedback zu dem, was in der Sprache funktioniert und was nicht. Wir bringen dieses Feedback zurück ins Designteam, und wir haben eine lange Liste mit all den verrückten Ideen. Manche von ihnen werden es nie in die Sprache schaffen, aber wir lassen sie in dieser Liste, da wir vielleicht eines Tages aus ihr eine andere gute Idee entwickeln. Wir wissen, dass sie noch nicht richtig ist, aber es gibt den Wunsch, es richtig zu machen.

Dann finden wir nach und nach Lösungen für Probleme. Manche von ihnen sind schlichte Dinge, nach denen die Leute fragen und die wir einfach umsetzen. Aber es gibt auch größere Probleme, die die Leute nie vorschlagen, wie LINQ. Es ist nicht so, dass uns jemand gebeten hat: »Wir würden gerne Abfragen in der Sprache eingebaut haben«, da Sie wirklich nicht über die Idee nachdenken, dass Sie es tun könnten.

Ich würde nicht sagen, dass es einen bestimmten Weg gibt, auf dem wir unser Feedback erhalten. Es ist ein sehr organischer Prozess, er erreicht uns von vielen unterschiedlichen Orten. Sicherlich gibt es keine Möglichkeit, die Sprache zu entwerfen, ohne solches Feedback zu erhalten, daher geht es vor allem darum, zuzuhören, was die Leute mit dem Produkt machen.

Wie managen Sie das Designteam? Wie treffen Sie Entscheidungen?

Anders: Zunächst einmal sagen uns viele Kunden: »Wir würden es ganz toll finden, wenn Sie dieses spezielle Feature hinzufügen könnten.« Wenn Sie nachbohren, stellt sich heraus, oh, sie versuchen, es so oder so zu machen, und die Leute erzählen Ihnen normalerweise, was ihrer Meinung nach die Lösung des Problems ist. Jetzt ist es Ihre Aufgabe, herauszufinden, was das eigentliche Problem ist, und dann zu versuchen, das in das größere Framework der Sprache einzubinden. Also muss man zunächst einmal ein bisschen Detektiv spielen und verstehen, was hinter der Lösung steckt, um die der Kunde bittet. Was ist das wahre Problem?

Dann muss ich überlegen, was man dafür tun muss. Wenn Sie eine Sprache weiterentwickeln, müssen Sie immer vorsichtig sein und nicht wahllos Features hinzufügen, denn je mehr Features Sie einer Sprache hinzufügen, desto älter wird die Sprache. Schließlich bricht die Sprache unter ihrem eigenen Gewicht zusammen. Einfach zu viel Kram – zu viele Konflikte.

Sie müssen sehr genau überlegen, was Sie hinzufügen, denn Sie wollen nachher nicht aus historischen Gründen drei verschiedene Wege haben wollen, die alle zum gleichen Ziel führen. Daher sagen wir häufig: »Ja, wenn wir neu anfingen, würden wir dieses Feature, nach dem die Leute gerade fragen, auf jeden Fall mit aufnehmen.« Da wir aber nicht neu anfangen können, machen wir es nicht, da es grundlegende Änderungen verursachen würde. Wir können aber nicht die Natur des Biests grundlegend ändern. Wir können es nur zu einem zweiköpfigen Biest machen – und das wollen wir nicht.

Was den Designprozess selbst angeht, haben wir ein sehr starkes C#-Designteam, das typischerweise aus sechs bis acht Leuten besteht, die sich regelmäßig treffen. Wir haben uns in den letzten zehn Jahren jeden Montag, Mittwoch und Freitag von 13.00 bis 15.00 Uhr getroffen. Manche der

Meetings wurden abgesagt, aber das ist ein Slot, den wir alle seit zehn Jahren in unseren Kalendern haben und der dort auch bleiben wird. Die Leute, die am Prozess beteiligt sind, sind nicht mehr alle dieselben. Ich bin die ganze Zeit dabeigeblieben. Schott Wiltamuth ist auch fast komplett beteiligt gewesen. Andere Leute sind gekommen und wieder gegangen, aber der Prozess existiert schon so lange.

Wir nutzen das als unsere Designfunktion. Hier erledigen wir unsere fortlaufende Designarbeit. Um in einem Produkt Kontinuität zu haben, ist es sehr wichtig, das Design als fortlaufenden Prozess zu nutzen. Häufig erledigen die Leute Dinge in Sprints: »Oh, es ist Zeit für die nächste Version. Lass uns ein paar Meetings abhalten und entscheiden, was da reinkommen soll.« Dann haben Sie Meetings, die Leute gehen nach Hause und Sie haben für ein Jahr wieder keine Designfortschritte. Wenn dann ein Jahr vorbei und es an Zeit für die nächste Version ist, bekommen Sie nicht einmal mehr dieselben Leute zusammen. Schließlich haben Sie diese schizophrenen Produkte, die sich mit jedem Release anders anfühlen. Wenn Sie sich fortlaufend um das Design kümmern, hat das Produkt eine Persönlichkeit, die Sie am Leben erhalten.

Zudem bekommt man gute Ideen nicht nach Zeitplan. Sie kommen einfach. Wenn Sie keinen Prozess haben, um die guten Ideen einzufangen, wenn Sie nicht gerade am Design arbeiten, kann es passieren, dass diese Idee verloren ist. Wir haben immer fortlaufende Diskussionen zur nächsten Version, die ausgeliefert werden soll, und zur übernächsten. Ich denke, das funktioniert ziemlich gut.

C# hat einen ECMA-Standardisierungsprozess, der bei Sprachen nicht häufig genutzt wird. Was war die Motivation dafür?

Anders: Standardisierung ist für viele Leute eine Anforderung für die Verwendung. Es gibt einige Orte – weniger im Firmenbereich –, aber wenn Sie sich Behörden anschauen, ist Standardisierung tatsächlich eine Anforderung. An Universitäten ebenso. Microsoft hat tatsächlich einige interessante Vorteile durch die Standardisierung. Immer wenn wir eine Technologie wie .NET bauen, gibt es Implementierungen dieser Technologie von dritter Seite für andere Plattformen, und Sie können sich dann entscheiden, dort einzelne Dinge nachzuspielen, die aber nicht funktionieren. Das bedeutet auch eine schlechte Erfahrung für Kunden, die – warum auch immer – diese andere Implementierung für ihre alte Hardware oder so benötigen.

Wenn Sie alles zusammennehmen, ist es tatsächlich sinnvoll, die Standardisierung umzusetzen, selbst aus einer wirtschaftlichen Perspektive. Zudem dient sie als starke Zwangsfunktion. Man muss nämlich sehr genau beschreiben, was man bauen will. Das hat intern viele Vorteile. Dass wir C# standardisiert haben, bedeutet, dass wir eine sehr genaue Spezifikation der Sprache schreiben mussten. Diese Spezifikation der Sprache – diese Investition – hat sich uns mannigfach ausgezahlt, schon rein aus interner Sicht.

In Bezug auf bessere Test-Frameworks von unserer QA-Abteilung und bessere Forschungsumgebungen für das Implementieren neuer Sprachfeatures durch Prototypcompiler ist klar, was sie tun sollen. Um die Sprache besser unterrichten zu können, bedeutet eine sehr genaue Spezifikation, dass die Leute sich als Referenz auf sie beziehen können, anstatt nur Vermutungen anzustellen.

Es hilft uns dabei, sicherzustellen, dass der Code abwärtskompatibel bleibt. Bei vielen Vorteilen denken Sie vielleicht, dass sie gar nicht existieren, aber tatsächlich gibt es sie. Indem man einen Standardisierungsprozess durchläuft, werfen noch viele schlaue Leute einen Blick auf Ihr Produkt. Wir haben viel Feedback von anderen Firmen und Einzelpersonen erhalten, die am Standardisierungsprozess beteiligt waren und die C# zu einer besseren Sprache gemacht haben. Das ist auch von Wert. Ich bin mir nicht sicher, ob diese Organisationen und Individuen ein Interesse daran gehabt hätten, wenn wir die Standardisierung nicht durchgezogen hätten.

Die Standardisierung hängt aber immer der Sprachentwicklung hinterher.

Anders: Richtig. Durch die Standardisierung werden Sie ein bisschen langsamer. Es hängt davon ab, was im Standard steht. Manchmal steht da: »Sie müssen dies implementieren und nichts anderes, und es ist eine Verletzung des Standards, Erweiterungen zu haben, die hier nicht spezifiziert sind.« So etwas fand ich nie sinnvoll. Standards sollen eine gemeinsame Grundlage ermöglichen und wohl auch sicherstellen, dass Sie sich an diese Grundlagen halten und nicht komplett abweichen. Aber Standards sollten einem definitiv die Freiheit für Innovationen lassen, da das der Weg für eine Version 2 des Standards ist – indem man einige dieser Innovationen aufgreift. Sie können das nicht einfach verbieten.

Für C# gibt es einen Standard, aber der hat uns nicht davon abgehalten, die Sprache weiterzuentwickeln. Weiterentwicklung geschieht eher außerhalb des Standardprozesses, da Sie in einer Standardisierungscommunity keine Innovationen erhalten. Das ist nicht ihr Zweck. Egal, in welchem Rahmen Sie arbeiten – Sie müssen die Möglichkeit für solche Innovationen haben.

Wie stehen Sie zu den formalen Aspekten des Sprachdesigns? Manche Leute schlagen vor, dass Sie mit einer formalen Spezifikation auf einem Stück Papier starten und erst dann den Code schreiben sollten. Andere ignorieren die formale Spezifikation einfach vollständig.

Anders: Die Antwort wird selten eines der Extreme sein. Ich denke, Sprachen ohne formale Spezifikation tendieren im Allgemeinen dazu, chaotisch zu sein. Sprachen, in denen Sie erst alles formal spezifizieren und dann den Compiler implementieren, sind meist auch nicht so schön zu nutzen. C# haben wir entwickelt, indem wir parallel den Compiler und die Spezifikation geschrieben haben, und beides hat sich stark gegenseitig beeinflusst. Wir hätten Probleme bekommen, wenn wir den Compiler geschrieben und uns erst dann um die Spezifikation gekümmert hätten. Oder wenn wir umgekehrt die Spezifikation geschrieben hätten, um dann rigoros alle Möglichkeiten zu analysieren und zu bemerken: »Oh. Vielleicht sollten wir das im Compiler anders lösen, weil es diesen anderen Fall gibt, an den wir nicht gedacht haben.«

Ich denke, beides ist wichtig. Ich bin froh, dass wir die Standardisierungsarbeit auf uns genommen hatten, da wir dadurch gezwungen waren, bezüglich der Möglichkeiten und der Umsetzung der Sprache sehr genau zu sein. Zudem war es dadurch notwendig, eine formale Spezifikation zu haben, was, wie Sie schon sagten, nicht jede Sprache besitzt. Eine Spezifikation tut einer Sprache aber gut. Wenn der Quellcode die Spezifikation ist, bedeutet das, dass Sie sich den Quellcode des Compilers anschauen müssen, um herauszufinden, was in einem bestimmten Programm passiert. Das können nicht viele Leute. Die einzige Alternative ist, Vermutungen anzustellen und Tests zu erstellen, um zu sehen, was dabei herauskommt. Hoffentlich haben Sie dann aber auch alle Grenzfälle erfasst. Ich denke, das ist nicht der richtige Weg.

Ach ja, wie debuggen Sie Ihren C#-Code?

Anders: Mein wichtigstes Debugging-Tool ist `Console.Writeline`. Um ehrlich zu sein, denke ich, dass viele Programmierer das so machen. In komplizierteren Fällen nutze ich einen Debugger, weil ich mir einen Stack Trace des Geschehenen oder den Inhalt der lokalen Variablen anschauen muss. Aber ziemlich häufig finden Sie den Fehler schon durch ein paar kleine Tests.

Folgen Sie beim Design einer API irgendwelchen Prinzipien?

Anders: Na ja, vor allem würde ich sagen, dass man die APIs einfach halten sollte, aber was bedeutet das? Ich meine, das klingt dumm, oder? Ich glaube fest daran, dass APIs so wenig Methoden und Klassen wie möglich haben sollten. Manche Leute denken, mehr sei besser. Ich gehöre nicht dazu. Ich denke, es ist wichtig, sich anzuschauen, was die Leute Ihrer Meinung nach typischerweise mit Ihrer API tun werden. Finden Sie die wichtigsten fünf Szenarien, die die Anwender nutzen werden, und stellen Sie sicher, dass diese durch die API so einfach wie möglich erledigt werden können. Idealerweise ist das dann nur ein Aufruf der API. Man sollte nicht viele Zeilen Code schreiben müssen, um in einem typischen Szenario die API nutzen zu können. Wenn dem so ist, hat man noch nicht den richtigen Abstraktionsgrad gefunden.

Ich finde allerdings auch, dass es in APIs wichtig ist, mehr zu ermöglichen. Sie wollen von der ganz einfachen Verwendung der API kommen und nahtlos in die fortgeschritteneren Anwendungsmöglichkeiten übergehen können, wenn Sie sie brauchen. Viele APIs bieten so eine Möglichkeit. Ja, es gibt einfache Methoden, die Sie aufrufen können, aber sobald Sie etwas fortgeschrittenere Sachen erledigen wollen, gibt es einen großen Knall und Sie stürzen ab. Jetzt müssen Sie all das lernen, worum Sie sich bisher nicht zu kümmern brauchten, nur um ein bisschen aufwendigere Dinge erledigen zu können. Ich finde es hingegen gut, wenn man sich schrittweise steigern kann.

Wie sieht es mit Dokumentation aus?

Anders: Der Zustand der Dokumentation ist bei Software meist furchtbar. Ich dränge immer wieder Programmierer und versuche intern, für eine Dokumentation einzutreten. Ich bin nicht immer erfolgreich, aber ich erzähle den Programmierern, dass die Hälfte des Werts, den die Kunden bekommen, eine gute Dokumentation für die API ist. Eine tolle API ist nutzlos ohne eine Dokumentation, die erzählt, was sie tut und wie sie genutzt werden sollte. Das ist nicht einfach. Viele Firmen lassen die Programmierer den Code schreiben und die Dokumentationsleute die Dokumentation, aber beide Gruppen reden nie miteinander. Schließlich haben Sie eine Dokumentation, in der steht: »MoveWidget verschiebt das Widget«, oder die das Offensichtliche in so vielen Wörtern wie möglich beschreibt. Das ist beschämend. Ich denke, Programmierer sollten mehr Dokumentation schreiben, als sie es momentan tun.

Mögen Sie die Idee von Kommentaren innerhalb des Codes, oder bevorzugen Sie ein externes Dokument?

Anders: Ich habe schon immer die Verwendung von XML-Dokumentationskommentaren im Code befürwortet. Wenn Sie diese in den Code einfügen, ist die Chance gegeben, dass der Programmierer, der damit arbeitet, eventuelle Fehler darin bemerkt. Vielleicht behebt er sie. Wenn Sie eine externe Datei nutzen, die irgendwo anders liegt, wird der Programmierer sie sich nie anschauen und somit auch nie korrigieren.

Es geht darum, beides so nahe wie möglich zusammenzubringen. Es ist bei Weitem nicht perfekt, aber wir geben uns Mühe.

Was sollte man tun, um ein besserer C#-Programmierer zu werden?

Anders: Das ist schwer. Es gibt viele gute Bücher über das Programmieren in C#, und ich würde den Leuten raten, sich eines der besseren Bücher zu schnappen. Ich will hier keine Vorschläge machen, aber es gibt viele gute Bücher, die dabei helfen, ein besserer C#-Programmierer zu werden und das .NET-Framework besser zu verstehen. Es gibt auch online viele Seiten. Es gibt Codeplex. Es gibt viele Open Source-Projekte, die Sie sich anschauen können, um von ihnen zu lernen, und so weiter.

Mir hat beim Versuch, ganz allgemein ein besserer Programmierer zu werden, geholfen, unterschiedliche Programmierstile und Programmiersprachen anzuschauen. Ich habe in den letzten 5, 10 Jahren viel von der funktionalen Programmierung gelernt, bei der es sich zwar um eine ganz andere Art des Programmierens handelt, die aber sehr lehrreich ist. Es geht offensichtlich um Programmierung, aber mit einer anderen Sichtweise der Probleme, die sehr, sehr nützlich sein kann.

Die Zukunft der Informatik

Was sind Ihrer Meinung nach die hervorstechendsten Probleme in der Informatik?

Anders: Wenn Sie das oben Gesagte auf einer Metaebene betrachten, zeigt sich, dass es bei der Weiterentwicklung von Sprache immer um eine Steigerung des Abstraktionsgrades ging. Jeder Schritt von den Schaltbrettern und dem Maschinencode über symbolische Assembler und C und C++ bis hin zu gemanagten Ausführungsumgebungen ist ein Schritt weiter in Richtung mehr Abstraktion. Die entscheidende Herausforderung ist immer, nach der nächsten Abstraktionsstufe Ausschau zu halten.

Es gibt einige Kandidaten, die große Herausforderungen zu sein scheinen. Der eine, über den wir schon geredet haben, ist Nebenläufigkeit: das Herstellen sinnvoller Programmiermodelle für die Nebenläufigkeit, die sich von der breiten Masse der Programmierer verstehen lassen und nicht nur für ein paar Hohepriester der Parallelität gedacht sind. Denn da stehen wir im Moment. Selbst die Hohepriester werden manchmal von ihrem eigenen Code überrascht. Da steckt eine große Herausforderung drin.

Im Moment dreht sich auch viel um domänenspezifische Sprachen und Metaprogrammierung. Meiner Meinung nach wird da mehr drüber geredet, als wirklich dahintersteckt. Ich weiß aber nicht, wie die Antworten aussehen. Sie hören von aspektorientierter Programmierung und intentionaler Programmierung, aber da muss noch einiges ausgearbeitet werden.

Je nachdem, wen Sie fragen, sagen die Leute entweder: »Es gibt keine domänenspezifischen Sprachen«, oder »Domänenspezifische Sprache sind überall.« Wir können uns nicht einmal darauf einigen, was eine domänenspezifische Sprache ist – aber es wird definitiv darauf hinauslaufen, wenn es um das Entwickeln deklarativer Wege geht, sich selber auszudrücken. Irgendwie kommen wir mittlerweile bei den imperativen Programmierstilen nicht mehr weiter. Es ist nicht so, dass es noch neue Anweisungen gäbe, durch die man plötzlich zehnmal produktiver werden könnte.

Ich denke, bei den meisten Programmiersprachen gilt heutzutage, dass Sie gezwungen sind, die Lösung für Ihr Problem überzuspezifizieren. Sie schreiben geschachtelte `for`-Schleifen und `if`-Anweisungen und was auch immer, dabei wollen Sie eigentlich eine Verknüpfung zwischen zwei Datenelementen herstellen. Aber es gibt nichts, mit dem Sie das ausdrücken können. Sie müssen sich tief in die Eingeweide vergraben und Hash-Tabellen und Dictionaries und sonst was nutzen.

Die Frage ist, wie wir zu einem deklarativeren Programmierstil kommen. Natürlich erhalten Sie immer mehr Konzepte, wenn Sie sich in diese Richtung bewegen, da Sie domänenspezifischer werden. Am Traum von domänenspezifischen Sprachen ist viel dran, wir haben nur noch nicht das richtige Transportmedium gefunden, um sie zu implementieren. Noch nicht. Da bleibt also noch eine Herausforderung.

Im Moment beobachten wir eine interessante Renaissance der dynamischen Programmiersprachen. Ich habe tatsächlich das Gefühl, das liegt weniger daran, dass die Sprache dynamisch ist, sondern daran, dass sie so tolle Metaprogrammierungsmöglichkeiten besitzen. Wenn Sie sich zum Beispiel Ruby on Rails anschauen, liegt die wahre Stärke in den Metaprogrammierungsmöglichkeiten von Ruby, weniger an der Dynamik. eval und Metaprogrammierung sind halt in einer dynamischen Sprache viel einfacher umzusetzen als in einer statischen Sprache.

Andererseits muss man einen hohen Preis zahlen, denn man gibt die Möglichkeiten zum Vervollständigen von Anweisungen und die Fehlerprüfung während des Kompilierens auf.

Ich habe von vielen Leuten in Bezug auf dynamische Sprachen den Smalltalk-Browser genannt bekommen.

Anders: Ich bin mir nicht sicher, dass ich das kaufen würde. Das funktioniert, wenn Ihr System klein genug ist, und auch die Probleme waren im Allgemeinen noch klein, als Smalltalk die Bühne betrat. Bei der jetzigen Größe der Frameworks ist es unrealistisch zu glauben, dass die Leute tatsächlich alle APIs kennen, die für ein bestimmtes Objekt existieren. Oder es kümmert sie gar nicht. Tools wie das Vervollständigen von Anweisungen und Intellisense und das Refaktorieren durch Metadaten zur Kompilierungszeit oder statische Typisierung sind einfach unbezahlbar. Sie werden noch wertvoller werden, da die Welt immer komplexer wird. Momentan sehen wir ein Wachstum dynamischer Programmiersprachen, aber ich denke, das liegt erstens vor allem an der Metaprogrammierungssichtweise und ist zweitens nur eine Reaktion auf die Komplexität der J2EE-Umgebung.

Ich habe viele Java-Programmierer gesehen, die an Ruby gescheitert sind, weil sie sich in Frameworks und Struts und Spring und Hibernate und was sonst noch verheddert haben. Solange Sie kein großer Technologieguru sind, schaffen Sie es nicht, all diese Dinge alleine zusammenzubekommen.

Sollte das Programmieren besser für Leute erreichbar sein, die keine großen Zauberkünstler sind und auch keine Ambitionen haben, welche zu werden?

Anders: Ich denke schon. Das hängt alles davon ab, was Sie mit Programmieren meinen. Denn ist die Verwendung einer Tabellenkalkulation schon Programmieren? Wenn Sie Leute zum Programmieren bringen, ohne dass sie es überhaupt merken, dann ist das wunderbar. Ich habe nicht den Anspruch, dass wir die normalen Anwender darin unterrichten müssen, wie man Programme in der Art von Programmierumgebungen schreibt, die wir als Entwickler heutzutage nutzen. Programmieren sicher, aber auf einer höheren Ebene.

Was ist das Hauptproblem heute, und was in fünf Jahren?

Anders: Aktuell ist es die Nebenläufigkeit. Damit müssen wir uns direkt befassen und Lösungen finden. Eine meiner größten Herausforderungen in der näheren Zukunft ist, dass sich unser Team damit befassen muss.

Auch das wollen wir evolutionär angehen, aber wie gehen wir mit dem Problem des gemeinsamen Zustands und den Nebenwirkungen um, ohne all den bestehenden Code unbrauchbar zu machen? Wir wissen noch nicht wie, aber es kann sehr gut sein, dass die Nebenläufigkeit einen so großen Paradigmenwechsel verursachen wird, dass wir ganz neue Sprachen und Frameworks brauchen. Allerdings denke ich nicht, dass wir schon an diesem Punkt sind.

Ich glaube, es lohnt sich, es den Leuten zu ermöglichen, APIs zu schreiben, die intern massiv parallel vorgehen und von Leuten geschrieben werden, die eine bestimmte Domäne richtig gut verstehen, seien es Transformationen oder Numerik oder Signalverarbeitung oder Grafiken oder Bildbearbeitung. Und dann bauen Sie dafür APIs, die von außen weitgehend synchron aussehen und die ganze Nebenläufigkeit innen drin verstecken.

Es gibt Dinge, die heute in unseren Programmiersprachen erforderlich sind, damit wir das ordentlich umsetzen können. Eines davon haben wir schon, nämlich die Möglichkeit, Code als Parameter zu übergeben. Wenn APIs immer komplexer werden, können Sie nicht einfach nur flache Werte oder Datenstrukturen übergeben. Sie müssen auch Codefragmente übergeben können, die die API dann organisiert und ausführt.

Sie brauchen Funktionen höherer Ordnung und Abstraktionen wie map, fold und reduce.

Anders: Funktionen höherer Ordnung. Genau. Um die zu ermöglichen, brauchen Sie Sachen wie Lambdas und Closures und so weiter. Um das in einer nebenläufigen Umgebung umsetzen zu können, müssen Sie auch genau wissen, ob diese Lambdas rein sind oder Nebenwirkungen haben. Kann ich sie einfach automatisch parallel ausführen, oder gibt es Nebenwirkungen, die dafür sorgen, dass das nicht geht? Das sind Dinge, die wir heutzutage in unseren Sprachen nicht haben, aber wir können auf jeden Fall überlegen, wie man sie ergänzt. Natürlich ist der Trick, sie so zu ergänzen, dass Sie dadurch nicht allzu sehr eingeschränkt werden und nicht allzu viel Code geändert werden muss. Das ist eine große Herausforderung.

Darüber denkt unser Team tagtäglich nach.

Ändert die Notwendigkeit der Nebenläufigkeit nur die Implementierung, oder auch das Design der Sprache?

Anders: Ach, das Design wird sicherlich dadurch geändert. Viele Leute haben die Hoffnung, dass man einfach einen Schalter `/parallel` für den Compiler benutzt, der sagt: »Kompiliere es für Nebenläufigkeit«, und dann läuft das Programm schneller und ist automatisch nebenläufig. Das wird bloß nie passieren. Es wurde schon versucht, und es hat mit dem imperativen Programmierstil nicht funktioniert, den wir in den Mainstreamsprachen wie C++ und C# und Java nutzen. Diese Sprachen lassen sich nur sehr schwer automatisch parallelisieren, da die Leute in ihren Programmen sehr intensiv Nebenwirkungen nutzen.

Sie müssen verschiedene Dinge tun. Sie müssen zu allererst moderne APIs für die Nebenläufigkeit aufbauen, die auf einer höheren Ebene als der von Threads und Sperren und Monitoren arbeiten, auf der wir uns im Moment befinden.

Dann gibt es Dinge, die Sie in der Sprache brauchen, um den Programmierstil einfacher und sicherer zu machen, zum Beispiel die garantierte Unveränderlichkeit von Objekten. Reine Funktionen, bei denen Sie wissen, dass es keine Nebenwirkungen gibt. Die Isolationsanalyse von Objektgraphen, sodass Sie wissen, ob eine bestimmte Referenz auf einen Objektgraph jemals gemeinsam mit jemand anderem genutzt wurde – und wenn nicht, können Sie sie sicher verändern, ansonsten kann es Nebenwirkungen geben. All solche Dinge – derart, dass der Compiler ein paar Analysen vornehmen und Sicherheiten bereitstellen kann, so wie wir heute Typsicherheit und Speichersicherheit haben.

Das sind einige der Dinge, die in den nächsten fünf oder zehn Jahren angegangen werden müssen, damit wir in diesen nebenläufigen Systemen besser programmieren können.

Also erklären Sie dem Computer, was zu tun ist.

Anders: Das ist eines der Probleme mit dem sehr imperativen Programmierstil, den wir jetzt pflegen und der tatsächlich viel zu sehr spezifiziert. Das ist auch der Grund, warum es so schwer ist, automatisch zu parallelisieren.

Lassen wir in der Zukunft eventuell das Framework sich mit Nebenläufigkeit herumschlagen?

Anders: Ich denke schon. Es gibt viele verschiedene Arten von Nebenläufigkeit, aber wenn Sie über die parallele Verarbeitung von Daten reden, bei denen Sie Operationen auf großen Datenmengen ausführen, wie zum Beispiel die Bildbearbeitung oder Spracherkennung oder numerische Berechnungen, denke ich, dass es sehr wahrscheinlich ist, ein Modell zu haben, in dem Sie nur eine API nutzen. Sie haben eine High-Level-API, der Sie sagen: »Hier sind die Daten und hier die Operationen, die angewendet werden sollen. Leg los und erledige es so schnell, wie es mit den verfügbaren CPUs möglich ist.«

Heute ist es ziemlich leicht zu sagen: »Hier sind die Daten.« Sie können eine Referenz auf ein großes Array oder ein Objekt oder sonst etwas übergeben. Das Festlegen der Operationen würde typischerweise über das Übergeben von Referenzen auf Codeabschnitte erfolgen, wenn Sie Delegates oder Lambdas nutzen wollen. Es wäre schön, wenn der Compiler diese analysieren und dann garantieren könnte, dass sie keine Nebenwirkungen haben, um ansonsten eine Warnung zu liefern. Das ist der Teil, über den ich rede, aber das ist nur eine Art von Nebenläufigkeit. Es gibt noch andere Arten, die uns in den Programmiersprachen helfen könnten. Schauern Sie sich eine Sprache wie Erlang an, die in sehr hoch skalierbaren, verteilten Systemen genutzt wird. Dort gibt es ein gänzlich anderes Programmiermodell, das viel funktionaler ist und auf asynchronen Agenten und dem Weiterleiten von Nachrichten basiert. Die Sprache enthält eine Reihe interessanter Dinge, von denen wir auch in unseren Sprachen lernen könnten.

Sorgt das objektorientierte Paradigma für Probleme?

Anders: Das hängt davon ab, was Sie unter dem objektorientierten Paradigma verstehen. Polymorphismus und Kapselung und Vererbung sind an sich kein Problem, auch wenn funktionale Sprachen eine andere Meinung dazu haben, wie Sie dort Polymorphismus mit ihren algebraischen Datentypen nutzen können. Abgesehen davon denke ich, dass das größte Problem bei der objektorientierten Programmierung normalerweise die Leute sind, die ihre objektorientierte Programmierung sehr imperativ angehen, sodass die Objekte veränderliche Zustände kapseln und Sie Methoden aufrufen oder Nachrichten an Objekte senden, durch die sie sich ändern. Diese Änderungen bekommen dann andere Leute nicht mit, die diese Objekte referenzieren. So landen Sie bei Nebenwirkungen, die Sie überraschen und die Sie nicht analysieren können.

So gesehen ist die objektorientierte Programmierung ein Problem, aber Sie können das auch mit unveränderlichen Objekten machen. Dann hätten Sie nicht die gleichen Probleme. Das machen zum Beispiel auch funktionale Programmiersprachen.

Was Ihr Interesse für funktionale Programmierung angeht – sollten Informatikstudenten mehr Mathematik studieren und mehr mit funktionaler Programmierung experimentieren?

Anders: Na ja, ich finde es auf jeden Fall wichtig, in jedem Informatikstudium auch funktionale Programmierung zu behandeln. Ob Sie damit starten sollten, weiß ich nicht. Ich bin mir nicht sicher, ob Ihre erste Einführung in das Programmieren mit funktionaler Programmierung geschehen sollte, aber man darf sie auf keinen Fall völlig ignorieren.

Welche Lektionen sollten die Leute aus Ihren Erfahrungen ziehen?

Anders: Nun, wenn Sie sich das erste Produkt anschauen, an dem ich gearbeitet habe – Turbo Pascal –, ging es sehr stark darum, nicht an den klassischen Weg zu glauben. Haben Sie keine Angst. Nur weil die Leute erzählen, dass man es nicht machen kann, bedeutet das nicht unbedingt, dass es auch nicht geht. Ich denke, es ist immer spannend, die Grenzen einmal zu überschreiten und neue Lösungen für bestehende Probleme zu finden.

Ich denke, Einfachheit ist immer ein Gewinn. Wenn Sie eine einfachere Lösung für etwas finden können – das ist für mich sicherlich ein Leitprinzip gewesen. Versuchen Sie immer, es einfacher zu machen.

Ich denke, um in einem Bereich richtig gut zu sein, müssen Sie dafür Leidenschaft zeigen. Das kann man nicht lernen. Ich denke, das hat man einfach. Ich kam nicht zum Programmieren, weil ich viel Geld verdienen wollte oder weil es mir jemand gesagt hat. Ich kam dazu, weil ich einfach total fasziniert davon war. Sie konnten mich da nicht halten. Ich musste Programme schreiben. Es war das Einzige, was ich tun wollte. Ich habe da sehr, sehr viel Leidenschaft an den Tag gelegt.

Sie müssen die Leidenschaft haben, in etwas sehr gut zu sein, denn dadurch haben Sie auch Ausdauer, und Ausdauer ist der Schlüssel. Man muss viel Arbeit investieren.

KAPITEL VIERZEHN

UML

Ivar Jacobson, James Rumbaugh und Grady Booch

Wie arbeiten Sie Ideen zum Software-Design gemeinsam mit anderen Leuten aus? Im Konstruktionsbereich werden Blaupausen genutzt. UML – die Unified Modeling Language – ist eine grafische Sprache, die die Artefakte eines Softwareprojekts darstellen soll. Die Kombination aus der objektorientierten Analyse von James Rumbaugh, dem objektorientierten Design von Grady Booch und der objektorientierten Software-Entwicklung von Ivar Jacobson ermöglichte es Entwicklern und Analysten, ihre Software mit Hilfe spezifischer Diagrammtypen zu modellieren. Auch wenn die Sprache mehrere, aufeinander aufbauende Standards besitzt, haben Sie sehr wahrscheinlich schon einige ihrer Konzepte in Skizzen am Whiteboard genutzt.

Lernen und Lehren

Ich habe gelesen, dass Sie fast nichts über das Programmieren wussten, als Sie bei Ericsson begannen. Wie haben Sie es dann gelernt?

Ivar Jacobson: Ich habe bei Ericsson angefangen, ohne irgendetwas über Telekommunikation zu wissen. Das war eine sehr wertvolle Erfahrung. Obwohl ich in einer Abteilung arbeitete, die Hardware-Switches herstellte, konnte ich daraus die gesamte Idee abstrahieren, wie man große Systeme aufbaut. Ich habe dort fast vier Jahre gearbeitet und ganz allgemein gelernt, wie man über Systeme nachdenkt. Dieses Wissen war einzigartig, da die Leute, die Software entwickelten, keine Erfahrung mit dem Aufbau großer Systeme hatten.

Ich war Elektrotechniker – vermutlich der einzige, der einen akademischen Ingenieursgrad besaß. Die meisten Leute dort hatten keinen akademischen Grad. Ich habe an der Universität gelernt, wie man Probleme angeht, und auch viel Selbstvertrauen darin gewonnen, dass man prinzipiell jedes praktische Problem lösen kann.

Sie haben regelmäßig Assembler-Code mit nach Hause genommen, ihn abends studiert und Fragen für die Entwickler gesammelt.

Ivar: Wir hatten absolut keine Dokumentation – die wurde von Leuten erstellt, die nicht viel über Software wussten. Sie schrieben über Anforderungen und dokumentierten diese Anforderungen in einer Art Flussdiagramm, aber nur unvollständig und inkonsistent.

Wir hatten auch Flussdiagramme, von unseren Leuten entwickelt und genutzt, aber sie waren nicht in Komponenten aufgeteilt, daher waren sie ziemlich riesig. Jede Zeile Assembler-Code war kommentiert, aber die Leute lernten vor allem durch die Zusammenarbeit, durch Gespräche und durch das Lesen von Code. Ich fragte zum Beispiel die Leute zu Codeabschnitten, die ich abends gelesen hatte: »Was wolltest du hier wirklich erreichen?«

Ich musste vermutlich den gleichen Codeabschnitt drei oder vier Mal lesen, bevor ich ihn verstand, aber ich war sehr stur, daher schaffte ich abends so viel Code. Tagsüber war ich damit ausgelastet, das Projekt zu managen. Ich hatte die Rolle des Projektmanagers, ich war jemand, der nicht wirklich mit der Technologie zu tun hat, aber das Projekt versteht und zumindest herumgehen und die Leute fragen kann, wo sie gerade stehen. Ich war so etwas wie ein Projektverwalter. Ich hasste diese Rolle, und je mehr ich lernte, desto mehr wurde ich beteiligt. Ich brauchte nur drei Monate, um zu dem Schluss zu kommen, dass das, was wir da machten, nie im Leben zu einem Produkt führen würde.

Unser Projekt bestand damals aus 75 Personen, und das, was wir taten, war für Ericsson absolut entscheidend. Sie können sich den Projektmanager vorstellen, der zu seinem Chef geht und sagt: »Das wird nie im Leben ein Produkt.«

Wie kamen Sie auf das Konzept der Use Cases?

Ivar: Das war ganz natürlich. In der Telekom-Industrie gab es etwas, das Traffic Case hieß. Traffic Cases waren wie Use Cases, wurden aber nur auf Telefongespräche angewendet. Wir hatten für andere Features in einem Switch keinen Use Case oder Traffic Case, obwohl diese Features tatsächlich 80% des Codes ausmachten, zum Beispiel die Wartung und der Betrieb. Für diese Software sprachen wir nur über »Features«. Es gab eine lange Liste von Features, und es war sehr schwer zu erkennen, wie sie zueinander in Beziehung standen.

Wir hatten also diese zwei unterschiedlichen Konzepte von Traffic Cases und Features. Das war in der Telekom-Branche seit mindestens 50 Jahren so üblich gewesen, aber sie ließen sich nicht einfach kombinieren. Ich dachte sehr angestrengt nach, um ein integriertes Konzept zu finden, mit dem wir alle Arten von Interaktionen mit einem System beschreiben konnten. Ich begann damit, das System von außen zu betrachten, als ob es eine Black Box wäre. Ich versuchte, alle Szenarien zu identifizieren, die für die Anwender nützlich sein konnten. Das Konzept wird im Schwedischen *Usage Case* genannt, aber meine Übersetzungsfähigkeiten waren nicht so gut, daher wurde es zum Use Case – und damit bin ich glücklich.

Im April 1986 mussten meine Use Cases auf eigenen Füßen stehen können, also machte ich sie zu einer Art Klasse. Use Cases können als Objekte angesehen werden, die so lange leben, wie die Transaktion zwischen dem Anwender und dem System läuft. Sie können auch mit anderen Anwendern interagieren, wie zum Beispiel in Telefongesprächen. Eines meiner wichtigen Ziele war, Use Cases wiederverwenden zu können, daher brauchte ich ein abstrakteres Use Case-System, vergleichbar mit abstrakten Klassen in der Objektorientierung. Die Analogie zu Objekten und Klassen half mir dabei, ein einheitliches Konzept (Use Case) zu finden, das zum Beschreiben von Traffic Cases und Features genutzt werden konnte.

Es dauerte eine Weile, bis sich das Konzept stabilisierte, aber bis 1992 hatte ich alles Wichtige über Use Cases herausgefunden. Ich kenne niemanden, der etwas substanziell Neues zu ergänzen gehabt hätte, seit ich das Buch *Object-Oriented Software Engineering* (Addison-Wesley) geschrieben habe. Andere Leute haben die Uses Cases allerdings besser erklärt, zum Beispiel Kurt Bittner und Ian Spence (*Use Case Modeling*; Addison-Wesley Professional). Beide Autoren arbeiten mittlerweile in meiner Firma. Ihr Buch ist eine bessere Einführung und erläutert auch die Details der Idee besser.

Die Entdeckung der Aspektorientierung war natürlich neu, so wie Entdeckung, dass Use Cases sehr gute Aspekte sind. Das führte zu dem Buch *Aspect-Oriented Software Development with Use Cases* (zusammen mit Pan Wei Ng, ebenfalls in meiner neuen Firma), veröffentlicht im Jahr 2005 (Addison-Wesley Professional).

Was geschah, als Sie die Idee den Entwicklern bei Ericsson vorstellten?

Ivar: Als es um die Methodik ging, war die erste Reaktion von meinen Freunden und den Top-Jungs bei Ericsson: »Das ist wirklich nichts Neues.« Ich wusste, sie würden es nicht sehen. Ich erkannte sofort, dass Use Cases auch Testfälle sind. Wenn Sie also schon zu Beginn Use Cases definieren, haben Sie gleich viele der Testfälle. Das war 1986 wirklich etwas Neues. Wir konnten eine Use Case-basierte Entwicklung anwenden – jeder Use Case beschreibt eine Reihe von Szenarien, in denen beschrieben ist, wie sie aus zusammenarbeitenden Klassen oder Komponenten implementiert sind.

Wie können wir solche Erfahrungen wie die Ihren im Softwareumfeld teilen?

Ivar: Das ist ein sehr spezielles Problem, für das ich in den letzten fünf Jahren eine Lösung gesucht habe. Sie müssen das Wissen verstehen, das Sie haben, um es beschreiben zu können. Es ist für andere Personen schwierig, spontane Ideen zu erlernen. Selbst wenn Sie den besten Prozess der Welt haben, müssen Sie dieses Wissen immer noch auf andere Leute übertragen. Sie brauchen systematische Ideen, um dann Ihr Wissen durch das Transferieren eines Wissenssystems zu übermitteln. Es gibt bessere und schlechtere Wege, das zu erreichen.

Vor 15 Jahren hatten wir Objectory. Das entwickelte sich weiter zum Rational Unified Process, und natürlich wurde viel neues Wissen hinzugefügt, aber die gesamte Technologie des Einsammelns von Wissen war noch nicht sehr gut nutzbar. Damals war es das Beste, was wir machen konnten. Es war einzigartig, weil es in diesem Ausmaß noch nie durchgeführt worden war.

Jetzt fördern wir den »praxisbasierten« Wissenstransfer. Statt Wissen zu allem zu vermitteln, was Sie im Bereich der Softwareentwicklung wissen müssen, transferieren Sie nur eine Praxiseinheit gleichzeitig und nur dann, wenn andere Leute es am dringendsten brauchen. Diese Praxiseinheiten sind klein und gut anwendbar, und alles innerhalb einer solchen Einheit passt logisch zusammen, sodass es leicht erlernt werden kann. In einem Prozess haben Sie dagegen allen möglichen Kram, den Sie sich die ganze Zeit merken müssen. Sie könnten sagen, dass ein Prozess in der Vergangenheit nur ein Ideeneintopf war. Wir haben ihn stattdessen zu einer Sammlung von Praktiken gemacht.

Wie sollten wir uns der Informatik während der Ausbildung nähern?

Ivar: Wir haben das Problem, dass die meisten Universitätsprofessoren sehr wenig über Entwicklung wissen. Wenn es um Software geht, hat nur ein geringer Teil dieser Leute selber irgendwelche nützliche Software entwickelt. Vielleicht haben sie einen Compiler geschrieben, aber die meisten dieser Compiler waren nur für das akademische Umfeld gedacht. Vielleicht haben sie Software zu Trainingszwecken geschrieben. Wir können von ihnen nicht unbedingt erwarten, dass sie Softwareentwicklung unterrichten.

Sie können an der Universität Java-Programmierung lernen, oder jede andere Sprache, die vielleicht in den letzten Jahren gelehrt wurde, aber wenn Sie Software wirklich verstehen wollen, brauchen Sie Kompetenzen in vielen anderen Bereichen, zum Beispiel Anforderungen, Architektur, Testen, Unit Tests, Integrationstests, Systemtests, Performancetests, und nicht zu vergessen Konfigurationsmanagement, Versionskontrolle, Unterschiede zwischen dem Aufbau von Frameworks und Anwendungen, Erstellen wiederverwendbarer Software, serviceorientierte Architektur, Architektur von Produktlinien und so weiter.

Die wirklich schwierigen Dinge können Sie nicht an Universitäten lernen.

Brauchen Studenten mehr praktische Erfahrungen, zum Beispiel die Beteiligung an einem Open Source-Projekt oder ein Praktikum in einer großen Firma?

Ivar: Training findet an Universitäten vor allem durch Ausbildung und das Erstellen einfacher Dinge statt.

Ich habe hier natürlich kein faires Bild von der ganzen Welt, aber vergleichen Sie einmal die Situation mit anderen Ingenieursdisziplinen – zum Beispiel dem Hochbau. Dort gibt es eine Architekturausbildung, die getrennt vom Bauen von Objekten vermittelt wird. Da fließen viele verschiedene Disziplinen zusammen. Wenn Sie die Leute darin unterrichten, Architekt zu sein, müssen sie trotzdem immer noch Objekte bauen können – ansonsten sind sie keine nützlichen Architekten. Sie können immer träumen, aber wenn Sie Ihre Träume nicht realisieren können, sind sie nicht sehr nützlich.

Wir unterrichten die Leute wirklich nicht in der Entwicklung. Das Bauen von Software ist viel mehr Ingenieurswesen als Kunst. Viele Leute sehen das gerne anders, aber nur sehr wenige professionelle Programmierer können ihre Zeit mit Kunst verbringen. Die meisten sind Entwickler. Das bedeutet nicht, dass sie nicht kreativ wären. Würde jemand glauben, dass Leute mit einer Ausbildung in Maschinenbau, die verschiedenste Arten von Maschinen entwickeln, nicht kreativ sind? Wenn ich Schiffe baue, bin ich dann nicht kreativ? Oder Häuser? Natürlich bin ich es. Architekten sind auch sehr kreativ.

Also müssen wir uns darüber klar werden, dass Softwareentwicklung Entwicklung und nicht Kunst ist. Sie müssen die Entwickler auch in der Entwicklung ausbilden. Aber viele Universitäten in den USA und Europa haben eine lange Tradition von Professoren, die echte Akademiker sein sollen. Ich sehe das grundlegende Problem darin, dass wir wirklich keine Theorie der Softwareentwicklung haben. Für die meisten Leute ist Softwareentwicklung nur ein Eintopf aus spontanen Ideen. Das ist eines der wichtigen Probleme, die wir beheben müssen.

Bitte erklären Sie, warum das Ihrer Meinung nach so ein wichtiges Problem ist.

Ivar: Unsere Ansicht darüber, wie Software entwickelt werden sollte, scheint sich jedes zweite oder dritte Jahr dramatisch zu ändern, viel häufiger als Modetrends. Große Firmen auf der ganzen Welt verwerfen gedankenlos teure Prozesse und Investitionen in Tools, manchmal sogar bevor sie sie wirklich ausprobiert haben. Anstatt aus Erfahrung zu lernen, starten sie kopflos mit etwas, was ihrer Meinung nach fundamental neu ist. In der Realität hat sich nur sehr wenig geändert. Wie in der Modewelt gibt es viel Lärm um fast nichts. Bei so etwas Trivialem wie Mode mag das akzeptabel sein, aber angesichts der Höhe unserer Investitionen in Software ist das verschwenderisch, kostspielig und absurd.

Der neueste Trend ist, »agil« zu sein (wie es durch Scrum veranschaulicht wird). Die agile Bewegung hat uns daran erinnert, dass die Leute an erster Stelle stehen, wenn es um das Entwickeln von Software geht. Das ist eigentlich nichts Neues – das taucht in jedem Jahrzehnt oder so auf, wenn naive Manager versuchen, das zu mechanisieren und zum Produkt werden zu lassen, was eigentlich eine Übung in kreativer Problemlösung ist. Es ist wichtig, dass wir nicht aus den Augen verlieren, wie man als Team arbeitet, wie man zusammen weiterkommt, wie man dokumentiert, was man tut, und wie man seine Arbeit auf Tages-, Wochen- und Monatsbasis plant. Aber wenn man das wieder in den Mittelpunkt rückt, geht viel verloren oder wird durch neue Begriffe für alte Dinge verwaschen, und damit wird eine Illusion von etwas komplett Neuem geschaffen.

Das Ergebnis davon ist eine Menge unnützer Aufwand, wenn alte Wahrheiten wiederentdeckt, aber in neue Kleider gesteckt werden. Jüngere und weniger erfahrene Kollegen fördern neue Trends und folgen neuen Gurus, die durch den Hype von Medien auf der Suche nach den nächsten »News« unterstützt werden. Manager, die den Kontakt zur tatsächlichen Entwicklung verloren haben, finden sich in einer hoffnungslosen Situation wieder: Widerstehen sie der neuesten Mode, werden sie als veraltet abgeschrieben. Pilotprojekte werden gestartet, um zu zeigen, dass der neue Ansatz funktioniert, aber motivierte Entwickler können im kleinen Rahmen alles zum Laufen bekommen. Als Ergebnis wird der alte Ansatz durch den neuen abgelöst und alles, was bisher funktioniert hat, wird über Bord geworfen und durch Elemente ersetzt, die es nicht tun. Viel zu spät wird erkannt, dass der neue Ansatz Elemente enthält, die gar nicht funktionieren.

Die Wurzel des Problems ist ein tiefes Nichtverstehen der Natur der Softwareentwicklung. Forscher haben versucht, dieses Problem mit neuen Theorien anzugehen, zum Beispiel Formalismen zum Beweisen der Korrektheit von Programmen oder formale Sprachen, die es nie aus den Universitäten herausgeschafft haben. In der Industrie wurden Jahre an Arbeitstagen aufgewendet, um aufgeblasene Metamodelle zu standardisieren, die sich einem einfachen Zugang widersetzen.

Universitäten und technische Institute lehren uns eine bestimmte Vorgehensweise. Jedes Projekt übernimmt eine spezielle Methode, die wir erst erlernen und beherrschen müssen, bevor wir mit der eigentlichen Arbeit beginnen können. Jedes Mal, wenn wir eine neue Aufgabe angehen, müssen wir einen neuen Ansatz erlernen, bevor wir mit der eigentlichen Arbeit beginnen können. Das ist nicht effektiv – wir können nicht aus Erfahrungen lernen, wenn wir jedes Mal neu beginnen.

Wir müssen damit aufhören, Modeerscheinungen und einfachen Antworten hinterherzujagen, die uns fortlaufend entttäuschen. Aber wie? Das ist ein Problem, über das ich mindestens zehn Jahre nachgedacht habe – und jetzt habe ich eine konkrete Idee, wie man es lösen kann.

Wie sieht Ihre Lösung aus?

Ivar: Wir brauchen eine grundlegende Vorstellung davon, was Softwareentwicklung tatsächlich ist. Meiner Meinung nach finden wir diese Theorie direkt vor unserer Nase. Wir müssen sie nur nutzen. Fangen wir mit all diesen Methoden, Prozessen und Praktiken an und versuchen, die »Wahrheit« der Softwareentwicklung zu finden. So könnten wir zum Beispiel das tun, was wir in meiner Firma gemacht haben und was jetzt von hunderten von Firmen auf der ganzen Welt getan wird.

Zunächst müssen wir die Kernelemente herausfinden, die wir immer haben, wenn wir Software erstellen. So schreiben wir zum Beispiel immer Code, wir testen ihn immer (auch wenn wir manchmal nicht dokumentieren, wie wir ihn testen), wir denken immer über Anforderungen nach (dokumentiert oder undokumentiert), wir haben immer ein Backlog (explizit oder implizit) und wir haben immer einen Plan auf einem Stück Papier oder in unserem Kopf. Nutzen wir eine etwas überstrapazierte Metapher: Wir müssen die DNS der Softwareentwicklung finden.

Mit meinen Kollegen zusammen habe ich etwas über 20 solcher Elemente identifiziert, indem wir über 50 Methoden untersuchten, einschließlich XP und Scrum. Oberflächlich gesehen scheint es bei diesen Methoden und der Arbeitsweise große Unterschiede zu geben. So können Sie zum Beispiel Anforderungen durch Features oder durch Use Cases sammeln. Aber es gibt eine gemeinsame Basis für die beiden Methoden, die ich in meinen Kernel-Elementen sammle.

Dann verwenden wir diese Kernel-Elemente, um häufig genutzte und erprobte Methoden und Praktiken zu beschreiben: Architektur, Scrum, Komponenten, Iterationen und so weiter. Bis heute wurden etwa 15 solcher Praktiken entwickelt. Da sich der Kernel nicht auf eine bestimmte Praktik bezieht, können wir einfach herausfinden, wie die tatsächlichen Unterschiede zwischen den Praktiken aussehen – nicht nur oberflächlich, sondern in die Tiefe gehend. Damit verliert das religiöse Element an Einfluss, in das jede Methode eingebettet ist. Die Ausbildung wird logischer, da sie sich auf einzelne Ideen statt auf den Eintopf aus Ideen bezieht, die jede Methode, jeden Prozess oder jede Methodologie bildet. Ich glaube, die Studenten werden das toll finden.

Es wäre toll, wenn unsere technischen Institute und Universitäten die Studenten in den Grundlagen der Softwareentwicklung ausbilden würden, gefolgt von einem Training in einer Reihe guter Praktiken, die darauf aufbauen. Es gibt hier auch Raum für relevante Forschung.

Denken Sie an Kurt Lewins Worte: »Es gibt nichts Praktischeres als eine gute Theorie.« Eine gute Theorie erleichtert das Lernen und erweitert Ihr Wissen, ohne in Religion abzudriften.

Sie reisen viel. Haben Sie in den verschiedenen Teilen der Welt unterschiedliche Vorgehensweisen beim Programmieren oder beim Design festgestellt?

Ivar: Natürlich, aber was momentan in den USA passiert, wird auch im Rest der Welt passieren. Vielleicht sind die USA hier ein wenig voraus und probieren neue Dinge eher aus als andere, aber sie schmeißen auch Dinge weg, die sie haben. Viele Firmen in den USA sind eher darauf eingestellt, Vorhandenes wegzuwerfen, um Neuem zu folgen, während die Leute in Europa zwei Mal nachdenken, bevor sie das tun.

In Ostasien liegen sie in Bezug auf neue Technologien ein paar Jahre zurück, aber andererseits müssen sie ja auch nicht unbedingt alle die gleichen Fehler machen.

Ich habe in China einen sehr klaren Trend gesehen. Sie wollen Indien folgen, daher wurde das CMMI sehr beliebt, vor allem vor etwa fünf Jahren. Jetzt haben sie festgestellt, dass das CMMI nur den Teil des Problems behandelt, der sich um die Prozessverbesserung dreht. Aber bevor Sie einen Prozess verbessern, müssen Sie einen haben, der den Namen auch wert ist, daher stellen sie nun fest, dass sie gute Praktiken brauchen, um schnell und zu geringen Kosten gute Software zu entwickeln.

Wie sehr ist die Kultur an der Art und Weise beteiligt, wie wir Software entwerfen?

Ivar: Ich weiß es nicht. Typischerweise haben Finnen eher eine Cowboymentalität als der Rest von Skandinavien. Sie sind bodenständiger und sehr ergebnisorientiert. Ein besonderes Wort im Finnischen, *sisu*, bedeutet »niemals aufgeben« und sie nehmen dieses Konzept sehr ernst, daher machen sie nichts Unnützes. Viele Leute würden vermutlich sagen, dass es in der Natur der Finnen liegt, sehr »agil« zu sein, was durchaus positiv ist.

Der Rest von Skandinavien ist bei der Softwareentwicklung auch sehr gut. Sie können Ericsson als Beispiel nehmen, aber ich denke, wir sollten dieses Thema nicht überstrapazieren, da ich nicht genug Beweise habe, um da tiefer einzusteigen.

Die Rolle der Leute

Wie können wir wissen, ob jemand die richtige Person für eine Architektenstelle in einem Softwareprojekt ist?

Ivar: Lassen Sie mich ganz eindeutig sein. Ich denke, Architektur ist sehr wichtig, aber ich bin aus verschiedenen Gründen vorsichtig damit, einzelne Personen als Architekten zu bezeichnen. Ich habe häufig Firmen erlebt, die ein Team von Architekten haben und diese an andere Organisationen vermitteln, damit sie dort an Projekten arbeiten. Das mag funktionieren, wenn sie nur in einem bestimmten Projekt arbeiten, aber Firmen wie zum Beispiel große Banken haben normalerweise eine Gruppe von Enterprise-Architekten, die dasitzen und Repräsentationen der Architektur zeichnen. Dann werfen sie die zu den Entwicklern rüber. Die Entwickler fragen sich: »Was ist das? Das ist doch nutzlos.« In vielen Firmen sitzen die Enterprise-Architekten in einem Elfenbeinturm, ohne irgendetwas Nützliches zu erschaffen.

Ich habe nie geglaubt, dass man Architekten als eigene Klasse von Leuten haben sollte, da Software in Teams entwickelt wird und nicht von Organisationen, die keinerlei Kontakt zur Realität haben.

Viele Firmen versuchen, Softwareentwicklung in Abteilungen oder Gruppen zu unterteilen. Sie haben eine Gruppe für die Anforderungen, eine für die Architektur und das Design, eine für das Coden, eine für das Testen und vielleicht noch weitere. Dann werfen sie alle möglichen Projekte in diese Organisation, also brauchen sie einen Projektmanager, der mit den verschiedenen Gruppen zusammenarbeitet. Die Verantwortung für die Anforderungen liegt in den Händen des Leiters der Anforderungsgruppe. Das Testen liegt in den Händen des Leiters der Testgruppe. Es gibt keine Teams, nur Gruppen, daher wissen Sie nie, wie weit das Projekt ist. Der Projektmanager ist nur ein Verwalter, kein Manager, der die Richtung vorgeben kann. Das Ergebnis ist eine sehr langsame und teure Entwicklung von schlechter Software, da die Anforderungen, die von der Anforderungsgruppe geschrieben werden, für andere Leute nur schwer zu verstehen sind.

Es wird nicht in Teams gearbeitet, zu denen Leute gehören, die gut mit Anforderungen umgehen oder Software entwerfen können, und so weiter. Das Team wird von einem Manager oder Trainer geleitet und organisiert sich selber. Es ist wie eine Fußballmannschaft: Sie haben Leute im Angriff, in der Verteidigung und Torhüter, aber sie wechseln bei Bedarf. Manchmal verteidigt auch ein Angreifer und manchmal schießt auch ein Verteidiger ein Tor. Das ist das Modell, das wir im Softwarebereich brauchen.

Wir benötigen ein Team, das zusammen kämpft, in dem sich die Leute gegenseitig helfen und in dem diejenigen Leute, die die Anforderungen schreiben, die Schwierigkeiten derjenigen verstehen, die entwickeln. Die Anforderungsleute können dann sicherstellen, dass die Anforderungen testbar sind und nicht nur dazu dienen, ein Dokument zu füllen.

Wir haben ein neues Modell: das Teammodell, statt des Organisationsmodells.

Wie definieren Sie den Begriff »Social Engineering«?

Ivar: Beim Social Engineering geht es darum, dass die Leute zusammenarbeiten. Es geht um die Organisation eines Teams. Um das Organisieren Ihrer Zeit – auf Tages-, Wochen- und Monatsbasis und so weiter. Es geht nicht um Technologie – es geht darum, wie Sie die Leute motivieren und begeistern können, und wie Sie Ergebnisse erhalten.

Dazu gab es schon immer viele Managementbücher, aber im Softwarebereich ist das ein neues Thema. Die agile Bewegung, bei der es vor allem um dieses Thema geht, tauchte auf, als Methoden wie CMMI und RUP die Organisationen unbeweglich gemacht hatten.

Ich habe nie geglaubt, dass die Leute sich bei der Arbeit wirklich an RUP halten, da man RUP eher als Wissensbasis, als Ideenpool nutzen und dann so arbeiten sollte, wie es sinnvoll ist. Das habe ich immer gesagt. Leider wurde RUP als beschreibende Methode verstanden, so wie ein Rezept. Keiner von uns, der Software entwickelt hat, würde jemals zu träumen wagen, dass Sie dem Modell Schritt für Schritt wie bei einer Checkliste folgen können.

Warum verbessern wir unsere Programmiermethoden und Prozesse nur so langsam?

Ivar: Das ist die eigentliche Frage. Aus meiner Sichtweise ist die Branche sehr unreif. Sie ist ein bisschen reifer als vor 20 Jahren, aber wir bauen heute viel komplexere Systeme. Vor 20 Jahren begannen wir mit einer Programmiersprache und einem Betriebssystem. Jetzt haben wir alle möglichen Arten von Frameworks.

Die Softwarebranche ist die modebewussteste Branche, die ich kenne. Die Leute wollen alle zwei oder drei Jahre ein neues Schlagwort haben, sonst sehen sie keinen Fortschritt. Wir bringen keine neuen Ideen ein, indem wir schlechte oder veraltete Ideen ersetzen, sondern wir werfen alles weg und starten von vorne. Wir bewegen uns nicht vorwärts, indem wir systematisch das ändern, was wir haben, und neue Dinge ergänzen, daher bleiben wir still stehen. Wir fühlen keinen Fortschritt.

Die neuen beliebten Methoden unterscheiden sich nicht sehr von dem, was wir vor 20 oder 30 Jahren hatten, aber sie heben andere Dinge hervor und man redet anders. Wir haben auch Gegenreaktionen auf die großen Prozesse erlebt, die ziemlich erfolgreich waren, so wie CMMI und RUP. Die Gegenreaktion bedeutet, dass alles, was zu diesen oder ähnlichen Prozessen gehört, schlecht ist, und wir jetzt etwas Neues, Frisches brauchen – das aber gar nicht wirklich neu und frisch ist. Diese neuen Methoden sind nicht wirklich neu, sondern nur Variationen von dem, was wir schon hatten.

Agilität bringt tatsächlich etwas Neues: das verstärkte Berücksichtigen der Leute und des Social Engineering. Selbst das ist den meisten Leuten vertraut, die in der Vergangenheit schon erfolgreiche Software entwickelt haben. Die Leute sind das wichtigste Gut bei der Softwareentwicklung. Mit kompetenten und motivierten Leuten ist die wichtigste Bedingung für die schnelle und günstige Entwicklung guter Software erfüllt. Manchmal vergessen wir das.

Ein anderes Problem ist wohl, dass die Leute, die von den Universitäten kommen, in den neuesten, einzig richtigen Vorgehensweisen unterrichtet wurden, aber gar nicht wissen, wie man mit kommerzieller Software umgeht, die aus alten Praktiken übernommen wurde. Wenn sie jung und frisch und energiegeladen ankommen, können wir sie nicht mit etwas beginnen lassen, das sie als altbacken ansehen. Sie würden den Job gar nicht erst annehmen, insbesondere in guten Zeiten. Diese jungen, unerfahrenen, aber gut ausgebildeten Leute werden in Organisationen sehr dominierend, was zum Ergebnis hat, dass wir uns nicht vorwärts bewegen.

Wie können wir mit dem Problem der Legacy-Software umgehen?

Ivar: Software wurde traditionell von Leuten entwickelt, die nie eine explizite Methodologie hatten. Sie konnten nicht beschreiben, was sie taten. Sie dokumentierten nicht, was sie taten. Es ist immer noch sehr schwer, die Struktur eines Systems zu verstehen, wenn Sie später dazustoßen, sodass Sie die Architektur und die Ideen nicht verstehen können, die hinter dem System stecken. Wenn neue Leute solche Systeme übernehmen sollen, ist das sehr, sehr schwierig.

Wenn alle Leute zur gleichen Zeit eine Firma verlassen, geht diese Firma zugrunde. Selbst wenn man Geld hätte, um neue Leute einzustellen, würden die nicht wissen, was sie tun sollen. An Software ist nichts Besonderes dran. Das ist die Natur des Geschäfts. Es hilft, wenn Sie ein System haben, das man verstehen kann – wenn Sie die Möglichkeit besitzen, die Leute am System zu trainieren – aber es steckt nichts Geheimnisvolles dahinter.

Wir brauchen Software, die verständlich ist und eine gute Architektur und gute Modelle hat. Wir wissen, dass Code ohne eine sichtbare Architektur nahezu unmöglich zu warten ist.

Eine entscheidende Herausforderung für große Firmen ist das Ändern alter Systeme und der Art und Weise, wie sie entwickelt und/order erweitert werden. Es gibt Praktiken, die eng mit diesen Systemen verknüpft sind und die sich mit der Zeit weiterentwickelt haben. Viele dieser Praktiken sind nicht agil und auch nicht kompatibel dazu. Das Ändern von Entwicklungsmethoden für neue Systeme oder Produkte ist eine viel kleinere Aufgabe. Der verwendete Ansatz sollte für alte Systeme optimiert werden. Ich sehe das so: Produktentwicklung ist ein Prozess der Änderungsverwaltung, wobei sich etwas in etwas mehr ändert. Neue Entwicklung ist nur ein Spezialfall, wo sich nichts in etwas verändert. Diese Sichtweise sollte alles durchdringen, was Sie tun, und auch die Praktiken beeinflussen, die Sie beim Entwickeln von Software einsetzen.

Es gibt prinzipiell zwei Vorgehensweisen, um alte Systeme zu warten und zu verbessern.

Die eine ist, einfach Praktiken einzusetzen, die das Produkt nicht wirklich ändern, sondern nur die Art verändern, in der Sie arbeiten, wie also zum Beispiel iterative Entwicklung, fortlaufende Integration, testgetriebene Entwicklung, Use Case-getriebene Entwicklung, User Stories, Paarprogrammierung und funktionsübergreifende Teams. Die Kosten und Risiken für die Einführung solcher Praktiken sind verhältnismäßig gering, aber für große Firmen immer noch vorhanden.

Der zweite Ansatz ist grundlegender: eine Änderung des eigentlichen Produkts durch Praktiken wie eine Architektur (auf einfacher Ebene), Enterprise-Architektur, Produktlinienarchitektur, Komponenten und so weiter. Da müssen Sie größere Neuentwicklungen angehen. Die Kosten und Risiken sind größer, aber die Rendite ist deutlich höher.

Würde das Verwenden der richtigen Methode das Problem umgehen, ein System ohne eine sichtbare Architektur warten zu müssen?

Ivar: Nein, nicht umgehen, aber verringern. Wenn Sie Ihre Software dokumentieren, hat das vielleicht keinen großen Effekt, da die Leute sowieso keine Dokumentation lesen. Trotzdem ist eine gute Dokumentation, die sich auf die wichtigsten Dinge konzentriert, nützlich, weil das System dadurch besser »erreichbar« wird. Wenn Sie zum Beispiel eine Architektur beschreiben können, heißt das, dass Sie auch tatsächlich eine Architektur haben!

Trotzdem können Sie nicht davon ausgehen, wenn Leute gehen, dass andere dazukommen und den Job einfach übernehmen können. Sie brauchen eine Übergabe, durch die die neuen Leute die Strukturen kennenlernen, mit denen sie arbeiten müssen. Egal, wie viel Sie den Leuten erzählen – wenn es keine sichtbare Architektur gibt, lässt sich das Wissen über das System nicht leicht übertragen.

Was ist das beste Format für Wissenstransfer?

Ivar: Im Allgemeinen lesen Leute, die mit Software arbeiten, keine Bücher oder Anleitungen. Wenn überhaupt, lesen die Leute nur an Universitäten. Die Behauptung, die Leute würden bei der Arbeit Bücher und Anleitungen lesen, ist ein Mythos.

Ich habe eine Reihe von Büchern geschrieben und ich bin sehr glücklich darüber, dass die Leute meine Bücher auch kaufen, aber wie alle anderen Bücher werden auch meine nicht gelesen. Es ist ein Naturgesetz, dass die Leute weder Bücher über Prozesse noch über Sprachen lesen.

Anstatt umfangreiche Methodologien oder Sprachen zu erlernen, zum Beispiel UML oder Java, sollte man sich auf Praktiken konzentrieren. Praktiken sind besser zu handhaben. Sie können ein Experte in einer Praktik werden, ohne ein Experte für eine komplette Methode zu werden. Die meisten meiner Kollegen, die Bücher über Methoden geschrieben haben, waren eigentlich nur Experten für kleinere Teile der Methoden – eben die Praktiken.

Anstatt an einer großen Methode oder Sprache zu arbeiten, konzentrieren Sie sich nur auf eine Praktik auf einmal. Kein einzelner Mensch kann alle guten, nützlichen Praktiken kennen, aber eventuell können Sie Praktiken so kombinieren, dass sie zusammenarbeiten. Ich habe in den letzten fünf Jahren daran gearbeitet, Praktiken zu vereinfachen und zu unterteilen, aber so, dass andere daraus größere Prozesse erstellen können.

Ich habe auch davon gelesen, dass man Karten verwenden kann.

Ivar: Jede Methode entwickelt sich aus ein paar neuen interessanten Ideen, leiht sich welche von anderen aus, kocht daraus ein Süppchen und nennt diese Suppe eine Methode, einen Prozess, einen Ansatz oder was auch immer.

Es ist toll, das tun zu können, und dabei konsistent, vollständig und korrekt zu sein. Manche Leute haben das geschafft. Manche sind anerkannte Gurus geworden.

Aber das ist der einfache Teil des Problems. Die wirklichen Schwierigkeiten entstehen, wenn man andere Leute dazu bringen will, die Methode zu übernehmen. Ein weiteres Problem ist, das ändern zu können, was man aufgebaut hat, wenn neue Ideen auftauchen.

Daher sind wir normalerweise beim Verbreiten von Methoden nicht so erfolgreich.

Mitarbeiter aus meiner Firma (insbesondere Brian Kerr und Ian Spence) haben da einige wichtige Innovationen entwickelt. Eine davon ist, Karten zu benutzen, um die Grundlagen von etwas zu beschreiben, das Sie tun oder erstellen, wenn Sie Software entwickeln.

Die Verwendung von Karten ist ein agiler Weg, Praktiken zu beschreiben. Sie enthalten die wichtigsten Elemente, den Rest können Sie selber herausfinden.

UML

Wie definieren Sie UML?

Ivar: UML ist eine Entwurfssprache für Software, die für Spezifikation, Architektur, Design, Testen und Anwendung verwendet wird.

Wie interagiert sie mit den verschiedenen Software-Entwicklungsmethoden?

Ivar: All die verschiedenen Software-Entwicklungsmethoden, die die OMG in den frühen 1990er Jahren aufgelistet hat (26 Methoden, wenn ich mich richtig erinnere) hatten ihre eigene Notation, aber die meisten haben mittlerweile UML übernommen.

Hatte es Vorteile für das Design, dass Ihre Gruppe aus drei Designern bestand, oder mussten Sie alle nur Kompromisse eingehen?

Ivar: Wir hatten sehr engagierte Diskussionen, aber durch diese Diskussionen konnten wir eine bessere Sprache entwerfen, als wenn sie einer von uns allein gestaltet hätte. Wir wären ohne die Unterstützung von Leuten wie David Harel, Jim Odell, Cris Kobryn, Martin Griss, Gunnar Overgaard, Steve Cook, Bran Selic und Guus Ramacker nicht in der Lage gewesen, all das zu schaffen.

Was werden Sie in Zukunft ändern? Was könnte sich in UML ändern?

Ivar: Die wichtigsten Punkte sind folgende:

- Die Sprache ist zu komplex. Wir müssen das ändern. 80% aller Anwendungen können mit weniger als 20% von UML entworfen werden. In meiner Firma haben wir eine echte Untermenge von UML als die Essential Unified Modeling Language definiert. Zudem benutzen wir einen ganz anderen Weg, UML zu schreiben, der für normaler Anwender viel attraktiver ist. Klassisches UML ist für Methodiker und Toolhersteller entworfen worden.

- Ich würde gerne UML so umstrukturieren, dass eine Menge von domänenspezifischen Sprachen (Domain-Specific Languages, DSLs) herauskommt. Das würde ich gerne ähnlich machen wie bei unserem Redesign des Unified Process in meiner Firma. Eine DSL ist ein Aspekt einer Modellierungssprache (von denen UML eine ist). Sie bauen Ihre Modellierungssprache als eine Zusammenstellung vieler solcher DSLs (Aspekte) auf, so wie Sie ein Softwaresystem aus vielen passenden Concerns aufbauen. Ich sage, dass die Sprache nicht für Anwender, sondern für Methodiker und Toolhersteller entworfen wurde. Aber selbst für Letztere ist sie nicht so gelungen. Die Semantik von UML ist schlecht definiert. UML – insbesondere UML 2.0 – enthält so viele Konstrukte aus so vielen verschiedenen Methoden, dass es unmöglich geworden ist, die Semantik klar zu definieren. Wie bei vielen anderen Sprachen wurde auch UML »fett und wabbelig«, wie John Backus über Ada sagte.

  Der Schwerpunkt lag auf einer konkreten Syntax (Symbole) und zu einem gewissen Grad auf statischer Semantik, aber wir haben die operationale Semantik nicht definiert. Ich ging davon aus, dass wir da Kritik ernten würden, da die Standard-Sprachdesignpraxis damals Techniken wie denotationelle Semantik nutzte. Wir haben aber keine erhalten. Wir haben nur Seite um Seite mit Text gefüllt, der schwer zu verstehen war. Wir hätten die gleiche Vorgehensweise zum Definieren von SDL nutzen können (der Telekommunikations-Modellierungsstandard war schon 1984 mit VDM definiert worden). SDL wurde eine Modellierungssprache mit einer wohldefinierten Syntax. Obwohl größere Teile von SDL in UML übernommen wurden, haben wir die Sprachdesignpraktiken, die wir mehr als 15 Jahre früher genutzt hatten, nicht übernommen. Das ist schade!

  Somit kann man also sagen, dass UML zwar nicht formal definiert ist, es aber weitaus besser entworfen wurde als die meisten anderen beliebten OO-Modellierungssprachen. Im Prinzip wurden alle konkurrierenden Sprachen fallen gelassen, als UML zur Verfügung stand. Wenn man UML richtig anwendet, kann man dem Entwickler damit tatsächlich zum Erfolg verhelfen. Die Freunde von UML sollten keine Angst haben – es hat eine tolle Zukunft, aber UML sollte eine bessere Struktur erhalten, und es benötigt eine formale Definition.

Wie entscheiden Sie, welche Elemente aus UML entfernt werden können? Welche Prozesse würden Sie nutzen, um die Sprache zu vereinfachen?

Ivar: Ich würde mit den Grundlagen der Sprache beginnen. Ich würde nicht mit der ganzen Sprache anfangen und einzelne Teile entfernen. Ich weiß, welche Sprachkonstrukte wirklich nützlich sind und welche nicht. Es gibt Sprachkonstrukte, die ich mir nicht einmal ansehen würde. Ich will da jetzt nicht tiefer einsteigen, aber wir haben diese 20% schon identifiziert, zumindest im Groben.

Wenn wir UML unterrichten, unterrichten wir Essential UML, das auf unseren Erfahrungen basiert. Wir nutzen die gleichen Ideen, um Sprachelemente zu beschreiben, mit denen wir auch Elemente von Prozessen oder Praktiken beschreiben. Wir nutzen Karten, und jede Karte repräsentiert ein Sprachkonstrukt, wie zum Beispiel eine Komponente, eine Schnittstelle und so weiter. Wir reden über Pädagogik. Wir reden über nichts Neues, auch nicht über neue Sprachkonstrukte. Wir haben gelernt, dass die Leute dicke Sprachspezifikationen nicht lesen und nicht mögen, also müssen wir einen zugänglicheren Weg finden. Sie lernen Objekt für Objekt, Schnittstelle für Schnittstelle, Klassen und Komponenten zum Beispiel.

Wie würden Sie »UML als eine Menge von domänenspezifischen umstrukturieren«?

Ivar: Wir haben in UML ein prinzipiell universell anwendbares Herzstück. Ich würde Aspekte dieses Herzstücks ermitteln und UML beschreiben, indem ich Aspekt für Aspekt hinzufüge. Diese Aspekte von UML sind das, was wir als Praktiken bezeichnen, wenn es um Prozesse geht, und diese praktikähnlichen Dinge von UML wären die domänenspezifischen Sprachen.

Eine domänenspezifische Sprache würde, wie der Name schon sagt, eine bestimmte Domäne unterstützen, zum Beispiel eine bestimmte Branche (Unternehmenssoftware, Telekom-Systeme, Gesundheitssysteme und so weiter). Ein recht kleiner Aspekt von UML würde eine domänenspezifische Sprache bilden. So würde dann auch UML aus verschiedenen domänenspezifischen Sprachen zusammengesetzt werden. Diese domänenspezifischen Sprachen müssen eine gemeinsame Basis und eine gemeinsame Semantik haben, da wir sonst ein sehr großes Problem damit bekommen, zwischen den verschiedenen Domänen zu übersetzen.

Gibt es Praktiken, die für das Design von SDL genutzt wurden und mit denen Sie UML verbessern könnten?

Ivar: Vor 15 bis 20 Jahren, als wir SDL entwarfen, nutzten wir die Vienna Development Method (VDM), die in den späten 60er oder 70er Jahren bei IBM entwickelt worden war. Dabei handelt es sich um eine Sprache, die mathematisch Ideen beschreiben kann, zum Beispiel eine Sprache, ein Betriebssystem oder ein beliebiges anderes System. Sie basiert auf diskreter Mathematik: Mengenlehre, Abbildungen und so weiter. So können Sie tatsächlich mathematisch die Bedeutung jedes Sprachkonstrukts definieren.

Wir haben zuerst eine abstrakte Syntax identifiziert und diese Syntax mithilfe der diskreten Mathematik beschrieben. Dann definierten wir damit Elementdomänen. Wir definierten eine statische Semantik, indem wir beschreiben, welche Bedingungen für Elemente in diesem Domänen wahr und falsch wären. Als Nächstes beschrieben wir die operationale Semantik, indem wir die Bedeutung einer bestimmten Anweisung definierten. Das war ein mathematischer Weg, eine Sprache zu beschreiben. Schließlich bildeten wir die grafische Notation auf die abstrakte Syntax ab.

Ich war an SDL ziemlich intensiv beteiligt, aber ich kommte meine UML-Kollegen nicht davon überzeugen, bei UML irgendetwas in dieser Richtung zu tun. Sie hatten das Gefühl, dass es rein akademisch wäre. Aufgrund meiner Erfahrung aus der Arbeit mit SDL widersprach ich, denn sobald Sie Tools bauen wollen, müssen Sie die genaue Semantik kennen. Ansonsten müssen die Leute Vermutungen anstellen.

Als Steve Cook von IBM und Bran Selic von Objectime (später von Rational übernommen) zum Team kamen, sagten sie: »Das ist unprofessionell. Wir machen nicht mit, wenn die Sprache nicht formaler definiert wird.« Also schlug ich als Kompromiss eine Variante vor. Ich sagte: »Lasst uns die abstrakte Syntax und die statische Semantik mathematisch definieren, aber die operationale Semantik in normalem Englisch beschreiben.« UML 2.0 ist besser als UML 1.0, aber es reicht nicht aus, wenn Sie jedes Detail verstehen wollen.

Was halten Sie davon, UML zum Generieren von Implementierungscode zu verwenden?

Ivar: Es gibt keine grundlegende Notwendigkeit für zwei verschiedene Arten von Sprachen. Warum sollten Sie eine Sprache haben, die nur Ihr Design ausdrückt, wenn Ihr Design eine Abstraktion der Implementierung ist? So sieht die Situation heute aus, und so entstehen Überlappungen.

Es gibt viele Gründe dafür, dass wir diese beiden Sprachen haben. Der wichtigste ist vielleicht, dass wir es nicht schaffen, Informatiker im Allgemeinen vom Wert einer Modellierungssprache zu überzeugen – sie haben das Gefühl, dass eine Programmiersprache ausreichend ist. In der Realität ist der Code eine Sprache, die für Maschinen entworfen wurde (Compiler und so weiter) und die nicht alle Fähigkeiten des menschlichen Gehirns nutzt.

Ich glaube, wir werden den Wert von visueller Modellierung irgendwann deutlich demonstrieren und Informatiker davon überzeugen können, in diesem Bereich weitere Forschungen zu unternehmen. Bei UML wird viel geforscht, daher gibt es keinen prinzipiellen Grund dafür, dass wir zwei Arten von Sprachen haben sollten – aber so weit sind wir noch nicht.

Geht es nur darum, die Leute davon zu überzeugen, sich darauf zu konzentrieren?

Ivar: Es geht darum, Leuten von der Universität klar zu machen, dass nicht alles gut durch Code ausgedrückt werden kann. Viele von ihnen verstehen das schon, aber noch nicht gut genug. Wir müssen mehr Erfolge vorweisen können.

UML ist grundlegend besser als alles, was wir vorher hatten. SDL war in der Telekommunikationsindustrie sehr nützlich, aber UML ist eine universellere Sprache (einschließlich wichtiger Sprachkonstrukte, die in SDL gar nicht zur Verfügung standen). UML wurde in den späten 90ern erstellt, und da es nichts grundlegend Besseres gibt, wird es noch weitere 20 bis 30 Jahre dauern, bis es ersetzt wird. Aber bis dahin können wir das Unterrichten von UML verbessern.

Ich glaube, der Wert von UML wird sich im Laufe der Zeit noch zeigen. Wir brauchen etwas wie UML, um den Leuten dabei zu helfen, die Softwareentwicklung zu skalieren. Vielleicht werden mehr Leute mit echten Erfahrungen aus der Softwareentwicklung in die Forschung gehen. Vielleicht werden sie zeigen, dass die aktuelle Unterrichtsform für neue Studenten nicht skalierbar ist.

Gibt es für ein Softwareprojekt eine Größengrenze, unter der die Verwendung von UML für mehr Komplexität und Arbeit sorgt, als dass sie Vorteile bringt?

Ivar: Wenn Sie zu den Kosten des Projekts das Training und die Ausbildung in UML zählen, und das Training und die Ausbildung zur Verwendung und Wartung von UML, kann es zu teuer sein. Aber wenn die Leute bei einem neuen Projekt gezwungen sind, UML zu verstehen und zumindest ein Tool zu nutzen, das UML unterstützt, sieht die Sache schon anders aus.

Wenn Sie den Leuten die Grundlagen der Softwareentwicklung während der normalen Arbeitszeit beibringen wollen, kann es schwer sein, sie zu motivieren, insbesondere in einem bestehenden kleinen Projekt. Bei großen Projekten ist die Motivation eine andere, da die Risiken einer schlechten Modellierung so groß sind.

Stellen Sie sich vor, ich wäre bezüglich der Verwendung von UML sehr skeptisch. Womit könnten Sie mich davon überzeugen, dass es meinem Team hilft?

Ivar: Die Antwort auf diese Frage hängt davon ab, wer Sie sind.

Wenn Sie nichts über Software wissen, ist es recht einfach zu sagen, dass Sie eine grafische Sprache brauchen, da Menschen beim Schreiben von Code nicht so gut arbeiten können. Code ist gut für Maschinen, die ihn interpretieren können, aber nicht für Menschen.

Wenn Sie ein erfahrener Programmierer sind, würde ich fragen, wie Sie Ihr System und die Komponenten beschreiben und wie sie interagieren. Wie beschreiben Sie ein bestimmtes Szenario aus Anwendersicht? Wird es mithilfe von Interaktionen zwischen Ihren Komponenten oder Ihren Objekten implementiert? Keine Programmiersprache kann das sinnvoll umsetzen, und damit haben Sie ein Beispiel, bei dem Sie UML nutzen können. Es gibt viele ähnliche Beispiele.

Manche Leute würde ich nie überzeugen können, da sie viele, viele Jahre lang mit Code gearbeitet haben. Aber wenn Sie sie fragen, wie sie sich fühlen würden, wenn sie mit einer komplett unbekannten Sprache wie Prolog arbeiten müssten, oder einer neuen Klasse von Sprachen, zum Beispiel deklarativen Sprachen oder funktionalen Programmiersprachen wie Scheme oder Lisp, würden sie vermutlich das Gefühl haben, durch grafische Sprachen auch viel Hilfe zu erhalten.

Ich habe nie Probleme damit, Leute davon zu überzeugen, UML zu nutzen, wenn sie erst einmal die Anforderungen von Systemen verstanden haben, die sie bauen.

Wissen

Wie viel Wissen über Softwareentwicklung ist mit einer bestimmten Programmiersprache verknüpft?

Ivar: Sehr wenig. Universitäten unterrichten Programmiersprachen, daher glauben die Leute, dass die Sprache das zentrale Element sei. Das wirkliche Problem ist, Software im Allgemeinen zu verstehen. Wie sammeln Sie Anforderungen? Wie wissen Sie, ob Sie das richtige System bauen? Wie testen Sie, ob Sie das System richtig gebaut haben? Wie setzen Sie ein Konfigurationsmanagement oder die Versionskontrolle auf? Wie wenden Sie die 30 oder 40 Praktiken an, die Sie nicht in der Schule erlernen?

Die Leute lernen an der Schule die einfachen Dinge. Das ist der Grund dafür, dass sie an der Schule unterrichtet werden. Programmiersprachen lassen sich recht leicht unterrichten und erlernen. Als ich am MIT war, belegte ich den Kurs 6001, in dem wir Scheme nutzten, eine Variante von Lisp, um verschiedene Phänomene in der Welt der Informatik zu beschreiben. Die Leute belegten diesen Kurs direkt nach der High School – sie schrieben Code im Kurs –, und es war einer der besten Kurse, die ich je hatte. Wir haben eine Sprache genutzt, um Phänomene zu beschreiben, zum Beispiel Kompilieren, Ausführen, Interpretieren und viele andere interessante Dinge. Wir haben auch die grundlegenden Ideen des Programmierens gelernt, sodass auch das einfach wurde.

Jetzt haben wir Frameworks, aber das Erlernen von Frameworks ist viel schwieriger. Das alles ist immer noch recht einfach, aber halt nur eines von vielen Dingen, die Sie wissen müssen, um ein guter Softwareentwickler zu sein. Wir haben in der Softwareentwicklung unseren Kompetenzlevel angehoben.

Wir sollten einen Weg finden, das Wissen zu verbreiten, wenn wir es brauchen, und nicht vorher.

Ivar: Ja, und wir sollten nicht das wegwerfen, was wir haben. Jeder, der heute Software entwickelt, wendet Praktiken an, die nicht so gut, aber trotzdem nützlich sind. Wir sollten nicht versuchen, alles auf einmal zu ändern, sondern das verbessern, was am dringlichsten ist.

Es kann sein, dass Sie wissen, wie man Programme schreibt oder ein Konfigurationsmanagement aufsetzt, aber vielleicht wissen Sie wirklich nichts über gute Anforderungen und Tests. Es gibt keine Praktiken dafür. Sie können das beibehalten, was Sie heute tun, und das ändern, was Sie ändern müssen, ohne alles wegzuwerfen, nur um etwas Neues einzuführen. Das ist die natürliche Evolution des Prozesses.

Ich habe gelesen, dass Sie eine Zukunft sehen, in der sich intelligente Agenten mit uns zur Paarprogrammierung zusammentun. Wie?

Ivar: Das Entwickeln von Software ist kein Hexenwerk. Schauen Sie sich die 5–10 Millionen Leute an, die sich selber als Softwareentwickler bezeichnen. Nur sehr wenige von ihnen machen etwas wirklich Kreatives oder Neues. Leider denkt der Rest der Welt, dass Programmierer kreative und brillante Leute sind, was aber überhaupt nicht der Realität entspricht.

Es gibt wissenschaftliche Studien, die zeigen, dass 80% dessen, was ein Softwareentwickler tagtäglich macht – unterschiedliche Schritte und kleine Mikroschritte –, keine geistige Anstrengung ist. Sie tun, was sie schon 50-, 100- oder 1.000-mal gemacht haben. Sie wenden nur ein Muster auf neue Situationen an.

Natürlich gibt es auch kreative Arbeit, aber die meisten Leute machen sie nicht. Zwanzig Prozent ist geistige Arbeit. Immer noch kein Hexenwerk, sie müssen nur so denken, wie sie vielleicht vorher noch nicht gedacht haben.

80% der Arbeit ist regelbasiert. In einem bestimmten Umfeld können Sie Muster um Muster anwenden, um Software zu entwickeln. Diese Muster sind nicht notwendigerweise definiert, daher wenden Sie vielleicht tatsächlich das falsche Muster an und entwickeln damit schlechte Software. Die Leute wenden nicht immer die gleichen Muster an, daher ist manche Software gut und manche schlecht.

Es gibt eine Möglichkeit, diese Regeln über Tools zu beschreiben und anzuwenden. Das ist die Idee bei intelligenten Agenten. Intelligente Agenten verstehen den Kontext und die Aktivitäten, die Sie anwenden müssen, und führen die Aktivität dann durch. Sie machen vielleicht viele Dinge von allein, weil sie diese trivialen Regeln kennen, oder sie fragen den Entwickler, der mit dem Agenten zusammenarbeitet, um Rat.

Die Firma, die ich gegründet habe, Ivar Jacobson International, hat intelligente Agenten entwickelt, um die Softwareentwicklung zu unterstützen, und hat dramatische Ergebnisse erreicht. Tata Consulting Services konnte seine Kosten mit einer recht kleinen Menge an Regeln um 20% reduzieren. Sie haben die Qualität verbessert und die Schulungsaufwände für Programmierer und Entwickler reduziert. Die konnten ihre neuen Mitarbeiter schnell einsetzen, sodass sie etwas Nützliches tun konnten.

Meiner Meinung nach gibt es keinen Zweifel, dass diese Technologie funktioniert. Das Problem ist, dass wir immer noch so viele verschiedene Plattformen und Tools haben, die die Leute nutzen wollen. Wenn Sie wirklich diese Art von Software entwickeln wollen, müssen Sie sie an eine Reihe von Tools und viele verschiedene Plattformen anpassen. Daher ist das Entwickeln dieser Agenten für eine kleine Firma sehr schwierig. Wenn Sie eine so große Firma wie TCS sind, ist das eher möglich.

Potenziell lassen sich bis zu 80% der Kosten einsparen, wenn man eine Technik wie die der intelligenten Agenten nutzt. So haben wir zum Beispiel intelligente Agenten zur Spezifikation von Use Cases, zum Entwerfen von Use Cases, zum Testen von Use Cases und so weiter. Das ist nur der Anfang. Ich habe keine Zweifel: Die Technologie ist da, das Problem ist da, das Geld ist da.

Ist das Endziel, dass jeder mit dem Computer interagieren kann, um ihn zu bitten, etwas zu tun, oder werden wir immer einen großen Unterschied zwischen Programmierern und Anwendern haben?

Ivar: Ich glaube, mehr und mehr Arbeit wird von der Anwendercommunity und nicht mehr von den Programmierern geleistet werden. Eine Methode dafür ist die regelbasierte Programmierung. Mit der regelbasierten Programmierung müssen Sie die Ausführung nicht verstehen, sondern nur Ihre Regeln niederschreiben. Eine Regelengine wird sie dann interpretieren. Das ist etwas, was die KI-Community seit 40 Jahren unterrichtet, daher ist es nichts grundlegend Neues. Die Objekttechnologie hat uns dabei geholfen, zu verstehen, wie man Modellierer baut. Vor 20 oder 30 Jahren waren die regelbasierten Systeme sehr monolithisch und nur schwer zu ändern. Mit Agenten können Sie jetzt eine Art objektorientiertes Expertensystem haben, das sich viel leichter ändern lässt.

Wie erkennen Sie Einfachheit?

Ivar: Einfachheit ist die grundlegende Idee, wenn man schlau ist, etwas Schlaues macht oder im Allgemeinen die Grundlage hinter Schlauheit. Einstein hat so etwas gesagt wie: »Dinge sollten so einfach wie möglich sein, aber nicht einfacher.« Dem stimme ich voll zu. Das nenne ich schlau.

Wenn Sie schlau sind, machen Sie etwas so einfach wie möglich, aber nicht einfacher. Alles, was Sie tun, sollte schlau umgesetzt werden. Wenn Sie Ihre Architektur aufbauen, sollten Sie so wenig wie möglich modellieren, aber so viel, wie Sie brauchen. Wenn Sie kein Modell erstellen, werden Sie viel Energie dafür verbrauchen, das zu beschreiben, was Sie tun wollen, ohne eventuell den dafür notwendigen Überblick zu haben.

Alle Anforderungen im Voraus zu definieren und zum Beispiel zu versuchen, alle Anforderungen zu finden, bevor Sie mit irgendetwas anderen beginnen, ist nicht schlau. Die wichtigsten Use Cases oder die Schlüsselfeatures zu erkennen und dann mit ihrer Implementierung zu beginnen, um dadurch Feedback zu erhalten, ist schlau. Ich habe etwa zehn bis fünfzehn solcher schlauen Fälle ermittelt.

Wir müssen schlau werden, wenn wir arbeiten und Software entwickeln. Schlau ist eine Erweiterung von agil. Agil ist vor allem Social Engineering, auch wenn die Leute mittlerweile noch mehr hinzugefügt haben. Sie müssen nicht schlau sein, um agil zu sein, aber um schlau zu sein, müssen Sie agil sein. Mein neues Thema ist, wie man schlau wird.

Bereit für Änderungen

Sie haben einen Bachelor in Physik vom MIT, einen Master in Astronomie vom Caltech und einen Doktor in Informatik vom MIT. Wie beeinflusst Ihr akademischer Hintergrund die Art und Weise, wie Sie über Softwaredesign nachdenken?

James Rumbaugh: Ich denke, mein sehr abwechslungsreicher Hintergrund sorgt für zusätzliche Einblicke und Synergien, die über ein normales Informatikstudium hinausgehen. In der Physik ist das Konzept der Symmetrie grundlegend, ein Kernbestandteil der modernen Physik. Ich habe versucht, dieses Konzept auf die Modellierung anzuwenden. So stellen zum Beispiel Assoziationen eine symmetrischere Sichtweise einer Situation bereit als der klassischere Ansatz der Zeiger, der in den meisten Programmiersprachen genutzt wird. Bei meinen Informatikstudien am MIT habe ich in der Computing Structures Group von Professor Jack Dennis gearbeitet, einer der ersten Gruppen, die an grundlegenden Rechenmodellen geforscht hat. Dieses Ferment an Ideen mit intellektueller Stärke schuf eine sehr anregende Umgebung, von der ich noch heute profitiere.

Mit welchen Themen sollten sich Studenten mehr befassen?

James: Ich bin mit den aktuellen Programmen an den Universitäten nicht besonders gut vertraut, aber ich habe den Eindruck, dass viele Colleges eine sehr eingeschränkte Sichtweise der Informatik haben, mit einem Schwerpunkt auf bestimmten Programmiersprachen und Systemen statt auf dem Ziel, die wichtigen Prinzipien zu verstehen, die allem zugrunde liegen. So habe ich bis jetzt zum Beispiel nur selten Programmierer getroffen, die die Prinzipien der Komplexitätstheorie verstehen und sie in der Praxis umsetzen. Stattdessen schlagen sie sich mit allen möglichen nutzlosen Optimierungen im Kleinen herum, die dort zwar nützlich sein mögen, aber im Großen gar nichts bringen.

Ich finde, die wichtigste Fähigkeit im Computerumfeld (wie auch in der Physik und in anderen kreativen Bereichen) ist die zur Abstraktion. Leider haben meine Erfahrungen gezeigt, dass weniger als 50% der Programmierer richtig abstrahieren können. Ein Kollege meint sogar, dass es weniger als 10% sind. Vielleicht hat er recht. Leider haben viele Leute in der Softwarebranche nicht die notwendigen grundlegenden Fähigkeiten, um ihre Aufgaben richtig zu erledigen.

In welchem Format kann man Wissen im Softwareumfeld verbreiten? Ich bin mir nicht sicher, dass die Leute wirklich Anleitungen mit tausenden von Seiten lesen.

James: Wenn Sie solche dicken Anleitungen brauchen, stimmt etwas an dem System nicht, an dem Sie arbeiten. Es ist nicht gut gegliedert. Leider ist für viele Leute in diesem Bereich Komplexität das Lebensziel. IBM hat daraus eine Religion gemacht. Natürlich, dadurch kann man Beratung verkaufen.

Ingenieure erlernen während ihrer Ausbildung eine Vielzahl von Fähigkeiten – zunächst in Kursen an der Universität und dann in der praktischen Ausbildung bei Projekten in der realen Welt. Am wichtigsten ist, die allgemeinen Prinzipien zu erlernen. Dazu gehören bei den Ingenieuren die physikalischen Gesetze und die Prinzipien eines bestimmten Bereichs. Im Computerbereich wären das Informatikgrundlagen wie Algorithmen, Datenstrukturen und die Komplexitätstheorie, aber auch die Prinzipien der Softwareentwicklung. In jedem Bereich ist es wichtig, ein Gefühl dafür zu entwickeln, wie Dinge erledigt werden. Wenn Softwareanwendungen die üblichen Erwartungen erfüllen und konsistent entworfen sind, kann ein fähiger Entwickler die Struktur und das Verhalten eines neuen Systems häufig intuitiv erfassen, ohne sich durch dicke Anleitungen kämpfen zu müssen.

Es ist zudem auch wichtig, den Leuten zu vermitteln, wie ein System arbeitet. Es reicht nicht aus, die einzelnen Teile aufzuführen und davon auszugehen, dass jemand herausfindet, wie alles funktionieren soll, wenn man es zusammenfügt. Wenn Sie versuchen, eine komplizierte Anwendung wie Photoshop zu erlernen, ist ein Tutorial der beste Weg, das zeigt, wie man grundlegende Befehle kombiniert, um häufig vorkommende, nützliche Aufgaben zu erledigen. Sie können immer die vollständige Liste der Befehle nutzen, um die Details zu erkunden, aber so lernt man ein System nicht kennen. Aber wie viele Systementwickler denken, sie hätten ihre Aufgabe erledigt, wenn sie einfach eine Liste mit Befehlen oder Prozeduren bereitstellen, die das System enthält? Damit kann man nicht verstehen, wie ein System funktioniert. Wenn man das Systemwissen fördern will, ist es also besser, sich auf Anwendungsmuster zu konzentrieren, statt wie derzeit üblich Informationen über einzelne statische Komponenten zu vermitteln. Die Musterbewegung hatte die richtige Idee, indem sie sich auf die Verwendung konzentrierte, auch wenn sie doch manchmal eine zu enge Sichtweise der Muster hat.

Wie finden Sie die richtige Person als Architekt für ein Softwareprojekt?

James: Das ist eine schwierige Gratwanderung. Gute Architekten müssen Theorie und Praxis miteinander kombinieren können, ebenso Eleganz und Effizienz, Erfahrung und Vision. Die Aufgabe des Architekten ist es, die Gesamtstruktur des Systems korrekt zu erfassen und Entscheidungen zu treffen, die eine globale Auswirkung haben. Dazu gehört die Aufteilung in Module, die wichtigsten Datenstrukturen, die Kommunikationsmechanismen und die zu optimierenden Ziele. Ein Architekt, der sich zu sehr auf die Details des Coding konzentriert, wird vermutlich das Gesamtbild falsch einschätzen.

Ein Architekt muss dazu in der Lage sein, effektiv zu kommunizieren, sodass die Entwickler und Programmierer alle zusammenarbeiten können. Das Letzte, was Sie brauchen können, ist ein Architekt, der zwar genial ist, aber den normalen Leuten nichts richtig erklären kann. »Politische« Fähigkeiten sind definitiv ein Vorteil, da es Teil der Aufgabe des Architekten ist, rivalisierende Fraktionen zur Zusammenarbeit zu bringen.

Ein Architekt muss Erfahrung in der Arbeit mit großen Systemen haben. Sie können das nicht alles an der Universität und aus Büchern lernen: Sie brauchen Praxiserfahrung, bevor Sie das erste Mal einen richtig großen Job angehen.

Wie können Sie im Softwareumfeld Erfahrungen vermitteln?

James: Ich habe immer gesagt, dass das Problem bei der Software – im Gegensatz zu anderen kreativen Bereichen – ist, dass es kein Programm-Museum gibt. Wenn Sie Maler sind, studieren Sie Gemälde von berühmten Künstlern aus den verschiedenen Jahrhunderten in Büchern und in Museen. Wenn Sie ein Architekt sind, können Sie alle möglichen Arten von Gebäuden besuchen. Beim Programmieren sind die Programmierer auf sich gestellt.

Die Musterbewegung hat einen Katalog mit nützlichen Techniken erstellt, die auf viele verschiedene Situationen angewandt werden können. Das ist ein guter Weg, um die Best Practices der besten Programmierer so zu erfassen, dass jeder davon profitieren kann.

Aber die Leute brauchen auch große Beispiele dafür, wie in einer vollständigen Anwendung alles zusammenpasst. In letzter Zeit hat die Open Source-Bewegung Beispiele für große Programme geliefert, die sich jeder anschauen kann. Aber nicht alles in einem System ist gleichermaßen gut, und unerfahrene Entwickler brauchen jemanden, der sie dort an die Hand nimmt. Wir brauchen kommentierte Fallstudien, sodass Softwareentwickler verstehen können, was in diesen Systemen gut und was schlecht ist – wie bei Kommentaren zu Schachpartien oder Fallstudien von Unternehmen bei der Ausbildung von Betriebswirten. Dabei sollten Beispiele für gute Praktiken gezeigt werden, aber auch auf Dinge hingewiesen werden, die vielleicht nicht so gut umgesetzt wurden. Wie bei jedem Erlernen einer Fähigkeit ist es wichtig, Beispiele für schlechte Praktiken präsentiert zu bekommen, um sie zu vermeiden.

Wie stark ist das Wissen über Softwareentwicklung mit einer bestimmten Programmiersprache verbunden?

James: Leider fließt viel zu viel Aufwand in Überlegungen zu bestimmten Programmiersprachen. Ein Großteil des Aufwands beim Design eines Programms kann unabhängig von der Programmiersprache erbracht werden. Natürlich können Sie die Programmiersprache nicht ignorieren, und auf strategischer Ebene müssen Sie sich der grundlegenden Eigenschaften der Sprache bewusst sein, zum Beispiel Ablagemöglichkeiten, Nebenläufigkeit und so weiter. Aber ein großer Teil des Designs dreht sich um Datenstrukturen, Komplexitätsfragen und das Aufteilen in unterschiedliche Threads. Das alles ist unabhängig von einer bestimmten Programmiersprache.

Es ist wie bei natürlichen Sprachen. Sie können einen Zeitschriftenartikel zusammenfassen, ohne groß von der Sprache beeinflusst zu sein. Wenn Sie aber dichten, ist die Sprache von Anfang an entscheidend. Wenn Sie Programme wie ein Gedicht schreiben, sind Sie anmaßend. Aber wenn Sie sich hinsetzen, um die eigentlichen Worte oder den Code zu schreiben, übersetzen Sie das nicht aus Ihrer Zusammenfassung, sondern Sie nutzen das Wissen über die Sprache, um einen guten Ausdruck zu finden.

Werden wir immer einen Unterschied zwischen Programmierern und den sogenannten Anwendern haben, oder wird jeder eines Tages dazu in der Lage sein, einem Computer zu sagen, was er tun möchte?

James: Ich habe festgestellt, dass sich manche Leute sehr gut in natürlicher Sprache ausdrücken können, andere aber nicht. Also werden manche Leute, selbst wenn sie mit dem Computer in ihrer natürlichen Sprache sprechen können, Probleme damit haben, verstanden zu werden, weil sie einfach nicht »sauber« denken. Daher wird es immer eine Trennung zwischen Leuten geben, die klar denken und sich deutlich ausdrücken können, und denen, die das nicht können.

Zudem sind einige Wege, Ideen auszudrücken, deutlich exakter, wenn das Thema beschränkt ist. Die Notation von Musik ist ein wunderbar kompakter Weg, um Musik zu dokumentieren, und auch für Schachspiele gibt es eine sehr gute Notation. Das Zeichnen von Plänen ist ein viel besserer Weg, um das Gebäude zu bekommen, das Sie haben wollen, als zu versuchen, mit den Zimmerleuten nur in natürlicher Sprache zu sprechen. Also brauchen Sie Leute, die klar und präzise denken und sich mithilfe spezialisierter Sprachen ausdrücken können.

Ich rechne nicht damit, dass wir in naher Zukunft mit Computern in natürlicher Sprache sprechen werden können. Erinnern Sie sich, dass COBOL eine Möglichkeit sein sollte, mit Computern auf Englisch zu kommunizieren! Es gab also lange Zeit sehr viel Überoptimismus in diesem Bereich.

Was können die Lektionen über den Entwurf, die Weiterentwicklung und das Anpassen Ihrer Sprache den Leuten beibringen, die heute und in naher Zukunft Computersysteme entwerfen?

James: Zunächst einmal brauchen Sie Glück, um erfolgreich zu sein. Ich war zur rechten Zeit am rechten Ort. Wir entwickelten OMT als eine der ersten OO-Methoden und hatten das Glück, ein Buch zu schreiben, das das Ganze auf einfache Weise erklärte. Spätere Methoden waren vielleicht gleichwertig, aber es war zu spät. Ich hatte auch das Glück, bei GE Research zu einer Zeit zu arbeiten, als GE nicht ernsthaft im Softwarebereich vertreten war. Ich weiß nicht, warum wir so lange daran arbeiten durften, aber wir konnten daran arbeiten, ohne tolle Produkte anpreisen zu müssen. Dadurch waren wir glaubwürdiger als die meisten anderen Methoden.

Meine Erfahrungen bei Rational Software waren ganz anders. Indem wir die Erfinder der drei führenden OO-Methoden zusammenbrachten, konnten wir UML schmieden, das eine sehr weite Verbreitung fand. Es ist gar nicht so, dass UML viel besser als viele der bestehenden Methoden gewesen wäre (auch wenn ich ein paar der Kanten glätten konnte, die die einzelnen Methoden hatten), aber so arbeiteten die meisten Leute an derselben Sache, anstatt über die Vorteile der verschiedenen Symbole und andere seltsame Dinge zu diskutieren. Leider schaffte es Rational nicht, auf den Erfolg der Methode schnell auch effektive, einfach zu nutzende Tools folgen zu lassen. Ich denke nicht, dass das höhere Management oder ein Großteil der Entwickler an das Modellieren glauben – sie lieben immer noch das »heroische Programmieren« – und das hat sich auch in den Tools widergespiegelt. Warum sollte man Tools von Leuten kaufen, die sie selber nicht verwenden? Als sich das Verhalten änderte, war es zu spät. Eine weitere Lektion ist, dass Sie daran glauben müssen, was Sie tun oder woran Sie arbeiten.

Die OMG (Object Management Group) ist eine Fallstudie dafür, wie politische Einmischungen jede gute Idee zerstören können. Die erste Version von UML war einfach genug, da die Leute keine Zeit hatten, viel Krempel hinzuzufügen. Ihr größter Fehler war eine inkonsistente Sichtweise – manche Dinge befanden sich auf ziemlich hohen Niveau, während andere sehr eng mit bestimmten Programmiersprachen verbunden waren. Das ist der Grund dafür, dass mit der zweiten Version aufgeräumt werden sollte. Leider konnten sich viele Leute, die auf unseren ersten Erfolg neidisch waren, an der zweiten Version beteiligen. Die hatten das Gefühl, dass sie es mindestens genauso gut machen konnten wie wir. (Wie sich zeigte, konnten sie es nicht.) Der OMG-Prozess ermöglichte das Einbringen aller Arten von Interessen in UML 2.0, und da der Prozess vor allem auf Konsens basierte, war es fast unmöglich, schlechte Ideen fernzuhalten. Daher wurde UML 2.0 eine aufgedunsene Monstrosität mit viel zu viel seltsamen Inhalten, aber immer noch keiner konsistenten Sichtweise und keiner Möglichkeit, eine zu definieren. Es ist wie eine Art Haushaltsgesetz, in das alle möglichen Goodies gesteckt werden. Es zeigt auf, was für Grenzen es gibt, wenn man mit einem Komitee kreativ sein will.

Der gesamte Prozess illustrierte Brooks »Second System Effect«. Wenn Sie Fred Brooks *Vom Mythos des Mann-Monats* (mitp) noch nicht kennen, dann holen Sie es sich gleich und lesen es. Es ist das absolut beste Buch, das je zum Thema Softwareentwicklung geschrieben wurde. Das Schlimme ist, dass viele der Probleme, die in diesem 30 Jahre alten Buch erwähnt werden, heute immer noch vorkommen. Manager versuchen weiterhin, Projekten, die hinterherhinken, Leute zuzuweisen, wodurch sie, wie Brooks schreibt, noch mehr Verspätung erhalten.

Vielleicht ist das eine gute Möglichkeit, auf das Hauptproblem im Computerbereich hinzuweisen: Die meisten Leute, die in diesem Bereich arbeiten, haben kein Wissen über die Geschichte der Computer und sind daher – wie Toynbee es über die Weltgeschichte sagte – dazu verdammt, die gleichen Fehler zu machen. Anders als Wissenschaftler und Ingenieure, die auf früheren Entdeckungen aufbauen, behandeln zu viele Computerleute jedes System und jede Sprache als etwas Neues und sehen nicht, dass schon vorher ähnliche Dinge gemacht wurden. Auf der ersten OOPSLA-Konferenz im Jahr 1986 war das Highlight eine Präsentation von Ivan Sutherlands Sketchpad-System, das 1963 erfunden worden war. Dort wurden einige der ersten OO-Ideen genutzt, lange bevor OO erfunden worden war, und besser umgesetzt, als es die meisten OO-Systeme heute tun. Es sah 1986 frisch aus und tut es auch heute noch, über 20 Jahre später. Warum haben wir dann heute immer noch viele grafische Tools, die schlechter sind als Sketchpad?

Warum haben wir heute immer noch Buffer-Overflow-Fehler in Betriebssystemen – ein wunderbares Einfallstor für Malware? Warum nutzen wir immer noch Sprachen wie C und C++, die das Konzept von beschränkten Arrays nicht verstehen und daher solche Buffer-Overflow-Fehler auslösen können? Sicher, mit C++ kann man beschränkte Arrays definieren, aber Programmierer verwenden immer noch viel zu viele nackte Zeiger. Das ist Ignoranz, Faulheit oder Arroganz der Entwickler. Computer sind schwierig, und es ist unmöglich, in komplizierten Systemen logische Fehler zu vermeiden, aber es gibt keine Ausrede dafür, nach all den Jahren immer noch solche billigen Fehler zu machen.

Was sind also die großen Fragen, die man sich beim Entwickeln eines neuen Systems stellen sollte? Zunächst einmal müssen Sie verstehen, wofür das System da ist und wem es dienen soll. Seien Sie dann nicht gleich zu ambitioniert – besser, Sie bringen etwas Nützliches schnell heraus und fügen dann nach und nach Dinge hinzu, als zu Beginn alle jemals möglichen Bedürfnisse zu bedenken. Das ist ein gutes Prinzip aus der agilen Entwicklung. Sie können nicht alles für alle machen, daher sollten Sie sich darauf vorbereiten, schwere Entscheidungen zu treffen, aber auch begreifen, dass sich ein erfolgreiches System so entwickeln kann, wie Sie es nie vorausgesehen haben. Planen Sie also auch unerwartete Änderungen ein.

Die Verwendung von UML

Was halten Sie davon, UML zum Generieren von Implementierungscode zu benutzen?

James: Ich finde, das ist eine furchtbare Idee. Ich weiß, dass ich da eine andere Meinung als viele andere UML-Experten habe, aber es gibt nichts besonders Magisches an UML. Wenn Sie Code aus einem Modell generieren können, ist es eine Programmiersprache. Und UML ist keine gut entworfene Programmiersprache.

Der wichtigste Grund dafür ist, dass es keine wohldefinierte Sichweise gibt, teilweise absichtlich, teilweise aufgrund der Tyrannei durch den OMG-Standardisierungsprozess, der versucht, alles für alle bereitzustellen. Es gibt keinen wohldefinierten zugrunde liegenden Satz von Annahmen zu Speicher, Storage, Nebenläufigkeit oder irgendetwas anderem. Wie können Sie in einer solchen Sprache programmieren?

Tatsache ist, dass UML und andere Modellierungssprachen nicht dafür gedacht sind, ausgeführt zu werden. Modelle sind ungenau und mehrdeutig. Das brachte viele Theoretiker zur Verzweiflung, und sie versuchten, UML »genauer« zu machen, aber Modelle sind aus einem bestimmten Grund ungenau: Wir lassen Dinge weg, die nur einen kleinen Einfluss haben, damit wir uns auf die Dinge konzentrieren können, die große oder gar globale Auswirkungen haben. So läuft es auch bei physikalischen Modellen: Sie modellieren die großen Auswirkungen (wie zum Beispiel die Gravitation von der Sonne) und behandeln die kleineren Effekte dann als Störungen des Basismodells (wie zum Beispiel die Effekte der Planeten aufeinander). Wenn Sie versuchen, das vollständige Gleichungssystem direkt mit allen Details zu lösen, geht gar nichts.

Ich denke, viele der jüngeren Arbeiten an UML gingen in die falsche Richtung. Es war nie dazu gedacht, eine Programmiersprache zu sein. Nutzen Sie es, um die richtige Strategie zu bestimmen, und schreiben Sie das eigentliche Programm dann in einer richtigen Programmiersprache.

Leider kenne ich keine wirklich gute Programmiersprache. Sie haben alle viele Probleme, die Fehler begünstigen. Die ganze C-Familie (C, C++, Java und so weiter) hat viele Mängel (die Syntax ist nahezu unparsbar), aber wir sind ihr ausgeliefert – ob wir wollen oder nicht. Viele neue trendige Sprachen zeigen vor allem, wie ignorant sich ihre Entwickler in Bezug auf ernsthafte Sprachentheorie verhalten. Andererseits sind viele der eher akademischen Sprachen zu elegant für ihre eigenen guten und wichtigen Features, zum Beispiel die Notwendigkeit, dass mehrere Teams getrennt am selben System arbeiten.

Was muss eine Sprache haben, um von mehreren Entwicklerteams genutzt werden zu können?

James: Lassen Sie mich zurückgehen zu Algol-60, einer frühen Programmiersprache und einer der ersten, die ich verwendet habe (vermutlich, bevor viele der Leser dieses Interviews geboren waren). Sie führte viele wichtige Konzepte ein, so die BNF-Syntax-Notation, rekursive Unterroutinen und strukturierte Kontrollkonstrukte. Die Sprache war in vielerlei Hinsicht deutlich sauberer als FORTRAN. Aber sie hatte vier große Fehler, durch die sie in der Praxis im Grunde nicht nutzbar war: Es gab keine eingebauten Konstrukte für die Ein- und Ausgabe; es gab keine Arithmetik mit doppelter Genauigkeit und für Matrizen; es gab keine eigene Kompilierung von Unterroutinen; und es gab keinen Standardweg, auf Maschinensprache und FORTRAN-Unterroutinen zuzugreifen. Das sind theoretisch alles eher kleine Probleme, aber für die Softwareentwicklung ernsthafte Hindernisse.

Viele akademische Sprachen begehen den gleichen Fehler: Sie lösen die interessanten mathematischen Probleme, übersehen aber die pragmatischen, wie eine Sprache in einem Kontext genutzt werden wird. Denn diese pragmatischen Probleme sind eben theoretisch uninteressant. Es sind diese kleinen Dinge, die die Nutzbarkeit einer Sprache ausmachen.

Vor allem müssen Entwickler mit Teilen eines Systems isoliert arbeiten können, ohne die Deklarationen oder den Code des restlichen Systems haben zu müssen. Dann brauchen sie eine Möglichkeit, die Teile zusammenzufügen und sicherstellen zu können, dass sie als System arbeiten. Ich denke, dafür braucht man eine deklarierte Typisierung. Sie müssen verschiedene Arten von Kommunikationsmechanismen anbieten, da Systeme mittlerweile stark nebenläufig sind. Die meisten Sprachen bieten keine ansprechende Möglichkeit, dynamisches Verhalten zu beschreiben oder zu deklarieren. Ich glaube, Sie brauchen Debugging-Tools, die besser in die Sprache integriert sind, aber zur Laufzeit abgeschaltet werden können. Es gibt momentan eine zu starke Trennung zwischen dem Schreiben von Code und dem Testen.

Ist UML einfach ein Tool, mit dem die Arbeit in einem großen Team von Entwicklern koordiniert werden kann?

James: Es ist zuallererst ein Tool zum Organisieren und Leiten der Gedanken einzelner Entwickler. Sie müssen auf unterschiedlichen Abstraktionsebenen arbeiten – Code ist eine bestimmte Ebene, aber für das Verständnis für die Funktionsweise von Systemen nicht die beste. Sie müssen auf einer höheren Ebene arbeiten, was bedeutet, dass Sie sich von den Details des Codes zu lösen haben, hin zu den Dingen, die auf höherer Ebene wichtig sind. Das ist der Grund dafür, dass es ein Fehler ist, UML ausführbar zu machen – damit würde die ganze Abstraktionsgeschichte in sich zusammenfallen.

In Bezug auf Architekten betonen Sie die Wichtigkeit guter Kommunikation. Hilft UML dabei, diese Aufgabe zu lösen?

James: Es stellt eine allgemein verwendbare Gruppe von Konzepten und Notationen bereit. Das hilft bei der Kommunikation. Sie können nicht kommunizieren, wenn Sie kein gemeinsames Vokabular haben. Schlimmer noch: Sie denken, dass Sie kommunizieren, aber stattdessen gehen verschiedene Personen von unterschiedlichen Dingen aus. Das ist noch schlimmer als gar keine Kommunikation.

Kann ein Architekt mit UML besser kommunizieren?

James: Nun, darum geht es doch gerade, oder?

Als ich damit begann, innerhalb von GE Objektorientierung voranzutreiben, stattete ich auch GE Aircraft Engines einen Besuch ab. Wir hatten ziemliche Mühe, die Programmierer davon zu überzeugen, dass OO eine gute Idee war – sie waren bei alten Konzepten stehengeblieben (wie zum Beispiel der Programmierung in FORTRAN) und verstanden nicht, worüber wir sprachen. Allerdings verstanden viele der Flugzeugingenieure sehr genau, worüber wir redeten, und waren begeistert von der Idee der OO. Bei ihrer Arbeit waren sie es gewohnt, Modelle und abstrakte High-Level-Konzepte zu erstellen, zum Beispiel die »Motorleistungskurve« oder »Festbremsdrehzahl versus Anstellwinkel«. Sie nutzen gedankliche Modelle, um physikalische Konzepte widerzuspiegeln. Die Programmierer sahen den Wald vor lauter Bäumen nicht – sie konzentrierten sich einzig auf den Code und bemerkten nicht, dass er eigentlich dafür da war, Konzepte auf einer höheren Ebene zu repräsentieren. Viele von ihnen haben das immer noch nicht begriffen.

Robin Milner, der Vater von ML, hat die Idee einer Hierarchie von Modellen aufgebracht, die alles miteinander verbinden – von den High-Level-Designsprachen wie UML bis hin zu Assembler-Code, dem physikalischen Modell für die Hardware und zusätzlichen Modellen als Teil der Umgebung, in der die Hardware genutzt wird. Er brachte das Beispiel eines Flugzeugs, in dem Sie High-Level-Code haben, der Auswirkungen bis zur Hardware hat, der Hardware selber mit ihren eigenen Modellen. Und die ganze »Flugzeughardware« ist auf der Basis von Modellen der Aerodynamik, der Physik und des Wetters entworfen! Wenn ein Pilot einen Knopf drückt, sind all diese Modelle beteiligt.

Sollten wir die Anzahl der Ebenen verringern (hin zu einem universellen Modell beziehungsweise einer universellen Sprache) oder die Abstraktion erhöhen (und damit die Anzahl der Ebenen)?

James: Ausgezeichneter Punkt. Eines der wichtigen Konzepte der Physik (oder eher sogar der Wissenschaft im Allgemeinen) ist die Idee der mehreren Ebenen in den Sichtweisen. Jede Sichtweise baut auf einer vorherigen auf, ist aber vollständig und trägt auch in sich Bedeutung. So haben wir viele Ebenen, zum Beispiel Quantenphysik, Chemie, Mikrobiologie, biologische Organismen, Populationen, Ökosysteme und Umwelt. Ein anderes hierarchisches Gerüst ist die Computerwelt: Werkstoffphysik, Halbleiter, Schaltkreise, digitale Systeme, Computer, Firmware, Betriebssysteme, Anwendungs-Frameworks, Anwendungen und Netzwerke. Es gibt keine einzelne Ebene, die die »richtige«, »wahre« oder »grundlegende« Ebene ist. Jede ist in ihren eigenen Begriffen bedeutungsvoll und kann mithilfe der Begriffe der nächstniedrigen Ebene definiert werden. Aber das heißt nicht, dass sie auf der niedrigeren Ebene auch verstanden werden kann. Die Bedeutung jeder Ebene ist einzigartig und kann nur auf dieser Ebene verstanden werden. Das ist ein von unten nach oben aufgebautes System: Die Bedeutung jeder Ebene entsteht aus der einfacheren, tiefer liegenden Ebene, muss aber mit den eigenen Begriffen verstanden werden. Um also ein beliebiges komplexes System zu verstehen (das Universum wäre da natürlich das ultimative Beispiel), müssen wir auf mehreren Ebenen parallel arbeiten, von denen keine einzige sich als wichtigste bezeichnen kann.

Das Gerüst der ansteigenden Ebenen ist etwas, das Modellierungssprachen noch nicht so gut erfasst haben. Wir brauchen einen Weg, ein System auf mehreren Ebenen simultan zu modellieren. Ich rede nicht vom OMG-Metamodell mit den vier Ebenen. Es entstand, weil einige Leute die gleichen Fehler begingen wie Bertrand Russell und annahmen, dass Sie keine Ebenen in ihren eigenen Begriffen modellieren können. Das können Sie natürlich, werfen Sie nur mal einen Blick in die Texte von Douglas Hofstadter, zum Beispiel *Ich bin eine seltsame Schleife* (Klett-Cotta). Es gibt auch den Fehler von Codehackern, die die Modellierung verachten. Sie glauben, nur der Code würde zählen. Das ist, als ob man sagen würde, nur die Schaltkreise wären wichtig, oder nur die Halbleiterphysik. Alle Ebenen sind wichtig, und Sie müssen für einen bestimmten Zweck auf der richtigen Ebene arbeiten. Ich würde sagen, dass die Codeebene sehr schlecht funktioniert, wenn es darum geht, zu verstehen, wie ein großes, komplexes System für Menschen nützliche Ergebnisse liefern kann.

Eine einzige universelle Sprache wird nicht funktionieren. Wir brauchen ein Framework, das es uns erlaubt, auf mehreren Abstraktionsebenen zu arbeiten. Das hätte in UML 2.0 umgesetzt werden müssen, wurde es aber nicht. Es ist nicht so, dass die hinzugefügten Details falsch wären, aber sie machen die Lage komplizierter, und die Kosten/Nutzen-Analyse fällt schlecht aus. Vor allem fehlt ein sauberer Weg, Schichten mit sich ergänzenden Modellen aufzubauen, bei dem die einzelnen Ebenen getrennt bleiben.

So enthält UML zum Beispiel auf ziemlich niedrigen Ebenen Konzepte für Programmiersprachen, zum Beispiel Berechtigungen oder Zeiger, aber auch High-Level-Konzepte, aber es gibt keinen guten Weg, die Low-Level-Konzepte von den High-Level-Konzepten getrennt zu halten. Die Profile waren ein Versuch, aber das hat nicht so richtig geklappt. Viele Kämpfe über den Aufbau von UML und seine Schizophrenie sind aus dieser Spannung zwischen Programmiersprachenkonzepten und logischen Konzepten auf hohem Niveau entstanden.

Das andere große Thema ist der unterschiedliche Stil der verschiedenen Teile, die von unterschiedlichen Leuten entwickelt wurden. So waren die Message Sequence Charts für UML sehr hilfreich, aber sie haben einen ganz anderen Stil als die Sachen aus den Aktivitätsdiagrammen.

Welchen Prozess würden Sie nutzen, um die Sprache zu vereinfachen?

James: Ich bezweifle, dass sich das über einen Standardprozess erreichen ließe, zum Beispiel durch den OMG-Prozess, der zu UML 2.0 geführt hat. Es gibt zu viele konkurrierende Interessengruppen, die alle versuchen, ihre eigenen Ideen mit unterzubringen. Das Problem ist, dass sich Standardisierungsprozesse zu wenig auf Konsistenz, Einfachheit und Einheitlichkeit konzentrieren. Stattdessen wird der exzessive Umfang hervorgehoben. Ich bin wirklich kein Freund von standardisierten Sachen – sie führen häufig zu allzu umfangreichen Produkten, denen Eleganz und Usability fehlen. Ich habe dabei nur widerwillig mitgemacht, und meine Sorgen bezüglich der negativen Auswirkungen wurden leider Realität.

Der beste Ansatz wäre, eine oder mehrere Personen ihre eigenen zurechtgeschnittenen Versionen von UML erstellen und dann die Anwender entscheiden zu lassen. Das Ergebnis würde nicht notwendigerweise als »UML« bezeichnet werden, da der Begriff insbesondere rechtliche und emotionale Probleme aufweisen könnte. Es ist wichtig, dass alle Sprachentwickler den Zweck ihrer Versionen beschreiben und nicht versuchen, alles für alle zu realisieren.

Wie erkennen Sie Einfachheit?

James: Man muss dazu willens sein, eher zu wenig zu tun als zu viel. Denken Sie daran – eine Modellierungssprache ist keine Programmiersprache. Wenn etwas fehlt, kann der Modellierer immer noch selber etwas bauen, um die Lücke zu schließen. Wenn Sie immer eine große Übersicht mit sich herumschleppen müssen, um sich an alle Features in der Sprache erinnern zu können, ist sie nicht einfach. Wenn Sie sich immer wieder überlegen müssen, welchen der vier oder fünf Wege Sie beschreiten, um eine einfache Situation zu modellieren, ist die Sprache nicht einfach.

Stellen Sie sich vor, ich würde UML skeptisch gegenüberstehen. Wie würden Sie mich davon überzeugen, dass sie mir helfen kann?

James: Ich bin ja selber ziemlich skeptisch. Ich denke, UML wurde durch die zu vielen Köche in der OMG-Küche furchtbar aufgeblasen. Zudem hat man versucht, UML als die Antwort auf alle Fragen für alle darzustellen. Die ganze Computerbranche hat eine Tendenz dazu, jede neue Entwicklung ohne Grund zu einem Hype zu machen. Und es gibt eine Tendenz, nach der einen Lösung für alle Lebenslagen zu suchen. Aber Leben und Computer sind zu kompliziert für einfache Lösungen.

UML ist ein sehr nützliches Tool, um Datenstrukturen zu entwerfen, halbwegs nützlich, um Systeme in Module auf verschiedenen Ebenen zu unterteilen, und nicht sehr nützlich bei dynamischen Umgebungen, mit denen es eben nicht so gut klarkommt. Es ist hilfreich, löst aber nicht all Ihre Probleme. Sie brauchen noch viele andere Fähigkeiten und Tools.

Gibt es eine Größengrenze für ein Softwareprojekt, unter der die Verwendung von UML nur zu mehr Komplexität führen und keine Vorteile bringen würde?

James: Nein, aber das heißt nicht, dass Sie es bei sehr kleinen und bei sehr großen Projekten auf dieselbe Art und Weise anwenden sollten. Bei einem kleinen Projekt würden Sie bei der Verwendung von Tools, Modellen, Softwareprozessen und so weiter eine gewisse »Zeremonie« ausführen. Bei einem kleinen Projekt wären Klassendiagramme der Klassen und Datenstrukturen nützlich, aber nicht unbedingt ein Roundtrip-Design. UML stellt da also eine Möglichkeit bereit, das Anfangsdesign zu skizzieren, aber schließlich landen Sie bei einer Programmiersprache und bleiben auch dort.

Bei einem großen Projekt geht es im Entwicklungsprozess zur Hälfte um Kommunikation und nicht nur darum, das Design zu entwickeln. In diesem Fall ist es essenziell, Tools und Prozesse zum Unterteilen des Systems, für die Zugriffskontrolle für Modelle und Code und die Fortschrittskontrolle zu haben, denn ansonsten werden sich die Leute immer gegenseitig auf den Füßen stehen. Ich weiß, dass viele Programmierer darüber jammern, sich dieser Art von Disziplin unterwerfen zu müssen. Im Sport, beim Hochbau, beim Schreiben von Zeitungen, beim Entwurf von Raumschiffen und bei so gut wie allen anderen gemeinschaftlichen Aktivitäten würden diese Pfeifen ohne großes Federlesen aus dem Team gekickt werden. Es wird Zeit, dass wir dieses Verhalten auch im Softwareumfeld umsetzen, wenn wir ernstgenommen werden wollen.

Schichten und Sprachen

In einer Ihrer ersten Antworten haben Sie gesagt, dass die Musterbewegung Ihrer Meinung nach ein paar großartige Dinge geschaffen hat, sie aber doch eine zu enge Sichtweise von Mustern habe. Können Sie das näher erläutern?

James: Bei einem Workshop, an dem ich teilnahm und bei dem auch ein paar Leute der Hillside Group anwesend waren, zeigte sich, dass sie diese sehr engen, fast quasireligiösen Ansichten dazu hatten, was Muster waren, und sie diese Sicht auch nicht erweitern wollten. Sie waren bezüglich ihrer offiziellen Sichtweise der Muster sehr konservativ und pflegten eine Art Anbetung ihres Architekten Alexander. Sie sahen Muster als eine sehr spezielle Sache an, während ich denke, dass Muster auf vielen verschiedenen Ebenen angewandt werden können.

Nicht jeder folgt dieser spezifischen Sichtweise von Mustern im kleinen bis mittleren Rahmen, die zum Beispiel im Buch *Entwurfsmuster* der Gang of Four[1] und bei den Sachen der Hillside Group auftauchen. Selbst in der Musterbewegung gab es einige unterschiedliche Ansichten, aber ich denke, die Idee war doch sehr verbreitet.

Die Musterleute sagen das Gleiche wie die Leute in vielen anderen Disziplinen – wir sollten die Erfahrungen von sehr guten Leuten niederschreiben, damit die »normalen« Leute sich diese zu eigen machen können. Das ist im Ingenieurwesen geschehen, bei Malern und in der Architektur – in fast jedem kreativen Umfeld. Im Computerbereich wurde dieses Konzept ziemlich langsam übernommen, und es ist immer noch nicht so richtig umgesetzt. Darüber habe ich mich beschwert. Es gibt hier viele Leute, die sehr an sich denken und zu vergessen scheinen, dass es eine Vergangenheit gibt, auf der man aufbauen sollte. Häufig wird etwas neu erfunden, was schon längst entdeckt ist.

Ich glaube, die Mustersichtweise tritt diesem Problem entgegen, indem man sagt: »Schaut, es gibt Dinge, die wir niederschreiben und verstehen sollten, um sie der breiten Masse von Leuten zugänglich zu machen, die sich das vielleicht nicht selber ausdenken können. Wenn wir aber Beschreibungen liefern, können sie es nutzen.«

Das gilt in jedem Bereich. Die Anzahl der Leute, die wirklich große Erfindungen machen, ist in jedem Umfeld sehr klein. Nach dem ersten Durchbruch greifen andere Leute die Idee auf und erweitern sie. Wenn die Idee erst einmal »freigelassen« wurde, verliert der Erfinder die Kontrolle über sie, habe ich gelesen. Sie können eine kleine Gruppe nicht kontrollieren lassen, was eine Idee bedeutet. Neue Leute werden zusätzliche Bedeutungen erkennen, die die Erfinder nicht beabsichtigt hatten.

---

[1] Dieser Begriff bezieht sich auf Erich Gamma, Richard Helm, Ralph Johnson und John Vlissides, die Autoren des Buchs *Entwurfsmuster. Elemente wiederverwendbarer objektorientierter Software* (Addison-Wesley).

Ich möchte eine Parallele zu einigem von dem ziehen, was Sie schon über Ihren Physikhintergrund gesagt haben. Dort gibt es viele Ebenen. Was sich in einer Ebene sinnvoll anwenden lässt, muss nicht zwingend auch in einer anderen funktionieren, aber Sie können die Existenz der anderen Ebenen auch nicht abstreiten.

James: Das ist ja das Konzept der aufeinander aufbauenden Systeme. Darum geht es in der Wissenschaft und bei Sprachen. Das ist eines der Konzepte aus der Komplexitätstheorie. Sie bekommen ein Gespür für den Aufbau, und es gibt nicht die eine grundlegende Schicht. Das haben auch schon vor langer Zeit Leute im Computerumfeld erkannt. Sie haben mehrere Schichten, und keine von ihnen ist die einzige wahre Schicht.

Sie sagen, dass sich die Musterbewegung selbst stark eingeengt hat. Finden Sie, dass die in einer Ebene hängengeblieben sind, obwohl sie die ganze Struktur angehen sollten?

James: Ich will der Musterbewegung gegenüber nicht unfair sein. Es gibt dort Leute, die auf verschiedenen Ebenen gearbeitet haben. So gibt es zum Beispiel viele Bücher über Muster in der Architektur. Vielleicht hatte die ursprüngliche Hillside Group eine spezielle Sichtweise in Bezug auf das, was ein Muster ausmacht, und hat diese in das ganze Konzept von Alexanders Mustersprache eingebunden. Ich denke, Sie müssen das Wort umfassender anwenden.

Einer der regelmäßigen Kritikpunkte am Entwurfsmuster*-Buch ist, dass viele der dort aufgeführten Muster in anderen Sprachen als C++ oder Java eigentlich nicht effektiv sind.*

James: Einer der Aspekte von Mustern ist, dass sie sehr gut zu dem passen müssen, womit Sie arbeiten. Sie können nicht etwas nehmen und es so weit abschwächen, dass es überall einsetzbar ist. Wenn Sie Muster für Programmiersprachen schreiben, sind viele davon nur auf eine bestimmte Sprache anwendbar, während andere allgemein nutzbar sein können und auch mit einer größeren Gruppe von Programmiersprachen gewinnbringend anwendbar sind. Das ist auch im Ingenieurwesen so: Manches hilft bei Stahl, aber nicht bei Holz, anderes genau umgekehrt, und manche Muster lassen sich in beiden Bereichen anwenden.

Vielleicht ist das mein Problem beim Modellieren. UML hat für die unterschiedlichen Anwendungsfälle keine ordentliche Trennung angeboten. Es gibt Anwendungen, die für bestimmte Programmiersprachen sinnvoll sind, und welche, die eher im logischen Bereich nutzbar sind. UML enthielt beides und warf alles in einen großen Sack. Ich übernehme dafür durchaus einen Teil der Verantwortung. In der ersten Version haben wir viele verschiedene Dinge zusammengeworfen. Das passiert halt in ersten Versionen – Sie haben noch nicht die Erfahrung, wie man etwas aufteilt. Ich hatte gehofft, dass wir in der zweiten Version aufräumen könnten, sodass wir hätten sagen können: »Diese Features sind für C und C++ nützlich«, da es Features gibt, die genau zu diesen Sprachen passen. Es ist in Ordnung, diese Features zu haben, aber sie sind nicht so allgemein einsetzbar wie bestimmte andere Features, die sich auf viele Sprachen anwenden lassen. Da wäre es doch gut zu wissen, welche Features für was genutzt werden können.

Es gibt Modellierungsfeatures, die sich auf hohem Niveau und auf niedrigem Niveau anwenden lassen. Der Profiling-Mechanismus war dazu gedacht, Features für eine bestimmte Sichtweise zu definieren, aber leider ist er ziemlich plump. Er ermöglicht kein ordentliches Trennen der Schichten. Er sagt: »Hier ist eine Domäne«, aber das führt dann nur zu einer einzigen Ebene. Es gibt keine Möglichkeit, sauber mehrere Ebenen zu modellieren.

Stellen Sie sich vor, Sie könnten UML 3.0 aufbauen und müssten sich nicht um Abwärtskompatibilität kümmern. Wie würden Sie das machen, ohne dabei irgendjemanden zu nerven?

James: Mit Ihren Voraussetzungen haben Sie die Garantie, dass jeder genervt sein wird. Das ist auch genau das Problem, mit dem sich Microsoft und Apple immer herumschlagen müssen. Sorgen Sie dafür, so wie Microsoft Kompatibilität über viele Generationen zu erhalten, oder brechen Sie sie gelegentlich auf, so wie es Apple tut? Beides hat Vor- und Nachteile.

Sie können Kompatibilität nicht für alle Zeiten sicherstellen. Es ist nicht so, dass es unmöglich wäre. Aber in jedem Bereich müssen Sie irgendwann einmal sagen: »Es tut uns leid, so machen wir es jetzt nicht mehr«, und »Entschuldigung, Sie müssen etwas Neues kaufen.« Schauen Sie sich die analogen Fernseher an. Ab Juni 2009 werden sie in den USA nicht mehr mit normalen Antennen funktionieren. Viele Leute werden das erst merken, wenn die Änderung umgesetzt wurde. Die meisten Leute lesen zwar entsprechende Artikel und sind sich dessen bewusst, aber es gibt keinen einfachen oder schmerzlosen Weg, mit Kompatibilität zu brechen.

Die Leute wollen immer irgendwie eine wunderbare Lösung, aber es gibt keine einfache Lösung. Es ist ein großes, schmutziges Problem. Sie müssen die Ärmel hochkrempeln und darin eintauchen. Es ist kein spezifisches Problem. Sie versuchen, zwei inkompatible Dinge zu tun, was immer schmerzhaft und mit Arbeit verbunden ist und Entscheidungen erfordert, die Leute unglücklich machen werden.

Gehen Sie da lieber in großen Schritten vor, die dafür selten gemacht werden, oder in vielen kleinen Schritten, die dafür häufiger ein bisschen unglücklich machen?

James: Bei jedem neuen System stellen Sie fest, dass Sie Fehler gemacht haben. Sie können eine Zeit lang lokale Änderungen vornehmen, aber schließlich merken Sie, dass einige Ihrer grundlegenden Annahmen und Architekturentscheidungen nicht mehr aufrechtzuerhalten sind und Sie ein paar größere Änderungen vornehmen müssen, da das System sich sonst nicht mehr weiterentwickeln kann. Ich nenne das »ein Erdbeben nutzen«. Das können Sie in jedem System einmal machen. Zwei Mal ist schon grenzwertig, weil Sie zu viele integrierte Zusagen haben. Schließlich landen Sie in einem verknöcherten Zustand und können gar keine großen Änderungen mehr vornehmen. Ich finde, das passiert in vielen Systemen – in Computersystemen, in verschiedenen anderen Systemen, die wir um uns herum erleben, wo die Lage völlig verfahren ist. Schließlich kommt jemand mit einem Schwert für den gordischen Knoten und findet eine neue Lösung, die die alte ersetzt. Es ist nicht so, dass die alten Fehler behoben würden. Stattdessen kommt jemand mit etwas Neuem, das das Alte irrelevant macht.

Ich glaube, das gilt insbesondere für das Computerumfeld. Die Welt ist hart, aber Sie müssen mit ihr klarkommen, so wie sie ist. Ich weiß nicht, warum das deprimierend sein sollte. Tatsache ist, dass wir nicht für immer bei den gleichen Dingen bleiben, weil immer wieder Leute neue Ideen haben. Wenn Sie sich unsere Transportprobleme im 19. Jahrhundert anschauen, hätten Sie damals vielleicht gesagt: »Wir gehen davon aus, dass es so viele Pferde geben wird, dass überall Pferdeäpfel herumliegen werden. Zudem können wir all die Pferde gar nicht versorgern!« Im 20. Jahrhundert wurde darüber gesprochen, dass irgendwann jeder ein Telefonist sein würde. Das liegt daran, dass die Leute nicht über das hinausdenken können, was sie momentan tun.

Aber immer kommt jemand mit einer neuen Idee, auf die vorher noch keiner gekommen ist und die die alten Probleme irrelevant werden lässt. Ich denke, das ist ermutigend. Es mag entmutigend für Leute sein, die sich voll und ganz einer bestimmten Art und Weise verschrieben haben, etwas zu tun, und sich nicht ändern können. Die letzten 50 Jahre haben uns gezeigt, dass Sie sich nicht einen einzigen Beruf aussuchen können, den Sie dann Ihr Leben lang ohne Änderungen ausüben. Die Zeiten, in denen Sie davon ausgehen konnten, das ganze Arbeitsleben bei einer Firma zu verbringen – oder auch nur in einem Job –, sind definitiv vorbei. Sie müssen auf Änderungen vorbereitet sein.

Heinlein hat gesagt: »Spezialisierung ist etwas für Insekten.«

James: Insekten vermehren sich schnell und sterben schnell. Das ist kein sehr gutes menschliches Leben. Es entmutigt mich, dass viele Firmen so einzustellen scheinen. Sie wollen Insekten einstellen. Sie werben Leute an, die darauf spezialisiert sind, ein sehr eng begrenztes System zu kennen. Sie wollen, dass die Leute direkt funktionieren. Sie wollen die Leute wieder »wegwerfen«, wenn die Aufgabe erledigt ist. Ich finde, das ist kein schöner Trend. Und langfristig ist das auch nicht gut für uns. Wir brauchen Leute, die denken können, sich ändern können und bei Bedarf dazulernen. Ich denke nicht, dass es sinnvoll ist, zur Schule zu gehen, um eine bestimmte Programmiersprache zu lernen. Sie gehen zur Schule, um das Konzept von Programmiersprachen zu erlernen. Das Lernen einer neuen Sprache ist einfach. Wir brauchen Leute, die sich ändern können. Sie müssen beobachten, was passiert. Es heißt, dass jeder lebenslang lernen muss, und das stimmt auch.

Ist es möglich, einige Ihrer Kritikpunkte an UML zu beheben?

James: Sicherlich ist es das. Ich denke, das ganze Konzept der Standardisierung war vor allem für das Marketing gedacht. Warum brauchen Sie eine standardisierte Modellierungssprache? Sie müssen Dinge standardisieren, die Sie tatsächlich ausführen wollen. Ich denke, das Konzept der Standardisierung ist vollkommen überbewertet. Sie brauchen keine Standards für die Modellierung. Wenn UML zu überladen ist, werden die Leute nur die Teile nutzen, die sie brauchen. Jeder verwendet Klassenmodelle, und viele Leute greifen auf Sequenzdiagramme und Use Cases zurück. Es gibt Teile von UML, die nur sehr wenig genutzt werden. Das zeigt, was passieren kann, wenn zu viele kluge Leute zusammensitzen, aber es zu wenig Möglichkeiten gibt, Entscheidungen zu erzwingen. Es werden viele Ideen vorgebracht, die nützlich zu sein scheinen, und es gibt keinen Weg, zu sagen: »Das ist eine nette Idee, aber nicht nützlich genug, um sie in diesen großen Topf zu werfen, aus dem viele Leute bedient werden.«

Die Leute werden das benutzen, was sie wollen. Es ist wirklich nicht anders als bei Photoshop. Ich kann Photoshop verwenden, aber ich bin kein Experte. Ich kann mir nicht merken, wie große Teile der Anwendung bedient werden – ich kann es nachlesen, wenn ich muss, aber ich weiß, wie ich die Helligkeit anpassen und Auswahlen definiere und viele andere Dinge tue, die ich immer wieder machen muss. Wenn ich etwas anderes tun muss, kann ich das nachlesen. Ein professioneller Grafikdesigner weiß viel mehr. So verwenden die meisten Leute große Anwendungen oder Geräte wie zum Beispiel Mobiltelefone. Sie wissen nicht, wie sie jedes einzelne Feature bedienen, da die meisten davon nur enthalten sind, um das Gerät besser verkaufen zu können.

Es ist schwer, Modellierungssprachen nach ihrer Usability zu beurteilen. Ich kann jemanden bitten, eine Programmiersprache zu verwenden, um ein reales Problem zu lösen, und mir dann Feedback zu geben, wie gut das funktioniert.

James: Wenn Sie sich die verfügbaren Programmiersprachen anschauen, würde ich sagen, dass viele von ihnen diesem Paradigma nicht folgen. In vielen Fällen haben die Entwickler kluge Ideen gehabt und sie in die Sprache übernommen, ohne gute Usability-Tests zu machen, was dann zu allen möglichen Problemen führt.

Sprachdesigner kommen mit diesen Gedankenexperimenten an, die sie ihrer Meinung nach lösen müssen. Manchmal sagt man einfach: »Na ja, wir müssen dieses Problem nicht lösen, die Leute können es auch anders umgehen. Es ist nicht wichtig genug, um ein Teil der Sprache zu werden.«

Bei einer Modellierungssprache, einer Programmiersprache oder einem Anwendungssystem wollen Sie Features dann mit aufnehmen, wenn sie nützlich genug sind, dass es sich für die Leute lohnt, sich an ihre Funktionsweise zu erinnern. Dann müssen Sie sie testen, um sicherzustellen, dass sie auch in der Praxis funktionieren. Wenn Sie zu viel Kram in das System stecken, kann sich keiner mehr daran erinnern, wie man es nutzt. Damit werden die Features eher zu einer Last. Auch wird die Wahrscheinlichkeit steigen, dass es Probleme mit dem System gibt, weil die Entwickler mehr testen müssen und weil mehr Fehler eingebaut werden können. Sie dürfen sich nicht nur fragen, ob etwas nützlich ist – Sie müssen sich auch fragen, ob es im Vergleich zu allem anderen nützlich genug ist, um den Aufwand zu rechtfertigen, sich daran erinnern zu müssen.

Eine Möglichkeit für UML, sich weiterzuentwickeln, wäre, dass die Leute Untermengen von ihm nutzen, was vermutlich sowieso schon passiert. Ich bezweifle, dass der OMG-Prozess etwas lösen wird, da er einfach keine Entschlossenheit zeigt. Ich denke nicht, dass UML 3.0 zusammen mit der OMG irgendetwas erreichen wird, da Sie einfach zu viele gegensätzliche Interessen haben. Zu viele Leute wollen Dinge in UML unterbringen, sodass es nicht mehr einfach sein kann.

Du bekommst dein blödes Feature, wenn ich mein blödes Feature bekomme.

James: Genau. Es ist zu viel Kompromiss dabei. Eine andere Möglichkeit wäre, dass jemand mit etwas Neuem ankommt, das vielleicht auf UML basiert, aber einen neuen Namen und ein paar andere grundlegende Designentscheidungen hat. Das passiert sowieso fast mit jedem System. Oder die Leute entscheiden sich dazu, dass hier die Luft raus ist, und sie wenden sich etwas anderem zu.

Ein bisschen Wiederverwendbarkeit

Anscheinend wächst die durchschnittliche Komplexität und Größe von Software jedes Jahr. Kann die OOP in dieser Situation gut mithalten, oder wird dadurch nur alles komplizierter?

James: Zunächst einmal ist unklar, wie schnell die Systeme wachsen. Sie können nicht einfach die Anzahl der Bytes in einem Programm messen. Wenn Sie Code generieren, zählt die Anzahl an Quellcodezeilen, nicht die Anzahl der generierten Zeilen oder Bytes oder was auch immer. Wenn Sie Prozeduren auf höherer Ebene nutzen, hängt die Komplexität von der Anzahl der Aufrufe ab, nicht von der Menge an ausgeführtem Code. Wenn wir auf einer höheren Ebene arbeiten, erhalten wir größere Systeme, aber ihre inhärente Komplexität muss gar nicht so viel größer sein.

Selbst wenn Sie nicht davon ausgehen (und ich tue das auch nicht ganz – Systeme scheinen wirklich komplexer zu werden), sind OO-Systeme durchaus ein richtiger Weg. Aber Sie müssen OO von einem primären Fokus auf Wiederverwendbarkeit trennen. Ich weiß, dass das Bauen von wiederverwendbaren Teilen von den ersten Smalltalk-Entwicklern in den Mittelpunkt der OO gerückt wurde, aber ich denke, das ist ein Fehler. Sie können OO-Strukturen haben, ohne sich wie versessen darauf zu konzentrieren, eine Bibliothek mit wiederverwendbaren Teilen zu bauen, die jede Klasse enthalten, die Sie in einer Anwendung nutzen könnten. Wiederverwendbarkeit ist gut, aber in den meisten Systemen nicht das eigentliche Hauptziel. Es ist wirklich schwer, gute, wiederverwendbare Bibliotheken zu erstellen – die meisten Programmierer schaffen das nicht und sollten es auch gar nicht versuchen. Das ist eine ganz andere Aufgabe als das Erstellen von Systemen. Wenn man ein System entwirft, kann man OO-Strukturen benutzen, um eine saubere Anwendung aus Klassen aufzubauen, die sich bei Bedarf leicht anpassen lassen, ohne darauf zu bestehen, dass sie direkt von jemand anderem wiederverwendet werden können. Wenn Sie merken, dass Sie die Varianten einer Klasse häufig verwenden, können Sie den Aufwand wagen, sie wirklich wiederverwendbar zu machen.

Sie müssen aber auch wissen, wann Sie aufhören sollten. Ich habe schon viele Anfänger gesehen, die sich damit herumquälten, jede Zeile ihres Codes in wiederverwendbare Objekte zu verwandeln. Wenn Sie einen unkomplizierten Algorithmus in natürlicher Sprache ausdrücken und den Code problemlos niederschreiben können, halten Sie sich nicht erst damit auf, ihn in kleinere Teile zu zerschneiden – schreiben Sie ihn einfach. Bei OO geht es um das Bereitstellen von Strukturen auf höherer Ebene, wenn die Sache eben nicht so einfach ist, und nicht darum, mit dem Kleinkram zu kämpfen.

Wie können wir sicher sein, dass die Vorteile von OO gegenüber den Nachteilen überwiegen?

James: Wie ich schon sagte: Sie können immer OO-Strukturen verwenden. Das Problem ist, zu wissen, wie weit man dabei geht. Die wahren Gläubigen wollen es immer ganz durchziehen. Es gibt viele andere Themen im Computerumfeld neben den OO-Strukturen, zum Beispiel gute Algorithmen, gute Datenstrukturen, akzeptable Rechenkomplexität, Verständlichkeit und so weiter. Es dreht sich nicht alles um OO, tatsächlich ist OO nur ein kleiner Teil des Ganzen. OO stellt ein nützliches Framework für das Organisieren von Designs und Programmen bereit. Das ist wichtig, da Sie ansonsten vom Problem überwältigt und verwirrt werden können. Aber der grundlegende Inhalt eines jeden Designs ist nicht OO – es sind die anderen Dinge, die ich aufgeführt habe.

Sie haben erwähnt, dass Wiederverwendbarkeit gar nicht der Schwerpunkt der Objektorientierung ist.

James: Ich finde nicht, dass sie es sein sollte. Wiederverwendbarkeit wurde schon von Anfang an stark überbewertet. Das war das Marketingstichwort, das viele Manager davon überzeugt hat, zuzugreifen. Wiederverwendbarkeit ist verdammt schwer. Um etwas zu bauen, das wirklich wiederverwendbar ist, muss man viel mehr können, als die meisten Leute zu bieten haben. Jemand hat einmal gesagt, ich glaube es war Brooks oder Parnas, dass es dreimal schwerer ist, etwas reif für eine Produktivumgebung zu machen, als für einen Laborprototyp, und nochmals dreimal schwerer, es auf einer wiederverwendbaren Basis aufzubauen. Wenn Sie etwas nur für eine Aktion machen wollen, aber dann darauf bestehen, es wiederverwendbar zu machen, ist das fast immer nur Zeit- und Arbeitsverschwendung.

Sie können aber trotzdem einige Vorsichtsmaßnahmen treffen, durch die Änderungen in der Zukunft einfacher werden. So sollten Sie etwas nicht ganz spezifisch machen, wenn Sie es auch ein bisschen allgemeiner machen können. Engen Sie sich nicht selber ein, wenn Sie es nicht müssen. Wenn Sie eine Möglichkeit sehen, allgemeiner vorzugehen, ohne allzu viel Aufwand treiben zu müssen, dann tun Sie das. Entwerfen Sie Dinge mit dem Wissen, dass Sie sie werden ändern müssen. Das bedeutet nicht, dass Sie beim Schreiben der ersten Version gleich alle Verallgemeinerungen einbauen müssen. Aber lassen Sie die Tür einen Spalt offen. Fügen Sie Ankerpunkte ein, um Änderungen vornehmen zu können. Sie schreiben Methoden, die ersetzt werden können. Aber schreiben Sie keine überverallgemeinerten Methoden direkt von Anfang an, wenn Sie nicht wissen, dass Sie sie brauchen. Es ist sehr schwierig abzuschätzen, wie Ihre Anforderungen in der Zukunft aussehen werden, und häufig liegt man bei solchen Schätzungen daneben. Wenn Sie viel Zeit damit verbringen, einen Bereich sehr allgemein zu halten, stellen Sie vielleicht später fest, dass dieser Bereich gar nicht geändert werden muss.

Es ist wie bei der Optimierung. Ich glaube, zu viele Programmierer machen sich darum Gedanken, Sachen schneller laufen zu lassen, bei denen es gar nicht darauf ankommt. Das ist schon seit langen Jahren eine echte Besessenheit. Die Computer wurden so viel schneller, aber trotzdem sind die Leute darauf fixiert, Mikrooptimierungen vorzunehmen. Sie kennen die Komplexitätstheorie nicht, sie verstehen nichts von Größenordnungen, aber sie kämpfen um klitzekleine Verbesserungen.

Ich habe ein Paket mit Unterroutinen geschrieben und mich dann daran gemacht, es zu profilen. Sie können nicht immer nur vermuten, wo Sie optimieren müssen. Manchmal müssen Sie Messungen vornehmen und dann die tatsächlichen Probleme beheben. Eine Unterroutine verbrauchte in dem Fall 30% der Gesamtzeit. Ich habe dann diese Unterroutine verbessert.

Die Leute optimieren zu viel. Die Programme werden dadurch fehlerhafter, und eventuell bringt die Optimierung gar nicht so viel. Ich glaube, das haben viele noch nicht begriffen. Sie sagen: »Effizienz ist wichtig. Die eingebetteten Sachen, Sie wissen schon.« Quatsch. Alles wird schneller. Exzessive Optimierung ist die ganzen Fehler nicht wert, die man sich dadurch einhandelt. Ich verstehe nicht, warum die Leute nicht die einfachen Dinge umsetzen, die leicht machbar sind. Viele Entwickler verfolgen da einen völlig falschen Weg. Ich glaube, manche von ihnen mögen es auf die harte Tour, so wie Kletterer auch ohne Seil klettern. Aber wenn sie so klettern würden, wie sie programmieren, wären sie schon längst tot.

Gibt es denn überhaupt ein Ziel für die Objektorientierung, wenn die Wiederverwendbarkeit keines ist?

James: Wiederverwendbarkeit wird durch Objektorientierung unterstützt, aber ich denke, das Hauptziel der Objektorientierung ist die Verwendbarkeit, nicht die Wiederverwendbarkeit. Wenn Sie das Ganze so strukturieren, ist es gleich zu Beginn einfacher, und das Ändern wird auch erleichtert. Sie erhalten vielleicht auch eine gewisse Wiederverwendbarkeit, aber das ist nur ein Bonus.

Sie wissen, dass Sie jede Anwendung einmal ändern müssen, aber Sie wissen nicht wo, daher hilft der Aufbau in objektorientierter Weise dabei, zukünftige Änderungen zu vereinfachen. Denn so entsteht eine Struktur, die leichter anzupassen ist. Wichtig ist also, etwas änderbar zu machen, nicht aber (normalerweise), eine wiederverwendbare Bibliothek zu erstellen. Sie bauen keine Anwendung auf mit der Erwartung, dass jeder in Ihrer Firma jede einzelne Klasse in Ihrer Anwendung nutzen wird. Irgendjemand in Ihrer Firma – vielleicht Sie, vielleicht jemand anderes – wird aber irgendwann das Programm anpassen müssen, das Sie geschrieben haben. Da können Sie sicher sein. Objektorientierung erleichtert zukünftige Änderungen. Ich denke, das ist der Hauptvorteil. Das Schreiben einer ersten Version ist mit jedem Ansatz einfach. Bei der zweiten Version zahlt sich aber dann OO aus.

Weil Sie Sachen gekapselt haben?

James: Genau, Sie haben dann ein saubereres Design, das weniger verflochten ist. So wird verhindert, dass sich die Funktionalität allzu sehr verknotet. Das ist das eigentliche Problem, mit dem sich die Leute herumschlagen müssen – sehr komplexe Funktionalität. So gesehen recyceln Sie es für die nächste Version derselben Anwendung. Wenn Sie wollen, können Sie das Wiederverwendbarkeit kennen. Nur sehr wenig wird tatsächlich in vielen verschiedenen Projekten wiederverwendet.

Bevor Sie damit beginnen, etwas in einem größeren Rahmen wiederzuverwenden, müssen Sie es dreimal anwenden. Einmal ist immer ein spezieller Fall, zweimal kann ein Zufall sein, beim dritten Mal können Sie damit anfangen, nach Mustern zu suchen. Jetzt lohnt es sich vielleicht, den Aufwand zu wagen und die einzelnen Teile zu separieren und wirklich robust zu machen. Sie müssen nicht alles wiederverwenden. Suchen Sie sich die nützlichsten Teile heraus und verwenden Sie nur diese mehrfach.

Das erinnert mich an SOA, wo es die Annahme zu geben scheint, dass Sie Services definieren können, die sich in einem ganzen Unternehmen wiederverwenden lassen.

James: Meiner Meinung nach war SOA mehr ein Marketingtool als irgendetwas anderes. Ich habe nie eine richtige Substanz darin entdecken können. Es ist ziemlich überflüssig.

Viele von diesen Dingen sind Marketingtools. Natürlich müssen Sie Sachen anpassen. Ich habe in einem der ersten Projekte gelernt, dass ein guter Name ein ganzes Jahr Inaktivität in einem Projekt wert ist. In meinem Berufsleben konnte ich nur einmal einen richtig guten Namen präsentieren, aber der hat sehr viel geholfen. Die Leute werden davon beeinflusst. OMT und UML – da ist das Problem, dass wir keinen tollen Namen hatten. Ich mag Akronyme nicht besonders, wenn sie sich vermeiden lassen, aber manchmal ist es das Beste, was Sie tun können.

Welche Verbindungen sehen Sie zwischen dem OO-Paradigma und dem neuen Fokus auf Nebenläufigkeit?

James: Das Konzept eines Objekts als alles enthaltendes Paket aus Datenstruktur und Verhalten ist für Nebenläufigkeit ideal. In der realen Welt ist alles selbstständig und nebenläufig zu irgendetwas, daher ist die Idee von Objekten in der Modellierung perfekt für die Nebenläufigkeit.

Das gilt allerdings nicht automatisch in Programmiersprachen. So gut wie alle Programmiersprachen, die die Leute lernen, sind prinzipiell erst einmal sequenziell. Es mag ein paar akademische Sprachen geben, die schon inhärent nebenläufig sind, aber so lernen nur die wenigsten Leute, zu programmieren. Sie können Sprachen wie Smalltalk oder C++ oder Java noch um Features für die Nebenläufigkeit ergänzen, aber die zugrunde liegenden Modelle sind inhärent sequenziell.

Das Problem ist also nicht das OO-Paradigma, sondern es liegt in den Programmiersprachen und Systemen. Natürlich können Sie nebenläufige Sprachen entwerfen. Ich habe das 1975 für meine Doktorarbeit gemacht, genau wie viele meiner Mitdoktoranden in Jack Dennis' Computation Structures Group am MIT in den frühen 1970ern. Es ist nicht schwer, neue Sprachen zu entwerfen (auch wenn es schwer ist, welche zu entwerfen, die dann auch für viele verschiedene praktische Probleme genutzt werden können). Schwer ist es, sie anzupassen.

Durch das Erfinden von Programmiersprachen wird man nicht reich – eine erfolgreiche Sprache erkennt man daran, dass sie oft verwendet wird, aber die Leute wollen keine Sprache benutzen, die proprietär ist. Für eine Firma ist es schwer, Ressourcen bereitzustellen, wenn sie die Sprache bereitstellen müssen (oder Sie misstrauen deren Motiven, wenn sie es dann doch tun). Glauben Sie nicht an den Quatsch mit dem Erfinden einer besseren Mausefalle – man braucht schon ein ernsthaftes Marketing, um etwas bekannt zu machen. Daher habe ich keine große Hoffnung, dass eine gute nebenläufige Programmiersprache weite Verbreitung finden wird – ich sehe keinen Grund dafür, dass sie jemand bewerben sollte.

Wie können wir eine inhärent nebenläufige Programmiersprache entwerfen?

James: Ich habe mit Professor Jack Dennis und seinen Studenten am MIT an Datenflusssprachen und -computern für meine Doktorarbeit gearbeitet. Das waren inhärent extrem nebenläufige Sprachen. Sie waren innovativ und brachten in den Folgejahren noch viele weitere Forschungsmöglichkeiten hervor. Leider gab es ein paar Probleme, die ich nicht lösen konnte und die auch niemand anders löste. Daher war das zwar eine vielversprechende Idee, aber langfristig hat es nicht funktioniert. Einige der Ideen übernahm ich in UML, aber die Datenflussarchitektur scheint die Von-Neumann-Architektur in den meisten Fällen nicht zu ersetzen. Ich hatte also meine Chance, konnte sie aber nicht nutzen.

Es gibt auch zelluläre Automaten. Ich glaube, die Hälfte meiner Mitdoktoranden versuchte, auf ihren Grundlagen einen stark parallelen Computer zu bauen. Das muss der richtige Ansatz sein, weil auch das Universum so aufgebaut ist. (Oder vielleicht auch nicht. Die moderne Physik ist seltsamer als die Science-Fiction. Die aktuellsten Spekulationen besagen, dass Raum und Zeit aus etwas noch Einfacherem entstehen.) Aber zelluläre Automaten scheinen nur bei bestimmten geometrischen Problemen gut nutzbar zu sein – vielleicht sehr wichtige Probleme, aber eben keine allgemeinen. Man hat noch nicht herausgefunden, wie man mit ihnen ganz allgemein programmiert. Vielleicht gibt es auch gar keinen allgemeinen Fall.

Der kritische Punkt scheint die Schnittstelle zwischen Ablaufsteuerung und Datenstruktur zu sein. Stark nebenläufige Ablaufsteuerungen arbeiten nicht mit großen Datenblöcken, und es ist unklar, wie man die Daten nebenläufig machen und trotzdem die Art von Berechnungen ausführen kann, die wir gewohnt sind. Vermutlich müssen wir neue Berechnungswege finden. Das Gehirn ist ein stark nebenläufiger Computer, der keine Von-Neumann-Algorithmen ausführt, aber wir wissen nicht, wie man etwas programmiert, das so organisiert ist wie unser Gehirn. Vermutlich können Sie es gar nicht programmieren – die Konzepte der effektiven Programmierbarkeit und der extremen Nebenläufigkeit schließen sich eventuell gegenseitig aus. Vielleicht ist es eine Art von Heisenberg-Unschärfe auf höherem Niveau (da ist der Physikhintergrund wieder).

Wenn Sie über Programmiersprachen reden, die für Nebenläufigkeit ausgelegt sind, scheint es eine offensichtliche Verbindung zu funktionalen Sprachen zu geben. Was sind die Schwächen funktionaler Sprachen, und warum sind sie nicht der Weg zur einfachen Nebenläufigkeit?

James: Funktionale Sprachen sind sehr gut, um eine Welt darzustellen, die so nebenläufig ist, dass Sie gar nicht darüber sprechen müssen. Das Problem ist, dass Sie in der realen Welt häufig einen Mittelweg finden müssen, in dem Sie über bestimmte Arten von Nebenläufigkeit explizit reden müssen. Ich glaube, das ist eine weitere dieser gebrochenen Symmetrien. Wie auch immer, funktionale Sprachen haben viele Vorteile. Es wäre gut, sie an ausgewählten Stellen in ansonsten eher imperativen Sprachen nutzen zu können.

Symmetrische Relationen

Sie haben gesagt, dass Assoziationen in den meisten Programmiersprachen eine symmetrischere Sichtweise auf eine Situation darstellen als Zeiger. Können Sie das näher erläutern?

James: In der realen Welt sind Relationen eben Relationen. Sie sind normalerweise nicht so aufgebaut, dass sie nur in eine Richtung funktionieren. Das gibt es gelegentlich, aber wenn A zu B in einer Beziehung steht, tut es meist auch B zu A.

Ist das eine bidirektionale Relation?

James: Na ja, es ist eine Relation. Relationen sind inhärent bidirektional. Mathematische Relationen sind bidirektional. Indem man den Begriff »bidirektional« nutzt, denkt man schon an Zeiger. Relation ist Relation. Die Dinge stehen miteinander in Relation und keine von beiden Seiten wird bevorzugt. Vielleicht sollte man es so ausdrücken. Bidirektionalität meint aber natürlich nicht auch Symmetrie – wenn ein Mann einen Hund beißt, ist das etwas anderes, als wenn ein Hund einen Mann beißt.

Es ist ein guter Anfang, über Datenstrukturen und Systemstrukturen im Rahmen von Relationen nachzudenken, anstatt zu überlegen, wie man alles mithilfe von Zeigern verknüpft.

Auf Codeebene ist das klar, Sie sind schließlich in einer bestimmten Programmiersprache. Da sollten Sie immer im Rahmen der Möglichkeiten Ihrer Sprache nachdenken.

Ich habe einmal eine Programmiersprache erstellt, in der Relationen eingebaut waren, und das hat sehr gut funktioniert. Ich musste keine Zugeständnisse an irgendwelche bevorzugten Richtungen machen – beide Wege waren gleich leicht zu gehen. Die Kosten waren gar nicht so hoch. Ich bin überrascht, dass es nicht mehr Sprachen gibt, die das unterstützen.

War das eine Datenflusssprache?

James: Es war ein Datenstrukturpaket. Ich hatte es DSM genannt, Data Structure Manager. Es war im Prinzip eine Sammlung von Datenstrukturprozeduren, aber ich hatte es so eingerichtet, dass man problemlos mit Beziehungen arbeiten konnte. Wenn man Tupel aus einer Relation entfernen wollte, hat man sie einfach gelöscht. Ich hatte es so optimiert, dass man von beiden Enden aus vorgehen konnte, und mithilfe eines Hash erreichte ich lineare Komplexität, sodass es keine großen Performanceprobleme gab.

Alle diese Techniken sind wohlbekannt, aber der durchschnittliche Programmierer kann sie nicht so aus dem Effeff programmieren. Sie müssen Sie aus Bibliotheken holen oder eingebaut in der Sprache vorfinden. Ich bezweifle, dass die meisten Programmierer wissen, wie man Hashing nutzt. Das war keine große Sprache, aber wir boten die Möglichkeit, Sets und Relationen und erweiterbare Arrays zu hashen. Wenn man das Array mit Daten füllte, verdoppelte es seine Größe. Die Kosten blieben linear, allerdings wurde etwas mehr Speicher gebraucht. Auch hier haben wir keine ganze Sprache umgeschrieben, sondern eine andere »überlagert«. Dadurch wurde Vieles einfacher. Wir hatten nie ein Buffer-Overflow-Problem. Diese Art von Vorgehen kann sehr mächtig sein.

Ich bin überrascht, dass die Leute nicht mehr damit machen. Ich weiß, dass ein paar meiner früheren Kollegen in C++ generische Template-Klassen erstellt haben. Ich bin mir nicht sicher, ob sie viel genutzt werden. Vielleicht war der ganze Mechanismus in C++ zu schwierig zu nutzen, oder vielleicht waren die Programmierer einfach zu bequem, das zu lernen.

Etwas, worüber ich mich beschwere, ist, dass es diese Trennung zwischen Programmiersprachen und Datenbanken gibt. Sie haben die Sprachenleute, die zeigerbasiert sind und immer hinter Effizienz und allem her sind, und sich immer mit Programmen herumschlagen müssen, die seltsame Fehler aufweisen.

Dann haben Sie die Datenbankleute, die relationsbasiert sind. Sie verstehen das Konzept der Relationen. Da habe ich ursprünglich mein Konzept her. Sie kümmern sich nicht so sehr um Effizienz. Aus Programmsicht ist eine Datenbank hochgradig ineffizient, aber es lohnt sich, weil sie so robust ist. Sie wollen, dass die Daten sicher sind, und sie wollen nicht, dass die Datenbank abstürzt. Es scheint niemanden dazwischen zu geben. Vielleicht ist das wie in unserem politischen System – Sie haben an beiden Enden Leute, aber in der Mitte sind alle verschwunden. Ich habe versucht, die Datenbankleute anzusprechen, aber sie scheinen keinen Wert auf das zu legen, was in den Programmiersprachen vor sich geht. Umgekehrt ist es aber genauso.

Ich denke wirklich, dass es helfen würde, wenn beide Seiten zusammenkämen und wir nicht so eine strenge Unterteilung hätten. Wenn es Sprachen gäbe, in denen Sie diese relationalen Datenbanksachen einfach nutzen könnten. Sie könnten die prozeduralen Sachen machen und einfach zwischen beiden Welten wechseln und sichere Wege beschreiten, indem Sie eingebaute Dinge nutzen. Damit würden Sie eine Effizienz im Sinne der Komplexität erhalten, die kein durchschnittlicher Programmierer mal eben erreichen würde, und für die man dann auch nicht dieses Drehen an kleinsten Stellschräubchen bräuchte. Ich glaube, die Leute meinen, sie würden effizienter werden. Das werden sie aber nicht, da sie die High-Level-Effizienz ignorieren. Sie sehen den Wald vor lauter Bäumen nicht. So landen sie beim Mikrooptimieren, aber das ist viel weniger effizient.

Ich glaube, in Programmierpraxis *(Addison-Wesley) schreibt Kernighan, dass sie in einem dieser alten Unix-Tools einen einfachen linearen Scan genutzt haben.*

James: Genau. Warum nutzen wir immer noch Unix? Welches Jahr haben wir, 2009? Und wann wurde Unix entwickelt? Vierzig Jahre Unix, und es enthält immer noch einige der gleichen Annahmen, zum Beispiel, dass ein Zeichen ein Byte ist. Sie können ein Zeichen nicht in einem Byte kodieren. Wir sind da schon drüber hinaus, und wir sehen Strings immer noch als Arrays aus Bytes. Das funktioniert heute nicht mehr.

Sicher, einiges wurde aktualisiert, aber Unix war ursprünglich auf dem Konzept eines PDP-7 aufgebaut worden, mit 64K Speicher aus 18-Bit-Worten (nicht dieser mickrige 16-Bit-Kram), bei dem Sie ab und zu den ganzen Speicher ausgetauscht haben. Ich weiß nicht, wie viele dieser Konzepte noch darin vergraben sind und darauf warten, Probleme zu verursachen.

Das ist wieder das gleiche Problem: Manche Leute haben versucht, neue Betriebssysteme zu bauen, aber es ist schwer, auch andere Leute dafür zu begeistern. Windows enthält Code, der bis in die 1980er Jahre zurückzuverfolgen ist. Das sind nur 20 Jahre. Mann, ich werde alt. Wenn Sie sagen, das sind nur 20 Jahre, vermute ich, dass man daran sieht, dass ich schon eine Weile in diesem Bereich unterwegs bin.

Wenn Sie sich die Vergangenheit anschauen, stellen Sie fest, dass Vieles von dem, was momentan herauskommt, gar nicht mehr so neu ist, da es schon drei oder vier Mal umgesetzt wurde. Die Leute machen die gleiche tolle Entdeckung und denken, sie sei neu. Ich habe das schon häufig gesehen. Um Elrond zu zitieren: »Meine Erinnerung reicht zurück bis zur Altvorderenzeit. Ich habe viele Niederlagen erlebt und viele fruchtlose Siege.«

Lassen Sie mich hier eine andere Idee einbringen. Ich weiß, dass viele Leute die Idee verkauft haben, es gäbe eine Softwarekrise. Viel von dem Modellierungskram wurde darüber verkauft. Ich bin da auch mit dran schuld. Andererseits kann ich in den Computerladen gehen und Geräte und Software kaufen, die jedes Jahr komplizierter werden. Sie kosten von Mal zu Mal weniger. Manchmal wird sogar etwas ganz Neues auf den Markt gebracht. Vielleicht gibt es gar keine Softwarekrise. Vielleicht wird das nur übertrieben.

Sie könnten auch mit Dingen wie der Sicherheit argumentieren. Wir werden sie erhalten, wenn die Leute entscheiden, dass sie wichtig genug ist. Sie sagen, sie ist wichtig, aber man sieht doch, dass sie den Leuten nicht wichtig genug ist, um dafür zu bezahlen. Wenn sie wichtig genug ist, werden die Verkäufer sie mit einbeziehen. Es ist egal, was die Leute sagen, wenn sie nicht dafür bezahlen oder Performance oder Speicher abzweigen wollen.

Wenn Sicherheit ein wichtiger Aspekt ist, ist es dann sinnvoll, nicht in C oder C++ mit ihren gefährlichen Zeigern zu schreiben?

James: Sicher. Die Leute bekommen, wofür sie bezahlen. Schauen Sie sich Datenbanken an – solche, die Daten verlieren oder zerstören, bleiben nicht lange im Geschäft. Wenn Entwickler einen Datenbankmanager schreiben, treiben sie viel Aufwand, um sicherzustellen, dass er keine Daten verliert. Ein Absturz ist eine Sache, aber wenn Sie Daten verlieren oder sie zerstört werden, ist das viel schlimmer.

In Projekten reden die Leute häufig davon, Fehler zu priorisieren, bevor ein Release veröffentlicht wird. Ein kritischer Fehler, einer, bei dem die Anwendung abstürzt, wird häufig als am dringendsten zu beheben angesehen. Ich denke, dieser Ansatz ist falsch. Etwas, das Ihre Daten zerstört und das System nicht zum Absturz bringt, ist viel kritischer als etwas, das nur das System abstürzen lässt, da Sie nicht bemerken, dass Sie ein Problem haben und Daten verlieren. Tatsächlich kann etwas, das lästig ist, viel kritischer sein als ein Fehler, der zum Absturz führt.

Ich habe schon früh ein Modellierungstool gebaut. Ich erstellte eine Liste mit Prioritäten. Es zeigte sich, das etwas ziemlich weit unten auf der Liste nur schwer zu erledigen war und ich es immer wieder machen musste. Diese anscheinend eher kleine Sache war in der Praxis so nervig, dass ich sie auf der Liste ganz nach oben beförderte. Etwas, das man immer wieder machen muss und das einen nervt, kann viel ernsthafter sein als ein Fehler, der das System zum Absturz bringt. Denn wenn das System abstürzt, startet man es neu und macht weiter. Wenn Sie aber jedes Mal genervt sind, wenn Sie auf den Bildschirm klicken, werden Sie das Tool gar nicht nutzen wollen.

Das größte Lob für gelöste Fehler habe ich für solche Fehler bekommen.

James: Richtig. Sie meinen die Fehler, die einen wirklich nerven. Ich weiß nicht, ob Sie jemals Bücher von Edward Tufte gelesen haben. Er spricht über »Chartjunk«, womit er die Art von Graphen meinte, die mit Excel erstellt werden – die ganze Seite ist bedruckt, ohne dass Sie wirklich Informationen enthält. Sein Konzept ist, dass Sie die Informationen mit so wenig »Tinte« wie möglich auf dem Bildschirm haben wollen.

Sie können das gleiche Konzept auf Benutzerschnittstellen anwenden. Ich habe immer das Gefühl gehabt, dass die besten Anwendungen die sind, bei denen Sie am wenigsten klicken müssen. Wenn Sie überall hinklicken müssen, wenn Sie also zwei Klicks machen müssen, wo einer reicht, ist das ein schlechtes Design. Das ist eines dieser nervigen Dinge, aufgrund dessen Sie mit einem Produkt nicht mehr arbeiten.

Wenn es eine Lektion gibt, die Designer und Entwickler aus Ihren Erfahrungen mitnehmen sollten – welche wäre das?

James: Die eine Lektion ist, dass sich alles ändern wird. Das ist die wichtigste Lektion im ganzen Leben. Alles ändert sich.

Das müssen Sie beim Erstellen Ihrer Systeme berücksichtigen. Wenn Sie Anwendungen schreiben, müssen Sie sich dessen bewusst sein, dass sie sich in der nächsten Version ändern werden. Wenn Sie etwas lernen, müssen Sie sich im Klaren darüber sein, dass das, was Sie an der Universität lernen, nicht das Einzige sein wird, was Sie bis zu Ihrer Rente machen werden. Stattdessen werden Sie viele verschiedene Berufe ausüben.

Die Anforderungen der Wirtschaft werden sich ändern. Die heutigen Probleme werden nicht unbedingt verschwinden, aber sie werden im Vergleich zu neuen Problemen unwichtiger werden. Änderungen gibt es überall. Sie müssen sie erwarten, ihnen begegnen und lernen, mit ihnen zu leben, um erfolgreich zu sein. Diejenigen, die mit Änderungen umgehen können, sind die, die sowohl Erfolg als auch ein gutes Leben haben. Wenn Sie das nicht können, werden Sie Probleme bekommen. Es ist egal, ob Sie im Computerbereich oder sonstwo arbeiten – diese Regel gilt heute überall.

UML

Wie definieren Sie UML?

Grady Booch: Die Unified Modeling Language ist eine grafische Sprache zum Visualisieren, Spezifizieren, Diskutieren, Dokumentieren und Erstellen der Artefakte eines softwarelastigen Systems. So wie ich UML nutze, ist es keine Programmiersprache, sondern eher eine Sprache mit umfangreicher Semantik, die über klassische Programmiersprachen hinausgeht und es ermöglicht, auf einer Abstraktionsebene zu arbeiten, die der von Code entspricht oder sogar höher als sie ist.

In welchen Entwicklungsphasen ist UML am effektivsten?

Grady: UML lässt sich im gesamten Entwicklungszyklus eines softwarelastigen Systems nutzen, von der Geburt über den Tod bis zur Wiedergeburt. Ich finde, dass UML insbesondere bei der Architektur eines Systems nützlich ist. Auch mag ich Kruchtens 4+1-Modell-Sichtweise, und bei meiner Arbeit am Handbook of Software Architecture habe ich kein einziges System gefunden, bei dem mir UML nicht helfen konnte, wertvolle Designentscheidungen zu treffen.

Wie interagiert es mit den verschiedenen Softwareentwicklungsmethoden?

Grady: Während Jim, Ivar und ich jeweils bestimmte methodische Sichtweisen mitbrachten, gibt es in UML wirklich nichts, das Sie an einen bestimmten Softwareentwicklungsprozess bindet.

Stellen Sie sich vor, ich wäre gegenüber UML sehr skeptisch. Wie würden Sie mich von seiner Nützlichkeit überzeugen?

Grady: Zwei Dinge: Verwenden Sie es zum Dokumentieren eines Systems, das Sie geschrieben haben, und schauen Sie, ob es Ihnen dabei hilft, Dinge zu kommunizieren, die über den Code hinausgehen. Und durchsuchen Sie das Web nach Beispielen für seine Anwendung, um zu begutachten, wie andere es verwenden (vom MediaWiki bis zu eingebetteten Systemen und vielen Dingen dazwischen).

Wie stehen Sie zum Generieren von Code aus UML heraus?

Grady: UML war für die Visualisierung, Spezifizierung, Konstruktion und Dokumentation von softwarelastigen Systemen gedacht und ist dafür auch immer noch sinnvoll einsetzbar. So gesehen hat die modellgetriebene Entwicklung die Anwendung von UML als Programmiersprache, aus der Executables erzeugt werden können, als nützlich erwiesen. Gleichzeitig finde ich es aber besser, mit UML das Design eines schon erstellten oder in der Entwicklung befindlichen Systems zu visualisieren (also das Gegenteil von modellgetrieben).

Ich habe gelesen, dass Krankenhäuser nur Räume mit zwei oder vier Betten haben, da Diskussionen in Dreiergruppen häufig dazu führen, dass sich zwei gegen einen zusammentun, wobei die eine Person immer dieselbe ist. Brachte die Arbeit an UML in einer Dreiergruppe die gleichen Probleme mit sich?

Grady: Denken Sie daran, dass wir ein Jahr lang nur zu zweit waren (Jim und ich) und dann für ein weiteres Jahr zu dritt (Jim, Ivar und ich), aber danach waren es Dutzende und dann hunderte (als UML ein öffentlicher Standard wurde). Daher hat sich die Dynamik der Beteiligten stark geändert. Aber nicht die Art der Kompromisse war interessant, sondern dass wir es geschafft haben, gemeinsame Standpunkte zu erreichen, obwohl doch so viele engagierte Personen dabei waren, die das Problem jeweils aus einer ganz eigenen Perspektive betrachteten. Diese Vielfalt und das Bereitstellen in der Öffentlichkeit haben UML erst so gut akzeptiert werden lassen.

Wenn Sie UML in UML 3.0 überarbeiten könnten – wie würden Sie da vorgehen?

Grady: Ich kann Ihnen das genau sagen, da ich mir schon Gedanken darüber gemacht habe. Zuerst würde ich mit den Use Cases beginnen, die ich in UML 3.0 anwenden wollte. Was mich am Prozess bei den Versionen 1.x und 2.0 gestört hat, ist, dass viel von dem, was sich in UML befindet, von unten hochkam und nicht exemplarisch entstand: »Das sind die Probleme. Das sind die kritischen Stellen. Wie lösen wir sie? So machen wir es momentan in UML. Und so können wir es verbessern.«

Ich würde damit beginnen, eine Reihe von Use Cases aus der Industrie zu skizzieren, um zu sehen, was wir denn da modellieren wollten. Dann würde ich eine Version 3.0 entwickeln lassen, um diese Use Cases zu unterstützen, und gleichzeitig auch das Metamodell überarbeiten, um es zu vereinfachen.

Was würden Sie ändern?

Grady: UML muss immer noch einfacher gemacht werden, aber das ist immer eines der schwierigsten Dinge, da immer jemand Elemente ergänzen will, um bei einem bestimmten Problem zu helfen. Zudem sehe ich, dass UML wächst, um eher eine Systemsprache zu werden.

Gibt es 20% von UML, die immer jeder nutzt?

Grady: Genau das meine ich. Bei meiner Arbeit am Handbuch folge ich auch der klassischen 80/20-Regel. Ungefähr 20% von UML brauche ich bei meiner Arbeit. 80% dienen dazu, die vielen Grenzfälle und Details abzudecken, aber die Kernbestandteile sind für meine Zwecke ausreichend.

Denken Sie daran, dass es viele unterschiedliche Möglichkeiten gibt, UML zu nutzen. Wenn ich UML verwende, um Code zu erzeugen, dann brauche ich eine Menge Details. Wenn ich UML andererseits nur nutzen will, um über ein System sprechen zu können, es zu visualisieren, sinnvolle Entscheidungen zu treffen, brauche ich diese Details nicht. Es ist eine Tyrannei der Minderheit, wenn ich es mal so ausdrücken darf. Da es einige Anwendungsfälle von UML gibt, insbesondere von DD, die für einen großen Teil der Komplexität in 2.0 verantwortlich sind, wird es auch für andere schwieriger.

Was ich bisher gesehen habe, sind viele Whiteboard-Diskussionen. Das sind meine Klassenmodelle. Das sind meine Entitätsmodelle. Das sind meine Beziehungen zwischen ihnen.

Grady: Als ich mit der Booch-Methode begann, hatte ich sicherlich nie im Sinn, sie zu einer Programmiersprache werden zu lassen. Wenn Sie diesem Weg folgen und eine visuelle Programmiersprache draus machen, gibt es viele Dinge, die Sie brauchen, die aber noch nicht umgesetzt sind. Zum Beispiel muss die Semantik der Notation und des Metamodells genau definiert sein. Das ist sie nicht, und es überrascht mich, dass das noch kein Thema war.

Wenn ich einen Kasten habe – was bedeutet das dann? Es gibt ganz ehrlich keine formale Spezifikation der Bedeutung eines Kastens. Es gab einen Fokus auf die formale Semantik des UML-Metamodells, aber die Verbindung zwischen der Notation und dem UML-Metamodell wurde nicht so intensiv behandelt.

Gibt es mögliche Änderungen, die verteilte Entwicklung und Teamwork berücksichtigen?

Grady: Da kann ich mir gar nichts vorstellen. Ich habe eine Reihe von Entwurfsmustern für verteilte Systeme katalogisiert, und es gibt kein Konzept, das ich in die aktuell vorhandene UML einbringen kann. In Bezug auf Teamwork verbringe ich viel Zeit mit den Problemen kollaborativer Entwicklungsumgebungen, einschließlich exotischer Dinge in virtuellen Welten wie Second Life. UML hilft da, und es gibt nichts, was ich an der Sprache selbst ändern würde, da bei einer zeitlich und räumlich verteilten Entwicklung die sozialen Aspekte gegenüber den technischen deutlich überwiegen.

Was sollten Entwickler aus dem Erfinden, Entwickeln und Anpassen von UML lernen?

Grady: Häufig gebe ich die Weisheit zum besten, dass die gesamte Geschichte der Softwareentwicklung durch stetig wachsende Abstraktionsebenen charakterisiert werden kann. Wir sehen das an unseren Tools, unseren Methoden, unseren Sprachen, unseren Frameworks. UML ist in diesem Kontext nur eine natürliche Entwicklung. Ganz am Anfang der Entwicklung dominierte die Hardwareplattform, in der nächsten Generation war die Wahl der Sprache entscheidend, in der aktuellen Generation sind es vor allem die Fragen zur Softwareplattform, die im Vordergrund stehen (und sich vor allem in den Betriebssystemkämpfen manifestieren, insbesondere wenn jemand einen etwas größeren Blickwinkel hat und das Web als eigene Plattform ansieht). Das heißt nicht, dass es keine Spuren dieser früheren Probleme mehr gäbe. Nein, sie spielen alle noch eine Rolle in aktuellen Systemen, in unterschiedlich starker Ausprägung. UML kam zu einer Zeit heraus, als die Komplexität von Softwaresystemen einen Umfang hatte, in der der Erfolg oder Misserfolg eines Projekts weniger von den Problemen mit Sprachen und dem Programmieren abhing, sondern mehr von den Problemen mit der Architektur und Zusammenarbeit.

Was ich auch gerne erwähne, ist, dass Softwareentwicklung schwierig war, schwierig ist und auch schwierig bleiben wird. Wie Dr. Brooks so eloquent sagt, gibt es bei Software eine prinzipielle Komplexität, die nicht einfach verschwinden wird. Wir wissen, dass alle zukünftigen Fortschritte auf Software aufbauen, die erst noch geschrieben werden muss (und auf aktueller Software aufbaut), egal wie weit unsere Visionen in die Zukunft reichen. Die softwarelastigen Systeme aus der Vergangenheit erscheinen uns heute trivial, aber damals waren sie eine Herausforderung – so wie uns aktuelle Systeme fordern, die vermutlich in der Zukunft ziemlich einfach aussehen. Diese Kräfte drängen uns, Praxis und Theorie bei der Softwareentwicklung immer weiter voranzutreiben.

Sprachdesign

Was für eine Verbindung gibt es zwischen dem Design einer Sprache und dem Design der Software, die in dieser Sprache geschrieben ist?

Grady: Das ist eine ziemlich alte Frage, wenn auch in einer anderen Form gestellt: Linguisten und Kognitionswissenschafler haben Jahrzehnte über diese Frage nachgedacht, wobei es viele Diskussionen über die Sapir-Whorf-Hypothese gab. Edward Tufte verweist darauf, dass die richtige Darstellung die Komplexität verringern kann, wodurch man erst in die Lage versetzt wird, über komplexe Informationen auf abstrakte Art und Weise sinnvoll reden zu können.

Die Sapir-Whorf-Hypothese (von den Linguisten Edward Sapir und Benjamin Whorf) postuliert eine Verbindung zwischen Sprache und Gedanken: Die syntaktischen und semantischen Elemente einer gesprochenen Sprache beeinflussen die Art und Weise, wie eine Person die Welt wahrnehmen und über sie nachdenken kann (und umgekehrt). Zeitgenössische Linguisten wie George Lakoff (Autor von *Women, Fire, and Dangerous Things* [University of Chicago Press]) stimmen dem zu. Tuftes Arbeit (*The Visual Display of Quantitative Information* [Graphics Press]) konzentriert sich auf die Visualisierung komplexer Daten und zeigt mit vielen Beispielen, dass effektive Grafiken den Unterschied zwischen Verständlichkeit und Unverständlichkeit ausmachen können.

Woher, fragen Sie sich, weiß ich von diesen Themen? Nun, das Aufbauen präziser Abstraktionen ist ein grundlegendes Prinzip objektorientierter Entwicklung, Abstraktion ist vor allem ein Problem der Klassifikation und Linguisten wie Chomsky und Lakoff haben meine Meinung zur Klassifikation beeinflusst.

Wie auch immer, um auf Ihre Frage »Gibt es eine Verbindung zwischen Sprach- und Software-Design?« zurückzukommen: Angenommen, dass wir mit Sprache beide die klassischen textorientierten Programmiersprachen meinen, so wie Java, aber auch grafische wie UML, würde ich mit »wahrscheinlich« antworten.

Sprachen, die eher eine algorithmische Zerlegung fördern (wie FORTRAN und C) führen zu bestimmten Programmorganisationsstilen, die sich ziemlich von denen unterscheiden, die eine objektorientierte Zerlegung unterstützen (zum Beispiel Java) oder vielleicht funktional orientiert sind. Meiner Erfahrung nach gibt es aber viele andere Faktoren, die das Design noch mehr beeinflussen: die Kultur des Entwicklungsteams, der historische Kontext, die jeweils aktuellen Kräfte, die auf ein System einwirken. Man könnte argumentieren, dass Sprache der Primus Movens ist, aber ich würde dagegen sagen, dass diese anderen Kräfte überwiegen.

Was für Unterschiede gibt es zwischen dem Entwickeln einer Programmiersprache und dem eines »normalen« Softwareprojekts?

Grady: Vielleicht die gleichen Unterschiede wie zwischen dem Entwerfen eines Gesetzes im Politikbetrieb und dem eigentlichen Umsetzen dieses Gesetzes – es steht miteinander in Beziehung, aber es sind doch ganz verschiedene Dinge. Eine Sprache – egal ob eine menschliche oder eine Programmiersprache – hat keine uneingeschränkte Freiheit, sondern sie wird durch technische, wirtschaftliche, soziale, historische und pragmatische Kräfte geformt. Speziell bei Programmiersprachen muss man eine präzise Syntax und Semantik haben, da wir diese Sprachen schließlich nutzen, um ausführbare Artefakte zu erzeugen. Ich weiß nicht, ob es so etwas wie ein »allgemeines« Softwareprojekt gibt, aber darin existieren so viele Mehrdeutigkeiten. Eine Sprache, die einmal definiert wurde, ist recht stabil. Ein Softwareprojekt lebt aber, wenn es ökonomisch interessant ist, in einer sich konstant verändernden Umgebung. Sowohl bei der Sprache als auch beim Projekt müssen prinzipiell Entwicklungsprobleme im Kontext der Umgebungskräfte gelöst werden. Aber die Kräfte, die auf ein Projekt einwirken, sind viel breiter gefächert und viel dynamischer.

Glauben Sie, dass es wichtig ist, mit einer formalen Spezifikation (in einem gewissen Umfang) des Kerns einer Sprache zu beginnen, und sie daraus zu entwickeln?

Grady: Absolut. Tatsächlich haben Jim und ich so begonnen, als wir versuchten, die Semantik dessen festzulegen, was dann einmal UML werden und die OMT- und Booch-Methoden vereinigen würde. Wir begannen damit, mit UML selber ein Metamodell zu schreiben. Die Herausforderung ist dabei, dass das, was bei der einen Person formal ist, bei der anderen Person informell ist. Für uns war das Thema: »Reicht die Formalität aus, das zu tun, was wir tun mussten?« Und die Antwort war Ja.

Wie erkennen Sie, dass es ausreicht?

Grady: Es gab einen Präsidenten des obersten Gerichtshofes – das ist eine viel zitierte Geschichte –, der einmal gefragt wurde, wie er entscheiden würde, was Pornografie ist. Seine Antwort war – vermutlich kennen Sie die Geschichte schon –: »Ich erkenne sie, wenn ich sie sehe.« So gehen Sie vor. Sie stolpern in diese außerordentlich metaphysischen Diskussionen, wenn Sie über die Bedeutung von Bedeutung reden, denn was ist wirklich formal? Sie können sich selbst ein Bein stellen, wenn Sie sich fragen: »Was bedeutet Bedeutung?« Es gibt selbst beim Formalisieren einen Punkt, an dem man nicht weitermachen darf.

Viele Leute würden sagen: »Wir können uns auf die Turing-Vollständigkeit oder das Lambda-Kalkül verlassen, und darüber hinaus weiß ich, wie ich eine Funktion auf ein Argument anwende.«

Grady: Ich bin sehr froh, dass es solche Leute gibt, die sich um diese Dinge sorgen, aber stellen Sie sich vor, wir würden genauso bei Java oder Vista vorgehen. Und wie viel Zeugs wurde in diesen Sprachen und für diese Plattformen geschrieben, für die es keine Formalismen gibt? Es gibt eine operationale Semantik. Wir lassen diese Sachen laufen und wissen, wie sie funktionieren. Das ist für einen Großteil der Software, die wir heutzutage entwickeln, völlig ausreichend. Ich will damit nicht sagen, dass man gar keinen Formalismus benötigen würde. Man braucht ihn schon. Es gibt bestimmte – und da will ich mich vorsichtig ausdrücken –, sehr eng begrenzte Bereiche der Branche, in denen weitgehende Formalismen sehr wichtig sind.

Lohnt es sich, zwischen einer Sprache zu unterscheiden, mit der man Systeme bauen kann, und einer, für die man einen gewissen Grad von Formalismus haben will?

Grady: Sicher. Aber gibt es eine formale Semantik für Linux? Gibt es eine für C++? Sicher. Ich würde davon ausgehen, dass Leute an einigen solchen Elementen gearbeitet haben. Das hat andere aber nicht davon abgehalten, reale Software zu erstellen.

Es gibt da auch ganz praktische Überlegungen.

Grady: Absolut. Ich bin Pragmatiker. Wenn es funktioniert und ordentlich gemacht ist, nutze ich es. Das führt mich wieder zu den 20%, die ich von UML nutze. Für meine Zwecke ist es ausreichend.

Ihre 20% sind eventuell nicht meine 20%.

Grady: Ich kann mir vorstellen, dass es eine ziemlich große Übereinstimmung gibt. Vielleicht passen Ihre 19% und meine 19% zusammen.

Das ist ehrlich gesagt eine ziemlich gute Übereinstimmung.

Grady: Ja, das ist es tatsächlich.

Wo würden Sie mit der Suche nach Use Cases für diese 19% beginnen?

Grady: Ich würde mir anschauen, wie die Leute UML genutzt haben. Ich würde mir reale Projekte vornehmen, deren Teilnehmer versucht haben, UML zu nutzen, und sie bitten: »Erzählt mir ein paar übliche Vorgehensweisen. Beschreibt mir zentrale Fälle, in denen ihr UML genutzt habt, und lasst uns sicherstellen, dass es einfach ist, in UML einfache Dinge zu machen. Dann lasst uns ein paar der Grenzfälle anschauen.« Ich würde von der tatsächlichen Nutzung ausgehen und nicht von der erwarteten Nutzung.

Jetzt ist die Zeit für Konsolidierung und Vereinfachung. Eine Sprache in ihrer dritten Version, und so häufig genutzt – Innovationen sind da zwar auch wichtig, aber vor allem Refaktorierung. UML 2.0 litt ein wenig unter dem Effekt der zweiten Version. Das klingt vielleicht ein bisschen hart, aber es gab großartige Gelegenheiten und Gruppen mit speziellen Interessen, die nach bestimmten Features geschrien haben und damit UML 2.0 vollmüllten. Jetzt ist es Zeit, einen Schritt zurückzutreten, zu vereinfachen und zu überarbeiten. In jedem ernsthaften System sehen Sie diese Phasen von Wachstum und Zusammenbruch. Jetzt ist es Zeit für Vereinfachungen.

Gibt es ein Muster von gerade, ungerade, gerade, ungerade?

Grady: Ich denke gerade nur laut über die Releases von Microsoft-Betriebssystemen nach. Wenn ich mir Windows 7 anschaue – ja, ich denke, es mag diesen Effekt geben.

Oder den Effekt der Star Trek-Filme.

Grady: Na, darüber lohnt sich doch auf jeden Fall einmal eine ausführliche offizielle Untersuchung.

Inwieweit ist Abwärtskompatibilität zu UML 2.0 ein Faktor?

Grady: Denken Sie daran, dass es viele Dinge in UML 2.0 gibt. Wenn wir immer nur voranschreiten und dabei aber eine vollständige Abwärtskompatibilität erreichen wollen, würde alles noch umfangreicher werden. Es gibt sicherlich ein paar kleinere Fälle, in denen ich durchaus sagen würde: »Wow, das bringt viel Komplexität mit sich, die sich aber nicht lohnt. Entschuldigung, ich werde ein paar Leute verärgern. Hier sind Workarounds dafür.«

Wenn Sie sich den Kern von UML anschauen, die 20%, die die Leute nutzen – den behalten wir. Abwärtskompatibilität dafür ist sicherlich sehr wichtig.

So gut wie jeder Designer einer Programmiersprache versucht diese Gratwanderung, und es gibt viele verschiedene Ansätze. Lisp sagt in etwa: »Wir geben Ihnen kein Objektsystem, Sie können selber eins bauen. Wir geben Ihnen keine bestimmten Kontrollstrukturen, Sie können sie selber bauen.« Dann lief jeder los und tat das, und man begann, Code untereinander auszutauschen. Common Lisp versuchte dann, all das festzuklopfen, was jeder nutzen sollte.

Grady: Das ist ein gutes Modell, um die Sache zu beschreiben.

Bis zu einem gewissen Grad gibt es auch einen evolutionären Algorithmus oder einen der simulierten Abkühlung. Die Community überlegt sich, was gut aussieht, und die Designer übernehmen das dann wieder in den Core.

Grady: Absolut. Darum habe ich auch vorgeschlagen, die Use Cases aus der Branche selber zu betrachten. Wie haben die Leute das Ganze wirklich genutzt? Lasst es uns aus Unternehmenssicht anschauen, wo die Leute wirklich große Systeme bearbeiten. Aber auch aus einem engeren Blickwinkel.

Wie stehen Sie zum Standardisierungsprozess, nachdem Sie ihn mitgemacht haben?

Grady: Ich war an einer Vielzahl von Standardisierungsprozessen beteiligt, und es ist ein wunderbarer, interessanter Prozess, an dem vermutlich Legionen von Soziologen ihre helle Freude hätten. Es ist schwer, den Standardisierungsprozess zu verallgemeinern. Es gibt ein paar Standards, die ich jetzt hier nicht nennen werde, die von bestimmten Branchen forciert wurden und Unterstützung durch Firmen erhielten. Dann gibt es andere, bei denen echte Gruppenarbeit dahintersteckt. Manche sind offensichtlich politisch motiviert und anderen aufgezwungen. Es gibt also ein breites Spektrum von Standarderstellungen.

Wirklich wunderbar ist, dass trotz aller Beschwerden der Leute die Standardsysteme einen Wert haben und funktionieren. Ich bin also Organisationen wie der OMG dankbar, die Ressourcen dafür hergeben, so etwas zu betreuen und ein Forum für die Weiterentwicklung zu erstellen. Ohne solche Standards würde das Web nicht existieren.

Es ist ein schmerzhafter Prozess, und viele Leute, die daran beteiligt sind, gehen sehr leidenschaftlich heran und haben ihre eigene Sichtweise der Welt, von der sie voll und ganz überzeugt sind. Das ist die Natur des menschlichen Erfahrung.

Haben Sie die Erfahrung gemacht, dass danach jeder ein wenig enttäuscht ist, es aber doch funktioniert, da er er weiß, dass auch die anderen enttäuscht sind?

Grady: Ich bin mir nicht sicher, ob das notwendigerweise so schlecht ist, aber Standards sind immer zu einem gewissen Grad ein Kompromiss. Jeder Standard, den Sie sich vorstellen können, ist das. Es wird immer jemanden geben, der enttäuscht ist. Tatsächlich gibt es immer noch Leute, die von Obamas Wahl enttäuscht sind und sich wünschen, Bush wäre wieder da. Aber stellen Sie sich vor, es gibt Leute, die mögen die Musik von Britney Spears – über Geschmack lässt sich halt nicht streiten. Das ist ein Teil der menschlichen Erfahrung und gehört zur Diversität.

Beim Linux-Kernel gibt es neben POSIX keinen echten Standard. Da geht es vor allem um den Geschmack von Linus Torvalds und seinen Kumpels.

Grady: Ich finde, das ist ein guter Vergleich. Bei Linux ist Linus seit langer Zeit an vorderster Front unterwegs. Bei UML haben Jim Rumbaugh und ich uns aus dem Standardisierungsprozess zurückgezogen und andere machen lassen. Es gab nicht so eine treibende Kraft, was wohl einen Teil des Unterschieds ausmacht. Schauen Sie sich C++ an – Bjarne ist immer noch stark an der Weiterentwicklung beteiligt. Diese stetige Betreuung führt zu intellektueller Integrität und Konsistenz.

Sie arbeiten auch am Standardisierungsprozess der neuen Version.

Grady: Genau. Aber wie bei Linux haben Sie eine Stimme mit großer Erfahrung, und die Erwartungen an diese Person sind hoch, aber auch gerechtfertigt. Es gibt zwar nicht nur die eine Stimme, aber es ist eine starke, klare Stimme.

Vielleicht sind das zwei Fragen. Welchen Wert hat es, die Standardisierung einer Idee zu verfolgen? Inwieweit brauchen Sie einen starken Leiter mit einer starken Vision, um erfolgreich zu sein?

Grady: Bei Letzterem können Sie diese Frage für jede menschliche Bemühung stellen. Schauen Sie sich an, was sich in der Welt geändert hat. Ich vergleiche unsere Arbeit mit keinem dieser Leute, aber denken Sie daran, was Gandhi geleistet hat oder Martin Luther King. Die Macht, die eine einzelne Person hat, um Veränderungen zu bewirken, ist in dieser Welt teilweise erstaunlich.

Aus einer technischen Perspektive können Sie an eine Reihe von technischen Leitern denken, die etwas umgesetzt haben. Schauen Sie sich Larry und Serge von Google an, die ihre Ideen aus Stanford mitbrachten und nun ein ganzes Imperium aufgebaut haben. Die Anwesenheit eines starken Visionärs hat sich in vielen Bereichen bemerkbar gemacht.

Das sollen jetzt keine konkurrierenden Ideen sein.

Grady: Es ist nur ein Beispiel dafür, dass die Macht einer Einzelperson oder einer kleinen Gruppe von Leuten durchaus grundlegende Änderungen hervorbringen kann. Das hat sich vielfach gezeigt.

Stellen Sie sich vor, ich wollte eine Programmiersprache erstellen. Was sollte ich mir davon erhoffen, wenn ich eine Standardisierung anstrebe?

Grady: Wenn man etwas Neues herstellt, entscheidet letztendlich der Markt, egal ob man es zu einem Standard gemacht hat oder nicht. Viele der Skriptsprachen haben keinen Standardisierungsprozess durchlaufen, sondern sind einfach aus einer Bewegung entstanden. Als sie dann von genug Leuten genutzt wurden, hat man bemerkt: »Oh, wir müssen präzisere Standards vorgeben, da wir Interoperabilität benötigen.« Es geht hier darum, dass Sie sich immer überlegen müssen, was Sie für einen Wert liefern und wie der Markt darauf reagieren wird. Der Standardisierungsprozess kann dann dabei helfen, eine kritische Masse zu bekommen, um es umsetzen zu können, aber letztendlich wird der Markt entscheiden.

Die Herausforderung jeder neuen Sprache ist, dass ich zwar mit dem perfektesten technischen Design aller Zeiten ankommen kann, es aber eine Vielzahl anderer Dinge gibt, vor allem sozialer Natur, die beeinflussen, ob diese Sprache erfolgreich sein wird. Kann ich eine Community aufbauen? Erkenne ich die kritischen Punkte, die diese Community beschäftigen? Haben Personen aus Firmen ein ausreichendes Interesse daran, etwas zur Sprache beizutragen, auch wenn sie noch gar nicht richtig erwachsen ist und es noch kein offensichtliches Geschäftsmodell gibt, sondern einfach nur die Richtung die richtige zu sein scheint, in die sich die Sprache bewegt?

Häufig basieren neue Entwicklungen auf Hoffnung, wenn Sie so wollen, und sind dann zur richtigen Zeit am richtigen Ort. Das gilt auf jeden Fall für die Booch-Methode, und wenn Sie Jim Rumbaugh dieselbe Frage stellen, gilt das wohl auch für Objectory und OMT, aus dem sich UML entwickelt hat. Wir waren zur richtigen Zeit am richtigen Ort und sprachen die kritischen Punkte an, die damals aktuell waren.

Braucht die Welt heute eine weitere Sprache? Denken Sie an M, die Microsoft vorgestellt hat. Wird M erfolgreich sein? Die Sprache ist technisch gesehen sehr interessant, aber ob sie Erfolg haben wird oder nicht, hängt vor allem davon ab, ob sie im Markt Verbreitung findet. Selbst wenn sie vielleicht standardisiert wird, selbst wenn es nur ein De-facto-Standard sein wird, da sie von Microsoft kommt, wird letztendlich der Markt entscheiden.

Das klingt, als ob hinter dem Visionären eine Menge Pragmatismus steckt.

Grady: Oh, absolut. Ich glaube fest daran, dass die beste Idee, die technologisch perfekt formuliert ist, gut durchdacht und vollständig dokumentiert, einfach auf die Nase fallen wird, wenn sie keine echten Probleme in echten Projekten löst.

Das wollen die Leute wohl nicht hören – es scheint einen echten Technik-Utopismus zu geben, der immer noch davon ausgeht, dass das technisch beste Projekt gewinnen muss.

Grady: Ich bin dankbar dafür, dass es solche Leute gibt, denn wir brauchen ihren Optimismus, um uns anzutreiben. Aber ich bin eher ein Ingenieur, der Probleme lösen möchte, darum mein Pragmatismus. Ich bin kein Informatiker. Ich bin eher ein Ingenieur. Es ist gut, dass wir diese unterschiedlichen Sichtweisen haben, da beide Seiten durch das »Gezänk« und diese Spannung ehrlicher werden. Ich werde durch meinen Pragmatismus angetrieben, aber andererseits drängen mich die reinen Informatiker, sauberer und formaler zu werden, was nicht das Schlechteste ist. Genauso dränge ich sie, pragmatischer zu werden.

Gibt es eine kreative Spannung zwischen diesen beiden Extremen?

Grady: Auf jeden Fall. Die sollte es meiner Meinung nach auch geben. Zur Kreativität gehört für mich immer auch Spannung, da wir uns so darauf konzentrieren, echte Probleme zu lösen. Es gibt eine wundervolle Site namens Gaping Void. Der Autor ist eigentlich ein PR-Mensch und bekannt dafür, Cartoons auf Rückseiten von Visitenkarten zu zeichnen. Aber er hat dieses sehr beliebte Thema, wie man kreativ ist. Sie sollten Ihre Leser darauf hinweisen.[2] Das ist wirklich interessant, weil es da darum geht, wie wichtig diese Art von pragmatischer Spannung ist.

Entwickler ausbilden

Warum verbessern sich unsere Programmiermethoden und -prozesse nur so langsam?

Grady: Das sehe ich nicht so. Vielleicht scheint es langsam zu gehen, da wir in unserer Branche wissen, dass wir viel mehr machen und viel besser sein könnten. Aber bedenken Sie, dass unsere Branche die Welt wortwörtlich in einer Generation geändert hat. Meiner Meinung nach ist das schnell, nicht langsam.

Wie können wir im Softwareumfeld Erfahrungen übermitteln?

Grady: Im Mittelalter dienten die Gilden als wichtigster Mechanismus zur Bewahrung des Gruppengedächtnisses. Heute fehlt uns im Softwarebereich so etwas. Viel Erfahrung wird immer noch über das Web übermittelt (denken Sie zum Beispiel nur an Slashdot), durch Bücher, Blogs und technische Konferenzen. Aber auch der rohe, lauffähige, nackte Code ist eine Quelle für Wissen aus der Vergangenheit – das ist einer der Gründe dafür, dass ich mit dem Computer History Museum zusammengearbeitet habe, um den Code klassischer Software für zukünftige Generationen zu erhalten.

Worauf sollten sich die Studenten heute konzentrieren?

Grady: Ich werde auf die Frage zwei verschiedene Antworten geben. Aus Softwaresicht wird jede gute Vorlesung Ihnen die grundlegenden Programmier- und Designfähigkeiten vermitteln. Aber ich würde dreierlei empfehlen: Abstrahieren lernen, lernen, als Teil eines Teams zu arbeiten, und den Code von anderen studieren. Als weitere Perspektive dränge ich die Studenten, ihrer Passion mit Hingabe zu folgen, aber nie zu vergessen, immer auch als ganze Person zu wachsen.

---

[2] *www.gapingvoid.com*

Studieren Sie auch außerhalb Ihrer Domäne (es gibt auf der Welt mehr als nur Software), entwickeln Sie die Fähigkeit, kontinuierlich zu lernen (da sich dieses Gebiet fortlaufend ändert), und bleiben Sie neugierig und risikofreudig (da daraus Innovation entsteht).

Welchen einen Rat können Sie einem Programmieranfänger aus Ihrer Erfahrung heraus geben?

Grady: Das ist eine Frage, die mich gerade ein Student an der USC gefragt hat. Ich hielt vor ein paar Wochen eine Vorlesung an der Cal-Poly und der USC. Danach traf ich mich noch mit einigen der Studenten, daher werde ich hier dieselbe Antwort geben, die ich damals gegeben habe.

Zunächst einmal sollten Sie Ihrer Passion folgen und sicherstellen, dass Sie Spaß haben. Es ist sicherlich sinnvoll, eine Karriere zu verfolgen und den Lebensunterhalt sichern zu können, aber letztendlich ist Entwickeln und all das, was wir tun, eine menschliche Erfahrung, und Sie sollten in diesem Prozess immer als ganze Person sichtbar bleiben. Haben Sie also Spaß, leben Sie Ihr Leben, machen Sie Erfahrungen. Folgen Sie Ihrer Passion, da es leicht ist, wirklich doofe Jobs in einer Firma zu finden, die Sie nicht leiden können. Machen Sie das nicht. Das ist es, was ich rate.

Das Zweite, was ich empfehle, ist das Sammeln von Erfahrungen. Beteiligen Sie sich an Open Source-Projekten. Finden Sie etwas Interessantes und machen Sie es einfach. Haben Sie keine Angst, neue Dinge auszuprobieren, und wagen Sie sich an Unbekanntes. So kommen Sie an neue Ideen in anderen Gebieten. Egal, was für ein Gebiet Sie wählen – helfen wird es auf jeden Fall.

Musik wird von immer wieder erwähnt. Kreative Künste – insbesondere das Schreiben – auch.

Grady: Gerade was das Schreiben angeht, frage ich Akademiker häufig: »Wie viele von Ihnen haben Literaturkurse in Software belegt?« Bisher haben sich zwei Leute gemeldet. Wenn Sie Englische Literaturwissenschaft studieren, lesen Sie die Werke der Meister. Wenn Sie Architekt oder Bauingenieur werden, schauen Sie sich Vitruvius und Frank Lloyd Wright und Christopher Rennin und Frank Gehry an. Im Softwarebereich machen wir das nicht. Wir schauen uns die Arbeiten unserer Meister nicht an. Ich ermutige die Leute, sich die Arbeit von anderen anzuschauen und von ihnen zu lernen.

Es wäre schön, wenn wir einen Programmkanon hätten, um dann sagen zu können: »So sieht ein großartiges Pascal-Programm aus.«

Grady: Das versucht *Beautiful Code* von Andy Oram und Greg Wilson (O'Reilly) zu sein. Es gibt auch ein Buch von einem Menschen aus Neuseeland, der eine Literaturliste erstellt hat. Er ist einer von zwei Leuten, die ich kennengelernt habe, die das tatsächlich gemacht haben.

Wir haben keine Wissensbasis für eine Software-Literaturkritik. Das, was Knuth mit dem Literate Programming gemacht hat, war meiner Meinung nach einer der ersten Versuche, so etwas umzusetzen. Der meiste Code ist wirklich schlecht geschrieben. Wenn Sie so wollen, ist er wie von einem Drittklässler geschrieben. Aber schöner Code ist voll von Drama und Schönheit und Eleganz und ist einfach gut geschrieben. Ich hatte die Gelegenheit, mir den Quellcode von Mac Paint anzuschauen – etwa 10.000 Zeilen in Object Pascal, und er liest sich wunderbar. Wir haben nicht sehr viele solche Beispiele, die wir herausgeben könnten.

Dann kommt die nächste Herausforderung. Wenn ich ein System wie den Linux-Kernel habe mit seinen 10 Millionen Zeilen Code, werde ich das nicht lesen. Das ist, als ob man *Krieg und Frieden* wieder und wieder liest. Was kann ich tun, um die Schönheit und Eleganz zu zeigen? Es gibt diesen Januar eine Konferenz *Rebooting Computing*, die von Peter Denning und Alan Kay – und anderen – geleitet wird, die ich auch besuchen werde. Wir reden darüber, dass das eines der Probleme ist. Wie kann jemand diese außerordentlich schwer zu erkennenden, intellektuell komplexen Dinge nehmen und ihre Schönheit nach außen bringen?

Im Computer History Museum haben wir ein ähnliches Problem. Ich bin dort im Kuratorium. Wir haben ein Software Collections Committee aufgesetzt und finden all diese wundervollen Artefakte. Wie zeigen Sie die Schönheit, die sich in Vista findet? Es gibt dort eine Schönheit. Wie bringen Sie sie nach außen, wie lassen Sie die Leute lesen, was sich drinnen befindet? Im Hochbau können Sie ein Gebäude zeigen. Sie können ein Gemälde zeigen. Die Leute können einem Musikstück lauschen. Aber wie machen wir die Musik deutlich, die in der Software liegt?

Vielleicht müssen wir Algorithmen und Datenstrukturen dokumentieren.

Grady: Ich finde, das ist eine Ebene zu niedrig. Meine These ist, dass Sie die Muster dokumentieren müssen, die das System selbst durchziehen.

Kreativität, Verbesserung und Muster

Wie können wir das Problem alter Software angehen?

Grady: Ich sage häufig, dass der Code zwar die Wahrheit ist, aber nicht die ganze Wahrheit. Es gibt viele Informationen von der Vision bis zur Ausführung. Ich habe die Erfahrung gemacht, dass es neun Wege gibt, mit alter Software umzugehen: sie aufgeben, sie weggeben, sie ignorieren, sie ein Leben lang warten, sie neu schreiben, aus ihr schöpfen, sie umpacken, sie umwandeln oder sie bewahren. Jeder Weg hat sowohl technische als auch soziale Elemente. Aus technischer Sicht gibt es interessante Forschungsvorhaben, um Muster aus dem Code zu ziehen. Aus sozialer Perspektive können die Techniken der mündlichen Überlieferung zu einer Lösung beitragen.

Wo finden Sie Inspiration für Ihr Design?

Grady: Ich finde Inspiration in der Eleganz komplexer Dinge. Das kann Software sein (eines der Ziele des Handbook ist, eine Reihe von Architekturmustern zu kodifizieren und ihre Schönheit zu erläutern), organische Systeme (wirklich jedes organisches System – ein System, das sich über Millionen von Jahren entwickelt hat, bis es ganz klar etwas besitzt, von dem wir lernen können), Kunst (es gibt wahre Schönheit von vielen Künstlern auf vielen Medien), Musik, Produktentwicklung, Quantenphysik ... Die Liste lässt sich noch beliebig verlängern.

Wie wichtig ist Kreativität bei der Programmierung?

Grady: Bei vielen Programmieraufgaben ist nicht viel Kreativität gefragt, da Sie bekannte Probleme lösen und versuchen, das auf interessante Art und Weise zu machen. Es ist so ähnlich wie das Erstellen eines Anbaus an meinem Haus. Es gibt eine Reihe von Einschränkungen, die zu berücksichtigen sind, und auf jeden Fall Best Practices, denen zu folgen ist. Ich stelle jemanden ein, der zwar nicht unbedingt hervorragend ist, aber doch diesen Best Practices folgt. Er wird dabei ein wenig nachdenken müssen. »Oh, wow, das funktioniert nicht ganz so wie gedacht, also muss ich mir etwas ausdenken, um X zu erreichen.« So entsteht auch für den kleinen, einzelnen Entwickler Innovation.

Viel von dem, was wir in der Softwareentwicklung machen, erfordert keine großen Innovationen. Wir haben bekannte Technologien, auf denen wir aufbauen. Wir müssen sie nur auf neuen Wegen anwenden. Wir müssen sie zurechtschneiden, die Ecken abrunden und da und dort etwas anbauen. Das macht gerade den Spaß daran aus. Ohne Zweifel.

Es gibt sicherlich auch Stellen, an denen heftige Innovationen notwendig sind. Wir wussten nicht, wie wir Software für große, global skalierbare Suchsysteme bauen sollten. Serge und Larry haben sich einfach daran gemacht und einen Prototyp gebaut – so entstand Google. Wir wissen nicht, wie wir all die Daten verarbeiten sollen, die aus den zehntausenden, wenn nicht Millionen, von Videokameras kommen, die überall auf der Welt, in London und New York und Peking, angebracht sind. Wie sieht die richtige Architektur dafür aus? Wir haben keine guten Modelle dafür, daher ist ein echter Innovationsschub notwendig.

Aber nachdem Sie einmal damit begonnen haben, sich auf die richtige Art von Architektur zuzubewegen, haben Sie ein Problem eingegrenzt und beginnen im Kleinen mit Innovationen.

Sie haben wieder die Wörter »Innovation« und »eingegrenzt« verwendet. Es scheint eine direkte Parallele zur Entwicklung einer Sprache zu geben.

Grady: Auf jeden Fall. Was ein Maler oder ich als Autor oder sonst wer im kreativen Bereich am meisten hasst, ist eine völlig leere Seite, weil es da keine Einschränkungen gibt. Da gibt es nichts, was mich leiten könnte. Sobald Sie Grenzen setzen, wird es interessant. Sie sind wie befreit, denn nun können Sie damit beginnen, innerhalb dieser Grenzen zu arbeiten und all Ihre innovativen Fähigkeiten aufwenden, um diese Grenzen aufzulösen.

Wenn ich ein Musiker bin und sage: »Wow, ich kann alles machen«, bin ich überhaupt nicht eingeschränkt. Das führt dann zu: »Hm, soll ich Klavier spielen oder etwas anderes? Was soll ich tun?« Das ist die Verlegenheit des Reichtums. Sie werden nicht darin unterstützt, sich auf etwas zu konzentrieren. Vielleicht sage ich: »Hmm, ich könnte mein eigenes Klavier bauen.« Oder wie Don Knuth: »Ich schreibe dieses Buch und mag nicht, wie es gesetzt wird, daher werde ich ein paar Jahre Pause machen und eine Sprache schreiben, um Bücher zu setzen.« Ich will nicht verurteilen, was Don getan hat, da er damit wunderbare Dinge geschaffen hat, aber ohne Grenzen ist es wirklich schwer, sich auf seine Fähigkeiten zu konzentrieren.

Schlagen Sie vor, dass wir zunächst die Grenzen erkennen sollen, wenn wir versuchen, ein neues System zu bauen, um sich dann mit ihnen auseinanderzusetzen?

Grady: Ich denke nicht, dass Sie das immer zuerst machen können. Sie leben schon die ganze Zeit mit ihnen und wählen vielleicht auch selber welche aus. Jede Entscheidung, die ich treffe, ist auch eine Entscheidung, etwas anderes nicht zu tun. Das ist nicht das Schlechteste. Viele der frühen Entscheidungen, die man in einem Projekt trifft, setzen durch einen Vertrauensvorschuss auch Grenzen. Sie können nicht im Voraus entscheiden, wie sich all diese Grenzen auswirken, und Sie müssen versuchen, etwas auszuprobieren, es einfach umzusetzen und sich dann damit zu beschäftigen. Als ganz einfaches Beispiel könnte ich sagen: »Hey, ich will eine neue grafische Programmiersprache entwickeln.« Also lege ich los. Dann sage ich: »Wow, das wird eine 2-D-Sprache, keine 3-D-Sprache.« Dann treffe ich die Entscheidung, Farbe als wichtigen Bestandteil der Sprache zu nutzen. Auf einmal bemerke ich: »Wow, jetzt habe ich all die Farbenblinden vor den Kopf gestoßen.« Alle Entscheidungen auf dem Weg dahin sind zu Grenzen geworden, und jetzt muss ich mich mit den Folgen auseinandersetzen.

Das spricht für einen iterativen Prozess.

Grady: Absolut. Das ganze Leben ist iterativ. Das führt wieder zurück zu dem Punkt, den ich weiter oben gebracht habe. Sie können im Voraus nicht genug wissen, um selbst die richtige Frage zu stellen. Man muss schon Vertrauen aufbringen und sich vorwärts bewegen, auch wenn man keine perfekten Informationen besitzt.

Ist es wahrscheinlich, dass wir in den nächsten zehn Jahren den Durchbruch einer visuellen Programmiersprache oder eines entsprechenden Systems erleben?

Grady: Oh, das gibt es doch schon. Es ist Lab View von National Instruments. Die verdammt nochmal coolste visuelle Programmiersprache, die ich je gesehen habe. Ich weiß nicht, ob Sie sie kennen. Sie ist der Wahnsinn. Sie zeichnen Ihre Kästchen und Linien, die virtuelle Instrumente und virtuelle elektronische Geräte repräsentieren. Sie können glaube ich C und C++ nutzen, wenn Sie wirklich tief eingreifen müssen. Prinzipiell können Sie virtuelle Instrumente bauen und sie mit Instrumenten in der Realwelt verbinden. Das ist einfach cool. So etwas gibt es also schon.

Was für Instrumente?

Grady: Oszilloskope, Überwachungsinstrumente. Stellen Sie sich vor, Sie nehmen Ihren PC und haben an Ihrem USB-Port ein paar D2A-Konverter und Parallel-seriell-Konverter hängen, sodass man mit echten Geräten kommunizieren kann. Vielleicht will ich ein Liniendiagramm oder ein Oszilloskop oder etwas anderes haben und es auf interessanten Wegen in unterschiedlichen Varianten anzeigen. Das ist in Lab View alles ohne Probleme möglich.

Schauen Sie auch weiter zu Charles Simonyi, der versucht, mit Intentional vorauszugehen. Charles' Idee – und er hat schon ein paar Prototypen entworfen – ist, dass ich als Elektroingenieur schematische Zeichnungen nehmen kann und in mein System einspeise. Ich habe noch nicht viel davon gesehen, aber das ist eines der klassischen Beispiele. Ich wähle eine Visualisierung, die für die entsprechende Domäne die passende ist.

Wie sieht es mit mit Ihrer normalen Businessanwendung aus? Sie haben ein Datenbank-Backend. Sie haben Businessobjekte. Sie haben eine Darstellungsschicht.

Grady: Die meisten Enterprise-Systeme sind aus architektonischer Sicht sehr langweilig, da es recht einfache Prozesse sind. Es gibt eine Reihe von Designentscheidungen, die Sie treffen müssen, und wir wissen, wie diese Entscheidungen aussehen. Es ist deshalb so schwierig, weil es im Moment einen enormen Technologieumbruch gibt, der wieder die Verlegenheit der Reichen ist. Es gibt so viele Möglichkeiten, etwas zu bauen.

Wenn wir heute sagen: »Hey, ich werde ein Banksystem von Grund auf neu bauen«, gibt es vermutlich eine ganze Reihe von Standards, um die ich mich zunächst kümmern muss. Aber ich könnte aus einer endlich abzählbaren, sehr großen endlich abzählbaren Menge von Wegen wählen, um das Problem zu lösen. Daher kommt wohl ein Großteil der Herausforderung und des Chaos. Schauen Sie sich den unbeständigsten Teil von Businessanwendungen an. Es ist heute die Darstellungsschicht. Wie übermittle ich diese Information an die Anwender? Vor einem Jahrzehnt oder so waren die Leute daran gewöhnt, Informationen einfach auszudrucken, aber heute haben wir diese wunderbar offenen Möglichkeiten über das Web und mobile Geräte, und Sie erleben viele Innovationssprünge, da wir noch nicht die richtigen Modelle gefunden haben, in denen die Leute mit diesen Systemen zusammenarbeiten können. Daraus ergeben sich diese Sprünge.

Der andere sehr unbeständige Teil ist der der Businessregeln. Die Herausforderung war in der Vergangenheit, dass wir die Businessregeln an seltsamen Orten pflegen mussten, in Stored Procedures, im Browser, überall verteilt. Wir merken, dass das ein Problem ist, weil es dadurch schwierig wird, Änderungen vorzunehmen. Und solche Änderungen ergeben sich in diesem Geschäft sehr schnell.

Sie bemerken das Refaktorieren vieler Enterprise-Systeme, bei denen die Businessregeln herausgezogen werden. Wir finden jetzt andere Wege, wie sich Enterprise-Systeme diese Bibliotheken mit Businessregeln anschauen und darauf reagieren. Aber auch hier konnten wir das vorher nicht wissen ... wir haben die ersten Systeme gebaut und konnten nicht wissen, welcher Bereich sich am meisten ändern würde.

Kann man da eine Visualisierung nutzen? Bestimmt. Wir haben hier die Gelegenheit, neue Sprachen zu finden, um Businessregeln auszudrücken. Ich bin der Meinung, dass UML dafür ausreicht, und wir haben ein paar interessante politische Dinge verfolgt, die zu BPEL (Business Process Execution Language) als von UML getrenntes Element führten.

Microsoft würde vielleicht argumentieren, dass M ein Versuch dafür ist.

Grady: Auf jeden Fall. Das führt zu dem Punkt zurück, den ich schon erwähnt habe: Wird M erfolgreich sein? Der Markt wird das entscheiden.

Die Leute werden vielleicht nicht einmal bemerken, dass sie eine separate Schicht für Businessregeln benötigen.

Grady: Auf jeden Fall. Es gibt einen wunderbaren Artikel von Forschern bei IBM mit dem Titel »The Diary of a Datum.«[3] Wir ergänzen diese Schichten, die uns vielleicht ein wenig dabei helfen, darüber zu diskutieren und diese Systeme zu visualisieren, aber bei der Ausführbarkeit unserer Systeme fügen wir letztendlich einfach viele Schichten hinzu. In »The Diary of a Datum« wird darauf hingewiesen, dass wir uns dieses einfache Datenelement anschauen und es faszinierend ist, auf wie vielen Wegen es umgewandelt, gestreamt und gecacht und was sonst alles mit ihm angestellt wurde, bis etwas Reales damit geschieht. Durch diese Abstraktionsschichten erhöhen wir die Kosten unseres Systems.

Anscheinend wächst die durchschnittliche Komplexität und Größe von Software Jahr für Jahr. Hilft OO da?

Grady: Wenn Sie mit OO bestimmte Sprachklassen meinen, kann man durchaus anführen, dass besagte Sprachen ausdrucksstärker sind als andere und damit einen höheren Abstraktionsgrad repräsentieren (und so weniger Codezeilen benötigen, um etwas darzustellen). Wenn Sie OO einfach als Philosophie des Zerlegens in Komponenten betrachten – im Gegensatz zu algorithmischen oder funktionalen Abstraktionen –, wären Sie bei einem von Aristoteles' Themen in seinem Text *Kategorien*: Es sind unterschiedliche Formen der Einteilung notwendig, um komplexe Dinge auszudrücken.

---

[3] Mitchell, Nick et al. »The Diary of a Datum: Modeling Runtime Complexity in Framework-Based Applications,« IBM Research (2007).

Die Komplexität ist meiner Meinung nach nicht unbedingt isomorph zur Größe des Codes oder der Anzahl an Zeilen. Es gibt eine andere Art von Komplexität, die vielleicht am besten mit etwas gemessen wird, was ich als *semantische Dichte* bezeichne (das Verhältnis von Bedeutung zum Ausdruck und das Messen der semantischen Verbindungen zwischen verschiedenen Dingen). Steigt die semantische Dichte? Ja, ich denke schon, aber ich meine auch, dass das orthogonal zur Menge an Ausdruck ist – objektorientiert oder nicht – die wir nutzen, um die Semantik auszudrücken.

Nebenläufigkeit ist aktuell ein großes Thema in der Softwarewelt.

Grady: Sie ist schon seit Langem ein Thema. Simulierte Nebenläufigkeit (Multitasking) auf einzelnen Prozessoren ist ein altes Konzept, und sobald mehr als ein Computer auf der Welt vorhanden war, begannen die Leute, darüber nachzudenken, wie man da eine Zusammenarbeit erreichen könnte. Heute haben wir Recheninseln, aber viel eher noch gibt es lose gekoppelte, verteilte Nebenläufigkeit (zum Beispiel das Web) oder eine enge Nebenläufigkeit (Mehrkernprozessoren bis hin zu massiv parallelen Rechnern). Kurz gesagt, war das immer schon ein »großes Thema«, und ganz ehrlich ist es auch ein schwieriges Problem. Der durchschnittliche Entwickler weiß nicht, wie er verteilte, nebenläufige und sichere Systeme bauen kann, da man für diese Eigenschaften systemische Lösungen benötigt.

Wie sieht es mit Nebenläufigkeit in der Entwicklung aus? Werden wir je die Entwicklungsdauer reduzieren können, indem wir mehr Leute dafür abstellen?

Grady: Auch hier muss ich die Voraussetzungen Ihrer Frage anzweifeln.

»Reduzieren der Entwicklunsgdauer« ist ein möglicher Vorteil, aber »Verbessern der Qualität«, »Verbessern der Funktionalität«, »Verringern der Komplexität« und andere sind ebenfalls wünschenswerte Ziele, wenn man mehr Leute einsetzt. Es lässt sich nicht bestreiten, dass mehr Personal zu mehr Entwicklungsmöglichkeit führt, aber auch zu mehr Rauschen, Kommunikations-Overhead und Projektkosten. In der Realität erfordert die meiste wirtschaftlich interessante Software eine gute Handvoll Leute, und bei wirklich interessanter Software geht es um hunderte von Stakeholdern, wenn nicht noch mehr. Also haben Sie irgendwie eine uninteressante Frage gestellt :-)

Was begrenzt die Effektivität der Zusammenarbeit in der Softwareentwicklung?

Grady: Ich habe die Erfahrung gemacht, dass es im täglichen Leben der Entwickler eine Reihe von Reibungspunkten gibt, die die Effizienz des Teams individuell und kollektiv beeinträchtigen:

- Die Kosten für die anfängliche und fortlaufende Organisation des Arbeitsplatzes
- Ineffiziente Zusammenarbeit
- Aufrechterhalten einer effektiven Gruppenkommunikation. Dazu gehören auch Wissens- und Erfahrungsaustausch, der Projektstatus und das Projektgedächtnis.
- Zeitverzögerungen bei mehreren Aufgaben
- Verhandlungen mit den Stakeholdern
- Sachen, die einfach nicht funktionieren

Ich habe über all das in den CDE-Artikeln geschrieben, die Sie hier finden: *http://www.booch. com/architecture/blog.jsp?part=Papers*.

Wie erkennen Sie Einfachheit in einem System?

Grady: Dave Parness hat mir genau diese Frage gestellt. Ich habe neulich in meiner Kolumne einen Artikel für unsere IEEE-Software geschrieben, bei der es um den Umgang der Architektur mit Komplexität geht. Dabei fing ich an mit: »Schauen Sie sich einen Granitfelsen an. Er ist groß, aber sehr einfach. Schauen Sie sich eine DNS-Kette an. Sie ist klein, aber sehr komplex.« Dave wollte mich herausfordern und schrieb mir: »Erklären Sie mir, warum Sie glauben, dass das so ist.« Ich schickte ihm ein paar Zitate aus der Arbeit von Herbert Simon, *The Sciences of the Artificial* (MIT Press), zurück. Simon merkt an, dass komplexe Systeme, die wir verstehen können, im Allgemeinen eine Reihe gemeinsamer Eigenschaften besitzen. Sie sind auf die ein oder andere Weise in Schichten unterteilt. Es gibt erstaunlich viel, was sich in den Systemen wiederholt.

Simon hat das zu seiner Zeit in Begriffen der strukturellen Wiederholung gesehen. Ich will seine Ideen anpassen und sagen, dass es nicht nur um sich wiederholende Strukturen geht. Es gibt auch eine Wiederholung der Entwurfsmuster, die wir im System finden. Ich konnte an vielen Projekten in so gut wie jeder Domäne mitarbeiten. Da können Sie sich vorstellen, dass ich einige wirklich üble Systeme gesehen habe. Aber ich habe auch ein paar schöne Systeme gesehen. Diejenigen, die eher schön und einfach waren, enthielten häufig eine Reihe von Entwurfsmustern, die das System durchzogen, in vielen einzelnen Komponenten zu finden waren und dort eine unglaubliche Einfachheit offenbaren.

Schauen Sie sich an, was die Jungs in der DNS-Forschung versuchen. Sie wollen diese grundlegenden gemeinsamen Dinge herausfinden. Wir dachten, es gäbe diese ganzen unnützen Abschnitte in der DNS, die aus der Evolution stammten und keine Bedeutung hätten. Dann wurde aber tiefer eingestiegen und man merkte: »Wow, das ist nicht unbedingt Müll.« Wir hatten es als Müll betrachtet, weil wir es nicht verstanden. Das ist das Problem mit Gott als Lückenbüßer, aber ich will da jetzt nicht zu sehr in die Metaphysik einsteigen. Als die Leute in diesem Bereich damit begannen, die schöne, reine Eleganz in diesen Systemen auszupacken, zeigten sich einige erstaunliche Muster. So finde ich diese Einfachheit und Eleganz.

Was meinen Sie mit einem »Entwurfsmuster, das das System durchzieht«?

Grady: Ich will ein Wall-Street-System erwähnen. Ich will allerdings nicht den Namen nennen. Ich führte mit den Jungs einige archäologische Untersuchungen durch und wir versuchten, einige der von ihnen getroffenen Entscheidungen wieder ausfindig zu machen. Das ist ein großes System. Millionen von Codezeilen in jeder erdenklichen Sprache, von Assembler bis zu den aktuellen Sprachen. Wenn Sie sich die Gesamtarchitektur des Systems anschauen, finden Sie ein paar Leitprinzipien, die ziemlich weit verbreitet sind. So gibt es einen Sicherheitsaspekt des Systems. Sie wollen nicht, dass sich Leute in das System schmuggeln und ohne Ihr Wissen ein Tausendstel eines Prozents jeder Transaktion beseiteschaffen. Wenn Sie jeden Tag Transaktionen im Wert von einer Billion Dollar ausführen, fällt das niemandem auf.

Wie verhindern Sie so etwas? Ganz einfache Regel: Alles, was einen Zustand ändert, muss in Stored Procedures in der Datenbank abgelegt werden, sodass es keine Zugriffsmöglichkeit darauf gibt, weil durch Walkthroughs und verschiedene formale Mechanismen sichergestellt wird, dass Sie keinen Code einschleusen können, der Zustände ändert. Das ist ein sehr einfaches, elegantes Prinzip, das den ganzen Code dort durchzieht. Solche Sachen meine ich.

Entwurfsmuster sind letztendlich Namen von Gruppen von Klassen, die harmonisch zusammenarbeiten. Indem man sich nur eine Zeile Code anschaut, kann man so etwas nicht erkennen. Das ist die Herausforderung des architektonischen Grabens, da der Code eben nicht der ganzen Wahrheit entspricht und man diese Muster dort nicht alle findet. Häufig sind sie in den Köpfen einzelner Personen verborgen.

Das legt nahe, dass Sie gar nicht immer ein System anschauen und verstehen und seine Einfachheit oder die zugrunde liegende Organisation sehen können, wenn Sie diese Grenzen oder Regeln oder Designentscheidungen kennen.

Grady: Absolut. Wir müssen durch Schlussfolgern lernen. Sich schauen sich eine Reihe dieser Dinge an und fangen langsam an, die Muster zu erkennen. Sie können nicht nur eine Instanz betrachten und sagen: »Wow, da ist ein Muster«, da das nicht der Natur der Muster entspricht. Das ist einer der Bereiche, in denen ich dazu tendiere, UML beim Visualisieren der Architektur von gebauten Systemen intensiv zu nutzen. Es gibt ohne Zweifel auch Entwicklung »auf der grünen Wiese«, aber ein Großteil der Software ist, um einen Begriff von Chris Winter zu zitieren, »Brown Field«. Das klingt eklig und krank. Und das ist es auch bis zu einem gewissen Grad – aber die meisten der interessanten Systeme, die wir bauen, sind Anpassungen oder Ergänzungen bestehender Systeme.

Vielleicht sollten wir den Begriff »Brown Field Development« prägen.

Grady: Das wäre klasse. Dabei ist diese Entwicklung gar nicht übel. Hier kommt für mich UML ins Spiel, da ich damit Sachen sichtbar machen kann, die so direkt im Code nicht zu finden sind.

Es ist eine Abstraktionsebene, die über das hinausgeht, wo diese Muster offensichtlich werden können. Ich kann mir vorstellen, dass es beim Zeichnen von Diagrammen oder Erstellen von UML-Artefakten für ein bestehendes System eine große Befriedigung geben kann, wenn sich Konzepte vereinheitlichen lassen.

Grady: Absolut.

Sie (und viele andere Interviewte) haben die OO-Entwicklung als wichtiges Element eines korrekten Designs erwähnt. Wie grundlegend ist sie?

Grady: Es mag sehr seltsam klingen, dass das von mir kommt, aber OO ist meiner Meinung nach eine Wirkung und keine Ursache. Durch das Untersuchen so vieler komplexer Systeme aus unterschiedlichsten Bereichen habe ich erkannt, dass die besten – nützlichsten, elegantesten, ausgefeiltesten, was auch immer Sie hier einsetzen wollen – Systeme eine Reihe von gemeinsamen Eigenschaften besitzen, insbesondere einen Schwerpunkt auf knackige Abstraktionen, eine saubere Trennung der Belange und eine ausgewogene Verteilung von Verantwortlichkeiten. Abstraktion ist vor allem ein Problem der Klassifikation, und objektorientierte Mechanismen sind für das Klassifizieren der Welt besonders gut geeignet.

Auf der OOPSLA vor 20 Jahren haben Ward Cunningham und Kent Beck erstmals Softwareentwurfsmuster vorgeschlagen, basierend auf der Arbeit des Architekten Christopher Alexander. War das ein, wenigstens kleiner, Erfolg?

Grady: Meine persönliche Meinung, nicht die von irgendjemand anderem, auch nicht die meiner Firma, ist, dass Alexanders Arbeit interessant ist und aufgrund ihrer Übernahme in die Softwarewelt auch für viele eine Inspiration war. Es gibt eine kleine Community, die wohl davon profitiert hat, aber die meisten Leute haben das nicht. Zudem ist die Sprache der Muster zwar an vielen Orten zu finden, aber sie ist nicht so dominant, wie sie sein könnte und sollte.

Wenn Sie von der Sprache der Muster sprechen – meinen Sie damit etwas, das näher an Alexanders Aussage liegt: »Lassen Sie uns ein Vokabular erstellen, mit dem wir über sich wiederholende Designideen sprechen können«?

Grady: Genau. In vielen der Branchen, die ich mir anschaue, in vielen der Projekte, die ich untersuche, mögen die Leute von den Ideen der Gang-of-Four-Muster gelesen haben. Sie wenden sie aber beim Bauen ihrer Systeme oder Architekturen nicht an. Es gibt Orte, an denen das einen großen Unterschied ausmachte, aber die Muster sind nicht so sehr Mainstream, wie ich es mir wünschen würde. Es geht nicht um die Details. Es geht um die Art und Weise, über ein Problem nachzudenken.

Wie könnte man das lösen?

Grady: Wenn ich in ein Projekt hineinkomme, versuche ich, bei der Entwicklung einer Sprache von Mustern zu helfen. Die Leute müssen das verstehen. Sie müssen wissen, worum es bei Mustern geht. Dann versuche ich, sie dazu zu ermutigen, die Muster zu finden und zu benennen, die sie selber in ihren Systemen entwickelt haben, um sie zu dokumentieren und damit zu ihren eigenen Mustern zu machen.

Einige dieser Muster spiegeln vielleicht Businessregeln und Begrenzungen wider.

Grady: Und manche nicht. Das hängt von der Natur des Bereichs ab. Welche einmaligen, wertvollen, innovativen Wege haben ihre Probleme gelöst? Das sind die Entwurfsmuster.

Ich arbeite im Moment an einem Satellitenprojekt. Es geht nur um 50.000 Zeilen Ada. Es gibt ein paar erstaunliche potenzielle Muster, die in den Köpfen dieser Entwickler existieren. Und die Herausforderung war, diese Dinge zu benennen, sodass man gut über sie sprechen kann. Da gibt es brillante Architekten, aber wenn Sie etwas nicht benennen können, ist es auch schwer, darüber zu sprechen, es zu ändern und es anderen zu erzählen.

Wie bei APL. Bestimmte Datenflüsse darin lassen sich nicht unbedingt direkt in andere Sprachen abbilden.

Grady: Genau. Ada ist in vielerlei Hinsicht eine wunderbare Sprache. Schauen Sie sich die Features an, die jetzt in Java, C++ und anderen Sprachen auftauchen. Die Nebenläufigkeit, die schon in die Sprache eingebaut ist, die Ausnahmemechanismen, generische Mechanismen, abstrakte Datentypen – Ada war seiner Zeit voraus.

KAPITEL FÜNFZEHN

Perl
Larry Wall

Perl-Fans nennen die Sprache »Pathologically Eclectic Rubbish Lister« und die »Kettensäge der Schweizer Armee«, wobei sie das Motto »Es gibt mehr als einen Weg, etwas zu tun!« stolz vor sich her tragen. Der Vater der Sprache, Larry Wall, beschreibt sie manchmal als eine Art Klebesprache, die ursprünglich dazu gedacht war, zwischen der Unix-Shell und C zu sitzen, um den Leuten dabei zu helfen, Aufgaben zu erledigen. Sie greift auf sprachliche Prinzipien und Designentscheidungen von Unix zurück (und weist die vielleicht größte Sammlung an Bibliotheken aller Sprachen im CPAN auf). Viele Programmierer warten ungeduldig auf die lange entwickelte Version 6 von Perl, einer Sprache, die mindestens 20 Jahre überdauern soll.

Die Sprache von Revolutionen

Wie definieren Sie Perl?

Larry Wall: Perl ist ein andauerndes Experiment, wie man einige der Prinzipien natürlicher Sprachen in Computersprachen übernehmen kann – nicht auf einem so oberflächlichen syntaktischen Niveau wie bei COBOL, sondern viel tiefgehender und pragmatischer. Einige der grundlegenden Prinzipien menschlicher Sprachen sind – Moment, lassen Sie micht eine Liste einfügen:

- Ausdrucksstärke ist wichtiger als Erlernbarkeit.
- Es ist schon in Ordnung, in »Babysprache« zu sprechen, wenn Sie ein Baby sind.
- Eine Sprache kann auch dann nützlich sein, wenn Sie noch nicht die ganze Sprache kennen.
- Es gibt viele gute Wege, in etwa das Gleiche zu sagen.
- Jede sprachliche Äußerung bekommt durch viel Kontext gleichzeitig eine Bedeutung.
- Ihre Sprache interessiert sich nicht dafür, für welchen Kontext Sie heute optimieren sollen.
- Ihre Sprache zieht kein bestimmtes Paradigma anderen vor.
- Effiziente Kommunikation erfordert eine gewisse linguistische Komplexität.
- Semantische Netzwerke lassen sich im Allgemeinen nicht gut in orthogonale Räume abbilden.
- Es gibt viele Verkürzungen. Häufig vorkommende Ausdrücke sollten kürzer sein als seltene.
- Nicht alles kann einfach ausgedrückt werden, es ist in Ordnung, wenn es manchmal schwer, aber möglich ist.
- Sprachen haben ganz natürlich Bereiche für Verben, Nomen, Adjektive, Adverbien und so weiter.
- Menschen können syntaktische Mehrdeutigkeiten gut aufdröseln, wenn die Themen offensichtlich sind.
- Sprachen werden durch Pausen, Betonung, Akzent, Rythmus und so weiter aufgeteilt.
- Sprachen nutzen Pronomina, wenn das Thema einer Konversation offensichtlich ist.
- Sprachen sollten idealerweise Lösungen ausdrücken und nicht über ihre eigenen Konstrukte sprechen.
- Eine gesunde Kultur ist für den Erfolg einer Sprache wichtiger als eine bestimmte Technologie.
- Der wichtigste Zweck von Sprache ist, mit Leuten zu kommunizieren, die sich von Ihnen unterscheiden.
- Es ist in Ordnung, mit Akzent zu sprechen, solange Sie sich verständlich machen können.
- Subkulturen haben eigene Probleme und sorgen daher oft für nützliche Dialekte oder Untersprachen.
- Die Leute lernen, den Kontext anzupassen, wenn sie mit Dialekt- oder Akzentunterschieden konfrontiert werden.

- Das Anpassen des Kontexts ist effizienter, wenn Sie einfach klären können, mit welcher Untersprache Sie gerade zu tun haben.
- Bei jeder lebenden Sprache lässt sich eine Weiterentwicklung langfristig nicht verhindern.
- Bei den meisten Kommunikationen ist »Schlechter ist besser« in Ordnung, aber manchmal ist »Besser ist besser« besser.
- Es ist insbesondere für geschriebene Dokumente wichtig, sie in ihrem historischen Kontext auszuwerten.

Jedes dieser Prinzipien hat im Laufe der Jahre einen nachhaltigen Einfluss auf das Design von Perl gehabt. Unzweifelhat könnte jedem von ihnen ein eigener Absatz gewidmet werden, oder ein Kapitel oder eine Dissertation. Selbst wenn man Computersprachen ignoriert, ist die Linguistik ein Feld mit vielen Spezialisierungen.

Andererseits wurden die meisten dieser Prinzipien in anderen Computersprachen ignoriert. Aus diversen historischen Gründen tendieren viele Sprachdesigner dazu, anzunehmen, dass Computerprogrammierung eher mit einem axiomatischen mathematischen Beweis zu tun hat, als mit dem Versuch einer möglichst guten Kommunikation über mehrere Kulturen hinweg.

Natürlich ist das auch andersherum der Fall – indem ich mich zu sehr auf diese linguistischen Prinzipien konzentrierte, habe ich gelegentlich auch ein paar wichtige Ideen aus der Informatik ignoriert. Wir arbeiten aber daran, diese Unschönheiten auszubessern.

Welche Ideen sind das?

Larry: Eines der wichtigsten Dinge, bei dem wir in den frühen Designs von Perl nicht aufgepasst haben – oder vielleicht sollte ich ehrlicherweise sagen, dass *ich* nicht aufgepasst habe –, ist die Idee des korrekten Scoping. Klar, Perl 5 hat lexikalische Scopes für Variablen, aber es gibt viele Stellen, an denen das Scoping nicht ganz in Ordnung ist. Und es gibt immer noch viele globale Variablen.

Perl 5 besitzt auch viele Fernwirkungen. Da hat es die gleichen Fehler gemacht wie sie jetzt von Sprachen wie Ruby mit dem Monkey Typing gemacht werden. Das bedeutet, in die Innereien eines Objekts hineinzugreifen und mit ihnen herumzuspielen, was zu schaurigen Fernwirkungen führt.

Wir haben gelernt, dass es eine Reihe von verschiedenen, korrekten Scopes gibt. Klassisch können wir Informationen mit einem Objekt, einem lexikalischen Scope oder einem dynamischen Scope verbinden, aber wir haben auch Datei-Scopes, Prozess-Scopes, Threads, Typen, Metaklassen, Rollen, Prototypen, Events, Grammatiken und Transaktionen, um nur ein paar aufzuführen. Sie können sich sogar so etwas wie Prioritätsebenen als eine seltsame Art von Scope vorstellen. Jede Position in Raum oder Zeit besitzt Dinge, die mit ihr ganz natürlich verbunden sind, und diese Dinge liegen falsch, wenn sie an etwas anderes gebunden werden. Das ist etwas, was ich erst langsam im Laufe der Zeit gelernt habe. Manche würden sagen, zu langsam.

Ein anderes wichtiges Prinzip ist, zu wissen, welche Datenstrukturen veränderbar sind und welche nicht. Das ist etwas, das in den kommenden Jahren aufgrund der Parallelität noch wichtiger werden wird. Sie können mit Nebenläufigkeit nicht gut umgehen, wenn Sie nicht beachten, was sich wann ändern könnte. Perl hat das historisch gesehen bisher immer unter den Teppich gekehrt. Wir haben alles als veränderbar behandelt.

Veränderbar, weil es selbst manchmal beobachtet wird.

Larry: Ja. Das ist eine Überlegung, die für kleine Programme und naive Anwender gut funktioniert – die Erwartungen von Neueinsteigern werden nicht enttäuscht, wenn sie noch nicht so erfahren sind.

Andererseits wird es viel schwieriger, auch große Programme zu unterstützen, wo Sie mehr auf veränderbar vs. nicht veränderbar, öffentlich vs. privat und so weiter achten müssen, also die Sachen, durch die Sie wissen, ob Sie etwas ändern dürfen oder nicht. Das ist beim Design von Perl zunehmend wichtiger geworden, insbesondere bei Perl 6.

Gleichzeitig wollen wir das Perl-Gefühl beibehalten und – wo möglich – einige der hochtrabenden Konzepte verbergen, sodass ein neuer Anwender sie ganz gut ignorieren kann. Aber nur weil sie verborgen sind, heißt das nicht, dass sie nicht da wären. Wenn Perl unter der Motorhaube richtig vorgeht, können wir zumindest hoffen, dass wir erkennen, wenn etwas falsch läuft, und wann es sinnvoll ist, die Arbeit auf mehrere Kerne zu verteilen, ohne uns zu sehr darum sorgen zu müssen, dass die Reihenfolge dabei schlecht ist. Dazu müssen Sie die Abhängigkeiten der Daten verfolgen. Das bedeutet wiederum, zu wissen, wann ein Zeiger als Wert und wann er als Objekt behandelt werden muss.

Perl begann als Sammlung von Tools zur Textbearbeitung und zum Vereinfachen der täglichen Aufgaben des Systemadministrators. Was ist es jetzt?

Larry: Perl steht tatsächlich mittlerweile für zwei Dinge. Zum einen ist es in Form von Perl 5 ein sehr stabiles Beispiel für das, als was es begann: eine Sprache zum Verbinden von APIs, die sehr gut in der Textbearbeitung ist (ergänzt durch Unmengen an Erweiterungen, die liebevoll von einer krankhaft hilfreichen Community gebaut wurden). Das ist der Grund dafür, dass das Web vor allem in Perl prototypisiert wurde – da HTML Text ist und die Leute HTML schreiben wollten, das die Daten aus verschiedenen Quellen zusammenfügt – einschließlich Datenbanken. Die Erweiterungen dafür waren schon vorhanden oder ließen sich leicht schreiben.

Aber Perl ist auch Perl 6, bei dem wir versuchen, all das zu korrigieren, was in Perl 5 falsch läuft, ohne irgendetwas kaputtzumachen, das in Perl 5 funktioniert. Wir erkennen, dass das unmöglich ist, aber wir versuchen es trotzdem. Wir führen ein vollständiges Redesign der Sprache durch, während wir die zugrunde liegenden Entwurfsprinzipien beibehalten.

Selbst in seiner aktuellen, nur teilweise implementierten Form ist Perl 6 nach Meinung vieler Leute schon eine außerordentlich coole Sprache, und wenn sie fertig ist, wird sie hoffentlich mithilfe von gut ableitbaren Grammatiken sowohl selbstbeschreibend als auch selbstparsend sein. Damit sollte sie dann dafür optimiert sein, sich langsam in jede Art von Sprache wandeln zu können, die sie in 20 Jahren vielleicht sein soll. Sie wird Knöpfe mitbringen, um sie in vielen verschiedenen Dimensionen anpassen zu können. Dazu gehört auch die Möglichkeit, all diese Dimensionen auszublenden, an denen Sie gerade nicht interessiert sind – je nachdem, mit welchem Paradigma Sie das aktuelle Problem angehen wollen.

Nun, zumindest ist das unser Traum ...

Wie kamen Sie vom Schreiben eines Tools zur Textbearbeitung und für die Erleichterung der Arbeit von Administratoren zu einer vollständigen Programmiersprache? War das ein bewusster Schritt oder eine langsame Wandlung?

Larry: Hmm, das schließt sich gegenseitig nicht aus. Zum Glück, denn ich würde den Prozess als bewusste langsame Veränderung bezeichnen. Eine Sprache ist eine wunderbare Spielwiese, und es war für mich von Anfang an offensichtlich, dass ich sie auf jeden Fall weiterentwickeln würde, um meine jeweiligen Bedürfnisse von »heute« zu erfüllen. Aber so ein Prozess musste langsam geschehen, egal wie absichtlich er geschah, denn ich musste ja schließlich jeweils bis »heute« warten, um zu wissen, was ich als Nächstes wollte.

Es gab also einen Punkt, an dem ich begriff, dass Perl nicht nur einfache Dinge einfach, sondern auch schwierige Dinge möglich machte. Perl 2 konnte nur mit Textdaten umgehen, also sagte ich mir: »Perl ist nur eine Sprache zur Textbearbeitung. Wenn ich Perl klarmachen könnte, wie es mit Binärdaten umzugehen hat, wohin könnte das nur führen?« Dann bemerkte ich, dass es sehr viele Probleme gibt, bei denen es zum Großteil um Textbearbeitung geht, aber doch zu einem kleinen Teil Binärdaten zu nutzen sind. Wenn ich also für diesen Problembereich Lösungen ergänzen würde, wäre die Anwendbarkeit von Perl weitaus höher, selbst wenn die Behandlung von Binärdaten nur rudimentär wäre. Also konnte Perl 3 mit Binärdaten umgehen, und wer weiß, wo das enden wird?

Zudem sehe ich das als eine Fortführung meiner früheren Idee, dass Perl keine künstliche Grenze haben soll, wie sie einige der frühen Unix-Tools besitzen. Das Abschneiden eines String, nur weil er zufällig ein Nullzeichen enthält, ist genauso schlecht wie das Abschneiden, weil Ihr Puffer zu klein ist. Sie könnten sogar sagen, dass das Verallgemeinern einer Sprache schlicht das Entfernen verschiedener künstlicher Grenzen ist, auf welcher Ebene auch immer.

Bevorzugen Sie die Freiheit oder die Ordnung? Ziehen Sie es vor, einen Weg für eine Aufgabe zu haben, oder tausende, die das gleiche Ziel erreichen können?

Larry: Das ist eigentlich keine sinnvolle Frage, solange Sie nicht die Bedeutung von »Weg« und »erreichen« definieren, also welche Optimierungen Sie zulassen und wie die verschiedenen Permutationen und Kombinationen aus Varianten gezählt werden. Natürliche Sprachen sind wie alte Städte, in denen nur sehr wenige Straßen im rechten Winkel aufeinandertreffen und es typischerweise viele mehr oder weniger ordentliche Wege gibt, ein Ziel zu erreichen. Wenn Sie da alle Möglichkeiten zusammenzählen, Ihr Ziel zu erreichen, und nicht nur die besten, erreichen Sie ganz schnell ein Googolplex.

Selbst in einer völlig orthogonalen Stadt, die auf einem komplett rechtwinkligen Raster basiert, können Sie Ihr Ziel auf unendlich vielen Wegen erreichen, wenn Sie die Lösung nicht auf eine geordnete Behandlung der Dimensionen einschränken, wie in einem mathematischen Vektor eine räumliche Position festlegen und bestimmen, dass Sie einen kürzesten Weg haben wollen. Aber als Person ist Ihre Bewegung in einer Stadt nicht einfach als Vektor definiert. Sie optimieren aufgrund vieler externer Einflüsse, wenn Sie sich durch eine Stadt bewegen oder durch eine Sprache. Es mag eine einzige beste Lösung geben, vielleicht aber auch nicht, oder eine Lösung ist zu einem bestimmten Zeitpunkt des Tages perfekt, aber nicht zu einem anderen. Sie können darauf optimieren, alle Parks entlang des Weges zu besuchen, oder nur, nicht in den Fluss zu stürzen. Oder eben hineinzuspringen.

Um also Ihre Frage tatsächlich zu beantworten – jedes dieser Extreme ist suboptimal. Ich vermute, die fraktale Dimensionalität von natürlicher Sprache ist deutlich größer als 1, aber viel, viel kleiner als 1.000. Wenn Sie wirklich nur einen Weg haben, etwas zu sagen, könnten Sie durch einen Programmierroboter ersetzt werden. Wenn Sie tausende von scheinbar gleichen Wegen haben, etwas zu erreichen, werden Sie sehr schnell mit so etwas wie einem Rasiermesser ankommen, um die Auswahl bei jeder Auswahlmöglichkeit auf eine handhabbare Zahl einzuschränken.

Sprache

Viele Leute loben Perl dafür, dass es im Bereich Textbearbeitung sehr, sehr gut ist. Gibt es eine Verbindung zwischen diesem Bereich und den linguistischen Überlegungen, die Sie beim Erstellen der Sprache im Hinterkopf hatten?

Larry: Oh, das ist eine gute Frage. Man ist geneigt, Ja zu sagen, und liegt dabei doch vermutlich falsch.

Verräterisch ist, dass Perl zwar dazu entworfen wurde, auf bestimmten Ebenen genau wie eine natürliche Sprache zu arbeiten, aber nicht sehr gut darin war, Perl-Code zu parsen. (Es verwendete yacc dafür.) Ich vermute eher, dass Perl 1 bei einem Bejahen der Frage viel mehr in Richtung des Sprachparsens ausgerichtet gewesen wäre, was Perl 6 nun ansteuert. Aber dem ist nicht so. Nennen Sie es Abschottung, wenn Sie wollen, aber Perl 1 war auf eine viel simplere Form der Textbearbeitung eingeschränkt als das, was unser Gehirn ermöglicht, wenn wir über natürliche Sprache nachdenken.

Ich habe vor ein paar Jahren die Testsuite für Perl 1 begutachtet, und selbst dort war der Code erkennbar Perlish, selbst wenn man berücksichtigt, dass viele Perl-Ideen sich wie der Kontext im Laufe der Zeit verändert haben. Wie viel der innewohnenden Perlishness hatten Sie von Anfang an im Hinterkopf?

Larry: Sicherlich war die Idee eines Kontexts von Beginn an wichtig, und Perl 4 hatte sogar ein ziemlich gut entwickeltes Konzept des Kontexts. Ich denke trotzdem, dass mir erst nach und nach klar wurde, wie wichtig Kontext ist. Als Linguist war mir der Kontext schon immer bekannt – in der Tagmemik, einer meiner bevorzugten linguistischen Theorien, sind mehrere Kontextebenen außerordentlich wichtig. Die lexikalische Klassifikation eines Wortes unterscheidet sich stark von seiner Anwendung. Sie wissen, dass »Verb« ein Nomen ist, obwohl Sie es im Englischen auch als Verb einsetzen. Mir spukte also diese Idee im Kopf herum, dass Sie ein bestimmtes Konstrukt auf verschiedene Arten verwenden können, die nicht nur von der dem Konstrukt eigenen Struktur und seinem Typ abhängen, sondern auch von seiner Semantik und dem kulturellen Kontext. Ich glaube, das kontextuelle Design zeigt sich in frühen Perl-Versionen weniger in der Low-Level-Syntax, zum Beispiel Skalar versus Liste, sondern eher in der Idee, dass Sie beim Erledigen einer Aufgabe im Kontext dessen programmieren, was Sie außerhalb des Programms erreichen wollen. Daher ist es nützlich, eine Sprache zu haben, in der es mehrere Wege gibt, Dinge auszudrücken, damit Sie aufgrund von äußeren Gegebenheiten optimieren können.

Mit anderen Worten: Ihr Programm sollte mehr den Kontext des Problems ausdrücken als versuchen, das Problem im Kontext Ihrer Sprache darzustellen.

Larry: Ja, die Frage ist einzig, wer der Meister ist. Es gibt normalerweise eine Reihe unterschiedlicher Wege, ein bestimmtes Problem darzustellen, insbesondere wenn Sie die verschiedenen Programmierparadigmen berücksichtigen. Einige davon werden eher zu bestimmten Problemräumen passen, während andere woanders sinnvoll einsetzbar sind. Wenn Sie Ihr Problem als eine Art mathematischen Beweis ansehen, ist eine eher funktionale Programmierung besser, etwas Deklarativeres, bei dem die Dinge eine universelle Bedeutung haben, die sich nicht ändert – Sie wissen schon, mit vielen unveränderlichen Zuständen in den Konzepten, mit denen Sie direkt arbeiten. Aber wenn Sie etwas wie eine Simulation angehen, werden Sie das Problem eher in Objekte aufteilen, die sich mit der Zeit ändern. Für ein gegebenes Problem, das Sie lösen wollen, können das durchaus isomorphe Sichtweisen sein, aber die unterschiedlichen Programmierparadigmen zwingen Sie dazu, Ihren veränderbaren Zustand an dem einen oder anderen Ort abzulegen. Es ist offensichtlich, wo der Zustand in Objekten ist, dafür sind Objekte gedacht. Bei der funktionalen Programmierung ist der Zustand nicht so offensichtlich – er ist implizit im Stack und in der Art und Weise verborgen, auf die die verschiedenen Monaden und Funktionsaufrufe angeordnet wurden.

Eine Form von Kontext ist also, was Ihre bevorzugte Sichtweise als Programmierer ist.

Es ist eine Art schwache Sapir-Whorf-Hypothese. Ich glaube allerdings nicht an ihre starke Version …

Sie waren dafür prädestiniert, nicht an die starke Version zu glauben.

Larry: Ja. Ich entschied mich dafür, prädestiniert zu sein. Oder vielleicht ist mein Gehirn nicht direkt linguistisch verdrahtet, sodass ich viele nichtlinguistische Gedanken habe. Daher denke ich nicht, dass die Sprache mein Gehirn kontrolliert. Wie dem auch sei, die schwächere Form der Hypothese ist meiner Meinung nach in Ordnung: Die Sprache, die Sie wählen, um etwas auszudrücken, hat sicherlich einen Einfluss darauf, wie Sie es ausdrücken. Wenn Sie daher wirklich eine einzige Sprache haben wollen, die sich für möglichst viele Arten von Problemen sehr gut einsetzen lässt, darf diese Sprache Sie nicht dazu zwingen, auf eine bestimmte Art und Weise zu denken.

Es gibt viele subtile Kontexte: den Unix-Einzeiler, durch den Sie ein nützliches, funktionierendes Perl-Programm ausdrücken können; dann den Shell-Skript-Kontext, bei dem das Programm wie ein Shell-Skript aussieht, aber all die Macht von Perl 5 nutzen kann; dann gibt es das einzelne CGI-Programm. Bis zu einem gewissen Grad sind das unterschiedliche Kontexte. Sie können beides klar als Perl erkennen, aber auch klar als einen gewissen Stil. Es ist ein Perl-Einzeiler oder ein Shell-Skript, das in Perl geschrieben ist.

Larry: In der linguistischen Theorie bezeichnen wir das als »Pragmatik«, ein oder zwei Schritte von der Semantik entfernt in Richtung Soziologie. Manche Linguisten tendieren dazu, sich auf die Phonologie oder Syntax auf niedriger Ebene zu konzentrieren. In vielen Designs von Computersprachen erkennen Sie den gleichen Tunneleffekt. Die Designer haben nicht ausreichend darüber nachgedacht, wie Äußerungen gemacht werden, um etwas zu tun. Wenn Sie von Einzeilern und Shell-Skripten sprechen, sehen Sie die gleichen Dinge auch in der natürlichen Sprache. Es gibt Äußerungen, die Sie gegenüber jemandem an der Bushaltestelle machen können, und die auch Einzeiler sind. Das Englische ist voll von prägnanten Äußerungen. Das andere Extrem sind alle Arten literarischer Genres, die Sie durchaus als vergleichbar mit Programmierparadigmen ansehen können. Es gibt verschiedene Stufen der Disziplin, die Sie beim Schreiben von Literatur nutzen können. Diese Genres haben unterschiedliche Regeln, die Sie aber von Zeit zu Zeit brechen dürfen. Und manchmal sind Sie zu dumm, um sie zu brechen, aber die Sprache selbst versucht nicht, einen bestimmten Stil zu erzwingen.

Natürliche Sprache ist da neutral. Sprache ist der Diener des Poeten – es ist das künstlerische Medium, mit dem der Künstler versucht, »etwas anderes« zu machen. Dieses Andere treibt ganz rechtmäßig den ganzen Prozess an.

In gewisser Weise sind natürliche Sprachen außerordentlich einfach. Sie sagen Ihnen nicht, wie Sie zu sprechen haben. Ihr Mittelstufenlehrer hat Ihnen gesagt, wie Sie zu sprechen haben, aber viele Leute ignorieren das, was auch gut so ist.

Trotzdem gibt es das Äquivalent von Mittelstufenlehrern für Computersprachen, und gewisse Arten von Äußerungen sollten den Regeln folgen, wenn Sie nicht wissen, warum Sie sich brechen. Computersprachen müssen also auch für Computer verständlich sein. Das führt zu zusätzlichen Einschränkungen. Insbesondere können wir nicht einfach eine natürliche Sprache verwenden, da wir in den meisten Fällen, in denen wir damit kommunizieren, von einer außergewöhnlichen Intelligenz auf der Gegenseite ausgehen, welche wiederum auch mit einer außerordentlichen Intelligenz auf Sprecherseite rechnet. Wenn Sie so eine Intelligenz von einem Computer erwarten, werden Sie enttäuscht werden, da wir noch nicht wissen, wie man Computern so etwas beibringt.

Obwohl Perl die erste postmoderne Computersprache ist, haben Computer große Schwierigkeiten, Ironie zu verstehen.

Larry: In der Tat. Sie verstehen wirklich nicht, wann sie rückfragen sollten. Das liegt daran, dass sie nicht verstehen, wann sie unsicher sein sollten. Wohlgemerkt gibt es auch viele Menschen, die nicht verstehen, wann sie unsicher sein sollten, aber das ist eine ganz andere Geschichte. Computer werden trotz ihrer Inkompetenz schnell hoch gelobt.

Sie haben häufig etwas darüber, dass Designer von Computersprachen viel mehr Aufmerksamkeit auf die Linguistik als auf die Mathematik richten sollten, da die Linguistik tatsächlich weiß, wie man mit Leuten kommuniziert.

Larry: Sagen wir lieber, sie weiß, wie echte Menschen kommunizieren.

Mathematiker wissen, wie sie untereinander kommunizieren können, aber das sagt nichts darüber aus, ob Sie Mathematiker als echte Menschen ansehen wollen oder nicht. Ich bin sicher, die Mathematiker können mithilfe der Mengenlehre entscheiden, dass sie real sind. Auf jeden Fall finde ich, dass Linguisten ein bisschen mehr Aufmerksamkeit auf Psychologie und Pragmatik richten können, als es Mathematiker im Allgemeinen tun. Daher können Linguisten vielleicht dabei helfen, Computer in diesem Bereich ein bisschen klüger zu machen.

Glauben Sie, dass die Idee eines kleinen, stabilen und beweisbaren Modells einer Programmiersprache in der realen Welt und mit realen Menschen, die damit arbeiten müssen, nicht funktionieren wird?

Larry: Es wird immer eine Untermenge von Leuten geben, die dazu bereit sind, ihren Geist durch sehr schmale Trichter zu drücken. Sofern Sie also Leute finden können, die das tun wollen, wird eine gegeben Sprache für den beabsichtigten Problemraum erfolgreich anwendbar sein, abgesehen von anderen Katastrophen.

Das Gegenteil ist allerdings nicht unbedingt der Fall. Eine Sprache, die groß genug ist, muss aus einer Reihe von Gründen nicht zwingend erfolgreich sein. Sie kann zu schwierig zu implementieren sein. Die Lernkurve kann viel zu steil sein, sodass die Leute gar nicht erst zu nützlichen Programmen kommen. Ich vermute, das sind die zwei größten Schwierigkeiten, wenn eine größere Sprache Akzeptanz finden soll.

Trotzdem ist keine der bisher erfundenen Programmiersprachen auch nur näherungsweise an die Komplexität natürlicher Sprache herangekommen. Und die Leute sind nachweislich bereit – gut, vielleicht nicht Amerikaner –, also die meisten Leute, die kein Englisch sprechen, sind nachweislich bereit, mehrere Sprachen zu erlernen.

Ich habe versucht, mehrere natürliche Sprachen zu erlernen, und es ist wirklich schwer. Die lexikalische Komplexität, die seltsamen Grammatikregeln, die sich von Sprache zu Sprache unterscheiden, die unterschiedlichen Arten, auf die die Sprachen Sie über Dinge in verschiedener Reihenfolge nachdenken lassen, die Möglichkeiten, etwas in einer Sprache zu sagen, was Sie in einer anderen Sprache nicht ausdrücken können, und so weiter. Es ist schwierig, eine natürliche Sprache zu erlernen. Die Frage ist, ob jemand tatsächlich eine Computersprache erstellen kann, die umfassend genug ist, dass die Leute dazu bereit sind, die Hürde des Lernens zu überwinden. Kann die Sprache so gestaltet werden, dass die Leute eine nützliche Untermenge davon erlernen können – quasi eine Pidginsprache? Wir sehen, wie Pidgins und Kreolsprachen in natürlichen Sprachen entstehen, wenn die Leute ausreichend motiviert sind, irgendwie eine gemeinsame Sprache zu finden.

Können wir diese Dynamik anzapfen? Können wir die Sprache so entwerfen, dass sie nicht komplizierter ist, als Sie unbedingt sein muss? Das sind alles wirklich gute Fragen, die jeder Sprachdesigner unterschiedlich beantwortet. Perl hat hierarchische Namensräume, aber manche Computersprachen haben nur einen flachen Namensraum und stecken alles in einen Wortschatz. Das tut das Englische natürlich auch. Insbesondere, wenn Ihr Name Webster oder Johnson ist.

Englisch unterstützt die Idee von Jargons und impliziter Kommunikation.

Larry: Das tut es sicherlich. Damit kommen wir zur Idee des lexikalischen Scoping, das für die Kontroller der Sprachdiversität in Perl 6 so wichtig ist. Es ist für uns sehr wichtig, an jeder Stelle im lexikalischen Scope genau zu wissen, welche Sprache wir sprechen. Nicht so sehr für den Menschen. Dem hilft das zwar auch, aber letztendlich ist er schlau genug, es sich selber zusammenzureimen. Der Compiler ist vermutlich nicht so schlau, daher ist es außerordentlich wichtig für ihn, sich zu merken, welche Sprache er parst.

Wenn wir vermeiden können, dass der Compiler durcheinanderkommt, glaube ich, dass dadurch auch die Leute weniger verwirrt sein werden. Unterschiedliche lexikalische Scopes, unterschiedliche Textstellen in der Literatur – unterschiedliche Rahmen, wie sie in der Psycholinguistik bezeichnet werden – nutzen unterschiedliche Sprachen. Die Leute verschieben andauernd den Rahmen. Sie wissen, wann sie plaudern können und wann sie »ordentlich« reden müssen. Sie passen sich die ganze Zeit an, ohne sich dessen bewusst zu sein. Es ist ein Teil des Werkzeugs von natürlichen Sprachen.

Woher wissen Sie, ob das zu lösende Problem ein Tool oder eine Sprache zu seiner Lösung benötigt?

Larry: Da gibt es nur eine unscharfe Grenze. Die Idee eines einzelnen Tools überschneidet sich mit der eines Werkzeugkastens, und ich glaube, Sie können eine Sprache als so einen Kasten betrachten, daher gibt es keine eindeutige und schnelle Unterscheidung. Ist ein Schweizer Taschenmesser ein Tool oder eine ganze Sammlung?

Wichtiger ist vielleicht, zu unterscheiden, wie gut die Tools zusammenspielen. Das Schweizer Taschenmesser mag sehr praktisch sein, aber es ist ziemlich schwierig, mehrere seiner Werkzeuge gleichzeitig anzuwenden.

Ich würde sagen, dass Sprachen dazu tendieren, sich von Tools oder sogar von Werkzeugkästen darin zu unterscheiden, wie allgemein anwendbar sie sein *können* (auch wenn es natürlich Sprachen für spezielle Anwendungsfälle gibt, genau wie allgemein nutzbare). Während eine Sprache als reines Tool betrachtet werden kann, können Sprachen auch sehr gut darin sein, Ideen auf unvorhergesehenen Wegen zusammenzufügen. Wenn Ihr Problem so eine Komposition benötigt und es nicht zu sehr durch die lineare Natur der Sprache behindert wird, kann die Definition einer Sprache eine gute Wahl sein, um Ihr Problem zu lösen – oder zumindest eine sinnvolle Untermenge Ihres Problems.

Neben diesem eigentlichen Problem kann Ihre Sprache Ihnen vielleicht noch eine Maschinerie bereitstellen, durch die sich andere Tools einfacher erstellen lassen. Und wenn das so ist, haben Sie Ihr Leben dauerhaft verbessert. Wenn Sie das im Voraus wissen, entscheiden Sie sich vielleicht gleich dafür, eine Sprache zu erfinden, auch wenn das nicht der schnellste Weg sein wird, um Ihr eigentliches Problem zu lösen. Aber wenn Sie wirklich bequem sind, werden Sie schnell herausfinden, wie sehr die Sprache sich dann im Folgenden bezahlt macht.

Wie ändert sich eine Sprache, wenn sie sich von einer spezialisierten Domäne entfernt? Es ist wohl durchaus fair, frühe Versionen von Perl als ordentlicheren Unix-Dialekt zu bezeichnen, der als API zum Zusammenfügen von Dingen dient. Wie ändert sich eine Sprache, wenn sie von einem bestimmten Zweck hin zu etwas allgemeinerem verändert wird?

Larry: Wenn Sie so eine domänenspezifische Sprache haben, gibt es meiner Erfahrung nach eine Vielzahl von Konstrukten, die sich alle sehr natürlich anfühlen, aber ohne viel Nachdenken definiert wurden. Sie fühlen sich vernünftiger an, als sie vielleicht sind.

Liegt das daran, dass das menschliche Gehirn versucht, Verbindungen zwischen Dingen herzustellen?

Larry: Ja, und wenn das passiert, werden die Leute zu Schlussfolgerungen verleitet, die gar nicht unbedingt korrekt sind. Sie landen dann bei einer großen Menge von Frequently Asked Questions. Wenn Sie sich die Frequently Asked Questions bei Perl anschauen, gibt es eine ganze Menge, die als Beweis dafür herhalten könnten, dass es diesen Prozess der falschen Verallgemeinerung gibt. Wenn Sie eine Sprache so weiterentwickeln, dass sie sich allgemeiner anwenden lässt, schauen Sie zurück und betrachten all die Stellen und sagen sich: »Warum haben die Leute da verallgemeinert? Sollte die Sprache das unterstützen? Wie sehen die minimalen Änderungen aus, durch die das Ganze so funktioniert, wie es erwartet wird?«

Dieser Prozess ist, wie Sie wissen, im *n*-ten Grad der Designprozess von Perl 6. Wir haben da die vergangenen Jahre drüber nachgedacht.

Können Sie dafür ein Beispiel geben?

Larry: In Perl 5 ist `$var` ein Skalar, `@var` ist ein Array und `%var` ein assoziatives Array. Neue Anwender verallgemeinern häufig und denken, dass `@var[$index]` und `%foo{$key}` das richtige Vorgehen bei den indexierten Formen wären, aber aus historischen Gründen gilt das für Perl 5 nicht. Die Dokumente müssen einige Verrenkungen anstellen, um zu erklären, warum bestimmte Dinge nicht so sind, wie man es erwartet. In Perl 6 haben wir uns entschieden, dass es besser wäre, hier die Sprache zu korrigieren statt die Anwender.

In Perl 5 haben diverse Funktionen ein Standardargument `$_`, wenn kein anderes mitgegeben wurde. Dabei müssen Sie aber die Liste der Funktionen im Kopf haben, bei denen das möglich ist. Wenn nicht, kann es gut sein, dass Sie fälschlicherweise davon ausgehen, dass alle Funktionen das unterstützen. In Perl 6 haben wir uns dazu entschieden, dass keine Funktion dieses Standardargument nutzt, sodass man nicht mehr Gefahr läuft, falsch zu verallgemeinern. Stattdessen gibt es eine leichtgewichtige, aber explizite Syntax, um eine Methode für das aktuelle Objekt aufzurufen.

Jedes Mal, wenn Ihre Sprache Sie dazu zwingt, sich eine willkürliche Liste merken zu müssen, zeigt diese Willkür, dass jemand der Meinung ist, bestimmte Dinge sollten in der Liste enthalten sein, die es aber nicht sind, oder umgekehrt. Diese Dinge haben die Tendenz, sich langsam in Ihr Design zu schleichen. Als die Unix-Kultur zum ersten Mal die Syntax regulärer Ausdrücke entwickelte, gab es nur ein paar wenige Metazeichen, sodass man sie sich leicht merken konnte. Als man mehr und mehr Features ergänzte, nutzte man entweder mehr ASCII-Symbole als Metazeichen oder längere Sequenzen, die vorher ungültig waren, um die Abwärtskompatibilität zu gewährleisten. Es ist nicht überraschend, dass das Ergebnis ziemlich chaotisch war. Sie können die falschen Verallgemeinerungen direkt in vielen Programmen erkennen; Anwender versehen panikartig alle möglichen Symbole in einer Regex mit Backslashes, weil sie sich nicht merken können, welche Zeichen wirklich Metazeichen sind. In Perl 6 haben wir beim Refaktorieren der Syntax für die Mustererkennung festgestellt, dass ein Großteil der ASCII-Symbole schon Metazeichen waren, daher haben wir alle nicht alphanumerischen Zeichen als Metazeichen reserviert, um die kognitive Last des Programmierers zu reduzieren. Es gibt nicht mehr eine Liste mit Metazeichen, und die Syntax ist viel, viel aufgeräumter.

Ein Wort, das ich zum Beschreiben des Designs von Perl genutzt habe, ist »synkretistisch«. Sie wählen gute Elemente von anderen Orten aus und versuchen, sie zu einem kohärenten Ganzen zu kombinieren. Wie balancieren Sie den Synkretismus mit der Idee der Allgemeinheit von Ideen und der Kohärenz zwischen Ideen und Features aus?

Larry: Manche würden sagen, schlecht.

Es ist die Misere der Sprachdesigner, dass sie sich beim Ausbalancieren nur auf ihr Bauchgefühl verlassen können.

In der Geschichte haben sich Experimente auch nicht so gut gemacht.

Larry: Da stimme ich zu, zumindest im Allgemeinen. In der Perl-Welt war es ein seltenes Privileg, tatsächlich das erfolgreiche Experiment Perl 5 geschafft zu haben, durch das wir nun ein anderes Experiment namens Perl 6 durchführen können.

Wir versuchen aktiv, dieses Mal eine andere Balance zu finden – ausgehend davon, was wir mittlerweile gelernt haben. Sicherlich wurden viele schlechte Vorschläge gemacht, wenn schon nicht bei Feature-Sets, dann doch beim Standardverhalten für ein bestimmtes Feature. Wir wollten dieses Mal andere Fehler machen.

Es wird interessant zu beobachten sein, ob es funktioniert. Wenn wir den Leute den Umgang mit früheren Versionen von Perl beibrachten, mussten wir häufig erklären, warum das Ganze so war, wie es war. Jetzt müssen wir wiederkommen und sagen: »Also, was wir damals dachten, war falsch. Das bedeutet, dass auch falsch ist, was Sie jetzt denken.« Es wird ein interessantes kulturelles Problem, ob und wie weit Sie Leute aus etwas herausführen können, in das Sie sie hineingeführt haben. Um eine Metapher aus der Bibel zu verwenden – Sie haben Sie nach Ägypten geführt, jetzt versuchen Sie, sie wieder zurück in das Gelobte Land zu führen.

Manche Leute werden Ihnen folgen, andere werden sich nach Lauch und Zwiebeln sehnen.

Community

Sie haben die Community immer dazu ermutigt, am Design und der Implementierung teilzuhaben. War das notwendig, um überhaupt etwas erledigt zu bekommen? Spiegelt es Ihren Arbeitsstil oder Ihren Sinn für Ästhetik wider?

Larry: Ich bin sicher, dass es eine Kombination verschiedener Faktoren sein muss.

Die erste Motivation, eine Community aufzubauen, war sicherlich einfach, von den Leuten positives und negatives Feedback zu erhalten. Vorzugsweise positives, aber auch das negative hilft.

Aus linguistischer Sicht geht es einer Sprache mit einer sehr kleinen Sprechergemeinschaft sehr schlecht. Es war auf dieser Ebene offensichtlich, dass eine Community für die Vitalität eines Projekts förderlich sein würde.

Zudem wollte ich einfach, dass mein Kram von vielen Leuten verwendet wird, weil ich gerne Leuten helfe. Als sich das Ganze weiterentwickelte, wurde das Projekt so groß, dass auch ich Hilfe brauchte. Am Ende von Perl 4 bemerkte ich, dass das Projekt in alle möglichen Richtungen auseinanderdriftete und die Leute verschiedene Versionen des Perl-Executable kompilierten. Es war offensichtlich, dass Perl einen modularen Erweiterungsmechanismus benötigte und dass verschiedene Leute für die unterschiedlichen Module verantwortlich sein müssten.

Kurz nachdem Perl 5 herausgekommen war, wurde klar, dass auch Perl selbst zu groß wurde, um von einem einzelnen Integrationsmanager (ganz zu schweigen vom Designer) betreut zu werden, ohne dass dieser sich dabei aufreiben würde. Diese Aufgabe musste abgegeben werden. Prinzipiell lernte ich in der frühen Phase von Perl 5, dass ich es schaffen musste, zu delegieren. Das große Problem dabei ist allerdings, dass ich in meinem Körper keinen einzigen Managementknochen besitze.

Ich weiß nicht, wie man delegiert, daher habe ich sogar das Delegieren delegiert, was aber ziemlich gut zu funktionieren scheint. Ich sorge nicht dafür, dass die Leute etwas machen, aber andere Leute springen ein und entwickeln Managementfähigkeiten in unterschiedlichen Ausprägungen. Sie erstellen To-do-Listen und koordinieren andere Leute. Es war interessant, dass die Community trotz meiner Unfähigkeit zum Mikromanagement, vielleicht auch gerade *wegen* meiner Unfähigkeit, gesünder zu sein scheint.

Es ist möglich, dass ich andere Managementfähigkeiten besitze. Ich habe nie gezögert, anderen Leuten zu erzählen, was sie tun sollen, meist allerdings auf so abstrakte Art und Weise, dass sie nicht die geringste Ahnung hatten, worüber ich redete.

Sie haben gesagt, dass Sie kein Interesse daran haben, Manager zu sein, und dass Sie nicht denken, die Fähigkeiten dafür zu besitzen. Trotzdem leiten Sie immer noch die Perl-Community. Ist das Ihre wichtigste Aufgabe, oder wollen Sie einfach nur, dass die Leute vorwärtskommen, und Sie alles dafür tun, was notwendig ist?

Larry: Ich möchte vermutlich, dass die Leute auf einer etwas niedrigeren Ebene weitermachen als Rodney King. Vor allem glaube ich, dass es meine Aufgabe ist, zu merken, wenn das Ganze ein wenig schiefläuft, und nur ein wenig Druck auszuüben, damit es nicht noch schlimmer wird. Ich muss nur selten drastische Maßnahmen ergreifen. Ein einziges Mal habe ich jemanden aus der Perl-Community angerufen und ihn am Telefon zusammengefaltet.

Es hat übrigens funktioniert.

Ich denke, wenn meine Managementfähigkeiten besser wären, könnte ich auch einige der zersetzenden Strömungen eindämmen, die tatsächlich Teile der Perl-Kultur durchziehen. Es gibt Orte in Perl Town, die Sie nach Einbruch der Dunkelheit besser nicht aufsuchen sollten, aber nicht einmal der allwissendste und gütigste und allmächtigste Herrscher kann jedem sagen, was er zu tun und zu lassen hat.

Selbst Gott versucht das bei uns. Wie er in *Time Bandits* sagt: »Ich denke, es hat etwas mit freiem Willen zu tun.«

Einer der größten Erfolge von Perl 5 ist das CPAN, und es wirkt so, als ob das die wichtigste Form der Erweiterbarkeit ist. Haben Sie bestimmte Designentscheidungen getroffen, um seine Entstehung zu unterstützen, oder war es einfach ein glücklicher Zufall der Geschichte?

Larry: Nun, wie üblich bei solchen Geschichtsfragen ist die Antwort: Ja, ich habe, und Nein, habe ich nicht.

Es war schon ziemlich direkt im Design des modularen Systems eingebettet, dass verschiedene Leute Module bauen und veröffentlichen und dass es auch Repositories dieser Module geben würde. Andere Sprachen hatten Repositories mit wiederverwendbarer Software unterschiedlichster Ausprägung. Was ich allerdings nicht erwartet hatte, war der Umfang des Ganzen und der Grad der Verrücktheit der Sachen, die die Leute mit Perl ermöglicht haben.

Von Anfang an ist es mein Ziel gewesen, Perl mit so vielen APIs wie möglich auszustatten, sei es für die Shell oder die Umgebungsvariablen oder das Betriebssystem direkt am Terminal. Ich war der Erste, der einen XML-Parser zusammengehackt hat. Es war mir immer wichtig, dass Perl eine Sprache ist, die nicht versucht, alles an sich zu ziehen, sondern sich mit der äußeren Welt so stark wie möglich verbindet. Das ist die Essenz einer »Klebesprache«. Vegleichen Sie das mit einer Sprache wie Icon, die versucht hat, alles intern zu definieren, und dabei eine Insel blieb.

Na ja, ich will das nicht zu sehr vereinfachen. Alle Sprachen erfinden mehr oder weniger zumindest einen Teil des Rads.

Es gibt immer diesen Druck, Lösungen zu 100% in Perl oder zu 100% in Java oder zu 100% in was auch immer umzusetzen. Das vereinfacht zum Beispiel das Konfigurieren und das Testen. Das Bereitstellen ist netter. Es fällt leichter, Programmierer einzustellen. Wenn andererseits Ihre Sprache und Ihre Kultur genauso sind, ist das eine sehr schädliche Form von Arroganz.

Es muss eine Balance geben. Perl hat immer versucht, sich eher in Richtung zu vieler externer APIs zu bewegen, als zu wenige zu haben. Aber es ist am besten, beide Ansätze zu unterstützen.

Ich habe diese Philosophien von Verbindungsfreundlichkeit und Pragmatik eingebaut. Ich war mir des Umfangs des Ganzen nicht bewusst, als das Word Wide Web die Bühne betrat. Perl startete in einem Maße durch, das ich nie erwartet hätte, aber andererseits war die Möglichkeit dafür eben auch vorhanden.

Sie haben absichtlich Mechanismen eingebaut, damit das überhaupt geschehen kann, oder um es zumindest ausnutzen zu können, wenn es denn geschieht.

Larry: Für gewisse Definitionen von »absichtlich«, egal aus welcher Gehirnhälfte das kommt – im Allgemeinen ist es eher wüst verteilt. Viel bei Perl ist allerdings dankbarerweise außerhalb meines Gehirns entstanden.

Viele Sprachen haben Bibliotheks-Repositories, aber CPAN hat den Vorteil, dass seine Implementierer (Jarkko, Andreas und andere) gerade genug Infrastruktur aufgebaut hatten, um die Entwicklung zu fördern, ohne sie einzuschränken. Gab es Features in der Sprache oder in der Community, die Sie gefördert haben und die das möglich machten?

Larry: Ich kann keine Verantwortung für die guten Entscheidungen der CPAN-Implementatoren übernehmen (allerdings auch nicht für die schlechten), aber ich denke, das CPAN hat den positiven Teil von Sturgeons Gesetz (»90% von allem ist Mist.«) abbekommen. Insbesondere, wenn Sie einen Prototyp von etwas Neuem erstellen, ist es leicht, ihn überzudesignen, um einen Großteil der 90% draußen zu halten. Das hat allerdings zur Folge, dass auch ein Großteil der 10% nicht hineinkommen. Wir haben sicherlich auch schon schlechten Code gesehen, der sich später dann doch gebessert hat, daher zahlt es sich aus, geduldig zu sein und den Schlechter-ist-besser-Ansatz zu verfolgen. Und manche Leute sind einfach Spätzünder. Wir lernen alle noch dazu.

In der Sprache war vermutlich das wichtigste Designziel von Perl 5, dass jeder dazu in der Lage sein sollte, die Sprache über Module zu erweitern. Im Rückblick angesichts von Perl 6 habe ich das Design der Module in Perl 5 an einigen Stellen verbockt, aber es war gut genug, und CPAN war das Ergebnis. Ich vermute, ich habe auch dann und wann einiges gesagt, um die Community zur Teilnahme zu ermutigen, allerdings immer nur sehr allgemein. Insgesamt läuft es aber wirklich darauf hinaus, dass die meisten Perl-Entwickler krankhaft hilfsbereit sind. Ich habe zu Beginn ein wenig Anstoß gegeben, damit der Prozess richtig in Gang kommt, aber die Leute haben sich meist selber zur Party eingeladen und sind dann geblieben, weil sie doch Gleichgesinnte fanden. Und es freut mich, dass dieser kooperative Geist sich auch in anderen Communities verbreitet.

Gab es überraschende Beiträge der Community?

Larry: Ich weiß nicht, ob es die gab. Ich glaube, die ganze Kultur der verpflichtenden Striktheit und der Warnungen war für mich ein bisschen überraschend – die Leute baten um mehr Disziplin, die von alleine Einzug hielt. Sie wurde kulturell so weit akzeptiert, dass wir uns dafür entschieden, sie einfach in Perl 6 einzubauen. Das war schon eine kleine Überraschung.

Die größte Überraschung erlebte ich, als wir mit dem Redesign für Perl 6 begannen. Wir baten um Vorschläge in Form von RFCs (Request For Change), und ich erwartete, vielleicht 20 zu erhalten. Wir bekamen 361. Ein Teil der Überraschung war, wie groß der Wunsch nach Änderungen tatsächlich war, etwa fünfzehnmal größer, als ich erwartet hätte. Dazu kam, wie viele unterschiedliche Probleme isoliert voneinander behoben werden sollten, die sich so gar nicht beheben ließen. Die Notwendigkeit eines systematischen Redesigns war für mich die größte Überraschung in den letzten 20 Jahren, die aus der Community kam. Ich war auch (positiv) vom Erfolg einiger Hacks im kulturellen Umfeld überrascht. Der ursprüngliche Dual-Licensing-Hack in Perl 3 hat Perl sehr gut getan – sowohl den Hackercommunities, die Angst vor der Firmenkultur hatten, als auch der Firmenkultur, die Angst vor den Hackercommunities hatte.

Beide Communities wurden durch diesen Ansatz beruhigt, ohne dass ich je jemanden dazu drängen musste, sich zu entscheiden, ob er nun der GPL oder der Artistic License folgen sollte.

Ich habe fast noch nie jemanden gesehen, der sich tatsächlich für eine der beiden entschieden hatte.

Larry: Ja. Es war eine Quanten-Superposition von Lizenzen, die die Leute nur nicht beobachtet haben. Ich vermute, ich wurde negativ von der Tatsache überrascht, dass wir den Begriff *Dual Licensing* dafür geprägt haben und es darauf hinauslief, die Leute dazu zu zwingen, die eine oder andere Lizenz zu wählen. Sie können einen Begriff nicht einfach prägen und ihm die Bedeutung verpassen, die Sie haben wollen. Es gibt immer ein Hin und Her zwischen dem, was Sie haben wollen und dem, was Sie bekommen.

Evolution und Revolution

Was ist Ihr Ansatz beim Designen und Entwickeln von Software – Evolution oder Revolution?

Larry: Ich bin in mancherlei Hinsicht nur ein kleiner Geist, daher verwende ich beim Programmieren einen evolutionären Ansatz. Wenn ich ein Perl-Programm entwickle, nehme ich normalerweise eine Änderung vor, lasse das Programm laufen, mache eine weitere Änderung, und das alles in vielleicht 30 Sekunden. Ich debugge nicht viel, weil es meist recht offensichtlich ist, ob meine letzte Änderung richtig oder falsch war. Ab und zu refaktoriere ich, aber auch das eher evolutionär, indem ich immer wieder dazwischen schwanke, eine Änderung vorzunehmen oder sicherzustellen, dass sich nichts grundlegend ändert.

In Bezug auf das Sprachdesign war mein Grundansatz immer recht ähnlich. Ich nutzte ein evolutionäres Vorgehen, drehte aber die Änderungsrate hoch. Wenn man sich also zwei Schnappschüsse anschaute, die weit genug auseinander lagen, sah es wie eine revolutionäre Änderung aus.

Für Unix-Liebhaber sah Perl 1 wie eine radikale Änderung von awk und sed und shell aus, aber tatsächlich war ein Großteil der Unix-Kultur damals in Perl eingedampft zu finden, damit es von den Leuten akzeptiert wurde. Jede neue Sprache muss sich Gedanken um die Migration machen, daher tendieren neue Sprachen dazu, stark von bestehenden Sprachen zu borgen. (Wir haben einiges der ausgeliehenen Kultur seit damals wieder entfernt; insbesondere die Regex-Syntax wurde mit den Jahren immer vermüllter, und Perl 6 wird da hoffentlich Abhilfe schaffen.)

Für viele Leute sah Perl 5 im Vergleich zu Perl 4 wie eine revolutionäre Änderung aus, aber tatsächlich entwickelte sich die Implementierung über mehrere Zwischenschritte, die nie das Licht der Öffentlichkeit erblickten. Zwischendurch gab es Versionen, in denen Teile der Opcodes vom alten »stackful« Interpreter interpretiert wurden, während andere vom neuen »stackless« bearbeitet wurden. Perl 5 war zudem in Bezug auf die Abwärtskompatibilität sehr konservativ, tatsächlich laufen unter Perl 5 noch die meisten Skripten aus Perl 1 korrekt.

Mit Perl 6 brechen wir nun mit der Kompatibilität und »werfen den Prototyp hinaus«, entwickeln das syntaktische und semantische Design weiter, während wir versuchen, das zugrunde liegende »Gefühl« beizubehalten, das Perl zu dem macht, was es ist. Dieses Mal habe ich allerdings die Community beim inkrementellen Redesignprozess besser mit im Boot gehabt.

Als wir das erste Mal unsere Pläne für Perl 6 veröffentlichten, erhielten wir diese 361 RFCs, und die meisten davon schlugen eine inkrementelle Änderung von Perl 5 vor, ohne irgendetwas anderes zu ändern. So gesehen ist das Design von Perl 6 einfach das Ergebnis einer Zusammenfassung, Vereinfachung, Vereinheitlichung und Rationalisierung dieser inkrementellen Vorschläge. Der tatsächliche Wechsel von Perl 5 nach Perl 6 wird sich aber trotzdem für jeden, der nicht am Designprozess beteiligt war, revolutionär anfühlen. Allerdings werden die meisten Programme in Perl 6 denen in Perl 5 ziemlich ähnlich sehen, da die zugrunde liegenden Überlegungen sehr ähnlich sind. Gleichzeitig wird es Perl 6 viel einfacher machen, funktionale oder objektorientierte Überlegungen anzustellen. Manche Leute werden glauben, das sei revolutionär.

Für mich sind Revolutionäre meist nur Leute, die vorgeben, sie würden nicht all die Zwischenschritte machen. Perl ist dafür gedacht, den Leuten dabei zu helfen, die Zwischenschritte so schnell wie möglich umzusetzen, sodass sie zumindest erzählen können, sie wären revolutionär. Das macht schließlich Spaß.

Was für eine Revolution ist das?

Larry: Ich rede hier von privaten Revolutionen. Sie geschehen, wenn jemand, der nichts über Perl weiß, zu einem Perl-Programmierer kommt und sagt: »Ich versuche, das und das zu erreichen, weiß aber nicht wie.« Und der Perl-Programmierer sagt: »Oh, das ist einfach. Guck mal.« Dann schreibt er ein kleines Programm, das offensichtlich und schnell genug ist und die Aufgabe erledigt, und die Person sagt: »Boah, cool.« Immer wenn jemand »Boah, cool« sagt, ist das eine kleine Revolution.

In gewisser Weise ist es eine Weiterentwicklung von Evolution zu Revolution, indem man einfach laut sagt: »Boah, cool.« Oder wenn Sie die Aristokratie sind: »Oh, Mist.« Eine gute Revolution hat mehr Leute, die »Boah, cool« sagen als »Oh, Mist.«

Ich habe den Eindruck, dass ich wirklich glaube, dass es gute Revolutionen geben kann. Vielleicht spielt da die Theologie mit rein, zumindest auf einer persönlichen Ebene. Ich glaube dass sich die Leute mit dem richtigen Anstoß selber in kurzer Zeit drastisch umorientieren können.

Ob sie es wollen oder nicht.

Larry: Ja. Es ist wie der Unterschied zwischen modernen Wissenschaftlern und den griechischen Philiosophen, die versuchen, alles aus bestimmten Grundprinzipien zu erschließen. Sie haben ihr Wissen in einem gewissen Umfang erweitert, aber ohne empirische Tests gibt es diese ungeplanten wissenschaftlichen Entdeckungen nicht, bei denen glückliche Zufälle für Ergebnisse sorgen, die all Ihr bisheriges Denken sehr hübsch auf den Kopf stellen.

Perl 5 im Web, zum Beispiel.

Larry: Perl 5 im Web. Und wohl auch viele der Zwischenformen von Leben, die vom Wasser an Land krochen oder sich in Höhlen versteckten, wenn Asteroiden einschlugen, oder all die anderen Spezies, deren Existenz unsere Vorfahren voranbrachten. Es gibt einfach diese allgemeinen Prinzipien, dass Sie sowohl für kleine, stetige Verbesserungen als auch für große Erleuchtungen offen sein sollten.

Sind diese großen Erleuchtungen induktiv? Das erinnert mich an das Lambda-Kalkül, bei dem Sie mit vier oder fünf getrennten Prinzipien beginnen und sich dann Ihren Weg in die Welt der nutzbaren Turing-Vollständigkeit erschließen.

Larry: Ja, aber die Realität trifft uns meist an einer anderen Stelle, als wir es erwarten würden. Ich optimiere vielleicht meine aktuelle Körpertemperatur für ein sehr freundliches Klima, aber plötzlich schlägt ein XXXL-Asteroid ein. Die Induktion hilft Ihnen bei der sukzessiven Anpassung. Allerdings hilft sie nicht unbedingt, wenn sich zu viele Ihrer Annahmen auf einen Schlag ändern. Dann wollen Sie einen großen Genpool haben. Gene sind die Werkzeuge in Ihrem Werkzeugkasten, und es ist gut, wenn Sie viele davon haben, insbesondere bei der Sache mit dem Asteroiden.

Sie wollen den Leuten Werkzeuge an die Hand geben, um sich an neue Gegebenheiten anzupassen, wenn sie sich in solchen Situationen wiederfinden.

Larry: Das ist wieder diese Geschichte mit veränderbar gegen unveränderbar. Induktion baut auf der Idee auf, dass Ihre Prämissen unveränderbar sind.

Induktion oder Deduktion?

Larry: Beides. Ich finde, es handelt sich da um zwei Seiten derselben Münze, und manchmal landet die Münze auf der Kante. Wahrscheinlichkeitstheorien gehen davon aus, dass diese Wahrscheinlichkeit Null ist. Aber dem ist nicht so – ich habe es selber ausprobiert. Es war erstaunlich. Ich spielte als Kind mit dem Nachbarsjungen Football und wir warfen eine Münze. Er sagte: »Kopf oder Zahl?« Ich sagte: »Kante.« Und die Münze landete auf der Kante, da sie zwischen den Grashalmen stecken blieb. Manchmal kann der Kontext sogar die Wahrscheinlichkeitstheorie besiegen.

Ich glaube, die Geschichte meines Lebens dreht sich darum, »Kante« zu rufen und möglichst häufig recht zu haben.

Was steckt hinter Ihrer Idee, potenziell mehrere vorhandene, konkurrierende oder kooperierende Implementierungen von Perl 6 zu haben?

Larry: Es gibt einige Gründe dafür. Wir haben schon erwähnt, dass Sie einen großen Genpool brauchen. Ein gesunder Genpool erfordert den Austausch vieler Gene, was Spaß machen kann. Ein anderer Grund ist, dass die verschiedenen Implementierungen einander besser machen. Verschiedene Leute werden die Spezifikationen von unterschiedlichen Standpunkten aus betrachten. Wenn es dann eine Mehrdeutigkeit in einer Spezifikation gibt, wird diese sehr wahrscheinlich gefunden werden. Dann wird zwischen den verschiedenen Implementierungen ausgehandelt, was die Spezifikation eigentlich gemeint hat.

Das klingt ein bisschen wie eine Strategie bei der Kindererziehung: »Erst teilst du den Kuchen in zwei Teile, und dann entscheidet dein Bruder, welches Stück er haben möchte.«

Larry: Ja. Es ist eine Möglichkeit, einen Teil der Designarbeit an die Implementierenden auszulagern. Das ist für jemanden wie mich, der ein lausiger Designer ist, einfach notwendig.

Eine andere Facette dieser Strategie der multiplen Implementierungen ist, dass sich die Interessen der Leute unterscheiden. Sie wollen unterschiedliche Teile der Implementierung als Prototypen umsetzen. Anstatt ein Projekt zur Hälfte zu schreiben und dann zu entdecken, dass Sie Annahmen getroffen haben, die das Implementieren der zweiten Hälfte sehr schwer machen, weil es noch niemand versucht hat, ist es besser, wenn verschiedene Leute mit Prototypen herumspielen, die die unterschiedlichen Aspekte des Designs beleuchten, um dann die kritischen Punkte untereinander auszutauschen.

Wir haben das gerade letzte Woche mit den SMOP-Jungs gesehen, die wirklich noch nicht viel implementiert haben, sich aber sehr genau Wege ausdenken, wie Listen und Captures und Signaturen und all diese wichtigen Konzepte auf niedriger Ebene zusammenspielen und wie Laziness und Iteratoren und Arrays semantisch funktionieren sollten.

Das ist eine dieser wissenschaftlichen Vereinfachungen: Wir ignorieren den Rest des Problems und schauen uns nur diesen bestimmten Aspekt an. Ich glaube, das hilft uns sehr dabei, über Stellen im Design nachzudenken, über die wir bisher noch nicht ausreichend nachgedacht haben.

Liegt das daran, dass es sich einmal um vollständige Implementierungen handeln soll, oder dass jemand einen Prototyp für bestimmte Teile baut?

Larry: Das ist mir fast egal. Wenn jemand einen Prototyp für einen Teil der Implementierung erstellt, ist es seine Sache, wie weit er damit kommen will – wie viel Energie er hineinsteckt, wie viele andere Leute dabei mithelfen können. Das ist ein weiteres Beispiel für mein Delegieren des Delegierens an andere Leute. Ein neuer Kontinent hat sich aufgetan, und die Leute müssen ihn in alle Richtungen erforschen.

Indem Sie keine einzelne potenzielle Implementierung absegnen, fördern Sie die Experimentierfreude.

Larry: Ja, wir fördern einen Flooding-Algorithmus, etwas, was Sie nicht unbedingt haben wollen, wenn Sie eine Firma sind. Stattdessen entwerfen Sie ein Projekt mit einem großen Ziel im Hinterkopf und haben eine bestimmte Burndown-Rate, und das Projekt muss bis dann und dann fertig sein. Aber Tatsache ist, dass wir diesen tollen parallel arbeitenden Prozessor namens Open Source-Community haben und solche Flooding-Algorithmen bei paralleler Hardware besser zu funktionieren scheinen als bei serieller Hardware. Aber es ist nicht einfach ein dummer Flooding-Algorithmus, es ist eher eine Ameisenkolonie, die nach Futter sucht. So optimieren wir den Prozess für die Engine, auf der wir laufen. Es ist kein symmetrischer Mehrkernprozessor – eher ein Beowulf-Cluster aus Hackern. Und Hacker haben nicht alle die gleiche Architektur.

Shared Memory ist ebenfalls ein Problem, insbesondere, wenn der Zustand so unveränderlich ist.

Larry: Es ist nicht nur der Speicher – die Open Source-Community ist eine sehr uneinheitliche Architektur, die alles enthält, aber ich glaube, unser Ansatz ist, auf die Stärken abzuzielen statt auf die Schwächen. Und für die Ameisen scheint ein Shared Memory auch kein großes Problem zu sein.

Beschränkt irgendeine bestimmte Implementierung von Perl 6, was auf höheren semantischen Ebenen vor sich geht?

Larry: Na ja, selbst wenn Sie versuchen, ein Neusprech zu schaffen, kann keine Sprache eine absolute Kontrolle über alles erlangen, und Implementierungen sind nur eine der Sachen, die die Sprache nicht komplett beherrschen kann. Wenn wir Kontrolle ausüben wollen, beschränkt sich die Definition der Sprache darauf, was wir in die Testsuite aufnehmen und was wir draußen lassen, und ich finde, solche Entscheidungen sollten vor allem das Ergebnis von Verhandlungen zwischen den verschiedenen Implementierern sein, wobei der Sprachdesigner ab und zu Bemerkungen macht. Das ist einer der Gründe dafür, dass es unserer Meinung nach wichtig ist, mehrere Implementierungen zu haben, da sie dafür sorgen, dass bei den jeweils anderen Implementierungen die Ecken abgeschliffen werden.

Haben Sie bestimmte Sorgen bezüglich der Verfügbarkeit von Ressourcen?

Larry: Ich glaube, dass unterschiedliche Stellen, an denen Aufwand getrieben wird, sich sowieso in Bezug auf ihre Größe selber einschränken. Wenn Programmierteams größer als sechs oder zwölf Leute werden, teilen sie sich von alleine in Unterprojekte auf. Es gehen nur dadurch Ressourcen verloren, dass die Leute das Rad auf gleiche Weise neu erfinden, ohne sich anzuschauen, was die anderen machen.

Was das Erfinden unterschiedlicher Räder angeht – nun ja, das ist ein interessantes Experiment des Vergrößerns des Genpools. Sicherlich gibt es bei jedem Ansatz, den Sie wählen, Ineffizienzen. Egal, ob das simultan auf die ganze Welt der Programmierer verteilt wird oder ob es etwas ist, was sich irgendwann rächt, weil Sie nicht alles gleichzeitig machen können – es wird immer Ineffizienzen geben.

Es gibt Überlegungen darüber, dass das Verteilen dieser Ineffizienzen über die Welt der Hacker dafür sorgt, dass die Aufgaben schneller erledigt werden, als wenn Sie sie serialisieren. Immer davon ausgegangen, dass Sie genug Hacker haben, die Sie auf das Problem ansetzen können, und dass das Problem parallelisierbar ist, und dass Sie die Freiwilligen dazu bekommen, miteinander zu reden.

Sie können Freiwilligen nicht sagen, was zu tun ist. Also, Sie können es, aber es funktioniert nicht.

Larry: Das ist das andere große Thema. Sie machen, was sie wollen. Wenn Sie also nichts dagegen tun können, nutzen Sie es für sich.

Ich mag dieses Zitat von Ihnen: »Sie sagen, schlechter ist besser, aber wir hoffen hier in Perl 6 wenigstens auf einen Besser-ist-besser-Zyklus.«

Larry: Stimmt. Da rufe ich im Moment »Kante«.

KAPITEL SECHZEHN

PostScript
Charles Geschke und John Warnock

PostScript ist eine konkatenierende Programmiersprache, die vor allem dazu genutzt wird, Dokumente für Desktop Publishing und elektronisches Veröffentlichen zu beschreiben. John Warnock und Charles Geschke entwickelten die Sprache nach der Gründung von Adobe Systems im Jahr 1982. Apples LaserWriter wurde 1985 mit PostScript herausgebracht und ermöglichte Desktop Publishing. PostScript wurde schnell der De-facto-Standard für den Dokumentenaustausch. Mittlerweile hat sein Nachfolger PDF die Sprache PostScript in diesem Bereich ersetzt.

Entworfen für die Ewigkeit

Wie definieren Sie PostScript?

Charles Geschke: PostScript ist eine Programmiersprache, deren Hauptzweck eine High-Level-Beschreibung des Inhalts von (ausgedruckten) Seiten in einer geräteunabhängigen Repräsentation ist.

John Warnock: PostScript ist eine interpretierende Programmiersprache, die eine einfache, Stack-orientierte virtuelle Maschine simuliert. Neben den normalen Operatoren, die man in den meisten Programmiersprachen findet, besitzt PostScript eine sehr nette Sammlung an Operatoren zum Rendern von Bildern, Grafiken und Fonts. Mit PostScript kann eine Anwendung PostScript-Befehle auflösungsunabhängig ausgeben, die die Erscheinung einer ausgedruckten (oder angezeigten) Seite definieren.

Ich glaube, PostScript war erfolgreich, weil es so flexibel ist und ein wohldefiniertes zugrunde liegendes Abbildungsmodell besitzt. Andere Druckerprotokolle der damaligen Zeit versuchten, Seiten statisch durch Datenstrukturen zu definieren. Diese Protokolle versagten ausnahmslos beim Beschreiben einiger intuitiv einfacher Seiten.

Warum haben Sie die Sprache PostScript entwickelt und kein Datenformat? Ein Drucker interpretiert das dann – was ist also im Endeffekt der Unterschied zwischen einer Sprache und einem Datenformat?

John: Als wir damit bei Xerox PARC begannen, gab es eine Sprache namens JaM. Wir führten Untersuchungen im Grafikbereich durch und wollten eine interpretierende Sprache haben, mit der man sehr schnell etwas ausprobieren konnte und die eine Schnittstelle zur Hardware und den Programmen des Alto hatte. Zudem wollten wir Experimente durchführen, ohne einen großen Kompilierungszyklus durchlaufen zu müssen mit Eingeben, Kompilieren, Assemblieren, Laden, Ausprobieren. Wir nutzten eine interpretierende Sprache, und das stellte sich als sehr effektiv heraus – wir konnten viele neue Ideen ausprobieren.

Charles: Sie haben damit die Möglichkeit, bestimmte Schlüsselelemente, die Sie in Ihrer Sprache entwickelt haben und die zu langsam sind, um interpretiert zu werden, in Spracherweiterungen zu kodieren, durch die neue Operatoren eingeführt werden.

Die ganze Idee einer Sprache kam daher, dass wir nicht wussten, was für Geräte genutzt werden würden und was für Umgebungen, und bis zu einem gewissen Grad auch, was für neue Möglichkeiten es in Zukunft geben würde, um das Erscheinungsbild einer auszudruckenden Seite zu kontrollieren und zu beschreiben. Damit hatten wir die ultimative Flexibilität, die uns Datenstrukturen nie hätten geben können.

Die Sprache besitzt die gleichen Operatoren und Kontrollstrukturen wie andere Turing-vollständige Sprachen, aber die Church-Turing-These zeigt, dass sie nicht mathematisch bewiesen werden kann.

John: Es gibt in unserer Branche viele Fälle von Befehlsprotokollen, die keine vollständigen Programmiersprachen sind. Wir trafen damals diese Entscheidung, denn da die Anwendung eines Protokolls immer offen bleibt, würde es uns eine vollständige Programmiersprache erlauben,

Dinge »nachzuprogrammieren«, die wir vergessen oder mit denen wir nicht gerechnet hatten. Diese »Vollständigkeit« ermöglichte PostScript eine Langlebigkeit, an die keiner von uns geglaubt hätte.

Einer der Vorteile einer konkatenierenden Sprache ist, dass Sie neue Features auf bestimmten Plattformen in Hardware kodifizieren und auf älteren Plattformen in Software emulieren können. Wenn Sie ein neues Wort definieren, können Sie das ausgehend von anderen Wort-Primitiven in der Sprache tun, sodass es auf älteren Maschinen läuft, aber wenn Sie das Wort im Interpreter unterstützen müssen, können Sie es in neueren Versionen hinzufügen. Stimmt das so?

Charles: Ja.

John: Wir haben sogar dafür gesorgt, dass man selbst die primitiven Operatoren neu definieren kann. Die Anweisung add kann in PostScript so umdefiniert werden, dass Sie alles tut, was Sie wollen. Diese Flexibilität machte sogar PDF möglich, da wir die primitiven Grafikoperatoren so definierten, dass sie sich ihren Operanden-Stack schnappten und ihn als statische Datenstruktur ausgaben, statt die programmatische Natur von PostScript beizubehalten.

War das teilweise dazu gedacht, Fehler im ROM umgehen zu können?

John: Genau.

Charles: Der LaserWriter enthielt, als er produziert wurde, so viel Software im ROM wie noch nie zuvor ein Gerät.

Ein halbes Megabyte?

John: Ja.

War das damals das Standardvorgehen?

John: Das war eine ganze Menge Software, um sie in einem Masked-ROM unterzubringen. Wenn es Fehler gab, sorgte man besser dafür, ein paar Ausweichmöglichkeiten einzubauen. Das Vorhandensein einer Programmiersprache, mit der man um Fehler herumprogrammieren konnte, war außerordentlich nützlich.

Charles: Jedes Projekt dieses Entwicklungsumfangs muss damit rechnen, dass es Fehler gibt. Sie können nicht einfach die Daumen drücken und hoffen, dass es keine geben wird.

Prinzipiell haben wir Mechanismen eingefügt, durch die wir Fehler umgehen konnten. Denn wenn Sie zehntausende oder hunderttausende von Druckern ausgeliefert haben, können Sie nicht jeden Monat eines neues ROM einbauen lassen.

John: Bei den damaligen Kosten von Masked-ROM konnte man es sich nicht einmal leisten, sie alle zu versenden.

Wurde damals über Hardware nachgedacht – neben der Notwendigkeit, überhaupt eine Hardware zu haben?

John: Nein, die ursprüngliche Sprache entstand in einer Firma namens Evans & Sutherland. Wir entwickelten diese riesigen Grafikprojektionssimulatoren, und als die Spezifikation für das Projekt bereitstand, war die Hardware noch nicht so weit. Aber wir mussten die Datenbanken dafür erstellen. Also ließen wir uns viel Raum für ein spätes Binden. Die Eigenschaft, spät zu binden, ist so wichtig, weil wir keine Ahnung davon hatten, wie sich alles weiterentwickeln und wie die Zielmaschine aussehen würde.

Charles: John, vielleicht solltest du ein bisschen über die Datenbank erzählen. Es ging um den gesamten Hafen von New York.

John: Es waren alle Gebäude in Manhattan – nicht alle Gebäude, aber die Skyline und die Freiheitsstatue, und es war dazu gedacht, die Leute zu trainieren, die Tanker in den Hafen von New York fahren sollten. Das ganze Projekt war ein Wunder, denn es wurde in etwa einem Jahr umgesetzt.

Das sind viele Daten.

John: Das waren viele Daten, insbesondere, als wir mit Rechnern des Typs PDP 15 arbeiteten. Das waren im Vergleich sehr, sehr kleine Maschinen. Es gab 32K Speicher.

Der Sprung zu einem Laserdrucker muss dann purer Luxus gewesen sein.

John: Selbst der Laserdrucker war zur damaligen Zeit der größte Prozessor, den Apple je gebaut hatte. Für die war das ein ganz schöner Brocken. Dann hatten sie schon die Mac-Schnittstellen für die Grafiken.

Wir haben die PostScript-Sprache dafür genutzt, eine Schnittstelle zu ihrer Grafikschnittstelle aufzubauen, sodass wir die Datenstrukturen nutzen und das auch in PostScript tun konnten.

Der Mac war nur einer mit 256K oder 512K, und mit Mac Draw und Write konnte man damals nur sehr unflexibel arbeiten. Der LaserWriter lud tatsächlich eine ganze Reihe von Programmen herunter, um deren Befehle zu interpretieren.

Hat der Mac damals PostScript erzeugt?

John: Er erzeugte PostScript, allerdings nur in einer Quick Draw-Version.

Charles: Stimmt, er erzeugte PostScript, aber über eine Reihe von PostScript-Unterroutinen, die in Quick Draw existierten und PostScript ausgaben. Diese Makros oder Unterroutinen liefen dabei auf dem Drucker.

Haben Sie an PostScript Änderungen vorgenommen, als Sie mehr Geräte unterstützten?

John: Es war schwer, weil wir Laserdrucker unterstützen mussten. Aber schließlich haben wir PostScript sogar auf einen Nadeldrucker portiert.

Charles: Das war kein sehr befriedigendes Projekt.

John: Nein, wirklich nicht.

Wie ist es, schon bei den Grundlagen einer Sprache in zwei (grafischen) Dimensionen zu denken?

Charles: Man muss Mechanismen mit entwerfen, um zweidimensionale Transformationen zu unterstützen. Damit kann der Programmierer in seinem eigenen Koordinatensystem arbeiten, um zum Schluss den Bereich in das Koordinatensystem des eigentlichen Geräts zu transformieren.

John: Ich finde, es ist einfach, in zwei Dimensionen zu denken, wenn Sie sich jedes zweidimensionale Konstrukt als von einer Unterroutine gezeichnet (oder angezeigt) vorstellen. Einer der Erfolge von PostScript ist, dass jedes Objekt und jede Objektgruppe in seinem bzw. ihren eigenen Koordinatensystem verpackt werden können. Dadurch lassen sich Objekte überall auf der Seite in unterschiedlichen Größen und Orientierungen instanziieren, ohne dass man sich um ihre Details kümmern muss. Diese einfache Idee vereinfachte es, darüber nachzudenken, wie man eine Seite oder einen Teil einer Seite erstellt.

Sie sind gelernte Mathematiker. Wie hat Ihnen das beim Design von PostScript geholfen?

Charles: In Bezug auf ein Verständnis der Transformationslogik des Bilddarstellungsmodells war es für John und mich offensichtlich, dass wir so vorgehen mussten, da der lineare Transformationsmechanismus direkt im Bilddarstellungsmodell implementiert sein sollte. Das ist keine sprachspezifische Sache.

Ich weiß nicht, wie groß der Einfluss davon war, aber zufällig (zumindest in Bezug auf meine Ausbildung) war ich nicht nur Mathematiker, sondern auch noch sehr gut vertraut mit dem gesamten Druckprozess. Mein Großvater und mein Vater waren Bild-Graveure. Ich verstand viel davon, wie das Drucken ablief, insbesondere in Bezug auf die Erzeugung von Halbtönen und anderen Dingen. All das hat mir bei PostScript geholfen, aber ich würde nicht einfach behaupten, dass die Mathematik den größten Beitrag geleistet hat. Wenn man damit umgehen kann, ist das sehr hilfreich bei abstrakten Definitionen.

Wie haben Sie Ihre Ideen verwaltet? Gab es je unterschiedliche Meinungen? Wie haben Sie gemeinsame Lösungen gefunden?

Charles: Ich habe John 1978 eingestellt, wir haben also mittlerweile 30 Jahre zusammengearbeitet. In der gesamten Zeit waren wir nie wütend aufeinander. Wir hatten immer genug Respekt vor den Ideen des anderen. Und wenn unsere Ideen unterschiedlich waren, versuchten wir direkt, herauszufinden, warum das so war, und entweder, welche Idee die bessere war, oder wie man beide vereinen könnte.

Wir waren fast nie so wütend aufeinander, dass ich mich daran erinnern könnte. In dieser Hinsicht war es eine ziemlich einmalige Partnerschaft. Nur sehr wenige Leute konnten so etwas in ihrem Arbeitsleben erfahren. Viele Leute haben das zwar bei Freundschaft oder in der Ehe oder woanders erleben können, aber auf der Arbeit ist es sehr selten, dass man diese Ebene gegenseitigen Respekts erreicht, aber auch, dass man seine Ideen so schnell vereinigen kann.

Viele Leute vergleichen PostScript mit Forth, weil beide Stack-basierte Sprachen sind. Gab es da einen Einfluss?

John: Nein. Wir hatten die Sprache bei E&S sogar schon fertiggestellt, als wir auf all die Diskussionen über Forth stießen. Forth ist sehr ähnlich, aber in vielerlei Hinsicht auch total anders. Daher gab es keinen großen Einfluss. Es war ein vollkommener Zufall.

Charles: Dem stimme ich voll zu.

Ich war immer von einer Verbindung ausgegangen, aber jetzt klingt es so, als ob ähnliche Anforderungen zu ähnlichen Designs geführt haben.

John: Das Tolle an PostScript ist, dass Sie zum Implementieren nur sehr wenig programmieren müssen, da es eine Hardwareumgebung emuliert. Es ist sehr einfach, die grundlegenden Dinge aufzubauen und dann die benötigten Operatoren zu ergänzen.

Charles: Der Kern des Interpreters von PostScript war nur ein paar Kilobyte groß.

John: Ziemlich klein.

Charles: Ganz schön klein.

Welche Probleme hat das Stack-basierte Design gelöst? Hätte PostScript darunter gelitten, wenn es eher eine beschreibende Sprache geworden wäre?

John: Das Stack-basierte Design von PostScript lässt sich ohne großen Schnickschnack implementieren und kann auch schnell interpretiert und ausgeführt werden. Auf den alten Maschinen, auf denen PostScript eingeführt wurde (Motorola 68000er) war diese Einfachheit und Effizienz sehr wichtig.

Ich glaube, die folgenden Designentscheidungen waren bei PostScript am wichtigsten:

- PostScript war eine vollständige Programmiersprache mit Variablen, bedingten Anweisungen, Iterationen und so weiter.
- PostScript-Operatoren können in der Sprache selbst redefiniert werden. Dadurch konnten wir bestehende PostScript-Dateien neu interpretieren, um Acrobat-Dateien (PDFs) zu erzeugen. Und wir konnten Fehler in einer Implementierung beheben, die fest ins ROM gebrannt war.
- Das Darstellungsmodell ermöglichte uns, Unterstrukturen zu isolieren und grafisch anzupassen, damit sie zu größeren Elementen zusammengestellt werden konnten. So ermöglicht PostScript zum Beispiel, die Beschreibung einer Seite zu nehmen, sie herunterzuskalieren und als Komponente in eine andere Seite einzubinden. Diese Flexibilität und leichte Anwendbarkeit war in keinem anderen Druckerprotokoll vorhanden.
- PostScript ermöglicht es dem Anwender, mit Schrift wie mit jedem grafischen Element umzugehen – sie konnte skaliert, rotiert oder transformiert werden. Diese Fähigkeit wurde durch PostScript eingeführt.
- Obwohl die ersten PostScript-Drucker Schwarz-Weiß-Drucker waren, ermöglichte das Design von PostScript auch die Verwendung von Farbe.

War der Laufzeit-Stack in seiner Anwendung eingeschränkt?

John: Ich glaube, der Ausführungs-Stack war auf 256 Ebenen beschränkt, und all diese Stacks waren durch eine Bytegröße begrenzt.

Charles: Die Maschine, die im LaserWriter lief, hatte nur – zur damaligen Zeit war es allerdings sehr viel – eineinhalb Megabyte RAM, von denen ein Megabyte der Framebuffer war. Sie arbeiteten also in einem halben Megabyte RAM.

Hatten Sie auch ein halbes Megabyte ROM?

Charles: Ja.

John: Ja.

Haben Sie das ROM ins RAM gemappt und dann bei Bedarf Patches angewendet?

John: Nein, wir fügten immer nur einen Operator durch heruntergeladenen Code im RAM hinzu und überschrieben dann entweder den eingebauten Operator, wie ich es schon erwähnt habe, oder ergänzten neue Funktionalität.

Wie sieht es mit formaler Semantik aus? Manche Designer legen die Semantik einer Sprache sehr genau fest und beweisen dann eine kleine Menge an Basisfeatures.

John: Wir hatten eine Möglichkeit, in einem Dictionary nach Namen und Symbolen zu schauen. Wir hatten Arrays. Wir hatten all die Zahlensachen. Wir hatten diese sehr einfache Stack-Maschine, die bis zu 256 Operatoren aufnehmen konnte, wenn Sie so weit gehen wollten, aber es war eine sehr einfache Maschine, und wenn einmal der grundlegende Interpreter lief, war das Debuggen sehr leicht.

Ich glaube, wir waren davon überzeugt, dass das stabil war. Ich denke nicht, dass wir viele formale Übungen durchgezogen haben.

War PostScript dafür gedacht, von Hand geschrieben zu werden?

John: Nein, aber viele Leute haben das getan. Man gewöhnt sich nach einiger Zeit daran. Ich mag mittlerweile lieber JavaScript.

Charles: All die frühen Broschüren, mit denen wir die Möglichkeiten von PostScript zeigen wollten, wurden von Designern erstellt, die lernen mussten, zu programmieren.

Ich glaube, einer der anderen Gründe dafür, dass eine Sprache ein langes und gesundes Leben haben kann, hängt mit der Größe des Interpreters zusammen (was ich weiter oben schon angedeutet habe). Er ist klein genug. Man kann sich nur schwer vorstellen, dass die Leute mehr als ein langes Wochenende mit viel Kaffee brauchen, um ihn auf eine beliebige Plattform zu portieren.

John: Es dauert vielleicht länger als ein Wochenende.

Charles: Wenn Sie anspruchsvollere Dinge im Grafikbereich machen, wird es ein wenig komplizierter.

John: Ein anderer Grund für den Erfolg von PostScript hat gar nichts mit der Sprache zu tun. Es gab noch weitere Probleme, die wir lösen konnten. Das Skalieren von Schriften aus Outlines war das größte. Es konnten gut aussehende Zeichen aus Outlines erzeugt werden, was noch niemandem vorher gelungen war.

Manche Leute dachten, es wäre unmöglich.

John: Wir waren sicher, dass es möglich sei.

Charles: Ja, das war eine Wette auf die Zukunft. Wir entschieden, so vorzugehen, da wir ansonsten ganze Heerscharen von Leuten hätten engagieren müssen, um Bitmaps per Hand zu optimieren. Das hätte überhaupt nicht zur Philosophie beliebiger linearer Transformationen von PostScript gepasst, denn sobald sie ein Zeichen um ein paar Grad gedreht hätten, wäre eine neue Bitmap fällig gewesen.

John: Es gab eine Reihe von Ideen, durch die wir das zum Laufen bringen konnten. Wir waren da die Ersten.

Charles: Ich glaube, der andere Bereich, der PostScript so erfolgreich machte, war die spätere Fähigkeit, State-of-the-Art-Rasterungen für Farben durchzuführen. Es gab schon viele Vorarbeiten in diesem Bereich, aber ich denke, die Implementierung, die Adobe Ende der 1980er Jahre herausbrachte, wurde als mindestens so gut, wenn nicht als besser, angesehen wie die eher elektromechanische Art von Systemen, die die Leute vorher verwendet hatten.

Rechnen Sie das Ihrem Wissen aus der Grafikforschung an?

Charles: Na ja, das kommt nicht nur von uns beiden.

John: Nein, nicht nur von uns beiden. Die erste Rasterungsengine enstand, indem wir einfach emulierten, was die echten Rastergeräte, die mechanischen, taten. Dann stellten wir ein paar Mathematiker ein – einer von ihnen war Steve Schiller, der sich da sehr gut auskannte und es auf einem viel grundlegenderem Niveau verstand.

Charles: John und ich hatten viel mit Drucken zu tun. Mein Vater und mein Großvater waren Foto-Graveure. Als ich ein paar der ersten Sachen nach Hause brachte, schaute sie sich mein Vater an und er sagte: »Hm, nicht so toll.«

Dann nahmen wir Schiller und ein paar der anderen Jungs dazu. Schließlich kamen wir an den Punkt, an dem selbst mein Vater seinen Segen dazu gab. Das war cool.

Hatten Sie da nur das Rotieren von Bitmapschriften im Hinterkopf?

Charles: Beliebige Skalierung und Auflösung. Es ist weniger kritisch, wenn Sie sehr hohe Auflösungen haben und halbwegs normale Schriftgrößen, aber bei einem Laserdrucker oder, Gott bewahre, einem Bildschirm funktionierte es nicht.

John: Die grundlegende Idee dabei war, dass die Leute versuchten, eine prototypische Outline eines Zeichens zu nehmen und herauszufinden, woran man drehen musste. Wir sind nicht so vorgegangen.

Wir analysierten die Frequenz des Rasterbildes und veränderten die Outlines, damit sie zur Bitmap passten. Dann drehten wir wieder an den Bitmaps herum. Dadurch wurden alle Stem-Gewichte gleich. Alle Serifen wurden gleich. Alle Fettdrucke sahen richtig aus, und es war eine sehr, sehr einfache Idee, aber niemand hatte sie bis dahin ausprobiert.

Charles: Sie können durchaus tolerieren, wenn etwas ein bisschen dicker oder dünner ist als etwas anderes, außer wenn sich das Element im Zeichen wiederholt. Dann bemerkt Ihr Auge die Unterschiede.

John: Sehr kleine Unterschiede.

Wie sind Sie Kerning und Ligaturen angegangen?

John: Sie positionieren den Startpunkt auf einer Rastergrenze und wählen dann das nächste aus. Wenn es sich um Paar-Kerning und fortgeschrittenes Kerning handelt, machen Sie es genauso. Sie richten das Zeichen an einer Rastergrenze aus und wählen dann das Spacing zwischen diesem und dem nächsten Zeichen für das nächste Pixel. Das funktioniert gut. Ligaturen sind nur andere Zeichendesigns.

Charles: Dann machen Sie das alles für Chinesisch und Japanisch für die Kanji-Zeichen.

John: Wir hatten einen Mitarbeiter namens Bill Paxton. Als wir mit den chinesischen Schriftzeichen begannen, waren nicht nur die Abstände zwischen den Strichen wichtig, sondern auch die Löcher und die kleinen Rechtecke – sie durften nicht verschwinden oder überbraten werden. Bill baute ein sehr komplexes Regelwerk auf, wie man ein Zeichen am Raster ausrichtet, sodass alle wichtigen Teile des Zeichens erhalten bleiben.

Mussten Sie diese wichtigen Elemente für jedes Zeichen festlegen?

John: Im Prinzip schon.

Charles: Aber das macht man nur einmal. Natürlich dauert das Entwerfen der PostScript-Beschreibung eines chinesischen Zeichensatzes länger als bei den lateinischen Buchstaben, einfach weil es so viel mehr Zeichen gibt, aber wenn man das erst mal gemacht hat, ist das Thema auch erledigt.

Können Sie diese Informationen für mehrere Fonts nutzen?

John: Sie bauen eine Strategie auf und können dann viel automatisieren, indem Sie sagen: »Das ist so und so eine Situation. Damit wird so und so umgegangen.«

Als TrueType gebaut wurde, nutzten sie die gleiche Strategie, aber es wurde jedes Zeichen einzeln behandelt. Bei PostScript hingegen kümmerten wir uns immer um ein ganzes Alphabet. Mit anderen Worten: Bei einem kleinen *h* wollen Sie den linken und den rechten Strich erkennen. Das funktioniert aber auch für ein kleines *n*. Die `x-height` des Zeichens ist für den ganzen Font konstant.

Wir identifizierten diese Eigenschaften und ließen dann die Algorithmen darauf los. Wenn Sie das Design des *n* ändern, müssen Sie gar nicht so viel tun. Es war viel einfacher, einen PostScript-Font zu erstellen als einen TrueType-Font.

Moderne Drucker können PostScript (und auch PDF) ohne eine Übersetzungshilfe dazwischen interpretieren. Ist das ein Vorteil der Flexibilität und Eleganz des Designs von PostScript?

John: Es ist sehr wichtig, daran zu denken, dass der verfügbare Speicher auf Maschinen sehr klein war, als PostScript das erste Mal implementiert wurde. Der erste LaserWriter hatte 1,5 Megabyte Speicher und 0,5 Megabyte ROM. Ein Megabyte RAM war für den Seitenpuffer reserviert, also hatten wir nur 0,5 Megabyte zum Arbeiten zur Verfügung. Das Masked-ROM wurde für die PostScript-Implementierung genutzt.

PostScript war so entworfen, dass es nur einen sehr kleinen Zustand halten musste. Es gab in den meisten Fällen nicht genug Speicher, um das gesamte PostScript-Programm vorhalten zu können. Das bedeutete, dass das Programm die Seiten so verarbeitete und ausdruckte, wie sie vom Drucker gelesen wurden. Diese Strategie ermöglichte es uns, sehr komplexe Jobs auszudrucken, ohne den Luxus eines umfangreichen Speichers haben zu müssen.

Acrobat ist da anders. Die Position jeder Seite findet sich am Ende der Datei, was bedeutet, dass Drucker mit Acrobat-Unterstützung die Datei vollständig lesen müssen, bevor sie mit dem Ausdruck beginnen können. In der heutigen Welt der Gigabytes ist das kein Problem.

Man sieht also, dass PostScript und PDF die gleichen Druckausgabemodelle haben und daher eng miteinander verbunden sind.

Gibt es Dinge in der Problemdomäne von PostScript, die es schwer machen, ein sauberes PostScript-Programm zu schreiben?

John: Im Grafikbereich geht es sehr gut, denn durch den Stack, die Art, wie Sie Transformationen einbetten und rekursive Aufrufe nutzen, kann man hübsche Programme schreiben. Sie können ein Bild zeichnen und es dann durchreichen und Transformationen anwenden. Man muss sich um nichts kümmern, da all die internen Dinge abgehandelt werden.

Charles: Ich kann hier nicht widerstehen und möchte eine kleine Anekdote aus den Tagen bei Xerox PARC erzählen. Es gab immer viele Diskussionen zwischen den Leuten, die eine stark strukturierte Sprache entwickelten – Mesa –, denen, die Lisp mochten, und den Jungs, denen es reichte, mit der sehr primitiven BCPL zu arbeiten.

Einer unserer Programmiersprachenjungs schlug einen Wettbewerb vor, bei dem die Leute das gleiche Problem in allen drei Sprachen bearbeiteten und er dann bewerten würde, wer die kürzeste, die schnellste und die eleganteste Lösung geliefert hätte.

Wir bekamen damit aber nur heraus, dass es davon abhängt, wo der klügste Programmierer sitzt. Das war Bob Sproull, der alles in BCPL schrieb und den ganzen anderen coolen Kram gar nicht brauchte. Letztendlich ist das so viel entscheidender als irgendein Einfluss einer bestimmten Sprache.

PostScript Level II ergänzte Features wie die Garbage Collection. Gibt es weitere Entwicklungen in der Sprache, die Sie kommen sehen?

John: Selbst in JavaScript gibt es keine grafische Schnittstelle, mit der ich eine Seite ausdrucken kann. Wenn ich etwas layouten möchte, schreibe ich den Kram immer in PostScript und lasse ihn durch den Distiller laufen, um PDF-Dateien zu erzeugen. Ich käme ohne ihn vermutlich gar nicht mehr mit meinem Leben klar.

Charles: Wenn Sie speziell über PostScript sprechen, vermute ich, dass es keine große Weiterentwicklung mehr geben wird. Es geht jetzt eher darum, das grafische Darstellungsmodell von PostScript in andere Umgebungen zu transportieren, wie zum Beispiel Flash.

John: Ja, um mit Flash all die Sachen mit Texten machen zu können, für die man bisher die klassischen Adobe-Textengines braucht. Das wird irgendwann einmal auf Mobiltelefonen landen.

Apple benutzt PDF, um grafische Aspekte des Mac OS X-Desktops zu beschreiben. Ich habe gelesen, dass es auch ein Projekt gab, das im Prinzip PostScript dafür genutzt hat.

Charles: Als wir damals im Jahr 1983 die erste Vereinbarung mit Apple trafen, erhielten die von uns die Lizenzrechte für Display PostScript als Teil der Vereinbarung. Das wollte Steve Jobs auf jeden Fall im Vertrag haben. Als Steve bei Apple wegging, entschied die Firma, ihren eigenen Weg zu gehen und unsere Sachen zu verwerfen, aber Steve wusste, dass er das gleiche Darstellungsmodell sowohl für den Monitor als auch für den Drucker haben wollte, sodass es keinen Bruch zwischen beidem geben würde. Als er zu NeXT ging, trafen wir wieder eine Vereinbarung mit ihm, und Display PostScript wurde das grafische Darstellungsmodell für den NeXT-Computer.

Ich kann mir vorstellen, wie das aus Sicht des Desktop Publishing funktionieren kann, bei dem Sie zwischen den verschiedenen Anzeigegeräten eine möglichst hohe Genauigkeit haben wollen.

John: Nachdem wir dazu in der Lage waren, die Schriften auf Bildschirmauflösungen zu skalieren (was ebenfalls Bill Paxtons Verdienst war), war es ein wirklich konsistentes Grafikmodell mit vielen Möglichkeiten, wenn man sich das ganze System anschaut.

Charles: Stellen Sie sich vor, wie viel interessanter das Web wäre, wenn es in HTML ein PostScript-Darstellungsmodell gegeben hätte statt der ganzen Verrücktheiten, die Sie heute simulieren müssen.

John: Es ist wirklich lustig. Adobe heute – Flash wird verbessert, sodass es mit Schriften umgehen kann. Sehr interessant. Sie waren nie sehr gut im Umgang mit Schriften oder der Grafikengine. Flash entwickelt sich in diesen Bereichen sehr schnell weiter.

Charles: Im Endeffekt wird das wohl zu einem Display PostScript für das Web.

Denken Sie, es wird auch auf Drucker übertragen?

John: Nein.

Charles: Nein.

Werden Drucker wichtig sein?

John: Immer weniger.

Charles: Viele der Drucker sind eigentlich PDF-Drucker, keine PostScript-Drucker, was bedeutet, dass die Interpretation wieder in Ihrem Computer vorgenommen wird.

John: Aber Computer sind mittlerweile ein bisschen größer als früher.

Charles: Das sieht man schon daran, dass Sie einen Tintenstrahldrucker von Ihrem Rechner aus mit 20 Seiten pro Minute füttern können.

Forschung und Bildung

Gibt es etwas, dass Sie bei der Entwicklung von Software und Hardware seit den 70ern überrascht hat? Viele der Ideen, die heute in Anwendung sind, waren in den 70ern bei PARC schon da.

Charles: Ich denke, es ist wichtig zu verstehen, wie PARC zu dem wurde, was es war. Die Geschichte beginnt zu der Zeit, als hier in den Vereinigten Staaten gerade der Übergang von Eisenhower zu Kennedy vollzogen wurde.

Eisenhower nahm Kennedy beiseite und sagte, dass ihm einige der klügeren Köpfe in der amerikanischen Verteidigungsindustrie erklärt hätten, wenn die USA ihre militärische Präsenz auf der ganzen Welt weiter verstärken wollten, müssten sie ihre analoge Kommunikation auf digitale umstellen. Ich glaube nicht, dass Präsident Eisenhower oder der designierte Präsident Kennedy wirklich verstanden, was das bedeutete, aber Kennedy nahm den Rat sehr ernst.

Er schnappte sich den technisch interessiertesten Menschen in seinem Kabinett, McNamara, und erzählte ihm: »Eisenhower hat mir das geraten. Ich möchte, dass Sie sich darum kümmern. Sie haben das größte Budget. Ich will, dass Sie so viel Geld nehmen, dass Sie das Ganze anstoßen können, aber so wenig, dass der Kongress keine großen Fragen stellt. Ich möchte diese Sache nämlich schnell und effektiv starten.«

McNamara holte sich dann jemanden vom MIT. Sein Name war J. C. R. Licklider, und er werkelte in den Forschungslaboren des MIT, wo man damit begonnen hatte, Computertechnologie zu nutzen, um zu kommunizieren, und nicht nur, um zu rechnen. Er stellte fest, dass die Forscher am MIT Beziehungen zu anderen Universitäten und ein paar Forschungslaboren in der Industrie im ganzen Land aufgebaut hatten. Er besuchte sie alle und stellte fest, dass es überall außerordentlich kluge Leute gab. Dabei handelte es sich um Partner wie Caltech, UCLA, Stanford, Berkley, Utah, Michigan und natürlich eine Reihe von Orten an der Ostküste, wie das MIT, Carnegie Tech und ein paar andere.

Er entschied, ein paar Dutzend Millionen Dollar zu nehmen und sie in kleinen Päckchen auf ein Dutzend dieser Universitäten und Forschungslabore, z. B. Bolt Beranek und Newman und die RAND Corporation, zu verteilen. Er sagte: »Ich werde kein Mikromanagement betreiben. Ich gebe Ihnen dieses Geld, und Sie können da ein paar Jahre drauf aufbauen, um alles zu entwickeln und loszulegen. Ich möchte, dass Sie Forschung betreiben, denn wenn der Kongress je nachfragen wird, können wir zeigen, wie das Geld verwendet wurde. Wichtiger aber, vor allem für die akademischen Institutionen, ist, dass Sie einen neuen Kader an Leuten ausbilden, die Experten in diesem Bereich werden.«

Wenn Sie sich meinen Lebenslauf und den von John anschauen, stellen Sie fest, dass wir Studenten der Advanced Research Project Agency des Verteidigungsministeriums waren. Wenn Sie sich die Ahnengeschichte von Silicon Valley anschauen, werden Sie merken, dass so gut wie alle Firmengründer und leitenden Forscher in diesem Bereich zu einer Zeit von ARPA ausgebildet wurden, als man beim Forschen ziemlich freie Hand hatte.

Aus diesem Umfeld kamen die wichtigen Leute zu PARC. Denn Xerox stellte den Nachfolger von J. C. R. Licklider ein, Robert W. Taylor. Der wusste, wo wir alle studiert hatten. Er engagierte all diese Leute für PARC. PARC war in der Branche die erste Manifestation der Leute, die von ARPA im Jahrzehnt zuvor ausgebildet worden waren. Indem all diese Leute in einer Organisation in PARC zusammenarbeiteten, hatten sie einen außerordentlichen Einfluss auf die Branche.

Charles, Sie haben das Imaging Sciences Laboratory bei Xerox PARC aufgebaut und die Forschungsaktivitäten geleitet. Was sind Ihre Ratschläge für das Leiten einer Forschungsgruppe?

Charles: Am allerwichtigsten ist, die schlauesten Köpfe anzustellen, die Sie finden können. Ich habe die vermutlich beste Personalentscheidung meines Lebens getroffen, als ich John für unser Labor einstellte, zudem gab es eine Reihe von Forschern im Labor, die ebenfalls außerordentlich talentiert waren. Mit diesen Leuten als Basisgruppe für Forschungsaktivitäten werden andere hochqualifizierte Leute angezogen, insbesondere jüngere Leute mit Hochschulabschluss. Wir konnten ein sehr starkes Team aufbauen.

Von Anfang an war ein Großteil unserer Forschung nicht auf eine einzelne Gruppe innerhalb des Labors beschränkt, sondern wir bezogen auch andere Bereiche bei Xerox mit ein und, bis zu einem gewissen Grad, auch die akademische Forschungsgemeinschaft. Diese Art von Integration ist für die Forschung sehr wertvoll, da sie unterschiedliche Sichtweisen zusammenbringt.

Woran erkennen Sie einen guten Forscher?

Charles: Da gibt es keinen Test, den man durchführen könnte. Bei Leuten, die schon länger in dem Bereich tätig sind, kann man schauen, was sie bisher gemacht haben. Ich kannte den Ruf von John, da er von einer Hochschule kam, aber ich hatte nie mit ihm zusammengearbeitet und ihn auch noch nie beruflich kennengelernt, bis ich das Einstellungsgespräch mit ihm führte. Ich wusste durch das, was er bei Evans and Sutherland erreicht hatte, dass er eine Kombination aus Kreativität und der Fähigkeit besaß, etwas durchzuziehen.

Er ist jemand, der nicht einfach nur Ideen vorschlägt und sie dann von jemand anderem umsetzen lässt, sondern er arbeitet auch an der Implementierung seiner Ideen. Ich fand das immer einen sehr wertvollen Aspekt der Forschungsarbeit, eine Idee zu nehmen und sie zu verfolgen, um tatsächlich ein wirklich hochwertiges Ergebnis von ihr zu entwickeln.

Vielleicht ist es der Unterschied zwischen Grundlagenforschung und angewandter Forschung.

Charles: Ich finde nicht, dass das der Unterschied zwischen ihnen ist. Ich glaube, die Kriterien gelten für beide Bereiche gleich. Ich habe in meiner Forscherkarriere gelernt, dass es egal ist, ob man Forscher oder Ingenieur ist – neben den intellektuellen Fähigkeiten, die man mitbringen muss, ist man viel produktiver und liefert mehr Ergebnisse, wenn man das zu Ende bringt, was man angefangen hat.

Wie erkennen Sie, welche Projekte erfolgsversprechend aussehen?

Charles: Ein bisschen gehört da Peer Review zu – ob ein Projekt das Interesse von Leuten auf sich zieht, die Kollegen sind und gerne mitmachen wollen. Ich erinnere mich daran, wie wir mit einem Projekt namens InterPress bei Xerox begannen und den Vorläufer von PostScript entwickelten. Da kamen die Leute von verschiedenen Orten und nicht nur von Xerox, und wollten beteiligt sein.

Wir hatten einen Professor aus Stanford, einen Professor von der Carnegie Mellon, einen Forscher von Xerox, der alleine an der Ostküste arbeitete. Es ist wirklich interessant. Außer John und mir arbeiteten die sechs von uns nie an einem gemeinsamen Ort, bis wir das Projekt abschlossen. Wir erledigten alles per E-Mail und nutzten das ARPAnet, um Informationen während der gesamten Dauer des Designprojekts auszutauschen.

Meine Strategie war immer, eine allgemeine Richtung vorzugeben. Die Leute verstanden, auf was der Schwerpunkt des Labors lag, und in diesem Rahmen konnten sie ihrer Kreativität freien Lauf lassen. Mein Job als ihr Manager war, ihnen dabei zu helfen, ihre Ziele auszuarbeiten und darzustellen, und ihnen die Ressourcen zukommen zu lassen, um diese Ziele erreichen zu können.

Wenn es vor allem um Entwicklung geht, liegt Ihr Schwerpunkt üblicherweise vor allem darauf, etwas abgeschlossen zu bekommen, das schließlich auf den Markt gebracht wird. Wir versuchen, um eine Reihe von Kriterien herum einen Zeitplan aufzubauen, durch den dieses Projekt auch wirklich erfolgreich abgeschlossen werden kann.

Ich habe nach dem Managen des Forschungslabors gefragt, weil ich weiß, dass Sie Probleme damit hatten, aus InterPress ein Produkt zu bauen.

Charles: Das Forschungsmanagement war gut. Das Problem war, dass es keine Versuche gab, wirklich herauszufinden, wie man die Ideen aus der Forschung nimmt und sie im Entwicklungsbereich der Firma effektiv umsetzt. Da lag das Problem – zwischen diesen beiden Bereichen. Es war ein Fehler des höheren Managements und hatte weniger mit der Forschung an sich zu tun.

Fairerweise muss ich allerdings sagen, dass wir in der Forschung wohl dachten, unsere großartigen Ideen würden von den Entwicklungsleuten einfach aufgegriffen und umgesetzt. Das deckt sich wieder mit meinem Kommentar weiter oben. Ein wirklich guter Forscher – was nicht auf mich zutraf, als ich noch jung war – muss diese Ideen nehmen und sie fast den ganzen Weg bis zur abschließenden Implementierung verfolgen, wenn sie erfolgreich sein sollen.

Was ist der Unterschied zwischen einem Leiter und einem Manager?

Charles: Ein Leiter ist eine Person, die weiß, was sie erreichen möchte, und halbwegs gut weiß, wie man dorthin kommt. Zudem muss sie andere Leute rekrutieren und motivieren können, um dieses Ziel zu erreichen. Das macht einen Leiter aus.

Ein Manager konzentriert sich vor allem auf den Unterbau, zum Beispiel das Budget oder Kommunikationsformen und andere Dinge, die zwischen den Einzelpersonen ablaufen, die an einem Projekt arbeiten. Aber diese Person hat keine visionäre Vorstellung darüber, wohin es gehen soll.

Jede komplexe Organisation muss beides haben, aber häufig führt es zu desaströsen Ergebnissen, wenn Sie die Unterschiede durcheinanderbringen, da manche Leiter auch Manager sein können. Wenn Sie glauben, Sie stellen jemanden als Leiter ein, der aber eigentlich Managementfähigkeiten besitzt, werden Sie von seinen Ergebnissen vermutlich enttäuscht sein. Wenn Sie umgekehrt einen Manager brauchen, um eine große Organisation zu leiten, und Sie einen Leiter auswählen, der einen Großteil seiner Zeit damit verbringt, über tolle Ideen für die Zukunft nachzudenken, wird das vermutlich kein guter Manager werden.

Es gibt unterschiedliche Fähigkeiten, die beide wichtig sind und die Sie nicht durcheinanderbringen dürfen, wenn Sie jemanden bitten, etwas zu tun. Entweder haben Sie gute Leitungsfähigkeiten oder gute Managerfähigkeiten, und in ein paar seltenen Fällen auch beides.

Woran erkennen Sie einen guten Programmierer?

Charles: Vor allem durch die Erfahrung, mit ihm zu arbeiten, neben ihm, für ihn – also durch eine aktive Arbeitsbeziehung. Ich weiß nicht, wie ich es abstrakter formulieren soll.

Ich hatte das Glück, mit vielen verschiedenen Leuten zusammenarbeiten zu können. Von einem Menschen – neben John –, der mir wirklich im Gedächtnis geblieben ist, haben Sie vermutlich noch nie gehört. Sein Name ist Ed Taft. Ich stellte Ed 1973 ein, damit er für mich bei Xerox PARC arbeitete. Er ist der beste Programmierer, mit dem ich je zusammenarbeiten durfte. Er beschreibt sehr sorgfältig, welches Problem wir gerade mit der Implementierung angehen, und er versucht immer, es auf einer Ebene umzusetzen, die die größte Flexibilität bei Änderungswünschen bietet.

In gewisser Weise verzögert er das Binden, so wie wir schon bei PostScript darüber gesprochen haben, aber er bringt die Sache auch zu einem Abschluss. Wenn er Code bearbeitet und sagt, er sei fertig, ist der Code auch stabil und abgeschlossen. Von der Konzeptebene bis zum Abschluss – er macht alles. Wenn ich Ed klonen könnte, würde ich das tun. Es wäre eine wunderbare Gelegenheit, eine tolle Organisation aufzubauen.

Gibt es ein bestimmtes Thema, das sich die Studenten im Bereich der Informatik näher anschauen sollten?

Charles: Ich war in Bezug auf die Ausbildung im Informatikgrundstudium immer ziemlich konservativ. Ich denke, Sie sollten so viel Physik und Mathematik wie möglich mitnehmen, wie Sie im Grundstudium erreichen können, und die Informatiksachen eher im Hauptstudium oder als Doktorand angehen, aber das ist nur meine Meinung. Offensichtlich tun Universitäten das, was die Studenten von ihnen erwarten, daher gibt es auch Undergraduate-Abschlüsse in Informatik.

Wenn Sie kein gutes Hintergrundwissen in Mathematik und Naturwissenschaften haben, brauchen Sie dieses Wissen doch, wenn Sie in den Hardwarebereich gehen wollen, dazu noch eine Kombination aus Chemie und Physik. Das ist mein ganz eigenes Vorurteil.

Für eine gute Allgemeinbildung glaube ich sehr stark an die Geisteswissenschaften. Warum sollte es gut sein, Wissenschaftler zu sein, mit großartigen Ideen im Kopf, wenn Sie sie nicht effektiv kommunizieren und die Leute nicht davon überzeugen können, Ihnen zu folgen? Um Erfolg zu haben, müssen Sie gut schreiben und reden können. Wenn Sie das alles nicht geübt haben, sind Sie nicht vollständig ausgebildet und meiner Meinung nach auch weniger effektiv.

Ich bin sehr dafür, im Grundstudium so viel Geisteswissenschaftem wie möglich mitzunehmen, neben Wissenschaft und Mathematik.

Welche Lektionen sollten andere Leute aus Ihren Erfahrungen mit PostScript mitnehmen?

Charles: Eine der schönen Ideen hinter PostScript ist, dass Sie so lange wie möglich versuchen, zu verhindern, sich explizit an etwas Bestimmtes zu binden. Mit anderen Worten – Sie rechnen und arbeiten auf einem sinnvollen abstrakten Niveau. Erst im letzten Moment entscheiden Sie, welche Pixel Sie im Rasterbild einfärben, und welchen Algorithmus Sie dazu verwenden.

Wenn Sie auf dieser höheren Abstraktionsebene arbeiten, können Sie eine sinnvolle High-Level-Beschreibung des Bildes erstellen, das Sie produzieren wollen, was für eine ganze Reihe von Geräten ausgesprochen wichtig ist. Genau diese Philosphie gibt uns im Darstellungsmodell die Möglichkeit, das zu tun, worüber wir schon gesprochen haben – die gleiche Art von Darstellungsmodell nicht nur für den Personal Computer, sondern auch im Web und auf all den digitalen Ausgabegeräten zu nutzen, die es so gibt – von Fernsehern über Telefone und so weiter.

Das ist das Schöne an PostScript. Sie können auf diesem hohen Niveau beschreiben, was Sie herstellen wollen, und sich erst im letzten Moment an ein bestimmtes Gerät binden.

Schnittstellen zur Langlebigkeit

Wie kann ein Designer über die Langlebigkeit einer allgemein nutzbaren Programmiersprache nachdenken? Gibt es da spezielle Schritte, die zu befolgen sind?

John: Viele Sprachen dienen einem speziellen Problem. Denken Sie an die Sprache, die Atkinson entworfen hat, HyperCard. Er beging den Fehler, der meiner Meinung nach am häufigsten begangen wird – keine vollständige Programmiersprache zu schaffen. Sie brauchen die Kontrolle, Sie müssen Verzweigungen nutzen können, Sie brauchen Schleifen, Sie brauchen all die Mathematik und all das, was eine vollständige Programmiersprache ausmacht, ansonsten stehen Sie in der Zukunft irgendwann in einer Sackgasse.

Die Leute haben uns angeschaut und gesagt: »Warum nehmt ihr die ganzen trigonometrischen Funktionen mit auf? Wofür wollt ihr die verwenden?« – und alle wurden benutzt. Im Sprachdesign ist es wichtig, zu Beginn zu erkennen, dass die Sprache vollständig sein muss. Sie brauchen Zugriff auf das Dateisystem. Sie brauchen all die Dinge, die Vollständigkeit ausmachen. Ich denke, das ist wirklich wichtig.

Es gibt 25 Jahre alte PostScript-Maschinen, die immer noch laufen, immer noch mit demselben PostScript. Es wurde stark verbessert, aber das grundlegende Programm läuft immer noch.

Charles: Ich habe einen LaserWriter der zweiten Generation, den ich immer noch verwende, weil er die beste manuelle Papierzuführung besitzt, die ich je gesehen habe. Er läuft immer noch. Canon dachte, er wäre nur für 100.000 Ausdrucke gut und würde dann weggeworfen. Sie haben ihn eindeutig zu gut entworfen.

Was ist der Unterschied zwischen dem Entwerfen einer Sprache, die dafür gedacht ist, von Menschen verstanden zu werden, und einer Sprache, die für Rechner gedacht ist? Gibt es Faktoren, die zu berücksichtigen sind, wenn Sie designen? Vielleicht sagen Sie, das ist schon so in Ordnung, weil kein Mensch sich das bis ins Detail anschauen wird?

John: Der eine große Nachteil von PostScript ist, dass es nur sehr schwer zu debuggen ist. Das liegt daran, dass Sie den Code einmal schreiben und ihn dann vergessen. Wenn Sie fertig sind und dann sechs Monate später versuchen, wieder mit ihm zu arbeiten, ist er ein wenig heftig zu lesen. Bei den Sprachen mit Standard-Infix-Notation, die nicht so viel Zustand zu verwalten haben, ist es viel leichter, den Code zu lesen und ihn zu debuggen.

Sie müssen nicht den Zustand des gesamten Stack im Kopf behalten.

John: Genau.

Haben Sie diese Zwiespältigkeit beim Design von PostScript berücksichtigt?

John: Da es so einfach war, neue Operatoren hinzuzufügen, tendierte man dazu, sehr, sehr kurze Unterroutinen zu schreiben und zu versuchen, die Funktionalität so sauber wie möglich zu separieren. Aber die Syntax kam dem menschlichen Programmierer nicht sehr entgegen.

Sie haben erwähnt, dass Designer PostScript-Programme schrieben, um Broschüren herzustellen. In den 80er Jahren hatten Sie persönliche Assistenten, die LaTeX von Hand schrieben. Wie war es, Designer darin zu unterrichten, ein Programm zum Schreiben einer Broschüre zu erstellen?

John: Das ist eine interessante Frage. Eine wenig bekannte Tatsache, die Adobe nie öffentlich gemacht hat, ist, dass jede unserer Anwendungen grundlegende Schnittstellen zu JavaScript besitzt. Sie können InDesign skripten. Sie können Photoshop skripten. Sie können den Illustrator mit JavaScript skripten.

Ich schreibe die ganze Zeit JavaScript-Programme, um Photoshop zu steuern. Wie ich schon sagte, es ist eine wenig bekannte Tatsache, aber die Skripting-Schnittstellen sind ziemlich vollständig. Damit haben Sie echten Zugriff, im Fall von InDesign sogar auf das Objektmodell, falls jemand so weit gehen möchte.

Charles: Das ist nichts für schwache Nerven.

Manchmal ist selbst die Verwendung von JavaScript mit dem HTML-Dokumentenmodell nichts für schwache Nerven.

John: Nein, das ist sie nicht. Ich mache das immer wieder, und es ist teilweise wirklich übel, insbesondere wenn die Zeichensätze unterschiedlich sind und so gut wie alles in den beiden Umgebungen verschieden ist.

Aber trotzdem macht man es. Wenn Sie das Erstellen von Dokumenten automatisieren wollen, ist es am besten, sich mit JavaScript zu beschäftigen und die unglaublichen Typesetting-Engines in InDesign zu skripten oder die tollen Bildverarbeitungsengines in Photoshop. Sie können riesige Mengen an Objekten auf ziemlich direktem Weg automatisiert erzeugen.

Das klingt erneut wie das Langlebigkeitsargument. Mach es allgemein nutzbar und gib den Leuten all diese Operationen und Möglichkeiten, aber vor allem Schleifen und Ablauflogik.

John: Genau. Das sind Projekte, von denen ich ein paar habe. Ich habe diese eine Website mit 90.000 Seiten. Wenn ich die Produktion dieser Website nicht automatisiert hätte, hätte ich sie nicht umsetzen können. Es sind einfach zu viele HTML-Seiten.

Haben die Designer danach gefragt, oder hat ihnen jemand gezeigt, wie man es nutzt?

John: Bei der Wartung und Erweiterung von Photoshop und InDesign und vielen dieser Programme – zum Beispiel wissen die meisten Leute nicht, dass Bridge, ein Programm für die Dateiverwaltung und das Betrachten von Bildern von Illustrator und Photoshop und InDesign, in JavaScript geschrieben ist.

Sie übersetzen einfach zwischen den Objektmodellen.

John: Das stimmt. Es ist viel JavaScript, aber die Tatsache, dass alles zusammenpasst, ist wunderbar. Es ist vollständig portabel.

Wie sollten Entwickler Ihrer Meinung nach über Hardware denken? Führt Software zu Innovation?

Charles: Ich denke, es ist ein Yin und ein Yang. Damals, als bei PARC all diese »Innovationen« entstanden, geschah das auf sehr kleinen Rechnern mit recht wenig Festplattenplatz, einer nur mittelmäßigen Netzwerkperformance und so weiter, und innerhalb dieser eingeschränkten Umgebung wurde viel Kreativität eingesetzt, um mit der Software Sachen zu erreichen, die die Leute überraschten, weil sie noch nie etwas Ähnliches gesehen hatten.

Heute sind wir in der Situation, dass sich die Umgebung dramatisch verändert hat und sich die Hardware weiterhin so schnell ändert, dass wir Gigabytes an Speicherplatz zu sehr moderaten Kosten haben und die Prozessoren blitzschnell arbeiten.

Ich denke, es ist interessant, dass die Leute durch den Wegfall der Restriktionen geringer Performance und mittelmäßiger Speicherverfügbarkeit ein wenig bequem werden, weil sie davon ausgehen, dass alles problemlos funktioniert. Dann sehen sie sich einem extrem komplexen Problem gegenüber, und plötzlich ist die Hardware wieder ein begrenzender Faktor. Hier müssen Kreativität und Software wieder wirklich weiterentwickelt werden, um das spezielle Problem lösen zu können.

Es gibt eine Art Gleichgewicht zwischen Hardware- und Softwareumgebung. In Bezug auf Anwendungen denke ich, dass Vista ein gutes Beispiel dafür ist, dass die Entwicklung ein bisschen bequem geworden ist und davon ausging, dass diese Rechner mit den innewohnenden Ineffizienzen klarkommen würden. Aber das hat nicht geklappt.

Nun rudern sie zurück und beschränken gewissermaßen ihre Erwartungen an die Hardware. Damit bringen sie wahrscheinlich eine bessere Version von Windows heraus, als Vista es war.

Ist es heute einfacher, eine Sprache populär zu machen?

Charles: Nein, eigentlich nicht. Ich glaube, wenn die Leute lernen, wie man entwickelt und programmiert, geschieht das meist in einer Umgebung, die ihren Eindruck der Softwareentwicklung stark prägt. Es ist sehr schwer für sie, diese Fesseln zu sprengen, um neue Tools auszuprobieren, die herauskommen. Damit eine neue Programmiersprache wirklich beliebt wird, müssen Sie eine Umgebung finden, in der viele Leute lernen, wie man programmiert, und sie dort festhalten. In gewissem Maße kommen neue Sprachen eher aus dem Ausbildungsbereich als aus unabhängigen Organisationen.

Wir sehen so eine Entwicklung jetzt zum Beispiel mit der Idee des Cloud Computing, bei der die Berechnungen und der Zugriff auf Informationen großräumig zwischen dem eigenen Rechner, dem Internet, anderen Servern und noch mehr Stellen verteilt werden.

Ich kann mir sehr gut vorstellen, wobei ich in diesem Bereich selber nicht tätig war, dass damit vielleicht eine Gelegenheit für eine Sprache entsteht, mit der Sie die unterschiedlichen Umgebungen besser ansprechen können als mit jeder vorhandenen Sprache. Ich sage »vielleicht«, weil ich nicht weiß, ob es überhaupt ein Sprachproblem ist. Wenn Sie sich Organisationen wie Google und Microsoft anschauen, und bis zu einem gewissen Grad auch Adobe, die sich stark darauf konzentrieren, den Kunden eine problemlose Verwendung in dieser Umgebung zu ermöglichen, stellt sich vielleicht im Laufe der Zeit heraus, dass die Tools dabei Grenzen setzen. Ob es sich dabei rein um eine Programmiersprache oder, wichtiger noch, eine Sprache mitsamt – das gehört immer zu einer Programmiersprache – einer Programmierumgebung handelt, in der die Sprache genutzt wird: Beides muss gegenüber den aktuell vorhandenen Tools verbessert werden.

Das Problem ist nun, dass es nicht mehr viele natürliche Umgebungen gibt. Die Bell Labs sind nicht mehr so wie früher, genauso wenig IBM Research und Xerox PARC. Wir haben keine echten »Industrielabore« mehr, in denen eine derartige Forschung und Entwicklung durchgeführt werden könnte. Es gibt sicherlich eine Vielzahl qualitativ hochwertiger akademischer Umgebungen, aber die meisten von ihnen werden durch sehr zielgerichtete Forschungsprojekte finanziert, die vor allem von der US-Regierung unterstützt werden, sei es durch NSF oder DARPA.

Die Umgebung, in der ein Berkeley Unix entwickelt wurde, oder die, in der ich mit William Wulf eine Sprache für die High-Level-Systemprogrammierung namens BLISS entworfen habe: Wir konnten arbeiten, weil ARPA damals so mit den Förderungen umging. Heutzutage ist das in einer Forschungsumgebung nicht mehr so einfach möglich. Ich weiß nicht, ob solche Entwicklungen überhaupt noch stattfinden.

Für eine Firma ist es durch die Notwendigkeit, Umsatz und Profit zu erzeugen, sehr schwierig, solche Investitionen zu tätigen, solange sie keine Möglichkeit hat, einen Teil als Forschungsorganisation unabhängig mit Geld zu versorgen. Die meisten Firmen, vor allem im Software- und Internetbereich, haben heute keine solchen Möglichkeiten.

Vielleicht ein Open Source-Projekt?

Charles: Vielleicht, aber das Problem mit Open Source ist meiner Meinung nach, dass sie nur gut funktioniert, wenn ein Konzept schon ausreichend weit entwickelt wurde und eine gewisse strukturelle Integrität vorhanden und gut verstanden ist. Einfach ein leeres Blatt Papier zu nehmen, es Open Source zu nennen und loszulegen, ist wohl sehr schwierig.

Würden Sie vorschlagen, es auf jeden Fall zu einem offenen Standard zu machen?

Charles: Das muss man heutzutage machen. Die Leute brauchen es offen, und ehrlich gesagt muss es die Möglichkeit geben, dass die Leute ihre eigenen Tools hinzufügen können. Vielleicht wissen Sie das nicht, aber alle Adobe-Produkte haben eine offene JavaScript-Schnittstelle, sodass Fremdhersteller sehr ausgefeilte Add-ons für alle unsere Produkte bauen können – von InDesign über Photoshop bis hin zu Acrobat. Das geschieht plattformneutral, unabhängig und als Skript. Viele Firmen und Einzelpersonen machen das auch.

Es ist kein Open Source, wir geben also nicht den C-Code von Photoshop heraus, aber es ist eine Möglichkeit, die Integrität der Kernkomponenten sicherzustellen, Fremdfirmen aber trotzdem die Freiheit zu geben, zu experimentieren und Werte zu schaffen.

Standardwünsche

Was ist das nächste anstehende Problem, das im Bereich der Programmierung oder Informatik gelöst werden muss?

John: Na ja, in der Welt, in der ich heute lebe, habe ich vermutlich 30 oder 40 Handbücher in meinem Regal stehen, die alle mit dem Web zu tun haben. Sie sind alle dick und widersprechen sich gegenseitig. Ich fände es sehr schön, wenn die Darstellungsmodelle, die Programmierumgebungen, all das, was das Web heutzutage ausmacht, aufgeräumt würde, da es wirklich keinen Grund dafür gibt, so viel Krempel zu haben.

Der Schrecken der unterschiedlichen Browser und der Umgang mit den unterschiedlichen HTML-Implementierungen müssen verschwinden.

Mit Flash versuchen wir, das Web zum einen aufzupeppen und es andererseits robust genug zu machen, dass man zumindest eine Sprache hat, die plattformunabhängig ist und sich von Plattform zu Plattform verschieben lässt, ohne sich jedes Mal mit unterschiedlichen Semantiken herumschlagen zu müssen.

Charles: Da stimme ich völlig zu. Es ist so frustrierend, dass wir uns so viele Jahre später noch in einer Umgebung befinden, in der jemand sagt: »Wenn du wirklich damit arbeiten willst, musst du Firefox nutzen.« Über den Punkt sollten wir doch hinaus sein! Die ganze Universalität des Webs ist doch eigentlich nur ohne solche Einschränkungen gegeben, trotzdem müssen wir damit leben.

Es ist immer faszinierend, zu sehen, wie lange es dauert, bis bestimmte historische Antiquitäten endlich aussterben. Je mehr Sie sie in den Browsern berücksichtigen, desto mehr verfestigen Sie sie als ewig lebend, und das ist dumm.

Sehen Sie das als einen Fehler des Standardisierungsprozesses an, den wir heutzutage haben?

John: Na ja, beim Standardisierungsprozess geht es weniger um das Lösen von Problemen als um das Kodifizieren der Geschichte.

Charles: Ich sehe das so, dass es bei den Standards darum geht, etwas mit Weihwasser zu besprühen, das schon längst Tatsache ist. Es geht nicht darum, etwas Neues zu schaffen, wie schon John sagte. Es geht nur darum, zu kodifizieren.

Wenn es keine aktive, lebendige Organisation gibt, die sich des Standards annimmt und ihn entweder kontrolliert oder die Implementierung einfach und schnell bereitstellt, sodass es niemand auf eigenen Wegen versucht, gibt es auch keinen Standard. Das ist genau das Dilemma, mit dem wir uns in den Anfangstagen von PostScript herumschlagen mussten. Wenn die Klone es geschafft hätten, uns die Kontrolle über PostScript zu entziehen, wären wir nie bis zu PostScript 3 gekommen. Es hätte Inkompatibilitäten gegeben, durch die die ganze Prämisse witzlos gewesen wäre.

John: Das Gleiche gilt für PDF. Wir haben es schließlich geschafft, dass die US-Archive sich des Formats angenommen haben. Sie nutzen zwar nur eine Untermenge des aktuellen Krams, aber es ist zumindest eine Spezifikation.

Als wir Acrobat erstellten, sagten wir uns, dass die Dateien auf jeden Fall am Leben bleiben müssen, und wir sagten zu, dass es Abwärtskompatibilität geben würde, sodass auch wirklich alte Acrobat-Dateien immer noch vom Reader gelesen werden können. Das ist eine große Aufgabe. Acrobat ist ein ganz schöner Batzen Code, aber er ist im Web so nützlich, dass ich es mir gar nicht ohne ihn vorstellen könnte.

Sollten diese Standards durch eine Hauptimplementierung vorangetrieben werden, oder können sie aus einer groben Übereinstimmung entstehen?

John: Bei PostScript hat unsere Implementierung definiert, was der Standard war, und für Acrobat gilt quasi das Gleiche.

Das Problem ist, dass Sie Netscape und Microsoft hatten. Microsoft zeigte keinerlei Interesse daran, kompatibel zu bleiben. Ich denke, das ist schon tragisch.

Charles: Bei Java war es das Gleiche.

Könnten wir ein besseres Web haben, wenn wir statt HTML und JavaScript PostScript genutzt hätten?

Charles: Na ja, wir haben an unserer neuen Plattform für das Web gearbeitet, deren aktueller Name Adobe AIR ist. Die Adobe Internet Runtime ist eine Möglichkeit, im Web die gleichen grafischen Möglichkeiten nutzen zu können, die Sie auch in unseren Anwendungen und im Kernel des PostScript-Darstellungsmodells sehen. Dabei können Sie damit Anwendungen im Web schreiben, die den Unterschied zwischen dem, was auf dem Desktop geht, und dem, was im Web geht, verwischen. Wir glauben, dass das ein Weg ist, um Bilder und Grafiken auf PostScript-Niveau im Web zu nutzen, wie es mit HTML nicht effektiv machbar ist.

HTML hat zwei Probleme. 1) Es ist prinzipiell eine Bitmap-orientierte Darstellung von Informationen. 2) Es ist kein Standard. Zumindest insoweit, als Sie einen der am weitesten verbreiteten Webbrowser nehmen, mit ihm eine bestimmte HTML-Seite anzeigen lassen und immer unterschiedliche Ergebnisse erhalten. Für mich ist das nicht akzeptabel, denn wenn Sie dann eine wirklich ausgefeilte Website aufbauen wollen, müssen Sie browserspezifische Programmierung vornehmen, um der Website immer das gleiche Aussehen zu verpassen. Es ist wie in der schlechten alten Zeit.

Das ist passiert, weil HTML eine Art »offener Standard« war. Ich glaube, dass da ein Widerspruch drinsteckt. Sie können die Implementierung eines Standards offen halten, aber der Standard selbst muss gut entworfen und durchdacht sein, damit Sie nicht diese Art von Ungleichheiten erhalten.

Ich erinnere mich daran, als Java von Sun vorgestellt wurde. Sie schlossen schließlich einen Deal mit Microsoft ab, und das Erste, was Microsoft tat, war, Java zu ändern. Es gab keine Uniformität zwischen den verschiedenen Implementierungen. Damit wird das ganze Konzept eines Standards über den Haufen geworfen. Wenn Sie einen Standard haben wollen, muss es auch ein Standard sein, an den sich jeder zu halten hat. Das bedeutet im Allgemeinen, dass eine ziemlich autokratische Organisation den Standard verwaltet, aber nicht die Implementierung.

Wir finden, dass es eine echte Gelegenheit gibt, die Qualität dessen, was Sie im Web machen können, auf ein neues Niveau zu heben. Wir haben in diesem Bereich gearbeitet. Wir haben viele interessante Anwendungen gesehen, die Fremdfirmen schon mit der AIR-Plattform gebaut haben, und wir werden uns weiter darauf konzentrieren. Dadurch werden das Betriebssystem und die Plattform, worauf Ihr lokaler Laptop oder PC läuft, ziemlich irrelevant. Es ist einfach unwichtig.

Sie können sich vorstellen, warum Apple und Microsoft das in gewissem Maße als Herausforderung ansehen, denn sie würden es natürlich lieber sehen, wenn man auf ihre Implementierungen zurückgreift. Wir sind halt der Meinung, das es einfach unwichtig wird. Diese Wolke sollte von jedem Computer aus erreichbar sein und jede Art von Information im Web nutzen können.

KAPITEL SIEBZEHN

Eiffel
Bertrand Meyer

Eiffel ist eine objektorientierte Programmiersprache, die hauptsächlich von Bertrand Meyer im Jahr 1985 entworfen wurde und mittlerweile von einem Standardkomitee bei *Ecma International* verwaltet wird. Dort wurde 2006 ein ISO-Standard veröffentlicht. Die Sprache stellt viele Features bereit, die heute als modern angesehen werden und weite Verbreitung finden: Garbage Collection, generische Programmierung und Typsicherheit. Ihr wichtigster Beitrag mag die Idee des »Design by Contract« sein, bei der die Sprache Schnittstellenvorbedingungen und -nachbedingungen und Invarianten sicherstellt. Damit wird die Zuverlässigkeit und Wiederverwendbarkeit von Komponenten verbessert. Der Einfluss von Eiffel zeigt sich deutlich in Sprachen wie Java, Ruby und C#.

Ein inspirierender Nachmittag

Warum entschieden Sie sich dazu, eine Programmiersprache zu entwerfen?

Bertrand Meyer: Nur sehr wenige Leute erstellen eine Programmiersprache nur aus Spaß. Eiffel entstand aus einer Notwendigkeit. Ich entwarf eine Programmiersprache, weil ich Software schreiben musste und alles, was ich hatte, unbefriedigend war.

Brauchten Sie ein Tool, um zum Beispiel Design by Contract zu implementieren?

Bertrand: Dieser Teil war offensichtlich, aber ich brauchte ganz allgemein eine objektorientierte Sprache. Lassen Sie mich die Rahmenbedingungen schildern. Wir gründeten 1985 die Firma Interactive Software Engineering. Jetzt heißt sie Eiffel Software. Wir wollten Tools für die Softwareentwicklung bauen. Das Geld kam von einer japanischen Firma, für die wir einen Programmiereditor oder einen syntaxgeleiteten Editor bauen sollten. Das taten wir, und dieser Editor hatte durchaus ein wenig Erfolg.

Das war eine sehr kleine Firma. Ich unterrichtete immer noch an der University of California in Santa Barbara, daher handelte es sich eher um eine Nebentätigkeit. Wir hatten Unix-Workstations, die wir vom japanischen Kunden bekommen hatten – es handelte sich um eines seiner Produkte. Das war 1985, und ich hatte schon seit fast zehn Jahren objektorientiert programmiert. Ich hatte das Glück, in den 70ern über Simula 67 zu stolpern, das mich sofort fesselte. Ich wusste, das war der richtige Weg, zu programmieren.

Auf der Art von Maschinen, die wir nutzten, gab es keinen Simula-Compiler, wo ich doch Simula so sehr mochte. Wie Tony Hoare über Algol sagte, war es eine Verbesserung gegenüber vielen seiner Nachfolger. Simula hatte zwar noch keine Mehrfachvererbung und Generik, aber mir wurde klar, dass man beides brauchte. Ich erklärte die Gründe dafür in einem Artikel, der auf der ersten OOPSLA präsentiert wurde, »Genericity versus Inheritance«. Wir schauten uns also an, was zur Verfügung stand. Es gab C++, also schlug ich das Buch auf, machte es aber schnell wieder zu – das war nicht die Art von Sprache, die ich im Kopf hatte. Die Idee, C-Programmierern ein bisschen Objektorientierung schmackhaft zu machen, war zwar interessant, konnte aber nur ein Zwischenschritt zu etwas Konsistenterem sein. Objective-C gab es auch, aber es war sehr an Smalltalk orientiert und hatte wenig mit den Prinzipien der Softwareentwicklung zu tun, an denen wir interessiert waren. Das Gleiche galt für Smalltalk selbst. Smalltalk war eine faszinierende Entwicklung, aber es konnte uns nicht bei den Überlegungen helfen, die wir anstellten. So wurde Eiffel geboren – als eine Kombination aus objektorientierten Techniken und Softwareentwicklungsprinzipien und Praktiken, die im Laufe des vorausgegangenen Jahrzehnts entwickelt worden waren. Smalltalk hatte dieses sehr nette Flair der experimentellen Programmierung, was für das, was wir machen wollten, unangemessen war. So war zum Beispiel das Fehlen einer statischen Typisierung schon ein K.-o.-Kriterium. Daher gab es also viele interessante Ideen, aber nichts, was wir verwenden wollten.

Ich schrieb dann einen Bericht. Es war einer für die UC – Santa Barbara, der nicht die Sprache beschrieb, sondern die Bibliothek aus Datenstrukturen und Algorithmen, da es mir sehr um Wiederverwendbarkeit ging und ich eine Standardbibliothek haben wollte, um die grundlegenden Datenstrukturen der Informatik abzudecken, die ich manchmal »Knuthware« nenne. Das, was später als EiffelBase bezeichnet wurde, wurde zu der Zeit einfach Data Structure Library genannt. Also verfasste ich diesen Artikel und beschrieb Arrays, verkettete Listen, Stacks, Queues und so weiter. Ich verwendete eine bestimmte Notation und schrieb, dass wir es implementieren würden. Ich dachte, es würde drei Wochen dauern. Wir sind immer noch dran. Aber das war schon Eiffel.

Die Sprache hatte keinen eigenen Schwerpunkt. Der Schwerpunkt lag auf wiederverwendbaren Komponenten, und ich hatte bemerkt, dass man Klassen dafür braucht und Generik, was es direkt von Anfang an gab. Man brauchte Mehrfachvererbung und eine sorgfältige Kombination aus Generik und Mehrfachvererbung, wie mein OOPSLA-Artikel zeigte. Man brauchte verzögerte Klassen und natürlich Kontrakte, was für mich das Trivialste war. Alle anderen machen da ein Riesengehabe drum, aber ich verstehe bis heute nicht, wie man ohne Kontrakte programmieren kann. Ich wusste auch, dass wir einen guten Streaming- und Serialisierungsmechanismus brauchten, daher entwickelten wir ihn als eine der ersten Komponenten. Das hatte ich von einer Sprache namens SAIL gelernt, Stanford Artificial Intelligence Language, die sehr gut designt war – nicht objektorientiert, aber sehr interessant – und die ich zehn Jahre zuvor in Stanford genutzt hatte. All das war da und von Anfang an vorhanden. Eine Garbage Collection war natürlich auch notwendig.

Wie sind Sie zu dieser Philosophie gekommen? War Ihre Erfahrung als praktizierender Programmierer ausreichend, um zu erkennen, wie man das Bauen von Software verbessern kann?

Bertrand: Teilweise daher und teilweise durch das Lesen von Büchern. Als ich 1973 Student in Stanford war, las ich das Buch *Structured Programming* von Dahl, Dijkstra und Hoare (Academic Press). Im Endeffekt handelt es sich dabei um drei Monographien in einem Buch. Die erste, von Dijkstra, ist die berühmte über die strukturierte Programmierung. Die zweite, von Hoare, dreht sich um das Strukturieren von Daten und ist ebenfalls großartig. Und dann gibt es noch die dritte. Eine der Lektionen, die ich über das Leben gelernt habe, ist, dass die Leute die Anfänge von Büchern lesen, daher – das ist eigentlich ein Ratschlag für Leute, die Bücher schreiben – müssen Sie sich gut überlegen, was Sie in den ersten 50 Seiten unterbringen, da 90% der Leute danach das Buch beiseite legen, selbst wenn es sehr gut ist. Die meisten Leute haben den ersten Teil von *Structured Programming* gelesen, der von Dijkstra ist. Manche Leute haben den zweiten Teil von Hoare gelesen. Ich glaube, nur wenige Leute haben bis zum Ende durchgehalten und den dritten Teil gelesen, der von Ole-Johan Dahl stammt (wobei Tony Hoare mitgearbeitet hat) und den Titel »Hierarchical Programming Structuring« trägt. In Wirklichkeit handelt es sich um eine Einführung in Simula und objektorientierte Programmierung. Ich war ein gewissenhafter Student – mir wurde gesagt, ich solle das Buch lesen, also las ich es vom Anfang bis zum Ende. Ich mochte den ersten und zweiten Teil, aber der dritte brachte die Erleuchtung.

Das erklärt auch, warum ich ein paar Jahre später, als die objektorientierte Programmierung die Bühne betrat, die meisten Leute nicht verstand, die sagten, das sei der Nachfolger der strukturierten Methoden. Es war von Anfang an ein Teil der strukturierten Methoden. Strukturierte Programmierung war für das Programmieren im Kleinen gedacht, objektorientierte Programmierung für das Programmieren im Großen, aber es gab keine Lücke zwischen beidem. Nach dem Lesen des Textes von Dahl und Hoare wusste ich, dass das der richtige Weg der Programmierung war. Als ich Mitte der 70er Jahre in die Industrie ging, hatte ich das Glück, dass mich mein Chef einen

Simula-Compiler kaufen ließ, der zwar ziemlich teuer, aber auch sehr gut war. Ich benutzte ihn in der Firma, in der ich arbeitete, ziemlich häufig, um ziemlich interessante Software zu erstellen. Für mich war es total offensichtlich, dass es keinen anderen sinnvollen Weg gab, zu programmieren, aber die meisten anderen Leute dachten, ich wäre total verrückt. Objektorientierte Programmierung war damals immer noch sehr gestaltlos.

Mitte der 70er Jahre, direkt nach der Ausbildung, hatte ich zusammen mit meinem Freund Claude Baudoin ein Buch auf französisch geschrieben, das den Titel *Méthodes de Programmation* (Eyrolles) trug, »Programmiermethoden«, und eine Art Kompendium all dessen war, was wir wussten, all dessen, was wir in Stanford und woanders gelernt hatten. Das Buch war sehr erfolgreich. Es ist selbst heute noch zu kaufen, was für ein Computerbuch aus dem Jahr 1978 ziemlich verrückt ist. Ich denke, ich kann ohne Übertreibung sagen, dass damit ein paar Generationen französischer Softwareentwickler ausgebildet wurden – und auch russischer, weil es damals in der Sowjetunion ins Russische übersetzt wurde. Auch in Russland war es recht erfolgreich, ich treffe dort immer noch Leute, die mir erzählen, sie hätten mit diesem Buch das Programmieren erlernt. Es nutzte einen Pseudocode, um die Programmiertechniken, Algorithmen und Datenstrukturen zu erläutern.

Ich zeigte Tony Hoare das Buch, der interessiert daran war, es für seine berühmte internationale Informatikreihe bei Prentice Hall ins Englische übersetzen zu lassen. Ich sagte: »Ja klar«, und er sagte: »Sie sprechen doch Englisch, warum übersetzen Sie es nicht selber?« Ich war dumm genug, zuzusagen, anstatt darauf zu bestehen, dass er einen Übersetzer fand. Es war das Dümmste, was ich je in meinem Leben gemacht habe. Natürlich schrieb ich es beim Übersetzen um, da seit der Erstveröffentlichung drei oder vier Jahre vergangen waren. Ich hatte mich weiterentwickelt und hatte mehr Ideen. Ich nannte das Buch nun *Applied Programming Methodology*, aber es wurde nie veröffentlicht, weil ich es nie zu einem Abschluss brachte. Ich schrieb jeden einzelnen Satz um. Das war sehr unproduktiv, aber durch das Schreiben verbesserte ich den Pseudocode, den ich für das erste Buch genutzt hatte. Insbesondere hatte ich das Gefühl, dass ich Programme oder Algorithmen ohne Kontrakte nicht ordentlich ausdrücken konnte. Daher kommt die Eiffel-Notation für Kontrakte.

Ein anderes Ereignis war auch ziemlich wichtig. Ich war zwar schon in der Branche tätig, nahm mir aber ein Jahr Auszeit, um an der University of California in Santa Barbara arbeiten zu können. Als »Gastdozent« bekam ich ein paar Kurse zugeteilt, die niemand halten wollte. Dabei gab es aufeinanderfolgende Kurse, 130A und 130B, Datenstrukturen und Algorithmen, die eine sehr interessante Rolle spielten, weil sie eigentlich drei Zwecke erfüllten. Der offizielle Zweck war, Datenstrukturen und Algorithmen zu unterrichten. Aber es gab noch zwei weitere, inoffizielle Zwecke, die eigentlich wichtiger waren. Der eine war, so schwierig zu sein, dass eine Reihe von Studenten den Kurs nicht bestehen würde und die verbleibenden es »wert« waren, Informatik zu studieren. Das zweite geheime Ziel war, die Studenten in C zu unterrichten, da sie diese Sprache für andere Kurse brauchten.

Das war total absurd, denn wofür C auch immer gut ist – es ist keine gute Sprache, um Algorithmen auszudrücken oder sie gar zu unterrichten. Es war eine furchtbare Erfahrung, denn statt darüber zu sprechen, was ich eigentlich in den Kursen vorhatte, half ich vor allem den Studenten dabei, ihre Programme zu debuggen, wenn Zeiger verrückt spielten und so weiter. Dabei habe ich zweierlei gelernt. Erstens: Ich wollte C nie wieder mit Menschen zusammenbringen müssen. C lässt sich für Compiler gut generieren, aber die Idee, dass Menschen darin programmieren sollten, ist total absurd. Zweitens: Man kann grundlegende Datenstrukturen und Algorithmen nur dann sinnvoll unterrichten, wenn man sie komplett mit Schleifeninvarianten und Schleifenvarianten sowie Vor- und Nachbedingungen versieht. Als ich also am Ende dieses Jahres eine Notation für unsere eigene Arbeit in der Firma entwickeln musste, die wir gerade gegründet hatten, verwendete ich die Sprache, die ich gerne in meinem Kurs an der UCSB genutzt hätte. Insgesamt ist das alles entstanden, weil ich viel las und mich mit den modernen Arbeiten zur Softwareentwicklung beschäftigte – Dahl, Dijkstra, Hoare, Wirth, Harlan Mills, David Gries, Barbara Liskov, John Guttag, Jim Horning, all diesen Leuten – und prinzipiell der Entwicklung von Programmiersprachen gefolgt bin. Für mich lag das alles auf der Hand. Ich kann wirklich sagen, dass Eiffel – ich wollte sagen, an einem Nachmittag, aber selbst das trifft nicht zu – in 15 Minuten entworfen war. Ich hatte da nirgendwo Zweifel.

Hat die Sprache Eiffel Sie auf die Idee des Design by Contract gebracht?

Bertrand: Nein, es war anders herum. Die Konzepte waren also schon vorher da. Die Sprache spiegelt das nur wider. Diese Frage ist für mich nicht sinnvoll, ich denke eher, sie sollte an diejenigen gehen, die Design by Contract nicht nutzen. Ich kann nicht verstehen, warum die Leute Softwareelemente schreiben, ohne sich zu überlegen, wofür sie gedacht sind. Ich würde da Gosling, Stroustrup, Alan Kay oder Hejlsberg fragen. Wie können sie Software schreiben oder eine Sprache entwerfen, in der die Leute dann Software erstellen sollen, ohne diese Art von Mechanismus bereitzustellen? Es kann doch niemand auch nur zwei Zeilen Code schreiben, ohne das zu tun. Zu fragen, warum jemand Design by Contract nutzt, ist, als ob man fragen würde, warum man arabische Ziffern verwendet. Ich finde, wer römische Ziffern zum Multiplizieren nutzt, sollte sich dafür rechtfertigen müssen.

Ich habe gehört, dass Design by Contract in einer OO-Sprache das Liskov'sche Substitutionsprinzip erzwingt. Stimmt das?

Bertrand: Ich habe nie verstanden, was das Liskov'sche Substitutionsprinzip ist. So wie ich es sehe, geht es einfach um Vererbung.

Ich denke, das stimmt, wenn vollständige Ersetzbarkeit gegeben ist. Sie können Ihren abgeleiteten Typ nicht so weit einschränken, dass er weniger tut als sein Vorfahr. Prinzipiell müssen Sie sicherstellen, dass der gleiche Kontrakt wie von der übergeordneten Klasse erfüllt wird.

Bertrand: Na ja, ich denke, das wurde 1985 von Eiffel eingeführt – die Idee, bei einer Redefinition einer Routine die Vorbedingungen zu schwächen und die Nachbedingungen zu stärken. Wenn das Liskov'sche Substitutionsprinzip das besagt, finde ich, die Antwort ist Ja. Aber Eiffel hat nicht auf Barbara Liskov gewartet.

Mir gefallen diese Vorstellungen von konvergierenden Entdeckungen.

Bertrand: Von Barbara Liskovs Arbeit haben wir direkt das Konzept der abstrakten Datentypen übernommen. Es stammt aus dem Jahr 1974 und war bahnbrechend. Natürlich gab es all die Arbeiten an der Sprache CLU am MIT, die auch Einfluss hatten. Aber das Liskov'sche Substitutionsprinzip war mir nie besonders neu.

Wie hilft das Design by Contract einem Entwicklerteam?

Bertrand: Damit wissen die verschiedenen Teile des Teams, *was* ihre Partner gerade machen, ohne wissen zu müssen, *wie* sie es tun. So können Sie sich auf die Spezifikation verlassen und Snapshots der Ergebnisse aller Teams ziehen, ohne an eine bestimmte Repräsentation gebunden zu sein. Das ist auch für Manager sehr gut.

Gibt es da nicht das Risiko, die Lösung überzuspezifizieren?

Bertrand: Nein, eigentlich nicht. Das Risiko ist immer gegeben, zu wenig zu spezifizieren. Die Leute überspezifizieren bei Kontrakten nur sehr selten. Es geschieht eher dann, wenn die Leute sich früh auf eine Implementierung festlegen, statt auf dem Spezifikationsniveau zu bleiben, aber das kann bei Kontrakten nicht passieren, da sie den Zweck beschreiben, nicht die Realisierung. Es gibt eher umgekehrt bei kontraktbasierten Spezifikationen ein Problem: Die Leute sagen nicht genug, da es schwierig ist, alles zu spezifizieren.

Ich habe gelesen, dass der Code bei der Verwendung von Kontrakten nie die Kontraktbedingungen prüfen muss. Die ganze Idee basiert darauf, dass der Code dann komplett abbricht. Können Sie diese Entscheidung erläutern?

Bertrand: Es mag viele Leute geben, die behaupten, sie würden die Prinzipien des Design bei Contract anwenden, aber nicht mutig genug sind, diese Regel auch anzuwenden. Die Idee ist ganz einfach und wird auf die Vorbedingungen angewandt. Wenn Sie bei einer Routine eine Vorbedingung haben, die besagt: »Das sind die Bedingungen, die ich erfüllen will«, sollte der Code der Routine selber niemals den Kontrakt prüfen. Jegliche Verantwortung für die Kontrolle des Kontrakts zur Laufzeit liegt bei jemand anderem, falls Sie davon ausgehen, dass Clients Bugs haben sind und die Vorbedingungen nicht einhalten. Es gibt einen automatischen Mechanismus, der während des Testens und Debuggens genutzt wird. Wenn Sie dagegen eine Vorbedingung haben, diese aber auch noch im Code testen und etwas falsch ist, wird die Arbeit doppelt durchgeführt. So fühlen Sie sich dann doch noch dafür verantwortlich, dass die Bedingung erfüllt wird, obwohl das doch im Verantwortungsbereich des Aufrufers liegt. Das ist der wahre Anhaltspunkt dafür, ob die Leute Design by Contract umsetzen und nicht nur eine bestimmte Form defensiver Programmierung: Sind sie dazu bereit, die Prüfungen zu entfernen? Nur wenige haben den Mut, das wirklich zu tun.

Beim Design by Contract gibt es eine sehr klare Regel: Die Vorbedingung ist eine Einschränkung für den Client, den Aufrufenden. Wenn es also eine Verletzung dieser Vorbedingung gibt, ist das ein Fehler des Client und liegt nicht in der Verantwortung der Routine. Bei der Nachbedingung liegt die Verantwortung hingegen beim Lieferanten, der Routine. Wenn Sie eine Vorbedingung haben, die vom Client einzuhalten ist, die Routine diese Bedingungen aber selber nochmals prüft, haben Sie eine Menge überflüssigen Code. Das ist natürlich sehr gefährlich, insbesondere da dieser Code beim Testen und Debuggen oft nicht durchlaufen wird. Es geht eben darum, die Spezifikationen ernst zu nehmen.

Wie wichtig ist der Unterschied zwischen Spezifikation und Implementierung?

Bertrand: Das ist eine wirklich gute Frage. Der Unterschied ist sehr wichtig, aber es ist ein relativer Unterschied. Es ist also unmöglich, zu behaupten, etwas in der Spezifikation sei absolut oder etwas in der Implementierung sei absolut. Software hat die Eigenschaft, dass jedes Element, das

Sie sich anschauen, eine Spezifikation von etwas Konkreterem ist und eine Implementierung von etwas Abstrakterem. Sie können sogar ein Konstrukt wählen, das nun wirklich wie eine Implementierung klingt – zum Beispiel eine Zuweisung := A+1 oder A := B. Die meisten Leute würden sagen, das sei reine Implementierung. Aber wenn Sie ein Compilerautor sind, ist das eine Spezifikation von etwas, das vielleicht in ein Dutzend Anweisungen in Maschinencode oder C umgesetzt wird. Die Unterscheidung ist wichtig, aber bei Software entsteht die Schwierigkeit dadurch, dass die Techniken zum Schreiben von Implementierungen ab einer gewissen Größenordnung denen zum Schreiben von Spezifikationen sehr stark ähneln.

So gibt es zum Beispiel ein ganz auffälliges Phänomen, wenn man formale Spezifikationen schreibt. Wenn die formale Spezifikation groß genug ist, machen Sie Sachen und stellen sich Fragen, die erstaunlich nah an der Art von Sachen und der Art von Fragen liegen, die beim Schreiben der eigentlichen Programme auftreten. Bei Software geht es eben nicht um den ganzen physikalischen Kram. Wir kümmern uns nicht um konkrete, fassbare Elemente, sondern nur um Abstraktionen. Daher ist der Unterschied zwischen der Implementierung und der Spezifikation prinzipiell einer des Abstraktionsniveaus. Im Allgemeinen ist es sinnlos, etwas als Implementierung oder Spezifikation vorzustellen. Sie können aber sagen, dass X eine Spezifikation von Y ist und damit umgekehrt Y eine Implementierung von X. Das ist eine sinnvolle Aussage, sie ist falsifizierbar. Aber die Aussagen »X ist eine Spezifikation« oder »X ist eine Implementierung« sind nicht falsifizierbar. Es gibt keine eindeutige Ja/Nein-Antwort.

Wie sieht die Verbindung zwischen einer Programmiersprache und dem Design der Software aus, die mit dieser Sprache geschrieben wird?

Bertrand: Einer der wirklich einzigartigen Aspekte von Eiffel – eine der offensichtlichen Eigenschaften von Software, die sonst niemand als offensichtlich oder sogar wahr ansieht – ist, dass die Kette zwischen Konzept und Realisierung komplett kontinuierlich ist. Das nennen wir »nahtlose Entwicklung«, und es handelt sich dabei wohl um den wichtigsten Aspekt von Eiffel. Alles andere ist dazu da, diesen Aspekt zu unterstützen. Es geht dabei um die Idee, dass es zum Beispiel keinen echten Unterschied zwischen dem Design und der Implementierung gibt. Um einen bekannten Spruch umzuschreiben: Die Implementierung ist nur Design mit anderen Mitteln. Der Unterschied liegt lediglich in der Granularität und dem Abstraktionsniveau. Eiffel ist insbesondere genauso sehr dafür gedacht, eine Analyse- und Designsprache wie eine Implementierungssprache zu sein. Insgesamt ist es mehr eine Methode als eine Sprache, aber als Sprache lässt sich Eiffel genauso gut für die Analyse und das Design wie für die Implementierung nutzen.

Leute, die Eiffel verwenden, nutzen im Allgemeinen kein UML oder ähnliche Tools, die für einen Eiffel-Designer nur mehr Aufwand bedeuten, ohne für die Software wirklich nützlich zu sein. Eiffel ist ein Tool, das Ihnen helfen soll – Sie reden über Design, aber ich würde sagen, es beginnt bei der Spezifikation und Analyse, geht weiter zum Design und dann zur Implementierung. Während des gesamten Prozesses soll Ihnen geholfen werden. Aber meiner Meinung nach und auch nach der von Eiffel-Entwicklern im Allgemeinen gibt es auch keine grundlegenden Lücken zwischen den Aufgaben.

Außerdem möchte ich erwähnen, dass die Sprache so unaufdringlich wie möglich sein sollte. Viele der Sprachen, die heutzutage genutzt werden, würde ich als »Hohepriestersprachen«

bezeichnen – mit vielen seltsamen Symbolen und Konventionen, die Sie verstehen müssen, um in den inneren Kreis vorgelassen zu werden. So basieren zum Beispiel viele der heute dominierenden Sprachen prinzipiell auf C. Sie sind dadurch entstanden, dass andauernd etwas von C weggenommen oder ihm hinzugefügt wurde, und Sie müssen eine Menge überflüssigen Kram verstehen, um mit ihnen klarzukommen.

Die Idee bei Eiffel – ich kann nicht behaupten, dass Eiffel frei von jeglichem überflüssigen Kram wäre, aber es gibt nur sehr wenig davon – ist, dass Sie beim Designen über das Design nachdenken und nicht über die Sprache. Von Leuten, die Eiffel nutzen, habe ich als schönstes Kompliment gehört, dass sie sich ganz auf ihr Problem konzentrieren können. Das ist der beste Einfluss, den eine Sprache auf ein Design haben kann.

Haben Sie sich je überlegt, andere Lösungswege einzuschlagen, als Objekte nur auf der Sprachebene zu behandeln? Vielleicht Komponenten, die wie die kleinen Tools sind, aus denen das Unix-System besteht, und die sich über Pipes zu komplexen Features zusammensetzen lassen. Denn wenn Sie eine Nachricht oder einen Brief an jemanden schreiben und etwas beschreiben wollen, nutzen Sie ja auch nicht die Idee von Objekten auf Französisch, Italienisch, Englisch und so weiter.

Bertrand: Die Mechanismen von Unix sind sicherlich sehr elegant, aber zu feingranular für das, was wir beim Bauen umfangreicher Software brauchen. Meiner Erfahrung nach sind Objekte der einzige Mechanismus, der auch für große Systeme skaliert. Der einzige andere Ansatz, den ich in Betracht ziehen würde, wäre die funktionale Programmierung, aber ich glaube nicht, dass das klappen würde. Es ist eine attraktive Idee, sehr elegant, und es gibt viel, was man von ihr lernen kann, aber auf oberster Ebene verliert sie gegenüber den Objekten. Objekte – oder eher Klassen – sind beim Abbilden der großen Strukturen von Systemen viel effektiver.

Die Analogie ist weniger die menschliche Sprache als vielmehr die Mathematik. Auch hier geht es eher um Klassen als um Objekte. Klassen sind nicht mehr als die in der Mathematik so erfolgreiche Idee der Strukturen, übertragen auf die Programmierung: Gruppen, Felder, Ringe und so weiter. In der Mathematik nehmen Sie Objekte, die sehr verschiedener Art sein können – zum Beispiel Zahlen und Funktionen –, und zeigen, dass sie in beiden Fällen die gleiche Struktur haben – definiert durch Operationen mit den gleichen Eigenschaften. Dann abstrahieren Sie das zum Beispiel in ein einziges Konzept der Gruppen oder Monoide oder Felder. Diese Idee hat in der Mathematik in den letzten 200 Jahren sehr gut funktioniert. So gesehen sind Klassen oder Objekte als gar kein so neues Konzept, sondern es handelt sich nur um eine direkte Übertragung der Idee von mathematischen Strukturen.

Viele moderne Systeme sind in Komponenten untergliedert und über ein Netzwerk verteilt. Sollte eine Sprache diese Aspekte des Netzwerks widerspiegeln?

Bertrand: Das ist eine wünschenswerte Eigenschaft, und Sie können das auch in Eiffel umsetzen, aber ich würde behaupten, hier zeigt sich die Sprache nicht unbedingt von ihrer besten Seite. Es gibt in diesem Bereich im Moment viel Fortschritt durch dynamisches Aktualisieren und Nebenläufigkeit, was sich in den nächsten Monaten zeigen wird. Aber noch ist es nicht so weit. Trotzdem denke ich, dass es wichtig ist. Man kann darüber streiten, ob sich das in der Sprache oder der Implementierung wiederfinden sollte, aber eine gewisse Sprachunterstützung ist schon notwendig.

Welche Verbindung sehen Sie zwischen dem objektorientierten Paradigma und der Nebenläufigkeit?

Bertrand: Ich denke, Nebenläufigkeit ist außerordentlich wichtig. Ich habe darüber viel geschrieben. Es gibt insbesondere einiges an Literatur über das sogenannte SCOOP-Modell der nebenläufigen objektorientierten Programmierung, das wir entwickelt haben. Erst einmal ist davon auszugehen, dass die naiven Ansätze nicht funktionieren werden. Es gibt eine gewisse Tendenz, zu sagen: »Oh ja, Nebenläufigkeit, Objekte, das ist doch alles der gleiche Ansatz. Das muss wunderbar zusammenpassen, denn Objekte sind von Natur aus schon nebenläufig.« Dann nimmt man an, alles würde schon klappen, aber es ist nicht so. Wenn Sie versuchen, objektorientierte Ideen auf einem grundlegenden Niveau mit Nebenläufigkeit zu kombinieren, funktioniert das nicht.

Lassen Sie mich ein paar Worte über SCOOP sagen. Grundlage ist, dass die Idee des Kontrakts in einem nebenläufigen Kontext nicht genauso interpretiert werden kann wie in einem sequenziellen Kontext. Bei SCOOP geht es darum, ein sequenziell objektorientiertes Programmiermodell zu nehmen und es so einfach wie möglich zu erweitern, um Nebenläufigkeit zu unterstützen. Diese Idee unterscheidet sich sehr von dem, was andere tun. Wenn Sie zum Beispiel das ganze Prozesskalkül anschauen: Dort wird genau entgegengesetzt vorgegangen. Man fragt sich, was das beste Schema für Nebenläufigkeit ist, und setzt die restliche Programmierung darauf auf. Damit erhält man etwas, das sich von der normalen Programmierung stark unterscheidet. Bei SCOOP ist die Idee, dass die die Leute mit Nebenläufigkeit immer leicht durcheinanderkommen, nicht aber, wenn sie über eine serielle Umgebung nachdenken. Daher verbirgt SCOOP einen Großteil der Komplexität der Nebenläufigkeit in der Implementierung im Modell. Dann lässt es die Programmierer nebenläufig programmieren, aber so, dass es sehr nahe an der sequenziellen Programmierung liegt und sie ihre gewohnten Wege gehen können.

Auf welcher Ebene sollten wir mit Nebenläufigkeit umgehen? Die JVM kümmert sich zum Beispiel schon völlig transparent um manche Dinge.

Bertrand: Das Threading in Java war für viele Anwendungen offensichtlich schon sehr nützlich, aber die Konzepte sind nicht sehr eng mit dem objektorientierten Denken verbunden. Es geht vor allem um Semaphoren im Sinne Dijkstras. Es gibt auch in Eiffel eine Bibliothek namens Eiffel-Threads, die mehr oder weniger das Gleiche tut. Ich denke, jedem ist klar, dass solche Lösungen kurzfristig helfen können, sich aber nicht gut skalieren lassen. Es gibt immer noch zu viele Möglichkeiten für Race Conditions und Deadlocks. Das Ziel sollte sein, Programmierer automatisch vor diesen Problemen zu schützen. Dafür muss man mehr Ausdrucksstärke haben. Wie Sie schon erwähnt haben, muss daher mehr und mehr Arbeit von der Implementierung erledigt werden.

Wiederverwendbarkeit und Generik

Wie geht Eiffel mit Änderungen und Weiterentwicklungen von Programmen um?

Bertrand: Neben der Wiederverwendbarkeit war die Erweiterbarkeit von Anfang an ein wichtiges Ziel. Das ist zum Teil auch der Grund dafür, dass Eiffel weiterhin existiert. Denn wie ich schon sagte, war Eiffel ursprünglich dazu gedacht, nur intern genutzt zu werden. Wir wollten es zunächst gar nicht nach draußen geben. Wir fingen an, darüber nachzudenken, Eiffel auch weiteren Kreisen verfügbar zu machen, als die Entwickler uns erklärten, dass sie im Gegensatz zu vorher verwendeten Sprachen mit Eiffel nicht dafür bestraft würden, wenn sie ihre Meinung änderten.

Ich denke, hier sind verschiedene Aspekte entscheidend. Zum einen wird das Kapseln von Informationen in Eiffel sehr vorsichtig vorgenommen, um die verschiedenen Module voneinander zu isolieren. Es gibt keine Informationskapselung für Nachfahren, da es dort nicht sinnvoll ist, aber die Interna sind für Clients verborgen. Es ist zum Beispiel ziemlich schockierend, dass Sie in bestimmten objektorientierten Sprachen einem Attribut oder einem Feld in einem Objekt immer noch direkt Werte zuweisen können. In Eiffel ist das nicht möglich, da dadurch die Kapselungsregeln verletzt würden. Für die Software wäre das sonst eine Katastrophe.

Dann ist der Vererbungsmechanismus sehr flexibel und ermöglicht es, Software zu schreiben, indem man bestehende Muster anpasst. Generik liefert hier zusätzliche Flexibilität.

Das Fehlen eines Sprachmechanismus oberhalb von Klassen ermöglicht es, diese sehr flexibel zu kombinieren. Auch hier helfen Kontrakte, denn beim Ändern von Software ist es sehr wichtig, zu wissen, was Sie ändern – insbesondere, ob Sie Aspekte der Spezifikation anpassen oder nur Aspekte der Implementierung. Wenn Sie Software ändern, müssen Sie entscheiden, ob das eine rein interne Änderung ist, die die Kontrakte nicht beeinträchtigt – dann wissen Sie, dass die Clients gar nicht betroffen sind –, oder ob es auch Änderungen an den Kontrakten gibt. Wenn das der Fall ist, müssen Sie natürlich schauen, wo das genau passiert. So können Sie die Auswirkungen von Änderungen sehr genau kontrollieren. Ich glaube, das sind ein paar der Mechanismen, die für das Unterstützen von Erweiterbarkeit unabdingbar sind.

Wie sollten Entwickler Wiederverwendbarkeit berücksichtigen? Ich frage, weil einige der Leute, die ich interviewt habe, der Meinung waren, dass Sie beim Bauen von Klassen die Wiederverwendbarkeit vergessen sollten, da sie viel Arbeit macht. Erst wenn Sie eine bestimmte Klasse in unterschiedlichen Kontexten mehrfach nutzen, sollten Sie sich darauf konzentrieren. Lohnt es sich also Ihrer Meinung nach, die zusätzliche Zeit für die Wiederverwendbarkeit aufzubringen?

Bertrand: Ich denke, das gilt nur, wenn Sie die Wiederverwendbarkeit nicht gut beherrschen oder Anfänger sind. Es stimmt, dass Sie viel Zeit aufwenden müssen und eventuell auch keinen Erfolg haben werden, wenn Sie noch keine Erfahrung mit Wiederverwendbarkeit haben und versuchen, Ihre Software allgemeiner zu machen, als die momentanen Anforderungen es erfordern. Aber ich würde doch behaupten, dass Sie es schon richtig machen, wenn Sie sie beherrschen, wenn Sie mit wiederverwendbaren Komponenten von anderen arbeiten und Ihre eigene Software ebenfalls wiederverwendbar gemacht haben.

Ich glaube, viele Leute machen den Fehler, nicht zu begreifen, dass es zwei Aspekte der Wiederverwendbarkeit gibt und dass einer auf den anderen folgt. Es gibt den Konsumentenaspekt und den Herstelleraspekt. Bei der Wiederverwendbarkeit für den Konsumenten nutzen Sie einfach bestehende Software für Ihre eigenen Anwendungen. Viele Leute machen das, um Zeit zu sparen. Bei der Wiederverwendbarkeit für den Hersteller machen Sie Ihre eigene Software besser wiederverwendbar. Wenn Sie versuchen, ein Produkt von Anfang an auf Wiederverwendbarkeit zu trimmen, wird das fehlschlagen, da Sie dafür ganz spezielle Techniken benötigen. Sie müssen viel

Zeit damit verbringen, Ihre Sachen allgemeingültiger zu machen, aber Sie können nur vermuten, in welche Richtungen die Generalisierung später laufen wird. Normalerweise werden Sie falsch vermuten, weil es schwierig ist.

Wenn Sie aber ein etwas bescheideneres Verhalten an den Tag legen und als Konsument beginnen – hochwertige, wiederverwendbare Bibliotheken studieren, sich anschauen, wie sie hergestellt und entworfen werden, wie ihre APIs aussehen –, können Sie den so erlernten Stil auf Ihre eigene Software anwenden. So funktioniert es in der Eiffel-Welt. Die Leute erlernen das Programmieren in Eiffel, indem sie sich die Standardbibliotheken anschauen – EiffelBase oder EiffelVision für die Grafikbearbeitung. Das sind ziemlich hochwertige Bibliotheken, die als Modell für gute Software dienen. Wenn Sie sie studieren, können Sie die gleichen Prinzipien auf Ihre eigene Software anwenden und sie damit vor allem viel besser wiederverwendbar machen. So müssen Sie es machen: Beginnen Sie als Konsument und lernen Sie aus Ihren Erfahrungen. Wenn Sie so vorgehen, funktioniert es meiner Meinung nach auch. Das war die Idee, die hinter meinem Buch *Reusable Software* (Prentice-Hall) steckt.

Mit diesem Ansatz können Sie Ihre Software wiederverwendbar machen. Bei einer agilen Sichtweise oder beim Extreme Programming hören Sie, dass Sie sich um Wiederverwendbarkeit keine Gedanken machen sollten, da es Zeitverschwendung sei. Ich denke, das gilt nur für Leute, die in der wiederverwendbaren Programmierung nicht so gut sind. Denn sie haben sich nicht die Mühe gemacht, zu lernen, wie man durch das Studium guter Modelle auch gute wiederverwendbare Software erzeugen kann.

Vielleicht ist es auch eine Frage der Programmiersprache, die sie verwenden.

Bertrand: Das ist es auf jeden Fall, darauf brauchen Sie mich gar nicht hinzuweisen. Eiffel wurde vor allem dazu entworfen, dreierlei zu erreichen. Eines war die Korrektheit und, allgemeiner gesprochen, Zuverlässigkeit. Das Zweite war Erweiterbarkeit, die Möglichkeit, Software einfach zu ändern. Die Dritte war die Wiederverwendbarkeit. Diese findet sich überall in der Sprache. So ist es zum Beispiel auffallend, dass wir die generischen Klassen von Anfang an dabeihatten. Das war für die Wiederverwendbarkeit ausgesprochen wichtig, aber im Laufe der Jahre haben die Leute darüber immer wieder gelacht. Auf der ersten OOPSLA im Jahr 1986 hatte die Firma einen Stand mit einem Schild, das darauf hinwies. Die Leute kamen zu unserem Stand und lachten über dieses Wort *Genericity*, das ihrer Meinung nach gar kein englisches Wort war. Keiner hatte eine Ahnung, worum es überhaupt ging.

Ein paar Jahre später kamen mit C++ die Templates auf. Als Java 1995 erschien, gab es keine Generik, und die Leute behaupteten, sie sei unnötig, denn es würde sich nur um eine dieser Komplikationen von objektorientierter Programmierung handeln, die die Sprachen unübersichtlicher machten. Und zehn Jahre später wurde die Generik auf komplizierte und, meiner Meinung nach, nicht vollständig befriedigenden Art und Weise eingeführt – nicht so sehr wegen eines schlechten Designs, sondern wegen der Kompatibilitätseinschränkungen. Dann traute ich meinen Augen nicht, als ich sah, dass C# wieder Generik enthielt, obwohl es doch diese schlechten Erfahrungen mit Java gegeben hatte.

Solche Sachen hat Eiffel von Anfang an berücksichtigt – motiviert durch die Wiederverwendbarkeit. Die einzelnen Details des Vererbungsmechanismus, die Mischung aus Umbenennung, Redefinition, Undefinition, die es in Eiffel gibt, die Mechanismen für die wiederholte Vererbung – all das wird durch Wiederverwendung gerechtfertigt und motiviert. Kontrakte sind natürlich für die Wiederverwendbarkeit ausgesprochen wichtig. Ich habe schon gesagt, dass ich nicht verstehe, wie die Leute ohne Kontrakte programmieren können, aber manchmal ist es noch schwerer zu verstehen, wie die Leute angeblich wiederverwendbare Komponenten haben können, ohne eine klare Spezifikation über die entsprechenden Elemente zu besitzen.

Nach und nach beginnen die Leute, das zu verstehen. Vielleicht haben Sie es noch nicht gesehen, aber .NET 4.0 wurde mit einer Kontraktbibliothek, Code Contracts und all den Basisbibliotheken angekündigt. Mscorelib wird mithilfe von Kontrakten neu dokumentiert und mit einer neuen Architektur versehen. Das ist nur 23 Jahre nach Eiffel. Die Leute verstehen endlich, dass Sie keine Wiederverwendbarkeit ohne Kontrakte haben können. Das hat seine Zeit gedauert. Natürlich hat Eiffel in dieser Zeit schon wieder neue Ideen eingebracht, um der Zeit voraus zu sein.

Wann und wie haben Sie erkannt, das die Generik genauso wichtig ist wie Klassen?

Bertrand: Dieser spezielle Punkt dieser Erkenntnis kam meiner Meinung nach eher aus dem akademischen Kontext und entstand nicht aus einem Bedürfnis der Branche. Meine Karriere habe ich vor allem in der Industrie verbracht, aber ich war auch einige Zeit im universitären Bereich tätig. 1984 und 1985 hielt ich ein paar Mal einen Kurs an der USCSB in Santa Barbara mit dem Titel »Advanced Concepts in Programming Languages.« Ich hatte da recht freie Hand.

Ich wollte mir dort anschauen, was damals State of the Art bei den Programmiersprachen war. Ich nahm sowohl Ada mit auf, das damals für viel Wirbel sorgte, als auch Simula, das überhaupt kein Aufsehen erregte, aber aufgrund seiner objektorientierten Konzepte sehr in die Zukunft ausgerichtet war.

Die Frage wurde beim Unterrichten des Kurses unvermeidlich, da ich in der einen Woche über Generik sprechen würde und in der nächsten über Vererbung – oder umgekehrt. Es war ganz natürlich, dass ich mich fragte, wie diese beiden zueinander stehen. Ich weiß nicht, ob das eine Frage eines Studenten war. Ich weiß nur, dass ich mich selber fragte: »Werde ich in der einen Woche Dr. Generik und in der nächsten Mr. Vererbung sein?«

Das führte mich dazu, mir die Frage zu stellen: »Was kann ich mit dem einen tun, was ich nicht mit dem anderen machen kann?« Natürlich war das das Ergebnis vieler Diskussionen und Reflexionen, aber die Programmiersprachencommunity war geteilt. Die einen dachten, dass Ada die ultimative flexible Antwort auf alle Programmiersprachen sei. Die (wenigen) anderen hatten objektorientierte Programmierung und Vererbung entdeckt.

Diese Diskussionen gab es immer wieder in den Arbeitsgruppen: »Ich kann das aber mit meiner Sprache besser machen.« – »Nein, ich mit meiner.« Soweit ich mich erinnere, machte keiner den nächsten Schritt und versuchte, herauszufinden, wie die Beziehung zwischen beidem war und wie sich beide Mechanismen vergleichen ließen.

In meinem Kurs präsentierte ich eine Art vergleichende Analyse von beidem. Dann kam der Call for Papers der ersten OOPSLA, und es war ganz klar, dass ich sie dort einzureichen würde.

Ich setzte mich hin und schrieb auf, was ich meiner Meinung nach verstanden hatte. So entstand »Genericity versus Inheritance« in den ersten OOPSLA-Proceedings.

Sie haben diesen Artikel veröffentlicht, bevor die bekanntesten OO-Sprachen überhaupt merkten, dass da ein Problem vorlag. Selbst Smalltalk war das nicht angegangen.

Bertrand: Smalltalk hat sich da nicht drum gekümmert, da es mit seiner dynamischen Typisierung keinen Bedarf dafür hat. Das war wirklich verrückt. Ich meine dieses Zitat von Schopenhauer, irgendwas mit »Erst lachen Sie über dich und dann ...«

... erst ignorieren sie dich, dann lachen sie über dich. Ja.

Bertrand: Das ist wirklich passiert. Auf der ersten OOPLA präsentierte ich meinen Artikel unter dem Dach der USCSB, daher handelte es sich um einen echten akademischen Artikel. Die Firma hatte einen eigenen Stand, der nur recht notdürftig war, weil wir kein Geld hatten. Die Tafeln am Stand waren selbstgebastelt, teilweise sogar von Hand beschriftet.

Die Leute kamen an unseren Stand und lachten über uns. Dann schleppten sie ihre Freunde an, um ihnen das zu zeigen. Wie schon erwähnt – sie haben zum Beispiel über das Wort *Genericity* gelacht. Das waren diese hohen Tiere von HP. Die richtig hohen Tiere. Manche von den HPlern kamen ein paar Mal zu unserem Stand und brachten jedes Mal einen anderen Bekannten mit. Sie zeigten auf das Wort: »Wie sprichst du das aus? Das muss Französisch sein oder so.« Sie versuchten sich lautstark an verschiedenen Aussprachemöglichkeiten: »Das muss gener*isissy*ty heißen!«, und so weiter.

Das war damals der Zeitgeist. Jetzt, nach 20 Jahren, soll ich Artikel bewerten, in denen steht, dass die Generik von Java erfunden wurde. Das macht das Leben so lustig.

Korrigieren von Sprachen

Soweit ich weiß, sprechen Sie drei natürliche Sprachen: Englisch (offensichtlich), Französisch und Deutsch. Hat sie diese Mehrsprachigkeit beim Sprachdesign beeinflusst?

Bertrand: Die kurze Antwort ist Ja. Mein Deutsch ist gar nicht so gut. Französisch ist meine Muttersprache. Bei Englisch gebe ich mein Bestes. Ich spreche halbwegs fließend Russisch. Ich habe sogar einen Master in Russisch, obwohl ich auch nicht näherungsweise so gut spreche wie es jemand mit einem solchen Abschluss können sollte. Ich spreche halbwegs Italienisch. In Russisch kann ich sogar ganz gut unterrichten. Auf Italienisch geht das ungefähr 15 Minuten gut, dann ist mein Gehirn überhitzt. Jetzt wollte ich nur genauer sein, aber die Antwort auf Ihre Frage ist definitiv Ja.

Ich wurde von der Informatik aufgrund meines Sprachinteresses angezogen. Zu wissen, dass es viele Möglichkeiten gibt, etwas zu sagen, dass es keine Eins-zu-eins-Beziehungen untereinander gibt, dass Sie unterschiedliche Akzente nutzen können, dass manchmal ein Nomen die richtige Lösung ist, manchmal aber ein Verb die Nuance ausdrücken kann, die man deutlich machen will – das hatte definitiv einen Einfluss, und es hat mir auch viel geholfen. Ich denke auch, dass Sie Ihre Muttersprache besser sprechen, wenn Sie mindestens eine Fremdsprache kennen.

Gerade im technischen Bereich und insbesondere beim Programmieren kommt noch dazu, dass man nicht nur einfach Programme schreibt, sondern Englisch oder eine andere natürliche Sprache. Es bringt unglaublich viel, wenn man ein wenig Zeit mit dem Erlernen von Schreibfähigkeiten und von Fremdsprachen verbringt.

Gehen Sie die Programmierung aus einer mathematischen oder einer linguistischen Perspektive an, oder nutzen Sie eine Kombination aus beidem?

Bertrand: Ich wünschte, ich könnte die Programmierung mathematischer angehen, als ich es tue. Ich bin davon überzeugt, dass das Programmieren in 50 Jahren nur ein Zweig der Mathematik sein wird.

Ein paar Leute haben den mathematischen Programmieransatz seit langer Zeit propagiert. Das hat nie richtig gegriffen, außer in ein paar ausgewählten Bereichen, in denen die Leute keine Wahl hatten, wenn sie kleine, lebenswichtige Systeme bauten. Letztendlich ist Programmieren angewandte Mathematik. Die Mathematik kann von einer Maschine interpretiert werden. Ich denke, in Zukunft wird das Programmieren noch mathematischer werden.

Mein eigener Ansatz ist wohl eine Mischung aus dem von Ihnen so genannten linguistischen Ansatz, dem spontaneren und kreativeren und abschweifenderen Ansatz, und einem Versuch, rigoros und mathematisch vorzugehen. Eiffel ist sicherlich mehr durch die Mathematik beeinflusst als die meisten anderen bestehenden Sprachen, abgesehen von funktionalen Sprachen wie Haskell.

Ich habe viele Designer dazu befragt, wie es wäre, mit einer kleinen, präzisen Kernsprache zu beginnen und darauf aufzubauen – zum Beispiel dem Lambda-Kalkül. Sie können alles Berechenbare erstellen, wenn Sie Funktionen nutzen können. Was halten Sie davon?

Bertrand: Ich denke nicht, dass das viel hilft. Das Programmieren ist eine Kombination aus Wissenschaft und Entwicklung. Ein Aspekt des Programmierens ist wissenschaftlich, und wie ich schon sagte, ist die Programmierung prinzipiell mathematikbasiert. Aber die andere Seite ist die Entwicklungsseite. Wenn Sie einige der heute bestehenden Programme nutzen, sehen sie, dass diese viel komplexer sind als irgendein Objekt, das je von Menschen gebaut wurde. Die großen Betriebssysteme – wie eine Linux-Distribution, Vista, Solaris – bestehen aus mehreren Dutzend Millionen Zeilen Code, manchmal über 50 Millionen. Das sind außerordentlich komplexe Ingenieurskonstruktionen. Viele der Themen, die dabei angegangen werden müssen, sind Ingenieursthemen.

Um das Ganze ein bisschen zu vereinfachen, kann man sagen, dass der Unterschied zwischen Wissenschaft und Entwicklung darin liegt, dass Sie in der Wissenschaft ein paar schlaue Ideen brauchen, sich in der Entwicklung aber um große Mengen von Details kümmern müssen. Die meisten dieser Details sind zwar nicht kompliziert, aber dafür in großer Zahl vorhanden. Der Kontrast ist der zwischen ein paar wenigen raffinierten Dingen und vielen nicht so schwierigen Dingen. Interessant an der Programmierung ist, dass Sie beides brauchen. Ich scheine mir da selber zu widersprechen – dass die Programmierung in ein paar Jahrzehnten nur noch Mathematik sei –, aber ich denke, das ist kein Widerspruch. Lassen Sie mich versuchen, das zu erklären.

Im Grunde ist Programmieren nichts anderes als Mathematik, wobei die Betonung auf *im Grunde* liegt. In der Praxis gehören zum Programmieren auch all die Entwicklungsfragen, um die Sie sich kümmern müssen. Wenn Sie ein Betriebssystem schreiben, müssen Sie sich mit den tausenden von Gerätetreibern herumschlagen, die von naiven Programmierern geschrieben wurden, und sicherstellen, dass diese Treiber Ihr Betriebssystem nicht zum Absturz bringen. Sie müssen sich um all die menschlichen Sprachen und Dialoge kümmern, die die Leute verwenden. Sie müssen einen sehr komplexen Satz an Mechanismen für die Benutzerschnittstelle anbieten – selbst wenn die grundlegenden Ideen einfach sind, gibt es trotzdem sehr viele Details.

Es gibt beim Programmieren zwei Schwierigkeiten: die wissenschaftliche Schwierigkeit und die Entwicklungsschwierigkeit. Wenn Sie eine sehr starke mathematische Grundlage haben, zum Beispiel das Lambda-Kalkül, wird Ihnen mit der ersten Hälfte geholfen, aber nicht mit der zweiten. Diese Hilfe bezieht sich auf den heute besser verstandenen Teil. Mit dem Lambda-Kalkül können Sie die Kernelemente einer Programmiersprache auf dem Niveau von Pascal oder Lisp modellieren, aber moderne Programmiersprachen gehen weit darüber hinaus.

Letztendlich müssen wir alles auf sehr einfache mathematische Prinzipien reduzieren, aber diese Prinzipien selbst reichen nicht aus, um die aktuellen Herausforderungen umfangreicher Programmierungen angehen zu können.

Ist das der Unterschied zwischen einer akademischen Programmiersprache und einer Programmiersprache aus der Industrie?

Bertrand: Absolut. Als Ada entworfen wurde, kritisierten die Leute die Sprache als zu groß und zu komplex. Jean Ichbiah, ihr Designer, sagte in einem Interview, dass »kleine Sprachen kleine Probleme lösen.« Da steckt eine ganze Menge Wahrheit drin. Ich denke, er antwortete damit vor allem den Kritikern wie Wirth, für die »small is beautiful« gilt. Aber er hatte größtenteils recht.

Was gibt es zwischen strukturierter Programmierung und OO? Sie haben erwähnt, dass Ihrer Meinung nach die strukturierte Programmierung eine gute Möglichkeit war, kleine Programme zu strukturieren, während die Objektorientierung eine gute Möglichkeit war, große Programme zu strukturieren. Gibt es einen Bereich für Programme dazwischen?

Bertrand: Nein, ich würde nichts anderes als objektorientierte Programmierung verwenden. Ich habe beides ungefähr gleichzeitig erlernt und sehe keinen Grund, je eine nicht objektorientierte Technik zu erlernen, wenn es nicht gerade um kleine, einmal zu nutzende Skripten geht. »Objektorientiert« bedeutet einfach, die mathematische Idee der Struktur auf Programme anzuwenden. Dagegen gibt es kein gutes Argument.

Sie haben entweder kleine Programme oder große Programme.

Bertrand: Es gibt keinen offensichtlichen Grund, keine Klassen zu nutzen. Ich weiß nicht, was Dijkstra darüber dachte. Er war nie ein großer Befürworter der objektorientierten Programmierung, aber ich habe auch nie gehört, dass er sie kritisiert hat. Er konnte außerordentlich direkt und laut werden, wenn er etwas nicht mochte.

Sie haben erwähnt, dass Eiffel unbedingt einen Streaming- und Serialisierungsmechanismus brauchte. Darf ich fragen, warum?

Bertrand: Die erste Anwendung, die wir bauten, war der von mir erwähnte Smart Editor, den wir dann als ArchiText kommerzialisierten. Wenn Sie mit einem Editor arbeiten, nutzen Sie die ganze Zeit eine kleine Datenstruktur im Speicher, um sie am Ende zu sichern. Das lässt sich erreichen, indem man jedes Mal den Text parst und wieder zurückwandelt, aber das ist natürlich absurd. Angenommen, Sie bearbeiten einen Text und haben eine kleine Struktur für den Text erzeugt. Dazu haben Sie einen abstrakten Syntaxbaum oder eine andere effektive interne Repräsentation. Sie wollen nun den Text nicht jedes Mal zusammensetzen und dann wieder parsen.

Stattdessen wollen Sie immer die abstrakte Struktur nutzen. Wenn Sie den Text sichern müssen, drücken Sie einfach einen Button. Genau das erledigt dann der Streaming-Mechanismus für Sie.

Das war die erste Anwendung, aber jede spätere Anwendung hatte ähnliche Anforderungen. Wenn Sie einen Compiler schreiben, ist es dasselbe. Stellen Sie sich vor, dass Sie mehrere Durchläufe in Ihrem Compiler haben. Jeder Durchlauf nimmt die Datenstruktur des vorigen Durchlaufs, verziert sie ein bisschen, massiert sie da und dort und speichert das Ergebnis dann auf der Festplatte. Sie wollen das nicht jedes Mal selber schreiben. Sie wollen einfach einen Knopf drücken. Dutzende von Anwendungen brauchen so etwas.

Sie können mehr Zwischenschritte einbauen.

Bertrand: Genau. Sie sind nicht auf eine bestimmte Verarbeitungsstruktur angewiesen.

Sie haben die »nahtlose Entwicklung« erwähnt und gesagt, das sei in Eiffel eine der grundlegenden Ideen. Was ist nahtlose Entwicklung?

Bertrand: Es ist die Idee, dass Sie beim Erstellens von Software während des ganzen Prozesses einheitlich vorgehen: Die gleichen Themen, die gleichen Lösungen für diese Themen und dann eine einheitliche Notation, um die Ergebnisse auszudrücken. Das versucht Eiffel zu sein.

Das ist das genau das Gegenteil dessen, was sich in der Branche in den letzten 20 Jahren entwickelt hat und was ich diesbezüglich auch nicht gutheiße. Die Tendenz ging zur Trennung, da es für das Geschäft gut ist, denn die Leute müssen Analysetools und Designtools und IDEs kaufen und auf jeder Ebene Berater bezahlen.

Ich glaube, die Leute merken gar nicht, dass zum Beispiel Spezifikationen im Prinzip genauso Software sind wie die Implementierungen. Historisch gesehen befanden sich die Programmiersprachen auf einem sehr niedrigen Niveau, daher war die Idee, in einer Programmiersprache denken zu können, absurd, aber mit den heute zur Verfügung stehenden Sprachen gibt es keinen Grund mehr, der dagegen spricht.

Die Leute haben ein Problem damit, sich von der Denkweise der Lochkartenära zu lösen. Dort haben Sie Ihr Programm als Batchjob abgegeben und sind am nächsten Tag wiedergekommen. Wenn es einen Kompilierungsfehler gab, hatten Sie ein Problem. Sie mussten sich schon vorher hinsetzen und sehr, sehr genau nachdenken.

Bertrand: Stimmt. Es ist gar nicht verkehrt, im Voraus genau nachzudenken, aber das heißt nicht, dass Sie ein anderes Denkschema und in der Konsequenz auch unterschiedliche Tools und Sprachen auf den unterschiedlichen Ebenen nutzen müssen.

Die Leute sehen das immer so moralisch. Es gibt diese implizite Idee, dass die Analyse nobel und erhaben sei, die Implementierung aber schmutzig und abscheulich. Das galt in einem gewissen Maße, als Sie in Assembler programmieren mussten, oder auch in FORTRAN oder ähnlichen Sprachen. FORTRAN war damals ein bemerkenswerter Fortschritt, aber nichts, worin die meisten Leute denken wollten. Die Idee, dass der noble Teil der Arbeit dieses frühe Denken ist, und dass dann irgendwann jemand – nicht unbedingt dieselbe Person – das Ganze implementiert, seine Ärmel hochkrempelt und diese niedere Arbeit erledigt, sozusagen die Motorhaube des Autos öffnet und sich die Hände schmutzig macht, lebt immer noch.

Früher war das zum Teil durchaus korrekt, aber mit modernen Programmiersprachen, und auf jeden Fall mit Eiffel, muss es nicht mehr so sein. Anstatt zu versuchen, unsere Analyse- und Designmethoden mehr auf die Implementierung auszurichten, beginnen wir vom anderen Ende aus, nämlich bei der Programmierung. Wir machen die Programmiersprache so ausdrucksstark, so elegant, so nahe an den produktiven Denkweisen, dass wir unsere gesamte Arbeit in ihr erledigen können. Die ersten Versionen des Programms werden abstrakt und beschreibend sein, während spätere Versionen dann eher »funktional« und tatsächlich ausführbar sind. Es muss keine Lücke zwischen den verschiedenen Abschnitten des Prozesses geben.

Das ist das Gegenteil zum Beispiel der modellgetriebenen Entwicklung, bei der Sie ein Modell haben und dazu etwas komplett anderes, nämlich das Programm.

Ihr Modell ähnelt in diesem Fall, egal ob sichtbar oder nicht, dem Quellcode. Denn das ist es, was Sie generieren, und der Quellcode ensteht quasi erst im Nachhinein.

Bertrand: Das ist solange in Ordnung, wie Sie absolut sicher sein können, dass niemand jemals Ihren Quellcode anfassen wird, nicht zum Debuggen und erst recht nicht zum Ändern. Das sagen die Leute auch immer zu Beginn – »Sicher, wir arbeiten nur mit dem Modell und niemand wird je den Quellcode anfassen.« –, aber in der Praxis läuft es eben doch oft anders ab.

Der Quellcode ist das Artefakt des Designs.

Bertrand: Die Frage ist dann, was man debuggt. Wenn Sie wirklich das Modell debuggen, ist nichts daran auszusetzen. Das bedeutet aber auch, dass das, was Sie als Modell bezeichnen, nur ein Programm ist. Vielleicht ein Programm auf sehr hohem Niveau, aber ein Programm. Sie haben eine sehr hoch entwickelte Programmiersprache entworfen und müssen dafür eine vollständige Entwicklungsumgebung aufbauen.

Wenn Sie andererseits das generierte Programm debuggen, müssen Sie sich mit all den Schwierigkeiten einer gesplitteten Entwicklung herumschlagen. Das ist die entscheidende Frage, die man Leuten stellen sollte, die eine modellgetriebene Entwicklung durchführen: Welche Version debuggen Sie? Welche Version ändern Sie, wenn der Kunde schon gestern ein neues Feature haben will?

Kann man Programme beweisen, oder sind Kontrakte nur für Tests gedacht?

Durch den von Anfang an vorhandenen Kontraktmechanismus in Eiffel stand immer die Idee im Raum, dass Kontrakte langfristig auch zum Beweisen von Programmen genutzt werden könnten. Kurzfristig aber würden sie dem Testen von Programmen dienen. Eine Konsequenz daraus ist, dass Sie Kontrakte zur Laufzeit überwachen lassen können. Wenn ein Kontrakt verletzt wird, erhalten Sie eine Exception.

Der nächste Schritt, der allerdings viel Zeit brauchte, war, das als Basis für vollständig automatisiertes Testen zu nutzen. Das ist der Gegenstand der Forschung, die wir in den letzten paar Jahren in meiner Gruppe an der ETH durchgeführt haben und der nun in den Tools integriert ist.

Die grundlegende Frage ist: Was ist beim Testen schwierig?

Zum einen haben wir den Testprozess automatisiert. Das wurde durch JUnit und all die tollen Tools ermöglicht, die die Leute für diesen Teil des Testens nutzen.

Es gibt zwei weitere Dinge, die zu automatisieren sind und für die das noch nicht geschehen ist. Das sind die schwierigsten beiden. Eines ist das Generieren von Testfällen, da Sie alle Testfälle erzeugen müssen – möglicherweise tausende, zehntausende oder hunderttausende. Und selbst wenn Sie die beiden ersten Teile abgedeckt haben, gibt es immer noch ein Problem, denn Sie führen all diese Tests durch, und jemand muss entscheiden, ob die einzelnen Tests erfolgreich waren. Also muss auch das automatisiert werden. Das lässt sich durch Kontrakte erreichen: Wenn die Nachbedingung oder die Invariante erfüllt ist, ist der Test erfolgreich verlaufen. Wenn die Nachbedingung oder die Invariante verletzt ist, war der Test nicht erfolgreich. Das ist der Automatismus.

Es bleibt das Generieren der Testfälle übrig. Dafür nutzen wir den Ansatz, der zunächst am verrücktesten erscheint, aber erstaunlich gut funktioniert: eine zufällige oder quasizufällige Generierung. Die Tools erzeugen fast zufällig Objekte, rufen dann alle Routinen auf, alle Methoden der zugehörigen Klassen, mit weitgehend zufälligen Argumenten. Dann warten wir einfach. Wir nennen das »Test beim Mittagessen«: Wir drücken den Testknopf, kommen eine Stunde später vom Essen wieder und können uns die nicht erfüllten Nachbedingungen anschauen.

Das funktioniert ziemlich gut, sodass Sie im Prinzip nichts zu tun haben. Sie warten einfach darauf, dass die Mechanismen zur automatischen Generierung Ihre Software untersuchen. Aber das können Sie nur mit einer Sprache umsetzen, die Kontrakte nutzt, da die Leute ansonsten all die Kontrakte und die Prüfmechanismen selber ergänzen müssten. Wenn Sie aber eine Kontraktunterstützung haben, ist das ein bemerkenswerter Weg, Ihre Software zu testen.

Wie stehen Sie zur Beweisbarkeit von Programmen? Ist sie nützlich? Wird das immer ein Wunschtraum bleiben?

Bertrand: Er wird immer realistischer. Der akademische Teil meiner Arbeit dreht sich zu einem guten Teil um dieses Thema. Es war sehr frustrierend, da die grundlegenden Ideen schon seit fast 40 Jahren herumgeistern, im Prinzip seit der Veröffentlichung von Tony Hoares axiomatischer Semantik im Jahr 1969. Die praktische Umsetzung lässt sich sehr viel Zeit, aber ein Wunschtraum ist es nicht mehr.

In den letzten fünf bis zehn Jahren hat es deutliche Fortschritte gegeben. Die Arbeiten bei Microsoft Research zu Spec# sind sehr interessant. Dann gibt es das, woran wir mit Eiffel an der ETH arbeiten. Das wird nur nicht so beachtet, weil wir sehr ambitioniert sind und daher viele Probleme lösen müssen, bevor wir die Welt wirklich beeindrucken können. Aber ich denke, es ist vielversprechend.

Dann gibt es die Arbeit an SPARK. Das ist eine sehr interessante Entwicklung. Die Leute sind tatsächlich in der Lage, Programme zu erzeugen, die bewiesen sind. Allerdings handelt es sich dabei um eine Sprache, in der man nicht programmieren möchte. Sie nennen es eine Untermenge von Ada. Aber eigentlich ist es eine Untermenge von Pascal mit Modulen. Der Preis, den Sie dafür zahlen müssen, ist Ihre Lebensfreude. Keine Klassen, kein dynamisches Erzeugen von Objekten, keine Generik, keine Vererbung, keine Zeiger. Mit so einer eingeschränkten Sprache sind sie in der Lage, effektive Beweistools zu bauen. Das ist ein echter Fortschritt, da nun ernsthafte Systeme gebaut werden können, meist im militärischen oder Luftfahrtbereich, deren Korrektheit bewiesen werden kann. Wie gesagt, man will aber nicht in dieser Sprache programmieren. Ich nicht, und 99% der Programmierer auch nicht. Aber es ist trotzdem ein großer Fortschritt.

An der ETH versuchen wir etwas Ähnliches, aber für eine Sprache, in der die Leute auch wirklich programmieren wollen. Es ist schwierig, all die Mechanismen von Programmiersprachen mitaufzunehmen, die wir kennen und lieben gelernt haben. Sobald Sie Zeiger haben, haben Sie natürlich zum Beispiel auch das Aliasing-Problem, wodurch alles gleich viel schwieriger wird. Die Herausforderung ist nicht mehr, Programme zu beweisen. Es geht darum, Programme zu beweisen, die in einer modernen und realistischen Programmiersprache geschrieben sind. Aber es wird irgendwann möglich sein.

Man muss sich dessen bewusst sein, dass wir im Prinzip mit unentscheidbaren Problemen umgehen. Letztendlich wird es immer Teile von Programmen geben, die wir nicht beweisen können. Das ist ja auch der Grund dafür, dass wir Tests durchführen. Die Entwicklung läuft viel schneller ab. Das ist auf jeden Fall das Spannendste, was wir in den letzten zwei oder drei Jahren gemacht haben, und jetzt ist es komplett in die Umgebung integriert. Einer der Vorteile von Kontrakten ist also, dass Sie komplett automatisiert testen können. Wir haben dieses Eiffel-Testing-Framework, das jetzt vollständig in Eiffel Studio integriert ist. So reicht im Prinzip ein Knopfdruck, um die Tests zu starten. Sie müssen keine Testfälle mehr schreiben. Sie müssen die Testergebnisse nicht mehr kontrollieren. Sie rufen einfach das Testing-Framework auf, das Instanzen von Klassen erstellt, die Methoden dieser Klassen aufruft und dann schaut, ob ein Kontrakt verletzt wird. Ein weiteres cooles Feature des Testing-Framework ist die Testsynthese: Wenn eine Ausführung fehlschlägt, wird automatisch ein Test dafür erzeugt. Diesen können Sie dann wiederholt ausführen, während Sie den Fehler beheben, und er kann Teil der Regressions-Testsuite werden.

Um auf Ihre Frage zurückzukommen: Es gibt Beweise und es gibt Tests, und beide Aspekte werden immer notwendig bleiben. Aber Beweise rücken definitiv in den Bereich des Möglichen.

Beweise und Kontrakte scheinen nur unterschiedliche Punkte auf einer Skala zu sein.

Bertrand: Wie ich schon erwähnte, begannen wir mit der dynamischen Auswertung von Kontrakten, aber es gab schon immer die Vorstellung, dass man beweisen könnte, dass Klassen ihre Kontrakte erfüllen. Nur gab es bisher noch keine industriell anwendbare Möglichkeit dafür. Die Leute waren für Beweise noch nicht reif.

Können wir davon ausgehen, das in den nächsten paar Jahren in Eiffel vorzufinden?

Bertrand: Auf jeden Fall. Daran wird immer noch geforscht, daher ist es schwierig, einen genauen Termin anzugeben. Die Testforschungen begannen vor vier Jahren, und nun zeigen sich die ersten Ergebnisse in der Entwicklungsumgebung. Bei Beweisen denke ich, dass wir die ersten Ergebnisse in etwa dem gleichen Zeitraum erwarten können. Ich würde also sagen, in ungefähr drei Jahren.

Okay, es ist also auf jeden Fall ein Produktionsziel?

Bertrand: Absolut.

Sie haben erwähnt, dass der Code Bereiche enthalten kann, die sich nicht beweisen lassen. Haskell nutzt das Konzept der Monaden, um funktional reinen Code von »unreinem« Code zu trennen – also Code mit Nebenwirkungen. Könnte es einen ähnlichen Mechanismus geben, um unbeweisbaren Code zu separieren?

Bertrand: Wir müssen die beweisbaren Teile von den unbeweisbaren trennen, aber ich denke nicht, dass wir dafür Monaden nutzen werden. Monaden sind ein sehr interessantes Konzept. Sie können genutzt werden, um etwas anderes zu beweisen: Durch sie ist ein inkrementelles Vorgehen möglich, indem eine Basissprache definiert wird, die die Beweisbarkeit unterstützt, und dann fortgeschrittenere Sprachkonstrukte inkrementell ergänzt werden, zum Beispiel Ausnahmen oder Ähnliches.

Wachstum und Evolution

Sie sagten, dass Sie Eiffel an einem Nachmittag entworfen haben, aber es hat über 20 Jahre gedauert, diese Vision umzusetzen.

Bertrand: Die grundlegenden Ideen sind wirklich sehr einfach, und der Rest sind Kommentare. Im Prinzip ist es das, was wir getan haben. Wir haben in den letzten 20 Jahren auf die zugrunde liegenden Konzepte aufgebaut.

Sie nehmen Klassen, Sie nehmen Vererbung, insbesondere Mehrfachvererbung. Sie nehmen Generik, Sie nehmen Kontrakte und eine ganze Reihe von Sprachprinzipien, zum Beispiel das Prinzip, gute eindeutige Vorgehensweisen anzubieten. Das ist in Eiffel sehr wichtig. Auch die Idee einer hohen Signal/Rausch-Relation gehört dazu. Die Sprache sollte nicht zwingend eine kleine Größe anstreben, aber Features ausgehend davon auswählen, wie viel Gewinn sie bringen und wie klein die Komplikationen dabei sind. Sie nehmen ein paar Dutzend Ideen wie diese, ein paar Sprachideen, andere eher Metaideen über das Sprachdesign. Und das ist es im Prinzip. Aber um das in etwas Nützliches umzuwandeln, mit dem man Anwendungen schreiben kann, die das US-Raketenverteidigungssystem simulieren oder Milliarden von Dollars hin- und herschieben, benötigen Sie auch den Ingenieursanteil, der eine Weile dauert.

Jeder hat nur begrenzte Ressourcen, und es geht nicht darum, ob man eine kleine oder eine große Firma ist, da jedes innovative Design von einer kleinen Gruppe geschaffen wird. Die einzige Ausnahme sind Projekte, die im Prinzip Ingenieursprojekte sind. Sie schicken einen Menschen auf den Mond – nun, dafür braucht man mehrere Jahre lang tausende von Leuten. Oder das menschliche Genom: Sie wissen prinzipiell, wie es abläuft, aber auch hier braucht man Ingenieursleistungen. Das sind allerdings Ausnahmen.

Wenn Sie sich wirklich innovative Ideen anschauen, habe ich nie ein bahnbrechendes Softwareprodukt gesehen, das von mehr als zehn Leuten gebaut wurde. Meist sind es sogar nur zwischen zwei und fünf Beteiligte. Jeder hat begrenzte Ressourcen, daher ist besonders wichtig, zu entscheiden, was man tut und was nicht.

Wir haben sicherlich auch ein paar Fehler begangen. So haben wir zum Beispiel in eine OS/2-Version investiert, was völlige Verschwendung war. Wir hätten stattdessen die grundlegende Version verbessern sollen. Das sind die Entscheidungen, die Sie tagtäglich treffen müssen. Manchmal entscheidet man sich eben falsch.

Hat es 20 Jahre gedauert, den Punkt zu erreichen, an dem Sie mit der Sprache zufrieden sind und die Implementierung, die Oberfläche und die Anwendbarkeit Ihre ursprünglichen Designziele erfüllen?

Bertrand: Das würde ich so nicht sehen, denn wenn Sie nicht ausreichend Chuzpe haben, fangen Sie so etwas gar nicht erst an. In gewisser Weise war die erste Implementierung schon etwas, das die ganze Welt hätte verwenden sollen. Man kann aber umgekehrt auch viel bescheidener sein und sagen, dass wir immer noch nicht so weit sind.

Wir arbeiten jeden Tag daran, verbessern die Implementierung und setzen Dinge um, die unserer Meinung nach absolut unentbehrlich sind. Das Produkt wird nie perfekt sein, jedenfalls werde ich das wohl nicht mehr erleben. Die Frage ist aber, wie Sie entscheiden, was wichtig ist und was nur eine Ergänzung ist. Man kann immer alte Entscheidungen begutachten und sich fragen, ob der Schwerpunkt damals richtig gesetzt wurde.

Es gab sicherlich immer Aspekte der Implementierung, die kritisiert wurden, häufig auch zu Recht. Andererseits haben wir Leute, die Eiffel seit zehn oder fünfzehn Jahren nutzen. Manche arbeiten damit, seit die erste Implementierung erschienen ist, und sie scheinen sehr glücklich damit zu sein.

Ich selber war nie ganz mit der Implementierung zufrieden. Andererseits denke ich, dass Eiffel so, wie es aktuell verfügbar ist, eine exzellente Lösung ist, die anderen Tools weit voraus ist. Wenn man sich darauf einlässt.

Sie müssen die Chuzpe haben, daran zu glauben, 20 Jahre in ein Projekt zu stecken, aber Sie müssen auch an einem Projekt arbeiten, von dem Sie glauben, es 20 Jahre gern haben zu können.

Bertrand: Richtig. Die Entscheidung, was man tut und was nicht, ist sehr schwer. Denn wir waren zum Beispiel eine der ersten kommerziellen Firmen, die eine Version für Linux bereitstellten. Damals klang das total verrückt. Vergleichen Sie es mit OS/2. Der Aufwand für OS/2 war total überflüssig. Andererseits hat mir jemand ungefähr 1993 erzählt: »Wir werden dieses Ding namens Linux nutzen. Können Sie eine Version für Linux erstellen?« In der Firma wollte das keiner machen. Ich erzählte, dass es eine Abwandlung von Unix sei – wir haben Dutzende von Unix-Varianten unterstützt, da es das kommerzielle Unix damals in vielen verschiedenen Varianten gab, und wir taten viel dafür, eine möglichst portable Technologie zu entwickeln. Wir sollten also einfach versuchen, den Kram unter Linux zu kompilieren und zu schauen, ob er funktionierte. Wenn es einen ganzen Monat dauerte, würde es den Aufwand nicht wert sein. Wenn wir nur einen Tag oder eine Woche bräuchten, könnte es sich lohnen. Tatsächlich war es nachher überhaupt kein Aufwand. Alles ließ sich unter Linux mit einem Knopfdruck kompilieren. Der Kunde, der mich nach einer Linux-Version gefragt hatte, war sehr glücklich, und plötzlich trudelten die Anfragen ein.

Nach der herkömmlichen Denkweise war die Unterstützung von Linux dumm und die von OS/2 schlau. Nun stellte sich heraus, dass es genau umgekehrt war. Die frühzeitig vorhandene Linux-Version war uns eine große Hilfe. Es ist sehr schwer, solche Entscheidungen zu treffen, da Sie immer mit begrenzten Informationen arbeiten, mit Leuten, die Ihnen Ratschläge erteilen und die oft gar nicht wissen, worüber sie da überhaupt reden.

Die Lektion ist hier, dass man zwar auf die Vorschläge von anderen hören sollte, aber letztendlich selber wissen muss, was man tut. Da kann man sich nur auf sein eigenes Urteil verlassen.

Welche Kriterien verwenden Sie, um solche Entscheidungen zu analysieren?

Bertrand: Konsistenz. Ist die Entscheidung konsistent zur Vision der Organisation? Führt uns das in eine Richtung weg von unseren Basisideen, Kernkompetenzen und unserem Spaß an der Arbeit, weil Sie immer Spaß an dem haben müssen, was Sie tun? Oder wird das eine neue Erfahrung für uns werden, die uns etwas Neues lehrt?

Wie entscheiden Sie heute, um welche Features Sie Eiffel ergänzen? Wie lassen Sie eine Sprache wachsen?

Bertrand: Bis 1998, fast sogar bis 2000 oder 2001, war ich im Prinzip für die Weiterentwicklung zuständig. Die Lage änderte sich mit der Schaffung des Eiffel-Standardkomitees bei Ecma. Dadurch entstand 2005 ein Ecma-Standard und 2006 ein ISO-Standard. Um die Frage aus administrativer Sicht zu beantworten: Es werden diejenigen Änderungen übernommen, die vom Komitee bestätigt werden. Um die Frage technischer zu beantworten: Wir waren bei der Weiterentwicklung von Eiffel ausgesprochen vorsichtig, was den Umfang anging.

So haben wir dieses Prinzip in der Sprache, dass es einen guten Weg geben sollte, um etwas zu erreichen. Damit verhindern wir die schleichende Featuritis. Es ist nicht so, dass wir keine neuen Features mögen, aber wir wollen keine neuen Features in der Sprache haben, die redundant zu schon bestehenden Mechanismen sind. Das Kriterium ist: Wenn ein Programmierer etwas machen will, muss er einen guten Weg dafür haben. Das Gegenbeispiel sind Sprachen, die sowohl dynamische Bindung als auch Arrays mit Funktionszeigern haben. Als Programmierer, insbesondere als Anfänger im OO-Umfeld, wissen Sie nicht, welche dieser Techniken Sie nutzen sollen, wenn Sie abhängig vom Objekttyp eine unterschiedliche Funktion aufrufen müssen. Dieses Prinzip lässt sich nicht immer zu 100% umsetzen, aber wir sind nahe dran.

Ein anderes Leitprinzip ist, das Signal/Rausch-Verhältnis zu maximieren. Es ist interessant, das mit dem Ansatz von Niklaus Wirth zu vergleichen. Wirth bevorzugt kleine Sprachen und hat eine richtige Phobie vor dem Aufblähen. Ich denke, viele der Mechanismen von Eiffel würden die Sprache seiner Meinung nach zu groß machen. Ich bewundere diese Sichtweise, aber Eiffel basiert auf einer etwas anderen. Eine Sprache sollte nicht nur um der Kleinheit willen klein sein. Es geht eher darum, dass das Signal/Rausch-Verhältnis sehr hoch sein sollte, es also nur wenig Rauschen gibt. Ich bezeichne mit »Rauschen« Sprachfeatures, die nicht sehr nützlich sind, sondern die Sprache nur verkomplizieren, ohne viel Ausdrucksstärke einzubringen. »Signal« bedeutet dagegen Ausdrucksstärke. Ein Beispiel dafür ist die Idee des »Agenten«, die wir vor zwölf Jahren ergänzten und die sich als außerordentlich erfolgreich erwies. Es ist eine Art Closure, ein vollständiger Lambda-Ausdruck, und es gab einige Bedenken, dass er zu den bestehenden Mechanismen redundant sein würde. Das ist aber nicht geschehen. Das ist ein Beispiel für eine wichtige Ergänzung der Sprache, die sich bei den Anwendern als sehr beliebt erwiesen hat und Sachen ermöglichte, die wir vorher nicht elegant bewerkstelligen konnten. Nur Signal, sehr wenig Rauschen.

Das dritte Prinzip ist, sicherzustellen, dass alles, was wir tun, kompatibel zu den Zielen und dem Geist von Eiffel ist. Insbesondere gilt es, die Zuverlässigkeit der Sprache zu verbessern und die Wahrscheinlichkeit zu verringern, dass Programmierer Fehler machen. In den letzten zwei bis drei Jahren wurden einige wichtige Entwicklungen aufgrund dieses Prinzips umgesetzt. Ich glaube, Eiffel ist die erste kommerzielle Sprache, die void-sicher ist. Das bedeutet, es gibt keine Nullzeigerreferenzierung mehr. Das wurde im letzten Release 6.4 vollständig implementiert, und auch die Bibliotheken sind komplett umgestellt. Void-Sicherheit ist das Standardproblem objektorientierter Sprachen, ja sogar von C oder Pascal. Die Gefahr ist, dass x.f abstürzen könnte, weil x null oder in Eiffel-Begriffen void ist. Eiffel-Programmierer haben dieses Risiko nun überhaupt nicht mehr. Ich finde, das ist sehr wichtig, denn dadurch vermeiden Sie potenziell Laufzeitprobleme, die in der objektorientierten Entwicklung immer noch bestehen. Mit solchen Schritten wollen wir die Zuverlässigkeit der Softwareentwicklung verbessern.

Es gibt noch mehr Prinzipien, aber ich will nur noch eines erwähnen: Das Standardkomitee ist ziemlich mutig. Wir haben keine Scheu, die Sprache zu ändern. Insbesondere zögern wir nicht, Spracheelemente zu entfernen, wenn wir das Gefühl haben, dass es bessere Wege gibt. Natürlich gehen wir dabei außerordentlich sorgfältig vor, denn wir haben eine große Installed Base, und wenn ein Kunde Millionen von Codezeilen hat, können wir nicht einfach seinen Code ungültig machen. Daher werden alte Mechanismen typischerweise noch viele Jahre unterstützt. Wir bieten Migrationstools und unterschiedlichste Hilfen an. Wenn wir aber irgendwann zu dem Schluss kommen, dass es einen Weg A gab, etwas zu erreichen, und wir einen besseren Weg B dafür gefunden haben (besser im Sinne von einfacher, sicherer, erweiterbarer und so weiter), entfernen wir auch Altes und ersetzen es durch den Mechanismus, der unserer Meinung nach besser ist.

Wie gehen Sie mit der Frage der Abwärts- und Aufwärtskompatibilität um?

Bertrand: Das ist der Schwerpunkt unserer Überlegungen. Ich würde sagen, sobald man eine Zeit lang im Geschäft ist und ein Produkt hat, wird das schnell zu einem der dominierenden Aspekte. Es verbraucht eine erstaunliche Menge Zeit.

Es ist eine außerordentlich schwere Frage, wenn Sie nicht gerade Marktführer sind. Sind Sie der Marktführer, können Sie tun, was Sie wollen. Alle großen Namen in der Branche machen das dann und wann. Sie ändern etwas über Nacht, und die Kunden haben keine andere Wahl, als zu folgen.

Die Eiffel-Community ist in dieser Hinsicht etwas Besonderes, denn sie ist für Innovationen offener als die meisten anderen Communities – insbesonder die anderer Sprachen. Die Leute akzeptieren, dass sich Dinge ändern müssen. Da die Anwender von Eiffel eher vorausschauend und interessiert daran sind, gute, elegante und kreative Lösungen zu erhalten, akzeptieren sie die Änderungen, selbst wenn sie Millionen von Codezeilen zu betreuen haben. Was sie nicht mögen, und was auch niemand anderes mag, ist eine Pistole an ihrem Kopf und der Befehl: »Ändere jetzt oder stirb.« Wenn das Ihr Ansatz für das Change Management ist, werden Sie bei Ihren Anwendern nicht sehr beliebt sein.

Im Ecma-Komitee ist unsere Strategie, zu versuchen, alle Pros und Kontras der Situation zu erfassen und jedes Thema zu berücksichtigen. Wenn wir uns entscheiden, dass sich etwas ändern muss, dann ändern wir es auch. Wir weisen keine Änderungen zurück, nur weil etwas schon seit Jahren so und so gemacht worden ist. Wenn wir etwas ändern müssen, ändern wir es, aber wir planen diese Änderung sehr sorgfältig. Ich vereinfache hier, denn es gibt Sprachänderungen, Bibliotheksänderungen und Tooländerungen, und die Strategie ist nicht unbedingt überall gleich, aber das hier sind die grundlegenden Regeln:

- Machen Sie Ihre Hausaufgaben und seien Sie absolut davon überzeugt, dass es die richtige Änderung ist.
- Erstellen Sie einen Plan.
- Sie müssen erklären, warum Sie die Änderung vornehmen. Das ist sehr wichtig. Sie müssen davon ausgehen, dass Sie mit intelligenten Leuten sprechen. Wenn Sie aber Ihre Hausaufgaben gemacht und sorgfältig über die Gründe für die Änderung nachgedacht haben, und es Ihren Kollegen im näheren Umfeld überzeugend darlegen können, dann können Sie auch andere intelligente Personen überzeugen.

- Geben Sie den Leuten Zeit. So gut wie immer erfordert eine signifikante Sprachänderung einen zweistufigen, manchmal auch einen dreistufigen Prozess. Es gibt ein Release, in dem der neue Mechanismus optional und der alte immer noch der Standardfall ist. Hier können Sie den neuen Mechanismus als Option ausprobieren, üblicherweise Klasse für Klasse, sodass Sie ihn in verschiedenen Teilen des Systems testen können. Dann gibt es eine Version, in der das Standardverhalten umgedreht wird.

  Wir entfernen nur sehr selten etwas vollständig. Selbst wenn etwas veraltet ist, bleibt es weiterhin als Option verfügbar. Es ist leider nicht immer möglich, so vorzugehen, da manchmal zwischen dem alten und dem neuen Mechanismus eine Inkompatibilität existiert.

- Stellen Sie, soweit möglich, Migrationshilfen bereit: Tools, Bibliotheken, was immer den Leuten dabei hilft, vom alten zum neuen Mechanismus zu wechseln.

Wir haben diese Schritte häufig durchgeführt, insbesondere in den letzten fünf oder sechs Jahren. Wenn Sie sich die Geschichte von Eiffel anschauen, gab es dort zwei große Umbrüche. Die erste Version gab es 1985 bis 1986. Die zweite Version entstand 1988, aber da gab es im Prinzip nur Ergänzungen, sodass es keinerlei Kompatibilitätsprobleme gab. Dann wechselten wir zwischen 1990 und 1993 zu Eiffel 3. Das war definitiv ein großer Umbruch, aber die Vorteile waren so groß, dass es gar nicht so viele Probleme gab.

Die Sprache hat sich dann bis zum Beginn des Standardisierungsprozesses im Jahr 2001 gar nicht so stark geändert. Der Standard wurde 2005 veröffentlicht und 2006 zum ISO-Standard. Er führte ein paar substanzielle Sprachänderungen ein, deren Implementierung ein paar Jahre brauchte, aber mittlerweile fast vollständig abgeschlossen ist. Wir stecken momentan mitten in einer der vermutlich schwierigsten Runden des eben beschriebenen Ablaufs, aber es lohnt sich. Es geht um den Attached-Type-Mechanismus, der das Void-Sicherheitsproblem löst, das ich weiter oben schon erwähnt habe – die Garantie, dass nie ein Aufruf von x.f durchgeführt wird, wenn x null ist. Der Compiler fängt solche Fälle ab und weist das Programm zurück, wenn es einen Void-Aufruf auslösen könnte (eine Dereferenzierung eines Nullzeigers). Aber der Mechanismus führt zu Inkompatibilitäten mit bestehendem Code, denn es gibt durchaus gute Gründe dafür, in bestimmten Fällen Void-Aufrufe zu erlauben. Der Mechanismus wurde prinzipiell in 6.2 implementiert und hat in 6.3 seinen letzten Schliff erhalten. Die vollständige Konvertierung der Bibliothek wird für 6.4 angepeilt – das ist ein ziemlicher Aufwand. (Wir arbeiten mit festen Releasezyklen: zwei Releases pro Jahr, eines im Frühling und eines im Herbst.)

Die Umwandlung bestehenden Codes hat sich als schwieriges Thema herausgestellt. Wir können es uns nicht leisten, bestehenden Code obsolet zu machen. Wir können den Anwendern nur sagen: »Wenn Sie die Vorteile dieses neuen Mechanismus nutzen wollen, der jetzt zur Verfügung steht, müssen Sie Folgendes tun. Wir haben das auch getan und daher wissen wir, dass es sich lohnt. Wir wissen aber auch, wie viel Aufwand es ist. Wir lassen Sie an unseren Erfahrungen teilhaben und wir geben Ihnen die Tools, die Ihnen beim Umwandeln helfen.«

Was kann man aus Ihren Erfahrungen lernen?

Bertrand: Ignorieren Sie Modeerscheinungen und wählen Sie die Lösung aus, die vom Kopf her die richtige ist.

Nachwort

EIN EINZIGES WORT BESCHREIBT DAS GROSSE VERGNÜGEN, AN DIESEM PROJEKT ARBEITEN ZU DÜRFEN – BEGEISTERUNG. Jeder Interviewpartner besaß die Eigenschaften, die man erwarten würde – umfangreiche Kenntnisse, historisches Wissen und praktische Einblicke –, aber es war ihre Begeisterung für das Thema des Sprachdesigns, die Implementierung und die Weiterentwicklung, die sich als ansteckend erwies.

So begeisterten mich zum Beispiel Anders Hejlsberg und James Gosling erneut für C# und Java. Chuck Moore und Adin Falkoff überzeugten mich davon, mir Forth und APL genauer zu anzusehen – zwei Sprachen, die erfunden wurden, bevor ich auf die Welt kam. Al Aho interessierte mich für seine Compilerklasse. Alle, die wir interviewten, zeigten mir eine Menge Ideen. Ich bedaure, dass ich nicht die Zeit habe, sie alle zu verfolgen!

Meine Dankesschuld ist groß, nicht nur wegen der Zeit, die Federico und mir gewährt wurde, sondern wegen der neuen Wege zu einem reichen und fruchtbaren Feld mit Erfindungen, von denen wir erfahren haben. Die besten Lektionen, die ich davon mitgenommen habe, sind folgende:

- Unterschätzen Sie nie den Wert der Einfachheit beim Design oder in der Implementierung. Komplexität hinzufügen kann jeder. Ein Meister entfernt sie.

- Seien Sie neugierig. Viele der besten Erfindungen und Entdeckungen entstanden, weil jemand zur richtigen Zeit am richtigen Ort war – bereit dazu, nach der richtigen Antwort zu suchen.
- Kennen Sie Ihren Bereich, sowohl seine Vergangenheit als auch seine Gegenwart. Jeder der Interviewpartner hat mit anderen klugen, hart arbeitenden Leuten zusammengearbeitet. Unser Fachgebiet ist davon abhängig, dass Informationen ausgetauscht werden.

Die gerade aktuelle Sprache mag sich regelmäßig ändern, aber die Probleme, denen sich jedes dieser Genies gegenübersah, verfolgen uns immer noch – und ihre Antworten lassen sich weiterhin anwenden. Wie warten Sie Software? Wie finden Sie die beste Lösung für ein Problem? Wie überraschen und erfreuen Sie Anwender? Wie gehen Sie mit dem unvermeidlichen Wunsch nach Veränderung um, ohne Lösungen zu zerstören, die weiterhin laufen müssen?

Ich habe jetzt bessere Antworten auf diese Fragen. Ich hoffe, dieses Buch hat Ihnen bei Ihrer Suche nach Weisheit geholfen.

– Shane Warden

Interviewpartner

Alfred Aho ist Lawrence-Gussman-Professor für Informatik an der Columbia University. Er war von 1995 bis 1997 und im Frühjahr 2003 Fachbereichsleiter.

Professor Aho hat einen B.A.Sc. in Technischer Physik von der University of Toronto und einen Ph.D. in Elektrotechnik/Informatik von der Princeton University.

Professor Aho gewann im Jahr 2003 den Great Teacher Award von der Society of Columbia Graduates.

Professor Aho hat die IEEE John von Neumann-Medaille erhalten und ist Mitglied der U.S. National Academy of Engineering und der American Academy of Arts and Sciences. Ihm wurden die Ehrendoktorwürden der Universitäten von Helsinki und Waterloo verliehen, und er ist Fellow der American Association for the Advancement of Science, der ACM, den Bell Labs und der IEEE.

Professor Aho ist für seine vielen Artikel und Bücher über Algorithmen und Datenstrukturen, Programmiersprachen, Compiler und die Grundlagen der Informatik bekannt. Zu den Koautoren seiner Bücher gehören John Hopcroft, Brian Kernighan, Monica Lam, Ravi Sethi, Jeff Ullman und Peter Weinberger.

Professor Aho ist das »A« in AWK, einer Mustererkennungssprache, die eine weite Verbreitung gefunden hat. »W« und »K« sind Peter Weinberger und Brian Kernighan. Der Aho-Corasick-Algorithmus zum String-Matching wird in vielen Programmen zur bibliographischen Suche und bei der Genomanalyse verwendet. Er schrieb auch die ersten Versionen der String-Mustererkennungsprogramme egrep und fgrep, die zu Anfang auf Unix liefen.

Zu den aktuellen Forschungsinteressen von Professor Aho gehören Programmiersprache, Compiler, Algorithmen, Software-Engineering und Quantencomputer. Professor Aho war Vorsitzender der Special Interest Group der ACM für Algorithms and Computability Theory und des Advisory Committee for the National Science Foundation's Computer and Information Science and Engineering Directorate. Derzeit ist er leitender Mitherausgeber der Contributed Articles Section der *Communications of the ACM*.

Vor seiner Arbeit an der Columbia war Professor Aho Vizepräsident des Computing Sciences Research Center an den Bell Labs, dem Labor, in dem UNIX, C und C++ erfunden wurden. Er war dort außerdem technischer Mitarbeiter, Abteilungsleiter und Direktor. Professor Aho war zudem Geschäftsführer des Information Sciences and Technologies Research Laboratory bei Bellcore (jetzt Telcordia).

Grady Booch ist international für seine innovative Arbeit in den Bereichen Softwarearchitektur, Software-Engineering und kollaborative Entwicklungsumgebungen bekannt. Er hat sein Lebenswerk dem Verbessern von Kunst und Wissenschaft der Softwareentwicklung gewidmet. Grady war von der Gründung im Jahr 1981 an leitender Wissenschaftler der Rational Software Corporation, auch noch während der Übernahme durch IBM im Jahr 2003. Er arbeitet jetzt im Thomas J. Watson Research Center von IBM als leitender Wissenschaftler für Softwareentwicklung, wo er seine Arbeit am Handbook of Software Architecture fortführt und verschiedene Projekte leitet, die über die nächste Generation der Entwicklungstools hinausgehen. Grady arbeitet weiterhin zusammen mit Kunden an realen Problemen und baut enge Beziehungen zu akademischen und anderen Forschungsorganisationen auf der ganzen Welt auf. Grady ist einer der ursprünglichen Autoren der Unified Modeling Language (UML) und war einer der ursprünglichen Entwickler vieler Produkte von Rational. Er arbeitete als Architekt und architektonischer Mentor für diverse komplexe, softwarelastige Systeme in allen möglichen Bereichen auf der ganzen Welt.

Grady ist Autor von sechs Bestsellern, unter anderem dem *UML-Benutzerhandbuch* und dem wichtigen *Objektorientierte Analyse und Design* (beide Addison-Wesley). Er schreibt eine regelmäßige Architekturkolumne für IEEE Software. Grady hat mehrere hundert Artikel über Softwareentwicklung veröffentlicht. Dazu gehören Artikel aus den frühen 80er Jahren, die die Begriffe und Praktiken objektorientierten Designs (OOD) einführten, und Artikel nach dem Jahr 2000, die den Begriff und die Praktiken der Collaborative Development Environment (CDE) vorstellten.

Grady ist Mitglied der Association for Computing Machinery (ACM), der American Association for the Advancement of Science (AAAS) und der Computer Professionals for Social Responsibility (CPSR), sowie ein Senior-Mitglied des Institute of Electrical and Electronics Engineers (IEEE). Er ist IBM-Fellow, ACM-Fellow, Fellow des World Technology Network, Software Development Forum Visionary und Empfänger des Dr. Dobb's Excellence in Programming Award sowie von drei Jolt Awards. Grady war Gründungsmitglied der Agile Alliance, der Hillside

Group und des Worldwide Institute of Software Architects. Jetzt arbeitet er auch im Beratungsgremium der International Association of Software Architecture. Zusätzlich sitzt Grady in den Vorständen der Iliff School of Theology und des Computer History Museum. Weiterhin ist er Mitglied des redaktionellen Beirats von IEEE Software. Grady half dabei, klassische Software im Computer History Museum zu erhalten und hat diverse mündliche Überlieferungen von Koryphäen wie John Backus, Fred Brooks und Linus Torvalds zusammengetragen.

Grady erhielt seinen B.S. von der United States Air Force Academy im Jahr 1977 und seinen M.S. in Elektrotechnik von der University of California in Santa Barbara im Jahr 1979.

Don Chamberlin ist zusammen mit Ray Boyce Erfinder von SQL, der weltweit am meisten genutzten Abfragesprache für Datenbanken. Er war zudem einer der Manager von System R, dem Forschungsprojekt, das die erste Implementierung von SQL lieferte und viele der grundlegenden Technologien entwickelte, die den Datenbankprodukten von IBM zugrunde liegen.

Don ist zudem Koautor des »Quilt«-Proposals, das die Grundlage für die Sprache XQuery wurde. Er war während der Entwicklung von XQuery Vertreter von IBM in der W3C XML Query Working Group und Bearbeiter der Sprachspezifikation von XQuery.

Don ist momentan außerordentlicher Professor für Informatik an der University of California in Santa Cruz. Zudem ist er IBM Fellow (Emeritus), assoziiert mit dem IBM Almaden Research Center, in dem er viele Jahre gearbeitet hat. In den letzten elf Jahren hat er auch als Jurymitglied beim jährlichen ACM International Collegiate Programming Contest mitgewirkt, wo er auch Aufgaben einreichte.

Don hat einen B.S. in Engineering vom Harvey Mudd College und einen Ph.D. in Elektrotechnik von der Stanford University. Er ist ACM Fellow und Mitglied der National Academy of Engineering. Zudem erhielt er den ACM Software Systems Award für seine Beiträge zum Design und zur Implementierung relationaler Datenbanksysteme.

Dr. Brad Cox ist momentan leitender Architekt bei Accenture, wo er sich auf SOA-Sicherheit, Interoperabilität, Standards und komponentenbasierte Entwicklung für staatliche und Privatkunden spezialisiert hat.

Er gehörte der Fakultät des George Mason Program on Social and Organizational Learning (PSOL) an, einer interdisziplinären Abteilung, die sich darauf konzentriert, Hindernisse bei Veränderungen, Entwicklung und Lernen zu meistern, wenn Firmen versuchen, zu einer globalen, informationsintensiven Ökonomie zu wechseln. Seine Interessen drehen sich um das Anwenden von Internet, Fernsehen und Groupware-Technologien, um das experimentelle und kollaborative Lernen zu verbessern. Zu seinen Kursen gehörten Taming the Electronic Frontier, Internet Literacy und Advanced Object Technology.

Er ist Koautor des Buchs *Object-Oriented Programming: An Evolutionary Approach* (Addison-Wesley), das häufig mit dem aktuellen Enthusiasmus für Objekttechnologien und komponentenbasierte Entwicklung in Verbindung gebracht wird. Sein zweites Buch, *Superdistribution: Objects As Property on the Electronic Frontier* (Addison-Wesley), schlägt eine techno-soziale Lösung für das Kaufen, Verkaufen und Besitzen von Dingen vor, die aus Bits bestehen – im Gegensatz zu den Atomen, aus denen Güter seit der Antike produziert wurden.

Er ist Mitbegründer der Stepstone Corporation, aus der die Programmiersprache Objective-C und die Software-IC-Bibliotheken hervorgegangen sind.

Bei Schlumberger-Doll Research arbeitete er an Technologien der künstlichen Intelligenz und der Objektorientierung mit Unix und Workstations für Wireline-Services in der Ölbranche.

Am Programming Technology Center von ITT arbeitete er mit Unix und objektorientierten Technologien, um die Entwicklung eines großen, stark verteilten Telefonverteilungssystems, des System 1240, zu unterstützen.

Seinen Ph.D. von der University of Chicago erhielt er für eine Arbeit über theoretische und experimentelle Arbeiten in der Neurophysiologie in einem Bereich, der seitdem als »Neuronale Netzwerke« bekannt ist. Nach seinem Studium führte er experimentelle Studien an den National Institutes of Health und in den Woods Hole Marine Biological Laboratories durch.

Adin D. Falkoff (B.Ch.E., CCNY 1941; M.A., Mathematik, Yale 1963) arbeitete vor seiner Einberufung in die US-Navy aufgrund des zweiten Weltkriegs an der Entwicklung von Materialien und Methoden für die Massenfabrikation von optischen Präzisionsinstrumenten. Anschließend war er am Design von Antennen für Militärflugzeuge beteiligt, bevor er 1955 bei IBM als Manager für Forschungspublikationen in den Gründungsjahren der IBM Research Division began. Er arbeitete seit den späten 1950er Jahren an verschiedenen Aspekten der Informatik. Nachdem er im Rahmen des IBM Resident Scholarship Program 1960 die Yale University besucht hatte, konzentrierte er sich ganz auf die Informatik, speziell auf APL. Er war viele Jahre Mitglied der Visiting Faculty am IBM Systems Research Institute und Gastdozent für Informatik an der Yale University. Von 1970 bis 1974 betreute Adin Falkoff das IBM Philadelphia Scientific Center, und von 1977 bis 1987 war er der Manager der APL Design Group am Thomas J. Watson Research Center. Er bekam für die Entwicklung von APL und APL\360 IBM Outstanding Contribution Awards und war der erste Preisträger des ACM Iverson Award für seine Beiträge zu APL. Er ist Autor und Koautor diverser Veröffentlichungen, einschließlich »Algorithms for Parallel Search Memories«, »A Formal Description of System 360«, »The Design of APL«, »A Note on Pattern Matching: Where do you find the Empty Vector«, »A Pictorial Format Function«, »Semicolonbracket notation: A hidden resource in APL«, »The IBM Family of APL Systems« und vielen anderen. Adin Falkoff besitzt Patente auf Materialien und Methoden für die Herstellung von optischen Präzisionsinstrumenten und das Design von Computersystemen.

Luiz Henrique de Figueiredo hat einen D.Sc. in Mathematik vom IMPA, dem Instituto Nacional de Matemática Pura e Aplicada in Rio de Janeiro, an dem er auch Associate Researcher und Mitglied des Vision and Graphics-Labors ist. Zudem ist er Berater für geometrische Modellierung und Softwaretools bei Tecgraf, der Grupo de Tecnologia em Computaáão Gráfica der PUC-Rio, wo er auch beim Erstellen von Lua mitarbeitete.

Neben seiner Arbeit an Lua gehören zu seinen aktuellen Forschungsschwerpunkten Computergeometrie, geometrische Modellierung und Intervallmethoden in der Computergrafik, insbesondere die Anwendung der affinen Arithmetik.

Er hatte Postdoc-Stellen an der University of Waterloo in Kanada und dem Laboratório Nacional de Computação Científica in Brazil inne. Er ist Mitglied des redaktionellen Beirats des *Journal of Universal Computer Science*.

James Gosling machte 1977 seinen B.Sc. in Informatik an der University of Calgary in Kanada. Seinen Ph.D. in Informatik erhielt er 1983 von der Carnegie-Mellon University. Der Titel seiner Doktorarbeit war »The Algebraic Manipulation of Constraints«. Aktuell ist er VP und Fellow bei Sun Microsystems. Er hat Systeme zur Verarbeitung von Satellitendaten gebaut, eine Multiprozessorversion von Unix, diverse Compiler, Mailsysteme und Windows-Manager. Zudem hat er einen WYSIWYG-Texteditor entwickelt, einen Zeicheneditor und einen Texteditor namens Emacs für Unix-Systeme. Bei Sun war er zunächst leitender Entwickler für das NeWS-Window-System. Er entwarf das ursprüngliche Design der Programmiersprache Java und implementierte ihren ersten Compiler und die virtuelle Maschine. Er war an der Echtzeitspezifikation für Java beteiligt und Forscher in den Sun Labs, wo er sich vor allem mit Tools zur Softwareentwicklung beschäftigte. Er war Chief Technology Officer der Developer Products Group von Sun und ist mittlerweile CTO der Client Software Group von Sun.

Charles (Chuck) Geschke war 1982 Mitbegründer von Adobe Systems Incorporated. Als führender Kopf in der Softwarebranche ging er nach mehr als 35 Jahren im Jahr 2000 aus seiner Position als Präsident von Adobe in den Ruhestand. Er ist aber weiterhin zusammen mit dem Adobe-Mitbegründer John Warnock Aufsichtsratsvorsitzender.

Charles Geschke ist aktives Mitglied in den Beiräten einer Reihe von Bildungseinrichtungen, gemeinnützigen Institutionen, Techonologiefirmen und Kunstorganisationen. 1995 wurde er in die National Academy of Engineering gewählt, 2008 in die American Academy of Arts and Sciences. Kürzlich beendete er seine Arbeit als Vorsitzender des Board of Trustees der University of San Francisco. Er ist Mitglied des Board of Governors der San Francisco Symphony und des Beirats des Commonwealth Club of California. Zudem ist er im Informatikbeirat der Carnegie-Mellon University, im Beirat der Egan Maritime Foundation und des National Leadership Roundtable On Church Management, im Aufsichtsrat von Tableau Software und im Beirat des Nantucket Boys and Girls Club vertreten.

Bevor er Adobe Systems mitbegründete, richtete Geschke 1980 das Imaging Sciences Laboratory am Xerox Palo Alto Research Center (PARC) ein, wo er die Forschungsaktivitäten im Bereich Informatik, Grafik, Bildverarbeitung und Optik leitete. Von 1972 bis 1980 war er leitender Wissenschaftler und Forscher am Computer Sciences Laboratory von Xerox PARC. Bevor er 1968 mit seinem weiterführenden Studium began, war er an der mathematischen Fakultät der John Carroll University in Cleveland, Ohio beschäftigt gewesen.

Führungspersönlichkeiten aus der Branche und der Wirtschaft, unter anderem der Association for Computing Machinery (ACM), dem Institute of Electrical and Electronics Engineers (IEEE), der Carnegie-Mellon University, der National Computer Graphics Association und dem Rochester Institute of Technology, haben Geschkes Leistungen im technischen und im Managementbereich gewürdigt. Er erhielt den regionalen Entrepreneur of the Year Award im Jahr 1991 und den USA-weiten Entrepreneur of the Year Award im Jahr 2003. 2002 wurde er zum Fellow des Computer History Museum gewählt und erhielt 2005 den Exemplary Community Leadership Award von der NCCJ in Silicon Valley. Geschke wurde im Jahr 2006 von der American Electronics Association (AeA) die Medal of Achievement verliehen. Er und John Warnock sind die ersten Führungskräfte aus dem Softwarebereich, die diesen Preis erhielten. 2007 bekam er den John W. Gardner Leadership Award. Im Jahr 2000 wurde Geschke vom Graphic Exchange Magazine als siebteinflussreichste Person im Grafikbereich des letzten Jahrtausends aufgeführt.

Geschke hat einen Ph.D. in Informatik von der Carnegie-Mellon University und einen M.S. in Mathematik und einen A.B. in Latein von der Xavier University.

Anders Hejlsberg ist technischer Fellow in der Server and Tools Business Unit bei Microsoft. Anders ist als einflussreicher Erfinder von Entwicklungstools und Programmiersprachen bekannt. Er ist leitender Designer der Programmiersprache C# und arbeitet intensiv an der Entwicklung des Microsoft .NET-Framework mit. Seit der ersten Veröffentlichung im Jahr 2000 hat die Programmiersprache C# weite Verbreitung gefunden und ist mittlerweile durch die ECMA und ISO standardisiert.

Bevor er 1996 zu Microsoft wechselte, war Anders einer der ersten Mitarbeiter von Borland International Inc. Als leitender Entwickler war er der ursprüngliche Autor von Turbo Pascal, einer revolutionären IDE, und leitender Architekt ihres Nachfolgers Delphi.

Anders ist Koautor von *Die C#-Programmiersprache* (Addison-Wesley) und besitzt eine ganze Reihe von Softwarepatenten. 2001 erhielt er den renommierten Dr. Dobbs Excellence in Programming Award, und 2007 wurden ihm und seinem Team der Microsofts Technical Recognition Award for Outstanding Technical Achievement verliehen. Anders hat Ingenieurwesen an der Danmarks Tekniske Universitet studiert.

Paul Hudak ist Professor im Fachbereich Informatik an der Yale University. Er ist dort seit 1982 tätig und war von 1999 bis 2005 ihr Vorsitzender. Er erhielt seinen B.S. in Elektrotechnik 1973 von der Vanderbilt University, seinen M.S. in Elektrotechnik und Informatik vom MIT im Jahr 1974 und seinen Ph.D. in Informatik von der University of Utah im Jahr 1982.

Professor Hudaks Forschungsschwerpunkt liegt auf dem Design, der Theorie und der Implementierung von Programmiersprachen. Er half dabei, das Haskell Committee zu organisieren und zu leiten, das 1988 die erste Version von Haskell veröffentlichte, einer rein funktionalen, nicht-strikten Programmiersprache. Hudak war Mitherausgeber des ersten Haskell Report und hat ein beliebtes Tutorial und ein Lehrbuch zur Sprache geschrieben. Zu seinen frühen Tätigkeitsgebieten gehören die parallele funktionale Programmierung, abstrakte Interpretation und deklarative Ansätze.

In jüngerer Zeit war Professor Hudak am Design einer domänenspezifischen Sprache für verschiedene Anwendungsbereiche beteiligt. Dazu gehören mobile und humanoide Robotik, Grafik und Animation, Musik und Soundsynthese, grafische Benutzerschnittstellen und Echtzeitsysteme. Zudem hat er Techniken für das Einbetten solcher Sprachen in Haskell und die Verwendung abstrakter Rechenmodelle wie Monaden und Pfeile entworfen. Aktuell kümmert er sich um die Verwendung von Haskell in der Musik und Soundsynthese in Ausbildung und Forschung.

Professor Hudak hat mehr als 100 Artikel und ein Buch veröffentlicht. Er ist Chefredakteur des *Journal of Functional Programming* und Gründungsmitglied der IFIP Working Group 2.8 zur funktionalen Programmierung. Professor Hudak ist ACM Fellow und Empfänger eines IBM Faculty Development Award und eines NSF Presidential Young Investigator Award.

John Hughes wurde 1958 in Nordwales geboren. Er verbrachte zwischen Schule und Universität ein prägendes Jahr (1974–1975) als Programmierer in der Forschungsgruppe von Christopher Strachey an der Oxford University. Er half Strachey nicht nur dabei, während des Bewerbungsgesprächs ein Modem zu installieren, sondern bekam dort auch eine Einführung in funktionale Programmierung, und er entwickelte eine Leidenschaft dafür, die immer noch nicht verebbt ist. Während er in Cambridge Mathematik studierte, war er an der Entwicklung des vielleicht ersten Compilers für GEDANKEN beteiligt, ein Gedankenexperiment von John Reynolds zum Design von Programmiersprachen. Er kehrte für seine Doktorarbeit im Jahr 1980 nach Oxford zurück und vollendete dort seine Arbeit zu Implementierungstechniken für funktionale Sprachen im Jahr 1983. Dort lernte er seine Frau Mary Sheeran kennen, die auch studentische Hilfskraft in derselben Gruppe war.

Von 1984 bis 1985 verbrachte John ein Postdoc-Jahr an der Chalmers Tekniska Högskola in Göteborg in Schweden, wo bedeutende Arbeiten zum Kompilieren von nicht-strikten Sprachen wie Haskell entstanden. Er liebte sowohl die Forschungsumgebung als auch die Schönheit von Westschweden. Als das Jahr vorbei war, kehrte John kurz als Dozent nach Oxford zurück, um im Jahr 1986 einen Lehrstuhl an der Glasgow University in Schottland zu besetzen.

Die Abteilung in Glasgow wurde damals stark erweitert, und John konnte die Glasgow Functional Programming Group gründen, die zu einer der besten Gruppen der Welt wurde und zu der sowohl Phil Wadler als auch Simon Peyton Jones gehörten. Die jährlichen Workshops der Arbeitsgruppe wurden sehr bekannt und entwickelten sich schließlich zum Symposium »Trends in Functional Programming«, das bis zum heutigen Tag durchgeführt wird.

Im Jahr 1992 wurde John ein Lehrstuhl in Chalmers angeboten, und er nahm die Gelegenheit wahr, nach Schweden zurückzukehren. Dann arbeitete er weiter an der funktionalen Programmierung und seit 1999 am Testen von Software mithilfe eines automatischen Tools namens QuickCheck. 2006 gründete er Quviq, ein Start-up-Unternehmen, das QuickCheck vermarktet und entwickelt. Jetzt verbringt er die Hälfte seiner Zeit in der Firma.

John ist jetzt schwedischer Staatsbürger und versucht ernsthaft, sowohl die schwedische Sprache als auch das Skifahren zu erlernen – Letzteres allerdings nicht mit sehr viel Erfolg ... Er hat zwei Söhne, von denen einer blind und autistisch ist.

Roberto Ierusalimschy ist außerordentlicher Professor für Informatik an der PUC-Rio (Pontifícia Universidade Católica do Rio de Janeiro), wo er am Design und der Implementierung von Programmiersprachen arbeitet. Er ist leitender Architekt der Programmiersprache Lua und Autor des Buches *Programmieren mit Lua* (Lua.org; mittlerweile in zweiter Auflage und auch übersetzt ins Chinesische und Koreanische).

Roberto hat einen M.Sc. (1986) und einen D.Sc. (1990) in Informatik, beide von der PUC-Rio. Er war Gastdozent an der University of Waterloo (Kanada, 1991), ICSI (USA, 1994), GMD (Deutschland, 1997) und der UIUC (USA, 2001/2002). Als Professor an der PUC-Rio war Roberto Betreuer vieler Studenten, die später wichtige Mitglieder der Lua-Community wurden. Später entwickelte er LPEG, ein neues Mustererkennungspaket für Lua.

Dr. Ivar Jacobson wurde am 2. September 1939 in Ystad in Schweden geboren. (Sein vollständiger Name ist Ivar Hjalmar Jacobson, aber seinen zweiten Vornamen benutzt er nie.) Dr. Jacobson erhielt seinen Master in Elektrotechnik an der Chalmers Tekniska Högskola in Göteborg im Jahr 1962 und den Ph.D. im Jahr 1985 an der Kungliga Tekniska Högskolan in Stockholm mit einer Arbeit zu Sprachkonstrukten für große Echtzeitsysteme. Er war Gastdozent an der Functional Programming and Dataflow Architecture Group am MIT in den Jahren 1983 bis 1984. Am 3. Mai 2003 erhielt er die Gustaf Dalén-Medaille von der Alumni-Vereinigung von Chalmers.

Ivar gründete die schwedische Firma Objectory AB, die 1995 mit Rational verschmolzen wurde. Er blieb während der Phase außerordentlichen Wachstums bei Rational, bis die Firma 2003 von IBM übernommen wurde. Dann verließ er Rational als Mitarbeiter, blieb aber für mehr als ein Jahr bis Mai 2004 leitender technischer Berater.

Neben der Arbeit an Rational hat er auch andere interessante Ideen verfolgt. Eine davon war, bei Jaczone AB zu arbeiten, einer Firma, die er im April 2000 zusammen mit seiner Tochter Agneta Jacobson gegründet hatte. Jaczone setzt eine alte Vision um – den Softwareprozess aktiv und nicht passiv zu machen. Ein aktiver Prozess unterstützt die Entwickler beim Erstellen neuer Projekte.

Ivar bemerkt, dass die Software-Entwicklungscommunity unbedingt ihre Fähigkeiten in diesem Bereich verbessern muss. Im Jahr 2004 gründete er Ivar Jacobson International, das Projektteams auf der ganzen Welt dabei helfen will, gute Software-Entwicklungspraktiken anzuwenden. Ivar Jacobson International arbeitet mittlerweile über eigene Firmen in sechs Staaten: Großbritannien, USA, Schweden, China, Australien und Singapur. 2007 übernahm seine neue Firma Jaczone, sodass beide Firmen nun zusammengehören.

Simon Peyton Jones, M.A., MBCS, CEng, machte seinen Abschluss 1980 am Trinity College Cambridge. Nach zwei Jahren in der Branche verbrachte er sieben Jahre als Dozent am University College London und neun Jahre als Professor an der Glasgow University, bevor er 1988 zu Microsoft Research (Cambridge) wechselte.

Sein Forschungsschwerpunkt liegt auf den funktionalen Programmiersprachen, ihrer Implementierung und Anwendung. Er hat erfolgreich eine Reihe von Forschungsprojekten geleitet, die sich auf das Design und die Implementierung real nutzbarer funktionaler Sprachsysteme konzentrierten – sowohl für einzelne Prozessoren als auch für Parallelrechner. Er hat viel zum Design der mittlerweile anerkannten funktionalen Sprache Haskell beigetragen und ist leitender Designer des vielfach angewandten Glasgow Haskell Compiler (GHC). Er hat zwei Lehrbücher über die Implementierung funktionaler Sprachen geschrieben.

Ansonsten ist er an Sprachdesign, umfassenden Typensystemen, Softwarekomponenten-Architekturen, Compilertechnologie, Codegenerierung, Laufzeitsystemen, virtuellen Maschinen und Garbage Collection interessiert. Vor allem reizt ihn die direkte Anwendung von theoretischen Grundlagen im praktischen Sprachdesign und der Implementierung – das ist einer der Gründe dafür, dass er die funktionale Programmierung so gern mag.

Brian Kernighan erhielt seinen B.A.Sc. von der University of Toronto im Jahr 1964 und seinen Ph.D. in Elektrotechnik von Princeton im Jahr 1969. Er arbeitete bis zum Jahr 2000 im Computing Science Research Center der Bell Labs und ist jetzt bei der Informatikfakultät von Princeton.

Er ist Autor von acht Büchern und einigen technischen Artikeln und besitzt vier Patente. Er wurde 2002 in die National Academy of Engineering gewählt. Zu seinen Forschungsbereichen gehören Programmiersprachen, Tools und Schnittstellen, durch die sich Computer leichter nutzen lassen, insbesondere für Laien. Er ist zudem an der technischen Ausbildung von nichttechnischem Publikum interessiert.

Thomas E. Kurtz wurde am 22. Februar 1928 in der Nähe von Chicago, Illinois, geboren. Er besuchte das Knox College in Illinois und machte seinen Abschluss im Jahr 1950. Dann besuchte er die Princeton University und erreichte 1956 seinen Ph.D. in Mathematik. Kurtz war dann von 1956 bis zum Ruhestand 1993 an der Fakultät des Dartmouth College beschäftigt, an dem er Statistik, numerische Analysis und schließlich Informatik unterrichtete. Von 1963 bis 1964 entwickelten er und John Kemeny (der spätere Präsident des Dartmouth College) die Programmiersprache BASIC. Unterstützt durch die Time Sharing- und PC-Revolutionen war BASIC für mehrere Jahrzehnte die weltweit meistgenutzte Programmiersprache. Kurtz war von 1966 bis 1975 Direktor des Kiewit Computation Center in Dartmouth.

Er war Mitglied in diversen Beiräten und Komitees und hat mit Dr. Kemeny eine Reihe von Büchern über Programmierung geschrieben. Nach seiner Pensionierung bei Dartmouth war er noch bei True BASIC, Incorporated, aktiv, wo die BASIC-Computersprache und Lernsoftware für PCs entwickelt und vermarktet wurde.

Tom Love erhielt seinen Ph.D. in Kognitionswissenschaft von der University of Washington, an der er die kognitiven Eigenschaften erfolgreicher Computerprogrammierer erforschte. Nach seinem Abschluss begann er bei General Electric mit dem Design von Benutzerschnittstellen für eine proprietäre Textsuchmaschine – Google in a Box! Ein paar Monate später wurde er vom Office of Naval Research angesprochen, ob er daran interessiert sei, seine Ph.D.-Forschungen fortzuführen. Das führte zur Gründung der Software Psychology Group bei GE.

Tom wurde von GE zu ITT geholt, um eine Gruppe führender Softwareforscher aufzubauen. In dieser Gruppe wurde von Brad Cox die erste objektorientierte Erweiterung von C erdacht und entwickelt. Die ITT-Gruppe befasste sich schon im Jahr 1982 auch mit Groupware, verteiltem Rechnen und interaktiven Entwicklungsumgebungen! Aufgrund dieser Erfahrungen wurde Tom anschließend der erste kommerzielle Nutzer von Smalltalk.

1983 gründeten Tom und Brad Cox Stepstone, die erste Firma für objektorientierte Produkte. Dort förderten sie Objekttechnologien, entwickelten das Software-IC-Konzept und vermarkteten die erste eigenständige Sammlung wiederverwendbarer Klassen, IC-pak 201. Unter anderem überzeugte Stepstone Steve Jobs, Objective-C als Systemprogrammiersprache für den NeXT-Computer zu verwenden (die später als Basis für Apples OS X-Betriebssystem dienten). Tom hatte auch die Idee für die ACM OOPSLA-Konferenz, für die er auch die erste Gruppe von Freiwilligen organisierte.

Nachdem er fünf Jahre als freiberuflicher Berater verbracht hatte, wurde er bei IBM Consulting angestellt und gründete dort die Object Technology Practice – eine Anwendungsentwicklungsorganisation, die große Entwicklungsprojekte für wichtige IBM-Kunden umsetzte. Ausgehend von den Erfolgen dort wurde er von Morgan Stanley eingestellt, wo er ein überarbeitetes Kreditrisiko-Managementsystem auslieferte – zwei Tage vor dem Barings-Desaster.

1997 tat sich Tom mit Dr. John Wooten zusammen, um ShouldersCorp zu gründen. Dort hat er mehr als ein Dutzend erfolgreiche 100-Tage-Projekte geleitet, einschließlich des bekanntesten von ihnen, des Agile Development Project, das 2001 abgeschlossen wurde. Viele seiner Erfahrungen mit Objekttechnologien finden sich in dem Buch *Object Lessons* aus dem Jahr 1993, veröffentlicht bei Cambridge University Press.

Bertrand Meyer ist Professor für Softwareentwicklung an der ETH Zürich (der Eidgenössischen Technischen Hochschule) und leitender Architekt bei Eiffel Software mit Sitz in Santa Barbara, Kalifornien. In seiner Karriere arbeitete er als Softwareprojektmanager (wo er die Entwicklung von Tools und Bibliotheken mit mehreren Millionen Zeilen Code betreute), Softwarearchitekt, Ausbilder, Forscher, Buchautor und Berater.

Er hat zehn Bücher veröffentlicht, unter anderem Bestseller wie *Objektorientierte Softwareentwicklung* (Hanser, Jolt Award 1998) und *Eiffel: The Language, Object Success, and Introduction to the Theory of Programming Languages* (Prentice-Hall PTR). Sein neuestes Buch, ein einführendes Programmierlehrbuch, nutzt intensiv Objekttechnologie und Kontrakte und trägt den Titel *Touch of Class: An Introduction to Programming Well*. Es soll im September 2009 beim Springer-Verlag erscheinen und ist das Ergebnis von sechs Jahren Unterrichtserfahrung mit dem Kurs »Einführung in die Programmierung« an der ETH.

Als Forscher hat er über 200 Artikel zu Softwarethemen veröffentlicht, wobei sein Schwerpunkt im Bereich der Softwarearchitektur und des Designs (Design by Contract), der Programmiersprachen (Eiffel, mittlerweile ein ISO-Standard), des Testens und formaler Methoden lag. Sein aktueller Forschungsschwerpunkt (zusammen mit Mitgliedern seiner Arbeitsgruppe an der ETH) sind die sichere und einfache Programmierung von nebenläufigen und Mehrkernarchitekturen (SCOOP), automatisiertes Testen (AutoTest), Programmbeweise, pädagogische Tools (Trucstudio), Informatikpädagogik, Entwicklungsumgebungen (EiffelStudio, Origo), Wiederverwendung und komponentenbasierte Entwicklung, der Softwareprozess und Objektpersistenz.

Er ist Empfänger des ACM Software System Award (2006) und des ersten Dahl-Nygaard-Preises für Objekttechnologie (2005), außerdem Fellow der ACM und Mitglied der französischen Académie des Technologies.

Robin Milner machte seinen Abschluss an der University of Cambridge im Jahr 1958. Nach einigen kürzeren Tätigkeiten wechselte er 1973 zur University of Edinburgh, wo er 1986 das Laboratory for Foundation of Computer Science mitbegründete. Er wurde 1988 zum Fellow der Royal Society gewählt und gewann 1991 den AM Turing Award der ACM. 1995 kam er zur Cambridge University zurück und leitete dort für vier Jahre das Computer Laboratory. 2001 ging er in den Ruhestand. Zu seinen Forschungserfolgen gehören (oft zusammen mit anderen) das System LCF, ein Modell, das vielen später entstandenen Systemen für interaktives Beweisen zugrunde liegt,

ML, eine auch außerhalb des akademischen Umfelds nutzbare Programmiersprache, der Calculus of Communicating Systems (CCS) und das Pi-Kalkül.

Momentan arbeitet er an Bigraphs, einem topographischen Modell für mobile interaktive Systeme. Dieses Modell verbindet die Mächtigkeit des Pi-Kalküls, das beschreibt, wie mobile Agenten ihre Verbindungen anpassen können, mit der von Mobile Ambients (Cardelli und Gordon), das sich darum kümmert, wie sie sich in einem verschachtelten Raum bewegen. Die Kombination dieser beiden Features behandelt er unabhängig voneinander: »Ihr Standort beeinflusst nicht, mit wem Sie reden können.« Das führt zu einem generischen Modell, das nicht nur viele Prozesskalküle zusammenfasst, sondern auch versucht, eine stabile Plattform für das Design allgegenwärtiger Computersysteme bereitzustellen, die die Computerwelt im 21. Jahrhundert dominieren werden.

Charles H. Moore wurde 1938 geboren. Er wuchs in Michigan auf, erhielt einen B.S. in Physik am MIT, heiratete Winifred Bellis und hat einen Sohn, Eric. Er lebt zur Zeit in Incline Village am schönen Lake Tahoe, fährt einen WRX, wandert auf dem Tahoe Rim Trail und dem Pacific Crest Trail und liest sehr viel. Er erfreut sich daran, einfache Lösungen zu finden, für die er bei Bedarf sogar das Problem ändert.

In den 60er Jahren arbeitete er als freiberuflicher Programmierer, bis er 1968 Forth erfand. (Forth ist eine einfache, effiziente und vielseitig anwendbare Computersprache, auf die er sehr stolz ist.) Er nutzte sie, um Teleskope am NRAO zu programmieren. 1971 war er Mitbegründer von Forth, Inc., um weitere Echtzeitanwendungen zu programmieren.

Als er 1983 die Nase voll hatte von unpraktischer Hardware, gründete er mit anderen zusammen Novix, Inc. und entwarf den Mikroprozessorchip NC4000. Dieser entwickelte sich weiter zum Harris RTX2000, der auch für den Weltraum geeignet ist und mit der Sonde Cassini um den Saturn kreist.

Bei Computer Cowboys verwendete er eigene Software, um ShBoom, Mup20, F21 und i21 zu entwerfen – allesamt Mikroprozessoren mit Forth-Architektur. Auf all diese kleinen, schnellen und stromsparenden Chips ist er gleichermaßen stolz.

In diesem Jahrhundert war er Mitbegründer von IntellaSys und entwickelte colorForth, um Designtools für einen Mehrkernprozessor zu programmieren. Seit 2008 wird eine Version mit 40 Kernen von IntellaSys produziert und vermarktet. Derzeit portiert er seine Designtools auf diesen faszinierenden Chip.

James Rumbaugh erhielt einen B.S. in Physik am MIT, einen M.S. in Astronomie vom Caltech und einen Ph.D. in Informatik vom MIT. Seine Doktorarbeit machte er am MIT in der Computation Structures Group von Professor Jack Dennis, die im Bereich der Grundlagenmodelle Pionierarbeit leistete. Seine Doktorarbeit behandelte eine Sprache und Hardwarearchitektur für einen Datenflusscomputer, eine hochgradig nebenläufige Computerarchitektur.

Er arbeitete 25 Jahre lang im General Electric Research and Development Center in Schenectady, New York, an verschiedensten Forschungsprojekten, unter anderem an einem der ersten Betriebssysteme für Mehrprozessorrechner, an Algorithmen für die Rekonstruktion von CT-Bildern, an einem VLSI-Designsystem, an einem Framework für grafische Schnittstellen und an einer objektorientierten Sprache. Zusammen mit GE-Kollegen entwickelte er die Object Modeling Technique (OMT) und schrieb das Buch *Object-Oriented Modeling and Design* (Prentice Hall), das OMT bekannt machte. Er schrieb sechs Jahre lang eine beliebte monatliche Kolumne im Journal of Object-Oriented Programming (JOOP).

1994 begann er bei der Rational Software Corporation in Cupertino, Kalifornien, wo er und Grady Booch ihre Modellierungsmethoden kombinierten, um die Unified Modeling Language (UML) zu erstellen, wobei noch Anregungen von Ivar Jacobson und Mitarbeitern der Object Modeling Group (OMG) einflossen. Die Standardisierung von UML durch die OMG führte zu einer weiten Verbreitung als führende Softwaremodellierungssprache. Bücher von Rumbaugh, Booch und Jacobson machten UML der Öffentlichkeit bekannt. Er half bei der weiteren Entwicklung von UML mit und trat für die Verwendung guter Entwicklungsprinzipien beim Erstellen von Software ein. Nachdem Rational von IBM übernommen worden war, ging er 2006 schließlich in den Ruhestand.

James ist erfahrener Skifahrer und schlechter Golfer. Wöchentlich unternimmt er Wanderungen. Er besucht Opern-, Theater- und Ballettaufführungen und Kunstmuseen. Er liebt gutes Essen, Reisen, Fotografieren, Gartenarbeit und Fremdsprachen. Er liest Bücher aus den Bereichen Kosmologie, Evolution, Kognitionswissenschaften, Epik, Mythologie, Fantasy, Geschichte und Zeitgeschehen. James lebt mit seiner Frau in Saratoga in Kalifornien. Gemeinsam haben sie zwei Söhne, die das College besuchen.

Bjarne Stroustrup entwarf und implementierte C++. Im letzten Jahrzehnt wurde C++ die am häufigsten angewandte Sprache, die objektorientierte Programmierung unterstützt, indem sie Abstraktionstechniken für Mainstreamprojekte nutzbar gestaltet. Mit C++ hat Stroustrup die Verwendung von objektorientierten und generischen Programmiertechniken in Anwendungsbereichen vorangetrieben, in denen Effizienz entscheidend ist. Dazu gehören die allgemeine Systemprogrammierung, Switching, Simulation, Grafik, Benutzerschnittstellen, Embedded Systems und wissenschaftliches Rechnen. Der Einfluss von C++ und die damit verbreiteten Ideen sind auch weit über die C++-Community hinaus sichtbar. Sprachen wie C, C#, Java und Fortran99 bieten Features an, die für die normale Nutzung durch C++ eingeführt wurden, ebenso wie es Systeme wie COM und CORBA tun.

Sein Buch *Die C++-Programmiersprache* (Addison-Wesley, erste [deutsche] Auflage 1987, zweite Auflage 1992, dritte Auflage 1997, vierte Auflage 2000) ist das meistgelesene Buch seiner Art und wurde in mindestens 18 Sprachen übersetzt. Ein späteres Buch, *Design und Entwicklung von C++* (Addison-Wesley, 1994) ging neue Wege beim Beschreiben der Formung einer Programmiersprache durch Ideen, Probleme und Einschränkungen. Sein neues Buch *Einführung in die Programmierung mit C++* soll als erste Einführung in die Programmierung und in C++ dienen. Neben seinen sechs Büchern hat Stroustrup mehr als hundert akademische und nichtakademische Artikel veröffentlicht. Er spielte eine aktive Rolle beim Erstellen des ANSI/ISO-Standards für C++ und arbeitet weiterhin an der Betreuung und Revision dieses Standards mit.

Bjarne wurde in Århus in Dänemark geboren und erhielt seinen Master in Mathematik und Informatik von der dortigen Universität. Seinen Ph.D. über die Arbeit an verteilten Rechnern machte er an der Cambridge University in England. Von 1979 bis 2002 arbeitete er als Forscher und später als Manager bei den Bell Labs und den AT&T Labs in New Jersey. Derzeit hat er den College of Engineering-Lehrstuhl für Informatik an der Texas A&M University inne. Er ist Mitglied der U.S. National Academy of Engineering, ACM Fellow und IEEE Fellow. Er hat viele weitere Auszeichnungen erhalten.

Guido van Rossum ist der Erfinder von Python, einer der wichtigen Programmiersprachen im Web und außerhalb davon. Die Python-Community bezeichnet ihn als BDFL (Benevolent Dictator For Life), ein Titel, der direkt einem Mony-Python-Sketch entstammen könnte (tut er aber nicht).

Guido wuchs in den Niederlanden auf und arbeitete lange Zeit am CWI in Amsterdam, wo auch Python geboren wurde. Er wechselte 1995 in die USA, wo er im nördlichen Virginia lebte. Dort heiratete er, und sein Sohn wurde geboren. 2003 zog seine Familie nach Kalifornien, wo Guido nun für Google arbeitet, wobei er 50% seiner Zeit für das Open Source-Projekt Python nutzt und während der restlichen Zeit Python für interne Google-Projekte verwendet.

Philip Wadler hat Freude daran, Theorie in der Praxis und Praxis in der Theorie einzusetzen. Zwei Beispiele für den Weg von der Theorie in die Praxis: GJ, die Basis für Suns neue Java-Version mit Generics, leitet sich von Quantifikatoren zweiter Stufe ab. Seine Arbeiten an XQuery stellen einen der ersten Versuche dar, Mathematik zu nutzen, um einen Industriestandard zu erstellen. Ein Beispiel für den Weg von der Praxis in die Theorie: Featherweight Java fasst den Kern von Java auf weniger als einer Seite mit Regeln zusammen. Wadler ist ein führender Designer der Programmiersprache Haskell, der er zu zwei ihrer wichtigsten Innovationen verhalf: Typklassen und Monaden.

Wadler ist Professor für theoretische Informatik an der University of Edinburgh. Er ist Träger des Royal Society-Wolfson Research Merit Fellowship, Fellow der Royal Society of Edinburgh und ACM Fellow. Zuvor arbeitete oder studierte er bei den Avaya Labs, den Bell Labs, in Glasgow, Chalmers, Oxford, bei CMU, Xerox Parc und in Stanford. Er war Gastprofessor in Paris, Sydney und Kopenhagen. Er steht an Position 70 der Citeseers-Liste der meistzitierten Autoren in der Informatik, ist Gewinner des POPL Most Influential Paper Award, war Chefredakteur des Journal of Functional Programming und arbeitete im Executive Committee of the ACM Special Interest Group for Programming Languages mit. Zu seinen Artikeln gehören »Listlessness is better than laziness«, »How to replace failure by a list of successes« und »Theorems for free«, und er ist Mitautor von *XQuery from the Experts* (Addison-Wesley, 2004) und *Java Generics and Collections* (O'Reilly, 2006). Er hat Vorträge auf der ganzen Welt gehalten – von Aizu bis Zürich.

Larry Wall wurde an vielen Orten ausgebildet, unter anderem an der Cornish School of Music, dem Seattle Youth Symphony, der Seattle Pacific University, der Multnomah School of the Bible, dem SIL International, der UC Berkeley und der UCLA. Obwohl er vor allem eine Ausbildung in den Bereichen Musik, Chemie und Linguistik genossen hat, arbeitet er nun schon seit ungefähr 35 Jahren mit Computern.

Er ist bekannt für die Programme _rn_ und _patch_ und für die Programmiersprache Perl, aber er sieht sich eher als kultureller Hacker, dessen Berufung es ist, ein bisschen Spaß in das düstere Leben von Programmierern zu bringen. Larry hat für Seattle Pacific, MusiComedy Northwest, die System Development Corporation, Burroughs, Unisys, die NSA, Telos, ConTel, GTE, JPL,

NetLabs, Seagate, Tim O'Reilly, die Perl Foundation und sich selbst gearbeitet – mit unterschiedlichen Definitionen von »Arbeit«. Momentan ist er bei NetLogic Microsystems in Mountain View, Kalifornien, angestellt. Auf dem Weg zur Arbeit kommt er sowohl am Computer History Museum als auch am Googleplex vorbei, was wohl etwas zu bedeuten hat. Vermutlich etwas Absurdes.

John E. Warnock ist Mitvorsitzender des Vorstands von Adobe Systems, Inc., einer Firma, die er zusammen mit Charles Geschke 1982 gegründet hat. Dr. Warnock war in den ersten zwei Jahren bei Adobe ihr Präsident und in den restlichen 16 Jahren CEO. Warnock hat die Entwicklung weltberühmter Technologien in den Bereichen Grafik, Publishing, Web und elektronische Dokumente vorangetrieben, die die visuelle Kommunikation und das Publishing revolutioniert haben. Dr. Warnock besitzt sechs Patente.

Warnocks unternehmerische Erfolge wurden von einigen der wichtigsten Branchenzeitschriften dokumentiert, und er hat eine Reihe von Auszeichnungen für technische und wirtschaftliche Erfolge erhalten. Zu diesen Auszeichnungen gehören: Entrepreneur of the Year von Ernst & Young, Merrill Lynch und *Inc. Magazine*; University of Utah Distinguished Alumnus Award; Association for Computing Machinery (ACM) Software Systems Award; Award for Technical Excellence von der National Graphics Association; der erste Rhode Island School of Design Distinguished Service to Art and Design International Award. Dr. Warnock erhielt zudem den Edwin H. Land Award von der Optical Society of America, die Bodleian-Medaille von der Oxford University und die Lovelace-Medaille von der British Computer Society. Warnock ist bekanntes Mitglied der National Academy of Engineering und Mitglied der American Academy of Arts and Sciences. Er ist Träger von Ehrendoktorwürden der University of Utah und des American Film Institute.

Warnock war Vorstandsmitglied von Adobe Systems Inc., Knight-Ridder, Octavo Corporation, Ebrary Inc., Mongonet Inc., Netscape Communications und der Salon Media Group. Zudem war er Vorsitzender des Tech Museum of Innovation in San Jose. Weiterhin saß er im Kuratorium des American Film Institute und sitzt im Beirat des Sundance Institute.

Bevor er Adobe Systems mitgründete, war Warnock leitender Wissenschaftler im Xerox Palo Alto Research Center (PARC). Bevor er zu Xerox kam, arbeitete Warnock in Schlüsselpositionen bei der Evans & Sutherland Computer Corporation, der Computer Sciences Corporation, IBM und der University of Utah.

Warnock hat einen B.S. und einen M.S. in Mathematik und einen PhD in Elektrotechnik von der University of Utah.

Peter Weinberger arbeitet bei Google New York seit Mitte 2003 an verschiedenen Projekten, bei denen es um das Speichern großer Datenmengen geht.

Zuvor (ab dem Zeitpunkt, an dem AT&T und Lucent sich trennten) arbeitete Peter bei Renaissance Technologies, einem unglaublich erfolgreichen Hedge-Fonds (wofür er keine Lorbeeren für sich einfordert), wo er als Head of Technology begann, verantwortlich für Computer, Software und Informationssicherheit. Im letzten Jahr zog er sich von all dem zurück und arbeitete an einem Trading-System (für Mortgage Backed Securities).

Bis AT&T und Lucent getrennt wurden, arbeitete er im Bereich Computer Science Research der Bell Labs in Murray Hill. Bevor er im Management landete, beschäftigte er sich mit Datenbanken, AWK, Netzwerkbetriebssystemen, Compilern, Perfomance und Profiling und zweifellos auch noch an anderem Unix-Kram. Als er dann ins Management wechselte, war sein vorletzter Titel Information Sciences Research Vice-President (so etwas kann nur eine große Firma mögen). Peter betreute etwa ein Drittel der Forschung, unter anderem den Bereich Mathematik und Statistik, Informatik und Sprache. Sein letztes Jahr bei AT&T verbrachte er im Bereich Consumer Long Distance, wo er versuchte, Vorhersagen zu treffen.

Bevor er in den Bell Labs arbeitete, unterrichtete er Mathematik an der University of Michigan in Ann Arbor, wo er auch eine Reihe von Artikeln veröffentlichte, von denen der letzte im Jahr 2002 aktualisiert wurde. Allerdings sind sie nicht einmal von akademischem Interesse.

Peter erhielt seinen B.S. vom Swarthmore College in Swarthmore, Pennsylvania, und seinen Ph.D. in Mathematik (Zahlentheorie) von der University of California, Berkeley.

INDEX

A

Abstraktion
	in SQL 236
	in der funktionalen Programmierung 185
Abstraktion, Zeiger, in C++ 4
Abstraktionsebenen 347
Abwärtskompatibilität 204
	Java 285
	JVM 304
	potenziell überarbeitetes UML 352
	UML 368
Ada 380
Agenten im Internet 225
Aho, Alfred V. 103
	Aho-Corasick-Algorithmus 118
	Automatentheorie 117
	Befehlszeilenprogramme, Grenzen 110
	Compiler-Kurs 113–116
	»Datei«-Konzept im Internet 109
	Datengröße in AWK 105
	Debugging, Rolle des Compilers oder der Sprache 118
	Debugging, Sprachdesign zum Vereinfachen 108
	Debugging, unterrichten 116
	Dokumentation für ein besseres Software-Design 113–115
	Domäne, Sprache für eine 108, 110
	formalisierte Semantik von Sprachen 110
	Forschung in der Informatik 117
	grafische Schnittstellen, Grenzen von 110
	große Programme, gute Praktiken 104
	Hardware-Effizienz, Relevanz 109
	Hardware-Verfügbarkeit, Einfluss auf die Programmierung 104
	komplexe Algorithmen, Verständnis 106
	Kreativität in der Programmierung 106
	lex, Wissen für die Verwendung 108
	Mathematik, Rolle in der Informatik 117
	Mustererkennung
		Evolution 105
		Nebenläufigkeit 118
	Nützlichkeit von Programmiersprachen 106
	Portierbarkeit von Unix 112
	Programmieren unterrichten 107
	Programmieren, nach einer Pause fortsetzen 116
	Programmiersprache, Langlebigkeit 111
	Programmiersprachen-Design 106
	Rolle in der AWK-Entwicklung 104
	Sicherheit und Formalisierung 111
	sinnvolle Einsatzgebiete von AWK 104, 107, 109
	»Software and the Future of Programming Languages« 112
	Theorie und Praxis als Motivation 113
	verbesserte Programmierfähigkeiten 107
	Wissen für die Verwendung von AWK 108
	yacc, Wissen für die Verwendung 108
Aho-Corasick-Algorithmus 118
algebraische Sprache, BASIC als 84
allgemein nutzbare Sprache 309
allgemeine Arrays in APL 55
allgemeines Ressourcen-Management 5
allokierter Speicher, Compiler-Handling 91
Anwender
	beim Programmieren berücksichtigen 100, 101, 121
	beim Sprachdesign berücksichtigen 106
	Feedback zu Lua 173
Anwendungen (siehe Programme)
API-Design 41, 298, 316
APL 45
	allgemeine Arrays 55
	Bedauern über, durch Designer 59
	Collections in 56
	Datei-Behandlung 57
	Design, Langlebigkeit 49
	Design-History 46, 53
	effizient genutzte Ressourcen 48

erfolgreiche Aspekte 60
gemeinsam genutzte Variablen 56
Implementatierung auf Handheld-Geräten 48
Lektionen aus dem Design 58
Lernen, Schwierigkeit 48
Namensräume 57
Parallelisierung 55–58
Programmieren lehren 50
Standardisierung 49
Syntax
    basierend auf algebraischer Notation 47, 51
    Einfachheit/Komplexität 47, 51, 55
Zeichensatz für 47, 54
APL\360 46
Arbeitsteilung, angewandt auf die Software-Entwicklung 273, 274, 280
Architekten, identifizieren 342
Artikel (siehe Bücher und Veröffentlichungen)
Aspect-oriented software development with use cases (Jacobson; Ng) 325
Aspekt-Orientierung 325
asymmetrische Koroutinen, in Lua 166
asynchrone Operationen, in Forth 72
Audio-Anwendungen, Sprachumgebung für 94
aufstrebende Systeme 351
Ausbildung (siehe Informatik-Ausbildung)
Automatentheorie 117
automatische Codeprüfung 295
AWK 103, 104
    Bedauern über, von Peter Weinberger 143
    Datengröße 105
    große Programme
        gute Praktiken 104
        Verbesserungen 152
    initiale Designideen 139
    Langlebigkeit, Skripten umschreiben 146
    Programmier-Ratschläge 123
    Programming by Example 157–161
    sinnvolle Einsatzgebiete 104, 107, 109, 123
    Vergleich mit SQL 140
    Wissen für die Verwendung 108
AWT 285

B

BASIC 81
    Bibliotheken bauen 99
    Compiler
        One Pass 83, 89
        Two Passes 85
    Design
        im Laufe der Zeit 95
        Überlegungen 82, 88
    Einfluss durch Hardware-Weiterentwicklung 87
    GOTO-Anweisungen 82, 88

große Programme, Nutzbarkeit 85
Kapselung 85
Kommentare 92
Lektionen aus dem Design 95
Performance 85
Programmieren unterrichten 83, 85
True BASIC 85
Variablen-Deklaration nicht notwendig 89
Whitespace-Unabhängigkeit 84, 97
Zahlen 82, 87
Zeilennummern 82, 98
bedingte Anweisungen in Forth 76
Befehlszeile
    AWK 109
    Einschränkungen 141
    Programme mit Pipes zusammenstellen 110
    Tools, Einschränkungen 110
    Vergleich mit grafischer Schnittstelle 130
    Wiederaufleben für das Internet 134
Belastbarkeit in SQL 237
beliebig genaue Integers, in Python 26
benutzerdefinierte und eingebaute Sprachelemente unterschiedlich behandeln 53
Betriebssysteme 69, 71
    (siehe auch Kernel)
Beweisbarkeit 213, 216
Bibliothek
    Inhalte bestimmen 99
Bibliotheken
    Design verglichen mit dem Sprach-Design 306
    Design, Formalismen 111
    in BASIC bauen 99
    zum Erweitern von Sprachen 112
Bitmap-Fonts, PostScript 408
Booch, Grady 323
    Abwärtskompatibilität bei UML 368
    Ada 380
    Anteil von UML, der regelmäßig genutzt wird 364, 367
    Anwendung von UML 362
    Brown Field Development 379
    Business-Regeln 376
    Design von UML, Teamwork 363
    Einfachheit erkennen 378
    Entwurfsmuster 378, 379
    Grenzen helfen bei Innovationen 374
    Implementierungscode, generieren mit UML 363
    Komplexität und OOP 376
    Komplexität von UML 364
    Kreativität und Pragmatismus, Spannung zwischen 370
    Legacy-Software, Ansätze 373
    Lektionen aus dem Design von UML 365
    Nebenläufigkeit 377

OOP beeinflusst korrektes Design 379
Programmierer ausbilden 371–373
Programmier-Kanon 372
Redesign von UML, Möglichkeiten 364
Sprachdesign, Einfluss im Vergleich zur Programmierung 365, 366
Sprachdesign, Inspiration 373
Standardisierung von UML 369–371
Teams, Effektivität 377
visuelle Programmiersprachen 375
Vorteile von UML, Überzeugen von Leuten 363
Bottom-Up-Design
    C++ 6
    Forth 63
    Python 32
Boyce, Raymond 229, 230
Brown Field Development 379
BSD-Kernel, Sprache 8
Bücher und Veröffentlichungen
    Aspect-Oriented Software Development with Use Cases (Jacobson; Ng) 325
    The Design and Evolution of C++(Stroustrup) 15
    »The Design of APL« (Falkoff; Iverson) 46
    The Elements of Programming Style 120
    Entwurfsmuster: Elemente wiederverwendbarer objektorientierter Software (Gamma; Helm; Johnson; Vlissides) 351
    »The Formal Description of System 360« (Falkoff; Iverson; Sussenguth) 46
    »HOPL-III: The development of the Emerald programming language« 12
    »Learning Standard C++ as a New Language« (Stroustrup) 8
    Méthodes de Programmation (Meyer) 426
    »A Note on Pattern Matching: Where do you find the match to an empty array« (Falkoff) 49
    Programmier-Literatur 372
    Programmierpraxis (Kernighan; Pike) 121
    A Programming Language (Iverson) 46
    Programming: Principles and Practice Using C++ (Stroustrup) 18
    »Software and the Future of Programming Languages« 112
    Structured Programming (Dahl; Dijkstra; Hoare) 425
    »Why C++ is not just an Object-Oriented Programming Language« 9
    »Zen of Python« (Peters) 23, 27, 33
Bugs
    (siehe auch Fehler)
Business-Regeln 376

C

C
    als Systemprogrammiersprache 286
    Code nach C++ wandeln, Gründe 9
    Codegröße, Verglichen mit Objective-C 257
    Kernel, Gründe für Entwicklung 8
    Langlebigkeit 133
    Objective-C als Erweiterung 248
    Performance, Wichtigkeit von 286
    Qualität von Programmen verglichen mit C++ 9
    Stacks 294
    Typsystem 2
    Vorzeichen 155
C# 301
    als Ersatz für C++ 312
    Benutzer-Feedback 307, 313
    Debugging 316
    Design-Team, Verwaltung 313
    ECMA-Standardisierung 314
    Evolution 312
    formale Spezifikationen 315
    Java als Inspiration 294
    Langlebigkeit 312
C++ 1
    Abwärtskompatibilität zu C 133
    Beliebtheit 249
    C# als Ersatz 312
    Code von C nach C++ 9
    Datenabstraktion in 3
    Debugging 6
    für eingebettete Anwendungen 8
    als Erweiterung von C 2
    Evolution 308
    generische Programmiertechniken 3
    Geschichte 1
    Kernel, die nicht in C++ geschrieben sind 8
    Kompatibilitätsanforderungen 22
    Komplexität 3, 249
    Lektionen aus dem Design 15
    mehrere Paradigmen unterstützt 3, 9, 10
    Multithreading, Probleme in 295
    »nahe an der Hardware«-Design 6
    Nebenläufigkeit in 12
    OO als ein Paradigma in 9
    Performance beeinflusst Design 6
    Qualität von Programmen verglichen mit C 9
    Ressourcenmanagement 5
    für Systemsoftware 8
    Testen 6
    Typsicherheit 8
    Vergleich mit Objective-C 248, 264
    Werte-Semantik 5

Zeiger
    Probleme mit 294
    Vergleich mit Java 4
    zukünftige Versionen 14
C++ 2.0 14
C++0x 12, 14
Calculus of Communicating Systems (CCS) 210
CCS (Calculus of Communicating Systems) 210
Celes, Waldemar 163
Chamberlin, Don 229
    Anwender von SQL, Programmierer 241
    Beliebtheit SQL 237
    Benutzer-Feedback zu SQL 239
    Datenmodelle für das Sprachdesign 233
    deklarative Natur von SQL 233
    Design-Geschichte von SQL 230–232
    Design-Prinzipien von SQL 236
    Determinismus 242
    Erfolg, Definition 245
    Excel verglichen mit relationalen Datenbanksystemen 241
    externe Sichtbarkeit, Effekte 237
    Formalismen, Sprachdesign 232
    Halloween-Problem in SQL 235
    Injection-Angriffe bei SQL 240
    Komplexität von SQL 240
    konkurrierender Datenzugriff in SQL, Probleme 234
    Programmierteams, Größe 244
    Quell verglichen mit relationalen Datenbanksystemen 241
    Skalierbarkeit von SQL 239
    Sprache, Interesse an 233
    SQLs Einfluss auf zukünftiges Sprachdesign 235
    Standardisierung von SQL und XQuery 243
    Usability-Tests für SQL 240
    Views in SQL, Anwendung 234
    Wissen für die Verwendung SQL 242
    XML 242
    XQuery 243
Closure
    Lua 166
    SQL 236
Codd, E. F. 229, 230
Code debuggen
    C# 316
    C++ 6
    Design-Überlegungen 295
    Einfachheit, Sprach-Design 108, 131
    funktionale Programmierung 187
    Lehren 98, 116, 121, 143, 170
    Lua 177
    PostScript, Schwierigkeit 416
    Python 40
    Rolle des Compiler oder der Sprache 118

Sprach-Desgin 151
Sprach-Design 310
Code testen 170
    C++ 6
    Code für die Umsetzung schreiben 136
    Lua 174
    Python 40
Code-Beispiele
    in Anleitungen 120
    in Lehrbüchern 19
Collections
    Auswirkungen beim Design 55
    groß, unstrukturiert, APL 56
    Operationen für jedes Element 55
colorForth 64
Compiler
    Qualität des Codes 78
    Schreiben 68, 91, 113–116
Corasick, Margaret 118
Cox, Brad 247
    Arbeitsteilung 273, 274, 280
    Ausbildung von 278
    einfache Vererbung in Objective-C, Notwendigkeit 265
    Garbage Collection 265, 266
    Informatik
        Probleme 272
        Wissenschaft 279, 281
    Kapselung 269
    Komponenten 266, 269–275
    Konfigurierbarkeit 266
    leichtgewichtige Threads 269
    Lektionen aus dem Design von Objective-C 268, 269
    Mehrfachvererbung, nicht in Objective-C 265
    Namensräume, nicht in Objective-C 265
    Nebenläufigkeit und OOP 267
    Objective-C als Erweiterung von C und Smalltalk 264
    Objective-C verglichen mit C++ 264
    ökonomisches Modell von Software 271, 272, 276–278
    OOP erhöht Komplexität von Anwendungen 267
    Open Source-Modell 277, 278
    Programmieren lehren 281
    Protokolle in Objective-C 265
    Qualität der Software, Verbesserung 276–278
    Service-orientierte Architektur (SOA) 267, 269, 272, 273, 280
    Sicherheit von Software 273
    Software vertrauen 273
    Superdistribution 275, 280
CPAN für Perl 394

D

Dahl, Ole-Johan (Structured Programming) 425
»Datei«, alles als, im Internet 109
Datei-Handling in APL 57
Datenabstraktion in C++ 3
Datenmodelle für das Sprachdesign 233
Datenumfang, Wachstum 160
Deklarationen, nicht in APL 57
The Design and Evolution of C++ (Stroustrup) 15
Design by Contract 427–428
»The Design of APL« (Falkoff; Iverson) 46
Determinismus, Wichtigkeit 242
Dijkstra, E. W. (Structured Programming) 425
Dokumentation der Programmiersprache 119, 120
Dokumentation von Programmen
    für besseres Software-Design 113–115
    Inhalt 79, 220
    Javadoc-Tool 296
    Kommentare 79, 170, 316
    Programmierer schreiben 316
    Wichtigkeit 161
Domänen-gesteuertes Design 63, 97, 108, 110, 291
Domänen-spezifische Sprachen (DSL) 309
    Entwicklung zu allgemein nutzbarer Sprache 390
    Existenz 317
    Lua als 175
    Nachteile 307, 309
    Programme als 52
    UML-Redesign als Menge an 334, 335
    Wachstum 122
dynamische Sprachen
    Sicherheit 32
    Stöbern im Code 27
    Trend 43, 318
    Vorteile 32
dynamische Typisierung 27

E

ECMA-Standardisierung für C# 314
Eiffel 423
    Abwärtskompatibilität 445
    Aufwärtskompatibilität 445
    Beweise 441
    Erweiterbarkeit 431
    Evolution 442–446
    Features ergänzen, Auswahl 444
    Geschichte 424–427
    Informationskapselung 432
    Streaming und Serialisierung 437
    Wiederverwendbarkeit 433
Einfachheit
    Beziehung zur Mächtigkeit 284
    Erkennen 340, 349, 378

Forth 77
im Sprach-Design erkennen 308
Ratschläge 144
Sprachen, Ziele 86
SQL 236
eingebettete Anwendungen
    C++ 8
    Forth 67
The Elements of Programming Style (Kernighan) 120
Entwurfsmuster 378, 379
Entwurfsmuster: Elemente wiederverwendbarer objektorientierter Software (Gamma; Helm; Johnson; Vlissides) 351
Erweiterbarkeit in SQL 236
Excel, Vergleich mit relationalen Datenbanksystemen 241

F

Falkoff, Adin D. 45
    allgemeine Arrays in APL 55
    APL lernen, Schwierigkeit 48
    Arten von Programmierern, Design-Überlegungen zu 47
    Collections, Designauswirkungen 55
    Collections, große, unstrukturierte, APL 56
    Collections, Operationen auf jedem Element 55
    Datei-Handling in APL 57
    Deklarationen sind unnötig 57
    »The Design of APL« 46
    Design relationaler Datenbanken beeinflusst durch APL 58
    Design von APL
        Geschichte 46, 53
        Langlebigkeit 49
    Einfluss von APL auf Perl 58
    eingebaute und benutzerdefinierte Sprachelemente, unterschiedliche Behandlung 53
    erfolgreiche Aspekte von APL 60
    »The Formal Description of System 360« 46
    gemeinsam genutzte Variablen in APL 56
    Handheld-Geräte mit APL 48
    Informatik, Rolle der Mathematik 50
    keine Zeiger in APL 58
    Lektionen aus dem Design von APL 54, 58
    Namensräume in APL 57
    Parallelität 55–58
    Programme als Domänen-spezifische Sprachen 52
    Programmieren lehren mit APL 50
    Ressourcen, effiziente Nutzung 48
    Sprach-Design beeinflusst Programm-Design 53
    Sprach-Design, eigene Ansätze 52

Standardisierung von APL 49
Syntax für APL
    algebraische Notation 47, 51
    Einfach/Komplexität 47, 51, 55
Zeichensatz für APL 47, 54
Zweifel an APL 59
Farbe, Rasterung in PostScript 408
Farbrasterung in PostScript 408
Fehler
    Behandlung in funktionaler Programmierung 187
    Fehlerfreiheit beweisen 208
    Finden in Forth 67, 76
    im Sprachdesign 218
    Millenium Bug, Lektionen 219
    Sprachdesign zum Reduzieren 150
    (siehe auch Bugs)
Fehlermeldungen
    Lua 177
    Qualität 151
Figueiredo, Luiz Henrique de 163
    asymmetrische Koroutinen in Lua 166
    begrenzte Ressourcen, Design 174
    Code testen 170
    Debuggen lehren 170
    Design von Lua, Einfluss auf zukünftige Systeme 171
    Dialekte von Anwendern 175
    Dokumentation von Programmen 170
    Erfolg, Definition 167
    Fehler in Lua 168
    Fehlermeldungen in Lua 177
    Hardware-Verfügbarkeit beeinflusst Programmieren 171
    Kommentare, Rolle 170
    lokale Workarounds versus globale Korrekturen im Code 174
    Lua testen 174
    Mathematiker entwerfen Programmiersprachen 169
    Mathematiker, Rolle in der Informatik 169
    Parser für Lua 178
    Programmieren in Lua, Ratschläge 164
    Programmierer
        Fertigkeiten verbessern 168
        gute erkennen 169
    Programmiersprachen-Design 172–179
    Sicherheits-Fähigkeiten von Lua 164
    sinnvolle Anwendungsbereiche von Lua 164
    Tabellen in Lua 165
    Umgebungen ändern das Design von Lua 176
    VM für Lua, ANSI C 176
    Zweifel an Lua 167
First-Class-Funktionen in Lua 165
Font-Skalierung in PostScript 408

»The Formal Description of System 360« (Falkoff; Iverson; Sussenguth) 46
formale Semantik
    Vorteile für das Sprach-Design 232
    nicht in PostScript 407
    Nützlichkeit 200–203
formale Spezifikationen
    C# 315
    für Sprachen 366
    Notwendigkeit 296
for-Schleife in Lua 172
Forschungs-Teams leiten 413–415
Forth 61, 62
    Anwendungs-Design 73–80
    asynchrone Operation 72
    bedingte Anweisungen 76
    colorForth 64
    Design
        Einfluss auf Programm-Design 76
        Langlebigkeit 64
    Eindruck der Programmierer 63
    Einfachheit 62, 64, 77
    eingebettete Anwendungen 67
    Fehler, Gründe und Finden 67, 76
    I/O-Fähigkeiten 71
    indirekt gethreadeter Code 65
    kooperatives Multithreading 73
    Lektionen aus dem Design 66
    Lesbarkeit 64, 67
    Minimalismus im Design 65
    Portieren 71
    Postfix-Operatoren 67, 68
    Programmieren, Ratschläge 77
    Schleifen 77
    Stack-basierte Unterroutinen-Aufrufe 62, 73
    Stack-Verwaltung 76
    Syntax kleiner Wörter 62, 64
    Vergleich mit PostScript 406
    Verwendung des Kundenvokabulars 63
    Wartbarkeit 74
    »wiederverwendbare Konzepte der Bedeutung« 211
    Wortwahl 74
Frameworks, Erlernen 338
funktionale Closures in Haskell 196
funktionale Programmierung 184–191
    Abstraktion 185
    Beliebtheit 189
    Debuggen 187
    fehlende Seiteneffekte 184, 185, 187
    Fehlerbehandlung 187
    im Informatik-Studium 321
    Langlebigkeit 191
    lazy Evaluation 185, 195
    Lernen 188

Nebenläufigkeit 359
Nützlichkeit 142
Parallelität 186
Scala 292
Funktionen
    First Class in Lua 165
    höherer Ordnung in ML 209
Funktionen höherer Ordung 319
Funktionen höherer Ordnung in ML 209

G

Gamma, Erich (Entwurfsmuster: Elemente wiederverwendbarer objektorientierter Software) 351
Garbage Collection 265
    JVM 293
    Lua 165
    Objective-C 266
    Python 37
gemeinsam genutzte Variablen in APL 56
Generics in Java 193
generische Programmierung
    als Alternative zu OOP 3, 11
    in C++0x 14
    als Paradigma von C++ 9, 10
    reduzierte Komplexität 3
generische Typen in Haskell 196
Generizität 434
Geschke, Charles 401
    Beliebtheit von Sprachen, Schwierigkeit, das zu erreichen 418
    Bitmap-Fonts in PostScript 408
    Design-Team für PostScript, Managen 405
    Farbrasterung in PostScript 408
    Fehler im ROM, Workaround 403
    Font-Skalierung in PostScript 408
    Forschungsteams leiten 413–415
    Geschichte der Evolution von Software und Hardware 412
    gute Programmierer erkennen 415
    Hardware-Überlegungen 403, 411, 418
    Imaging Sciences Laboratory 413
    Informatik, zu unterrichtende Themen 415
    Kanji-Zeichen in PostScript 409
    Kerning und Ligaturen in PostScript 409
    konkatenative Sprache, Vorteile 403
    Langlebigkeit von Programmiersprachen 416
    Lektionen aus PostScript 415
    mathematischer Hintergrund, Einfluss auf das Design 405
    Nutzung von PostScript im Web 421
    offene Standards 419
    Open Source-Projekte, Erfolg 419
    PostScript als Sprache statt als Datenformat 402
    Programmier-Fähigkeiten im Vergleich zum Sprach-Design 410
    Stack-basiertes Design von PostScript 406
    Standardisierung, Probleme 420
    zweidimensionale Konstrukte unterstützen 405
Gosling, James
    Abwärtskompatibilität in Java 285
    Anwender-Feedback für Java 297
    API-Design 298
    Array-Indexprüfung in Java 286
    automatische Code-Prüfung 295
    AWT 285
    C# inspiriert durch Java 294
    C-Stacks 294
    Debuggen, Design-Überlegungen 295
    Dokumentation 296
    Einfachheit und Mächtigkeit, Beziehung 284
    Einfluss durch Sprachen 287
    Fehler in Java verhindern 289, 294
    formale Spezifikationen 296
    Garbage Collection 293
    Handheld-Geräte, Sprachdesign für 286
    Informatik, Probleme in der Ausbildung 296
    Java EE 285
    Java erweitern versus externe Bibliotheken 298
    JIT 285
    JVM
        Beliebtheit, Design-Auswirkungen 289
        neue Sprachen 292
        Zufriedenheit 288
    Komplexität von Java reduzieren, Probleme 284
    Komplexität, unterschiedliche Niveaus in einem System 284
    Moores Gesetz 290
    Multithreading in C++, Probleme 295
    Nebenläufigkeit 290–292
    OOP, Erfolg 289
    OOP, gute Anwendung 290
    Performance, Auswirkungen 288
    Plattformunabhängigkeit, Einfluss durch Java 299
    Programmierer, Ratschläge 295
    Quellcode in Java freigeben, Folgen 297
    Referenzen in Java 294
    Scala 292
    Sprach-Design beeinflusst Software-Design 295
    Sprach-Design durch Netzwerk-Themen beeinflusst 287
    Sprache für private Nutzung 293
    Sprachen, Wachstum 298
    System-Programmiersprachen, Design 286
    virtuelle Maschine für Java, Gründe 288
    Zeiger in C++, Probleme 294
GOTO-Anweisungen in BASIC 82, 88
GP (siehe generische Programmierung)

grafische Schnittstelle
  Grenzen 110, 141
  Vergleich mit Befehlszeile 130
Grenzen, Hilfe für Innovationen bei der
  Programmierung 374

H

Halloween-Problem in SQL 235
Handheld-Geräte, Sprach-Design 286
Hardware
  als Ressource oder als Einschränkung 70
  Anforderungen für Nebenläufigkeit 70
  Effizienz, Relevanz 109
  Einfluss auf die Entwicklung von BASIC 87
  Innovationen durch 418
  Rechenleistung 71
  Überlegungen in PostScript 403, 411
  Verfügbarkeit, Einfluss auf Programmierung
    104, 122, 160, 171
  Vorhersage der Zukunft 249, 250
»Hardware, nahe an der«, Design für C++ 6
Haskell 181
  Design, Einfluss auf zukünftige Systeme 206
  Einfluss auf andere Sprachen 196
  Evolution 204–206
  funktionale Closures 196
  generische Types 196
  Klassensystem 191
  konkurrierende Implementierungen 204
  lazy Evaluation 185, 195
  List Comprehensions 196
  Team-Design 182–184
  Typsystem 192–195, 218
  (siehe auch funktionale Programmierung)
Hejlsberg, Anders 301, 314
  Abwärtskompatibilität der JVM 304
  Anwender-Feedback für C# 307, 313
  API-Design 316
  bestehende Komponenten verbessern 309
  Beziehung zwischen dem Implementieren und
    Entwerfen von Sprachen 302
  C# Debuggen 316
  Debuggen, Überlegungen zum Sprach-Design
    310
  Design-Team für C#, Managen 313
  Dokumentation von Programmen 316
  Domänen-spezifische Sprachen 309, 317
  dynamische Programmiersprachen 318
  Einfachheit im Sprach-Design 308
  Evolution von C# 312
  Evolution von C++ 308
  formale Spezifikationen für C# 315
  Funktionen höherer Ordnung 306, 319
  Informatik, Probleme 317
  Kommentare in C# 316
  Langlebigkeit von C# 312
  Lektionen aus dem Sprach-Design 321
  Nebenläufigkeit
    Framework Handling 320
    Herausforderungen 317, 319
    Sprachdesign 319
  OOP, Probleme 320
  persönliche Aspekte im Sprach-Design 305
  polyglotte virtuelle Maschinen 303
  Programmierer, Fähigkeiten verbessern 317
  Programmiersprachen-Design 302–308
  Sicherheit versus kreative Freiheit 311
  Sprach-Design, wissenschaftlicher Ansatz 311
  Sprache ergänzen 307
  Sprachen unterrichten 302
Helm, Richard (Entwurfsmuster: Elemente
  wiederverwendbarer objektorientierter
  Software) 351
Hoare, C. A. R. (Structured Programming) 425
Hoare, Sir Tony VIII
»HOPL-III: The development of the Emerald
  programming language« 12
HTML, PostScript als Alternative 421
Hudak, Paul
  Design von Haskell, Einfluss auf zukünftige
    Systeme 206
  Einfluss des Sprach-Designs auf Software-Design
    197
  funktionale Programmierung 184–191
  Haskells Einfluss auf andere Sprachen 196
  Programmieren und Informatik unterrichten 198
  Teams für das Sprach-Design 182–184
Hughes, John
  funktionale Programmierung 184–191
  Haskells Einfluss auf andere Sprachen 196
  lazy Evaluation 195
  Teams für das Sprach-Design 182–184
hybride Typisierung 28

I

I/O in Forth 71
Ierusalimschy, Roberto 163
  Anwender-Feedback zu Lua 173
  asymmetrische Koroutinen in Lua 166
  begrenzte Ressourcen, Design 172, 174
  Closures in Lua 166
  Code Sharing mit Lua 175
  Code testen 170
  Debuggen unterrichten 170
  Dialekte von Lua 175
  Dokumentation von Programmen 170
  Einfachheit von Lua, Effekte auf die
    Anwender 174

Erfolg, Definition 167
Erweiterbarkeit von Lua 175
Fehler in Lua 168
Fehlermeldungen in Lua 177
First-Class-Funktionen in Lua 165
for-Schleife in Lua 172
Fragmentierungsprobleme in Lua 175
Garbage Collection in Lua 165
Grenzen von Lua 165
Hardware-Verfügbarkeit, Einfluss auf die Programmierung 171
Implementierung der Sprache beeinflusst das Design 178
Informatik, Wissenschaft 168
Kommentare, Rolle 170
lokale Workarounds versus globale Fixes im Code 174
Lua debuggen 177
Lua testen 174
Lua während der Entwicklung aktualisieren 172
Mathematik, Rolle in der Informatik 169
Nebenläufigkeit mit Lua 166
Parser für Lua 178
Programmieren unterrichten 179
Programmierer, Verbessern von Fähigkeiten 168
Programmiersprachen-Design 172–179
Sicherheits-Features von Lua 164
sinnvolle Anwendungsgebiete von Lua 164
Sprach-Design beeinflusst Programm-Design 177
Tabellen in Lua 165
Umgebungen ändern das Design ovn Lua 176
VM für Lua, ANSI C 176
VM für Lua, Register-basiert 177
vollständiges Feature-Set für Lua 173
Zahlen in Lua 165
Zweifel an Lua 167
Implementierung, Unterschied zu Spezifikation 428
indirect-threaded Code in Forth 65
Informatik
    aktuelle Probleme 317
    Definition 225
    Forschung 117, 226
    Probleme 222, 272
    Rolle der Mathematik 50, 117, 169, 224
    Verbindungen zum Ingenieurswesen 224
    Wissenschaft 168, 279, 281
    Zukunft 420
Informatik-Ausbildung
    Ansätze 145, 199
    Code-Beispiele in Lehrbüchern 19
    Erfolg messen 102
    fortgeschrittene Themen 213, 255
    funktionale Sprachen, Rolle 198
    Lernen durch Lehren 107
    mehrere Sprachen lernen 93, 119
    notwendige Themen 256, 263, 281, 296, 321, 326, 337, 340, 415
    Programmieren lernen 18, 29, 50, 82, 91
    Sprachen lehren 83, 85, 86, 302
    Teamwork 113–116
    wann Sprachen gelernt werden IX
Ingenieurswesen
    Programmieren 327
    Verbindung zur Informatik 224
Injection Attacks, SQL 240
intelligente Agenten für die Programmierung 338
Internet
    »Datei«-Konzept 109
    Einfluss auf Sprach-Design 287
    Repräsentation von Agenten 225
Iverson, Kenneth 45
    »The Design of APL« 46
    »The Formal Description of System 360« 46
    A Programming Language 46

J

Jacobson, Ivar 323
    Aspect-Oriented Software Development with Use Cases 325
    Aspekt-Orientierung 325
    Design von UML 334
    DSLs, UML als Menge an 334, 335
    Einfachheit erkennen 340
    Ericsson, Erfahrungen 324
    Frameworks lernen 338
    Implementierungscode, Generieren mit UML 336
    Informatik unterrichten 326, 337
    intelligente Agenten für die Programmierung 338
    Komplexität von UML 334, 335
    Legacy Software 331
    Objektorientierte Softwareentwicklung 325
    Programmieransätze in verschiedenen Teilen der Welt 329
    Programmieren 339
    Programmieren lernen 324
    Programmiermethoden und Prozesse, Verbesserungen 331
    Programmier-Teams, organisieren 329
    Programmierwissen verbunden mit Sprachen 337
    Projektgröße bestimmt Nützlichkeit von UML 337
    Regel-basierte Technologie 339
    SDL beeinflusst Verbesserungen bei UML 335
    Social Engineering 330
    Uses Cases, Konzept entwickeln 324

Vorteile von UML, Leute überzeugen 336, 337
Wissenstransfer 326, 333, 338
zukünftige mögliche Änderungen an UML 334
Java 283
   Abwärtskompatibilität 285
   Anwender-Feedback 297
   Array-Index prüfen 286
   AWT und 285
   C# inspiriert durch 294
   Fehlervermeidung 289, 294
   Funktionen höherer Ordnung 306
   Generics, beeinflusst durch Haskell 193
   JIT 285
   Komplexität verglichen mit C++ 3
   Komplexität verringern, Problem 284
   Plattformunabhängigkeit, Einfluss 299
   Referenzen 294
   Source-Code freigeben 297
   Sprache ergänzen versus externe Bibliotheken 298
   virtuelle Maschine, Gründe 288
   Zeiger, Vergleich zu C++ 4
Java EE 285
Javadoc-Tool 296
JavaScript 417, 421
JIT 285
Johnson, Ralph (Entwurfsmuster: Elemente wiederverwendbarer objektorientierter Software) 351
Jones, Simon Peyton
   Abwärtskompatibilität 204
   Design von Haskell, Einfluss auf zukünftige Systeme 206
   Evolution von Haskell 204–206
   formale Semantik, Nützlichkeit 200
   funktionale Programmierung 184–191
   Informatik unterrichten 199
   Klassensystem in Haskell 191
   konkurrierende Implementierungen von Haskell 204
   Sprach-Design beeinflusst Programm-Design 196
   Teams für das Sprach-Design 182–184
JVM
   Beliebtheit, Design-Auswirkungen 289
   Garbage Collection 293
   neue Sprachen 292
   Zufriedenheit des Designers 288

K

Kanji-Zeichen in PostScript 409
Kapselung 269, 357
   BASIC 85
   Vorteile 96

Kemeny, John 81
Kernel, Sprachen 8
Kernighan, Brian 103
   Abwärtskompatibilität versus Innovation 134
   Anwender-Überlegungen bei der Programmierung 121
   Befehlszeile, Wiederaufleben für das Internet 134
   C++, Abwärtskompatibilität zu C 133
   C, Langlebigkeit 133
   Debuggen unterrichten 121
   Domänen-spezifische Sprachen (DSL) 122
   The Elements of Programming Style 120
   Erfolg, Definition 123
   Features verwerfen, Überlegungen 137
   große Systeme aufbauen 129
   Hardware-Verfügbarkeit, Einfluss auf die Programmierung 122
   Implementierungs-Überlegungen zum Sprach-Design 131
   kleine Sprachen, Evolution 134
   OOP, Nützlichkeit 129
   The Practice of Programming 121
   Programme überarbeiten, Frequenz 132
   Programmieren
      erstes Interesse 119
      stark überarbeiten vor der Auslieferung 138
   Programmierer verbessern ihre Fähigkeiten 121
   Programmiersprachen designen 124–131
   Programmiersprachen erlernen 119
   Programmiersprachen-Anleitungen 119
   sinnvolle Anwendungsgebiete für AWK 123
   Sprach-Design, Stil 106
   Tcl/Tk 137
   Testen, Code schreiben 136
   Text schreiben, Beziehung zum Programmieren 120
   transformative Technologien 134–139
   Upgrading, Überlegungen 137
   Visual Basic 137
Kerning in PostScript 409
Klassen, Modellieren und Entwickeln 261
   (siehe auch objektorientierte Entwicklung)
Klassensystem in Haskell 191
kleine Sprachen, allgemeiner machen 309
Kommentare 79, 220
   BASIC 92
   C# 316
   Rolle 170
   (siehe auch Dokumentation von Programmen)
Kommunikation
   Programmieren als Form von IX
   Rolle in der Informatik 225
   zwischen interaktiven Agenten 225
komplexe Algorithmen, Verständlichkeit 106

Komponenten 266, 269–275, 309
Komponentisierung in der Sprache reflektiert 430
Konsistenz in SQL 236
kooperatives Multithreading in Forth 73
kreative Künste, Studieren, Vorteile für Programmierer 372
Kreativität
    als Programmierer 106, 311
    Gelegenheit, zu nutzen 338
    Notwendigkeit 373
    und Pragmatismus, Spannung zwischen 370
    Programmierer anregen 144, 245
    Spannung, Vorteile durch 371
    Wichtigkeit 327
Kundenvokabular in Forth 63
Kurtz, Thomas E. 81
    algebraische Sprache, BASIC als 84
    Analyse vor der Programmierung 93
    Anwender, Überlegungen beim Programmieren 100, 101
    Bibliotheken 99
    Compiler schreiben 91
    Debuggen unterrichten 98
    Design von BASIC, Überlegungen 82, 88
    Einfachheit von Sprachen, Ziele 86
    Erfolg beim Programmieren, Definition 99
    GOTO-Anweisungen in BASIC 82, 88
    große Programme, Nutzbarkeit von BASIC 85
    Hardware-Entwicklung, Einfluss auf BASIC 87
    Kapselung, Vorteile 96
    Kommentare in BASIC 92
    Lektionen aus dem Design von BASIC 95
    mathematische Formalismen im Sprach-Design 96
    OOP, Nützlichkeit 94
    Performance von BASIC 85
    Polymorphismus, Laufzeit-Interpretation 90
    Produktivität beim Programmieren 100
    Programmieren lehren 83, 85, 91, 102
    Programmieren lernen 82
    Programmierer, Überlegungen im Sprach-Design 96
    Programmiersprachen erlernen 93
    Single-Pass Compiler für BASIC 89
    Sprach-Design beeinflusst Programm-Design 92
    Sprachen unterrichten 86
    True BASIC 85
    Variablendeklarationen, nicht in BASIC 89
    Vererbung, Notwendigkeit und Zweck 90
    Visual Basic als objektorientierte Sprache 94
    Visual Basic, Grenzen 94
    visuelle und Audio-Anwendungen, Sprachumgebung 94
    Whitespace in BASIC 84, 97

Wiederverwendung von Code, Notwendigkeit und Zweck 91
Wörter in Sprachen, Einfluss auf Domänen 97
WYSIWYG-Editoren, Einfluss auf die Programmierung 98
Zahlen in BASIC 82, 87
Zeilennummern in BASIC 82, 98

L

lazy Evaluation 185, 195
LCF 209
    Grenzen 208
    Theoreme beweisen 208
»Learning Standard C++ as a New Language« (Stroustrup) 8
Leerzeichen-Unabhängigkeit in BASIC 84, 97
Legacy Software
    Ansätze 259, 331, 373
    Probleme 74, 144, 146
    Probleme verhindern 260, 274
leichtgewichtige Threads 269
Lesbarkeit von Forth 67
lex
    als transformative Technologie 135
    Wissen 108
lexikales Scoping 389
Ligaturen in PostScript 409
Linux-Kernel, nicht in C++ geschrieben, Gründe 8
Lisp
    Erfolg 153
    Wiederverwendbares Konzept der Bedeutung 211
List Comprehensions in Haskell 196
Literatur, Programmierung 372
Logdateien mit AWK bearbeiten 140
Love, Tom 247
    Anwendung von Objective-C 249
    Beliebtheit von C++ 249
    Codeumfang bei Objective-C verglichen mit C 257
    Einfachheit im Design erkennen 262
    Erfolg eines Projekts messen 264
    Hardware, Zukunft voraussagen 249, 250
    Klassen, Modellierung und Entwicklung 261
    komplexe technische Konzepte unterrichten 255
    Komplexität von C++ 249
    Legacy Software, Neuentwicklung 259
    Manager verstehen Sprachen 261
    Objective-C als Erweiterung von C und Smalltalk 251
    Objective-C als Erweiterung von C, Gründe 248
    Objective-C verglichen mit C++ 248
    OOP, eingeschränkte Anwendung 250
    Produktivität

Einfluss der Qualität des Programmierers 259
    Verbesserung 262
Programmieren unterrichten 256
Programmieren, Zukunft voraussagen 249
Programmierer
    gute erkennen 256, 259
    Ratschläge 263
Programmierer ausbilden 256
reale Erfahrung, Notwendigkeit für das Programmieren 255
sinnvolle Anwendung von Smalltalk 248
Software warten, Anzahl der Programmierer 257, 258
Sprachen
    Anzahl der genutzten 253
    Erweiterbarkeit, Notwendigkeit neuer Sprachen 254
    Evolution 250–255
    neue, Notwendigkeit 254
    verteilte Teams organisieren 258
Lua 163, 164
    asymmetrische Koroutinen 166
    Closures 166
    Code Sharing 175
    Design, Einfluss auf zukünftiges System-Design 171
    Dialekte der Anwender 175
    Einfachheit, Effekte auf Anwender 174
    Erweiterbarkeit 175
    Features testen 174
    Feedback von Anwendern 173
    Fehler durch Designer 168
    Fehlermeldungen 177
    for-Schleife 172
    Fragmentierungs-Probleme 175
    Garbage Collection 165
    Grenzen 165
    Nebenläufigkeit 166
    Parser 178
    Plattformunabhängigkeit, Einfluss auf Debugger 177
    Programmieren, Ratschläge 164
    Ressourcen 172, 174
    Sicherheits-Features 164
    sinnvolle Anwendungsgebiete 164
    Tabellen 165
    Umgebungen, Ändern des Designs 176
    Upgraden während der Entwicklung 172
    VM
        ANSI C 176
        Debuggen 177
        Register-basiert 177
    vollständiges Feature-Set 173

Zahlen 165
Zweifel durch Designer 167

M

Make-Tool 135
Mathematik
    Rolle in der Informatik 50, 117, 142, 169, 224
    wichtig zu lernen 145
    (siehe auch Theoreme)
Mathematiker, Sprachen entworfen durch 153, 169
mathematische Formalismen
    Pipes 110
    Sprach-Design 96
mehrere Paradigmen
    C++ 3, 9, 10
    Python 28
Mehrkern-Computer 73
menschliche Sprachen versus Programmiersprachen IX
Metasprachen für Modelle 211
Méthodes de Programmation (Meyer) 426
Meyer, Bertrand 423
    Abwärts- und Aufwärtskompatibilität in Eiffel 445
    Analyse vor der Implementierung 438
    Beweisbarkeit von Programmen 440
    Design by Contract 427–428
    Eiffel um Features ergänzen, Entscheidungen 444
    Erweiterbarkeit von Eiffel 431
    Evolution 442–446
    Generik 434
    Geschichte von Eiffel 424–427
    Informationskapselung in Eiffel 432
    kleine versus große Programme 437
    Komponentisierung 430
    Lektionen 446
    Mathematische versus linguistische Perspektive beim Programmieren 436
    mehrsprachiger Hintergrund, Einfluss auf das Programmiersprachen-Design 435
    Méthodes de Programmation 426
    Modell-getriebene Entwicklung 439
    nahtlose Entwicklung 438
    Nebenläufigkeit und OOP 431
    Objekte außerhalb der Sprache 430
    Philosophie des Programmierens 425
    SCOOP-Modell 431
    Spezifikation und Implementierung, Unterschiede 428
    Sprach-Design, Beginn mit einem kleinen Kern 436
    Sprachen beeinflussen Programme 429

Streaming-Serealisierung in Eiffel 437
strukturierte versus OO-Programmierung 437
Wiederverwendbarkeit 432
Mikroprozessoren, Quellcode 75
Millenium Bug, Lektionen 219
Milner, Robin 207
    Beweisbarkeit 216
    CCS und Pi-Kalkül 210
    Definition als Informatik-Wissenschaftler 225
    Design-Themen in ML 220
    Fehler im Sprach-Design 218
    Fehler, Abwesenheit beweisen 208
    Forschung in der Informatik 226
    Funktionen höherer Ordnung, Notwendigkeit 209
    Grenzen von LCF 208
    Informatik, Probleme 222
    Informatik, Verbindung zum Ingenieurswesen 224
    Kommentare und Dokumentation 220
    Kommunikation zwischen Agenten 225
    logische Ausdrücke in ML 209
    Mathematik, Rolle in der Informatik 224
    Metasprachen für Modelle 211
    Millenium Bug, Lektionen 219
    Modelle für Systeme 211–216, 222
    Modellierungs-Ebenen 211
    Nebenläufige Systeme analysieren 210
    Paradigmen, Einfluss auf Programmierer 217
    physikalische Prozesse, Einfluss auf Modelle 212
    Programme, Bedeutung verstehen 219
    Programmierer, Fähigkeiten verbessern 219
    Sprach-Design beeinflusst Programm-Design 216
    Sprach-Design, Definition 217
    Sprachen
        Prüfen 223
        Überarbeitung 222
    Sprachen für jeden Programmierer 217
    Sprachen verhindern Fehler von Anwendern 228
    Strukturprobleme in Programmen vermeiden 219
    Theoreme mit LCF und ML beweisen 208
    Theoreme und Beweisbarkeit unterrichten 213
    Theorie der Bedeutung für Sprachen 227
    Typsysteme
        Einschränkungen 218
        Entscheidbarkeit 212
    Ubiquitous Systems 226
    Unentscheidbarkeit in niedrigeren Modellebenen 212
    »Wiederverwendbare Konzepte der Bedeutung« 211
    Zweck von ML 221
Minimalismus beim Design von Forth 65

ML 207
    Designprobleme 220
    formale Spezifikation 220
    Funktionen höherer Ordnung 209
    logische Ausdrücke 209
    Rolle, Ausdrückbarkeit in anderen Sprachen 209
    Theoreme beweisen 208
    Typsysteme 218, 220
    Zweck 221
Modelle für Systeme 211–216, 222
Modell-getriebene Entwicklung 439
Moore, Charles H. 61
    Anwendungs-Design 73–80
    asynchrone Operation in Forth 72
    bedingte Anweisungen in Forth 76
    Betriebssysteme 69, 71
    Bottom-Up-Design mit Forth 63
    colorForth 64
    Compiler
        Code-Qualität 78
        schreiben 68
    Design von Forth, Langlebigkeit 64
    Dokumentation von Programmen 79
    Domänen-gesteuertes Design mit Forth 63
    Einfachheit von Forth 77
    eingebettete Anwendungen mit Forth 67
    elegante Lösungen, Definition 68
    Fehler, Gründe und Erkennen 67, 76
    Fortfahren mit dem Programmieren nach einer Unterbrechung 69
    Forth portieren 71
    Hardware
        als Ressource oder als Grenze 70
        Rechenleistung nutzen 71
    I/O-Fähigkeiten von Forth 71
    indirect-threaded Code in Forth 65
    kooperatives Multithreading in Forth 73
    Legacy Software, Probleme 74
    Lektionen aus dem Design von Forth 66, 69
    Lesbarkeit von Forth 64, 69
    Mikroprozessoren, Quellcode 75
    Minimalismus im Design von Forth 65
    Nebenläufigkeit, Ansätze 70
    parallele Verarbeitung 66
    Programmieren in Forth, Ratschläge 77
    Programmierer, gute erkennen 78
    Programmierer-Sicht von Forth 63
    Schleifen in Forth 77
    Software-Patente 79
    Sprach-Design, Einfluss auf Programm-Design 75
    Sprach-Toolkit, Forth 62
    Stack-basierte Unterroutinen-Aufrufe in Forth 62
    Stack-Management in Forth 76

Stacktiefe 73
Teamwork beim Programmieren 78
vernetzte kleine Computer, Anwendungen 73
Wartbarkeit von Forth 74
Wörter, Forth-Syntax 62, 64, 74
Moores Gesetz 290
M-Sprache 370, 376
Multithreading
    Java-Frameworks 291
    kooperatives, in Forth 73
    mathematische Software 290
    Probleme in C++ 295
    Synchronisierungs-Primitive 292
    Vorläufer der Parallelverarbeitung 66
Musik, Korrelation mit Programmier-Fähigkeiten 257, 312, 372
Muster, Design 379
Muster, Entwurf 378
Muster-Bewegung 342, 350
Mustererkennung
    Algorithmen mit Nebenläufigkeit 118
    Evolution 105

N

»nahe an der Hardware«-Design von C++ 6
nahtlose Entwicklung 438
Namensräume
    in APL 57
    Objective-C ohne Unterstützung 265
National Instruments Lab View 375
Nebenläufigkeit 377
    Anforderungen, Domänen-spezifisch 291
    Ansätze 70
    in C++ 12
    in C++0x 14
    Design-Einfluss 290
    einer Sprache hinzufügen 307
    Frameworks 320
    funktionale Sprachen 359
    Herausforderungen 317, 319
    Lua 166
    Mustererkennung mit 118
    Netzwerk-Verteilung und 13
    OOP und 11, 267, 357, 431
    Python 39
    Sprachdesign 319
    SQL 234
    Systeme analysieren 210
NetBeans 295
Netzwerke
    Einfluss auf das Software-Design 277
    SOA 269
    Superdistribution 275
Synchronisierungs-Primitive 292
Verteilung und Nebenläufigkeit 13
Ng, Pan-Wei (Aspect-Oriented Software Development with Use Cases) 325
»A Note on Pattern Matching: Where do you find the match to an empty array« (Falkoff) 49

O

Objective-C 247
    Anwendung 249
    Codeumfang im Vergleich zu C 257
    Einfachvererbung, Notwendigkeit 265
    Erweiterung von C und Smalltalk 251, 264
    Erweiterung von C, Gründe 248
    Konfigurierbarkeit 266
    Lektionen aus dem Design 268, 269
    Mehrfachvererbung nicht erlaubt 265
    Namensräume nicht unterstützt 265
    Protokolle 265
    Vergleich mit C++ 248, 264
    Vergleich mit Smalltalk 248
Objekte im Vergleich zu Systemkomponenten 149
objektorientierte Programmierung (OOP)
    Anwendbarkeit, Vergleich zu strukturierter Programmierung 437
    eingeschränkte Anwendbarkeit 250
    Erfolg 289
    generische Programmierung als Alternative 11
    gute Anwendung, Aufwand 290
    gutes Design, Schwierigkeiten 11
    Kapselung 357
    Komplexität 3, 10
    korrektes Design 379
    Nebenläufigkeit 11, 267, 357, 431
    Nützlichkeit 94, 129
    Objekte außerhalb der Sprache 430
    Paradigma, unterstützt durch C++ 9
    Probleme 320
    Skalierbarkeit für komplexe Programme 354, 376
    Visual Basic 94
    Wiederverwendbarkeit 355
    Zunahme der Komplexität von Anwendungen 267
offene Standards 419
ökonomisches Modell für Software 271, 272, 276–278
OOP (siehe objektorientierte Programmierung)
Open Source-Modell 277, 278
Open Source-Projekte, Erfolg 419
Oracle 232
Orthogonalität in SQL 236

P

Paradigmen
  Einfluss auf Programmierer 217
  mehrere
    C++ 3, 9, 10
    Python 28
parallele Verarbeitung 66
Parallelität
  Anwendung 275
  APL 55–58
  funktionale Programmierung 186
Parser für Lua 178
patch-Tool 135
Patente auf Software 79
PEP (Python Enhancement Proposal) 24
Performance
  BASIC 85
  Einfluss auf das Design von C++ 6
  Praktische Auswirkungen 288
Perl 381
  APL-Einfluss 58
  Beteiligung der Community 392–395
  CPAN 394
  dual Licensing 395
  Einfluss durch Prinzipien menschlicher Sprache 382, 386
  Evolution 386, 390, 396–400
  Kontext 386–388
  mehrere Implementierungen 399
  mehrere Wege, etwas zu tun 385
  Scoping, Grenzen 383
  Spitzname 381
  syncretisches Design 392
  Version 6 384, 396, 398, 399, 400
  Wandlung vom Text-Tool zur vollständigen Sprache 385
  Zweck 384
Peters, Tim (»Zen of Python«) 23, 27, 33
physikalische Prozesse, Einfluss auf Modelle 212
Pi-Kalkül 210
Pike, Rob (The Practice of Programming) 121
Pipes
  mathematische Formalismen 110
  Programme zusammenstellen 110
Plattformunabhängigkeit, Einfluss durch Java 299
polyglotte virtuelle Maschinen 303
Polymorphismus, Laufzeitinterpretierung 90
Postfix-Operatoren in Forth 67, 68
PostScript 401
  für das Darstellungs-Modell von Apple 411
  Bitmap-Fonts 408
  Debuggen, Schwierigkeiten 416
  Design-Entscheidungen 406
  Druckmodell im Vergleich zu PDF 410
  Farbrasterung 408
  Fehler im ROM, Workaround 403
  Fonts erstellen 409
  Font-Skalieren 408
  Hardware-Überlegungen 403, 411
  JavaScript-Schnittstelle 417
  Kanji-Zeichen 409
  keine formale Semantik 407
  Kerning 409
  konkatenierende Sprache, Vorteile 403
  Lektionen 415
  Ligaturen 409
  für das Darstellungsmodell von NeXT 411
  Nutzung im Web 421
  Schreiben per Hand 407
  Sprache statt Datenformat 402
  Stack-basiertes Design 406
  Vergleich mit Forth 406
  weitere Entwicklung 410
  Zweck 402
  zweidimensionale Konstrukte 405
The Practice of Programming (Kernighan; Pike) 121
Pragmatismus und Kreativität, Spannung 370
Produktivität von Anwendern, Verbesserung durch SQL 234, 238
Produktivität von Programmierern
  Arbeiten alleine 100
  Einfluss durch Können 259
  Einfluss durch Sprache 148, 310
  Messen 159
  Verbesserung 262
Programme
  Bedeutung erkennen 219
  Beweisbarkeit 440
  Dokumentation (siehe Dokumentation von Programmen)
  as Domänen-spezifische Sprachen 52
  Erfolg messen 264
  geschrieben in den 1970ern 70
  große Systeme bauen 129
  Größe, Wachstum 129
  kleine, Umgang mit Binärdaten 141
  Komplexität, OOP 267, 354, 376
  Legacy, Umbau 259
  lokale Workarounds versus globale Fixes 144, 174
  Performance 160
  Probleme finden 161
  Qualität verbessern 276–278
  Schönheit der Eleganz 106
  stark überarbeiten vor der Auslieferung 138
  strukturelle Probleme vermeiden 219
  Theorie und Praxis, Motivation 113
  Überarbeiten versus Neubeginn 146
  Überarbeiten, Häufigkeit 132, 154

Vertrauen 273
Wartbarkeit 144, 154, 257, 258
Programmieren
    Analyse als Vorbereitung 93, 438
    Anwender berücksichtigen 100, 101, 121
    Arbeitsteilung 273, 274, 280
    by Example 146, 157–161
    Debuggen (siehe Code debuggen)
    als Form der Kommunikation IX
    fortfahren nach einer Pause 69, 116
    Grenzen führen zu Innovationen 374
    Hardware-Einfluss 104, 160, 171
    als Ingenieursleistung 327
    intelligente Agenten arbeiten mit Personen zusammen 338
    Komponenten 266, 269–275
    Kreativität 106
    Lehren (siehe Informatik-Ausbildung)
    linguistische Sichtweise 436
    mathematische Sichtweise 436
    Methoden und Prozesse verbessern 331
    nahtlose Entwicklung 438
    Natur ändert sich mit der Zeit 70
    nicht, wenn man es nicht ordentlich kann 161
    ökonomisches Modell 271, 272, 276–278
    Testen (siehe Code testen)
    Verglichen mit Arbeiten an mathematischen Theoremen 142, 159
    Verglichen mit dem Schreiben von Text 120
    Verglichen mit dem Sprach-Design 148
    Vorgehensweisen in unterschiedlichen Teilen der Welt 329
    Zukunft 249, 420
Programmierer
    allgemeine Gruppe 318
    Anwender als 339, 343
    Arten
        Design-Überlegungen 29, 47
        Sichtweise auf Forth 63
    Ausbildung 256, 371–373
    Einfluss durch Paradigmen 217
    einstellen 29
    Fähigkeiten verbessern 107, 121, 143, 168, 219, 317
    Fähigkeiten, Wichtigkeit verglichen mit dem Sprach-Design 410
    Features für alle Niveaus 29
    gute erkennen 29, 78, 169, 256, 259, 415
    Produktivität 100, 148, 159
    Produktivität (siehe auch Produktivität von Programmierern) 310
    reale Erfahrungen, Notwendigkeit 255
    Teams
        Ausbildung 296
        Design by Contract 428

    Effektivität 377
    Größe 244, 400
    Kreativität anregen 144, 245
    notwendige Fähigkeiten 257
    Organisieren 329
    Produktivität 100
    Unterricht 113–116
    verteilte organisieren 258
    Wichtigkeit 78
    zunehmende Größe 129
    Wissen mit Sprache verbunden 337, 342
Programmiersprache der vierten Generation, Forth 62
Programmiersprachen
    allgemein nutzbar, Ideale 126, 152
    Anpassungen 44
    Anzahl 253
    Beliebtheit 418
    Debuggen 22
    Domänen-spezifisch (siehe Domänen-spezifische Sprachen)
    Einfachheit, Ziele 86
    Einfluss auf Programme 429
    Entwicklung managen 16, 22, 99, 250–255
    Erweiterbarkeit 42, 112, 153, 254
    Experimente, Erfolg 392
    Familien 217
    Features ergänzen 284, 306
    Features verwefen, Überlegungen 137
    Fehler reduzieren 228
    formale Spezifikationen 366
    für jeden einzelnen Programmierer 217
    Größe nimmt zu 112
    Implementierung, messbare Faktoren 171
    kleine
        allgemeiner machen 134, 152, 309
        Wiederaufleben 134
    Kompatibilitätsanforderungen 22
    Komplexität reduzieren 389
    Langlebigkeit 111, 416
    linguistischer Einfluss 388
    Manager müssen verstehen 261
    neue Features testen 128
    neue, Notwendigkeit 254
    Nutzbarkeit 346
    Produktivität 148, 310
    Schnittstelle, Eleganz 138
    Sicherheit versus kreative Freiheit 311
    Sprachen unterrichten 302
    Stärken erkennen 126
    Theorie der Bedeutung 227
    Überarbeiten 222
    Überprüfung 223
    Upgrading, Überlegungen 137
    Vergleich mit menschlichen Sprachen IX

von spezialisierten zu allgemein nutzbaren 390
Wachstum 298
(siehe auch bei den einzelnen Sprachen)
Programmiersprachen-Design 124–131, 172–179
    Abwärtskompatibilität versus Innovation 134
    Beginn mit einem kleinen Basis-Set 252, 436
    Benutzer-Überlegungen 106
    Bezug zur Implementierung 302
    Datenmodelle 233
    Debugging-Überlegungen 151
    Definieren 217
    Domänen-gesteuert (siehe Domänen-gesteuertes Design)
    Durchbruch nötig 152–157
    Einfachheit erkennen 262, 308
    Einfluss auf das Programm-Design 53, 75, 92, 177, 196, 216, 295, 365
    Einfluss der Implementierung 178
    Einfluss durch das Netzwerk 287
    Einfluss durch Designer-Vorlieben 150
    Einfluss durch die Umgebung 303
    Einfluss durch einen mehrsprachigen Hintergrund 435
    Einfluss von SQL 235
    durch Erweitern bestehender Sprachen 2
    Fehler 218
    Fehlerreduktion 125, 150
    Formalismen
        Mathematik 96
        Nützlichkeit 110
        Vorteile 232
    für Handheld-Geräte 286
    für System-Programmierung 286
    Implementierungs-Überlegungen 125, 131, 148
    Inspiration 373
    klares Design 158
    persönliches Vorgehen 52
    Programmierer 96
    Prototypen 127
    Syntax-Entscheidungen 151
    Teams 144, 182–184, 363
        demokratische Natur 297
        Managen 313, 405
    Tool-Überlegungen 106
    Verbesserung des Prozesses 128
    Vergleich zum Bibliotheks-Design 306
    Vergleich zum Programmieren 148, 366
    von Mathematikern 153, 169
    wissenschaftlicher Ansatz 128, 151, 311
    Ziele 298
A Programming Language (Iverson) 46
Programming: Principles and Practice Using C++ (Stroustrup) 18
Protokolle in Objective-C 265

Python 21
    Art der Programmierer, Einfluss auf das Design 29
    Bottom-Up versus Top-Down-Design 32
    Design-Prozess 31
    dynamische Features 32
    einfacher Parser 35
    Features ergänzen 22–26
    Features für Experten 29
    Features für Neueinsteiger 29
    Garbage Collection 37
    große Code-Bases durchsuchen 39
    Lektionen aus dem Design 42
    Lernen 33
    Makros 35
    mehrere Implementierungen 36–39
    mehrere Paradigmen 28
    Nebenläufigkeit 39
    neue Versionen, Anforderungen 25
    Philosophie der Eleganz 27, 33
    Prototyping 31
    Sicherheit 32
    strikte Formatierung 36
    Wartbarkeit 30
    Zahlen 26
    zukünftige Versionen 43
Python 3.0 43
Python 3000 35
Python Enhancement Proposal (PEP) 24
»Pythonisch«, Bedeutung 23

Q

Quill, Vergleich mit relationalen Datenbanksystemen 241

R

RAD (Rapid Application Development) 16
RAII (Resource Acquisition Is Initialization) 5
Rapid Application Development (RAD) 16
Refaktorieren in C++ 11
Referenzen in Java als Zeiger 4
Regel-basierte Technologie 339
reguläre Ausdrücke (siehe Mustererkennung)
Reisner, Phyllis 240
relationale Datenbanken, APL-Einfluss 58
Resource Acquisition Is Initialization (RAII) 5
Ressourcen
    begrenzt, Design 172, 174
    Verwaltung 5
Rumbaugh, James 323
    Abstraktionsebenen 347
    Änderungen, Wichtigkeit, vorzusorgen 362
    Anwendbarkeit von Sprachen 346
    Einfachheit erkennen 349

Größe von Projekten bestimmen die Nützlichkeit von UML 349
gute Architekten erkennen 342
Hintergrund, Einfluss auf das Software-Design 340
Implementierungscode, Generieren durch UML 345
Informatik, wichtige Themen 340
Kapselung 357
Kommunikation durch UML 347
Lektionen aus dem Design von UML 343
Muster-Bewegung 342, 350
Nebenläufigkeit 357
Programmieren durch Anwender 343
Programmierwissen mit Sprachen verbunden 342
Redesign von UML, Themen 352, 353
Sicherheit, empfundene Wichtigkeit 361
Skalierbarkeit von OOP 354
SOA 357
Spezialisierung beim Programmieren 353
Standardisierung von UML, Notwendigkeit 353
symmetrische Relationen 359–362
UML vereinfachen 348
universelles Modell/Sprache 347
Vorteile von UML, Leute überzeugen 349
wachsende Systeme 351
Wiederverwendbarkeit und OOP 354, 355
Wissenstransfer 341, 342
Zweck von UML 346

S

Scala 292
Schleifen
    Alternativen 55
    in Forth 77
Schnittstellen-Design 41, 138
SCOOP-Modell 431
Scoping in Perl 383
SDL 334, 335, 336
SEQUEL 231
Service-orientierte Architektur (SOA) 267, 269, 272, 273, 275, 278, 280, 357
Shell-Skripten, AWK 109
Sicherheit von Software
    Ansätze 7
    dynamische Sprachen 32
    Einfluss der Sprachwahl 149
    empfundene Wichtigkeit 361
    Formalismen von Sprachen 111
    Integration auf mehreren Ebenen 273
    Lua 164
    Python 32
    Typsicherheit 8
Simula-Klassen, übernommen in C++ 2

Smalltalk
    Anwendung 248
    Browser 318
    übernommen in Objective-C 251, 264
SOA (siehe Service-orientierte Architektur)
Social Engineering 330
Software (siehe Programme)
»Software and the Future of Programming Languages« (Aho) 112
Software-Entwicklung (siehe Programmieren)
Software-Patente 79
Spezialisierung beim Programmieren 353
Spezifikationen
    formale (siehe formale Spezifikationen)
    Unterschied zu Implementierungen 428
Sprachen debuggen 22
Sprachen, Programmier- (siehe Programmiersprachen)
Sprach-Toolkit, Forth 62
SQL 229, 230–232
    Aktualisierungen auf Indizes 235
    Anwender, vor allem Programmierer 241
    Anwender-Feedback 239
    Beliebtheit 237
    deklarative Natur 233
    Design-Prinzipien 236
    Einfluss auf zukünftiges Sprach-Design 235
    externe Sichtbarkeit 237
    gleichzeitiger Datenzugriff 234
    Halloween-Problem 235
    Injection Attacks 240
    Komplexität 240
    Skalierbarkeit 239
    Standardisierung 243
    Usability-Tests 240
    Vergleich mit AWK 140
    Views, Anwendung 234
    Wissen für die Anwendung 242
Stack-basierte Aufrufe von Unterroutinen in Forth 62, 73
Stack-basiertes Design von PostScript 406
Stack-Verwaltung n Forth 76
Standardisierung
    APL 49
    C# 314
    Probleme 420
    UML 353, 369–371
statisch geprüfte Schnittstellen, Probleme 11
statische Typisierung 27
Stöbern in Code mit dynamischen Sprachen 27
Stroustrup, Bjarne 1
    akademische Tätigkeiten 18–19
    allgemeines Ressourcen-Management 5
    bestehende Sprachen erweitern, Gründe 2
    C++0x FAQ 15

C++-Code debuggen 6
Code von C nach C++ portieren, Gründe 9
Codebeispiele in Lehrbüchern 19
The Design and Evolution of C++ (Stroustrup) 15
eingebettete Anwendungen, C++ 8
Erstellen einer neuen Sprache, Überlgungen 15
Kernel, die nicht in C++ geschrieben sind, Gründe 8
Komplexität von C++ verglichen mit Java 3
Komplexität von OOP 10
»Learning Standard C++ as a New Language« 8
Lektionen aus dem Design von C++ 15
mehrere Paradigmen, Gründe für die Unterstützung in C++ 3
»nahe an der Hardware«-Design für C++ 6
Nebenläufigkeit in C++ 12
Nebenläufigkeit und Netzwerk-Distribution 13
Nebenläufigkeit verbunden mit OOP 11
Programming: Principles and Practice Using C++ 18
Sicherheit von Software 7
System-Software, C++ 8
Testen von C++-Code 6
Verbindungen zur Industrie 18
Werte-Semantik 5
»Why C++ isn't just an Object-Oriented Programming Language« 9
Zeiger in C++, Vergleich mit Java 4
zukünftige Versionen von C++ 14
Structured Programming (Dahl; Dijkstra; Hoare) 425
strukturierte Programmierung, Vergleich mit OOP 437
Superdistribution 275, 280
Sussenguth, E. H. (»The Formal Description of System 360«) 46
symmetrische Relationen 359–362
System R-Projekt 232
Systeme
  breiter, nicht schneller 290
  Modelle 211–216

T

Tabellen in Lua 165
Tcl/Tk, Nützlichkeit 137
Teams mit Programmierern (siehe Programmierer, Teams)
Teams mit Programmiersprachen-Designern 144, 182–184, 297, 313, 363, 405
Templates in C++ 11
Testfälle als Use Cases 325

Theoreme
  Beweisen
    LCF und ML 208
    mit Typsystem 218
    Zweck von ML 221
  Unterrichten in der Informatik 213
  Vergleich mit Programmieren 142, 159
Theoreme beweisen 208, 218, 221
Threading
  indirect-threaded Code in Forth 65
  leichtgewichtige Threads 269
  Nebenläufigkeit 267
  (siehe auch Multithreading)
Top-Down-Design
  C++ 6
  Python 32
transformative Technologien 134–139
True BASIC 85, 94
Typprüfung, Fehler 67
Typsicherheit in C++ 8
Typsysteme
  Einschränkungen definieren 218
  Entscheidbarkeit 212
  ML 220

U

Ubiquitous Systems 226
UML (Unified Modeling Language) 323, 333, 362
  Abwärtskompatibilität 352, 368
  als Menge von DSLs 334, 335
  Anteil, der immer genutzt wird 364, 367
  Design 334
  Elemente entfernen 335
  Größe von Projekten bestimmt die Nützlichkeit 337, 349
  Implementierungs-Code generieren 336, 345, 363
  Kommunikation unterstützen 347
  Komplexität 334, 335, 364
  Lektionen aus dem Design 343, 365
  Leute von den Vorteilen überzeugen 336, 337, 349, 363
  Redesigning, Möglichkeiten 352, 353, 364
  SDL, Einfluss auf Verbesserungen 335
  semantische Definitionen, Probleme 334
  Standardisierung 369–371
    Notwendigkeit 353
  Vereinfachen 348
  zukünftige mögliche Änderungen 334
  Zweck 346, 362
Unified Modeling Language (siehe UML)
Unix, Portierbarkeit 112
Use Cases, Konzept entwickeln 324

V

van Rossum, Guido 21
    Bottom-Up- versus Top-Down-Design 32
    Design-Prozess mit Python 31
    dynamische Sprachen
        Vorteile 32
    dynamische Typisierung 27
    einer Programmiersprache Features hinzufügen 22–26
    Eleganz, Philosophie 27, 33
    Erweiterbarkeit von Programmiersprachen 42
    Fähigkeiten als Python-Programmierer 30
    Garbage Collection in Python 37
    große Code-Basis durchsuchen 39
    hybride Typisierung 28
    Lektionen aus dem Design von Python 42
    Makros in Python 35
    mehrere Implementierungen von Python 36–39
    mehrere Paradigmen in Python 28
    Nebenläufigkeit mit Python 39
    neue Versionen von Python, Anforderungen 25
    Parser in Python, Einfachheit 35
    Programmierer
        Design-Überlegungen 29
        Einstellen 29
        Features auf allen Ebenen 29
        gute erkennen 29
    Programmiersprachen debuggen 22
    Programmiersprachen übernehmen, Hindernisse 44
    Programmierung fortsetzen 40
    Prototyping mit Python 31
    Python Enhancement Proposal (PEP) 24
    Python lernen 33
    Python-Code debuggen 40
    Python-Code testen 40
    »Pythonisch«, Bedeutung 23
    Schnittstellen- oder API-Design 41
    Sicherheit von Python 32
    statische Typisierung 27
    strikte Formatierung in Python 36
    van Rossum, Guido
        dynamische Sprachen
            Stöbern im Code 27
            Trend 43
    Wartbarkeit von Python 30
    Zahlen in Python 26
    Zeichentools 39
Vererbung, Notwendigkeit und Zweck 90
vernetzte kleine Computer, Anwendungen 73
Veröffentlichungen (siehe Bücher und Veröffentlichungen)
Visual Basic
    als objektorientierte Sprache 94
    Grenzen 94
    Nützlichkeit 137
visuelle Anwendungen, Sprachumgebungen 94
visuelle Programmiersprachen 375
Vlissides, John (Entwurfsmuster: Elemente wiederverwendbarer objektorientierter Software) 351
Vollständigkeit in SQL 236

W

Wadler, Philip
    formale Semantik, Nützlichkeit 201
    funktionale Closures 196
    generische Typen 196
    Haskells Einfluss auf andere Sprachen 196
    Klassensystem in Haskell 193
    List Comprehensions 196
    Sprach-Design beeinflusst Software-Design 197
    Typsystem für Haskell 193
Wall, Larry 381
    Community beteiligt sich an Perl 392–395
    CPAN 394
    Dual Licensing für Perl 395
    Evolution von Perl 386, 396–400
    Experimente mit Sprachen, Erfolg 392
    Komplexität von Sprachen verringern 389
    Kontext in Perl 386–388
    lexikales Scoping 389
    Linguistik als Einfluss auf Programmiersprachen 388
    mehrere Implementierungen von Perl 399
    mehrere Wege, etwas in Perl zu tun 385
    Prinzipien menschlicher Sprachen beeinflussen Perl 382, 386
    Programmierteams, Größe 400
    Scoping-Einschränkungen in Perl 383
    Sprachen ändern sich von speziell zu allgemein anwendbar 390
    Sprachen verglichen mit Tools 390
    synkretisches Design von Perl 392
    Wandlungs Perls von einem Texttool zu einer vollständigen Sprache 385
    Zweck von Perl 384
Warnock, John 401
    Ausgabe-Modelle in PostScript verglichen mit PDF 410
    Bitmap-Fonts in PostScript 408
    Designentscheidungen für PostScript 406
    Fehler im ROM umgehen 403
    Fonts erstellen für PostScript 409
    Font-Skalieren in PostScript 408

formale Semantik nicht in PostScript 407
Hardware-Überlegungen 403, 411
JavaScript-Schnittstelle 417
Kanji-Zeichen in PostScript 409
Kerning und Ligaturen in PostScript 409
konkatenierende Sprachen, Vorteile 403
Langlebigkeit allgemeiner Programmiersprachen 416
PostScript als Sprache statt als Datenformat 402
PostScript debuggen, Schwierigkeit 416
PostScript von Hand schreiben 407
Stack-basiertes Design von PostScript 406
Standardisierung, Probleme 420
Zukunft der Informatik und Programmierung 420
zweidimensionale Kontrukte unterstützen 405
Web, PostScript statt HTML und JavaScript 421
Website-Ressourcen
   C++0x-FAQ (Stroustrup) 15
   C++-Standard-Komittee 15
Weinberger, Peter 103, 150
   allgemein anwendbare Sprachen 152
   AWK verglichen mit SQL 140
   C, Vorzeichenlosigkeit 155
   Debuggen unterrichten 143
   Debugging-Überlegungen 151
   Einfachheit, Ratschläge 144
   Erfolg, Definition 156
   erste Design-Ideen für AWK 139
   erweiterbare Sprachen 153
   Fehler, Lektionen 143
   Fehlermeldungen, Qualität 151
   funktionale Programmierung, Nützlichkeit 142
   große Programme in AWK, Verbesserungen 152
   Hardware-Verfügbarkeit beeinflusst Programmierung 160
   Implementierung beeinflusst Sprach-Design 148
   Implementierung, Geschwindigkeit 147
   kleine Programme mit Binärdaten 141
   Kreativität von Programmierern anregen 144
   Lisp, Erfolg 153
   Logdateien mit AWK bearbeiten 140
   lokale Workarounds versus globale Fixes im Code 144
   Mathematik, Rolle in der Informatik 142
   Mathematiker entwerfen Sprachen 153
   neue Dinge im Internet lernen 141
   Objekte verglichen mit Systemkomponenten 149
   Probleme in Software finden 161
   Produktivität messen 159
   Produktivität, Einfluss durch Sprache 148
   Programme
      Überarbeiten 154
      Überarbeiten statt neu aufsetzen 146
   Programmieren unterrichten 145
   Programmieren, Fähigkeiten verbessern 143
   Programmiersprachen-Design 150–152
   Programming by Example 146, 157–161
   Sicherheit, Sprachwahl 149
   Sprach-Design, notwendige Durchbrüche 152–157
   Sprach-Design-Stil 106
   Zweifel an AWK 143
»Weniger ist mehr«-Philosophie 41
Werte-Semantik 5
»Why C++ isn't just an Object-Oriented Programming Language« (Stroustrup) 9
Wiederverwendbarkeit 432
   OOP 354, 355
   SOA 357
Wiederverwendung von Code, Notwendigkeit und Anwendungsgebiete 91
Wissenstransfer 326, 333, 338, 341, 342
WYSIWYG-Editoren, Effekt auf die Programmierung 98

X

X Window System, Langlebigkeit 133
XML 242
XQuery 243

Y

yacc
   als transformative Technologie 134
   Wissen für die Anwendung 108
Yahoo! Pipes 130

Z

Zahlen
   BASIC 82, 87
   Lua 165
   Python 26
Zeichensatz für APL 47, 54
Zeichen-Tools 39
Zeiger
   C++ verglichen mit Java 4
   Compiler 91
   nicht in APL 58
Zeilennummern in BASIC 82, 98
»Zen of Python« (Peters) 23, 27, 33
Ziegel-Analogie (siehe Komponenten)

ÜBER DIE INTERVIEWER

Federico Biancuzzi ist freiberuflicher Journalist. Seine Interviews sind online erschienen in Magazinen wie ONLamp.com, LinuxDevCenter.com, SecurityFocus.com, NewsForge.com, Linux.com, TheRegister.co.uk und ArsTechnica.com, aber auch in der polnischen Zeitschrift *BSD Magazine* und dem italienischen Magazin *Linux&C*.

Shane Warden besitzt jahrzehntelange Erfahrung in der Entwicklung freier Software, einschließlich einiger Beiträge zum Core von Perl 5, dem Design von Perl 6 und der virtuellen Maschine Parrot. In seiner freien Zeit leitet er die Romanabteilung des Independent-Verlags Onyx Neon Press. Er ist Koautor von *The Art of Agile Development* (O'Reilly).

KOLOPHON

Die auf dem Cover verwendeten Schriften sind Akzidenz Grotesk, Orator und Helvetica Neue Ultra Light. Textschrift ist Birka und Helvetica Neue; Überschriftenschrift ist Helvetica Neue.

Perl

Einführung in Perl, 5. Auflage

R. L. Schwartz, Tom Poenix & brian d foy
384 Seiten, 2009, 34,90 €
gebundene Ausgabe
ISBN 978-3-89721-887-1

Einführung in Perl ist ein sorgfältig abgestimmter Kurs für Einsteiger: Mit vielen Programmierbeispielen sowie Übungen und ausgearbeiteten Lösungen zu jedem Thema zeigen die Autoren Schritt für Schritt, wie man mit Perl (Version 5.10) programmiert.

Einführung in Perl-Objekte, Referenzen & Module

Randal L. Schwartz & Tom Phoenix
250 Seiten, 2004, 32,- €
ISBN 978-3-89721-149-0

Das Alpaka macht dort weiter, wo das Lama aufhört. Dieselben Autoren führen Perl-Einsteiger in die Welt der Referenzen, in die objektorientierte Programmierung und in die Anwendung von Modulen ein. In bewährter Weise wurden Erklärungen, Codebeispiele und Übungsaufgaben zu einem fundierten Einführungskurs verbunden.

Perl Kochbuch, 2. Auflage

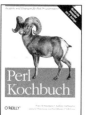

Tom Christiansen & Nathan Torkington
1024 Seiten, 2004, 52,- €
gebundene Ausgabe
ISBN 978-3-89721-366-1

Das *Perl Kochbuch* bietet sowohl Einsteigern als auch fortgeschrittenen Programmierern »Rezepte« aus allen wichtigen Bereichen der Programmierung mit Perl.

Perl – kurz & gut, 4. Auflage

Johan Vromans
108 Seiten, 2003, 8,- €
ISBN 978-3-89721-247-3

Überblick über Perl 5.8, u.a. über Syntaxregeln, Quotierung, Variablen, Operatoren, Funktionen, I/O, Debugging, Formate, Standardmodule und reguläre Ausdrücke.

Perl – Best Practices

Damian Conway
584 Seiten, 2006, 49,90 €
ISBN 978-3-89721-454-5

Gewürzt mit einer feinen Dosis Humor stellt Damian Conway 256 Grundsätze und Leitlinien vor, mit denen Sie besseren und professionellen Perl-Code programmieren lernen. Das Regelwerk behandelt das Layout von Code, Namenskonventionen, Wahl der Daten- und Kontrollstrukturen, Schnittstellen-Design und -Implementierung, Modularität, Objektorientierung, Fehlerbehandlung, Testing und Debugging.

Programmieren mit Perl, 2. Auflage

Larry Wall, Tom Christiansen & Jon Orwant
1128 Seiten, 2001, 56,- €
ISBN 978-3-89721-144-5

Dieses Standardwerk ist nicht einfach ein Buch über Perl, es bietet einen einzigartigen – und zuweilen auch eigenwilligen – Einblick in diese Sprache und ihre Kultur. Die neue Auflage wurde komplett überarbeitet, deutlich erweitert und übersichtlicher strukturiert. Behandelt wird Perl 5.6. Neue Themen sind u.a. Threading, Compiler und Unicode.

Reguläre Ausdrücke, 3. Auflage

Jeffrey E. F. Friedl
560 Seiten, 2008, 44,90 €
gebundene Ausgabe
ISBN 978-3-89721-720-1

Reguläre Ausdrücke sind eine Schatzkiste für kreatives Programmieren und elegante Lösungen. Wenn Sie sie bisher noch nicht eingesetzt haben, wird Ihnen dieses Buch eine ganz neue Welt eröffnen. Aufgrund der ausgesprochen gründlichen und detaillierten Behandlung des Themas ist dieses Buch aber auch für Experten eine wahre Trouvaille. Die neue Auflage wurde vollständig überarbeitet und behandelt jetzt auch die Unterstützung regulärer Ausdrücke in PHP sowie Suns java.util.regex.

Java

Java von Kopf bis Fuß

Kathy Sierra & Bert Bates
720 Seiten, 2006, 49,90 €
ISBN 978-3-89721-448-4

Selten war ein Buchkonzept so originell, so revolutionär, so erfolgreich. Statt langweiliger Vorträge findet der Leser hier unterhaltsame Dialoge, Rätsel, Cartoons und Beispiele. Aber nie ist der Unterhaltungswert Selbstzweck, immer steht er im Dienst der Erkenntnisvermittlung, der leichteren Verständlichkeit. So löst dieses abwechslungsreiche Arbeitsbuch viele Versprechen ein, die nüchternere Lehrbücher nicht halten können.

»Es ist schnell, frech, lustig und mitreißend. Vorsicht – Sie könnten etwas lernen!«
   Ken Arnold, Co-Autor von *The Java Programming Language*

Softwareentwicklung von Kopf bis Fuß

Dan Pilone & Russ Miles
496 Seiten, 2008, 49,90 €
ISBN 978-3-89721-862-8

Das kennt jeder Entwickler: Softwareprojekte scheitern trotz bester Absichten und großer Anstrengungen. Der Zeitplan läuft aus dem Ruder, die Kosten explodieren und am Ende ist der Auftraggeber auch noch unzufrieden mit dem abgelieferten Produkt. Statt jetzt mal wieder den Schwarzen Peter hin und her zu schieben (der unstete Kunde! Ungenaue Anforderungen! Missverständnisse überall!), zeigt dieses Buch auf kluge und spannende Art, wie man es von Anfang an richtig macht. Planspiele helfen, die Bedürfnisse des Kunden zu erkennen und die Entwicklung zu planen. User Stories, Standup-Meetings, Entwurfsmuster, die richtigen Werkzeuge und Strategien – sie alle werden in diesem genialen Buch systematisch verknüpft, so dass Sie am Ende das liefern können, was von Ihnen verlangt wird: die Software, die sich der Kunde wünscht.

NetBeans RCP – Das Entwicklerheft

Jürgen Petri, 288 Seiten, 2008, 29,90 €
ISBN 978-3-89721-724-9

Dieses Entwicklerheft bietet einen schnellen, praxisnahen Einstieg in die Anwendungsentwicklung mit der Rich Client Platform von NetBeans 6. Jürgen Petri zeigt Ihnen so kompakt wie kompetent, wie Sie sich auf die Geschäftslogik und Domänenspezifisches konzentrieren können, wenn Sie die Basisfunktionalität Ihrer IDE nutzen.

Entwurfsmuster von Kopf bis Fuß

Eric Freeman & Elisabeth Freeman, mit
Kathy Sierra & Bert Bates
672 Seiten, 2006, 48,- €
ISBN 978-3-89721-421-7

Mit dem einzigartigen Von-Kopf-bis-Fuß-Buchkonzept ist es den Autoren gelungen, das schwierige Thema »Entwurfsmuster« witzig, leicht verständlich und dennoch gründlich darzustellen. Mit diesem Buch erschließen Sie sich das Thema auf eine neue, bisher nicht gekannte Weise. Jede Seite ist ein Kunstwerk für sich, mit vielen visuellen Überraschungen, originellen Comic-Zeichnungen, witzigen Dialogen und geistreichen Selbstlernkontrollen. Sowohl für Entwickler als auch für Projektmanager ist diese Publikation unverzichtbar.

Objektorientierte Analyse und Design von Kopf bis Fuß

Brett D. McLaughlin, Gary Police &
David West, 632 Seiten, 2007, 49,90 €
ISBN 978-3-89721-495-8

Schwerer Stoff, meinen Sie? Mit diesem charmanten Buch aus der beliebten Reihe wird objektorientiertes Softwaredesign zu einem spannenden Abenteuer. Auf kurzweilige Weise erfahren Sie, wie Sie ernsthafte objektorientierte Software analysieren, entwerfen und entwickeln. Software, die sich leicht pflegen und erweitern lässt, die keine Kopfschmerzen bereitet, der Sie neue Features spendieren können, ohne dass die alten den Geist aufgeben. Sie lernen, grundlegende OO-Prinzipien und Entwurfsmuster praktisch umzusetzen, wiederverwendbaren Code zu schreiben, mit UML 2.0 die Funktionsweise der Software zu beschreiben und vieles mehr.

Servlets & JSP von Kopf bis Fuß

Bryan Basham, Kathy Sierra & Bert
Bates, 924 Seiten, 2008, 49,90 €
ISBN 978-3-89721-873-4

Wollen Sie sich auf die neue Prüfung zum Sun Certified Web Component Developer (SCWCD) vorbereiten? Oder müssen Sie sich mit JSP und Servlets für Ihr neues Projekt beschäftigen? Dann haben wir hier das richtige Buch für Sie! *Servlets & JSP von Kopf bis Fuß* wirft Ihnen nicht einfach einen Haufen Fakten vor die Füße, die Sie auswendig lernen müssen, sondern spielt Ihnen das Wissen direkt ins Gehirn. Und wenn Sie dann mit dem Buch durch sind, wartet an seinem Ende ein brandaktueller Probetest auf Sie, mit dem Sie die echte Prüfungssituation realistisch simulieren können.

O'REILLY®

anfragen@oreilly.de • http://www.oreilly.de • +49 (0)221-97 31 60-0

Nicht nur für die Uni

Statistik von Kopf bis Fuß

Dawn Griffiths
720 Seiten, 2009, 34,90 €
ISBN 978-3-89721-891-8

»Iiiih – Statistik!« Unzählige BWL-, Soziologie-, Psychologie- und Medizin-Studenten quälen sich notgedrungen mit diesem »Hassfach« und verzweifeln über Wahrscheinlichkeitsverteilungen, Histogrammen und Chi-Quadrat-Tests. Für viele, die sich mit der Materie nicht befassen müssen, ist die Statistik wiederum einfach eine Geheimwissenschaft, mit der sich Fakten trefflich in die eine oder andere Richtung uminterpretieren lassen. Dabei dient die Statistik in erster Linie weder zur Manipulation der Wahrheit noch zum mutwilligen Piesacken von Studenten. Die statistische Methodik ist ganz im Gegenteil ein gut bestückter Werkzeugkasten zur quantitativen Erfassung unterschiedlichster Vorgänge in unser aller Leben – vielseitig, nützlich und sogar spannend. Wie anders man sich der Statistik nähern kann und wie viel Spaß statistische Fingerübungen und Kopfnüsse machen können, zeigt eindrucksvoll dieses Buch.

C++ Kochbuch

D. Ryan Stephens, Christopher Diggins, Jonathan Turkanis & Jeff Cogswell
624 Seiten, 2006, 44,90 €
ISBN 978-3-89721-447-7

Einführungen in C++ gibt es viele. Dieses praktische Buch geht anders vor: Es zeigt Ihnen Beispiel für Beispiel, Rezept für Rezept, wie Sie typische Aufgabenstellungen im normalen Programmieralltag lösen. Vom Parsen eines Datum- und Zeitstrings bis zur Erzeugung einer Singleton-Klasse. Für Ingenieure, Softwareentwickler und Forscher gleichermaßen. In O'Reillys bewährtem Kochbuchformat: Problem – Lösung – ausführliche Erläuterung.

C++ – kurz & gut

Kyle Loudon, 144 Seiten, 2004, 9,90 €
ISBN 978-3-89721-262-6

C++ ist eine komplexe Sprache mit vielen subtilen Facetten. Insbesondere Programmierer, die auf C++ umsteigen oder nur gelegentlich in C++ programmieren, haben ihre Schwierigkeiten mit ähnlichen und doch nicht identischen Features in C oder Java. Aber auch erfahrene C++-Programmierer müssen manchmal überlegen, wie ein bestimmtes Konstrukt oder Konzept implementiert ist. Sie alle finden in *C++ – kurz & gut* ein kompaktes, kleines Nachschlagewerk.

C – kurz & gut

Ulla Kirch-Prinz & Peter Prinz, 120 Seiten
2002, 8,- €, ISBN 978-3-89721-238-1

C – kurz & gut ist zweiteilig angelegt: die erste Buchhälfte gibt einen Überblick über die Sprache und ihre Elemente, die zweite Hälfte ist den Standard-Bibliotheken gewidmet. Der neuste ANSI-Standard (C99) wird hierbei berücksichtigt, ein knapper Index hilft beim Finden der Funktionen, Typen und anderer Syntax-Elemente.

UML 2.0 – kurz & gut, 2. Auflage

Dan Pilone, 144 Seiten, 2006, 9,90 €
ISBN 978-3-89721-521-4

Bietet einen kompakten Überblick über die aktuelle UML-Version 2.0. Die Schnellreferenz behandelt UML-Klassifizierungen, Pakete und Stereotypen und erläutert Verwendung, Symbole und Syntax der zahlreichen UML-Diagrammtypen. In diesem Buch finden Sie auf Anhieb alle Details, die Sie für die effektive Arbeit mit UML benötigen.

LaTeX Hacks

Anselm Lingnau
416 Seiten, 2007, 29,90 €
ISBN 978-3-89721-477-4

Trotz immer komfortablerer WYSIWYG-Satzprogramme ist die Begeisterung für den Textsatz mit LaTeX ungebrochen. Unzählige Studenten haben während ihrer Studienzeit die Arbeit mit LaTeX kennen- und schätzen gelernt. Sie schwören nach wie vor auf die Klarheit und Schnörkellosigkeit, die ihnen LaTeX bietet. *LaTeX Hacks* liefert Hacks zu den Bereichen Texte gestalten, mathematische Texte, Seitenformatierungen, Tabellen und Abbildungen, Gliederungen und Verzeichnisse, PDF-Erstellung, Grafiken in LaTeX und Werkzeuge.

LaTeX – kurz & gut, 3. Auflage

Kalle Dalheimer & Karsten Günther
136 Seiten, 2008, 8,90 €
ISBN 978-3-89721-542-9

Enthält alle oft verwendeten Befehle und Optionen. Die dritte Auflage wurde umfangreich aktualisiert und ergänzt: Befehle zu Gleitobjekten, PDF-Erzeugung, Befehle zur Erzeugung von Tabellen und Makro-Erzeugung sowie KOMA-Script.

Vorsicht
Sie könnten etwas lernen!

Lernen widerfährt einem nicht einfach so. Lernen ist etwas, was Sie tun. Sie können nicht lernen, ohne ein paar Neuronen zu strapazieren. Lernen heißt, neue Gedankenwege zu begehen, Brücken zwischen vorhandenem und neuem Wissen zu schlagen, Muster zu erkennen und Tatsachen und Informationen in Wissen umzusetzen (besser noch, in Erkenntnis).

Diese Lernphilosophie haben wir in einer innovativen Buchreihe umgesetzt – lassen Sie sich »von Kopf bis Fuß« begeistern!

Wir verwenden verschiedene Kniffe,

um Ihre Aufmerksamkeit zu erregen. Ein neues, schwieriges, technisches Thema zu erlernen muss ja nicht zwangsläufig langweilig sein. Die Abbildungen sind oft irritierend, zu groß geraten, lustig, sarkastisch oder skurril. Das Seitenlayout ist hochdynamisch – keine zwei Seiten gleichen sich, jede ist von Hand gebastelt, um die richtige Mischung aus Text und Abbildungen zu erreichen.

Wie Ihnen diese Reihe hilft

Wir erzählen Ihnen Geschichten in einer zwanglosen Sprache statt Vorträge zu halten. Wir nehmen uns nicht allzu ernst. Was fesselt Sie mehr – eine anregende Begegnung auf einer Party oder eine Vorlesung?

Wir setzen auf visuelle Reize.

Bilder lassen sich viel leichter merken als Worte allein, das Lernen wird durch sie viel effektiver. Und es macht definitiv mehr Spaß.

Außerdem erhältlich: Ajax, C#, JavaScript, PHP & MySQL, Servlets & JSP, Softwareentwicklung, SQL, Statistik und Webdesign von Kopf bis Fuß.
Weitere Themen sind in Vorbereitung, siehe www.oreilly.de/headfirst.

O'REILLY®

anfragen@oreilly.de • http://www.oreilly.de • +49 (0)221-97 31 60-0